Hindenburg

Walter Görlitz

HINDENBURG

Voltmedia

ISBN 3-938478-52-7

Gesamtherstellung: Oldenbourg Taschenbuch GmbH, Kirchheim

Einbandgestaltung: Oliver Wirth, Bonn

INHALT

1. DER AUFSTIEG
1847-1914

Die Welt, aus der der preußische Schwertadel hervorgegangen ist, gehört heute der Vergangenheit an. Über die Dörfer mit den Gutshäusern, die das Bild der ostdeutschen Landschaft bestimmten, die ihre Lebensformen und ihre Kultur geprägt haben, sind Mord, Brand, Plünderung und Verwüstung hinweggegangen, vielfach sind die Dörfer heute verwaist, die Äcker wüst, die alten Herrenhäuser, die so viel Schönheit bargen, sind in Ruinen verwandelt oder gänzlich abgetragen. Doch die Überlieferung ist nicht erloschen, die Geschichte hat eine gewaltige Macht, die stärker ist als die Zerstörungen von frevelnder Menschenhand.

Der Name Hindenburgs ist in guten wie schlechten Tagen unzertrennlich mit dem Schicksal des deutschen Ostens verbunden gewesen. Obwohl die Welt, die er so beispielhaft repräsentierte, kaum zwanzig Jahre nach seinem Tode im schrecklichsten aller Kriege, die die Menschheit erlebt hat, versunken ist, verbinden sich mit seinem Namen, der bestimmend für entscheidende Jahre der deutschen Geschichte wurde, noch immer in ungewöhnlicher Weise Verehrung und leidenschaftliche Kritik.

Am Beginn der Lebensgeschichte eines großen Mannes steht immer die Frage nach dem Erbe der Ahnen, das er in sich trägt, und das wird ganz besonders dann der Fall sein, wenn sich in solchem Mann ganz verschiedene Blutskreise und Lebenswelten überschneiden, eine Eigenschaft, die Hindenburg mit zwei anderen Großen der deutschen Geschichte, mit Bismarck und Moltke, teilt. Familiengeschichte kann ein sehr trockenes Kapitel sein, sie vermag aber auch das Bild eines bedeutenden Menschen in ganz besonderer Weise zu verdeutlichen, zumal, wenn die Ahnenreihe, wie es gerade beim Adel der Fall ist, Jahrhunderte hindurch klar überschaubar ist. Man vergißt leicht, fällt der Name Hindenburgs, daß er nicht dem längst verblichenen Geschlecht derer v. Hindenburg angehört, sondern dem Hause der v. Beneckendorff, und daß die gesamte mütterliche Ahnenhälfte bürgerlicher, ja eigentlich kleinbürgerlich-handwerklicher Abkunft ist.

Die hünenhafte Erscheinung, der derb, wie aus Holz geschnitzte Kopf sind vermutlich das Erbteil, das ihm von mütterlicher Seite überkommen ist.

Der Ursprung der Familie v. Beneckendorff liegt wahrscheinlich, wie bei so vielen ostdeutschen Geschlechtern in West- oder Süddeutschland. Ins Licht der Geschichte tritt sie jedoch als altmärkisches Geschlecht, das im 13. Jahrhundert in Salzwedel und im Raum zwischen Salzwedel und Magdeburg heimisch war, wo sowohl adelige „Beneckendorpe" wie bürgerliche „Benkendorffs" bezeugt sind. Ein Zweig der bürgerlichen Benckendorffs stieg später im Dienst der russischen Zaren in den Adel auf, ein anderer Zweig rechnete zum fränkischen Briefadel. Es ist ungeklärt, ob die beiden Familien den gleichen Stammvater haben, sicher ist nur, daß ihre Wappen verschieden waren. 1280 taucht als Zeuge bei einem Kaufvertrage Werner v. d. Schulenburgs mit den Franziskanermönchen von Salzwedel als erster Beneckendorff „Johannes de Beneckendorpe" in den Akten auf.

Von der Altmark wanderte die Familie in die Neumark, wo 1402 Marcus und Tyde v. Beneckendorff dem Deutschen Orden huldigten, als der landfremde Markgraf Siegmund von Brandenburg, ein Luxemburger, die Neumark an den Deutschen Orden verkaufte. Auch bei den Hindenburgs läßt sich der Zug von Westen nach Osten beobachten. Ursprünglich möglicherweise im Raum von Quedlinburg am Harz beheimatet, finden sie sich 1208 auf der „Hindenburg" im altmärkischen Kreise Osterburg angesessen, in dem es noch heute ein Dorf namens Hindenburg gibt.

Im 15. und 16. Jahrhundert erwarben die Beneckendorffs hauptsächlich im Kreise Arnswalde in der Neumark Grundbesitz, wo ihnen Alt-Klücken, Wardin, Pammin, Wormsfelde, Halpe, Stolzenfelde und das Burglehn Arnswalde zu eigen waren. Sieben andere Güter lagen in den Kreisen Templin, Soldin, Crossen, Königsberg und Friedeberg. Infolge von Erbteilungen und Gütertausch mit verwandten oder verschwägerten Familien war der Grundbesitz häufigem Wechsel unterworfen. Mit dem Rückerwerb der Neumark durch den Kurfürsten Friedrich II. von Hohenzollern trat früh die Bindung an das einst schwäbische Geschlecht ein, das seit 1415 den Kurfürstenhut der Mark Brandenburg trug und in dessen Dienst die Benecken dorffs zu den höchsten Ehren aufsteigen sollten.

Über die spätmittelalterlichen Beneckendorffs, die sich mit dem Adel der Alt- und Neumark und mit pommerschen Familien verbanden, wobei früh Verwandtenheiraten nicht ausblieben, ist nicht sehr viel bekannt. 1488 belehnte Kurfürst Johann Cicero von Brandenburg Joachim und Asmus v. Beneckendorff mit Wardin, der Hälfte von Alt-Klücken und einem Viertel von Liebenow. Asmus plünderte 1496 als Raubritter bei Naugard Danziger Kaufleute, ein Zeichen, das der Verfall der ritterlichen Lehnswirtschaft infolge des Heraufkommens der Geldwirtschaft auch die Beneckendorffs traf. Es ist nicht einmal sicher auszumachen, wann die Familie den lutherischen Glauben annahm, ein für ihre fernere Entwicklung und Lebensauffassung sehr bedeutsamer Schritt, da gerade der größte Sohn, der Feldmarschall, fest im lutherischen Glauben der Vorväter wurzelte und von ihm bedeutsame Impulse empfing. Georg v. Beneckendorff, der in Wardin und Pammin steinerne Rittersitze errichtete, für die Zeit ein sehr ungewöhnlicher Schritt, da auch das Haus des ostdeutschen Landjunkers zumeist aus Fachwerk, mit Stroh gedeckt und nur mit Graben, Erdwall und Palisaden gesichert war, diente als Söldnerhauptmann in Ungarn und Livland. Er starb 1587 oder 1588. Aus dem Pamminer Ast, der nicht zu den direkten Vorfahren Hindenburgs gehört, ging der bedeutendste Sohn des Hauses in alter Zeit hervor, der Kanzler und oberste Verwaltungsbeamte der Neumark in den Jahren 1597-1632, Hans v. Beneckendorff auf Pammin, Drehnow und Schönfließ, ein vielseitig gebildeter und politisch höchst kundiger Mann, der sich während des Dreißigjährigen Krieges vergeblich bemühte, die evangelischen Kurfürsten, vor allem seinen brandenburgischen Landesherrn Georg Wilhelm und den Kurfürsten Johann Georg von Sachsen, zu gemeinsamem Handeln gegen die Übermacht des Katholizismus zu bewegen. Georg v. Beneckendorff auf Petznick, Denzig und Schönfeld, der eine Verwandte aus Alt-Klücken zur Frau hatte, diente zur gleichen Zeit der Krone Schweden als Offizier. Es existiert eine Liste der Beneckendorff, die im 16. und 17. Jahrhundert in fremden Diensten fielen, ihrer zehn starben allein in den Türkenkriegen des Kaisers in Ungarn, andere bluteten auf den Schlachtfeldern in den Niederlanden, in Frankreich, in Böhmen, in Polen.

Noch war der Adel nicht streng an den Dienst des Landesherrn gebunden. Die kriegerische Unruhe dieses Landjunkertums, das in der Auflösung der Naturalwirtschaft ausgangs des Mittelalters die erste schwere, noch lange nachwirkende Wirtschaftskrise erlebt hatte, dem der Dreißigjährige Krieg blutsmäßig wie materiell neue schwere, bisweilen nicht mehr vernarbende Wunden geschlagen hatte, führte oftmals dazu, daß sich die besten und tüchtigsten Söhne in fremdem Dienst verzehrten, daß ganze Familien allmählich dergestalt ihre Kraft verloren oder gänzlich dahinschwanden. Auch der Besitzstand litt unter den unruhigen Zeitläuften. Die Beneckendorffs büßten im Lauf des 17. und 18. Jahrhunderts den Großteil ihrer Besitzungen ein, ein sehr wesentliches Moment im Hinblick auf den Verlust des alten junkerlichen Unabhängigkeitssinnes und den Gewinn eines neuen Ethos im Dienst des Landesherrn.

Merkwürdigerweise findet sich zweimal bei zwei verschiedenen Zweigen des Geschlechts eine Verbindung mit den bereits im 17. Jahrhundert langsam verlöschenden Hindenburgs, die auf Falkenberg und Schellin im südpommerschen Kreise Pyritz saßen. Arnd v. Beneckendorff auf Wardin vermählte sich mit Scholastica Elisabeth v. Hindenburg-Falkenberg. Die Wardiner Linie erlosch jedoch bald darauf, Wardin ging in andere Hände, ebenso Pammin. Ebenso merkwürdig erscheint es, daß der erste Erwerb ostpreußischen und westpreußischen Grundbesitzes, ein Schritt, der später bestimmend für die Familiengeschichte wurde, auf einen Sohn des Wardiner Astes zurückging, den kurbrandenburgischen Obristen Christoph Friedrich v. Beneckendorff, der Wesdehlen und Catrinlauken in Ostpreußen erwarb, Güter, die dann an die v. d. Gröben kamen, da er kinderlos starb.

Der Alt-Klückener Zweig, die direkten Vorfahren Hindenburgs, stand in den Jahrzehnten nach dem Dreißigjährigen Krieg gleichfalls nicht unter einem glücklichen Stern. Nach dem Krieg mußte man das Klostergut Arnswalde und Teile von Alt-Klücken veräußern. Hans

Heinrich v. Beneckendorff, seit dem um 1500 bezeugten brandenburgischen Lehnsmann Marcus der sechste Herr auf Alt-Klücken, das ihm nurmehr zu drei Vierteln eignete, war ein körperlich schwächlicher, kränklicher Mann, dem es versagt war, gerade in jenen Jahren um die Wende des 17./18. Jahrhunderts, in denen der arme Landadel im Dienst des brandenburgischen Kurfürsten und preußischen Königs einen neuen Lebensinhalt gewann, den Rock des Offiziers zu tragen.

Hans Heinrich v. Beneckendorff war abermals mit einer Hindenburg aus dem Hause Falkenberg vermählt, Scholastica Katharina mit Vornamen. Ihr Bruder, Oberst Otto Friedrich v. Hindenburg, hatte im Ersten Schlesischen Krieg unter Friedrich dem Großen in der Schlacht bei Mollwitz ein Bein verloren. Der große König, der ihn sehr geschätzt zu haben scheint, verlieh ihm den Pour le Mérite und schenkte ihm die im westpreußischen Kreise Rosenberg belegenen Güter Limbsee und Neudeck. Er war der letzte männliche Sproß der Hindenburgs, das pommersche Stammgut Falkenberg ging schon 1748 in andere Hände.

Der Sohn Hans Heinrichs und der Scholastica Katharina, Wilhelm Christoph v. Beneckendorff, wurde wie der Onkel preußischer Offizier, kam nach Ostpreußen in Garnison und vermählte sich dort mit Katharina Tugendreich v. Brandt, die ihm die Güter Grunenfelde und Schön-Damerau im Kreise Heiligenbeil in die Ehe brachte, da der Erbe, ihr Bruder, 1742 in der Schlacht von Chotusitz für den großen König gefallen war. Der Vater, Achaz v. Brandt, hatte noch als Oberstleutnant der Krone Polen gedient.

Mit der Verwurzelung in West- und Ostpreußen erhält die Familiengeschichte eigentlich erst den das Leben des größten Sohnes des Hauses bestimmenden Charakter. Die Söhne, stets mit der freilich rasch schmaler werdenden heimatlichen Scholle verbunden, werden preußische Offiziere, dienen dem König von Preußen in allen Kriegen des 18. Jahrhunderts, in denen Preußen zur Großmacht aufsteigt. Es ist, als ob die Verwurzelung im neuen Boden, als ob der neue Lebensinhalt neue Kraft gewähren. Wilhelm Christoph und sein kinderloser Bruder, Johann Daniel v. Beneckendorff, verkaufen den Anteil an Alt-Klücken an den Landesdirektor v. d. Goltz. Die letzten Beneckendorff, die das Siebmachersche Wappenbuch noch für den Beginn des 19. Jahrhunderts in der Neumark anführt, finden sich nurmehr auf Blumenfelde angesessen. Zu ihnen gehört auch jener General, der im Oktober 1806 kampflos die wichtige Festung Spandau den Franzosen übergab.

Der Sohn Wilhelm Christophs und der Katharina Tugendreich v. Brandt, Johann Otto Gottfried v. Beneckendorff, besaß in Ostpreußen die Güter Keimkallen, Perscheln, Sobiewolla und Sonnenstuhl. 1772 vermachte ihm der kinderlose Großonkel Oberst v. Hindenburg die westpreußischen Güter Limbsee und Neudeck, die nach der Schaffung der preußischen Provinz Westpreußen infolge der Teilung Polens zu Ostpreußen kamen. Die Bedingung dabei war, daß Name und Wappen des mit ihm verlöschenden Geschlechts mit demjenigen der Beneckendorff vereinigt wurden. Die Beneckendorff führten auf blauem Grund einen Büffelkopf, die Hindenburg eine braune Hindin vor einem grünen Baum. 1786 übernahm Johann Otto Gottfried von seiner zwei Jahre später dahinscheidenden Großtante Barbara Margaretha v. Hindenburg die Bewirtschaftung von Limbsee und Neudeck. 1789, im gleichen Jahr, in dem in Frankreich die große Revolution ausbrach, genehmigte König Friedrich Wilhelm II. von Preußen, der Nachfolger Friedrichs des Großen, die Namens- und Wappenvereinigung. Seitdem hieß die Familie v. Beneckendorff und v. Hindenburg, woraus sich in abgekürzter Form die Schreibweise v. Hindenburg herleitete.

Johann Otto Gottfried, der erste, der den Doppelnamen führte, wurde Landschaftsrat des Kreises Riesenburg-Marienwerder, ein Zeichen, daß er für einen tüchtigen Wirt angesehen wurde. Die „Landschaften" waren landwirtschaftliche Kreditvereinigungen auf genossenschaftlicher Grundlage für Immobiliarkredite, in denen sämtliche Rittergüter bestimmter Landschaften, meist einer Provinz, zusammengefaßt waren, um dem einzelnen Besitzer Kredite zu mäßigen Zinsen zugänglich zu machen. Auf Grund des nach bestimmten Sätzen ermittelten Taxwertes des einzelnen Gutes konnte der Besitzer Hypothekenpfandbriefe bis zur Hälfte des Taxwertes erwerben, für die die Landschaft haftete und die Zinsen an die Gläubiger zahlte, während der Schuldner seine Zinsen mit einem geringen Aufschlag für Verwaltungskosten an die Landschaft überwies.

Johann Otto Gottfried vermählte sich mit einer Frau aus ältestem altpreußischen Adel, der Freiin Lowisa zu Eulenburg-Prassen, der Enkelin des königlich preußischen Staatsministers Freiherrn v. Eulenburg auf Gallingen und Prassen. Durch sie wie durch die Verschwägerung mit den Brandts gelangte ein sehr bedeutsames Erbe in die Familie, das Blut des berühmten Kanzlers des Herzogtums Preußen, Martin v. Wallenrodt (1570-1632) und des Landhofmeisters Graf v. Wallenrodt auf Pogirmen und Barten, beides höchst tüchtige Männer. Die Mutter der Katharina Tugendreich v. Brandt war gleichfalls eine Wallenrodt gewesen.

Von den Söhnen Johann Otto Gottfrieds und der Lowisa Eulenburg starb der ältere kinderlos als Offizier, der zweite, Otto Ludwig v. Beneckendorff und v. Hindenburg, vermählt mit Eleonore v. Brederlow-Klaukendorf, bewirtschaftete den freilich bereits wieder arg zusammengeschmolzenen Besitz, zunächst Neudeck, das damals als Waldgut galt, mit dem Nebengut Wolla, dann auch Limbsee, wo zeitweilig der Bruder gelebt hatte, endlich zwischen 1811 und 1827 noch zwei andere Güter, Ober- und Niedertraupel. Von 1816-1852 war er Landschafts-Direktor in Marienwerder, auch rechnete er zu den Freunden des höchst fortschrittlich gesonnenen Oberpräsidenten v. Schön in Ostpreußen. Aber die Zeiten waren nicht einfach, zumal dann nicht, wenn man wie Otto Ludwig elf Kinder, sechs Söhne und fünf Töchter, großzuziehen hatte. Die Kinderschar machte in den Jahren 1801/02 den Bau eines größeren Herrenhauses in Neudeck notwendig, während das alte kleine Gutshaus Inspektorwohnung wurde. Was hier auf sanfter Anhöhe entstand, war freilich durchaus kein Schloß, sondern ein einfaches niedriges Landhaus mit Anbauten.

1806 brach das alte Preußen auf den Schlachtfeldern von Jena und Auerstedt zusammen. Die Armeen des großen Korsen rückten durch die Mark Brandenburg nach Osten. 1807 mußte der Landschaftsrat Otto Ludwig v. Beneckendorff und v. Hindenburg einen

Bittgang zu dem im Schlosse Finckenstein in Westpreußen weilenden Napoleon tun, um eine Herabsetzung der Kontributionen für seinen Kreis zu erbitten. Östlich von Neudeck wurde 1807 die Schlacht von Preußisch-Eylau geschlagen, im Gutshaus wurden französische und russische Verwundete gepflegt. Die Zeit der Erniedrigung Preußens, die Freiheitskriege und die ihnen folgenden Jahre brachten der ostdeutschen Landwirtschaft Krisen schwerster Art. In der 1816 einsetzenden Agrarkrise arbeitete Otto Ludwig v. Beneckendorff u. v. Hindenburg eng mit dem Oberpräsidenten v. Schön zusammen, einem der alten Kampfgenossen des Reichsfreiherrn vom Stein. 1827 mußte er selbst die Güter Ober- und Niedertraupel verkaufen, 1833 war auch Limbsee nicht mehr zu halten, es kam an die v. Dallwitz. Nur Neudeck blieb in der Hand der Familie. Es war der Weg vom Landjunkertum zum Dienst- und Schwertadel des Königs!

Die noch erhaltenen Bilder lassen ahnen, daß Otto Ludwig v. Beneckendorff und v. Hindenburg ein ebenso kluger wie charaktervoller Mann gewesen sein muß. Er genoß großes Ansehen. Seine Gattin galt für eine hochherzig gesinnte und in der Jugend höchst anmutige Frau. Von den Söhnen wurde der älteste, Otto, Landrat der Kreise Löben und Posen, sein Enkel war später der Gesandte Herbert v. Hindenburg. Das Gut erbte der vierte Sohn, der am meisten Neigung für den Beruf des Landwirts bezeigte, Albert v. Hindenburg, der sich mit einer Tochter aus dem im Mannestum verlöschenden nachbarlichen Hause der Polentz auf Langenau vermählte, jener Familie, der einstmals der Bischof Georg v. Polentz-Langenau entsprossen war, der Freund und Berater des Hochmeisters Albrecht von Hohenzollern, der Preußen in ein weltliches Herzogtum verwandelt und die Reformation eingeführt hatte. Daß der Landschaftsdirektor Otto Ludwig nicht engherzig dachte und keineswegs in starren Standesvorurteilen befangen war, läßt die Tatsache ahnen, daß er nacheinander zwei Töchter, die früh verstorbene Ottilie, darauf deren Schwester Bernhardine, dem Medizinalrat Johann Eduard Cohen van Baren in Posen zur Frau gab, der einer holländischen Familie entstammte, die in London gelebt und von dort nach Posen gezogen war.

Unser unmittelbares Interesse gilt jedoch dem jüngsten Sohne aus dieser so kinderreichen Ehe, dem 1816 als neunten Kinde geborenen Robert v. Beneckendorff und v. Hindenburg. Erzogen in der v. d. Gröbenschen Stiftung in Königsberg, wurde Robert 1832 Junker im Posenschen Infanterieregiment Nr. 18. In Posen lebte sein Bruder Otto als königlich preußischer Landrat, ferner lebte hier im Hause des 1830 verstorbenen Generalchirurgus Moennich als Mieter sein Schwager Medizinalrat Cohen van Baren. Das Moennichsche Haus in Posen, ein langgestreckter, einstöckiger, klassizistischer Bau an der Ostseite der Wilhelmstraße, der nach Plänen des berühmten preußischen Baumeisters David Gilly errichtet war, genoß in Posen eine gewisse Berühmtheit. Die Moennichs zählten zu den angesehensten Bürgerfamilien. Der Generalchirurgus Albert Friedrich Conrad Moennich (1753-1830), Sohn eines havelländischen Pastoren aus ursprünglich westfälischer Familie, hatte eine Frau aus wohlhabender Berliner Handwerker- und Fabrikantenfamilie geheiratet, sein Schwager, der königlich preußische Kommerzienrat Berger, betrieb einen Holz- und Weinhandel in Posen. Von seinen Schwiegersöhnen besaß der eine, Major der Landwehr und Postmeister Kniffka, bei Posen das Gut Golenczin, der andere, der im Hause des Schwiegervaters lebte, war der Generalarzt Karl Ludwig Schwickart (1780-1849).

Der Generalarzt, in Posen geschätzt als tüchtiger Arzt, stammte aus sehr einfachen Verhältnissen. Vom Vater, dem Sohn eines Schneiders aus Wirges im Westerwald, ging die Kunde, daß er 5 Fuß, 11 Zoll, 2 Strich, also 1,86 Meter maß. Er war anfangs acht Jahre Soldat im Dienst des Kurfürsten-Erzbischofs von Köln gewesen und war dann in den 60er Jahren des 18. Jahrhunderts in preußische Dienste gegangen, wo er wegen seiner Körpergröße im I. Bataillon Leibgarde in der Kompanie des Capitains v. Kunicky diente. 1792 wurde er pensioniert, ward zunächst Kanzleidiener und darauf Totengräber der Friedrichswerderschen Gemeinde in Berlin. In Berlin hatte er die Marie Luise Elisabeth Puhlmann kennen gelernt, die Tochter eines Torschreibers. Sie war als Wäscherin anfangs bei der Prinzessin Wilhelmine von Preußen, der nachmaligen Königin der Niederlande, darauf beim Prinzen Louis, dem 1796 verstorbenen

Prinzen Friedrich Ludwig Karl von Preußen, einem jüngeren Sohne des Königs Friedrich Wilhelm II., beschäftigt. Über ihre Vorfahren ist nichts überliefert, wir wissen nur, daß sie aus einer früheren Ehe zwei Kinder hatte und daß auch aus ihrer Verbindung mit dem Grenadier im I. Bataillon Leibgarde mehrere Kinder hervorgingen, die alle ihren Weg im Leben machten. Das genaue Datum der zweiten Heirat ist gleichfalls nicht mehr auszumachen. Dagegen wissen wir, daß bei dem am 26. August 1780 geborenen Karl Ludwig Schwickart der Prinz Louis und die Prinzessin Wilhelmine von Preußen Pate standen, ein Zeichen, daß die Mutter sich bei den hohen Herrschaften großer Beliebtheit erfreut haben muß, was möglicherweise auch der Laufbahn des Sohnes zu Gute kam.

Der junge Schwickart wurde 1801 Kompanie-Chirurg im Infanterieregiment v. Zastrow, bei dem zeitweilig sein späterer Schwiegervater Moennich Regimentsarzt war. 1802 kam er in gleicher Eigenschaft zum I. Bataillon Leibgarde, bei dem der Vater gedient hatte und bei dem er den Feldzug von 1806/07 mitmachte. Er blieb auch in dem kleinen preußischen Heer nach dem Tilsiter Frieden Militärarzt. 1813 zeichnete er sich in der Schlacht von Kulm dadurch aus, daß er eine wankende Landwehrkompanie, die ihre Offiziere verloren hatte, wieder vorriß und siegreich zum Angriff führte. Das Eiserne Kreuz am Kombattantenband war der Lohn. In der Schlacht bei Leipzig stürzte er schwer mit dem Pferd, ein Unfall, der quälende rechtsseitige Kopfschmerzen zur Folge hatte, die ihn bis an sein Lebensende von Zeit zu Zeit immer wieder befielen, wahrscheinlich Zeichen für eine nie richtig erkannte und ausgeheilte Gehirnerschütterung. Seit 1814 diente er in Posen als Regimentsarzt, anfangs beim 2. Leibgarde-Husarenregiment, dann beim Litauischen Dragonerregiment. 1820 wurde er unter dem Kommandierenden General v. Grolmann Divisions-Generalarzt des V. Armee-Korps. 1831 rief man ihn neben anderen Ärzten an das Krankenbett des Feldmarschalls Graf Gneisenau, der die aus Anlaß der Revolution in Russisch-Polen zusammengezogenen Truppen in Posen befehligte und von der Cholera, die in der Stadt grassierte, befallen war. Ärztliche Kunst vermochte den greisen Reformator des preußischen Heeres und genialen Stabschef Blüchers nicht mehr zu retten, aber es war doch eine hohe Ehre, daß der Generalarzt Schwickart, der Sohn eines einfachen Soldaten, an seinem Krankenlager stehen durfte.

Nach seiner Verabschiedung lebte der alte Schwickart als Arzt in Posen, wo er 1823 sich mit Julie Moennich vermählt hatte. Durch seinen Schwager Cohen van Baren, bei dem er als Fahnenjunker wohnte, lernte Robert v. Beneckendorff u. v. Hindenburg die 1825 geborene Tochter des im gleichen Hause lebenden Generalarztes kennen, Luise Wilhelmine Schwickart, wie er überhaupt viel in dem bürgerlichen Kreis der Moennich, Kniffka, Schwickart und van Baren verkehrte. Als junger Offizier war er, der Zeitstimmung huldigend, ein etwas schwärmerisch-romantischer, ja poetisch angehauchter junger Mensch, nicht ohne einen leisen Hang zur Schwermut, doch die Kargheit und Zucht des Offizierslebens hinderte ihn daran, sich ganz in so fernliegenden Dingen zu verlieren. Aber es sprach wiederum für einen beträchtlichen Mangel an Standesvorurteilen, daß der Vater, der Landschaftsdirektor auf Neudeck, nichts dagegen hatte, daß sein Sohn 1845 die keineswegs wohlhabende, aber sehr anziehende Luise Wilhelmine Schwickart heimführte. Am 17. Oktober 1845 wurde das junge Paar, der Sproß alten preußischen Adels und die Tochter des Generalarztes, in der Garnisonkirche zu Posen getraut.

Die jungen Eheleute lebten zunächst kurze Zeit im Moennich-Kniffkaschen Hause, dann in der Berliner Straße, endlich seit Ausgang September 1847 in der Bergstraße 7 gegenüber dem schwiegerelterlichen Hause, das damals den Moennichschen Erben zu eigen war. In diesem schmalen einstöckigen Mietshaus wohnten außer ihnen noch ein alter deutscher Klavierbauer und der polnische Maschinenfabrikant und nachmalige päpstliche Kammerherr Dr. Hippolyt Cegielski. Cegielski gehörte zu den intellektuellen Führern des erwachenden Polentums. Die Zeiten waren bewegt, schon 1846 hatten sich in Posen polnische Aufstandsversuche bemerkbar gemacht. Die Stadt war einer der Brennpunkte im Volkstumskampf zwischen Deutschen und Polen in der Zeit vor der Revolution von 1848. Sehr deutlich spiegelte sich später das unmerkliche Zurückweichen des deutschen Elements in den Schicksalen des Moennich-Kniffkaschen

Hauses wieder. Aus der Hand der Witwe Kniffka kam es an einen deutschen Hotelier und darauf in den Besitz der polnischen „Landwirtschafts- und Industrie-Bank Kwilecki, Potocki & Co.“, die auf dem Grundstück den Neubau des „Grand Hotel de France“ errichtete.

Ein oder zwei Tage nach dem Umzug in die Bergstraße, am 2. Oktober 1847, nachmittags 3 Uhr, schenkte die junge Frau des Premier-Leutnants Robert v. Hindenburg einem Knaben das Leben, der auf die Namen Paul Ludwig Hans Anton getauft wurde. Der Taufspruch wurde dem Matthaeus-Evangelium, Kapitel 16 Vers 26, entnommen, wo geschrieben stand: „Was hülfe es dem Menschen, so er die ganze Welt gewönne und nähme doch Schaden an seiner Seele? Oder was kann der Mensch geben, damit er seine Seele wieder löse?“

Vergegenwärtigen wir uns noch einmal, daß der erste Sohn aus dieser Verbindung, nachmals königlich preußischer Generalfeldmarschall und republikanischer Reichspräsident, aus zwei vollkommen verschiedenen Bluts- und Lebenskreisen hervorging, aus zwei mit einander verschmolzenen altpreußischen Landjunkerfamilien, die in der Verwurzelung im west- und ostpreußischen Kolonialboden und in der Zucht preußischen Soldatentums neue Kraft und Tüchtigkeit entfaltet hatten und dem bürgerlich-handwerklichen Kreis der Schwickarts, Moennichs und Bergers, von denen der Großvater Schwickart sogar noch bis zum Jahre 1841 katholisch gewesen war, während das protestantisch-christliche Lebensgefühl gerade für den Enkel so sehr bestimmend wurde. Viel von der ungeheuer zähen Lebenskraft, die sich nach kränklicher Kindheit schon in dem hünenhaften Wuchs ausprägte, von der derben Urwüchsigkeit war sicherlich das Erbe des 5 Fuß, 11 Zoll und 2 Strich messenden Grenadiers im I. Bataillon der Leibgarde. Der Geist des alten, zuchtvollen, patriarchalischen Preußentums aber, in dem er lebte und in dem er starb, unter den Schauern einer entgötterten Zeit, war das Erbe der Beneckendorffs und der Hindenburgs, der Eulenburgs und der Wallenrodts und der vielen anderen junkerlichen Geschlechter, die die stolze Ahnenreihe der Väter zierten.

In den Jahren 1849, 1851 und 1859 wurden dem so ungleichen

Elternpaar noch drei Kinder beschert, ein Sohn, Otto mit Namen, der Kavallerieoffizier wurde, eine Cousine, Lina v. Hindenburg aus Neudeck, heiratete und bis zu seinem Tod im Jahre 1908 als verabschiedeter Major das Familiengut bewirtschaftete, eine Tochter, Ida, die unvermählt blieb, innig pietistischem Glauben anhing und ihre Tage im adeligen Fräuleinstift zu Potsdam beschloß, und ein dritter Sohn, Bernhard, der als Oberleutnant den Abschied nahm, sich literarischen Neigungen widmete und wiederum eine bürgerliche Frau nahm. Alle diese Kinder boten nichts sonderlich Ungewöhnliches. Dies schien auch der älteste Sohn nicht zu verheißen. Seinen Anlagen nach besaß er keinerlei genialische Züge, er war niemals das, was man einen Feuerkopf oder einen unruhigen Geist nennen konnte. Wohl aber waren ihm vom Vater Ernst und wortkarge Verschlossenheit, nüchternes Denken und ein strenges Pflichtbewußtsein übermittelt, nachdem dieser die eigenen romantischen Neigungen unterdrückt hatte, weil sie schlecht in das Dasein eines armen Landjunkers und schlichten preußischen Infanterieoffiziers paßten, und von mütterlicher Seite erbte er tiefe Frömmigkeit und sittliches Empfinden. Auf Altersbildern erscheinen die Züge der Mutter bisweilen ein wenig hart, es ist das Erbe schwer ringender Menschen, das sich da prägt. Von den väterlichen Ahnen aber bekam er noch mehr mit, soldatische Begabung, einen sehr klaren Verstand, und endlich, spät, erst im Alter sich enthüllend, als das Leben ihn nötigte, in ursprünglich ihm fremde, politische Bereiche vorzustoßen, den nüchtern wägenden, weisen Sinn der Kanzler unter seinen Vorfahren, wie er sich in Hans v. Beneckendorff und Martin v. Wallenrodt einmal gezeigt hatte. Die Eltern waren bescheidene Menschen, die nicht gewohnt waren, große Ansprüche an das Leben zu stellen. Eine altväterische Sparsamkeit, eine Vorliebe für Rechenkunststücke, um den eigenen schmalen Etat zu verbessern, blieb dem Sohn auch in den größten Tagen eigen. Die Beneckendorff wie die Hindenburg hatten niemals auffallende Talente hervorgebracht, Hindenburgs Vorväter auf den Gütern in West- und Ostpreußen waren jedoch stets vorbildliche Landedelleute, sorgsame Wirte, patriarchalische Beschützer ihrer Gutsuntertanen und gute Offiziere gewesen, sie hatten sittliche Talente gepflegt, gerade weil sie fest in den Grenzen ihrer eigenen Welt gelebt hatten.

Die ersten Lebensjahre Paul von Hindenburgs fielen in die wirre Zeit der Revolution von 1848. 1847 hatte man eine Kinderfrau für ihn eingestellt, die bald dadurch auffiel, daß sie sehr barsch „Ruhe in der Kompanie“ zu befehlen pflegte und sich ab und zu aus einem kleinen Schnapsfläschchen zu stärken liebte. Es stellte sich heraus, daß sie ehemals Markentenderin gewesen war. Nach der Märzrevolution von 1848 brach in der Provinz Posen ein polnischer Aufstand aus, der Vater rückte mit seinem Regiment zur Unterdrückung der Unruhen aus, die Mutter blieb allein mit dem Kind in der Stadt zurück und sah sich gezwungen, wie alle deutschen Familien ihre Wohnung zu illuminieren, als die Stadt vorübergehend in polnische Hand geriet und der Insurgentengeneral Mieroslawski feierlichen Einzug hielt, unter wilden Drohungen, man würde alle preußischen Offiziersfamilien massakrieren. Frau v. Hindenburg tröstete sich indes damit, daß dieser Tag der Schmach zugleich der Geburtstag des Prinzen Wilhelm von Preußen war, des nachmaligen Königs und Kaisers, der damals die Hoffnung aller Altpreußen war. Ihm sollten die Kerzen an den Fenstern gelten, nicht dem anmaßenden Polenführer.

Die frühesten Erinnerungen des Sohnes hafteten weniger an dem Stammgut Neudeck oder dem Landsitz des Onkels Major Kniffka in Golenczin oder an dem großen Garten des Moennich-Kniffkaschen Hauses, wo noch ein alter achtzigjähriger Gärtner seines Amtes waltete, der als Rekrut die letzten Tage Friedrichs des Großen gesehen hatte, als an dem kleinen, kaum 2.000 Einwohner zählenden Städtchen Pinne im Kreis Samter, Provinz Posen, wohin der Vater 1850 als Führer einer Landwehrkompanie versetzt worden war. Hier bewohnten die Eltern ein kleines Bauernhaus, das der Besitzerin des Gutes Pinne, Frau v. Rappard, gehörte, mit der sie befreundet waren. Sie verkehrten auch bei ihrem Bruder, dem Freiherrn v. Massenbach auf Bialokosz, dessen Kinder die ersten Jugendgespielen Hindenburgs bildeten. In Pinne erhielt der Knabe auch den ersten Unterricht. Der Schullehrer Kobelt lehrte ihn Lesen, Schreiben und Rechnen, der Vater Geographie und Französisch, die

Mutter Religion. Sein Lieblingsfach war schon damals – bedeutsam später für den Generalstäbler – die Geographie. Seltene Besuche in Neudeck oder bei den Verwandten in Posen bildeten die einzige Abwechslung. In Neudeck erzählte ihm die Großmutter Eulenburg aus der Familiengeschichte.

1855 wurde der Vater als Hauptmann nach der großen schlesischen Festung Glogau versetzt, wo man in der Topfstraße 70 eine recht große geräumige Wohnung bezog, deren dunkle Gänge und Korridore mancherlei Anlaß zu Gespenstergeschichten gaben. Hindenburg besuchte hier die Bürgerschule und darauf das Gymnasium. Damals lebte die Großmutter Schwickart im Hause, die dem Knaben vom Siebenjährigen Krieg und ihren Erinnerungen an die Kriege von 1806 und 1813 erzählen mußte. Es stand für ihn fest, daß es nur einen Beruf gab, den des Offiziers. Auffällig waren seine Gutmütigkeit und Hilfsbereitschaft. In Glogau verblieb er bis zur Quinta auf dem Gymnasium, dann nahte der Ernst des Lebens. Der zukünftige Offizier sollte Kadett werden, das Kadetten-Korps war damals die bevorzugte Bildungsstätte für die Söhne des armen Adels, dessen höchster Stolz es war, daß er seine Söhne dem König gab.

1859 kam er auf die Kadetten-Anstalt Wahlstatt im Landkreis Liegnitz, die in einem ehemaligen Benediktinerkloster untergebracht war. Hier war historischer Boden, nicht nur weil die Türme der schönen Barockkirche des alten Klosters von dem kulturellen Reichtum Schlesiens und dem Kunstsinn der Benediktiner-Chorherren erzählten. Bei Wahlstatt war im Jahre 1241 die große Mongolenschlacht geschlagen, unweit vom Ort lag ferner das Schlachtfeld an der Katzbach, wo Blücher am 26. August 1813 den französischen Marschall Macdonald vernichtend geschlagen hatte. Den Fürsten-Titel, den ihm der König nach dem Krieg verliehen hatte, führte er nach dem Dorfe Wahlstatt.

Den damals zwölfjährigen Paul v. Hindenburg muß so etwas wie das Bewußtsein überkommen sein, daß er nun bereits von Elternhaus und selig unbeschwerter Kindheit für immer Abschied nahm, als ihn der Vater bis ans Tor der Kadetten-Anstalt geleitete. Die Tränen kamen ihm, er unterdrückte sie indes, weil ihm einfiel, daß einem jungen Soldaten das Weinen nicht wohl anstand. Er war damals körperlich durchaus nicht sehr kräftig, mehrfach hatten Krankheiten die Entwicklung unterbrochen, den Schulbesuch verhindert. Als er das Elternhaus verließ, hatte er ein regelrechtes Testament gemacht, seine Spielsachen verteilt und seinem Bruder aufgetragen, fortan einem armen Klassenkameraden jeden Tag eine Semmel zu geben, wie er es bislang getan. Am bezeichnendsten war der Schlußsatz dieses Kindertestamentes: „Ruhe und Frieden bitte ich mir für immer aus." Das Abgangszeugnis, das ihm das Glogauer Gymnasium mit auf den Weg gab, war nicht sonderlich gut. Der Fleiß wurde früher als gut, jetzt als nachlassend bezeichnet, beim Betragen rügten die Lehrer eine gewisse „Plauderhaftigkeit", die Leistungen in Religion, Französisch und Latein galten als hinreichend, im Rechnen genügte er nicht den Ansprüchen, nur im Deutschen hatte er eine gute Note. Die Vorgesetzten im Kadetten-Korps fanden zunächst auch keinen Anlaß, die Leistungen des jungen Hindenburg in den Wissenschaften besonders zu loben. Obendrein war er mehrfach wieder ernstlich krank.

Die Schule des Kadetten-Korps, in die der preußische Landadel damals seine Söhne gab, war geistig nicht sehr anspruchsvoll, war rauh und hart. Der junge Hindenburg empfand sie manchmal als sehr rauh, aber er mahnte doch den jüngeren, weniger soldatisch begeisterten Bruder, er werde hoffentlich den „Geheimrat und Gutsbesitzer" fahren lassen und Vorliebe für den Soldatenstand gewinnen. Die Verhältnisse in Wahlstatt waren möglicherweise noch kärglicher als anderswo, in seinen Briefen klagte der kleine Kadett bisweilen sogar, nachts habe er vor Wanzenbissen nicht schlafen können. Bei der sehr ärmlichen Verpflegung spielten die von Hause gesandten „Freßpakete" unter den Kadetten eine große Rolle. Für die Kameradschaft und die sich entwickelnden Freundschaften war ausschlaggebend, wer mit wem „Freßkontrakt" hatte, das heißt den Inhalt der Pakete brüderlich teilte. Es ist hier nicht der Ort, über Vorzüge und Nachteile dieser Erziehung zu streiten. Hindenburg hat sie trotz der eigenen bitteren Erfahrung auch später stets als einen Vorzug empfunden. Aus diesem Bildungsgang resultierte freilich auch seine Abneigung, ja Gegnerschaft gegen jede humanistische Bildung, gegen die alten Sprachen als Grundlage der Erziehung zu klassischem Empfinden. Diese Schule machte jedenfalls den jungen Offiziersnachwuchs hart gegen sich selbst, sie vermittelte ihm nur in beschränktem Umfang geistige Werte, aber sie genügte im großen ganzen noch für den Offiziersnachwuchs, den die Zeit verlangte. Sie erzog eine Generation, die an Entbehrungen gewöhnt war und die das einzige Äquivalent dafür im Vorrecht erblickte, dermaleinst den Rock des königlichen Offiziers tragen zu dürfen und damit dem ersten Stand im Staate anzugehören. Nur selten gab es Urlaub, Reisen mit der Postkutsche ins elterliche Haus nach Glogau oder noch seltenere umständliche Reisen mit den Eltern nach Neudeck. Immerhin hatte Hindenburg das Glück, in dem Premierleutnant v. Wittich, den er in der Sexta in Wahlstatt und in der Selekta in Berlin hatte und dem er später im Generalstab wieder begegnete, einen Lehrer zu finden, der den Kadetten früh an Beispielen aus dem gerade in Oberitalien sich abspielenden österreichisch-französischen Krieg die Kriegsgeschichte verdeutlichte und so lebhaften historischen Sinn und historisches Verständnis zu wecken wußte. In seinen Denkwürdigkeiten schrieb er später über den Geist, in dem er erzogen worden war: „Es war etwas von dem Yorckschen Geist in dieser Erziehung, ein Geist, der so oft von oberflächlichen Beurteilern falsch aufgefaßt worden ist. Gewiß war Yorck gegen sich wie gegen andere ein harter Soldat und Erzieher, aber er war es auch, der für jeden seiner Untergebenen das Recht und die Pflicht freien, selbstständigen Handelns forderte, wie er diese Selbstständigkeit gegen jedermann zum Ausdruck brachte. Der Yorcksche Geist ist daher nicht nur in seiner militärischen Straffheit, sondern auch in seiner Freiheit einer der kostbarsten Züge unseres Heeres gewesen.“ Dieser Gedankengang zog sich später wie ein roter Faden nicht nur durch vielerlei Äußerungen vor der Truppe, vor Offizieren, im Grunde bewahrte er ihn sich auch im hohen Alter noch als Reichspräsident, wo so viel von der inneren Unabhängigkeit des Urteils abhing. Als Feldmarschall pflegte er manchmal zu sagen: „Es ist das Recht des Offiziers, vor seinen Leuten sterben zu dürfen.“ Auch das war ein Wort, das Yorck geprägt haben könnte.

Es war die Zeit, in der in Preußen das Leben des Romantikers

Friedrich Wilhelm IV. verlosch, in der sein Bruder Prinz Wilhelm von Preußen während der schweren geistigen Erkrankung des Königs die Regentschaft führte, in der zwischen Königshaus, Ministerium und Landtag der jahrelange erbitterte Kampf um die Heeresvermehrung tobte, in der Bismarck schließlich als Ministerpräsident berufen wurde und den Konflikt zwischen Krone und Parlament über die Heeresreform unblutig zu Gunsten von Monarchie und Armee entschied. Eine Parade vor dem Thronerben, dem Prinzen Friedrich Wilhelm von Preußen, dem nachmaligen Kaiser Friedrich, hinterließ tiefen Eindruck bei dem jungen Hindenburg. Im April 1863 kam er auf die Hauptkadettenanstalt in der Neuen Friedrichstraße in Berlin. In der Hauptstadt lebte damals von Verwandten die Großtante Albertine Kniffka, die sich seiner annahm. In ihrem Hause verkehrten auch die Vettern v. Weiler, Söhne einer Tante, Auguste Schwickart, die einen Herrn v. Weiler geheiratet hatte. Manchmal kamen die Eltern zu Besuch, der Vater nahm im gleichen Jahr den Abschied und zog nach Neudeck. Bisweilen wurden die Kadetten zu Pagendiensten bei Hofe verwendet, Hindenburg wurde Leibpage der Königin-Witwe Elisabeth, der Gemahlin Friedrich Wilhelms IV. Eine goldene Taschenuhr, die ihm die Fürstin schenkte, bewahrte er sein Leben lang. In diesen Jahren festigte sich sein unerschütterliches monarchisches Empfinden, als er den schlichten und doch von einer großen Tradition getragenen Stil des Hofes der Hohenzollern kennenlernte.

1864 brach über der Frage des Schicksals der schleswig-holsteinischen Herzogtümer der Krieg gegen Dänemark aus, noch war Hindenburg zu jung, um ins Feld zu gehen, neidvoll sah er auf drei Kameraden, die das Korps verließen, um als Offiziere auszurücken. 1865 wurde er in die Selekta des Kadetten-Korps versetzt, die höchste Klasse, deren sorgfältig ausgewählte Zöglinge das Vorrecht genossen, sogleich nach dem Fähnrichsexamen als Offizier, ohne die sonst übliche Dienstzeit als Fähnrich, in die Armee eintreten zu können.

Am 7. April des Jahres 1866 wurde Paul v. Hindenburg als Seconde-Leutnant in das 3. Garde-Regiment zu Fuß übernommen, das erst im Zug der großen Heeresvermehrung seit 1860 aufgestellt worden war und Danzig als Garnison erhalten hatte. Als er in seiner ersten Garnison eintraf, lag bereits ein Befehl vor, für den Fall der Mobilmachung die Mannschaftsbestände zu vervollständigen. Die so lange lastende Spannung zwischen Preußen und Österreich, der alte Rivalitätsstreit zwischen Hohenzollern und Habsburgern über die Vormacht in Deutschland, drängte zur Entscheidung. Bezüglich des preußisch-dänischen Krieges von 1864, meinte Hindenburg später in seinen Denkwürdigkeiten, hätten sich die Kadetten noch keinerlei Gedanken über die politischen Hintergründe gemacht. 1866 seien sich auch die jungen Offiziere jedoch sehr wohl der Größe und Bedeutung des Entscheidungskampfes um die Vormacht im Reich bewußt gewesen. Der drohende Krieg gegen Österreich habe Erinnerungen an Friedrichs des Großen schlesische Kriege geweckt, jedoch sei von irgendwelchem Haß gegen die stammverwandten Österreicher keine Rede gewesen.

Bald darauf erfolgte die Mobilmachung, das Regiment kam nach Potsdam und marschierte darauf im Rahmen des Garde-Korps in Böhmen ein. Im Gefecht bei Soor empfing der junge Secondeleutnant am 28. Juni 1866 seine Feuertaufe, auf dem gleichen Boden, auf dem einst am 30. September 1745 Friedrich der Große seine Grenadiere zum Sieg über die österreichischen Weißröcke geführt hatte. Hindenburg war damals Führer des 1. Schützenzuges 5. Kompanie II. Bataillon des 3. Garde-Regiments zu Fuß. Nach dem nicht sehr aufregenden Gefecht schrieb er über seine Eindrücke nach Haus und schilderte ganz in friderizianischem Stil seine Empfindungen, die Freude, endlich Pulver zu riechen, ein flüchtig banges Zagen, ob man auch seine Pflicht gut tuen würde, die Erlösung, welche die ersten heransausenden Kugeln brachten, ein Gebet, der Gedanke an die Lieben daheim und dann ein barsches „Vorwärts Marsch!“ ...

Am 3. Juli 1866 begann, von Moltke, dem Meister des preußischen Generalstabs, glanzvoll entworfen, die Schlacht bei Königgrätz, welche die Entscheidung des ganzen Feldzuges brachte. Der junge Garde-Leutnant stürmte mit seinem Zug eine gerade zwischen den Dörfern Chlum und Nedelist abprotzende österreichische Batterie. Eine Kugel, die den blinkenden Helm durchschlug und ihn am

Kopf streifte, warf ihn für einen Augenblick bewußtlos nieder, er erholte sich rasch, seine Leute nahmen fünf Geschütze, drei andere konnten noch wieder aufprotzen und in gestrecktem Galopp entkommen. Mit dem Halb-Bataillon, zu dem sein Zug gehörte, kam er im Lauf des Tages dann in den schweren Häuserkampf mit österreichischer Infanterie im brennenden Dorfe Rosberitz. Eigentlich war der Sieg des Tages der genialen Vorausschau Moltkes zu danken, der zum ersten Mal die Mittel der sich entfaltenden Technik, Eisenbahn und Telegraph, für den Aufmarsch und die Nachrichtenübermittlung auszunutzen gewußt hatte. In technischer Hinsicht war auch die preußische Infanterie mit ihrem damals modernen Zündnadelgewehr den altmodischer bewaffneten und fechtenden Österreichern überlegen. Doch der junge Leutnant bewahrte viel eher die sozusagen friderizianischen Eindrücke der Schlacht ein Leben lang im Gedächtnis. Der Tag, aus regenschwerem Nebel aufsteigend, umweht von den Blitzen und dem Gewölk der beiderseitigen Artillerielinien, endend im Flammenschein des brennenden Rosberitz mit seinen prasselnd zusammenstürzenden Stroh-Scheuern und den verzweifelt sich wehrenden Weißröcken blieb so für immer in seiner Erinnerung, nahm noch in seinen nach dem ersten Weltkrieg erschienenen Denkwürdigkeiten einen sehr breiten Platz ein. Die Erlebnisse in den deutschen Einigungskriegen formten den Menschen wie den Soldaten.

Königgrätz brachte den Sieg nicht nur auf dem Schlachtfeld, sondern auch im Krieg, wie Moltke es während der Schlacht richtig dem alten König Wilhelm prophezeit hatte. Am 20. September 1866 kehrte die Garde aus Böhmen nach Berlin zurück und marschierte durchs Brandenburger Tor die Linden entlang zum Opernplatz. Hindenburg erhielt seine erste Auszeichnung, den Roten Adler-Orden 4. Klasse mit Schwertern.

Dem 3. Garde-Regiment zu Fuß wurde die bisherige Hauptstadt des zu Preußen gekommenen Königreichs Hannover als neue Garnison zugewiesen. Die Situation war hier nicht immer einfach, viele Hannoveraner hielten noch Jahrzehnte hindurch dem abgesetzten König Georg V. aus dem Welfenhause, der an der Seite des Kaisers gefochten hatte, die Treue. Hindenburgs Kompaniechef v. Seel, dem er ein Leben lang dankbares Andenken als Erzieher bewahrte, wußte indes den Takt und das Geschick zu rühmen, mit dem sich der junge Offizier auf dem schwierigen Parkett bewegte. Er selbst ward in die heimliche Auseinandersetzung zwischen Welfentreue und Preußentum verwickelt. Ein junges, sehr reizvolles Mädchen kreuzte seinen Weg, das sein Herz in den Bann schlug, Irmengard v. Rappard, die Tochter des Oberstleutnants v. Rappard auf Haus Sögeln im Kreis Bersenbrück, eine Verwandte der Frau v. Rappard in Pinne. Die Mutter des jungen Mädchens, eine v. Holtzenberg, war die Tochter eines Adjutanten des vertriebenen Königs. Sie war starre Welfin und sah anfangs die Werbung des preußischen Offiziers nicht gern, fügte sich jedoch schließlich, um dem Glück der Tochter nicht im Weg zu stehen. Auf dem alten Edelsitz Haus Sögeln, einem Wasserschloß an der Hase, einem Nebenfluß der Ems, wurde Verlobung gefeiert. Hindenburg weilte hier gern, er zeichnete hier viel, wobei sich ein beträchtliches Talent enthüllte. Leider ist von den Landschaften, die damals entstanden, nichts mehr erhalten, ebensowenig von Karikaturen, die er mit seinem feinen Sinn für Humor vortrefflich zu entwerfen und bisweilen auch mit heiteren Versen im Stile Wilhelm Buschs zu versehen wußte. Es zeigte sich, daß er beileibe nicht so eng geartet war, wie die rauhe Kadettenschule wohl vermuten lassen konnte. Ein großes Glück schien ihm zu winken.

Dann kam der preußisch-französische Krieg des Jahres 1870, der Kampf um die Vormacht in Europa. Hindenburg ging als Adjutant des I. Bataillons seines Regiments ins Feld. Er sollte seine junge Braut nicht wiedersehen. Sie war immer kränklich gewesen. Am 27. April 1871 starb sie an galoppierender Schwindsucht, im Alter von 18 Jahren.

Das preußische Garde-Korps, das der Herzog August von Württemberg kommandierte, kam erst bei Mars-la-Tour ins Feuer, wo am Vortag, dem 16. August 1870, ein Vetter Hindenburgs, der für hochbegabt geltende Rittmeister Paul v. Beneckendorff u. v. Hindenburg von den 2. Garde-Dragonern, bei einer Attacke gefallen war. Übrigens fielen in diesem Krieg auch zwei Vettern van Baren als preußische Offiziere. Am 18. August marschierte das 3. Garde-Regiment zu

Fuß im Verband der 1. Garde-Brigade nach Doncourt und entwikkelte sich an der Chaussee von St. Marie nach St. Privat zum Sturmangriff auf das stark ausgebaute und zäh verteidigte St. Privat, wo bereits die 4. Garde-Brigade im mörderischen Feuer der französischen Infanterie und Artillerie zusammenzubrechen drohte. Das Dorf schien frontal uneinnehmbar, Hindenburg erkundete in der Flanke und veranlaßte die Besetzung des nicht vom Gegner gesicherten Dorfes Roncourt. Am Abend stürmte die 1. Garde-Brigade unter schwersten Verlusten St. Privat, beim 3. Garde-Regiment waren 36 Offiziere und 1.064 Mann tot oder verwundet. Der Kommandeur des I. Bataillons, Major v. Seegenberg, übernahm als einziger unverwundet gebliebener Stabsoffizier die Führung des Regiments und nahm seinen Adjutanten, den Premier-Leutnant v. Hindenburg, mit in den Regimentsstab.

Die Schlacht bei Sedan, die mit der Gefangennahme des Kaisers Napoleon III. und einer französischen Armee endete – ein neuer Triumph Moltkescher Strategie – erlebte der neue Regimentsadjutant nur als Zuschauer auf den Höhen östlich des Givonne-Grundes, wo die Garde-Artillerie aufgefahren war, sein Regiment wurde nicht eingesetzt. Auch der junge Premier-Leutnant empfand das Überwältigende dieses Sieges, die Einschließung einer ganzen Armee in freiem Felde. Als er die Nacht auf dem Schlachtfelde verbrachte, wollte sein Herz überquellen vor Freude und Stolz.

Aber der Krieg ging mit der Gefangennahme des Kaisers nicht zu Ende, wie die meisten preußischen Offiziere, auch Hindenburg, gewähnt hatten. In Frankreich brach Revolution aus, ein Volkstribun des neuen heraufziehenden Massenzeitalters, Gambetta, peitschte die Massen zu neuer Kraftanstrengung auf, eine nationale Begeisterung entfachend, die Hindenburgs Bewunderung erregte. Die Garde nahm an der Einschließung von Paris teil. Zeitweilig war der Stab des 3. Garde-Regiments in Villers-le-Bel, dem Schlößchen des bekannten französischen Malers Thomas Couture, untergebracht, den man den „französischen Veronese" nannte und der auch manchen Deutschen unter seinen Schülern gehabt hatte. Hindenburg interessierte sich auf Grund seiner eigenen zeichnerischen Neigungen lebhaft für die

Schöpfungen des Meisters und hatte manch anregendes Gespräch mit ihm.

Der Krieg währte den Winter 1870/71 hindurch, Paris harrte noch immer aus. Im Spiegelsaal des Schlosses von Versailles fand am 18. Januar 1871 die Proklamation des preußischen Königs zum Deutschen Kaiser statt, die Krönung des Werkes der Einigung des Reiches durch Bismarck. Mit einem Sergeanten nahm Hindenburg als Vertreter seines Regiments an der Feier teil. Es war einer der größten Augenblicke seines Lebens, doch für seine strenge Bindung an Preußen blieb es charakteristisch, daß er sich stets in erster Linie als Altpreuße fühlte, als Diener des „Roi de Prusse“, daß für ihn immer „sein König“ vor dem Deutschen Kaiser rangierte.

Am 26. Januar 1871 kapitulierte Paris, zwei Tage später schloß Frankreich einen Waffenstillstand ab. Die preußische Garde blieb noch in Frankreich. Abermals waren die Eindrücke unvergeßlich, Hindenburg ritt nach Paris hinein, auf dem Rennplatz von Longchamps defilierten die Garderegimenter vor dem neuen Deutschen Kaiser, dem so ehrwürdigen greisen König Wilhelm von Preußen. Dann brach in Paris der Kommune-Aufstand aus. Der Regimentsadjutant des 3. Garde-Regiments zu Fuß sah die Zuchtlosigkeit, die wilden Ausschreitungen, hörte von den schweren Kämpfen der Regierungstruppen gegen die Kommunarden. Die sozialen Probleme, die solchen Ausbruch der Volkswut beschworen hatten, waren ihm ganz fremd. Das preußische Offizierskorps der Jahre 1870/71, karg und hart erzogen, noch höchst einheitlich zusammengesetzt und völlig in der Idee altüberkommener Vasallentreue zum König lebend, hatte einstweilen kaum klare Vorstellungen von den Problemen, die das neue Zeitalter der Technik und der Massen, die Herrschaft des Industrialismus, bald auch in der eigenen Heimat heraufführen sollte. Sozialismus und Kommunismus blieben auch später Hindenburg lange ganz einfach unverständlich fremd. Noch in seinen 1919 verfaßten Denkwürdigkeiten stellt er nur gelassen bei der Erzählung vom Kommune-Aufstand fest, das „bolschewistische Weltverbesserungsverfahren“ könne nicht einmal Anspruch auf Originalität erheben.

Anfang Juni 1871 kehrte die Garde aus Frankreich nach Berlin zurück. Abermals, diesmal vom Tempelhofer Feld kommend, marschierte sie als Sieger durch das Brandenburger Tor, in ihren Reihen ritt der Regimentsadjutant Premier-Leutnant Paul v. Hindenburg im dunkelblauen Waffenrock mit blinkender Pickelhaube, seit St. Privat mit dem Eisernen Kreuz dekoriert. Seine Erinnerungen, dem privaten Erleben meist ganz abhold, verraten nichts davon, ob sein Herz ganz von dem soldatischen Stolz des Siegers erfüllt war, ob nicht die Wunde heimlich blutete, die der Tod der so schönen und feinsinnigen jungen Verlobten hinterlassen. In den Denkwürdigkeiten schließt er das Kapitel „Im Kampf um Preußens und Deutschlands Größe" mit der schmerzerfüllten Feststellung ab, daß es ihm nicht vergönnt gewesen sei, ein drittes Mal als Sieger durch das Brandenburger Tor heimzukehren, einen Wunsch, den er um seines Kaisers und Königs und des Vaterlandes willen aus tiefstem Herzensgrund gehegt habe.

Der junge Offizier hatte den Aufstieg Preußens zur Vormacht des Reiches und Deutschlands Einzug in die Reihe der Großmächte erlebt, das Werk des größten Staatsmannes und des größten Feldherrn der jüngeren deutschen Geschichte, Bismarcks und Moltkes, die das Glück gehabt hatten, in König Wilhelm einen Monarchen von stiller Weisheit und ausgleichenden Gaben zu finden. Der preußische Generalstab und das deutsche Heer galten fortan in der ganzen Welt als vorbildlich. Die Staatskunst Bismarcks sicherte dem jungen Deutschen Reich, das rings von Mächten umgeben war, die seinen Aufstieg mit Mißtrauen verfolgten, für Jahrzehnte den Frieden. Es war ebensosehr eine Periode des Glanzes wie eine Ära verborgener innerer Spannungen, wie sie im Kulturkampf und im Sozialistengesetz zu Tage traten, und die Zeit eines gewissen Stillstandes gerade für die Armee und den Generalstab. In diese Periode des Stillstandes fiel Hindenburgs Eintritt in den Truppen- und den höheren Generalstabsdienst. Er gehörte zur jüngeren Offiziersgeneration, die in der Ausarbeitung neuer Vorschriften um die Überwindung des Stillstandes, des Ausruhens auf den Lorbeeren von 1866 und 1870, rang. Aber er wurde auch in den vierzig Friedensjahren nach 1870 alt, sie umschlossen seine militärische Laufbahn. Er stieg auf als Glied eines riesigen, wohlfunktionierenden Organismus, stieg auf in einer Welt, die noch in festgefügten Lebens- und Ehranschauungen wurzelte, obwohl rings die Mächte der neuen Zeit sich regten, Liberalismus, Industrialismus, Sozialismus, Mächte, die das patriachalisch-feudale Gefüge Altpreußens allmählich, aber unmerklich aushöhlten. Gewiß war nichts prometheisch Auffälliges an ihm, und doch erwarb er sich als Generalstabsoffizier in diesen Jahren die höchste Qualifikation, die es geben konnte.

1873 kam er für drei Jahre auf die Kriegsakademie, um sich auf den Dienst im Generalstab vorzubereiten. Er fand hier ausgezeichnete Lehrer, den Major Wilhem v. Scherff, der zuvor Abteilungschef im Großen Generalstab gewesen und in den Jahren 1876 bis 1879 als Interpret Moltkescher Strategie sein zweibändiges Werk über die Kunst der Truppenverwendung als Vorschule der Führungskunst schrieb, den vielgenannten Militärschriftsteller Major Wilhelm Blume, der 1870 Moltkes Mitarbeiter im Großen Generalstab gewesen war und in einer grundlegenden Arbeit das Verhältnis von Armee und Volk im Zeitalter der Französischen Revolution untersucht hatte, seinen einstigen Kadettenerzieher Oberst v. Wittich, die Historiker Heinrich v. Treitschke und Alexander Duncker, den nachmals als Danteforscher berühmt gewordenen Hauptmann Pochhammer. Letzterem, der über Befestigungskunst vortrug, fiel der junge Hindenburg zunächst dadurch auf, daß er, da ihn das Gebiet wenig interessierte, sich oft damit beschäftigte, taktische Aufgaben, welche er sich selbst gestellt, unbekümmert um den Vortrag auf der Karte zu lösen. Aber gelegentlich einer abschließenden Übung über Feldbefestigungen, die gemäß der angewandten kriegsgeschichtlichen Methode auf dem Schlachtfeld von Großbeeren abgehalten wurde, notierte Hauptmann Pochhammer auch die souveräne Ruhe, mit der der junge Offizier die ihm zugedachte Aufgabe als Stabschef der französischen Partei löste. Unter den Kameraden auf der Kriegsschule fanden sich der spätere General und berühmte Militärschriftsteller Friedrich v. Bernhardi und der nachmalige Feldmarschall v. Eichhorn. Mit Bernhardi verbanden ihn freundschaftliche Beziehungen. Aus der Hannoveraner Zeit rechnete der nachmalige Generalleutnant Arthur v. Lobell, der Bruder des späteren preußischen Staatsministers, zu seinen besten Freunden. Des öfteren wurde er beim Prinzen Alexander von Preußen zu Gast gebeten, bei dem sich neben Offizieren und Hofleuten auch zahlreiche Männer aus Kunst und Wissenschaft einzufinden pflegten. Ab und zu war der junge Offizier auch Gast in der berühmten Tafelrunde des Generalfeldmarschalls Prinzen Friedrich Karl von Preußen im Schloß Dreilinden, der ein Vetter, der spätere General Konrad v. Hindenburg, zurechnete. Der Prinz, einer der überragendsten und geistvollsten Soldaten, die das Haus Hohenzollern hervorgebracht hat, versammelte neben bewährten Männern wie dem früheren Kriegsminister Grafen Roon gern die aufgeschlossensten Geister des jüngeren Offizierkorps um sich, so den späteren Chef des Großen Generalstabes, Graf Waldersee, und den nachmaligen Generalfeldmarschall Grafen Haeseler. Den Geist, den er dem Offizierkorps einhauchen wollte, kennzeichnet sein Wort gegenüber einem allzu beflissenen Stabsoffizier, er sei Stabsoffizier geworden, damit er wisse, wann er nicht zu gehorchen habe.

Er verließ die Kriegsakademie mit einem vorzüglichen Abgangszeugnis. Nach dem Zensurbuch der Kriegsakademie hatte er im II. Coetus 1874/75 in Taktik „Vorzüglich, belobt I“, in permanenter Befestigung „Sehr gut“, in Kriegsgeschichte „Sehr gut“, in Militair-Geographie „Vorzüglich, belobt I“, in der Geländeaufnahme-Theorie „Gut“, Praxis „Sehr gut“, in Geschichte „Sehr gut“. Im III. Coetus 1875/76 lauteten die Zensuren: Festungskrieg „Gut“, Generalstabsgeschäfte „Vorzüglich“, Kriegsgeschichte „Vorzüglich, belobt I“, Militair-Gesundheitspflege „Sehr gut“, Militair-Recht „Gut“, Geschichte „Sehr gut“, Übungsreise „Vorzüglich“, Führung „Musterhaft“. Das Endresultat war „Sehr gut“. Unter Bemerkungen stand: „Ein selbständiger schneidiger Charakter von großer Befähigung und sicherem militairischem Blick. Wird überall Vortreffliches leisten und eignet sich vorzugsweise für eine Kommandierung zum Generalstab.“

Nach kurzer Dienstzeit bei seinem alten Regiment wurde er 1877 zum Großen Generalstab kommandiert und kam als jüngster Generalstabsoffizier zum Generalkommando des II. Armee-Korps in Stettin. Kommandierender General war dort der General der Kavallerie Hann v. Weyherrn, Chef der Stabes Oberst v. Petersdorff. Gestützt auf das Genie des greisen Generalfeldmarschalls Graf Moltke genoß der Generalstab damals ein geradezu mystisches Ansehen. Die Generalstabsausbildung sollte einheitliche Führungsprinzipien gewährleisten, Persönlichkeit und individuelles Handeln des einzelnen Generalstabsoffiziers durften dabei vor der Öffentlichkeit nicht in Erscheinung treten, er hatte im Stillen zu wirken. Hindenburg schrieb später nüchtern, der Generalstabsdienst sei keine Geheimwissenschaft, er beruhe auf der Anwendung des gesunden Menschenverstandes auf den jeweils vorliegenden Fall. Charakteristischerweise betonte er die Notwendigkeit gewissenhafter Kleinarbeit neben dem hohen Flug der Gedanken, wobei er selbst bekannte, er habe diese Kleinarbeit zunächst enttäuschend gefunden, habe sie jedoch um der Sache willen schätzen und lieben gelernt. Graf Schlieffen, später Hindenburgs Abteilungschef im Generalstab, sagt dazu in seiner Studie über den Feldherrn: „Wenn der angehende Feldherr sich auf seine göttliche Berufung, sein Genie, die Unterstützung und den Schutz einer höheren Macht allein verläßt, wird es schlecht mit seinem Siege bestellt sein. Durch angestrengte Arbeit wird er sich auf seinen hohen Beruf vorbereiten, seine Geistes- und Verstandeskräfte zur Klarheit durchringen müssen ..."

Während der drei Jahre, die er Dienst in Stettin tat, vermählte er sich hier mit Wilhelmine Gertrude v. Sperling, der Tochter eines kurz nach dem Kriege von 1870/71 verstorbenen Generals, der 1870 als Stabschef der 1. Armee sich der höchsten Wertschätzung Moltkes erfreut hatte. Auch die Mutter Wilhelmine Gertrudes war die Tochter eines Generals. Seit Irmengard v. Rappard war Wilhelmine Gertrude v. Sperling die erste Frau, die sein Herz wieder fesselte. Sie wirkte lebhafter, aufgeschlossener und beweglicher als der oftmals schwerblütig und wortkarg erscheinende Mann. Vielleicht wurde die Ehe gerade infolge dieser Gegensätzlichkeit der Charaktere so außergewöhnlich glücklich. Das erste Kind, eine Tochter, nannten beide nach der Verlobten der Jugend Irmengard. Es folgten ein Sohn, der tot zur Welt kam, zum tiefen Schmerz der Eltern, ein zweiter Sohn, Oskar, und eine Tochter, Annemarie.

1881 wurde der Hauptmann v. Hindenburg als I. Generalstabsoffizier (Ia) zur 1. Division nach Königsberg in Ostpreußen versetzt. Sein Divisionskommandeur war anfangs noch der Generalleutnant v. Nachtigall, an dessen Stelle sehr bald jedoch ein berühmter Mann trat, der entscheidenden Einfluß auf Hindenburg gewann, der Generalleutnant Julius v. Verdy du Vernois, 1870 einer der engsten Mitarbeiter Moltkes im Generalstab, Verfasser eines vielbeachteten, 1873 erschienenen Werkes über Truppenführung. Verdy du Vernois war nicht nur ein guter Kenner der großen Schlachten der Einigungskriege, sondern besaß auch politische Erfahrungen und Kenntnisse. 1863 hatte er als preußischer Vertreter im Stabe des russischen Oberkommandierenden die Operationen gegen die Aufständischen in Polen mitgemacht. Dazu war er der Schöpfer der Methode, Taktik nach angewandten kriegsgeschichtlichen Beispielen zu lehren. Er lernte rasch den klaren, durchdringenden, soldatischen Verstand, die Akkuratesse, die unermüdliche Arbeitskraft und die seelische Ausgeglichenheit seines Ia schätzen und gab ihm eine glänzende Beurteilung. Der Dienst als Generalstabsoffizier in Ostpreußen schärfte den Blick für die Probleme des Ostens. Als Hindenburg einmal mit seinem ersten Divisionär Nachtigall bei einer Übungsreise an der Grenze nach Rußland stand, fiel seine Bemerkung, man müsse sich nur vor Augen rufen, daß die nächste Grenze erst China sei! Das zeigte den weiten, raumumspannenden Blick. Zwei Korps-Generalstabsreisen, welche der Stabschef des I. Armee-Korps in Ostpreußen, Oberst v. Bartenwerffer, leitete, enthüllten noch mehr. Bei der einen Reise wählte Hindenburg bei der ihm gestellten Aufgabe die gewagte Lösung eines Rechtsabmarsches in die Flanke des Gegners. Bartenwerffer tadelte anfänglich die Lösung als zu kühn, gab ihrem Verfechter bei der Schlußbesprechung indes recht. Zwei Teilnehmer an dieser Reise, die späteren Generale v. Katzler und v. Stangen, unterhielten sich darüber, Katzler meinte schließlich von Hindenburg, er sei doch der Klügste.

1884/85 war Hindenburg kurze Zeit Kompaniechef im Infanterie-Regiment 58 in Fraustadt in Posen, dem Bereich, der neben Neudeck seine Heimat war. Der Kernpunkt der Generalstabsausbildung war der stete Wechsel zwischen Stabs- und Truppendienst. 1885 wurde er in den Großen Generalstab versetzt und kam nach Berlin in die „große Bude", das neue Generalstabsgebäude neben dem Reichstag am Königsplatz. Als Major tat er Dienst unter zwei der bedeutendsten Abteilungschefs, dem Oberst Max Vogel v. Falckenstein, dem Sohne des so eigenwilligen Armeeführers im Main-Feldzug von 1866 und dem Oberst Alfred Graf v. Schlieffen, dem späteren Chef des Generalstabes in den Jahren von 1891 bis 1905. Hindenburg war an der Ausarbeitung der neuen Felddienstordnung, der Vorschrift über Führung und Ausbildung gemischter Truppenverbände, beteiligt. Es war nun schon die Periode, wo der nach 1870 herrschende Stillstand neuem regem Leben im Generalstab Platz machte, die Ära, in der der Stellvertreter des greisen Moltke, der Generalquartiermeister Graf Waldersee, mehr und mehr die Führung übernahm.

In dem Qualifikationsbericht, den Oberst Graf Schlieffen am 1. Januar 1887 über Hindenburg abgab, hieß es wörtlich: „Major v. Hindenburg ist ein vortrefflicher Generalstabsoffizier, der sich durch lebhaftes Interesse für den Dienst, rege Tätigkeit und fördernde Einwirkung auf junge Offiziere in vorteilhaftester Weise bemerkbar macht. Er ist von ernstem und energischem Charakter, scharfem Verstande und schneller Auffassung. Seine Formen sind durchaus angemessen." Graf Waldersee bemerkte als Generalquartiermeister dazu handschriftlich: „Einverstanden. Major v. Hindenburg ist ein hervorragend tüchtiger Generalstabsoffizier und eignet sich schon jetzt zum Chef des Generalstabes." Moltke selbst setzte ein „Einverstanden" darunter. Am 1. Januar 1888 erstattete Graf Schlieffen einen zweiten, fast gleichlautenden Qualifikationsbericht. Der Zusatz Waldersees lautete diesmal: „Einverstanden. Major v. Hindenburg eignet sich zum Chef des Generalstabes." Moltke zeichnete wieder mit einem schlichten „Einverstanden". Damit war Hindenburg als künftigem Generalstäbler die Qualifikation für die höchsten Dienststellen zugebilligt. Von Moltke gibt es ein Urteil aus dem Jahre 1889 über Hindenburg, wo er gegenüber dem schwedischen Militärattaché Frederik v. Rappe bemerkte: „Hindenburg ist von einem so gesegneten Eigensinn, daß er sich nie bewegen läßt, seinen Willen einem anderen zu fügen oder etwas anderes zu tun, als er selbst will. Ich habe für meinen Teil gefunden, daß er das, was er will, ausgezeichnet gut ausführt. Deshalb lasse ich ihn gewähren. Ob aber mein Nachfolger eben solche Rücksichten übt, ist nicht sicher ..."

1886 sah der Major v. Hindenburg auf einem Übungsritt zum ersten Mal den jungen Erben der Krone, den Prinzen Wilhelm von Preußen, der schon zwei Jahre später Kaiser werden sollte. 1887 nahm der Prinz an einem Kriegsspiel im Generalstab teil, bei dem Hindenburg die russische Partei führte, die Ostpreußen bedrohte. Der Führer der deutschen Armee, die die Provinz decken sollte, war der Oberstleutnant Max v. Prittwitz und Gaffron, ein Vetter seiner Frau – wahrlich, in Anbetracht der späteren Ereignisse – ein seltsames Spiel des Zufalls.

1888 schloß der greise Kaiser Wilhelm I. seine Augen für immer, jener Fürst, in dem Hindenburg sein Leben lang die idealste Verkörperung des Monarchentums erblickte. Er gehörte zu den Offizieren, die im Dom die Totenwache hielten. Der Sohn und Nachfolger, Kaiser Friedrich III., war bereits ein todkranker Mann, er starb nach wenigen Monaten an einem qualvollen Krebsleiden. Major v. Hindenburg befand sich mit dem Generalstab auf einer Übungsreise in Ostpreußen, als die Todesnachricht eintraf. In Gumbinnen wurden die Generalstabsoffiziere auf den neuen Herrn, Kaiser Wilhelm II., vereidigt.

Es waren arbeitsreiche Jahre. Hindenburg tat nicht nur im Generalstab Dienst, sondern war gleichzeitig auch Ia des III. Armee-Korps in Berlin und Taktiklehrer an der Kriegsakademie. Unter den Schülern fanden sich neben zwei türkischen Offizieren der spätere bekannte Militärschriftsteller Hugo Freiherr v. Freytagh-Loringhoven und der nachmalige Generalquartiermeister des Generalstabes, Hermann Stein, der 1913 in den Adelsstand erhoben wurde. 1889 rief Hindenburgs einstiger Königsberger Divisionskommandeur, General v. Verdy du Vernois, der Kriegsminister geworden war, ihn – sehr zu seinem Mißvergnügen – ins Kriegsministerium. Hindenburg erhielt dort im Allgemeinen Kriegsdepartement die „Abteilung A 2 Fußtruppen", eine ungewöhnliche Karriere, da im allgemeinen zwischen Generalstab und Kriegsministerium alles andere als innige Beziehungen bestanden und wechselseitige Versetzungen nicht üblich waren. Hindenburg schätzte die Büroarbeit im Ministerium gar nicht, was nicht hinderte, daß er sich ihrer mit jenem Pflichtbewußtsein unterzog, das einer der Grundzüge seines Charakters war. Unter seiner Leitung wurde eine neue Feldbefestigungsvorschrift fertiggestellt. Er war auch maßgeblich an der Einfügung der schweren Feldartillerie in das Feldheer beteiligt. Bislang hatte die schwere Artillerie ein Sonderdasein geführt. Ihre Beweglichmachung zwecks Verwendung in der Feldschlacht war eine der bedeutsamsten Neuerungen, welche die Armee dem Generalstabschef Graf Schlieffen verdankte.

1893 fand die Tätigkeit im Kriegsministerium ihr Ende. Hindenburg erhielt als Oberst das Infanterie-Regiment Nr. 91 in Oldenburg, das zum Verbande des X. Armeekorps in Hannover gehörte. Chef des Stabes des X. Korps war damals ein Stubenkamerad aus der Selekta des Kadettenkorps, Oberst Eduard v. Liebert. Er fand an dem neuen Regimentskommandeur höchst bemerkenswert, wie dieser seine Stellung auffaßte, wie er seinen Kompaniechefs in allen Einzelheiten weitgehend Selbständigkeit ließ, wie er jedoch ganz strikt im Großen für eine einheitliche Ausrichtung im Sinne dessen, was er für richtig hielt, sorgte. Das war das Erbe nicht nur des Moltkeschen Generalstabes, es war auch das Erbe patriarchalischen ostelbischen Herrentums, es war das altüberkommene Bewußtsein, daß es nicht Aufgabe des „Herrn“ sei, überall kleinlich und nörgelnd dreinzureden, daß man Vertrauen wecken mußte, wollte man Vertrauen ernten, daß man sich jedoch die letzte Entscheidung selbst vorbehalten mußte. Dies Erbe aber barg noch eine zweite Gabe, die des Befehlenkönnens. Ein Mann wie Hindenburg wirkte so stark und sicher, daß jedermann gehorchte, wenn er etwas befahl, daß es dazu weder besonderen Stimmaufwands noch Strenge noch gar irgendeiner Pose bedurfte.

Ein Mann, der später noch oft seinen Lebensweg kreuzen sollte, der wie er aus dem 3. Garde-Regiment zu Fuß hervorgegangen war, General v. Eisenhart-Rothe, der damals als Kriegsakademiker die Manöver beim X. Korps mitmachte, fand, daß der Oberst v. Hindenburg, den er schon einmal erlebt hatte, wie er als Major im Kriegsministerium gebeten worden war, dem Offizierkorps seines alten Regiments die Mysterien des Kriegsspiels zu erklären, als Regimentskommandeur im Manöver eine ganz besondere Rolle spielte, während gewöhnlich ein Regimentskommandeur nur einer unter vielen war. Ein junger Offizier des Regiments 91, Leutnant v. Kalm, schrieb an die ihm befreundete Familie v. Mahrenholtz, die Jahrzehnte danach durch die Heirat der Kinder sich mit den Hindenburgs verbinden sollte, daß es schade sei, daß dieser Mann nur ein Regiment bewege, solcher Persönlichkeit gebühre eigentlich die Führung von Armeen. In seinen taktischen Anschauungen und Lehren war Hindenburg durchaus ein Schüler Graf Schlieffens, dessen geistige Eleganz und Elastizität einer ganzen Generation von Generalstäblern ihren Stempel aufgedrückt hatte. Noch im Alter bewahrte er als kostbaren Schatz in Neudeck alle die von ihm selbst sorgfältig mit der Hand geschriebenen Aufgaben, die Moltke und Schlieffen dem jungen Generalstabsoffizier einst gestellt hatten. Eins seiner Leitworte, das seine Offiziere oft zu hören bekamen, lautete: „Die Verteidigung ist weiblich, der Angriff männlich."

Beim Angriff trat er stets für die Lösung durch umfassendes Vorgehen, für die Vernichtung des Gegners ein, gemäß dem Gesetz, das Schlieffen seinen Schülern eingeprägt hatte. Viele hielten die von ihm gestellten taktischen Aufgaben für zu kühn, auch darin offenbarte sich der Schlieffen-Schüler, der Meister verfocht stets die kühnste und eleganteste Lösung. Stets schien er gelassen, nie wirkte er aufgeregt, stets hatte er ein Ohr für die Sorgen und Nöte des einfachen Mannes. Leichtsinnige junge Leutnants fanden in ihm nicht einen hart tadelnden, pharisäischen Vorgesetzten, sondern einen gütig mahnenden Vater. Jeder Entschluß wirkte bei ihm klar und wohldurchdacht und darum einfach und treffsicher. Manches mochte sehr altmodisch-altpreußisch erscheinen. Beim Angriff verlangte er möglichst kräftigen Trommelschlag, im Trommelwirbel erblickte er noch ein erhebliches moralisches Kampfmittel. Er hielt damals – im Unterschied zu den Altersjahren – wenig von klassischer Musik, bei den „Liebesmahlen" im Kasino verstärkte er dagegen gern das Musikkorps durch die Tambours des Regiments. Oberst v. Liebert fand, daß das manchmal über die Grenze des Erträglichen hinausging, andere fanden das auch, aber böse sein konnte darob dem vornehmen und gütigen Manne niemand.

Als Regimentskommandeur hatte er zum ersten Male größere gesellschaftliche Verpflichtungen zu erfüllen, Oldenburg war nicht nur Residenzstadt, wo der Großherzog Peter von Oldenburg Hof hielt, sondern barg auch eine größere Garnison in seinen Mauern, außer den 91ern ein Dragoner-Regiment, eine Feldartillerieabteilung und die Stäbe einer Infanterie- und einer Kavalleriebrigade. Obwohl er mäßig im Essen, Trinken und Rauchen war und jegliches Kartenspiel verabscheute, liebte er durchaus eine angemessene Gastlichkeit. Bei den sich manchmal arg ausdehnenden „Liebesmahlen" im Kasino sah er es nicht gern, wenn sich ein junger Leutnant frühzeitig davonstahl. Er selbst genoß dann die Behaglichkeit des Kameradenkreises, sprach selbst nie viel, hatte aber seine Freude an Humor und Scherz aller Art, solange so etwas nicht in Bosheit oder Zoten ausartete. Von dem Luxus, der in manchen Offizierkorps einriß, vor allem bei der Kavallerie, wo die Söhne begüterter Familien häufiger zu finden waren als bei der Infanterie, hielt er gar nichts. Sein Haus, in dem die so feinsinnige, kluge und lebhafte Gattin eine liebenswürdige Gastgeberin verkörperte, war das eines schlichten preußischen Landedelmannes, der nicht mehr gab als er anständigerweise zu geben vermochte. Noch immer galt ihm Neudeck sehr viel, wo er oftmals die Urlaubstage verbrachte, wo seine alten Eltern lebten. Als seine Mutter, die er vergöttert hatte, hier im August des Jahres 1893 starb, pflanzte er an ihrem Todestag vor dem Hause eine Linde.

Im Ganzen genommen war er ein sparsamer Hausvater, ohne darum geizig zu sein. Seine Eltern hatten stets mit jedem Pfennig rechnen müssen, er kannte nichts anderes. Bis er Kommandierender General geworden war, versagte er sich beispielsweise den Genuß einer eigenen Jagd, obwohl er begeisterter Jäger war, ganz einfach weil er glaubte, solchen Luxus könne er sich nicht gestatten. Sein Verhältnis zu Geld und Geldesdingen war eigentümlich. Er war gar kein Geschäftsmann, erst recht besaß er keinerlei Neigung zu grandseigneuraler Verschwendung, wie sie damals in den Glanzjahren des Kaiserreiches so manche adelige Herren an den Tag legten, in dem sie weit über ihre Verhältnisse lebten und Schulden aufhäuften, in der Meinung, das sei „standesgemäß". Aber er war sich doch des Wertes des Geldes sehr wohl bewußt, er nutzte Vergünstigungen, welche der Dienst gewährte, genauestens aus, solange diese Dinge ihm mit dem Ehrgefühl vereinbar dünkten. Etwas Ehrenrühriges hätte er nie getan. Die Ehre war das höchste Gut des armen Adels, der sein Leben dem Dienst für den König geweiht hatte. Für sein Denken und seine schlichte Einstellung zum einfachen Mann, zur Arbeiterschaft, deren Kampf um ihr Lebensrecht damals zu einem so gewichtigen Problem im Leben des Volkes geworden war, ist die kurze Ansprache charakteristisch, die er, kurz bevor er Oldenburg verließ, bei der Einweihung des neuen Offiziers-Kasinos an die Bauarbeiter und Handwerker hielt. „Wir sind alle Arbeiter, sei es mit dem Degen oder mit dem Hammer und der Kelle in der Hand", sagte er da mit seiner so tiefen Stimme. Die Arbeiter verstanden sehr wohl, was der hünenhafte Oberst ihnen damit sagen wollte.

Die ehrenvolle und reiche Laufbahn dieses schlichten altpreußischen Offiziers, der so gar kein Aufhebens von sich selbst machte, dem jeder unruhige Ehrgeiz fremd war, schien im Zeitalter des Wilhelminischen Kaiserreiches, das so oft glänzenden Äußerlichkeiten vor stiller sachlicher Arbeit den Vorzug gab, gar nicht einmal mehr ohne Weiteres selbstverständlich. In Offizieren wie Hindenburg verkörperte sich freilich der gesunde Kern des alten Offizierkorps, der unberührt von den Zeitläuften seine Pflicht tat. Es war keine Frage, daß ein Mann wie Hindenburg schlecht an den Hof des Kaisers paßte. Er selbst empfand das sehr wohl. Die Person des Monarchen stand allerdings für ihn außerhalb jeder Kritik, mochten die einen die Brillianz und die Rednergabe des Kaisers bewundern, mochten die anderen sein sehr hochgespanntes fürstliches Selbstbewußtsein tadeln und seine Fehler in der Außenpolitik diskutieren. Für einen Offizier wie Hindenburg hatte die Majestät außerhalb jeder Diskussion zu bleiben. Der Kaiser war im altpreußisch-friderizianischen Sinne „sein König". Befahl der König, hatte alles zu schweigen und zu gehorchen. Das war das unumstößliche Gesetz, in dem zugleich die Grenzen dieses bedingungslosen Royalismus beschlossen lagen. Der monarchische Gedanke war ihm heilig, die Verehrung der Majestät war ein unerschütterlicher Bestandteil seines Wesens. Für ihn war es undenkbar, daß diese Begriffe jemals ernsthaften Erschütterungen ausgesetzt sein konnten.

1896 wurde Oberst v. Hindenburg als Chef des Stabes des VIII. Armee-Korps nach Koblenz versetzt. Das heitere, sorglose Wesen des rheinischen Menschenschlages war ihm anfänglich wenig vertraut, aber er fand sich auch hier bald heimisch und schloß sich auch nicht aus fröhlicher, unbeschwerter Zecherrunde aus. Kommandierender General in Koblenz war anfangs sein alter Abteilungschef aus dem Generalstab, General Vogel v. Falckenstein, dann, nachdem dieser Inspekteur des Pionierkorps und der Festungen geworden war, der Erbgroßherzog Friedrich von Baden, ein Enkel des alten Kaisers, mit dem ihn rasch ein besonders gutes persönliches Verhältnis verband. Schlieffen hatte ihn unterdes nicht vergessen. Am 5. Oktober 1898 beantragte er für den inzwischen zum Generalmajor beförderten ehemaligen Mitarbeiter beim Chef des Militärkabinetts die Verleihung des Ranges eines Oberquartiermeisters im Generalstab, da der Generalmajor v. Hindenburg dienstälter sei als der mit der Wahrnehmung der Geschäfte eines Oberquartiermeisters im Generalstab beauftragte Generalmajor v. Lessel. Der Kaiser beschied durch den Chef des Militärkabinetts das Gesuch abschlägig, die Begründung lautete, er wünsche keine besondere Rangstufenordnung innerhalb des Generalstabes. Darauf beantragte Graf Schlieffen, seit 1891 Chef des Generalstabes, am 25. Februar 1899 die Ernennung Hindenburgs zum Oberquartiermeister I im Generalstab an Stelle des ausscheidenden Generals Rothe. Dem Oberquartiermeister I unterstanden die beiden wichtigsten Abteilungen des Generalstabes, die Aufmarsch- und die Eisenbahnabteilung, er hatte besonders eng mit dem Chef des Generalstabes zusammenzuarbeiten. Der Kaiser ließ am 27. März 1899 durch den Chef des Militärkabinettes erwidern, auf besonderen Wunsch Seiner Königlichen Hoheit des Erbgroßherzogs von Baden solle Hindenburg in seiner Stellung als Chef des

VIII. Korps belassen werden. Solche Stellung brauchte besonders gefestigte, charaktervolle Naturen. Im November des Jahres 1898 hatte Schlieffen Hindenburg die Aufgabe zugewiesen, die Möglichkeiten des russischen Aufmarsches gegen Deutschland zu untersuchen. Hindenburg sandte die Lösung der Aufgabe am 22. Dezember 1898 ein. Er entschied sich für die Annahme einer angriffsweisen deutschen Verteidigung. Prittwitz hatte einst für die Defensive in Ostpreußen plaidiert! Schlieffen übertrug dem Chef des VIII. Korps auch die Aufgabe, den belgisch-französischen Grenzraum für den Aufmarsch im Westen zu untersuchen. Damit kam Hindenburg in engere Berührung mit dem langsam sich entwickelnden großen Plane Schlieffens, im Falle eines Krieges mit Frankreich mit starkem rechtem Flügel durch Belgien hindurch tief ins Seinebecken vorzustoßen und die Masse des französischen Heeres mit verkehrter Front zur vernichtenden Entscheidungsschlacht zu stellen.

Hindenburg hatte damals auch seine eigenen Sorgen. Bei der Lösung einer Manöveraufgabe hatte er entgegen den Ansichten des in Metz kommandierenden, sehr eigenwilligen, aber auch sehr begabten Generals der Kavallerie Grafen Gottlieb Haeseler die eigene, richtigere Lösung erfolgreich durchgesetzt, sich damit jedoch dessen Unwillen zugezogen. Anciennitätsmäßig stand ihm als General nunmehr eine Division zu, die einzige, die in nächster Zeit frei wurde, gehörte zum XVI. Korps Haeselers in Metz. Unter ihm wollte er nicht dienen, eher war er gewillt, den Abschied einzureichen. Da brachte der Zufall eine Lösung. Infolge des Boxer-Aufstandes in China wurde im Jahre 1900 ein deutsches Expeditions-Korps nach China entsandt. Dadurch wurden neue Divisionärs-Stellen frei, darunter die 28. Division in Karlsruhe. Auf Grund seiner guten Beziehungen zum Erbgroßherzog von Baden wurde Hindenburg als Divisionskommandeur in die badische Landeshauptstadt versetzt.

Bis zum Jahre 1903 blieb er Divisionskommandeur in Karlsruhe, dann erreichte er noch als Generalleutnant eine der höchsten Stellungen, welche die Armee im Frieden zu vergeben hatte. Er wurde Kommandierender General und übernahm das IV. Armee-Korps in Magdeburg, dessen bisheriger Kommandeur, General v. Klitzing, die

Altersgrenze erreicht hatte. Zum Korps gehörten die 7. und die 8. Division, die erste unter Generalleutnant Baron v. Ardenne, der bald darauf durch General v. Bernhardi, Hindenburgs Kameraden von der Kriegsakademie ersetzt wurde, die zweite unter Generalleutnant Max v. Prittwitz u. Gaffron, der uns bereits begegnet ist. Chef des Stabes war 1903 Oberst Hermann v. François, der Sohn eines 1870 gefallenen Generals, ein begabter, aber auch ehrgeiziger und schwieriger Mann.

Gleich im Jahre 1903 hatte Hindenburg die Probe eines Kaisermanövers zu bestehen, eben jene Probe, für die Klitzing bereits als zu alt angesehen worden war. Das Manöver begann mit einer Parade auf dem historischen Schlachtfeld von Roßbach, der Kaiser warf die ursprüngliche Disposition um und ordnete an, die Parade sollte in entgegengesetzter Richtung vor sich gehen. Hindenburg bewältigte die nicht einfache Aufgabe mit unerschütterlicher Ruhe. Alsdann sollte er mit seinem Korps bei Merseburg-Weißenfels den Übergang über die Saale gegen zwei sächsische Korps verteidigen. Auch dies gelang. Befehlsgemäß hatte er darauf auszuweichen. Entgegen den Weisungen der Manöverleitung griff er den Gegner nach dem Übersetzen über den Fluß wieder an, weil ihn der Angriff kriegsmäßiger zu sein dünkte und weil er trotz zahlenmäßiger Unterlegenheit Erfolg zu versprechen schien. Manöver hatten in seinen Augen den Zweck, kriegsmäßige Lagen und kriegsmäßiges Verhalten zu versinnbildlichen. Paraden konnten nicht ihr einziger Inhalt sein, so stolz die Erinnerungen an den Sieg Friedrichs des Großen bei Roßbach anno 1757 über den französischen Prinzen Rohan-Soubise und die deutsche Reichsarmee in diesem Fall auch sein mochten. Der Angriff scheiterte infolge von Fehlern des Kommandeurs der 7. Division, der darauf den Abschied erhielt.

Es war während dieses Manövers, als der Chef des Militär-Kabinetts, General Graf Hülsen-Haeseler, Hindenburg fragte, ob er geneigt sei, einmal die Nachfolge Schlieffens als Chef des Generalstabes anzutreten, der nach der Ansicht der Umgebung des Kaisers allmählich zu alt wurde. Hindenburg erwiderte trocken, er passe nicht an den Hof. Stellvertreter Schlieffens als Generalquartiermeister wurde tatsächlich der bei Hof sehr viel geltende General Helmuth v. Moltke, der am Ausgang des Jahres 1905 zum Nachfolger Schlieffens ernannt wurde. Als Neffe des Generalfeldmarschalls und Meisters des Generalstabes schien er sozusagen die Moltkesche Tradition wieder zu beleben, obwohl er selbst empfand, daß er ein Epigone war. Als der Kaiser beim Neujahrsessen der Kommandierenden Generale in Berlin seinen neuen Generalstabschef präsentierte, bemerkte der spätere Feldmarschall v. Bock und Polach, der 1897 Kommandierender General des Garde-Korps geworden und selbst unter den möglichen Nachfolgern Schlieffens genannt worden war, hernach tief enttäuscht zu Hindenburg, der ihm gut bekannt war, wie er „das" habe tuen können, nämlich seinerzeit den Posten des Generalstabschefs auszuschlagen.

Gerade die Krise auf dem thüringischen Manöverfeld hatte eine der stärksten Eigenschaften Hindenburgs enthüllt, eine durch nichts zu erschütternde Gelassenheit. Wenn der neue Generalstabschef trotz seiner so massigen Erscheinung keine sehr feste Gesundheit und ein empfindsames Nervensystem besaß, so eignete dem bereits in den Fünfzigern stehenden Kommandierenden General des IV Korps eine äußerst robuste Gesundheit. „Nerven" kannte er nicht. Er meinte dafür, es sei seine Pflicht, sich mit allen Mitteln die Felddienstfähigkeit zu erhalten, weshalb er sich beispielsweise noch als Divisionskommandeur den Nachmittagsschlaf versagte, weil sich das für einen Feldsoldaten nicht schicke. Er besaß die schätzenswerte Fähigkeit, daß er schlafen konnte, wo und wann immer sich die Gelegenheit bot, das beste Zeichen für ein ausgeglichenes Nervensystem und eine gesunde seelische Verfassung. Typisch wirkte es für ihn, wenn er sich auf Dienstreisen im Eisenbahnabteil in seine Ecke setzte und mit seiner tiefen Baßstimme zu seinem Adjutanten sagte: „So, und jetzt wollen wir etwas über den Dienst nachdenken ..." Dann schlief er fest bis zum Ziel der Reise und ging erfrischt an die Erledigung der dienstlichen Obliegenheiten. Charakteristisch war auch die Genauigkeit in kleinen Dingen. Eins seiner Steckenpferde war die richtige Interpunktion in Befehlsentwürfen. Beim Kaisermanöver spottete man in der Umgebung Seiner Majestät, ob man denn im Stabe des IV. Korps so viele Analphabeten habe, weil der Kommandierende General bei seinen Befehlen gewissenhaft jedes Satzzeichen mitdiktierte. Doch Hindenburg pflegte zu sagen, daß durch falsche Zeichensetzung in Befehlen eine Schlacht verloren gehen könne. Wer die Einzelheiten nicht beherrschte, konnte auch das Ganze nicht übersehen. Er war ein gründlicher Mann!

Einer seiner alten Offiziere hat folgende Geschichte aus der Magdeburger Zeit überliefert. Ein Kompaniechef hatte im Strafbuch seiner Kompanie den Ausdruck „dickfällig" bei der Begründung einer Bestrafung verwendet. Der Bataillonskommandeur beanstandete den Ausdruck als zu „ordinair", der Regimentskommandeur hob bei der Überprüfung der Strafbücher die Beanstandung wieder auf, der Brigadekommandeur nahm erneut Anstoß, der Divisionskommandeur tadelte wiederum die Beanstandung. So wanderte das Strafbuch mit dem ominösen Ausdruck schließlich auf den Schreibtisch des gestrengen Kommandierenden. Hindenburg sandte es mit der salomonischen Feststellung an die Division zurück: „Dickfellig schreibt sich mit ‚e' und nicht mit ‚ä'."

Als Kommandierender General war er in seinem weiten Korpsbereich, der auch die Gebiete mehrerer mitteldeutscher Kleinstaaten umfaßte, als hervorragend geschulter Soldat wie als guter Menschenkenner geschätzt, der das Wesen seiner Untergebenen zu erfassen wußte und ihnen, sobald er erkannte, daß sie seines Vertrauens wert waren, viel Selbständigkeit ließ. In Anschauungen und Äußerungen gab er immer der herzhaften Tat den Vorrang vor verstandesmäßiger Klügelei. Im Kriege, so betonte er immer wieder, seien Geistesgegenwart und Charakterfestigkeit wichtiger als die Feinheiten gedanklicher Schulung. Von seinen beiden Divisionskommandeuren gehörte sein Herz im Grunde dem General v. Bernhardi, einem brillianten Feuergeist voll kühner Ideen, nicht dem bedachtsam überlegenden General v. Prittwitz u. Gaffron. Im Grunde wirkte er ganz wie ein soldatischer Praktiker. Aber er war eine viel zu vornehm denkende Natur, um etwa die beiden Divisionäre den Unterschied des Temperaments fühlbar entgelten zu lassen. Er verstand es vorzüglich, Gegensätze auszugleichen und zu glätten. Eine natürliche Hoheit und

Würde ging von ihm aus, die das Gehorchen leicht machte, ja selbstverständlich erscheinen ließ. Bei Besichtigungen, bei Ansprachen an die Truppe, die stets von unübertrefflicher Kürze und Prägnanz waren, wirkte er wie ein wahrhafter altpreußischer Soldatenvater. Die Offiziere wußten es zu schätzen, daß er bei den so gefürchteten Kritiken nach Übungen stets von ruhiger Beherrschtheit war, daß er stets taktvoll war und da, wo ein Tadel unumgänglich war, sarkastische Bemerkungen oder verletzende Schärfe peinlich vermied. In seinem Korpsbereich kannte ihn jeder. In der Armee galt er freilich nur den engeren Bekannten etwas, wobei freilich festzuhalten ist, daß einmal niemand im Frieden durch acht Jahre Kommandierender General blieb, der nicht über echte Fähigkeiten verfügte, und daß zum zweiten seine stille, jeglicher Überhebung, jeglicher Betonung des eigenen Wertes abholde Art dazu beitrug, daß er nicht so bekannt wurde wie andere, die ihr Licht nicht unter den Scheffel stellten.

Die Stellung des Kommandierenden Generals, der in seinem Korpsbezirk vor allen anderen Behörden rangierte, auch vor dem königlichen Oberpräsidenten der Provinz, der unmittelbaren Zutritt zum Bericht bei der Majestät hatte und gewissermaßen einem ungekrönten König vergleichbar war, verlangte auch erhebliche Repräsentationspflichten. Wieder, wie schon in Oldenburg und in Karlsruhe, im Milieu der kleinen Residenzen mit ihren höfischen Ansprüchen und vielfältigen Verpflichtungen, bewährte sich hier Frau v. Hindenburg als kluge, liebenswürdige und feinsinnige Hausfrau, die es verstand, den Zuschnitt des Hauses auf einem anständigen Niveau zu halten und dabei doch als sorgsame Rechnerin die gesellschaftlichen Verpflichtungen mit den nicht unbegrenzten eigenen Mitteln in Einklang zu bringen. Das Hindenburgsche Haus hatte nichts vom trügerischen Glanz der Zeit, es wahrte den Stil der Tage des alten Kaisers, jener Tage, die ferner und ferner rückten. Etwas kam jetzt freilich zu seinem Recht, die Freude an der Jagd. Dem Kommandierenden General stand ein Hochwildrevier in Annaburg bei Magdeburg zur Verfügung. Er war auch ein gern gesehener Gast in den gepflegten Revieren der mitteldeutschen Fürsten, beim Herzog von Anhalt oder beim Herzog von Sachsen-Altenburg oder bei den großen

Grundbesitzern der landwirtschaftlich reichen Provinz Sachsen, etwa den Grafen Alvensleben in Erxleben oder Neugattersleben. Die Jagd erhielt Körper und Geist elastisch, sie wurde ihm eine willkommene Entspannung, und dies umsomehr, je beschwerlicher ihm das Reiten wurde. Ursprünglich war er trotz seiner Größe und seiner schweren Gestalt ein begeisterter Reiter gewesen. Das änderte sich indes schon früh, seitdem er sich als junger Offizier in Ostpreußen einmal mit einem schwierigen Pferde überschlagen und sich eine häßliche Knieverletzung zugezogen hatte, die ihm auch später immer wieder zu schaffen machte.

Immerhin schien diese verdienstvolle Friedenslaufbahn nichts Ungewöhnliches zu bergen. 1908/09 tauchte die Idee auf, ihn an Stelle des Generals v. Einem zum preußischen Kriegsminister vorzuschlagen, weil er den Dienst im Kriegsministerium aus eigener Anschauung kennengelernt hatte. Da war er ehrlich entsetzt, für eine halb politische Rolle hatte er keinerlei Neigung. Mit dem Reichstag könne und wolle er sich nicht herumschlagen, erklärte er fest. Dafür sei er nicht Redner genug. Mit 64 Jahren erhielt er 1911 den Abschied. Auf einer kurzen Postkarte teilte er dies Ereignis dem Sohne mit, Leutnant Oskar v. Hindenburg, der gleich dem Vater das Kadettenkorps durchlaufen und beim 3. Garde-Regiment zu Fuß eingetreten war. „Soeben Abschied unter Belassung à la Suite des 3. Garde-Regiments zu Fuß und unter Verleihung des hohen Ordens vom Schwarzen Adler allergnädigst bewilligt. Mache es ebenso! Herzlichen Gruß, Vater“, so hieß es da in soldatischer Knappheit.

Er selbst schrieb in seinen Denkwürdigkeiten nüchtern, er habe jüngeren Kräften Platz machen müssen und fand das sehr natürlich und begrüßenswert, obwohl er sich durchaus rüstig fühlte. Ludendorff zitiert in seinen späten polemischen Schriften ein Urteil des Chefs des Militärkabinetts, Generalleutnant v. Lyncker, demzufolge Hindenburg schon 1909 für zu altmodisch, schwerfällig und unbeweglich gegolten habe. Sofern dies Zitat zu Recht besteht, müßte man daraus auf eine gewisse Animosität Lynckers schließen, von der indes Hindenburg selbst ebensowenig wie sein Sohn je etwas persönlich zu spüren bekamen. Hindenburg hat in Lyncker nie einen Gegner gesehen. Möglicherweise spielte dagegen bei der Verabschiedung der Umstand eine Rolle, daß dem Vierundsechzigjährigen das Reiten immer beschwerlicher wurde. Sonst galt er körperlich wie geistig für vollkommen brauchbar. Noch am 25. November 1912 ließ der Kaiser anfragen, ob Hindenburg sich im Ernstfall gesund genug fühle, den Posten eines Armeeführers zu übernehmen. Er antwortete sofort bejahend. Bis zum Jahre 1913 war ihm im Kriegsfall ein Armee-Oberkommando sicher.

Aber es ließ sich nicht leugnen, daß er ein alter, in langem Dienst ergrauter Mann geworden war. Auch die Freunde, Kommandierende Generale wie er selbst, Bock und Polach, Bülow, Beseler, wurden alt. Hindenburgs Abgeklärtheit ließ fast schon ein biblisches Alter vermuten. Die Zeit, die höfischen Anschauungen verlangten wendigere und geschmeidigere Charaktere. Eigentlich wirkte er schon ein wenig fremd in diesen unruhigen Jahren voll dumpfer und schwüler außenpolitischer Spannungen. Seine Lebensanschauung gründete sich auf das Zeitalter Bismarcks und Moltkes, sein stilles Vorbild war der alte Kaiser Wilhelm I. in seiner Vornehmheit, Weisheit und Güte. Mit seiner ebenmäßigen, hünenhaften Gestalt, dem schweren eckigen Haupt, dem ruhig forschenden Blick der kleinen blauen Augen und dem milden Ernst, der sich auf seinen Zügen malte, wies er gewissermaßen schon äußerlich die Merkmale eines Mannes der alten Zeit des Bismarckischen Reiches auf. Doch in der Stunde der Not, wenn wirklich der seit Jahren drohende Krieg gegen das so rasch zu Macht und Reichtum aufgestiegene Reich Kaiser Wilhelm II. hereinbrach, würde das Vaterland gerade der moralischen und soldatischen Kräfte bedürfen, die in solch patriarchalisch empfindenden preußischen Landedelleuten wie Hindenburg schlummerten. Die neue Zeit machte nicht stärker, sie brachte hastigen Lebensgenuß, brachte Skepsis und langsame innere Auflösung aller alten Lebensformen. Eins war sicher, er war jeder Zoll ein Herr, einer jener Herren, die einst Preußen in Pflichterfüllung, Selbstzucht und Opferwillen groß gemacht, die im Herrentum des Landjunkers nicht den Genuß von Vorrechten, sondern eine sittliche Verpflichtung gegenüber ihrem König wie ihren Untertanen erblickt hatten. Doch die unaufhaltsam vorwärts schreitende Zeit, die Ära der Industrialisierung, der großstädtischen Arbeitermassen, der technischen Erfindungen, der Herrschaft des Geldes war der patriachalisch-feudalen Lebensform nicht hold.

Und ein Zweites war ebenso sicher, er war eine vollkommen unpolitische Natur. Aber er war ein viel zu klarer, gesund empfindender Mann, um blind zu sein für die vielfältigen Gefahren, die dem Reich drinnen und draußen drohten. Er kannte genug von den Schlieffenschen Planungen, er wußte, daß Schlieffen schon 1905 bei seinen Studien als Ausgangslage nicht mehr den Zweifrontenkrieg gegen Frankreich und Rußland, sondern den Mehrfrontenkrieg gegen Frankreich, Rußland, England, Belgien, Serbien und Italien angenommen hatte, eine militärische Zwangslage, die in keiner Weise durch die Diplomatie gebessert worden war. 1912 besuchte er seinen Vetter, den General Konrad v. Hindenburg, auf seinem letzten Krankenlager. Er sprach mit ihm über die gefährdete Lage Deutschlands in der Mitte Europas. General v. Hindenburg war tief beeindruckt. Hernach meinte er zu seinem Sohn, dem nachmaligen Gesandten Herbert v. Hindenburg, der die Geschichte überliefert hat, der Vetter Paul müsse Generalstabschef werden, dann würde man den nächsten Krieg gewinnen, sonst würde Deutschland ihn verlieren. In einem Briefe aus dem Jahre 1912 an seinen letzten Stabschef in Magdeburg, Oberst v. Helldorf-Droßdorf, warnte er vor der Sucht, im Manöver „Besichtigungs-Siege“ zu erringen, für die Armee könne nur die Schule rauher Wirklichkeit gelten. Mit Skepsis hörte er den Sohn von der neuen Gefechtsstreifen-Taktik erzählen, die den Kampfbereich jeder Einheit nach den Seiten zu scharf begrenzte. Vater und Sohn waren sich einig in der Befürchtung, in einem derartigen Schematismus könne eine Gefährdung der Erziehung zu operativem Denken liegen, das man schon dem jüngsten Leutnant in den Grundbegriffen einpflanzen mußte, wollte man später tüchtige Generalstäbler und höhere Führer heranbilden.

Das waren militärische Fragen. Aber es gab auch sonst genug, was einen Altpreußen mit Sorge erfüllen mußte. Das Reich, das äußerlich so mächtig und glanzvoll erschien, das mit Handel, Export industrieller Güter und Flottenbau weit in die Welt hinausgegriffen hatte, die im Grunde schon die alten imperialen Mächte, voran England und Frankreich, unter sich geteilt hatten, war rings von heimlichen und offenen Gegnern umgeben. Die Außenpolitik hatte diese Entwicklung nicht zu hindern vermocht. An die Stelle Bismarckischer Staatskunst und kühlen Wirklichkeitssinnes waren überheblich prahlende Äußerungen und Unbeholfenheit getreten, hinter der sich Unsicherheit und Zerfahrenheit bargen. Die Rüstung befand sich keinesfalls auf dem höchsten Stand, der Bau einer Hochseeflotte war dem Landheer abträglich, so jedenfalls war Hindenburgs Überzeugung, die er mit vielen Standesgenossen aus dem Osten teilte. 1912 begann das Ringen des Generalstabs um eine durchgreifende Heeresreform durch Vermehrung der schweren und der modernen technischen Waffen, schwerer und schwerster Artillerie, Flieger, Lastkraftwagen-, Nachrichten- und Radfahreinheiten, um die volle Ausnutzung der Menschenkraft durch eine Vermehrung des Heeres und die Ausbildung sämtlicher Wehrpflichtigen, die nie voll erfaßt worden waren. Die Einführung neuer technischer Kriegsmittel, des Automobils, des Flugzeugs, die vermehrte Ausstattung mit Maschinenwaffen deuteten eine Umwälzung der Kriegführung an. Die Technik ergriff Besitz von der Kriegführung. Hindenburg hat einmal scherzhaft bemerkt, er habe mehrere Jahre gebraucht, um sich an das Telefon zu gewöhnen. Das waren Kleinigkeiten des Lebensstils, aber er war nicht zu alt, um nicht den großen Wandel zu erfassen.

Es gab Paralellen zur Technisierung der Kriegsführung. Im Reichstag war die Vertreterin der Arbeiterschaft, die Sozialdemokratische Partei, zu einem Machtfaktor von großer Bedeutung geworden. Die „Daily-Telegraph-Affaire" des Jahres 1908, die Wiedergabe gut gemeinter, aber nicht eben geschickter Äußerungen des Kaisers über seine Englandfreundlichkeit und die Englandfeindlichkeit des deutschen Volkes, die der Kanzler pflichtgemäß zuvor hatte prüfen sollen, die er jedoch nur oberflächlich geprüft hatte, in einer englischen Zeitung, hatte im Leben des Kaisers eine schwere Krise heraufbeschworen. Der Kanzler Fürst Bülow desavouierte den Monarchen, um die eigene Stellung zu retten, der so romantisch-idealistisch empfindende Herrscher erlitt eine Einbuße an Selbstbewußtsein und Prestige, von der er sich nie wieder erholen sollte. Preußische Konservative, voran der „ungekrönte König" von Preußen, Ernst v. Heydebrand u. d. Lasa auf Klein-Tschunkawe, sprachen ungeniert von der Notwendigkeit der Abdankung des Monarchen zu Gunsten seines Sohnes. Die Aufdeckung von sittlichen Verfehlungen unter einer Reihe prominenter Mitglieder der kaiserlichen Umgebung enthüllte eine bedenkliche moralische Zersetzung. Aber es war die Frage, wie weit solche Vorgänge draußen in der Provinz und zumal in so streng königstreuen Häusern wie demjenigen Hindenburgs vollkommen richtig gedeutet wurden als die Zeichen an der Wand. Vermutlich war dies nicht der Fall und konnte es gar nicht sein. Hindenburgs Generation war im Dienst des Königs groß und alt geworden, sie war in bedingungsloser Verehrung, Gläubigkeit und Gehorsam erzogen, sie konnte sich nicht vorstellen, daß ihre Welt zum Sterben ging. Dazu schien die Tradition zu groß, zu mächtig und zu hehr.

Als Ruhesitz wählte sich Hindenburg das ihm lieb gewordene Hannover, wo er anfangs in der Bödecker-, dann in der Wedekindstraße ganz in der Nähe der Eilenriede mit ihren schattigen Spazierwegen eine bescheidene Wohnung mietete. Das Leben schien sich erfüllt zu haben, ein langer Lebensabend schien heraufzuziehen. Der einzige Sohn war Offizier geworden und war es mit Leib und Seele, die Töchter hatten sich beide vermählt, Irmengard mit dem Regierungsassessor Hans Joachim v. Brockhusen auf Groß-Justin und Schrubtow im pommerschen Kreise Cammin, Annemarie mit dem Leutnant im 16. Dragoner-Regiment Christian v. Pentz aus einer mecklenburgischen Adelsfamilie, der im nahen Lüneburg in Garnison stand. Bald nach seiner Verabschiedung unternahm Hindenburg mit seiner Frau eine Italien-Reise. Vielleicht fand er ihren Eifer dabei manchmal etwas beschwerlich, aber er war doch tief beeindruckt von all den Sehenswürdigkeiten, wobei er freilich den strengen Zeugnissen Altroms den Vorzug gab vor der Beschwingtheit der florentinischen Renaissance und der üppigen Festlichkeit des römischen Barock.

In Hannover trieb er, im Grunde unzufrieden, daß er ohne geregelte Tätigkeit war, in der Art vieler verabschiedeter Offiziere einige kriegsgeschichtliche und allgemeingeschichtliche Studien. Der Briefwechsel mit seinem letzten Stabschef Oberst v. Helldorf-Droßdorf, mit dem Stellvertreter Moltkes, dem Generalquartiermeister v. Stein, mit seinem einstigen Divisionskommandeur vom IV. Korps, General der Kavallerie v. Bernhardi, der 1912 eine Weltreise unternahm und darauf als scharfer alldeutscher Nationalist ein viel beachtetes Buch über „Deutschland und den nächsten Krieg" veröffentlichte, das die ungünstige strategisch-politische Situation des Reiches ins grellste Licht rückte, ließ die Verbindung zu militärischen Kreisen nicht abreißen. In Hannover ging er nur wenig in Gesellschaft. Er gehörte jedoch einem Herren-Klub an, der sich an jedem Sonnabend der Woche zu versammeln pflegte und zu dem neben vielen anderen der Feldmarschall v. Bock u. Polach, zuletzt Inspekteur der III. Armee-Inspektion in Hannover, Generaloberst v. Bülow, der frühere Kommandierende General des X. Korps in Hannover, General der Kavallerie v. Stünzner-Karbe und von Nichtmilitärs der Landrat von Hannover, Graf Clemens Wedel, zählten.

Einmal besuchte ihn in diesen Jahren der bekannte konservative Agrarpolitiker Kammerherr Elard v. Oldenburg auf Januschau, der in der Nähe von Neudeck angesessen war. Es war das erste Mal, daß er diesem so orginellen, starkmütigen und trotzigen Manne begegnete, der noch ganz ein Landjunker des alten guten Schlages war und einer der aufrichtigsten und treuesten Freunde Hindenburgs werden sollte. Sie trafen sich damals in streng konservativen und altpreußischen Anschauungen, sie trafen sich aber auch sonst in ihrer Wesensverwandtheit, im Sinn für Humor. Der Beherrscher der Konservativen Partei Preußens, Ernst v. Heydebrand u. d. Lasa, war ein weit weniger witziger Kopf als Oldenburg-Januschau. Der spätere Reichsminister und Vizekanzler Dr. Eugen Schiffer, der Hindenburg in Magdeburg kennengelernt hatte, erzählt in seinen Erinnerungen, wie er einmal bei den alljährlich für die Spitzen der Behörden, des Offizierskorps und der Geschäftswelt von der Magdeburger Handelskammer veranstalteten „Fröhlichen Abenden" in seiner Eigenschaft als liberaler Reichstagsabgeordneter für Magdeburg die Festrede zu halten hatte. In seiner Ansprache hatte er an die Verse des Preußen-Liedes angeknüpft, wonach nicht Roß und Reisige die steile Höhe sicherten, auf der die Fürsten stünden, sondern allein die Liebe des freien Mannes. Magdeburg, so hatte er erklärt, sei stets eine Pflanzstätte solch mannhaften Bürgertums gewesen. Obwohl er auch der Armee gebührend gedacht hatte, hatte Hindenburg als Kommandierender General die Rede gewissermaßen „suspekt" gefunden, er hatte den Abgeordneten Schiffer sozusagen für einen „Roten" gehalten und hatte gemeint, dieser wolle die Armee zurücksetzen, weshalb er nicht übel Lust bezeigt hatte, aufzustehen und den Saal zu verlassen. Aber er ließ sich auch beschwichtigen und zog seine Absage, künftig an den „Fröhlichen Abenden" nicht mehr teilzunehmen, zurück. Solche Denkweise ließ damals auf eine gewisse Enge des Denkens schließen, das Erstaunliche war nur an diesem alten Mann und seiner großen Alterslaufbahn, daß er nicht mit den Jahren, wie es gewöhnlich zu gehen pflegt, engherziger und starrsinniger wurde, sondern daß sein Geist sich zu wirklicher Weisheit weitete.

In Hannover las er mancherlei, er studierte die Schriften Graf Schlieffens, darunter seine berühmte Studie über die Schlacht von Cannae, aber er las auch gern Biographien und Memoiren. – Gern zitierte er später Treitschkes pessimistisches Wort, daß man von der Geschichte nur lernen könne, daß die Völker niemals aus ihr lernten.

Während der Marokko-Krise des Jahres 1905, als die deutsch-französische Spannung den Gedanken an einen Präventivkrieg nahe legte, da Frankreichs russischer Verbündeter durch die Niederlagen im Russisch-Japanischen Krieg und die erste Revolution nahezu völlig ausgeschaltet war, hatte er wie so viele Soldaten dem Gedanken angehangen, die Gunst der Stunde zu nutzen und den gordischen Knoten mit dem Schwert zu durchhauen. Solche Äußerungen waren jedoch nicht im Sinn irgendeines Versuchs zu außenpolitischer Einflußnahme zu verstehen, zu der dem einzelnen Kommandierenden General im Grunde sowohl die Mittel wie in diesem Einzelfall die Neigung fehlte. Soldaten gehorchten, aber politisierten nicht! Die politische Bilanz, die er als verabschiedeter General zog, fiel freilich trübe genug aus. Man habe im Ozean Weltpolitik getrieben, ohne daß man in Europa eine feste Basis gehabt habe, stellte er später in seinen Denkwürdigkeiten fest. Er sah die sich mit jedem Jahr verschärfenden Spannungen zwischen Deutschland, Frankreich und Rußland, die unselige deutsch-englische Flotten-Rivalität, die Schwäche des österreichischen und die Unzuverlässigkeit des italienischen Bundesgenossen. Er lebte ganz in der Vorstellung der „Einkreisung" Deutschlands durch die anderen Großmächte, die den Aufstieg des zu spät gekommenen deutschen Volkes nicht dulden wollten, und er empfand sehr wohl die Schwüle der zunehmenden Spannungen. Als alter Soldat verfolgte er auf der Karte den Gang der beiden Balkankriege der Jahre 1912 und 1913, des Vorspiels der großen kommenden Auseinandersetzung. Später schrieb er, er habe den Krieg nicht gefürchtet, habe ihn aber auch nicht herbeigesehnt, weil er das Grauen des Krieges zweimal selbst erlebt habe. Jeder Einsichtige, fuhr er dann fort, habe sich die Frage stellen müssen, ob man militärisch, politisch, wirtschaftlich und moralisch in der Lage gewesen sei, „durchzuhalten". „Doch größer als die Sorge war zweifellos das Vertrauen ..."

In das Leben dieses alten Edelmannes und Offiziers brach 1914 die Nachricht von der Ermordung des österreichischen Thronfolgers Franz Ferdinand in Sarajewo, brach vier Wochen später die Nachricht vom drohenden Kriegszustand. In den von so schwüler Spannung erfüllten Julitagen hatte er zu Besuch bei seinem Schwiegersohn Hans Joachim v. Brockhusen-Justin geweilt, der Landrat des Kreises Kolberg in Pommern geworden war. Am 31. Juli veranlaßte ihn die Verkündung des „Drohenden Kriegszustandes" zu schleuniger Abreise. Über Berlin fuhr er nach Hannover zurück, um bereit zu sein, wenn man ihn wieder zu den Fahnen rufen würde. In Berlin besaß er im Generalstab zwei Gönner, Moltkes Stellvertreter, den Generalquartiermeister Generalleutnant v. Stein, und den Chef der Zentral-Abteilung, Oberst v. Fabeck, der die Personalien der Generalstabsoffiziere bearbeitete. Die letzte Entscheidung über seine Wiederverwendung lag freilich ressortmäßig beim Militärkabinett. An und für sich war man gewillt, ihm die nächste frei werdende Armee zu geben. Zufällig war der Generalinspektor der 7. Armee-Inspektion, General v. Eichhorn, der als Oberbefehlshaber der 5. Armee im Westen vorgesehen war, infolge eines Beinbruchs dienstunfähig.

Doch Hindenburg bekam das Armee-Oberkommando 5 nicht, einer Tradition der Einigungskriege zufolge erhielt es der deutsche Kronprinz, der zuvor als Kommandeur der 1. Garde-Division vorgesehen gewesen war. Es war eine merkwürdige Fügung des Schicksals, denn die 5. Armee lag später im Westen vor Longwy fest und spielte bei der großen Entscheidung keine besondere Rolle.

Hindenburg suchte auf der Durchreise in Berlin den Generalquartiermeister v. Stein auf, der ihm einen besonders wichtigen Posten versprach. Der Sohn, Oberleutnant Oskar v. Hindenburg, wurde, obwohl er keine Generalstabsausbildung besaß, zum Stabe des AOK 4 unter dem Herzog Albrecht von Württemberg kommandiert und ging mit dem Armee-Oberkommando ins Feld. Hindenburg reiste inmitten der Mobilmachung nach Hannover zurück. Und dann kam nichts als Stille und die ersten kargen Nachrichten der Kriegsberichte dieses glühend heißen August des Jahres 1914, in dem das deutsche Volk nach Jahren beklommener Erwartung und dunkler Sorge den großen Krieg gegen die stärksten Mächte der Alten Welt, Frankreich, Rußland und England, der solange sich angekündigt, in einem Taumel nie gekannter Begeisterung und einem Gefühl nie erlebter Einigkeit begrüßte.

2. DIE SCHLACHT VON TANNENBERG
1914

Im August des Jahres 1914 begann der große Siegeslauf des deutschen Heeres durch Belgien nach Nordfrankreich hinein. Sieben Armeen marschierten im Westen auf, gestaffelt mit starkem rechten Flügel. Der berühmte Plan des Generalstabschefs Graf v. Schlieffen war freilich durch den Nachfolger, den jüngeren Moltke, abgewandelt und des ursprünglichen Wesensgehaltes bis zu einem gewissen Grade entkleidet: Der rechte Flügel, der das französische Heer umfassen und mit verkehrter Front zur Schlacht zwingen sollte, war nicht mehr stark genug, weil man auf dem linken Flügel nicht allzuviel Boden preisgeben wollte, wie es zunächst in der Absicht Schlieffens gelegen hatte. Ohne Zweifel war indes der Aufmarschplan genial zu nennen, wenngleich es die Frage war, ob die gewaltige Schlachtenfolge im Westen allein den Sieg über Frankreich und das mit diesem verbündete England garantieren konnte. Das kaiserliche Heer, das 1914 auszog, war indes fraglos eine der besten Armeen, die die Welt je gesehen hatte.

Im Osten verblieb nach dem Schlieffenschen Konzept nur die 8. Armee mit drei aktiven und einem Reserve-Korps, einer Kavallerie-Division und Festungs- und Landwehrverbänden zur Deckung Ostpreußens. Der 8. Armee unterstellt, doch in der operativen Entschlußfassung selbständig, war das Landwehr-Korps v. Woyrsch, das Schlesiens Grenzen sichern und die Verbindung zu den verbündeten Österreichern gewährleisten sollte, auf denen zunächst die Hauptlast der Kriegführung gegen Rußland ruhte. Oberbefehlshaber der 8. Armee war Generaloberst v. Prittwitz und Gaffron geworden, der mehrmals die Laufbahn Hindenburgs gekreuzt hatte. Sein Auftrag lautete, Ostpreußen angriffsweise zu verteidigen. Gelang dies nicht, besaß er die Möglichkeit, die Provinz sowie das östliche Westpreußen preiszugeben und vorerst hinter die Weichsel auszuweichen, bis Verstärkungen im Westen frei wurden, eine Alternative, die auf pessimistische Naturen verführerisch wirken konnte, sofern die Lage kritisch wurde. Zwei russische Armeen von beträchtlicher Stärke setzten sich konzentrisch gegen Ostpreußen in Bewegung, drei Armeen massierte die russische Führung in Galizien, wo die Österreicher zunächst mutig zur Offensive gegen die Übermacht übergingen.

Am 12. August 1914 wandte sich Hindenburg von neuem brieflich an den Generalquartiermeister Generalleutnant v. Stein, der, wie das gesamte Große Hauptquartier, vorläufig noch in Berlin saß, und bat ihn, seiner zu gedenken, wenn noch irgendwo ein höherer Führer gebraucht würde, er sei rüstig und frisch und schäme sich bald, über die Straße zu gehen. Im Klub, der sich bedenklich geleert hatte, da viele Mitglieder bereits ins Feld gegangen waren, schlug er an einem Sonnabend einmal zornig mit der Faust auf den Tisch und sagte: „Sie hätten mir doch wenigstens ein Korps geben können", wie Graf Wedel berichtet.

Vier Tage nach Hindenburgs Brief ging das Große Hauptquartier nach Koblenz. In Belgien, in Frankreich folgte Sieg auf Sieg, ohne daß man in der Heimat einstweilen eine klare Vorstellung von Anlage und Umfang der Riesenschlacht zwischen Scheldemündung und Vogesen besaß. Um Hindenburg blieb es still. Erst eine ganz neue Lageentwicklung, von der er nichts ahnen konnte, sollte ihn unverhofft in den Mittelpunkt der Ereignisse stellen.

Am 20. August 1914 meldete Generaloberst v. Prittwitz aus Ostpreußen nach Koblenz, bei Gumbinnen sei eine Schlacht gegen die Njemen-Armee des russischen Generals v. Rennenkampff entbrannt, die Kämpfe nähmen einen günstigen Verlauf. Er hatte bislang, behindert durch Eigenmächtigkeiten eines seiner Korpsführer, des Generals v. François vom I. Armee-Korps, nicht eben Glück gehabt. Immerhin hatte er sich zu dem Entschluß durchgerungen, zunächst die eine der beiden anrückenden feindlichen Armeen, eben die 1. (Njemen)-Armee, anzugreifen und zu schlagen, bevor die 2. (Narew)-Armee des Generals Samsonow von Südosten her die Südgrenze Ostpreußens erreicht hatte. Als Deckung gegen die Narew-Armee beließ er ziemlich erhebliche Kräfte, das verstärkte XX. Korps, im südwestlichen Ostpreußen. Es ist eine seltsame, fast unheimlich anmutende Tatsache, daß das Reich, das an so vielen ungelösten inneren Problemen krankte, auch mit kranken Männern in der höchsten Führung in den Krieg ging. Generaloberst Helmuth v. Moltke, der Chef des Generalstabes des Feldheeres, war körperlich kein gesunder Mann mehr, als der Krieg ausbrach. Er hatte gerade eine kräftezehrende Badekur in Karlsbad absolviert. Und der Stabschef Prittwitz in Ostpreußen, der bisherige Oberquartiermeister I des Generalstabes, Generalmajor Graf Georg Waldersee, der Neffe des einstigen Generalstabschefs, vor dem Krieg einer der engsten Mitarbeiter Moltkes, hatte eben erst eine schwere Operation hinter sich und war gleichfalls nicht im Vollbesitz seiner physischen wie seelischen Kräfte.

Noch wiegte man sich im Großen Hauptquartier in Koblenz in der Hoffnung, auch in Ostpreußen werde alles glatt gehen, da trafen am Abend des 21. August Hiobsmeldungen von Prittwitz ein, welche die erste schwere Krise der Kriegführung heraufbeschworen. Sie trafen einen seelisch schlecht gerüsteten Generalstabschef, der nichts von der olympischen Ruhe seines großen Oheims besaß. General Ritter v. Wenninger, damals bayerischer Militärbevollmächtigter im Hauptquartier, hat sehr treffend die düstere Beklommenheit geschildert, die sich aller Gemüter bei den ersten unglücklichen Nachrichten aus Ostpreußen bemächtigte, nachdem bislang vor allem die engste Umgebung des Kaisers in Siegesmeldungen aus dem Westen geschwelgt hatte.

Auf die Kunde vom Herannahen starker russischer Kräfte aus Richtung Warschau, Pultusk und Lomsha hatten Prittwitz und Waldersee entgegen dem Rat zweier anderer Generalstabsoffiziere, des Oberquartiermeisters Generalmajor Grünert und des Ia Oberstleutnant Max Hoffmann, die Schlacht bei Gumbinnen abgebrochen und sich zum Rückzug aus Ostpreußen hinter die Weichsel entschlossen. Am Abend des 21. August 1914 besprachen Prittwitz und Moltke am Fernsprecher die Entwicklung. Prittwitz behauptete, was sich hernach als Irrtum herausstellte, das ihm unterstehende XVII. Armee-Korps sei so gut wie vernichtet. Moltke frug, was er zu tun gedenke? Prittwitz erwiderte, es gäbe nur eins, sich vom Feind zu lösen, soweit das überhaupt noch möglich sei, und den Rückzug anzutreten. Moltke machte Gegenvorschläge, gab aber keinerlei energische Gegenbefehle, weil er glaubte, aus so großer Entfernung könne er die Lage doch nicht richtig beurteilen. Verstärkungen, die Prittwitz forderte, lehnte er ab. Er empfahl, sofern der Rückzug wirklich unvermeidbar sei, wenigstens dringend, die Weichsellinie zu behaupten, worauf Prittwitz sich erregt erkundigte, wie er das mit seiner Handvoll Truppen bewerkstelligen sollte?

Moltke war durch die Nachrichten stark erschüttert, er begab sich zum Kaiser. Jüngere Generalstabsoffiziere in der Operationsabteilung der Obersten Heeresleitung (OHL), Major Bauer, die Hauptleute v. Harbou, Geyer und Wever, bewahrten dagegen weit mehr Zuversicht. Sie machten sich selbst an das schwierige Unterfangen, unter Umgehung des Armee-Oberkommandos in Ostpreußen die einzelnen Korpskommandos telefonisch zu erreichen, um die Stimmung zu erkunden, etwas was damals infolge des Fehlens jeglicher Verstärker im Fernsprechnetz durchaus nicht einfach war. Immerhin hatten diese Rückfragen das überraschende Ergebnis, daß die Stimmung zwar überall ernst war, daß jedoch von einer Niederlage keine Rede sein konnte. Trotz des Abbruchs der Schlacht von Gumbinnen fühlte sich keines der Korps geschlagen!

Die jungen Generalstäbler wußten nur einen Mann, der diese Lage als neuer Stabschef meistern konnte, jenen Mann, in dem sie im Grunde auch den gegebenen Leiter der Gesamtoperationen erblickten, den Generalmajor Erich Ludendorff, der seit 1904 Offizier in der alten 2. (Deutschen) Abteilung des Generalstabes, der Aufmarschabteilung, gewesen, der von 1908 bis 1913 Chef dieser Abteilung, der jetzigen Operationsabteilung, gewesen war. Er war für eine rücksichtslose Heeresverstärkung und eine Vermehrung der technischen Kampfmittel eingetreten und dafür 1913 als „zu unbequem" in den Westen des Reiches versetzt worden, wo er ein Regiment und darauf eine Brigade erhalten hatte. Ludendorff, lange Jahre der vertraute Mitarbeiter des jüngeren Moltke, hatte selbst im Kriegsfall damit gerechnet, daß man ihm die Operationsabteilung anvertrauen würde, er hatte dafür gesorgt, daß sein Nachfolger in der Aufmarschabteilung ein gewissenhafter Sachbearbeiter als Platzhalter wurde, der Oberst Tappen, doch er besaß Feinde genug im Militärkabinett wie im Kriegsministerium, und diese hatten Sorge getragen, daß er bei Ausbruch des Krieges die Stellung des Oberquartiermeisters, also des Leiters aller Nachschubangelegenheiten, beim AOK 2 im Westen erhielt, um ihn von jeglicher Einwirkung auf den Gang der Operationen auszuschalten.

Mit dem eigenmächtigen Vorgehen der jungen Generalstabsoffiziere der Operationsabteilung wurde jener Name in die Debatte geworfen, der für ein Leben lang nunmehr, erst in Kameradschaft und fruchtbringender Zusammenarbeit, dann in Groll und schließlich in bitterem Haß und Neid unzertrennlich mit demjenigen Hindenburgs verbunden bleiben sollte. Die Generalstabsoffiziere, voran der ebenso ehrgeizige wie ideenreiche und eigenwillige Major Bauer, begaben sich mit den Unterlagen über ihre Ferngespräche zum Generalquartiermeister v. Stein, um ihm klar zu machen, Ludendorff müsse als Chef des AOK 8 in den Osten gehen. Stein ging zu Moltke. Moltke hatte in Ludendorff seinen besten Mitarbeiter gesehen, hatte ihm viel Spielraum gelassen, obwohl Ludendorff einmal zu seiner Frau gesagt hatte, wenn er Moltke nicht immer wieder eisenhart anpacke und mitreiße, sei dieser zu weich und würde in allen entscheidenden Fragen nachgeben. Er hatte sogar daran gedacht, Ludendorff 1913 als Chef des Allgemeinen Kriegsdepartements im Kriegsministerium einzuschieben. Daher ließ er sich am 22. August verhältnismäßig leicht überzeugen, daß Ludendorff als Chef für Ostpreußen der geeignete Mann sei.

Der Generalmajor Erich Ludendorff weilte zu diesem Zeitpunkt im Hauptquartier der 2. Armee des Generalobersten v. Bülow in Schloß Vieux Sart unweit Namur, nachdem er dem Übergang der 2. Garde-Infanterie-Division über die Sambre beigewohnt hatte. Er hatte bereits durch eine kühne Tat dem Vormarsch im Westen die Bahn geöffnet. Als vor Lüttich, der wichtigsten und stärksten belgischen Sperrfestung, eine Krise eingetreten war, hatte er sich an die Spitze der führerlos gewordenen 14. Infanteriebrigade gesetzt, sie wieder vorgerissen und war mit ihr am 7. August in die Festung eingedrungen. Wie Hindenburg war er ein Sohn des deutschen Ostens, freilich aus fast noch kargerem Bereich. Der Großvater war Kaufmann in Stettin gewesen, die Großmutter, Ada Louisa Leffler, stammte aus Schweden und führte sich in gerader Linie auf eine natürliche Tochter König Erich XIV. des Wahnsinnigen (1560-69) mit einer finnischen Bürgerstochter zurück. Der Vater, Rittmeister August Wilhelm Ludendorff, der mit einer Tempelhoff vermählt war, der Enkelin des in den Adelsstand erhobenen berühmten Artillerie-Generals Friedrichs des Großen, war Rittergutsbesitzer auf Kruszewnia im Kreis Schwersenz in der Provinz Posen gewesen, später Pächter dreier Güter in Hinterpommern, bis ihn die Agrarkrise der 80er Jahre zur Aufgabe der Pachtungen und zur Übernahme einer Vertretung der Hagelversicherung genötigt hatte.

Der Sohn, 1865 in Kruszewnia geboren, wurde Kadett und trat als Offizier bei der Infanterie ein. Nach einem dreijährigen Kommando zu Studienreisen in Rußland gehörte er seit 1895 18 Jahre hindurch mit nur ganz geringer Unterbrechung dem Generalstab an. Unbestreitbar besaß er ungewöhnliche soldatische Gaben, freilich war er vollkommen einseitig militärisch erzogen. Schon die äußere Erscheinung des Neunundvierzigjährigen, der gewaltige Kopf mit der hochgewölbten Stirn, dem stolzen Blick, dem energisch gesammelten Mund unter gestutztem Schnurrbart und den kraftvoll fleischigen Wangen wirkte imponierend, sprach von geballter Willenskraft, starkem Geist und einem düsteren Ernst. Alles in allem war er eine Persönlichkeit, deren Wucht sich damals so leicht niemand entziehen konnte. Hinter fanatischem Arbeitswillen und äußerer Schroffheit und Unzugänglichkeit auch im persönlichen Verkehr verbarg sich ein weiches, leicht entzündliches Herz. Seine Schwäche waren die Frauen, eine bislang nur den wenigsten bekannt gewordene Tatsache. Seit 1908 war er mit Margarete Pernet geb. Schmidt vermählt, einer sehr reizvollen Frau, die sich um seinetwillen von ihrem Manne getrennt hatte und die ihm vier Kinder erster Ehe, drei Söhne und eine Tochter, in die Ehe brachte, welche an dem neuen Stiefvater trotz seiner Strenge mit tiefer Verehrung hingen.

Es war nun im Großen Hauptquartier in Koblenz klar, daß man Ludendorff als neuen Chef nach dem Osten schicken würde. Am 22. August 1914, dem gleichen Tag, an dem die ostpreußische Etappen-Inspektion Befehl zur Räumung der Provinz erhielt, an dem die Landbevölkerung angewiesen wurde, Vieh und Erntevorräte hinter der Weichsel zu bergen, wurde Hauptmann v. Rochow mit Briefen Moltkes und Steins im Kraftwagen zu Ludendorff entsandt. Moltke schrieb ihm, er wisse keinen, zu dem er solch Vertrauen habe: „Vielleicht retten Sie im Osten noch die Lage." In Generalleutnant v. Steins Brief hieß es: „Also Sie müssen hin. Hier fordert es die Staatsraison. Schwer ist die Aufgabe, aber Sie werden es schon machen." Moltke war noch immer sehr unruhig und aufgeregt, er befürchtete, die Narew-Armee könne, während die Njemen-Armee scharf die weichende 8. Armee verfolgte, in deren Rückzugslinie hineinstoßen. In Koblenz wußte man nichts davon, daß sich inzwischen unter dem Einfluß des Generals Grünert und des Oberstleutnants Hoffmann bei Prittwitz und Waldersee wieder eine ruhigere Auffassung der Lage durchgesetzt hatte, daß man den Entschluß gefaßt hatte, unter Sicherung gegen die Njemen-Armee angriffsweise gegen die die eigenen Flanke bedrohende Narew-Armee vorzugehen.

Steins Brief an Ludendorff enthielt die erste Andeutung, daß man auch den Oberbefehlshaber wechseln wollte, er teilte ihm mit, Oberbehlshaber solle Hindenburg werden, man wisse jedoch nicht, ob dieser rasch genug zu finden sei und ob er den Auftrag annehmen würde. Anfangs hatte man geglaubt, es genüge, den Chef zu wechseln, eine für das Denken des Generalstabs, für die Bedeutung, die seit Moltkes Tagen der Chef des Stabes als mitverantwortlicher Berater erlangt hatte, der durch eigenen Dienstweg unmittelbar mit dem Chef des Generalstabes des Feldheeres verbunden war, höchst charakteristische Vorstellung. Doch Ludendorff galt als schroffe, unzugängliche und zu heftigen Temperamentsausbrüchen neigende Natur, Prittwitz als nicht minder eigenwilliger Vorgestzter. Beide zusammen ergaben kein gutes Gespann. Generalleutnant v. Lyncker, dem als Chef des Militärkabinetts Seiner Majestät die Entscheidung über die Stellenbesetzung zustand, wie sein Mitarbeiter Oberst Freiherr v. Marschall sahen sich einer heiklen Entscheidung gegenüber. Sie dachten eine Zeitlang an den hochbedeutenden, geistvollen, alten Feldmarschall Freiherrn Colmar v. d. Goltz als Oberbefehlshaber, auch er schien schlecht zu Ludendorff zu passen. Im Grunde bestimmte man jetzt den Oberbefehlshaber gemäß der Eigenart des Chefs, nicht umgekehrt, wie es normalerweise üblich war. Es ist bereits gesagt worden, daß Hindenburg zwei ausgesprochene Gönner im Generalstab hatte, den Generalquartiermeister v. Stein und den Chef der Zentralabteilung Oberst v. Fabeck. Trotzdem hat es sich nie eindeutig klären lassen, wer den ersten Anstoß gegeben hat, daß Hindenburg den Oberbefehl erhielt. Wahrscheinlich war die Sache gar nicht weiter besonders geheimnisvoll, Stein hatte ihm bereits versprochen, er würde den nächsten wichtigen Posten bekommen, der frei würde. Auch Lyncker, der möglicherweise einmal Bedenken bezüglich der Verwendbarkeit Hindenburgs gehabt zu haben scheint, konnte nicht leugnen, daß hier ein Mann von unerschütterlicher Gelassenheit und Nervenstärke und langjähriger militärischer Erfahrung vorhanden war, der imstande war, durch das Gewicht seiner Persönlichkeit auch einem Ludendorff Grenzen zu setzen, der andererseits aber auch nicht gewohnt war, die Arbeit hervorragend begabter Untergebener durch kleinliches Dreinreden zu stören.

Hauptmann v. Rochow, der die Nacht durch gefahren war, traf Ludendorff am 22. August gegen 9 Uhr im Schloß Vieux Sart. Er war gerade im Begriff, sich zum Garde-Reserve-Korps des Generals v. Gallwitz zu begeben, das die wichtige Maasfestung Namur nehmen sollte. Ludendorff fuhr sofort, obwohl im ersten Augenblick voll zorniger Enttäuschung, daß man ihn nun vom Schauplatz der Entscheidung im Westen abrief, nach Koblenz, wo er gegen 18.30 Uhr eintraf. Als man bei der OHL wußte, daß er unterwegs war, verständigte man gegen Mittag telegraphisch Hindenburg und frug an, ob er zu sofortiger Verwendung bereit sei? Hindenburg saß nichtsahnend in der Wedekindstraße in Hannover mit seiner Frau am Kaffeetisch, als am frühen Nachmittag das Telegramm aus Koblenz eintraf. Er kannte den Auftrag nicht, den man ihm zugedacht hatte, er ahnte nichts von der kritischen Lage bei der 8. Armee. Lakonisch telegraphierte er sofort zurück: „Bin bereit!" Zu diesem Zeitpunkt besaß er nicht einmal eine vorschriftsmäßige feldgraue Uniform, nur eine graue Litewka und schwarze Beinkleider.

Inzwischen wurde Ludendorff zwischen 18.30 und 21 Uhr in Koblenz von Moltke und dem Kaiser empfangen. Der Kaiser war sehr gnädig und verlieh ihm für sein Eingreifen bei Lüttich den Pour le Mérite. Moltke unterrichtete ihn über das Grundproblem, die Frage, was geschah, wenn die Narew-Armee in die Rückzugsbewegung des AOK 8 hineinstieß, während die Njemen-Armee zu scharfer Verfolgung überging. Die einzige Chance für die deutsche Führung lag darin, daß die beiden russischen Armeen durch die Masurische Seenplatte getrennt waren. Ludendorff war ein strategischer Kopf ersten Ranges, er sah sofort – was ganz unabhängig von ihm auch einem ähnlich scharfen Denker wie dem Oberstleutnant Hoffmann vom Stab des AOK 8 nicht verborgen geblieben war – daß man noch die Möglichkeit hatte, die Njemen-Armee mit Sicherungskräften hinhaltend zu beschäftigen, während man sich mit allen zur Verfügung stehenden Kräften gegen die Narew-Armee wandte, um diese vernichtend zu schlagen, bevor die Njemen-Armee eingreifen konnte. Obwohl das AOK 8 noch nicht einmal formell von dem bevorstehenden Wechsel in der Stellenbesetzung unterrichtet war, ließ Ludendorff noch von Koblenz aus die ersten Weisungen an die einzelnen Korpsstäbe hinausgehen. Sie bezweckten die Einstellung der Ausweichbewegungen, die Versammlung dreier Korps gegen die Narew-Armee und die Heranführung der Besatzungen der Weichselfestungen zur Verstärkung. Die Grundidee der künftigen Operationen hat Hindenburg in seinen Denkwürdigkeiten so formuliert, daß schwache Kräfte gegenüber der Njemen-Armee die eigenen Bewegungen verschleiern sollten, während eine „dünne", nicht jedoch eine „schwache", Mitte gegenüber der Narew-Armee zunächst die bisherigen Stellungen des XX. Korps behaupten sollte, bis die Versammlung zweier starker Flügelgruppen geglückt war, um die Narew-Armee durch einen umfassenden Angriff zu zerschlagen.

In dem ersten Telegramm an Hindenburg hatte es geheißen, er solle sich am Vormittag des 23. August, eines Sonntags, bereit halten, Ludendorff würde ihn als sein Chef im Auto abholen. In einem zweiten, um 14.26 Uhr in Koblenz aufgegebenen Telegramm wurde diese Weisung geändert, ihm wurde befohlen, sich bereits am 23. August morgens 3 Uhr zur Abreise bereit zu halten. Die Idee, daß Ludendorff im Kraftwagen nach Hannover fahren solle, war aufgegeben worden, die beiden Generale sollten mit einem kleinen Sonderzug reisen. Hindenburgs lakonische Antwort, er sei bereit, war am frühen Abend in Koblenz. Nunmehr wurde ihm mitgeteilt, er solle Oberbefehlshaber der 8. Armee werden.

Um 21 Uhr reiste Ludendorff mit dem Sonderzug von Koblenz über Hannover nach Marienburg ab, wohin Prittwitz sein Hauptquartier verlegt hatte. Unmittelbar vor der Abfahrt erfuhr Ludendorff, daß der ihm ganz unbekannte General der Infanterie a. D. v. Hindenburg – das Hannoversche Adreßbuch verzeichnete ihn damals ganz korrekt noch als „v. Beneckendorff und v. Hindenburg" – sein neuer Oberbefehlshaber sein würde. Prittwitz und Waldersee wurden in sehr schroffer Form unvermittelt abberufen. Von den neuen Überlegungen hinsichtlich eines angriffsweisen Vorgehens gegen die Narew-Armee, die man beim AOK 8 angestellt hatte, Überlegungen, aus denen später Prittwitz wie Hoffmann, jeder für sich selbst sprechend, das Verdienst ableiten wollten, sie hätten bereits den Grund für die kommende große Schlacht, das neue Cannae im Osten, gelegt, hatte man, wie bereits erwähnt, bei der OHL keine Kenntnis mehr erhalten.

Bei dieser einsamen Nachtfahrt mag Ludendorff im Grunde seiner Seele vielleicht schon das Bewußtsein bewegt haben, daß man ihm, dem Chef und jungen Generalmajor, gesagt hatte, er solle die Lage im Osten retten, daß der Chef und nicht der Oberbefehlshaber in diesem Falle zunächst die ausschlaggebende Persönlichkeit war. Mehr noch bewegte ihn nach seinem eigenen Zeugnis die Enttäuschung, daß er aus dem Westen abberufen worden war. Erfüllt von seinen Plänen hatte er aber auch nach seinem Geständnis das Bild eines neuen „schönen Sieges“ vor Augen, und im übrigen übermannte ihn bald der Schlaf!

Gegen 4 Uhr morgens, am 23. August 1914, hielt der Extrazug auf dem menschenleeren Bahnsteig in Hannover, Ludendorff meldete sich bei seinem neuen Oberbefehlshaber. Hindenburg hatte Ludendorff nie persönlich kennengelernt, kannte seinen Namen natürlich aus dem Ringen des Generalstabs um die Heeresvermehrung und Modernisierung, wußte aber nicht einmal etwas von seiner Tat bei Lüttich. Später charakterisierte er ihn in seinen Denkwürdigkeiten folgendermaßen: „Ein ganzer Mann, kraftvoll in sich geschlossen, freilich auch eckig und kantig, aber geschaffen für ein gigantisches Werk wie kaum ein zweiter in der Geschichte.“

Ludendorff brachte glasklares, modernes, strategisches Denken mit, eine schier übermenschliche Tat- und Willenskraft, eine rücksichtslose Arbeitswut und einen überaus starken Ehrgeiz, der damals weniger im Menschlich-Persönlichen als im Sachlichen, im Ringen für ein mächtiges Deutsches Reich, wurzelte. Er war ein glühender, moderner Nationalist, dem im Grunde die Macht des Reiches mehr bedeutete als alle alten Formen. Aber er brachte noch mehr mit, schöpferische Ideen, die eigentlich den Rahmen generalstabsmäßiger Anonymität sprengten, die ihn vor allem dann sprengen mußten, wenn ihn sein Weg nie aus der mitverantwortlichen Chefstellung zu alleiniger, voller Verantwortung führte. Der hünenhafte siebenundsechzig Jahre alte Mann, der auf dem Bahnsteig seine Meldung entgegennahm, erschien schon äußerlich in seiner schlichten alten Litewka mit den schwarzen Beinkleidern wie der Repräsentant der bereits halb versunkenen Zeit des ersten Kaisers und Bismarcks. Seine kriegerischen Erfahrungen gründeten sich auf die strahlenden Bilder der Jugendzeit, Königgrätz, Mars-la-Tour und Sedan. In geistiger Hinsicht wirkte er, wie Ludendorff nach seinen Angaben in der ursprünglichen Fassung seiner Kriegserinnerungen auch der Öffentlichkeit klar machen wollte, auf ihn eher schwerfällig und altmodisch als beweglich und entzündlich. Die olympische Ruhe Moltkes, die auch Hindenburg besaß, muß für den viel eher zu Temperamentsausbrüchen neigenden jüngeren Mann einer neuen Zeit manchmal schwer verständlich gewesen sein.

Aber gerade die überlegene Gelassenheit, die Weisheit eines langen soldatischen Lebens und die gründliche Schulung, die ihm einst schon als jungem Generalstabsoffizier die Qualifikation zum Chef des Generalstabes eingetragen hatte, befähigten Hindenburg auch, die Größe Ludendorffscher Operationen vollauf zu erfassen und mit ruhiger Würde die Verantwortung für ihre Durchführung zu übernehmen. Für Hindenburg bestand das ideale Verhältnis zwischen einem seiner Stellung vollauf gewachsenen Oberbefehlshaber und einem jungen glänzenden Stabschef darin, daß der Oberbefehlshaber dem Chef den Weg ebnete, seine Entwürfe zu verwirklichen oder eigene Entwürfe des Oberbefehlshabers auszuführen und dafür vollauf die Verantwortung übernahm. Dieser Verantwortung war er sich stets bewußt. Es ist nicht einfach, das Verhältnis zwischen zwei, jeder auf seine Art bedeutenden Soldaten stets bis in alle Einzelheiten klar zu analysieren, es ist auch weder notwendig noch für alle Situationen mehr durchführbar, wenn man sich die Überlegung vor Augen hält, daß ein genialer Stabschef an einem stumpfen, geistlosen, trägen und selbstgefällig-eitlen Oberbefehlshaber rasch gescheitert wäre, daß ein derart geartetes Doppelgespann nicht jahrelang die furchtbare Last der Kriegführung im größten aller bisherigen kriegerischen Konflikte hätte tragen können. Generalleutnant v. Metzsch, einer der führenden Militärschriftsteller der Reichswehrzeit, meint in seiner 1932 erschienenen Studie über Hindenburg, man solle nicht zwecklos darum rechten, wo die Grenzen zwischen Hindenburg und Ludendorff gelegen hätten. „Man sollte vielmehr dem Feldherrn alles zu Gute halten, was er um der großen Sache willen am Gehilfen ertrug. Es konnte kaum eine bessere Mischung geben. Aber es konnte, ohne Hindenburg, manches schlechter geraten." So heißt es da wörtlich.

Für beide wurde Schicksal, daß weder im Jahre 1914 noch in all den folgenden schweren Jahren eine echte, ausgleichende, politisch-militärische Führung existierte, daß der in vieler Hinsicht so hochbegabte und vielseitig interessierte Monarch, der einst mit so hohen Vorstellungen von der Mission des Herrschers von Gottes Gnaden seine Regierung begonnen hatte, es nicht wie der Großvater verstand, als Oberster Kriegsherr das Bindeglied zwischen Reichs- und Heeresleitung zu verkörpern, daß er sich vielmehr mit den Jahren immer stärker des eigenen Einflusses begab. Es gab auch keinen Kanzler von wirklichen staatsmännischen Fähigkeiten. So fiel der Heeresleitung die Bewältigung von Aufgaben zu, für die die Offiziere nie erzogen worden waren. Sie wurde zwangsläufig in die Politik hineingezogen, sie kam mit den schweren, niemals zum Austrag gelangten inneren Konflikten in Berührung, mit denen das Reich in den Krieg gegangen war. Für derartige Konflikte aber war die soldatische und adelige Generation Hindenburgs im Grunde völlig ungerüstet. Die Beneckendorff wie die Hindenburg waren seit zwei Jahrhunderten allzeit nurmehr getreue Diener ihres Königs gewesen. Unterdes hatte der Adel wie alle anderen Stände des deutschen Volkes längst einen tiefgehenden Wandlungsprozeß durchgemacht, wie sich das soziale Gefüge des deutschen Volkes überhaupt entscheidend gewandelt hatte. Die Stände als soziale Einheiten waren einem langsamen Auflösungsprozeß unterworfen, die monarchische Staatsform stand vor der Aufgabe, den breiten Massen neue Rechte der Mitarbeit im Staatsleben einzuräumen, wollte sie nicht hinweggefegt werden. Der

Gehorsam und die ritterliche Verehrung des Souveräns lag einem Manne der alten Schule wie Hindenburg jedoch gewissermaßen im Blut, wer, wie er, noch ganz in altüberkommener Vasallentreue lebte, hatte es doppelt schwer, die neue Zeit zu verstehen, sich mit ihr auseinanderzusetzen oder gar, forderte die von ihm vertretene Sache dies, sich für Entschlüsse einzusetzen, die mit der Willensmeinung des Allerhöchsten Herrn nicht übereinstimmten. Noch ahnte er freilich nicht, welche seelischen Qualen einmal die Wiederberufung zum Dienst für König, Kaiser und Vaterland bergen sollte.

In den frühen Morgenstunden des 23. August 1914 hielt Ludendorff im Sonderzug ganz kurz, ungefähr 15 Minuten lang, Hindenburg Vortrag über die Lage im Osten und die bereits hinausgegangenen Weisungen. Hindenburg bemerkte mit seiner tiefen Baßstimme: „Ich weiß auch nichts Besseres. In Gottes Namen, machen wir es so." Dann legten sich beide zum Schlafen nieder. „Kriegspläne haben wir nicht beraten", stellte Ludendorff später gegenüber dem ihm befreundeten General v. Wenninger fest, der noch während des Krieges daran ging, eine grundlegende Studie über die Schlacht von Tannenberg zu verfassen, bis ihm der Soldatentod die Feder aus der Hand nahm. Die Gewohnheit, zu schlafen, solange es nichts Besseres zu tun gab, entsprach ganz den Gepflogenheiten des Kommandierenden Generals in der Magdeburger Zeit, wenn er bei Besichtigungsreisen brummend gesagt hatte, nun wolle er ein wenig über den Dienst nachdenken.

In Berlin stieg auf dem Bahnhof Zoologischer Garten am Morgen des 23. August Ludendorffs so schöne Frau in den Zug, die ihre Wohnung in der letzten Friedensgarnison, Straßburg im Elsaß, aufgegeben und in Berlin in einer Pension Unterkunft gefunden hatte. Hindenburg frühstückte gemeinsam mit dem Ehepaar Ludendorff und plauderte höchst heiter und liebenswürdig, in Damengesellschaft wie immer ein Kavalier des besten alten Schlages. Lächelnd meinte er, die Einberufung sei für ihn so überraschend gekommen, daß er sich nicht einmal eine richtige Uniform habe besorgen können. In Küstrin verließ Frau Ludendorff den Zug wieder, der weiter gen Osten rollte, der Front entgegen.

Gegen 14.30 Uhr lief der Extrazug in Marienburg ein. Der Stab des AOK 8 mit dem Oberquartiermeister Generalmajor Grünert und dem Ia Oberstleutnant Max Hoffmann begrüßte hier den neuen Oberbefehlshaber und den Chef, die Stimmung war teils gedrückt, teils frostig. Der Stab war notdürftig im Schützenhaus untergebracht, wo Hoffmann und darauf Grünert sogleich Hindenburg und Ludendorff Vortrag hielten. Seit der Zug auf der langen Eisenbahnbrücke bei Dirschau über die Weichsel gerollt war, war Ludendorff unruhiger geworden. Die Lage war schwer zu deuten. Gegenüber der mit 289.000 Mann und 780 Kanonen im Anmarsch befindlichen Narew-Armee stand einstweilen nur in breiter Front südlich von Gilgenburg das XX. Korps des Generals v. Scholtz, das sich bei Lahna, Orlenau und Frankenau in zäher Abwehr verteidigte. In der Nacht zum 24. August mußte eine seiner Divisionen zurückgenommen werden. Das Ziel des Generals Samsonow war die Linie Ortelsburg-Soldau. Östlich der Angerapp befand sich die Njemen-Armee Rennenkampffs mit 246.000 Mann und 800 Kanonen. Die Gesamtstärke der deutschen Kräfte in Ostpreußen betrug nur 210.000 Mann mit 600 Geschützen.

Grünert und Hoffmann drängten, das XVII. Korps und das I. Reserve-Korps, die noch Rennenkampff gegenüberstanden, abzuziehen und nach Süden einzudrehen. Ludendorff zögerte noch, er befahl vorerst nur den Abmarsch nach Westen. Hindenburg und Ludendorff waren beide Schüler Schlieffens. Die neue Idee, die ihnen vorschwebte, war ihres großen Lehrmeisters würdig. Wandte man sich gegen die Narew-Armee Samsonows, so mußte der Gegner in einer Umfassungsschlacht vernichtet werden, die Ausschaltung der einen feindlichen Armee vor dem Eingreifen der anderen entschied über das Schicksal Ostpreußens, ja vielleicht der ganzen Ostfront, da die Österreicher in Galizien bereits in schwerstem Ringen standen und ihre Kräfte zu erlahmen begannen. Voraussetzung für das Gelingen der Operation war die rasche Zusammenfassung aller irgend östlich der Weichsel verfügbaren Kräfte gegen Samsonow. 11½ Divisionen konnte man dafür einsetzen, die Sicherung gegen Rennenkampff mußte dann der einzigen vorhandenen Kavallerie-Division und der Hauptreserve der Festung Königsberg, 1½ Divisionen und einiger Landwehr, überlassen werden. Im Sinne dieser Pläne wurden das XVII. Korps und das I. Reserve-Korps nach Südwesten dirigiert. Noch waren das I. Korps, dessen Abtransport sich durch technische Schwierigkeiten verzögerte, und zur Verstärkung vorgesehene Landwehrbrigaden nicht herangekommen, die volle Last des Kampfes lag noch immer beim XX. Korps v. Scholtz, bei der „dünnen“ Mitte, die stets in der Gefahr lebte, von Osten umgangen zu werden.

Der Entschluß Hindenburgs und Ludendorffs war kühn. Vorsichtshalber erörterte man jedoch auch die Frage, was geschehen sollte, wenn der Angriff auf die Narew-Armee scheiterte. Dann wollten Hindenburg und Ludendorff eine Auffangsstellung östlich der Weichsel, also vorwärts des Stromes, beziehen, um die Weichselübergänge für Verstärkungen aus dem Westen offenzuhalten. Dafür wurden Stellungen zwischen Elbing-Deutsch-Eylau-Graudenz erkundet, die durch zivile Arbeitskräfte ausgebaut werden sollten.

Ludendorff ließ sich auch von Hoffmann eingehend über die Vorgänge während der Schlacht von Gumbinnen berichten. Dabei traten die Eigenmächtigkeiten des Kommandierenden Generals des I. Korps, Hermann v. François, klar zu Tage, mit dem Ludendorff seit ihrer gemeinsamen Dienstzeit im Stab des IV. Korps in Magdeburg in den 90er Jahren sehr schlecht stand. Später schrieb er von ihm, er sei nur auf Grund der Verdienste seines Vaters, eines 1870 gefallenen Generals, Generalstabsoffizier geworden, ein Urteil, das allzuhart war, weil solch reine Protektionswirtschaft im Generalstab nicht gut denkbar war.

Hindenburg wahrte unterdes ruhige Gelassenheit, zumal er die Dinge in den besten Händen wußte. Von seinem Quartier beim Landrat unternahm er am Abend allein einen Spaziergang nach der Marienburg auf dem jenseitigen Ufer der Nogat, das im Abendrot liegende gewaltige Hochmeisterschloß betrachtend, an dem sich einst der Ansturm der Polen, Tataren und Litauer gebrochen hatte, als diese 1410 das Heer des Ordens bei Tannenberg vernichtend geschlagen hatten. Flüchtlingstrecks wälzten sich über die Nogatbrücke gen Westen. Waren die Tage des Polen- und Tatarensturms wiedergekehrt? Die beiden Monate August und September 1914 kosteten die ostpreußische Bevölkerung in den von den Russen besetzten Gebieten 1.600 Tote, mehrere tausend Verletzte und 10.000 Verschleppte. 100.000 Familien verloren Hab und Gut, 34.000 Gebäude wurden zerstört, wie der Oberpräsident v. Batocki auf Bledau angab. Vielleicht schweiften Hindenburgs Gedanken auch weiter zu den beiden feindlichen Oberbefehlshabern. Paul Karlowitsch Edler v. Rennenkampff, aus baltischem Adel stammend, galt für einen rücksichtslosen Mann. Im Russisch-Japanischen Krieg von 1904/05 hatte er ein Korps geführt, zuvor hatte er sich als Generalstäbler wie als Kommandeur einer sibirischen Kosaken-Division bewährt. Fast bekannter noch als durch seine militärischen Verdienste war er durch die rücksichtslose Unterdrückung der ersten russischen Revolution von 1905 in Sibirien geworden. Er war das Abbild eines russischen Herrn der alten Zeit, schneidig, brutal und selbstbewußt, aber gar kein Stratege. Was den Führer der Narew-Armee, General der Kavallerie Samsonow, betraf, so war dieser lange Zeit als Militärgouverneur von Turkestan eigentlichen Führungsaufgaben entfremdet gewesen und hatte wenig militärische Erfahrungen sammeln können. Die beiden gegen Ostpreußen operierenden Armeen waren unter dem Höchstkommandierenden, Großfürst Nikolai Nikolajewitsch, in der „Nordwest-Front" zusammengefaßt, welche der General der Kavallerie Shilinski befehligte. Er führte an sehr kurzem Zügel, obwohl sein Hauptquartier weit zurücklag. Die russische Armee galt im allgemeinen für gut, die Führung freilich für ungewandt und schwerfällig. Die Tatsache, daß der Gegner zunächst sämtliche Funksprüche unverschlüsselt sandte, erleichterte die Beurteilung seiner Maßnahmen erheblich. Als er später zur Chiffrierung überging, fiel es nicht sehr schwer, die Chiffre zu entdecken. Immerhin konnten die Russen sich jedoch in dem Bewußtsein wiegen, daß sie sich in Galizien bereits den Österreichern nach anfänglichen Niederlagen nicht nur zahlenmäßig als überlegen erwiesen hatten.

Entgegen allen späteren Legenden kannten weder Hindenburg noch Ludendorff das Terrain im südwestlichen Ostpreußen. Hindenburg hatte nur einmal flüchtig hier geweilt, als er als Ia in Königsberg Fragen des Grenzschutzes bearbeitete, Ludendorff hatte unter Schlieffen eine Generalstabsreise in Ostpreußen mitgemacht, die diesen Raum gestreift hatte, er fand sich sonst, wie er selbst feststellte, „Gottseidank ganz unbefangen". Einer der ersten Entschlüsse des neuen Armee-Oberkommandos ging dahin, für den 24sten das Hauptquartier wieder nach Riesenburg vorzuziehen, um dem Schauplatz der Ereignisse näher zu sein. In der Nacht vom 23./24. August, als zwei russische Korps die 37. deutsche Division bei Hohenstein zum Ausweichen zwangen, glaubte Samsonow bereits an einen nahen Sieg. Am 24. August fuhren Hindenburg und Ludendorff im Automobil, endlose Flüchtlingszüge passierend, denen gegenüber die Gendarmerie, welche Auftrag hatte, die Straßen für Truppenbewegungen freizumachen, völlig hilflos war, über Osterode zum General v. Scholtz vom XX. Korps, mit dem sie im Schulhaus des Dorfes Tannenberg eine Aussprache hatten. Das Scholtzsche Korps stand noch immer auf den Höhen südöstlich von Gilgenburg, noch immer drohte die Gefahr einer Überflügelung von rechts. Das I. Korps v. François saß großenteils noch auf der Bahn, Teile wurden im Raum Deutsch-Eylau-Montowo ausgeladen. Dem russischen Funkverkehr nach zu schließen, wollte Samsonow am 25. August die Linie Allenstein-Osterode erreichen. Ludendorff vertraute fest auf die eigene Truppe, obwohl er sich über die Auswirkungen der abgebrochenen Schlacht von Gumbinnen auf die Stimmung nicht restlos klar war. Hindenburg nutzte den Tag auch noch zu einem flüchtigen Besuch bei der Schwägerin in Neudeck. Am Abend nahm der Stab Quartier im Hotel „Deutsches Haus" in Riesenburg an der Liebe, die Geschäftszimmer wurden in der Realschule untergebracht. In Ludendorffs Bericht an die OHL hieß es angesichts der zahllosen Schwierigkeiten: „Stimmung entschlossen, wenn auch schlimmer Ausgang nicht ausgeschlossen." Noch waren alle eingeleiteten Bewegungen erst im Anlaufen, die Umgruppierung kostete Zeit, und was würde geschehen, wenn Rennenkampff in diese Umgruppierung von Osten her hineinstieß?

Am frühen Morgen des 25. August fuhren Hindenburg und Ludendorff im Automobil zum Gefechtsstand des I. Korps bei Montowo, zehn Kilometer südlich von Löbau, wo sie gegen 8 Uhr eintrafen. Für den nächsten Tag, den 26sten, wollte Ludendorff das Françoissche Korps zum Angriff auf das I. russische Korps ansetzen, das in den Wäldern um Usdau saß; zwischen diesem und dem noch weit zurückhängenden XIII. russischen Korps war hier eine Lücke in den gegnerischen Linien entstanden, die Ludendorff wie Hindenburg zur Umfassung des I. russischen Korps ausnutzen wollten. François, der in Ludendorff nur den jungen Generalmajor sah und ganz in der Vorstellung von der Selbstherrlichkeit seiner Stellung als Kommandierender General im Frieden lebte, hatte andere Ideen, wollte weiter nach Süden ausholen und bei Soldau angreifen. Ludendorff sah im Durchbruch bei Usdau den ersten Schritt zur erstrebten Umfassung des Gegners, sah klar, daß der Stoß auf Soldau gar nicht genügend fundiert war. Es gab eine scharfe Auseinandersetzung mit François, schließlich erklärte Ludendorff, füge sich Herr v. François nicht, müsse er den Oberbefehlshaber bitten, einen anderen General mit der Durchführung des Angriffs bei Usdau zu betrauen. Hindenburg schwieg. François kannte als alter Stabschef des IV. Korps seinen einstigen Kommandierenden. Das Schweigen sagte: „Ich stehe voll auf Ludendorffs Seite und werde Sie ablösen lassen, wenn es notwendig ist!" Dies war zweifellos einer der bedeutsamsten Momente der ganzen Schlacht, nicht nur, weil tatsächlich der Durchbruch bei Usdau entscheidende Bedeutung gewann, sondern weil sich Prittwitz und Waldersee auch niemals gegen die Eigenwilligkeit François' hatten durchsetzen können. Hier wirkte die Wucht der Persönlichkeit Hindenburgs ebensosehr wie die Schärfe Ludendorffs. Oberstleutnant Hoffmann notierte wenig später in seinem Tagebuch, Ludendorff passe mit seiner Rücksichtslosigkeit und Grobheit gut nach Ostpreußen. Ludendorff selbst hatte den Eindruck, daß die Zusammenarbeit im Stab des AOK 8 nach der Überwindung der anfänglichen Mißstimmung gut und reibungslos war. Auch Oberstleutnant Hoffmann, einer der bedeutendsten, aber auch anspruchsvollsten und selbstgefälligsten jüngeren Offiziere des gesamten Generalstabes, trotz bürgerlicher Abkunft stets bemüht, den Grandseigneur zu spielen, mit ebenso spitzer Feder wie scharfer Zunge begabt, aber auch ein höchst gedankenreicher und dabei eiskalt argumentierender Kopf, fand sich mit Ludendorffs Art ab, zumal dieser auf das Urteil Hoffmanns großen Wert legte. Hindenburgs Wesen fand freilich weniger Gnade vor Hoffmanns Augen, dazu erschien solch modernem Generalstäbler der Typ des altpreußischen Edelmannes bereits ein wenig antiquiert.

Am 25. August gewannen die Maßnahmen für den Angriff am folgenden Tag zum ersten Mal wirklich Gestalt. Ein aufgefangener Operationsbefehl Samsonows zeigte, daß dieser an einen taktischen Teilsieg glaubte und seine Truppen, wie schon erwähnt, bis in die Linie Allenstein-Osterode vorführen wollte. Rennenkampff sollte über Rastenburg auf Königsberg marschieren. Rennenkampff rührte sich indes nicht! Doch die Drohung, daß er marschierte, lastete schwer auf allen Verantwortlichen, niemand konnte sagen, was der nächste Tag bringen würde. Ludendorff ließ jetzt das XVII. Korps und das I. Reservekorps schärfer nach Süden einschwenken. Abends erhielt François, dessen Korps bei Montowo voll mit der Eisenbahn eingetroffen und ausgeladen zu sein schien, den Befehl zum Angriff auf Usdau am 26. August. Das XX. Korps hielt immer noch zwischen dem Groß-Damerau-See und Mühlen, seine Infanterie hatte sich eingegraben. Hindenburg entschloß sich für den nächsten Tag, das Hauptquartier nach Löbau zu verlegen. Er schlief nochmals im „Deutschen Haus“ in Riesenburg und meinte am nächsten Morgen zum Hotelier, er solle ihm auch für die nächste Nacht noch ein Bett reservieren, solle aber lieber nicht wünschen, daß er zurückkäme, denn das hieße „Reißaus nehmen“.

Die Befehle für den 26. August, die Ludendorff eigenhändig niedergeschrieben hatte, sahen vor: Angriff des I. Korps gegen die russische Vorstellung bei Seeben und darauf auf Usdau. Mit dem rechten Flügel beginnend sollte das XX. Korps sich diesem Angriff anschließen. Das XVII. Korps und das I. Reserve-Korps wurden scharf nach Süden eingedreht.

Der 26. August sah den Generalstab des AOK 8 hart östlich von Löbau, die Nachrichtenzentrale befand sich noch in Riesenburg, mit ihr war man durch einen einzigen Draht verbunden. Die Nachrichtenverbindungen waren ein eigenes Kapitel, das viel Sorgen bereitete, da man gänzlich auf das teilweise unterbrochene Friedensfernsprechnetz der Reichspost angewiesen war. Aufklärungsflieger gab es nur wenige, die Ordonnanzoffiziere und Feldjäger mußten zu Pferd oder im Kraftwagen die Verbindungen zu den einzelnen Korps und Divisionen wahren. Es war schwer, jeweils rasch das richtige Bild von neuen Entwicklungen in gewinnen, und doch hing davon der Gang der Schlacht ab. Der Tag war voller Enttäuschungen. Das I. Korps hatte seine Ausladung noch immer nicht völlig beendet. François hatte seinen eigenen Kopf. Trotz strikten Befehls griff er mit Verzögerung an, weil er erst alle Kräfte versammeln wollte, meldete jedoch dafür an das AOK den Angriffsbeginn, obwohl seine Infanterie noch gar nicht angetreten war. Sein Korps nahm an diesem Tag nur die Vorstellung bei Seeben, der Angriff auf das hochgelegene, stark ausgebaute Kirchdorf Usdau kam nicht mehr in Gang, nur beim XX. Korps brachten Angriffe Erfolge. Vielleicht war in diesem Fall François' Eigensinn indes ein Segen, mit ungenügenden Kräften geführt, hätte die Erstürmung von Usdau allzuleicht scheitern können!

Abends gelangten alarmierende Nachrichten nach Löbau. Ein Bataillon, das in voller Auflösung auf Montowo zurückgeflutet war, verbreitete das Gerücht, das I. Korps François' sei geschlagen. Flüchtende Trainkolonnen jagten mit dem Schreckensruf „Die Russen kommen!" durch Löbau. Es war eine jener Paniken, wie sie so oft im Kriege vorkommen. Ludendorff betonte später in seinen Kriegserinnerungen, wie wenig Krieg und Schlacht einfache Rechenexempel darstellen. Im Stab des AOK 8 debattierte man über Nachrichten, wonach das zur Njemen-Armee gehörende II. russische Korps im Rücken bei Angerburg aufgetaucht sein sollte. Hindenburg besprach diese Meldungen mit Ludendorff, der sich fragte, ob man die Schlacht auf diese Kunde nicht vorsichtshalber abbrechen müsse. Jetzt bewährte sich seine olympische Ruhe, bewährte sich seine Zähigkeit, mit der er an der einmal gefaßten operativen Idee festhielt – ein bemerkenswerter Gegensatz zum Schwanken des jüngeren Moltke während der Marneschlacht im Westen. In seinen Denkwürdigkeiten schrieb er über diesen schicksalsträchtigen Abend, ernste Gedanken seien auch da aufgetaucht, wo bislang eiserner Wille geherrscht habe. Die Frage sei aufgetaucht, ob man nicht Front gegen Rennenkampff machen müsse, der anscheinend in Bewegung gekommen war. Absichtlich nannte er in seiner vornehmen Art keinen Namen, auf den sich ein Schwanken hätte beziehen lassen, sondern betonte nur in der „Wir"-Fassung, er und Ludendorff hätten gemeinsam den Entschluß gefaßt, die Schlacht durchzuschlagen, vermied freilich aus Rücksicht auf seinen Stabschef die Erklärung, wie dieser Beschluß zustandegekommen war, nämlich durch seine unerschütterliche Beharrlichkeit. Tatsächlich bestanden jedoch bei Ludendorff anfangs ernstliche Zweifel, wenn es auch falsch ist, daraus auf eine „Nervenkrise" bei ihm zu schließen, wie dies des öfteren in einer ungerechtfertigten Dramatisierung dieser Aussprache geschehen ist. Vielmehr fanden sich Oberbefehlshaber und Chef in gründlicher Aussprache wieder in einschneidenden Entschlüssen: der Heranführung aller verfügbaren Kräfte zur Bildung einer nach Osten gerichteten, halbkreisförmigen Hauptfront mit einer Nebenfront gegen Süden. Das bedeutete den Ausbau der einfachen Umfassung des Gegners zur Kesselschlacht. Stück um Stück gewann der großartige Schlachtplan Gestalt. Ludendorff beurteilte die Lage so, daß man keine Stunde mehr verlieren dürfe, da Rennenkampff sich offenbar entschlossen hatte zu marschieren. In der Nacht vom 26./27. August erreichte das AOK 8 eine Meldung aus Koblenz, wonach zwei Korps zur Verstärkung nach dem Osten transportiert würden. Weder Hindenburg noch Ludendorff hatten um Verstärkung gebeten, die ohnedies zu spät kamen. Der Entschluß enthüllte nur ein verhängnisvolles Schwanken oder voreilige Siegesgewißheit im Großen Hauptquartier. In den Tagen, in denen die große Schlieffenschen Lösung im Westen reifen mußte, setzte man ohne Not zwei Korps auf die Bahn nach Osten!

Für den Angriff am 27. August standen zunächst nur das I. und das XX. Korps und die Festungsabteilung Thorn für den entscheidenden Schritt, die Erzwingung des taktischen Durchbruchs bei Usdau, zur Verfügung. Mit der Forderung, den Durchbruch zur Aufrollung der feindlichen Front, dem ersten Schritt zur Umfassung des Gegners, auszuweiten, begann an diesem Tag erst eigentlich die „Schlacht von Tannenberg“. Nach einer kühlen Nacht stieg aus leichten Morgennebeln ein strahlender Spätsommertag empor. Hindenburg wünschte dem entscheidenden Angriff auf Usdau möglichst nahe zu sein und bezog daher seinen Gefechtsstand auf der Höhe 191 bei Gilgenburg, nordwestlich des Dörfchens Bergling, sieben Kilometer vom Gegner entfernt! Durch das Scherenfernrohr konnte man das deutsche Artilleriefeuer und den sich daran anschließenden Sturmangriff der Infanterie ganz gut verfolgen. François gehorchte nun. 20 Batterien mit insgesamt 112 Geschützen richteten ihr Feuer auf Usdau, das Dorf geriet rasch in Brand, schwarz stiegen Qualmwolken in den lichtblauen Spätsommerhimmel. Nördlich Usdau gewahrte man auf einer vom Gegner stark befestigten Anhöhe eine brennende Windmühle. Es waren Bilder wie aus den Schlachten des Jahres 1870. Zwar stürmte die deutsche Infanterie nicht mehr in Kolonne, sondern in lockerer Schützenlinie, aber sie stürmte noch einmal unter flatternden Fahnen, mit schlagenden Tambours und aufgepflanztem Bajonett.

Seltsamer Wandel der Zeit, in dem sich das Verbleichen der Gemeinsamkeit der alten großen Dynastien ankündigte, jener Mächte von Thron und Altar, an die der alte Mann auf der Höhe 191 am Scherenfernrohr noch so felsenfest glaubte! Auf dem Schlachtfeld standen sich zwei Regimenter gegenüber, deren Chef der deutsche Kaiser war, die 3. Grenadiere aus Königsberg und die russische Wyborg-Infanterie. Chef des russischen Infanterieregiments Kopora war der König Friedrich August von Sachsen. Und der russische Höchstkommandierende, Großfürst Nikolai Nikolajewitsch, war Inhaber der 10. preußischen Husaren in Stendal, ein Regiment, das zum alten IV. Armee-Korps Hindenburgs gehört hatte.

Aus dem sich allmählich nach Süden verschiebenden, schwächer werdenden Gefechtslärm konnten Hindenburg und Ludendorff schließen, daß der Sturm auf Usdau gelungen war. Das linke russische Flügelkorps war geschlagen, sehr bald sah sich das I. Korps v. François jedoch in schwere Kämpfe mit neuen, von Süden her auftauchenden feindlichen Kräften verwickelt. Das deutsche Zentrum und der Nordflügel schlugen erfolgreich russische Angriffe auf die Drewenzfront bei Mühlen ab, die weiter östlich stehenden deutschen Kräfte stießen in Verfolgung weichender gegnerischer Verbände über Wartenburg-Bischofsburg vor, das I. Reserve-Korps bog bei Allenstein ab und wandte sich gegen das XIII. russische Korps.

All das waren Erfolge, und doch war Ludendorff am Abend dieses Tages noch immer nicht zufrieden. François bezeigte wieder Neigung, doch auf Soldau zu gehen, beim XX. Korps war die Entwicklung noch nicht genügend in Fluß gekommen. Am Abend des 26. August hatte Ludendorff nach Koblenz gemeldet, nach menschlichem Ermessen würde der geplante Angriff zum Erfolg führen, doch das Ergebnis des 27ten blieb wieder hinter seinen unruhigen Erwartungen zurück. Und nun kamen Meldungen, Rennenkampff fühle über die Alle vor, russische Kavallerie tastete sich gegen die schwachen deutschen Truppenschleier vor, russische Truppen besetzten Rastenburg. Hindenburg blieb auch jetzt von gelassener, machtvoller Ruhe. In solchen Stunden war er unbezahlbar für jeden, unter der Last der vielen Einzelmeldungen stöhnenden Generalstäbler. Er sah die große Schlacht reifen.

Am 28. August wollte er ganz bewußt in Erinnerung an die einstige Schlacht von Tannenberg, in der der Orden den slawisch-asiatischen Horden erlegen war, seine Befehlsstelle im Dorfe Tannenberg errichten. Aber Ludendorff, der damals gern Trost und Rat in den Lesungen der Brüdergemeine suchte, wollte nicht voreilig historische Reminiszenzen beschwören, er war abergläubisch. Tannenberg war der Ort einer deutschen Niederlage gewesen. Er bewog Hindenburg, seinen Stand auf der Höhe 198 hart nördlich der Meierei Frögenau bei Tannenberg zu wählen. In unmittelbarer Nähe befand sich auch General v. Scholtz mit seinem Stabe. General v. Scholtz erzählte einem Stabsoffizier des AOK 8, dem späteren Oberst Drechsel, wie auf dem Gefechtsstand Frögenau neue Meldungen über Bewegungen der Njemen-Armee Ludendorff noch einmal in heftige Unruhe versetzt hätten. Er war Zeuge, wie Ludendorff erregt äußerte, es sei unmöglich, die Schlacht durchzuführen. Hindenburg nahm ihn am Arm und führte ihn bei Seite. Scholtz sah sie hinter einer Hecke auf und ab gehen. Dann kehrten sie zurück, Hindenburg erklärte ruhig, die Schlacht würde durchgeführt. Auf der ganzen Front des XX. Korps, das auf Waplitz angreifen sollte, klang lebhafter Gefechtslärm auf. Waplitz lag bereits im Rücken des Feindes! Das I. Korps griff in Richtung auf Neidenburg an, wo General Samsonow am Vortag sein Hauptquartier eingerichtet hatte. Da erlitt die auf Waplitz angreifende 41. Division einen Rückschlag, sieben Geschütze fielen vorübergehend in russische Hand. Für den Augenblick geriet der ganze Plan der Einschließung des Gegners ins Wanken, sofern der Gegner seine Chance erkannte und nachstieß. Der Einschließungsring war offen. Doch die russische Führung reagierte nicht so schnell. Die Krise ging vorüber. Unter dem Angriff der 3. Reserve-Division des Generals v. Morgen gab die russische Front nach, François erschien vor Neidenburg, das XX. Korps griff über die Drewenz an und nahm das brennende Hohenstein. Östlich Hohenstein warf sich die aus Schleswig-Holstein antransportierte Landwehr-Division v. d. Goltz in den Kampf. Das XVII. Korps riegelte nach Süden zu den Rückweg des Gegners ab, das I. Reserve-Korps vernichtete bei Darethen die Nachhut des aus Allenstein zurückweichenden Gegners. Am Abend verließ General Samsonow sein Hauptquartier im „Hotel Neureiter“ in Neidenburg und gab den Befehl zum Rückzug.

Gegen 17.30 Uhr diktierte Ludendorff den neuen Armeebefehl. Er wollte ihn aus Frögenau datieren. Er war jetzt sicher, daß man dem Gegner den Rückzug nach Südosten verlegen konnte. Oberstleutnant Hoffmann meinte, ob man den Befehl nicht lieber aus dem historischen Tannenberg datieren wolle? Nun stimmte Ludendorff zu.

Jetzt marschierte Rennenkampff, setzte wenigstens seine sehr starke Kavallerie an, die 1. Kavallerie-Division, die 2. Gardekavallerie-Division, das zwei Divisionen starke Kaukasische Kavalleriekorps des Chan Hussein von Nachitschewan.

Hindenburg und Ludendorff fuhren im Auto von Frögenau nach Mühlen. Unvermittelt sahen sie sich in einem Hexenkessel der

Panik. Trainfahrzeuge, deren Fahrer wie rasend auf die Gäule einhieben, jagten vorüber, wilde Gerüchte schwirrten umher, die Russen seien eingebrochen. Dann löste sich das Rätsel. Aus dichten Staubwolken tauchten schier endlose braungraue Kolonnen russischer Gefangener auf, die im Verein mit ineinandergefahrenen Trainfahrzeugen alle Straßen verstopften. Es war unmöglich, nach Mühlen durchzukommen. Hindenburg bezog mit seinem Stab im „Hotel Kühl“ in Osterode Quartier, während die Geschäftszimmer in das dortige Lyzeum gelegt wurden. In der Abendmeldung von 21.30 Uhr an die OHL hieß es, es stehe alles gut, nach menschlichem Ermessen sei die Einkreisung der 2. russischen Armee gelungen.

Am folgenden Tag, dem 29. August 1914, reifte die gewaltige Schlacht zum Sedan, besser gesagt zum „Cannae“. Die deutsche Hauptgruppe, das I. und XX. Korps, kesselte den Gegner ein. Das I. Korps riegelte die Straße Neidenburg-Willenberg ab, im Zentrum kamen die Kämpfe um das noch immer brennende Hohenstein, das Ludendorff selbst aufsuchte, zum Abschluß. An der Enge bei Schlagamühle kapitulierten 8.000 Russen und riesige Trosse. Das XVII. Korps verlegte dem Gegner den Rückzug nach Osten. In der Nacht vom 29./30. August 1914 erschoß sich General Samsonow im Walde bei Karolinenhof. Am 30. August waren 2½ russische Korps eingeschlossen. Ihre verzweifelten Ausbruchsversuche wurden überall abgewiesen, das Wesen des Tages machten Verfolgungskämpfe aus. Das VI. und XIII. russische Korps gingen ihrer Vernichtung entgegen, das XXIII. Korps fand zur Hälfte den Untergang, das I. und das XV. Korps flüchteten unter schweren Verlusten in Richtung auf Mlawa. Die Zahl der Kriegsgefangenen stieg auf 92.000, die der erbeuteten Kanonen auf 150. 4½ Divisionen konnten bereits gegen die Njemen-Armee abgedreht werden. Die Kavalleriemassen Rennenkampffs machten nach kurzen Gefechten und Plänkeleien kehrt.

Die Schlacht von Tannenberg war ein überwältigender Sieg über eine der russischen Armeen, sie war ein klassischer Sieg wie einst der Sieg des karthagischen Feldherrn Hannibal bei Cannae im Jahre 216 v. Chr. Geburt, der als numerisch Unterlegener ein römisches Heer im freien Feld eingekesselt und vernichtet hatte. Tannenberg war noch höher als Cannae zu bewerten, Hannibal hatte keine feindliche Armee im Rücken gehabt! Über Cannae hatte Schlieffen eine glänzende Studie verfaßt, Hindenburg und Ludendorff kannten sie sehr genau, sie hatten das Beispiel von neuem und unter weit schwierigeren Bedingungen exerziert. Aber dieser Sieg, dieses Meisterstück der Strategie, brachte gleich demjenigen des karthagischen Feldherrn in der staubüberwallten Ebene am Aufidus keine Entscheidung im Krieg, er war nur ein Glied in einer Kette gewaltiger Schlachten in West und Ost, von der noch niemand mit Sicherheit zu sagen wußte, wie sie enden würde.

Es ist nicht uninteressant zu sehen, wie sich die historische Bezeichnung der Schlacht herauskristallisierte. Das Wolffsche Telegraphenbüro sprach in einer ersten, vom Generalquartiermeister v. Stein herausgegebenen amtlichen Verlautbarung nur von der siegreichen „Schlacht in der Gegend von Gilgenburg und Ortelsburg". Der Kaiser, der Hindenburg bereits am 26. August, noch vor der großen Entscheidung, zum Generalobersten befördert hatte, gratulierte ihm in einem Telegramm vom 29. August zum „Siege bei Allenstein". Erst darauf bat Hindenburg den Kaiser, die viertägigen Kämpfe als „Schlacht von Tannenberg" bezeichnen zu dürfen, wobei er hinzufügte, die „Charte von 1410" sei um den alten Kampfplatz herum „gründlichst ausgewetzt" worden.

Die Namen der beiden Sieger Hindenburg und Ludendorff eilten durch ganz Deutschland. Tannenberg war, um mit Schlieffen zu reden, kein „ordinairer", sondern ein Vernichtungssieg, wie ihn der große Lehrmeister des Generalstabs in zahllosen Kriegsspielen und auf zahlreichen Übungsreisen immer wieder als ideale Lösung hingestellt hatte. Im Westen war dagegen nur eine Reihe „ordinairer Siege" zu verzeichnen, die große, von Schlieffen geplante Entscheidung war noch nicht gefallen. Der Kaiser verlieh Hindenburg am 31. August 1914 den Pour le Mérite. Hindenburg selbst ging still in Allenstein in die Kirche zum Dankgottesdienst. Am Abend des 31. August stiftete er freilich jedem der rund 60 Offiziere seines Stabes im „Hotel Kühl" eine Flasche Sekt. In solchen Stunden konnte auch er, der sonst so sparsame Mann, Grandseigneur sein. Journalisten fragten ihn, wie sein Befinden sei? Trocken entgegnete er, er schlafe wie eine Kanone.

Unzweifelhaft war der Sieg das Ereignis der Zusammenarbeit zwischen einem hervorragenden, gründlich geschulten und in einem langen Soldatenleben zu abgeklärter Weisheit gereiften Oberbefehlshaber und einem glänzend begabten, ja vielleicht genialen Generalstabschef. Generalstabsoffiziere haben keine Namen, so lautete das ungeschriebene Gesetz dieser so hochberühmten preußischen Institution. Merkwürdigerweise wirkte Ludendorffs Persönlichkeit auch niemals sehr attraktiv auf die breiten Massen. Dazu war er viel zu verbissen und vergraben in seine Gedankenarbeit. Er selbst hat an zwei Stellen in seinen Kriegserinnerungen bekannt, wie groß die Nervenbelastung des Führers in der Schlacht sei, ein Zeichen, daß er sich, als er diese Zeilen 1919 schrieb, als Schöpfer des Schlachtplans und Leiter der Geschicke sah, ein Zeichen aber auch dafür, wie ernst er die mögliche Bedrohung durch Rennenkampff empfunden hatte. In früher liegenden, 1915 niedergeschriebenen Ausführungen für General v. Wenninger unterstrich er jedoch, wie stark das „Wir" alle Planungen und Entschlüsse beherrscht habe. „Wir waren eins, mein verehrter Feldmarschall und ich", so schrieb er da, „nie hat er einen anderen Gedanken gehabt als ich, immer schloß er sich an. Ich weiß auch nichts Besseres, Gott geb's, das habe ich immer aus allem herausgehört." Darin lag unausgesprochen auch ein Gefühl der Dankbarkeit gegenüber einem verständnisvoll gewährenlassenden Oberbefehlshaber!

Ludendorff besaß den kühlen Blick für das Erreichbare, den Durchbruch bei Usdau statt des weiten Ausholens auf Soldau, ihm waren die kühn ausgearbeiteten Einzelentschlüsse zu danken, die atemlose Verfolgung. Bei Hindenburg lag die stille Größe der Verantwortung, des beharrlichen Festhaltens an der einmal gefaßten operativen Idee, des Vertrauens. Als Ludendorff aus Anlaß des dreijährigen Jubiläums der Schlacht 1917 in Gegenwart Hindenburgs dem Kaiser im Großen Hauptquartier in Kreuznach Vortrag über die Schlacht hielt und den Durchbruch bei Usdau als die entscheidende Phase bezeichnete, fragte der Kaiser Hindenburg hernach, ob er in irgendeinem Punkte anderer Ansicht sei? Hindenburg erwiderte, Ludendorff habe die Zusammenhänge wahrheitsgetreu dargestellt, er könne dem Schicksal nur dankbar sein, daß er in Ludendorff einen so großen Chef gefunden habe.

Nach der Schlacht sah vieles anders aus. Hindenburgs wuchtige, gebietende Erscheinung wurde für die Massen des deutschen Volkes zum Symbol des siegreichen Feldherrn schlechthin, er erlangte ungeheuer rasch eine beinahe legendarische Volkstümlichkeit, ohne daß er irgendetwas dazu tat. Das Volk empfand, daß ihm hier noch ein wirklicher „Herr" des alten Schlages gegenübertrat. Es gab bislang keine Persönlichkeit in Deutschland, die Herz und Hoffnung der Massen zu beleben vermochte. Der Kaiser, der einst so strahlend erschienen war, von dem so Ungezählte gesagt hatten, die Welt könne Deutschland um seinen Kaiser beneiden, verlor mit jedem Jahr an Prestige, wurde den Massen fremder, gerade weil er sich seit der schweren seelische Erschütterung der Daily-Telegraph-Krise von 1908 ebensosehr zurückhielt wie er sich früher in hochgespanntem, fürstlichen Selbstgefühl in den Vordergrund gedrängt hatte. Der Reichskanzler Theobald v. Bethmann Hollweg war bei aller Bildung und Klugheit nicht mehr als ein hoher Beamter, der Generalstabschef v. Moltke war den breiten Massen ein Unbekannter. Nun war im Osten ein Mann erstanden, der all jene Eigenschaften besaß, echte Würde, Takt, Größe, Zuversicht und Schlachtenglück, die die Massen zu begeistern vermochten. Auf ihn richteten sich aller Augen, ihm flogen aller Herzen zu. Die Legenden wucherten, wie er schon im Frieden Jahr um Jahr heimlich die Schlacht geplant, heimlich das Gelände studiert habe, um die Russen in jene Sümpfe zu treiben, die es auf dem wirklichen Schlachtfeld gar nicht gab. Der Mythos vom „Retter Ostpreußens", vom „Russenschreck" gewann eine unheimliche Lebendigkeit. Schlimmer noch, der so hohle, unechte, geschäftige Patriotismus der zahllosen patriotischen Geschäftemacher, Verseschmiede, Lobessänger und Versammlungsredner bemächtigte sich seiner und machte einen Recken der Vorzeit, einen Helden der germanischen Sage, einen wahren Popanz aus ihm. Eine Flut von kitschiger Propaganda ergoß sich über ihn. Er blieb auch da gelassen, was sollte er dagegen tun, dagegen war jeder ohnmächtig, zumal wenn seine Sorge den Forderungen des Krieges galt. Manchmal tadelte er diese oder jene allzu tolle Verhimmelung oder Anbiederung im Kreis der Mitarbeiter an der Abendtafel im Hauptquartier, in dem er halb belustigt, halb grollend erklärte, das sei ja wohl doch zu stark. So meinte er, als die Sitte aufkam, in der Heimat hölzerne Hindenburg-Statuen zu errichten, in die der Beschauer gegen eine Geldspende einen Nagel einschlagen konnte, es sei doch wohl zu viel, daß ihm seine Frau, die sich der Weihung solcher Figur nicht hatte entziehen können, auch noch Nägel in den Bauch schlagen solle. Andererseits war es menschlich, daß er echte Anerkennung dankbar empfand, zumal er hoffte, seine Popularität könne dazu beitragen, den Siegeswillen der Massen lebendig zu erhalten. Und ebenso menschlich wie gerecht war es, daß er als der verantwortliche Oberbefehlshaber sich auch als den ersten Sieger von Tannenberg betrachtete, wobei er nie einen Hehl daraus machte, daß es einen zweiten Sieger gab, Ludendorff.

Aber gerade die oft schwer zu entwirrende, aufrichtige Zusammenarbeit dieses Doppelgestirns weckte auch bald Kontroversen und Untersuchungen, wer nun wirklich die Schlacht von Tannenberg gewonnen habe. Der Oberquartiermeister General v. Eisenhart-Rothe meinte später, man könne ein ganzes Zimmer mit den Generälen füllen, die alle bei Tannenberg gesiegt haben wollten. Herr v. Oldenburg-Januschau fragte Hindenburg einmal, was geschehen wäre, wenn Rennenkampff marschiert wäre? Hindenburg erwiderte, dann wäre die Schlacht bei Oldenburgs Schwager Kunheim auf Spanden an der Passarge geschlagen worden, die Russen wären auch besiegt worden, man hätte aber keine Gefangenen gemacht. Zum Problem des Siegers von Tannenberg hat er trocken erklärt: „Gut, daß Tannenberg gewonnen wurde, nun haben es viele gewonnen. Wäre die Schlacht verloren gegangen, ich hätte sie allein verloren." Diese sehr treffende Bemerkung schloß eigentlich jede Diskussion aus. Der Mann, der sie geprägt, ist oft mit Blücher verglichen worden, wie er in Ludendorff, so hatte Blücher in Gneisenau einen unentbehrlichen Stabschef besessen. In seinen Denkwürdigkeiten erwähnt Hindenburg selbst diesen Vergleich mit deutlicher Distanz. Gegenüber Blücher, diesem so feurigen, aber völlig ungeschulten, soldatischen Genie war er ein Mann von gründlicher generalstabsmäßiger Schulung und Ausbildung. Er selbst bezeichnete sein Verhältnis zu Ludendorff als „glückliche Ehe", bei der eine enge geistige Gemeinschaft existierte. Auch dies Bild scheint nicht sehr glücklich, oft war Ludendorff der anregende, Hindenburg der zustimmende Partner. Eher trifft ein Vergleich zwischen dem alten Kaiser Wilhelm und Moltke zu, wobei Hindenburg die Rolle des weise ausgleichenden, sich stets seiner hohen Verantwortung bewußten, fürstlichen Obersten Kriegsherrn zufiel. Nicht umsonst wirkte er ohnehin als der letzte große Repräsentant des Bismarckisch-Moltkeschen Zeitalters, in dem er aufgewachsen war.

Nach dem Krieg verschärfte sich der Streit um den Siegeslorbeer. Generaloberst v. Prittwitz u. Gaffron erhob in einer Rechtfertigungsschrift Anspruch darauf, durch seinen Entschluß, den Rückzug abzubrechen, und durch seine Befehle zum Angriff auf die Narew-Armee (die nicht eine Umfassungsschlacht, sondern nur die angriffsweise Deckung einer Flanke bezweckten) jene Operationsbasis geschaffen zu haben, die Hindenburg und Ludendorff dann ausgenutzt hätten. Oberstleutnant Hoffmann hatte am 9. September 1914 in seinem Tagebuch vermerkt, für seinen „bescheidenen Anteil" an der Schlacht habe er das Eiserne Kreuz erhalten. Ein Jahr später war er schon so weit, daß er zu General v. Eisenhart-Rothe sagte, ihm, Hoffmann, gebühre eigentlich der Ruhm des Sieges von Tannenberg. 1919 veröffentlichte der englische Journalist Sefton Delmer in der Zeitschrift „The Nineteenth Century and after" nach einer Unterredung mit Hoffmann eine Darstellung, als sei dieser der eigentliche Initiator der Schlacht und der Retter Ostpreußens. Hoffmann, schrieb er, sei bis zum Eintreffen Hindenburgs und Ludendorffs der tatsächliche Oberbefehlshaber gewesen. Hindenburg stellte 1920 auf eine Anfrage des Reichsarchivs dazu fest, Hoffmann habe ihm am 23. August in Marienburg nicht eingehend die neuen Beschlüsse des AOK 8 mitgeteilt, sondern nur erwähnt, daß er und die übrigen Generalstabsoffiziere mit Prittwitz nicht einverstanden seien. Im übrigen habe er mit seinem Chef, Ludendorff, gearbeitet, Hoffmann sei nur herangezogen worden, um die entworfenen Befehle vorzulesen. Er bat auch Ludendorff um eine Stellungnahme, der sich ihm anschloß. Darauf rückte General Hoffmann von den Ausführungen Sefton Delmers ab und bezeichnete sie als „von A bis Z erlogen".

1922 erhob General v. François Anspruch auf den Löwenanteil am Erfolg, indem er seine eigenmächtige Handlungsweise zu verteidigen suchte und gleichzeitig auf den Passus in Hindenburgs Erinnerungen über den Abend des 26. August hinwies. In seiner Studie über die Schlacht in dem Sammelwerk „Hindenburg-Denkmal für das deutsche Volk", schloß er ganz richtig, das von Hindenburg angedeutete Schwanken sei auf Ludendorff gemünzt gewesen. Es ist bereits erwähnt worden, daß Hindenburg absichtlich, um Ludendorff nicht zu kränken, die Nennung von Namen vermieden hatte. Nach einer Erklärung des Generalmajors Mertz v. Quirnheim vom Januar des Jahres 1936, der Hindenburg 1919 als Oberquartiermeister der Kriegsgeschichtlichen Abteilung des Großen Generalstabes bei der Abfassung seiner Denkwürdigkeiten beriet, hatte dieser durch Major v. Gierhl, der seinerzeit zum Stab des AOK 8 gehört hatte, von den Gesprächen am Abend des 26. August erfahren. Hindenburg hatte ursprünglich, da er glaubte, seine Unterhaltung mit Ludendorff sei unbekannt geblieben, gar nicht auf dieselbe eingehen wollen, stimmte dann jedoch einer Fassung zu, die keine Kränkung für Ludendorff enthielt.

Die Kommentierung dieser Fassung vollzog sich indes in Formen, die teilweise eine fatale Bedeutung erlangten. Hoffmann deutete in einer Schrift „Tannenberg, wie es wirklich war" an, Ludendorff scheine an dem fraglichen Abend des 26sten „wirklich etwas die Nerven gegenüber Hindenburg verloren zu haben". Wie stets bei solch unglücklichen Kontroversen ward nun jedes Wort auf die Goldwaage gelegt, zumal Hoffmann und Ludendorff scharfe Gegner waren. In seinem 1928 erschienenen grundlegenden Werk über die Schlacht von Tannenberg kam der Kriegshistoriker Professor Dr. Elze natürlich auch auf die Ereignisse am Abend des 26sten zu sprechen und kennzeichnete sie als eine Krise, bei der Hindenburg entgegen Ludendorffs Ansichten durchgesetzt habe, daß die Schlacht durchgeschlagen wurde. Hindenburg selbst hatte Wert darauf gelegt, daß man sich im gemeinsamen Entschluß wiedergefunden habe. Professor Elze erblickte in diesem Ereignis jedoch die Möglichkeit, einmal klar das Feldherrntum Hindenburgs von demjenigen Ludendorffs abzugrenzen. Damit beschwor er eine überaus heftige Auseinandersetzung herauf. Ludendorff, der sich längst seiner politischen und religionsphilosophischen Spekulationen halber mit den Offiziersverbänden und mit Hindenburg überworfen hatte, erschien selbst auf dem Plan, um für seine „Feldherrnehre" zu streiten und überhäufte Professor Elze wie seinen greisen einstigen Oberbefehlshaber mit Schmähungen und härtestem Tadel.

Hindenburg, damals bereits seit drei Jahren Reichspräsident, wahrte nach außen stille Zurückhaltung, gerade weil dieser Zank so häßliche Formen annahm. Solch Verhalten eines alten Kameraden war ihm im Inneren ganz unbegreiflich schmerzlich. General v. Mertz betonte später, er habe sich bei Lebzeiten Hindenburgs in „Treueleistung gegen den Edelmann" bewußt aus diesen Kontroversen herausgehalten. In einem privaten Gespräch mit dem Generalmajor a. D. v. Haeften, dem Präsidenten des Reichsarchivs, erzählte Hindenburg diesem am 24. Oktober 1932, der Passus über den 26sten stamme von Mertz, er habe diesen seinerzeit um Streichung gebeten, Mertz habe ihm bedeutet, er könne die Richtigkeit der Darstellung belegen. Er schilderte Haeften die Debatten im Stab des AOK 8, auf die seine Unterredung mit Ludendorff zurückging und unterstrich, es habe keine „ernste Krise" am Abend des 26sten stattgefunden, gemeinsam mit Ludendorff habe er sich entschlossen, die Schlacht durchzuschlagen. Er vermied es, darauf einzugehen, wie dieser gemeinsame Entschluß zustandegekommen war – der Punkt, den General v. Mertz für den entscheidenden hielt –, nämlich durch das unentwegte Beharren auf der ursprünglichen Operationsidee von Seiten Hindenburgs. Doch dieser wollte gerade mit seiner Erklärung beschwichtigend wirken, auch hatte er nie von einer „Krise" oder gar einer „Nervenkrise" Ludendorffs gesprochen, sondern nur von einer ernsthaften Unterredung, bei der sie anfangs nicht einer

Meinung gewesen waren. Er ging sogar noch weiter. An der Neige des Lebens, im März des Jahres 1933, ließ er beim Reichsarchiv eine Erklärung hinterlegen, derzufolge am Abend des 26. August 1914 zwischen ihm und Ludendorff keinerlei Meinungsverschiedenheiten bestanden hätten. Der sechsundachtzigjährige alte Mann mochte sich sagen, daß Gott ihm wahrscheinlich nicht viele Jahre mehr auf Erden schenken würde, er wollte den Streit, der ihm so viele bittere Stunden bereitet hatte, nicht übers Grab hinaus fortgehen lassen. Wahrscheinlich glaubte er, mit dieser Feststellung seinem alten Kameraden Ludendorff einen Dienst zu tun. Auf Grund dieser Niederschrift erschien nach seinem Tode im Dezember des Jahres 1934 eine entsprechende Verlautbarung des Reichswehrministeriums, die dem Abschluß der Kontroverse dienen sollte, auf Ludendorff jedoch keinen Eindruck machte. Die Fehde für die „Feldherrnehre" war eine seiner „idées fixes" geworden.

1914 lag das alles noch im Schoße der Zukunft. Der ostpreußische Kriegsschauplatz forderte sein Recht. In Galizien stand es schlecht um das österreichisch-ungarische Heer, das zunächst mutig die russische Übermacht angegriffen hatte. Im Großen Hauptquartier häuften sich die Hilfsgesuche des österreichischen Generalstabes. Die OHL erteilte dem AOK 8 Weisung, mit Hilfe der ungebeten nach dem Osten entstandten neuen Kräfte, dem XI. Korps, dem Garde-Reservekorps und der 8. Kavallerie-Division, zunächst unter Ausnutzung der inneren Linie Ostpreußen von den Russen zu säubern und alsdann in Richtung auf Warschau anzugreifen, um den Österreichern Entlastung zu bringen und in die sich abzeichnenden russischen Truppenkonzentrationen gegen Schlesien hineinzustoßen.

Rennenkampff stand mit seiner Armee, gedeckt durch Feldbefestigungen, zwischen dem Kurischen Haff und Angerburg. Hindenburg und Ludendorff faßten den Entschluß, den Gegner nach Umgruppierung ihrer Kräfte frontal zu beschäftigen und mit dem Gros weit ausholend in der rechten Flanke aus dem Raum zwischen Lötzen und dem Spirding-See über Goldap, Rominten und Walterkehmen zu umgehen. Die beiden Kavallerie-Divisionen sollten zu einem

Vorstoß gegen die rückwärtigen Bahnlinien des Gegners verwendet werden. Am 7. September begann der Angriff auf die Njemen-Armee mit einem Durchbruch durch die Seenkette, deutsche Reiterei unterbrach die lebenswichtige Nachschublinie Insterburg-Kowno. Am 9. September 1914 schien die Entscheidung heranzureifen, da entzog sich Rennenkampff im letzten Augenblick durch einen überhasteten, höchst verlustreichen Rückzug hinter den Njemen der Gefahr der Überflügelung. Die Schlacht an den Masurischen Seen brachte wohl die Befreiung Ostpreußens vom Gegner, brachte abermals 45.000 Kriegsgefangene und 150 Geschütze, aber sie war nur ein „ordinairer Sieg".

Immerhin glaubte Hindenburg, daß der Krieg bald sein Ende finden würde. Zu Presseleuten, die ihn fragten, ob er nicht Chef des Generalstabes werden wolle, sagte er: „Wir haben ja einen sehr guten ..." Darauf erkundigten sie sich, ob er nicht Kriegsminister werden wolle? Hindenburg: „Ist auch in bester Qualität vorhanden!" Er wolle sich nicht mit dem Reichstag herumärgern. Was ihn anbelange, so ginge er wieder in Pension, jüngere wollten auch „ran", wobei er auf Ludendorff wies. Solche Äußerungen zeigten deutlich, daß der alte Mann in diesen Wochen den furchtbaren, weltumspannenden Charakter dieses Ringens noch nicht voll in sich aufgenommen hatte, daß er noch immer stark am Bild des Krieges 1870/71 festhielt.

Am 9. September 1914 war jedoch im Westen die große Entscheidung gefallen. Die Schlacht an der Marne war abgebrochen worden, weil der Chef des Generalstabes die Übersicht verloren hatte, weil es an einer starken und zielbewußten Führung mangelte. Kurz nach dem verhängnisvollen 9. September 1914 sprach Herr v. Oldenburg-Januschau, der als Reserveoffizier aus dem Westen in den Stab des Hindenburg unterstellten XVII. Korps versetzt worden war und des öfteren von ihm zu Gast gebeten wurde, ihn auf die Ereignisse im Westen und die Marneschlacht an. Hindenburg sah jetzt klarer: „Der Schlieffensche Plan ist zu Ende. Jetzt sollen sich die jungen Leute selbst was ausdenken", sagte er grimmig. Der Krieg wurde lang. Dunkel und riesengroß erhob sich die Frage, wie und an welcher Front man noch eine Entscheidung erzwingen konnte.

3. OBERBEFEHLSHABER OST
1914-1916

An den unaufhaltsam gen Osten vormarschierenden deutschen Truppen vorüberfahrend, erreichte die Kraftwagenkolonne des Stabes der 8. Armee am 12. September 1914 Insterburg, während ihr schier endlose Züge russischer Gefangener begegneten, die nach rückwärts geführt wurden. Hindenburg nahm Quartier im „Dessauer Hof", wo noch vor wenigen Tagen der Oberbefehlshaber der Njemen-Armee, General v. Rennenkampff, getafelt hatte. In den eben erst vom Gegner verlassenen Räumen glaubte er noch die Spuren „russischer Halbkultur" zu entdecken, den Geruch von Juchtenleder, den schwülen Duft der schweren Herrenparfüms der vornehmen russischen Offiziere, vermischt mit Zigarettenqualm. Angeblich war sogar der russische Höchstkommandierende, Großfürst Nikolai Nikolajewitsch, dem er selbst im Kaisermanöver des Jahres 1897 einmal vorgestellt worden war, zu einem Besuch in Insterburg gewesen.

In Ostpreußen herrschte stolze Siegesfreude, obwohl sich der Gegner der endgültigen Vernichtung entzogen hatte. Doch mit dem Rückzug an der Marne hatte sich die Gesamtlage bereits entscheidend gewandelt, wiewohl die Bedeutung dieser Ausweichbewegung im Westen vorerst nur den wenigsten klar wurde. Der alte große Plan, rasch mit geballter Kraft im Westen die Entscheidung zu erzwingen und dann das Gros der Armee nach Osten herumzuwerfen, war gescheitert, etwas, was niemand klarer sah als Hindenburg, wie seine Worte gegenüber Oldenburg-Januschau erkennen lassen. Und während in Ostpreußen die 8. Armee dicht hintereinander zwei glanzvolle Siege errungen hatte, erlitt das einst so hochberühmte kaiserlich-königliche österreichische Heer in Galizien eine furchtbare, vielleicht tödliche Niederlage. Die besten Kräfte des aktiven österreichisch-ungarischen Heeres blieben in dieser Schlachtenfolge, das Instrument hatte sich als zu schwach erwiesen, um die überaus kühnen, weitgreifenden Konzepte des österreichischen Generalstabschefs Conrad v. Hötzendorf zu verwirklichen. Conrad v. Hötzendorf ward zum Feldherrn ohne Heer. Hilferufe aus dem kaiserlich-königlichen

Hauptquartier unter dem Erzherzog Friedrich häuften sich. Der Zweifrontenkrieg begann sich auszuwirken. Es war die Frage, ob man jetzt im Westen überhaupt noch eine Entscheidung erzwingen konnte, nachdem es im Osten trotz der Siege in Ostpreußen nicht gelungen war, volle Rückenfreiheit zu erreichen.

Im Großen Hauptquartier, das von Koblenz über Luxemburg nach Charleville-Mezières gegangen war, ergriff ein neuer Mann die Zügel, da der bisherige Generalstabschef nicht hart genug gewesen war. Der Kriegsminister General v. Falkenhayn wurde gleichzeitig Chef des Generalstabes des Feldheeres, eine bislang vollkommen ungewohnte Personalunion, da Kriegsministerium und Generalstab selten einer Meinung gewesen waren. Erich v. Falkenhayn war wie Hindenburg und Ludendorff ein Sohn des deutschen Ostens. Schon äußerlich war er eine ganz andere Erscheinung als der sehr große, aber etwas korpulente und niemals sehr gesund wirkende jüngere Moltke. Straff, elegant, elastisch, mit blitzenden Augen, sehr bestimmt im Auftreten, ohne die unglückliche Neigung Moltkes, in religionsphilosophischen Spekulationen und geheimnisvoller Mystik Trost und Rat zu suchen, präzis im Denken, nüchtern, von großer Arbeitskraft und einem sehr ausgeprägten Selbstgefühl, war er das Abbild eines schneidigen preußischen Offiziers. Es war bezeichnend, daß man ihn zum Chef des Generalstabes ernannt hatte, nicht den viel dienstälteren und ranghöheren, bereits durch Tannenberg und die Masurischen Seen berühmt gewordenen Generalobersten v. Hindenburg, der in Ludendorff den idealen Leiter der Operationsabteilung besessen hätte. Man hat wohl gemeint, Hindenburg und Ludendorff seien im Osten unersetzlich gewesen, das traf nicht zu, an ihre Stelle hätte ein Mann wie der spätere Feldmarschall v. Mackensen, damals Kommandierender General des XVII. Korps, mit Max Hoffmann als Chef des Stabes treten können. Ganz zweifellos spielten hier andere Dinge eine Rolle, Falkenhayn kannte das höfische Terrain, wußte den Kaiser vorzüglich zu nehmen, und Ludendorff war seit seinem ohne jegliche Rücksichten geführten Kampf für die Heeresvermehrung weder beim Kriegsministerium noch beim Militärkabinett beliebt. In solchen Dingen enthüllte sich, wie sehr ein Koordinationsfaktor zwischen Politik und Kriegsführung, ein wirklicher „Oberster Kriegsherr“ fehlte, im Generalstab herrschte die Auffassung, der Krieg sei Sache der Militärs, der Reichskanzler meinte in seiner übertriebenen Gewissenhaftigkeit, er könne nicht als Laie in die Strategie hineinreden.

Die Ostfront hatte jetzt die Aufgabe, aus eigener Kraft dem Westheer Rückendeckung zu gewähren und den schwer ringenden Österreichern Entlastung zu bringen. Hindenburg und Ludendorff dachten an eine Offensive über den Narew in den Raum von Warschau. Am 13. September 1914 drahtete die OHL jedoch dem AOK 8, es solle baldmöglichst zwei Korps für den Abtransport nach Krakau bereitstellen. Selbst die mit so großer Zurückhaltung abgefaßten Denkwürdigkeiten Hindenburgs lassen ahnen, welche Überraschung, Betroffenheit und Kritik dieser Befehl auch bei ihm selbst auslöste. Noch am gleichen Tag telegraphierte er zurück, die Armee könne in zehn Tagen am Narew zum Angriff übergehen, für Krakau könnten wohl vier Korps und eine Kavallerie-Division verfügbar gemacht werden, in Anbetracht dessen, daß der Bahntransport etwa 20 Tage dauere, kämen sie indes wohl in jedem Falle zu spät. Darauf erhielt das AOK 8 am 14. September Befehl, jegliche Operation am Narew zu unterlassen und sich auf die direkte Unterstützung Österreich-Ungarns einzustellen. Als Basis dafür sollte Schlesien benutzt werden.

Ludendorff erfuhr, aus dem bisherigen AOK 8 solle in Oberschlesien ein neues AOK 9 gebildet werden, während der Rest der alten Armee unter der alten Bezeichnung 8. Armee Ostpreußen sichern sollte. Hindenburg sollte in Ostpreußen bleiben, Ludendorff sollte Chef der neuen 9. Armee unter General v. Schubert werden. In einer seiner späten, polemischen Schriften „Dirne Kriegsgeschichte“ hält Ludendorff fest, daß Hindenburg damals sehr optimistische Äußerungen über ein baldiges Kriegsende tat, daß er vom siegreichen Einzug in Berlin durch das Brandenburger Tor sprach. Solche Äußerungen gründeten sich auf die Hoffnung, man könne im Osten eine Entscheidung erzwingen, eine durchaus begründete Hoffnung, obwohl Ludendorff in seinen späten Tagen daraus die naive Urteilslosigkeit eines alten Mannes machen wollte.

Selbst der schärfste und kritischste Kopf im Stab des AOK 8, Oberstleutnant Hoffman, wußte damals nichts von Skepsis. Am 15. September schrieb er in Insterburg in sein Tagebuch: „Und nun müssen wir noch mehr tun. Na, immer feste druff.“

Ludendorff glaubte an eine Verstimmung Falkenhayns ihm gegenüber aus Vorkriegstagen. Er trennte sich ungern von Hindenburg. Noch in seinen 1919 geschriebenen Kriegserinnerungen spricht er offen über das „schöne Vertrauensverhältnis“ zwischen zwei „gleichdenkenden Männern“. Hindenburg empfand die Trennung gleichermaßen. Es gelang auch nach wenigen Tagen, Falkenhayn davon zu überzeugen, daß eine Trennung dieser beiden Männer unsinnig war. Mit dem 19. September 1914 erhielt Hindenburg mit Ludendorff als Chef die in Breslau aufgestellte neue 9. Armee, während General v. Schubert den Befehl über den Rest der alten 8. Armee in Ostpreußen übernahm und dem AOK 9 unterstellt wurde, das aus vier Korps und einer Kavalleriedivision bestand.

Im Kraftwagen begab sich Hindenburg in zweitägiger Fahrt über Posen nach Breslau. Von der neuen Armee nahmen das Landwehrkorps und ein zweites Korps im Raum von Krakau Fühlung mit der österreichisch-ungarischen Armee, dreieinhalb Korps marschierten zwischen Kattowitz und Kreuzburg auf. Damit hatte man wohl Anschluß an den linken Flügel der über den San ausgewichenen Verbündeten gefunden, die eigentliche Vorbedingung für die erfolgreiche Führung eines Koalitionskrieges, ein gemeinsames Oberkommando, existierte jedoch nicht und war bei der traditionellen heimlichen Rivalität zwischen den beiderseitigen Herrscherhäusern auch schwer zu verwirklichen.

Von Breslau ging der Stab des AOK 9 sehr bald nach Beuthen; hier notierte Hoffmann in seinem Tagebuch den ersten großen „Krach“ mit den Österreichern. Die Abstimmung der Operationen fand selbst Hindenburg trotz aller gelassenen Ruhe äußerst schwierig. Nach einer Absprache zwischen Ludendorff und Conrad v. Hötzendorf über den Feldzug in Südpolen beschloß man Anfang Oktober 1914, daß die deutschen Korps beiderseits Iwangorod gegen den Weichselbogen in Richtung auf Warschau vorgehen sollten. Auf ihrem rechten

Flügel sollte sich die 1. österreichisch-ungarische Armee anschließen. Der erste Erfolg war, daß sich der russische Druck gegenüber den Österreichern in Galizien verringerte, drei russische Armeen wurden zum Schutz der Weichsellinie nach Norden dirigiert, auch die wieder aufgefüllte 2. russische Armee wurde herangeholt. Dieser Herbstfeldzug vollzog sich unter den ungünstigsten Bedingungen, das Wetter war schlecht, die polnischen Landstraßen glichen einem Morast. Der Stab der 9. Armee lernte die Wechselhaftigkeit polnischer Quartiere kennen, von Konskie, dem Schloß der reichen Grafen Tarnowski, bis zu elenden Schul- oder Büroräumen in Kielce oder Radom.

Hindenburg wie Ludendorff erblickten den Sinn der ganzen Operation darin, daß man durch die Bindung russischer Kräfte den Österreichern wieder die Möglichkeit gab, die Initiative zurückzugewinnen. Am 2. Oktober notierte Oberstleutnant Hoffmann in Kielce, endgültig Luft könne man nur bekommen, wenn man so siege, wie man bisher zu siegen verstanden habe. Statt dessen brach aus dem Warschauer Raum eine russische Gegenoffensive los, während die Österreicher sich im Ringen um die Sanübergänge verbissen. Großfürst Nikolai Nikolajewitsch verfolgte einen neuen großen Plan. Während er die deutschen und österreichischen Kräfte in Galizien, im Weichselbogen und in Ostpreußen binden wollte, gedachte er mit dem Gros seiner Truppen um die Nordflanke der 9. Armee herumzuschwenken und zum Stoß in die Tiefe, nach Schlesien hinein, anzusetzen. Als Fernziel winkte Berlin. Hindenburg und Ludendorff, denen die russischen Absichten nicht verborgen blieben, versuchten mit dem XVII. Korps unter General v. Mackensen in den russischen Aufmarschplan hineinzustoßen, Mackensen trieb die Russen bis unter die Forts von Warschau. Doch gegen seine fünf Divisionen zogen die Russen 14 Divisionen zusammen.

Die deutschen Divisionen wurden in die Abwehr gedrängt, in Galizien wich die 1. österreichische Armee erneut zurück, damit verlor die 9. Armee ihre Flankensicherung und lief Gefahr, auf beiden Seiten umfaßt zu werden. Am 12. Oktober 1914 vermerkte Oberstleutnant Hoffmann in seinem Tagebuch, dies sei die schwerste Zeit des Feldzuges, die er bislang durchgemacht habe: „Ludendorff und ich stützen uns gegenseitig, und der Feldherr sagt: Mit Gott, ich weiß es auch nicht besser!" Hindenburg war und blieb der ruhende Pol, obwohl ihm Ludendorff später „erschütternde Sorglosigkeit" bei der Beurteilung der Operationen vorwerfen zu müssen glaubte. Dies eben war der Unterschied zwischen abgeklärter Gelassenheit und heftigem Temperament in kritischen Situationen.

Am 17. Oktober 1914 hielt Ludendorff den Zeitpunkt für gekommen, die Armee der drohenden Umklammerung durch einen rechtzeitigen Rückzug zu entziehen. Hoffmanns Tagebuch verzeichnet für den 18. Oktober, er, Hoffmann, rechne immer noch mit dem Sieg, Ludendorff nicht mehr. Ludendorff schrieb später, Hoffmann habe schon früher auf den Abmarsch gedrängt. Die Lage Ende Oktober 1914 war folgendermaßen: Im östlichen Ostpreußen stand die 8. Armee in schweren Abwehrkämpfen gegen die neu aufgetauchte 10. russische Armee, die Südgrenze Ostpreußens war nur durch Landwehr und Landsturm gesichert, während sich auf dem rechten Weichselufer der Aufmarsch der neu aufgefüllten 1. russischen Armee vollzog. In Ostpreußen standen 144 deutsche 336 russischen Bataillonen gegenüber, in Polen 150 deutsche 480 russischen Bataillonen und 147 österreichische 264 russischen Bataillonen, nur in Galizien waren die Kräfte der Mittelmächte zahlenmäßig überlegen. Aber gerade hier wichen die Österreicher unaufhaltsam auf die Karpathen aus, damit war nicht nur Schlesien – nächst dem Ruhrgebiet Deutschlands wichtigstes Industrierevier – bedroht, sondern auch Mähren und Ungarn. Wie die tschechische Bevölkerung in Mähren und Böhmen reagieren würde, wenn der siegreiche große slawische Bruder aus dem Osten einbrach, war unschwer vorauszusehen. Mehrere Verbände mit tschechischem Ersatz waren bereits geschlossen zu den Russen übergelaufen. Damit lag eigentlich die Entscheidung über den weiteren Verlauf des Krieges jetzt im Osten. Allein der neue Generalstabschef Falkenhayn hielt den Blick starr nach Westen gerichtet und versuchte in seiner großen Herbstoffensive in Flandern hier die Initiative zurückzugewinnen.

Am 27. Oktober gab Hindenburg gemäß den Vorschlägen Ludendorffs den Befehl zum Rückzug in Richtung auf Oberschlesien in den Raum von Czenstochau. Seit Mitte Oktober war dieser Rückzug durch umfangreiche Bahn- und Straßenzerstörungen vorbereitet worden, um dem Gegner das Nachdrängen zu erschweren. Sein Ziel konnte nur die Gewinnung neuer Operationsfreiheit sein. Das Hoffmannsche Tagebuch gibt einige interessante Ausschnitte aus den Verhältnissen im Stab des AOK 9 in diesen spannungsreichen Tagen, die freilich mit Vorbehalt aufgenommen sein wollen. Am 21. Oktober notierte er in Radom, Ludendorff sei „furchtbar nervös", die Hauptlast liege auf ihm, Hoffmann! Man könne nur entweder mit Frankreich oder mit Rußland reinen Tisch machen, hätte man hier zwei oder drei Korps mehr, sei der Sieg sicher. Am 24. Oktober saß der Stab im Schloß des polnischen Magnaten Graf Tarnowski auf Konskie; in seiner kavaliermäßigen Höflichkeit ließ Hindenburg es sich nicht nehmen, der gräflichen Familie Besuch zu machen, ein Akt, der in der sehr antirussisch eingestellten polnischen Hocharistokratie mehr Beachtung fand, als ihm zukam, und manche Spekulation auslöste. Hoffmann war jetzt mit Hindenburg unzufrieden, das Schlimmste sei, schrieb er, daß dieser nicht begreife, warum man hier nicht wieder so siege wie in Ostpreußen.

Diese Notiz zeigt, wie wenig Hoffmann oft den alten Herrn verstand. Hindenburg war sich ebenso wie Ludendorff klar darüber, daß die reine Verteidigung der langen unbefestigten Grenzen Schlesiens unmöglich war. Rückhalt bot an der gesamten deutschen Front nur der im Norden gelegene Festungsraum von Thorn, Posen und Graudenz an der unteren Weichsel. Daher befand sich schon länger – was das oft nur der eitlen Selbstbespiegelung dienende Hoffmannsche Tagebuch gar nicht erkennen läßt – ein neuer Plan im Stadium der Erwägung: ein Flankierungsmanöver aus der Rückhand nach großzügiger Umgruppierung, ein Konzept, zu dem der Anstoß von Hindenburg ausgegangen war, während die Ausführung wie stets in der Hand Ludendorffs lag. Schon am 16. Oktober hatte General v. Gallwitz, der das zur 9. Armee gehörende Garde-Reserve-Korps befehligte, darauf hingewiesen, es sei unumgänglich, beim Rückzug von Iwangorod einen neuen Leitgedanken zu finden, um zu neuen Operationen übergehen zu können. Zeuge dafür war sein Ia, Major v.

Haeften. Drei Tage später hielt Ludendorff Hindenburg in Radom Vortrag. Hindenburg begriff sofort mit seinem klaren Blick für große strategische Lagen, daß nur eine neue bewegliche, angriffsweise Verteidigung in Frage kam und daß diese nur darin bestehen konnte, unter Umgruppierung einen Stoß in die ungesicherte oder nur schwach gesicherte rechte Flanke des feindlichen Angriffskeils zu führen. Er illustrierte das beim Vortrag Ludendorffs in seiner drastischen einfachen Art, in dem er mit der Linken auf der Karte eine weitausholende Bewegung machte und sagte: „Nun machen wir es eben anders herum." Niemand wußte besser als er, daß Ludendorff sofort verstehen würde, was er meinte, daß er der einzige Stabschef war, der solch geniales Manöver durchführen konnte. Es war nicht seine Art, in Einzelheiten hinauszubefehlen, das kann nicht genug betont werden, um die Art der Zusammenarbeit zwischen Hindenburg und Ludendorff verständlich zu machen. Aber in diesem Fall war er ganz zweifelsfrei der anregende Teil, und es gehörte eine so geschlossene, wuchtige Persönlichkeit wie die seine dazu, die Verantwortung für dies überaus gewagte Manöver zu übernehmen, das wohl das genialste und strategisch eleganteste des ganzen Krieges war. Damals konnte sich auch Ludendorff der Wirkung seiner Persönlichkeit nicht entziehen, obwohl er später erbittert bestritt, daß Hindenburg jemals außergewöhnlichen Eindruck auf ihn gemacht habe. Der Kern des neuen Planes bestand darin, starke Teile der 9. Armee mit der Bahn oder im Fußmarsch in den Raum Hohensalza-Thorn zu werfen, um von dort aus längs der Weichsel zum Stoß in die Flanke der auf die Reichsgrenzen vorrollenden russischen Dampfwalze anzusetzen. Einer unveröffentlichten Aufzeichnung Mackensens zufolge trug Hindenburg ihm als einem seiner Kommandierenden Generale am 28. Oktober 1914 in Petrikau „im Beisein Ludendorffs" seine neue Idee vor, wobei Mackensen betont, daß dies Hindenburgs Gedanken waren. Was er noch nicht ahnte, war der Umstand, daß er ausersehen war, den Plan zur Ausführung zu bringen. Er bezeichnete ihn als „fast überkühn", war aber „tief beeindruckt und begeistert".

Bis zum Reifen des neuen Planes vergingen noch Tage voll düsterer Spannung. Es schien schwierig genug, die Armee ohne Verluste an Menschen und Material aus der bisherigen Position, in der sie von einer tödlichen Umschlingung bedroht war, herauszuziehen, eine Leistung, auf die Hindenburg später immer besonders stolz war. Fast noch schwerere Tage brachte indes nach dem Krieg der Streit, der auch über die Urheberschaft dieses genialen Konzeptes einsetzte. Es wurde bekannt, daß Ludendorff seinerseits anfangs ein großräumiges Ausweichen bis auf die Oder in Erwägung gezogen hatte, wodurch weite und wertvolle Teile Schlesiens vorübergehend dem Gegner preisgegeben worden wären. Hindenburg, hieß es, habe dies durch seinen Plan verhindert. Eine entsprechende Schilderung Hindenburgs veröffentlichte der österreichische Militärschriftsteller Oberst a. D. Glaise v. Horstenau in der österreichischen „Wehrzeitung" nach Hindenburgs Tod. Ludendorff protestierte sofort auf das heftigste. Glaise v. Horstenau beharrte darauf, er habe Hindenburgs Schilderung so wiedergegeben, wie er sie von ihm gehört habe. Vielleicht habe sich der alte Herr geirrt. Äußerungen Hindenburgs über sehr weitgehende Rückzugspläne Ludendorffs hörten aus seinem Munde auch zwei andere Zeugen, der Superintendent D. Matthes aus Kolberg und der Oberbürgermeister, Reichsminister und Vizekanzler Dr. Jarres aus Düsseldorf. Jarres erzählte, wie Hindenburg ihm berichtet habe, Ludendorff habe erwogen, bis hinter die Oder zurückzugehen und eventuell selbst Breslau aufzugeben. Er habe nachts dieserhalb nicht schlafen können und habe Ludendorff zu sich gebeten, um neue Entschlüsse für die Verteidigung zu fassen. Als diese Äußerung bekannt wurde, protestierte Ludendorff noch wütender als zuvor, er habe niemals die Nachtruhe Hindenburgs gestört, dieser behaupte die Unwahrheit. Daß der alte Herr bewußt Unwahrheiten verbreitete, erscheint bei seinem Charakter ausgeschlossen, daß er sich bezüglich der Einzelheiten des Hergangs im hohen Alter täuschte, ist natürlich möglich, obwohl sein Gedächtnis für weit zurückliegende Vorgänge im allgemeinen geradezu berühmt war. Auch seinem Sohn erzählte er von anfänglichen Rückzugsplänen Ludendorffs, die er abgelehnt habe, weil er die einzig mögliche Rettung in dem Gedanken der Umgruppierung und des Flankenangriffs aus der Rückhand gesehen habe. In diese Situation paßte gewissermaßen naturnotwendig auch die Erörterung von etwaigen großzügigen Ausweichmaßnahmen, mochte Ludendorff dies nun fast zwanzig Jahre später in seinem manischen Drang, sein Feldherrntum zu verteidigen, bestreiten oder nicht. Dabei vergaß er ganz, daß seine wahre Größe darin lag, sich hier dem richtigeren Plan gefügt und diesem Plan durch seine glanzvolle Generalstabsarbeit Leben und Gestalt verliehen zu haben.

In den entscheidenden Tagen Ende Oktober 1914 trafen bei der OHL in Charleville-Mezières sehr weitgehende Hilfsgesuche Conrad v. Hötzendorfs ein. Er verlangte die Entsendung von 30 deutschen Divisionen nach dem Osten und wies halb drohend, halb warnend auf die Möglichkeit eines österreichischen Rückzuges auf die Donaulinie zwischen Budapest und Wien hin. Auch Conrad v. Hötzendorf sah im Grunde die einzige Chance jetzt darin, durch eine gewaltige Kräftekonzentration im Osten das innerlich so morsche, äußerlich freilich noch so gewaltig erscheinende Zarenreich zum Ausscheiden aus dem Krieg zu zwingen. Doch Falkenhayn war ein sehr phantasieloser, nüchterner Rechner. Über den so endlosen Weiten des Ostens stand für ihn immer der Schatten Napoleons, der hier gescheitert war. Er hielt zäh an seinen Plänen fest, die Flandern-Offensive zu einem erfolgreichen Abschluß zu bringen und schlug für die Ostfront eine Konferenz aller beteiligten Führer in Berlin vor. Weder Hindenburg noch Conrad v. Hötzendorf oder der Erzherzog Friedrich erschienen dazu, nur Ludendorff fuhr nach Berlin, während der österreichische Generalstabschef seinen Adjutanten mit schriftlichen Weisungen entsandte. Falkenhayn lehnte die Entsendung von 30 deutschen Divisionen nach dem Osten brüsk ab und betonte, die neu gebildete Armeegruppe Fabeck werde die Herbstschlacht in Flandern entscheiden, bis dahin müsse sich der Osten aus eigener Kraft helfen. Ludendorff sicherte dies zu, erbat aber eine einheitliche Regelung des deutschen Oberbefehls im Osten unter Hindenburg. Dies wurde bewilligt. Durch eine kaiserliche Kabinettsordre vom 1. November 1914 wurde die Stellung eines „Oberbefehlshabers Ost“ geschaffen. Damit begab sich die OHL der unmittelbaren Einwirkung auf die Operationen an der deutschen Ostfront. Hindenburg wurde mit Ludendorff als Chef „Oberbefehlshaber Ost“,

General v. Mackensen übernahm die 9., General Otto v. Below die 8. Armee. Aus Grenzschutztruppen, Festungsbesatzungen und Ersatzeinheiten wurde eine neue Armeegruppe „Graudenz" formiert, das Landwehrkorps wurde zur Armeegruppe v. Woyrsch erweitert, kam freilich bald darauf unter österreichischen Oberbefehl. Dem „Oberbefehlshaber Ost" wurden ferner sämtliche Stellvertretenden Generalkommandos im Osten, Königsberg, Stettin, Danzig, Posen, Breslau und sämtliche Ostfestungen unterstellt.

Nach der Rückkehr Ludendorffs aus Berlin gewann der neue Operationsplan Gestalt. Mit 20 Korps marschierte der Gegner zum Massenangriff im Raum Iwangorod-Warschau auf, diese Korps sollten Schlesien überfluten, sollten dem Reich im Osten den Todesstoß versetzen. Der so ehrgeizige Großfürst Nikolai Nikolajewitsch sah sich bereits als Sieger, und wenn er als Sieger aus dem Krieg heimkehrte, konnte er vielleicht den schwachen Zaren verdrängen, konnte sich zum Herrn Rußlands aufschwingen und der Hydra der schwelenden Revolution für immer den Kopf zertreten. Diesmal bestand der deutsche Plan nicht in einer Umfassungsschlacht, sondern war allein diktiert von dem Gesetz, die operative Freiheit zu wahren und dem Angriff des Gegners die Kraft zu nehmen. Die Überwachung des russischen Funkverkehrs enthüllte ganz klar den großen Plan, am 14. November zwischen Ostsee und Karpathen zum Einbruch ins Reich anzutreten. Die Lösung vom Gegner war ein Meisterstück, sie wurde durch die von Ludendorff vorbereitete Zerstörung aller Verkehrsmittel sowie durch die Tatsache erleichtert, daß der Nachschub damals großenteils vom Bahnverkehr abhängig war. Als Faustregel galt, daß infolgedessen eine Verfolgung ohne Atempause nicht über 120 Kilometer hinaus durchgeführt werden konnte.

Am 4. November 1914 bezog Hindenburg sein neues Hauptquartier als Oberbefehlshaber Ost im königlichen Schlosse zu Posen, der Stadt, in der er die ersten Jahre der Kindheit verbracht hatte, mit der ihn so viele Erinnerungen verbanden. Einen Tag zuvor hatte der Gegner die Verfolgung eingestellt. Drei Korps von der 9. Armee und Teile der 8. Armee, welche der 9. unterstellt waren, wurden teils per Bahn, teils im Fußmarsch im Raum Hohensalza-Thorn versammelt.

Österreichischerseits sah man diese Maßnahmen nicht gern. Man wünschte engere Verbindung mit der deutschen Führung. Hindenburg und Ludendorff waren sich jedoch vollauf der Tatsache bewußt, daß zwar bei weiterem Zurückweichen der Österreicher auf die Karpathen zeitweilig die Gefahr eines Russeneinbruchs in Mähren wuchs, daß sich aber auch die Flanke des Gegners verlängerte, eben jene Flanke, die sie treffen wollten! Gedeckt durch Hindenburgs Autorität setzte Ludendorff entgegen allen österreichischen Vorstellungen die Erhaltung der eigenen Operationsfreiheit durch, mußte dafür freilich zur Deckung Schlesiens die Armeeabteilung Woyrsch den Österreichern zur Verfügung stellen.

Hindenburg, Ludendorff, Hoffmann, Gallwitz und sein so kluger Ia, Major v. Haeften, sahen die große Stunde gekommen, im Osten die Entscheidung zu erzwingen, den innerlich am anfälligsten Gegner aus dem Krieg auszuschalten. Falkenhayn hielt an der Flandernschlacht fest, seit dem 4. November hatte in Flandern eine neue Offensive begonnen. Die nächsten Monate sollten von der Frage beherrscht werden, ob man deutscherseits die Entschlußkraft aufbrachte, dem unheilvollen Dilemma des Zweifrontenkrieges zu entrinnen, ob man sich zu einer wirklich großzügigen Strategie durchrang oder sich den Falkenhaynschen Plänen entsprechend darauf beschränkte, haushälterisch-sparsam in einer ringsum belagerten Festung auszuharren, bis die Kraft oder der Kriegswille der Gegner erlahmte.

Hindenburg und Ludendorff bemühten sich, die kurze Pause der Umgruppierung ihrer Kräfte auszunutzen, wobei sich zwei junge Generalstabsoffiziere besonders bei der Behandlung der Organisations- und der Nachschubfragen auszeichneten, die Hauptleute v. Vollard-Bockelberg und v. Waldow. Aus den Besatzungen der Ostfestungen wurden vier neue Korps formiert, die schwere Artillerie der Festungen wurde den einzelnen Korps zugeteilt, jedes Korps erhielt eine Flieger-Abteilung und eine Funkstation. Kavallerie und Grenzschutzverbände verstanden es meisterhaft, die gesamte Umgruppierung zu verschleiern.

Als der neue Aufmarsch abgeschlossen war, erbat Hindenburg in einem von Ludendorff entworfenen Schreiben von Falkenhayn die grundsätzliche Verlagerung des Schwerpunktes der Operationen nach dem Osten, er wies eingehend darauf hin, der Beginn der neuen Operation könne die Entscheidung im Osten einleiten, gäbe man dieser Front genügend Kräfte. Ludendorff schwebte vor, mit mehreren Korps weitausholend in östlicher Richtung über den Narew hinweg anzugreifen und Warschau zu umfassen. Falkenhayn verweigerte starrsinnig neue Kräfte. Er war sogar empört, daß Hindenburg eigenmächtig die Festungsreserven der ihm an und für sich unterstellten Ostfestungen herausgezogen hatte, ohne die OHL mindestens davon in Kenntnis zu setzen. Hindenburg ließ erwidern, er habe sie zur Schlacht gebraucht, „im übrigen könne man ihm ja nach dem Krieg den Kopf abschlagen“. Als ihn Herr v. Oldenburg-Januschau einmal später nach diesen Vorgängen fragte, meinte er erklärend, als sei ihm die grobe Ausdrucksweise unangenehm: „Mit dem Falkenhayn mußte man mitunter Deutsch sprechen.“

Aber auch grobe Worte fruchteten im Grunde wenig, sie verstärkten nur Falkenhayns Eifersucht und Abneigung gegen den so erfolgreichen Oberbefehlshaber Ost. Die Verweigerung aller zusätzlichen Kräfte führte in Ostpreußen zur Zurücknahme des arg geschwächten AOK 8 in die stark ausgebaute Lötzen-Angerapp-Stellung und damit zu neuerlicher Preisgabe von Teilen der Provinz an den so erbarmungslosen Feind. Das Ostheer gliederte sich jetzt in drei Hauptgruppen in Ostpreußen, Nordpolen und Südwestpolen-Galizien. Die Lücken zwischen den einzelnen Gruppen wurden durch Landwehr, Landsturm und die Festungskorps verschleiert. Aus dem feindlichen Funkverkehr wurde die Gliederung der gegnerischen Kräfte klar erkennbar, zwei Armeen, die 1. und die 10., sollten Ostpreußen überrennen, vier Armeen, die 2., 4., 5. und 9., sollten den Stoß nach Schlesien führen. Im Rückzug der 9. Armee von Warschau und Iwangorod sah der Großfürst den Beweis der deutschen Niederlage, er drahtete an den französischen Generalissimus Joffre, der Endsieg stünde bevor.

Am 12. November 1914 begann die deutsche Flankenoffensive. Bei Wloclawek wurde das V. sibirische Korps zerschlagen, Mitte November wurden in zweitägigem hartem Ringen bei Kutno eilig zur

Flankensicherung herangeführte russische Kräfte geworfen. Am 17. November fochten die Truppen der 9. Armee siegreich vor Lodz, schon schob sich ein Korps über Brczeczіny nach Süden vor, während eine Flügelstaffel gegen russische Gegenangriffe aus dem Raum Nowo-Georgiewsk sicherte. Am 19. November vermerkte Oberstleutnant Hoffmann in seinem Tagebuch, im Osten sei die größte Schlacht im Gange, die man dort bislang geschlagen habe, nach menschlicher Berechnung müsse man siegen, doch das Warten sei anstrengend. Hindenburg schrieb in diesen Tagen an seinen alten Lehrer an der Kriegsakademie, Oberstleutnant a. D. Professor Pochhammer, er durchlebe gegenwärtig Tage voll großer Spannung. Am 22. November wich die Spannung bei Hoffmann tiefem Pessimismus, die Kräfte auf dem linken deutschen Flügel reichten nicht aus, sie mußten vor russischen Gegenangriffen zurückweichen, eine bei Brczeczіny vorübergehend eingeschlossenen deutsche Kräftegruppe, welche der Großfürst schon gefangen glaubte, schlug sich unter General Litzmann von der 3. Garde-Infanterie-Division nach rückwärts durch.

Wieder erhob sich die Frage, welches Ziel das Ringen im Osten haben sollte? Würde die OHL jetzt die fehlenden Kräfte bewilligen? Tropfenweise kamen Verstärkungen, in Flandern war die große Schlacht Falkenhayns in Blut und Schlamm ertrunken, sie hatte keine Entscheidung gebracht, aber Falkenhayn hielt fest an der Idee, daß die Westfront die entscheidende Front des Krieges sei. Im Osten konnte man die Front wieder schließen, die russische Dampfwalze war durch die großartige Operation Hindenburgs zum Stehen gebracht, Schlesien war gerettet, am 27. November 1914 wurde Hindenburg zum Generalfeldmarschall befördert, aber die Frage, wie der Krieg im Osten weitergehen sollte, blieb ungelöst.

Hoffmann drängte Ludendorff, er solle nach Charleville-Mezières zum Kaiser fahren. Hindenburg wie Ludendorff waren überzeugt, daß man mit genügenden Kräften im November in Nordpolen eine Entscheidung hätte herbeiführen können. Aber die Erfolge im Osten weckten nur Falkenhayns Eifersucht. Er trug sich von neuem mit Ideen, Hindenburg und Ludendorff zu trennen, die Ostoffensive schien unmöglich, er glaubte nicht daran, daß dafür die Kräfte reichten, er fürchtete eine Napoleonische Katastrophe in den Weiten Rußlands. Hindenburg schrieb im Dezember 1914 mahnend der OHL in Bezug auf sein Verhältnis zu Ludendorff: „Wir ergänzen uns gegenseitig, und keiner von uns beiden kann allein das tun, was wir zusammen vollbringen.“ Das hinderte nicht, daß Ludendorff im Januar 1915 zum zweiten Mal von Hindenburg wegversetzt und zum Chef des Stabes der neugebildeten deutschen „Süd-Armee“ ernannt wurde, welche die Österreicher unmittelbar unterstützen sollte. Der Kaiser selbst suchte Hindenburg diese Lösung schmackhaft zu machen. Oberstleutnant Hoffmann vermerkte bitter in seinem Tagebuch: „Vor der Kriegführung im Westen graut mir. Der Falkenhayn ist der böse Engel unseres Vaterlandes und hat leider S. M. ganz in der Tasche. Nun müssen wir uns allein helfen.“ Oldenburg-Januschau fand Hindenburg bei einem Besuch ganz verstört, Falkenhayn verweigere ihm jede Unterstützung, klagte er. Ob er einmal „als Ochse in der Weltgeschichte dastehe“, sei ihm ganz egal, wenn das nicht das Blut so vieler deutscher Soldaten kosten würde. Einer derjenigen, die damals im großen Hauptquartier all ihre Hoffnung auf Hindenburg setzten, war der Staatssekretär des Reichsmarine-Amtes Großadmiral v. Tirpitz, der freilich selbst persona minus grata geworden war, weil er den rücksichtslosen Einsatz der von ihm geschaffenen Hochseeflotte verfocht, welche der Kaiser sorgsam schonen wollte.

Der Kronprinz war überzeugt, daß die Berufung von Hindenburg und Ludendorff an die Spitze der OHL die beste Lösung sein würde, aber gegenüber seinem Vater war er im Grunde einflußlos, auch mangelten ihm bei richtiger Erkenntnis Kraft und Zähigkeit, um die eigenen Ideen zu verfechten. Hindenburg selbst hoffte um die Jahreswende 1914/15, es könne gelingen, Moltke mit Ludendorff wieder an die Spitze des Generalstabes zu bringen, ein Preis, um den er auch bereit war, in die Trennung von Ludendorff zu willigen. Oberstleutnant v. Haeften, der zum Stab „Oberost“ kommandiert und gleichzeitig Verbindungsoffizier beim Stellvertretenden Chef des Generalstabes war, ein Posten, den man Moltke anvertraut hatte, erbat eine Audienz beim Kaiser, um diesem Hindenburgs Wünsche vorzutragen. Fürst Ernst zu Hohenlohe-Langenburg, Chefdelegierter des Roten Kreuzes beim Stab Oberost, erbot sich gegenüber Haeften, die Kaiserin, die große Stücke auf Hindenburg hielt, für einen Schritt zu dessen Gunsten bei ihrem hohen Gemahl zu bewegen. Am 9. Januar 1915 richtete Hindenburg ein ausführliches Schreiben an den Kaiser über die großen Aussichten einer Offensive im Osten mit einem Durchbruch in Richtung Bialystok, weitumfassender Einkesselung der Masse des russischen Westheeres in Polen im Raum von Lodz und endgültiger Ausschaltung der russischen Heereskraft. In seinen Denkwürdigkeiten betont er, daß gegenüber den Verhältnissen von 1812, als Napoleon in dünnem Angriffskeil bis Moskau vorstieß und scheiterte, und der Gegenwart, einem Vormarsch auf breiter Front gegen ein innerlich zutiefst erschüttertes Reich, ein grundlegender Unterschied bestand. Ausdrücklich hebt er hervor, daß das keineswegs Ideengänge aus rückschauender Betrachtung, sondern seine Gedanken aus den Jahren 1914 und 1915 gewesen seien. In aller Schlichtheit brachte er auch zum Ausdruck, wie sehr ihn innerlich der dauernde Koflikt mit der OHL belastet habe.

Auch Hindenburgs Schreiben fruchtete nichts. Falkenhayn versetzte zunächst einmal Haeften als zu unbequem nach dem Westen. In einem Schreiben an Hindenburg vom 23. Januar 1915 klagte Moltke, damit habe man ihm „seinen Ludendorff" genommen. Alles, was bei ihrem gemeinsamen Schritt beim Kaiser herauskam, war daß Falkenhayn dem Osten vier neue Korps zubilligte und daß der Kaiser sich bewogen fühlte, die Ämter des Kriegsministers und des Generalstabschefs wieder zu trennen, eine Lösung, auf die Hindenburg und Ludendorff mehrfach gedrängt hatten, weil die Betrauung mit beiden Ämtern die Arbeitskraft eines Einzelnen überstieg. Dafür sah sich Hindenburg im Januar 1915 wieder zeitweilig seines erprobten Chefs beraubt, der zur Südarmee ging. Oldenburg-Januschau, der zu Beginn des Krieges zum Stabe des Kronprinzen bei der 5. Armee gehört hatte und dessen Stimme als bekannter konservativer Politiker ein gewisses Gewicht besaß, reiste für Hindenburg zum Kronprinzen, um die Rückkehr Ludendorffs zu erwirken.

Anfang des Jahres 1915 wurde dem Oberbefehlshaber Oberost ein neues Armee-Oberkommando, Nr. 10, unter Generaloberst v. Eichhorn, für Ostpreußen zur Verfügung gestellt. Damit beliefen sich Hindenburgs Kräfte im Osten jetzt auf drei Armeen und die in Armee-Gruppe v. Gallwitz umbenannte ehemalige Gruppe „Graudenz". Mit den neuen Kräften schlug er die „Winterschlacht in Masuren", um Ostpreußen wieder zu befreien und gleichzeitig der erwarteten großen russischen Frühjahrsoffensive gegen Ost- und Westpreußen wie gegen die Karpathenpässe zuvorzukommen. Das Hauptquartier Oberost ging von Posen wieder nach Insterburg in Ostpreußen. Die Entwürfe für den konzentrischen Ansatz der 8. und 10. Armee gegen die russische 10. Armee, die Ostpreußen bedrohte, entstanden noch in Abwesenheit Ludendorffs, der erst zu Beginn des Februar wieder zu Hindenburg zurückkehren konnte. Am 7. Februar 1915 begann bei grimmigster Kälte in Eis und Schnee die furchtbare zweiwöchige „Winterschlacht in Masuren", die die letzten Kräfte von Mann und Roß beanspruchte. Oldenburg-Januschau wurde beim Stab Oberost Zeuge der schweren Krise bei Augustowo, als es unmöglich schien, angesichts eisiger Schneestürme und gewaltiger Schneeverwehungen das letzte, noch 40 Kilometer breite Loch im Einschließungsring zu stopfen, um das Entweichen des Gegners zu verhüten. Ludendorff warf den Zirkel auf den Kartentisch und sagte: „Herr Feldmarschall, wir haben großes Unglück. Diese großangelegte Bewegung geht ins Auge. 40 Kilometer sind offen, die Russen marschieren raus." Es war bereits Abend. Hindenburg blieb ruhig und versetzte tröstend, Gott habe ihnen mehr Glück gegeben, als sie verdienten, es sei nicht anzunehmen, daß das aufhöre. Wer laufe, laufe schneller als der Verfolger, 80.000 Mann säßen schon drin, den Rest werde man bei Augustowo greifen. Alles übrige habe Zeit bis morgen, er gehe zu Bett, gäbe es Wichtiges, könne man ihn ja wecken. „Gute Nacht, meine Herren!" Ludendorff sah ihm nach, sein Monokel einklemmend, und bemerkte: „Und wissen Sie, was das Tollste an der Geschichte ist, meine Herren? Jetzt schläft der Mann wirklich bis morgen früh! Das sind Nerven!" Hindenburgs Gelassenheit gab ihm wieder recht, die Lücke wurde geschlossen, zum zweiten Mal war eine russische Armee im freien Feld vernichtet worden. 110.000 Gefangene, darunter ein Korps- und drei Divisionskommandeure, und unübersehbare Beute waren der Preis.

Im März 1915 ging das Hauptquartier Oberost nach Lötzen, wo Hindenburg in der Villa Hartwig Wohnung nahm. Noch beherrschte ihn die Idee, durch eine große Offensive über den Narew im Osten die Entscheidung zu suchen. Der österreichische Generalstabschef sekundierte mit einem großangelegten Plan eines koordinierten Angriffs auf beiden Flügeln, von Ostpreußen und von Galizien aus, um die russische Front zwischen Ostsee und Karpathen aus den Angeln zu heben, die russischen Nachschublinien in weitausholendem Stoß zu durchtrennen und damit das Westheer des Zaren der Vernichtung preiszugeben. Zu Falkenhayns Prinzip der haushälterischen Defensive paßten nur Teilschläge mit begrenzter Wirkung zur allmählichen Schwächung des Gegners. Dazu rechnete er die Winterschlacht in Masuren und die Befreiung Ostpreußens. In diesem Sinn sprach er sich zu Gunsten einer Teiloffensive in Galizien aus. Die dafür bereitgestellten Verbände, die „Südarmee“ und das neuformierte AOK 11 unter General der Kavallerie v. Mackensen, wurden absichtlich nicht dem Befehl des Oberbefehlshabers Ost unterstellt.

An die „Winterschlacht in Masuren“ reihten sich schwere Abwehrkämpfe der Armee-Gruppe Gallwitz, die siegreich russische Entlastungsangriffe an der Südgrenze Ostpreußens abwies. Hindenburg und Ludendorff gedachten mit der verstärkten 8. Armee zum Durchbruch auf Bialystok anzusetzen, um die russischen Kräfte zwischen Narew und Weichsel über den Haufen zu werfen und die rückwärtigen Verbindungen des russischen Westheeres zu durchschneiden. Die OHL gab keine neuen Kräfte frei. Falkenhayn sah mit Sorge auf die Gesamtlage. Auf dem Balkan war ein Feldzug gegen Serbien unumgänglich, das bislang sich gegen Österreich behauptet hatte und die Verbindungen zur verbündeten Türkei sperrte. Italien erklärte Österreich den Krieg, erhebliche Teile der österreichischen Armee mußten nach Istrien und Slovenien geworfen werden. Die Neutralität Rumäniens begann mit jedem Monat zweifelhafter zu werden. Er bezweifelte nach wie vor, daß die deutschen Kräfte ausreichten, in einem großangelegten Feldzug im Osten eine klare Entscheidung zu schaffen und wollte angesichts der Ausweitung des Krieges keinerlei allzu gewagtes Risiko mehr eingehen. Im Mai des

Jahres 1915 führte die Teiloffensive der 11. Armee zum siegreichen Durchbruch zwischen Karpathen und Weichsel, in der großen Schlacht von Gorlice-Tarnow erlitten die Heere des Zaren eine neue furchtbare Niederlage. Mackensen und sein so hervorragend begabter Stabschef Oberst v. Seeckt, der sich in dieser Schlacht seine Sporen verdiente, wollten den taktischen Durchbruch zur strategischen Umfassung erweitern. Nun mußte doch der Oberbefehlshaber Ost mit seinen Kräften marschieren! Hindenburg und Ludendorff verfochten erneut den großen Angriff auf dem Nordflügel, um über Kowno und Wilna das russische Westheer in einer Riesen-Kesselschlacht zu packen. Die OHL begnügte sich mit Nahzielen, der Einnahme der Festung Brest-Litowsk. Am 29. Juni 1915 schrieb Falkenhayn an Hindenburg, Mackensen habe Auftrag zum Vormarsch zwischen Bug und Weichsel mit der Weisung, den Gegner anzugreifen, wo er ihn treffe. Die Mitwirkung von Oberost durch einen Vorstoß längs der Pilica oberhalb Warschaus über die Weichsel oder auf Ossowiecz und den Narew sei erwünscht. Hindenburg lehnte beides ab und wollte sich die Stoßrichtung vorbehalten. Er hoffte noch immer auf die große Offensive in Richtung auf Kowno.

Der Konflikt zwischen OHL und Oberost schien unlösbar. Am 2. Juli 1915 erschien der Kaiser selbst mit Falkenhayn im Schloß zu Posen und ließ sich von Hindenburg Vortrag halten. Hindenburg sprach sich zu Gunsten der Verstärkung der deutschen Njemen-Armee und den Angriff via Kowno aus. Ludendorff hielt ein Vorgehen über Ossowiecz auf Grodno für die rascheste Möglichkeit, um direkt in den Rücken der zwischen Bug und Weichsel vor Mackensen weichenden russischen Armeen zu stoßen und dergestalt den Ring zu schließen, obwohl die Überwindung des Sumpfgeländes am Bobr beiderseits Ossowiecz große Schwierigkeiten verhieß. Falkenhayn wollte nichts von Plänen einer großen operativen Umfassung hören. Der Kaiser deckte seinen Generalstabschef und gab klar zu verstehen, daß er Falkenhayns Ansicht teile, die von Hindenburg und Ludendorff vorgeschlagene Stoßrichtung in die Tiefe des rückwärtigen Gebietes der russischen Armee über Grodno hinaus führe zu weit, man müsse daher den Angriff mit begrenzteren Zielen über den unteren Narew führen. Hindenburg glaubte als Soldat gehorchen zu müssen. Was wäre ihm anderes geblieben als der Rücktritt von seinem Posten, ein Schritt, der nichts geändert haben würde und zu dem er sich nicht berechtigt glaubte, wenn die Majestät befahl? Daher erklärte er, es sei mehr oder weniger Gefühlssache, ob man den Angriff nördlich des Njemen oder am Narew führe, eine Erklärung, mit der er deutlich zu verstehen gab, daß er die Richtigkeit der eigenen Auffassung nach wie vor für gegeben ansah, daß er sich jedoch der Allerhöchsten Willensäußerung fügen müsse. Oberstleutnant Hoffmann vertraute bei anderer Gelegenheit seinem Tagebuch an, der Feldmarschall sage viel zu oft, wenn sein König ihm befehle, so müsse er eben gehorchen. Das traf das Problem nicht richtig. Der Gehorsam war letzten Endes das Fundament der Armee, mit kritischer Opposition war nichts geholfen, eine Yorcksche Tat hätte sich ein Mann wie Falkenhayn nicht bieten lassen.

Gegenüber seinem Schwiegersohn Hauptmann der Reserve v. Brockhusen-Justin, der zum Stab Oberost kommandiert worden war, bemerkte Hindenburg nach den schweren Stunden im Posener Schloß, deren Enttäuschung Ludendorff mit heißem Zorn erfüllte, still, er hätte die Sache lieber anders angepackt: „Aber der Kaiser hat befohlen. Also wird's gemacht!" Ludendorff wähnte sich zum ersten Mal von Hindenburg im Stich gelassen. Aber auch er hatte nicht aufbegehrt! Die kurzen Worte Hindenburgs gegenüber seinem Schwiegersohn könnten darauf schließen lassen, daß er sich innerlich mit der Entscheidung des Kaisers abgefunden hatte. Doch sie entsprachen nur seiner wortkargen Art, der Abneigung, jemandem Einblick in sein Inneres zu gewähren. Die Bitternis dieser entscheidenden Stunde, in der der große Plan der Sommeroffensive verworfen wurde, in der die Möglichkeit dahingeschwunden war, dem Dilemma des Zweifrontenkrieges zu entrinnen, ging dem alten Manne noch lange nach, wenn er auch nur selten davon sprach. Als ihn im August der Großadmiral v. Tirpitz in Lötzen aufsuchte, brach die Szene wieder in ihm auf. Er habe den Kaiser beschworen, es anders zu machen, erzählte er ihm, doch der Kaiser sei von Falkenhayn genau instruiert worden, er habe ihm erklärt, er irre sich! Der Sohn, der als Generalstabsoffizier im Westen stand und den Vater im Spätsommer während eines Urlaubs besuchte, sah Tränen in den Augen des alten Mannes schimmern, als ihm dieser von dem großen Plan der entscheidenden Ostoffensive berichtete und dann etwa dem Sinne nach still hinzufügte: „Und das, mein Junge, durfte ich nicht." Um ihn, fügte er hinzu, sei es dabei egal, aber er hätte dem Vaterland den Frieden geben können. Noch nach dem Krieg sagte Hindenburg manchmal, das wäre damals doch gegangen mit der großen Flügelschlacht, aber Falkenhayn habe „nicht ran gewollt". „Na, lassen wir's ruhen", meinte er dann seufzend. „Heute gibt's andere Sorgen ..." Wir wissen heute aus den Erinnerungen des russischen Generalquartiermeisters Danilow und anderer russischer Generalstäbler, wie nahe damals die Armee des Zaren einem völligen Zusammenbruch war, wie es ihr sowohl an Material wie an ausgebildetem Ersatz gebrach, wie das Offizierkorps ausgeblutet war. Es sollte nicht sein!

Am 13. Juli 1915 durchbrach die Armee-Gruppe Gallwitz bei Prasznysz die russische Narew-Front, General v. Kuhl nannte in seinem Werk über den Weltkrieg die Durchbruchsschlacht das zweite Gorlice-Tarnow. Wieder kam es darauf an, den taktischen Durchbruch zur strategischen Umfassung zu erweitern. Hindenburgs Hoffnung lebte noch einmal auf. Er traf von neuem Vorkehrungen, weit ausholend über Wilna in den Rücken des russischen Westheeres hineinzustoßen. Falkenhayn teilte ihm in einem Schreiben vom 31. Juli mit, er halte die für solche Offensive notwendigen Kräfteverschiebungen nicht für tragbar. Er dachte an eine verengerte Zangenbewegung Gallwitz' und Mackensens. Als diese Bewegung nicht durchgeführt werden konnte, weil der Gegner sich ihr entwand, kam Hindenburg noch einmal am 13. August 1915 auf seinen Vorschlag zurück, den Gegner über Kowno im Rücken zu fassen. Falkenhayn erwiderte kühl, was ihn anbelange, so habe er die Vernichtung des Gegners von den laufenden Operationen im Osten nie erhofft, sein Ziel sei nur ein entscheidender Sieg gewesen.

Seit dem März des Jahres 1915 begann sich Oberstleutnant Hoffmann, in politischer Hinsicht der gescheiteste Kopf im Stabe Oberost, nach der Lektüre einer Broschüre des ostpreußischen Generallandschaftsdirektors Kapp über eine energische Kriegspolitik ernste Gedanken um den Ausgang des Krieges zu machen, Gedanken, die er auch dem Feldmarschall nicht vorenthielt. Er schrieb in seinem Tagebuch, er halte es für ausgeschlossen, daß Deutschland geschlagen würde, ebenso aber für ausgeschlossen, daß man die anderen schlagen und den Frieden diktieren könne. Seiner Ansicht nach mußte man sich mit einer Seite arrangieren, er stellte sich die Frage, ob dies mit England möglich sei, wobei er eines Briefes gedachte, den Hindenburg in ähnlichem Sinne an den Reichskanzler v. Bethmann Hollweg gerichtet hatte. Der Reichskanzler hatte es zum ersten Mal im Dezember 1914 für gut befunden, den Oberbefehlshaber Ost persönlich aufzusuchen. Hindenburg war politischen Gesprächen ausgewichen, weil er sich als Soldat dafür nicht kompetent fühlte. Der Kanzler wiederum fühlte sich auf militärischem Gebiet als Laie. Hindenburg hatte den Eindruck, er sei ein sehr verantwortungsbewußter Mann, fand ihn freilich auch recht bedenklich und zaudernd in allen Entschlüssen. Bethmann hatte dann einen sehr schwachen Versuch gewagt, für die Ersetzung Falkenhayns durch Hindenburg einzutreten, und war, als er damit rasch scheiterte, mit einem zweiten, äußerst weltfremden Vorschlag hervorgetreten, ein zusammengesetztes deutsch-österreichisches Oberkommando im Osten unter dem Erzherzog Friedrich mit Ludendorff als Stabschef zu schaffen, ein Vorschlag, mit dem er weder bei Oberost noch beim deutschen oder österreichischen Großen Hauptquartier Gegenliebe gefunden hatte. Wenn Hindenburg später von ihm als von einem „unglücklichen Manne" sprach, so hatte er damit in gewisser Weise vollauf recht.

Ludendorff, so notierte Oberstleutnant Hoffmann in Lötzen, sei außer sich von Posen zurückgekommen. Die Empörung nutzte nichts. Die OHL tat noch mehr, sie sandte den Chef der Operationsabteilung, Generalmajor Tappen, ins Hauptquartier Oberost, mit dem Auftrag, hier nach dem Rechten zu sehen. Hindenburg und Ludendorff waren äußerst unangenehm von diesem Mißtrauensvotum berührt. Ludendorffs Gattin bezeugt in ihren Erinnerungen, wie viele Klagen über Falkenhayn die Briefe ihres Mannes enthalten hätten.

Andererseits bekannte Ludendorff noch bei der Abfassung seiner Kriegserinnerungen gegenüber dem ihm gut bekannten Hauptmann a. D. Breucker, er habe alles getan, um Falkenhayn das Leben so sauer wie möglich zu machen.

Die deutsche Sommeroffensive im Jahre 1915 brachte in schwerem Ringen wieder eine Reihe „ordinairer" Siege, aber nicht den Sieg. Nowo-Georgiewsk, Kowno, Wilna und Warschau wurden erobert, doch alles, was man damit erreichte, war die Besetzung neuer Gebiete, Kurland, Litauen, Ostpolen und die Zurückdrängung der russischen Front auf eine Linie zwischen Kurland und Ostgalizien. Der Kampfwille und die Kampfkraft des Zarenreiches hatten Einbußen erlitten, waren jedoch nicht gebrochen. Die Straße dieser Siege war für Hindenburg zugleich die Straße der Entsagung. Und dabei dehnte sich der Krieg in immer neue Bereiche aus. Italien erklärte den Krieg, Bulgarien schloß sich den Mittelmächten an. Seit die Türkei an der Seite Deutschlands und Österreichs den Kampf aufgenommen hatte, setzte der Krieg auch den Vorderen Orient in Flammen. Vergeblich versuchten die Alliierten, die Durchfahrt durch die Dardanellen zu erzwingen, um direkte Verbindung mit Rußland zu gewinnen. Feldmarschall v. Mackensen eroberte im Herbst des Jahres 1915 Serbien. An der entscheidenden Front, im Westen, aber war der Krieg im Stellungskampf erstarrt, in der Heimat machten sich die ersten Ernährungs- und Rohstoffschwierigkeiten bemerkbar, da England zur Fernblockade der deutschen Häfen übergegangen war. Der Verlauf des Krieges wurde unabsehbar, die Ziele der deutschen Politik und Kriegführung wurden Gegenstand lebhafter Auseinandersetzungen in der Heimat und höchst utopischer Wünsche alldeutsch-nationalistischer Kreise und großindustrieller Interessengruppen.

Im Juli 1915 verfügte der Oberbefehlshaber Ost über die neu unter dem Stab des AOK 8 formierte „Njemen-Armee" in Kurland, die 9. und die 10. Armee, den Restteil der 8. Armee, der durch das Generalkommando des XX. Armee-Korps geführt wurde und die Armeegruppe v. Gallwitz. Da der ewige Konflikt zwischen OHL und Oberost Falkenhayn lästig wurde, entschloß sich dieser im August, wieder selbst die Leitung der Gesamtoperationen an der Ostfront zu übernehmen, und die militärische Kräftekonzentration unter „Oberost" aufzulösen. Die 9. Armee wurde mit der Armee-Abteilung v. Woyrsch zu einer neuen Heeresgruppe unter dem Feldmarschall Prinz Leopold von Bayern vereinigt, die in Galizien befindlichen Kräfte wurden zu einer Heeresgruppe unter dem Feldmarschall v. Mackensen zusammengefaßt, während Hindenburg als Oberbefehlshaber der neu gebildeten „Heeresgruppe Hindenburg" nur die Njemen-Armee, die 10. und die neue 12. Armee behielt. Das weckte neue Empörung im alten Stab Oberost, die Generalstabsoffiziere mit Ludendorff, der mit seinem Rücktritt drohte, und Hoffmann an der Spitze bewogen Hindenburg, in einem Schreiben an den Kaiser diesem seinen Posten zur Verfügung zu stellen. Hoffmann notierte am 9. August mit grimmiger Befriedigung, Hindenburg habe Falkenhayn endlich die Wahrheit gesagt, aber er fügte auch ahnungsschwer hinzu, herauskommen tue dabei auch nichts mehr. Falkenhayn wußte gewandt Bedenken zu beschwichtigen, zudem besaß er das Ohr des Obersten Kriegsherrn. Hindenburgs Stellung war höchst eigentümlich geworden, nominell war er noch „Oberbefehlshaber Ost", tatsächlich war diese Position ihres inneren Gehaltes entkleidet worden, auch die Verfügungsgewalt über die Ostfestungen und die Stellvertretenden Generalkommandos in den Ostprovinzen war ihm entzogen worden.

Im August erschien der Staatssekretär des Reichsmarine-Amtes, Großadmiral v. Tirpitz, zu einer längeren Aussprache, auf die er schon geraume Zeit seine Hoffnungen gesetzt hatte, bei Hindenburg. Wie seine Kriegsbriefe aus dem Großen Hauptquartier vom Herbst des Jahres 1914 zeigen, sah er bereits damals in Hindenburg und Ludendorff die beiden einzigen, wirklich bedeutenden, militärischen Führer, die man besaß. Er hoffte, Hindenburg könne im Osten eine Entscheidung herbeiführen, dann sollte er in seiner Vorstellung mit Ludendorff die OHL übernehmen und alle Kräfte zum Endkampf gegen England vereinigen. Ja, er ging noch weiter. Ohne Hindenburg wirklich zu kennen, erblickte er in diesem 1915 den möglichen Leiter einer Militärregierung, der anstelle des Kaisers die politische wie die militärische Führung in seiner Hand vereinigte, um alle Kräfte für den Sieg zu mobilisieren. Tirpitz selbst war indes eine umstrittene Erscheinung, sein Prestige war stark im Sinken, er besaß zwar einige politische Kenntnisse und großen politischen Ehrgeiz, wirkte aber gerade darum im Großen Hauptquartier höchst ungewöhnlich und war auf dem besten Wege, im Streit über die Verwendung der Hochseeflotte die Gnade des Kaisers gänzlich zu verlieren. Offenbar kam er mit der Vorstellung nach Lötzen, in Hindenburg so etwas wie einen Bundesgenossen als „getreuer Frondeur Seiner Majestät" zu finden. Doch für solch politische Rolle war Hindenburg damals ganz ungerüstet, die Politik hatte in seiner Vorstellung nichts mit dem Soldatenhandwerk zu tun. Er sprach am 13. und 14. August 1915 lange und gründlich mit Tirpitz und nahm diesen auch auf einen seiner gewohnten langen Spaziergänge mit. Er stimmte ihm zu, daß es falsch sei, die Hochseeflotte nicht rücksichtslos gegen England einzusetzen, er diskutierte mit ihm lange die Frage, ob und wie man die verhängnisvolle Umgebung des Kaisers ändern könne. In Falkenhayn wie in den drei Chefs des Militär-, des Marine- und des Zivilkabinetts, General v. Lyncker, Admiral v. Müller und Herrn v. Valentini, erblickte er genau wie Tirpitz Männer, die dem Kaiser ein ganz falsches Bild der Lage vermittelten. Aber er sah auch keinen Weg, wie man diese Umgebung ändern könne, vergeblich, erzählte er Tirpitz, habe er dem Kaiser geschrieben, das Volk, das so Ungeheures geleistet habe, warte auf das Wort Seiner Majestät, mißtraue jedoch der OHL. Einem Briefe von Tirpitz aus Lötzen zufolge sprach Hindenburg von der „undurchdringlichen Stuckmauer" um den Kaiser. Tirpitz reiste im Grunde unverrichteter Dinge wieder ab, die fehlende Koordinierung der Kriegsführung blieb. Unter den führenden Soldaten fand sich niemand, der echtes politisches Verständnis hatte, was freilich auf die Dauer nicht hinderte, daß ihnen infolge des Versagens der politischen und parlamentarischen Kräfte politische Entscheidungen zugeschoben wurden, denen sie hernach nicht gewachsen waren. Ausgangs des Jahres 1915 schrieb Ludendorff in einem Briefe an den Generalleutnant Ritter v. Wenninger, die große Möglichkeit, den Russen entscheidend zu treffen, sei zweimal verpaßt worden. Bitterer Haß quelle in ihm empor, doch wolle er lieber schweigen. Der Sehende könne nur bedrückt sein, wenn man wisse, was in „diesem Krieg der versäumten Gelegenheiten" alles unterlassen worden sei. Aber trotzdem dürfe man nicht mutlos werden, man müsse „durch". In dem gleichen Briefe hieß es, der Schützengrabenkrieg, der das Bild in Ost und West beherrschte, sei wider das Wesen des wahren Krieges, er sei ein Zeichen der Schwäche, an Stelle Schlieffens habe man nur Epigonen.

Zum Ärger Falkenhayns genoß dabei das Dioskurenpaar Hindenburg-Ludendorff eine außergewöhnliche Volkstümlichkeit, die vor allem von Hindenburg ausging. Der Kronprinz ließ den Feldmarschall warnen, „Papa würde futterneidisch". In Berlin, schrieb schon im Sommer 1915 der deutsch-polnische Magnat Graf Hutten-Czapski, herrsche Mißtrauen gegen Hindenburg, den einzigen großen General, den man habe. Das bezog sich auf die Hofkreise, die gütige, aber im Grunde wenig einflußreiche Kaiserin ausgenommen. Die breiten Massen erblickten damals in Hindenburgs ragender Erscheinung den kommenden Retter, den einzigen Mann, der Vertrauen ausstrahlte und der des Vertrauens wert war. Diese echte Popularität, die ihren Ausdruck in zahllosen Beweisen der Verehrung fand, in der Verleihung von Ehrenbürgerrechten, so durch seine Heimatstadt Hannover, in der Gewährung von Ehrengaben wie dem Gut Golenczin, dem einstigen Besitz der Kniffkas, das ihm die Stadt Posen antrug, wurde freilich in der Öffentlichkeit durch den offiziellen Patriotismus der ungezählten politischen oder literarischen Geschäftemacher bedenklich verfälscht. Der gedruckte Niederschlag dieser Geschäftigkeit weht uns heute seltsam hohl an, diese Art des „Hurrapatriotismus" hielt auch den Belastungen des Massen- und Wirtschaftskrieges nicht stand. Aber sie war ebensosehr ein Zeichen der Zeit wie die echte Verehrung des Volkes, das instinktiv nach einer überragenden Persönlichkeit verlangte, auf die es seine Hoffnungen richten konnte, nachdem der Glanz der Kaiserkrone mehr und mehr verblaßte.

Im Oktober 1915 ging das Hauptquartier Oberost, das seit den Novembertagen 1914 in Czenstochau so oft seinen Sitz gewechselt hatte, endgültig nach Kowno, der Hauptstadt Litauens, wo man sich im alten russischen Gouverneurspalais einrichtete, während das Kasino in der Villa Tillmanns untergebracht wurde, dem Hause einer reichen deutsch-russischen Familie. Seitdem die OHL den Oberbefehlshaber Ost der wichtigsten operativen Befugnisse entkleidet hatte, nahm dieser eine Sonderstellung ein. Praktisch war der Oberbefehlshaber Ost nurmehr ein Heeresgruppenbefehlshaber unter mehreren anderen, während sein Stab jedoch niemals als Heeresgruppenkommando etatisiert oder mit der Führung einer Armee verbunden war. Andererseits waren ihm zahlreiche Verwaltungsaufgaben übertragen, die wieder tief in Belange anderer Heeresgruppen, vor allem der Gruppe Leopolds von Bayern, eingriffen. Dafür wurde ihm wieder das neugeschaffene Generalgouvernement Warschau unter General v. Beseler, dem die Verwaltung des besetzten Polens übertragen wurde, nicht, wie es logisch gewesen wäre, unterstellt, sondern direkt – (gleich dem Generalgouverneur von Belgien) – dem Kaiser untergeben, eine Zersplitterung der Instanzenbereiche, die fast schon an die anarchische Aufsplitterung aller Instanzenbereiche unter Hitlers Führung im Zweiten Weltkrieg gemahnt.

Infolge der Vermischung operativer und verwaltungsmäßiger Aufgaben bestand der Stab Oberost aus drei Hauptgruppen, Generalstab, Adjutantur und Oberquartiermeister mit einem Verwaltungschef. Dem Oberquartiermeister Ost standen ein Intendant, Chefs des Feldmunitions-, des Feldtelegraphie-, des Feldeisenbahn- und des Feldsanitätswesens, ein Feldpostmeister, ein Feldpolizeichef, ein Baudirektor und der Generaldelegierte für die Freiwillige Krankenpflege, Fürst Ernst zu Hohenlohe-Langenburg mit dem Fürsten Dohna-Schlobitten als Stellvertreter, zur Verfügung. Der Technisierung der Kriegsführung entsprechend traten dazu 1915/16 noch besondere Stabsoffiziere für die Flugabwehr, das Artilleriemeß- und das Kraftfahrwesen sowie ein besonderer Nachrichtenoffizier der OHL und – angesichts der Erweiterung der Verwaltungsaufgaben – ein Gendarmerie-Inspekteur für die besetzten Gebiete.

Die Militärverwaltung, bei der Ludendorff, obwohl ihm das Gebiet ganz fremd gewesen war, seine gewaltige Arbeitskraft voll zum Einsatz brachte, lag Hindenburg gar nicht. Er beschränkte sich dabei gewissermaßen ganz auf die Rolle eines konstitutionell regierenden Landesvaters, doch gerade diese Selbstbeschränkung lieh seiner Stellung den ihr eigentümlichen Charakter. Das Militärverwaltungsgebiet Oberost umfaßte seit dem Jahre 1915 einen Bereich, der so groß war wie die preußischen Provinzen Ost- und Westpreußen, Posen und Pommern zusammengenommen. Die Land- und Forstwirtschaft wie die Industrie dieses Gebietes mußte für die Kriegführung nutzbar gemacht werden. Es unterstand dem Oberquartiermeister Oberost, Generalmajor v. Eisenhart-Rothe, einem weitschichtig gebildeten und vielseitig interessierten Manne, und gliederte sich in die Verwaltungsbezirke Kurland, Litauen, Suwalki, Wilna, Grodno und Bialystok, von denen 1916 Wilna und Suwalki zusammengelegt wurden. Die Hauptverwaltung Oberost bestand aus Stabsabteilungen für Politik und innere Angelegenheiten, Finanz, Landwirtschaft und Forsten, Kirchensachen, Schul- und Kunstwesen, Justiz, Post, Handel und Gewerbe. Praktisch glich sie einem Zivilministerium, bei dem Eisenhart-Rothe die Rolle des Vizekanzlers, Ludendorff diejenige des Kanzlers zufiel. Im Jahre 1916 wurde eine einheitliche Verwaltungsordnung erlassen, die Verwaltungschefs regierten mit Hilfe von Stadt- und Kreishauptleuten, für wirtschaftliche Belange wurden besondere Wirtschaftsoffiziere eingesetzt, die Rechtsprechung übernahm ein Obergericht in Kowno mit Bezirks- und Kreisgerichten. Schul- und Pressewesen wurden gemäß den Belangen der verschiedenen Nationalitäten geordnet. Als Verwaltungschefs fungierten eine ganze Reihe ausgezeichneter Männer, so der Landrat v. Goßler in Kurland, der Fürst zu Isenburg-Birstein in Litauen, der Graf Yorck von Wartenburg in Wilna. Trotzdem konnte dieser halbmilitärische Schattenstaat, der hier als Besatzungsregime emporwuchs, nicht mehr sein als ein Provisorium. Den Männern, unter deren Aegide er entstanden war, Hindenburg und Ludendorff, schwebte freilich als Söhnen des deutschen Ostens vor, sie müßten die alte Mission des Deutschtums als Ordnungsmacht im slawischen Osten erneuern, aus der provisorischen Militärverwaltung müsse eine dauernde enge Bindung dieser Gebiete an das Reich erwachsen. Dank der väterlichen Güte und unerschütterlichen Würde Hindenburgs erschien der Stab

Oberost, der sich aus so vielerlei ganz verschieden gearteten Männern zusammensetzte, wie eine große Familie. Seit dem Herbst des Jahres 1914 war sein Schwiegersohn Hans Joachim v. Brockhusen-Justin als 3. Adjutant in seinen Stab versetzt worden. Als ehemaliger Offizier des 1. Garde-Regiments zu Fuß hatte er als Landrat den Abschied genommen, um wieder Militärdienst zu tun. Brockhusen-Justin, ein liebenswürdiger und gescheiter Mann, hat in seinen Erinnerungen ein Bild von den wichtigsten Mitgliedern des Stabes entworfen, das sehr treffend erscheint. Nur mit Ludendorff beschäftigte er sich nicht, wohl weil zu der Zeit, als er sein Buch herausgab, schon der Streit mit Hindenburg in vollem Gange war und er nicht neues Öl ins Feuer gießen mochte. Den Oberquartiermeister v. Eisenhart-Rothe schilderte er als hochbegabt, taktvoll und liebenswürdig, manchmal freilich als etwas zu milde. Oberstleutnant Hoffmann fand er eitel und zynisch, aber außergewöhnlich tüchtig, den Ib, Major v. Vollard-Bockelberg beschrieb er als fleißig, aber einseitig militärisch orientiert und von schwierigem Wesen, den jungen Ic Hauptmann v. Waldow als hochgebildet und scharfblickend, aber zum Sarkasmus neigend. Der Feldsanitätschef Professor v. Kern erschien allen als stiller Philosoph. Äußerster Beliebtheit erfreute sich Hindenburgs 1. Adjutant, Hauptmann Caemmerer, der viel zu früh noch im Kriege einer Lungenentzündung erlag. Ordonnanzoffizier war der jüngste Sohn des Kaisers, Prinz Joachim von Preußen. Brockhusen selbst bearbeitete Fragen des Mannschaftsersatzes, half bei der Einrichtung der Militärverwaltung und suchte sich auch auf politischem Gebiet zu betätigen. 1915 verfaßte er eine Denkschrift über Kriegs- und Friedensziele, in der er für einen künftigen engen Anschluß von Kurland und Litauen an das Reich eintrat. Damit reihte er sich unter die Gegner der offiziellen Polenpolitik, zu denen fast der gesamte Stab Oberost und alle Landeschefs gehörten, da die Bestrebungen, ein selbständiges Polen aufzurichten, jegliche Möglichkeit eines Sonderfriedens mit Rußland zunichte machten und zudem in Anbetracht der Tatsache, daß sowohl Preußen wie Österreich zahlreiche polnische Untertanen besaßen, auch innerpolitisch höchst unliebsame Folgen zeitigen konnte.

Brockhusen-Justin meint in seinen Erinnerungen, Ludendorff und Hoffmann seien als Berater vielleicht manchmal zu schroffe Charaktere für einen Mann wie Hindenburg gewesen. Ludendorff lebte indes damals voll in der harmonischen Zusammenarbeit mit Hindenburg, es gab keine wichtige Entscheidung, die er ohne ihn treffen mochte. Wie Hoffmann über Hindenburg dachte, lehrt allerdings ein Stoßseufzer, den er aus Anlaß der bevorstehenden Ernennung des Generalobersten v. Woyrsch zum Feldmarschall seinem Tagebuch anvertraute, ob wohl einmal wirklich jemand Generalfeldmarschall würde, der das „aus eigenem" verdiene? Hindenburgs Gelassenheit und Abgeklärtheit mußte ehrgeizig und unruhig sich verzehrenden Naturen wie Hoffmann immer unverständlich bleiben, zumal gerade Hoffmann selten oder nie bedachte, daß der Feldmarschall eben doch schon ein sehr alter Mann war, daß er bereits in der Jugend jegliche Leidenschaft und Unbeherrschtheit für unwürdig erachtet hatte. Dazu kam die Wortkargheit, die Abneigung, gefühlvoll eigenen Regungen freien Lauf zu lassen. Die Nachricht von der Schaffung des Generalgouvernements Warschau unter Beseler quittierte er so etwa mit den Worten: „Sie wollen mich nun mal ärgern. Na meinetwegen!" Andererseits war er ein guter Beurteiler der Menschen um ihn. Von Ludendorff pflegte er hellsichtig zu sagen, er sei der Typ des „Feldherrn der Zukunft". Was an Hindenburg bestach, so hat es Eisenhart-Rothe formuliert, waren nicht geniale Einfälle, sprühender Witz, überströmender Gedankenreichtum, sondern die ruhige Würde, die unerschütterliche Zuversicht, das sehr ursprüngliche, schlichte Gottvertrauen, die klare Einsicht in die großen militärischen Zusammenhänge und die prägnante, immer treffende, knappe, aber oft doch von feinem, stillem Humor gewürzte Sprechweise. Eisenhart-Rothe konnte sich manchmal des Gefühls nicht erwehren, als stünde er einem Fürsten gegenüber.

Im Auftreten war er noch immer von altpreußischer Korrektheit und peinlichster Pünktlichkeit. Je stationärer die Kriegführung wurde, desto mehr ging er wieder in der Art alter Leute zu einem genau geregelten Tageslauf über. Im Sommer stand er um 6 Uhr auf, im Winter um 7 Uhr. Nach dem Frühstück widmete er sich dem Lagevortrag und den Geschäften, punkt 11 Uhr brach er mit seinem Adjutanten, manchmal auch mit angesehenen Besuchern, zu einem ausgedehnten Spaziergang auf, bisweilen fuhr er im Auto ein Stück hinaus in die Wälder, um sich dort zu ergehen, punkt 12.55 Uhr kehrte er zurück, punkt 13 Uhr wurde gemeinsam mit dem Stab zu Mittag gegessen. Fast täglich schrieb er seiner Frau. Verspätungen bei den Mahlzeiten nahm er sehr übel, selbst Ludendorff setzte sich in Trab, um sie zu vermeiden. Nach dem Essen, vor allem nach dem Abendessen, saß er dann gern eine Weile behaglich plaudernd am runden Tisch im Kreis der Getreuen, den eine Palme, ein Geschenk der Kaiserin, schmückte. In seinen Erzählungen weilte er gern in der Vergangenheit oder in früheren Kriegen, wie es eben die Art alter Leute war, nur daß bei ihm immer wieder das minutiöse Gedächtnis auch für kleine Einzelzüge die Zuhörer in Erstaunen versetzte. Solange das Hauptquartier in Posen saß, suchte er gern die Stätten seiner Kindheit auf. Von Lötzen aus war er des öfteren, wenn die Lage es erlaubte, zur Jagd bei ostpreußischen Großgrundbesitzern, Graf Eulenburg-Prassen, Graf Dönhoff-Skandau, Graf Lehndorff-Steinort. Der Kaiser gestattete ihm, im Revier Tavelleningken einen Elch zu schießen, im Januar 1916 konnte er im alten Jagdrevier der Zaren in Bialowies auch einen Wisentstier erlegen, beides Höhepunkte im Leben des begeisterten Waidmannes. Eigentlichen Urlaub gönnte er sich jedoch während des ganzen Krieges nicht einen einzigen Tag. Seiner Gewohnheit gemäß, in Geldfragen Genauigkeit und Sparsamkeit walten zu lassen, konnte er sich auch für sehr unbedeutende Einzelfragen eingehend interessieren. Charakteristisch für ihn war die Art, wie er jedesmal bei der Abrechnung der Kasinobücher sogleich zu erspähen suchte, ob Ludendorff etwa mehr zu Buch stehen hatte als er. Er war sehr erstaunt, als er feststellte, daß im Hauptquartier in Lötzen der Sekt pro Flasche eine Mark an Sektsteuer mehr kostete als bei der 10. Armee in Wilna, wo man sich nicht mehr auf deutschem Boden befand. Darauf ordnete er an, der Kasinooffizier solle künftig den Sekt bei der 10. Armee in Wilna einkaufen und mit einem Lastkraftwagen nach Lötzen bringen lassen, wobei er ernsthaft glaubte, auf diese Weise höchst geschickt Ersparnisse gemacht zu haben. Als einziger bezahlte er pünktlich im Krieg seinen Beitrag für den Sonnabend-Klub in Hannover. Landrat Graf Wedel bemerkte dazu in seinen Aufzeichnungen staunend, welche Ordnung habe in diesem Kopf herrschen müssen, daß er auch die kleinsten Dinge nicht übersehen habe.

Als ihn der berühmte schwedische Forscher Sven Hedin 1915 im Hauptquartier in Lötzen aufsuchte und ihn fragte, ob es nicht für ihn ein erhabenes Gefühl sei, daß er soviel für sein Vaterland habe tun können, erwiderte er schlicht: „Ja sehen Sie mal, Herr Doktor, ein Soldat muß auch Glück haben." Eng mit dieser Einstellung hing der tiefe, ganz schlichte Glaube an die protestantische Religion zusammen. Gegenüber dem Oberhofprediger v. Dryander bemerkte er 1915 an der Tafel im Hauptquartier in Kowno: „Einige Menschen unterhielten sich über Religion und meinten, daß sie Privatsache sei, daß jeder nach seiner Weise seine Erbauung suchen müsse und daß man sie allein, im Walde oder sonstwo, besser finde als unter den Menschen in der Kirche. Da nahm eine alte Dienerin eine Kohle aus dem Kohlenbecken und diese, die eben noch mit den anderen Kohlen geglüht hatte, verlosch und erkaltete nun allein auf der Schaufel." Er schwieg eine Weile, dann fuhr er fort: „Genau wie dieser Kohle ergeht es dem Menschen ohne Gemeinschaft. Der Christ kann ohne die Gemeinde nicht leben." Ganz brüsk lehnte er freilich die Werte klassischer Bildung ab, die alten Sprachen als Grundlage des Bildungsganges hielt er für veraltet, ihm schwebte als Ideal eine christliche, aber rein deutsche Jugenderziehung vor. Da konnte er auch gegenüber Leuten, die er hoch schätzte, wie dem Landeschef Graf Yorck v. Wartenburg, recht ungemütlich werden.

Charakteristisch für seine innere Bescheidenheit blieb stets die Art, wie er nie vergaß, die Verdienste Ludendorffs als seines Mitarbeiters zu würdigen, wie er immer wieder bei offiziellen Gelegenheiten, an Ludendorffs Geburtstag am 9. April, am Jahrestag der Schlacht von Tannenberg, hervorhob, daß er ohne seinen Stabschef nicht das erreicht haben würde, was er erreicht hatte. Ludendorff feierte seinerseits damals mehrmals die Klarsicht und den unerschütterlichen Siegeswillen Hindenburgs. Das alles schloß nicht aus, daß die beiden Männer im Inneren doch sehr verschiedene Charaktere waren, daß sie ganz verschiedenen Welten angehörten und daß diese Wesensverschiedenheit in der Zukunft auch Konflikte bergen konnte. Ein echtes kameradschaftliches Verhältnis zwischen den beiden Männern hinderte sowohl der Altersunterschied wie die ungewöhnliche Verschlossenheit Ludendorffs, der von sich selbst bekannte, daß er schon im Kadettenkorps keine echte Freundschaft gesucht und gefunden hätte.

Auf Hindenburg als Oberbefehlshaber fiel die Last der zahllosen Besucher, der hunderte und tausende von Zuschriften und Briefen. Viele Leute entdeckten jetzt eine Verwandtschaft mit ihm, um für ihre Söhne Protektion zu finden, während er brummend zu dem zeitweilig Ordonnanzdienst bei ihm tuenden Adjutanten des Feldmunitionschefs Ost, Oberleutnant Breucker, bemerkte, die seien ja alle gar nicht mit ihm verwandt. Mit Fassung ertrug er die zahlreichen Künstler, die ihn malen oder seinen Kopf modellieren wollten. Dabei hielt er auf Genauigkeit in der Wiedergabe. Als Professor Hugo Vogel, dem er zu einem Bild gesessen hatte, schriftlich hernach anfragte, wieviel Knöpfe der Waffenrock habe, erwiderte er ihm schmunzelnd, dafür müßte er eigentlich noch ein Jahr nachdienen, weil er das nicht gewußt habe! Zu dem Bildhauer Klimsch, der für das Elberfelder Museum eine Wachsbüste von ihm verfertigte und ihm eifrig erzählte, es sollten drei Büsten aufgestellt werden, in der Mitte der Kaiser, rechts Hindenburg und links – ja, das wisse man noch nicht, wer da seinen Platz finden solle, meinte Hindenburg trocken: „Stellen Sie doch Liebknechten hin." Karl Liebknecht war der Führer des radikalen pazifistischen und revolutionären Flügels der Sozialdemokratischen Partei! Im allgemeinen pflegte er zu sagen, es sei schade, daß die Künstler, die heute seinen Kopf so schrecklich genial fänden, nicht früher auf ihn verfallen seien, da habe er viel mehr Zeit gehabt. Aber die Berührung mit so zahlreichen Männern aus ganz anderen Lebensbereichen, Künstlern, Gelehrten wie Sven Hedin oder Wilhelm Bölsche, Politikern und Wirtschaftsführern wie Stinnes oder Kirdorf, barg doch auch ein für seine Entwicklung noch im Alter sehr wesentliches Moment. Sein Gesichtskreis weitete sich, er lernte Probleme kennen, die ihm früher ganz fremd gewesen waren, und wuchs mehr und mehr in jene Rolle hinein, die er in der letzten Hälfte des Krieges ausfüllen sollte, diejenige eines zweiten Obersten Kriegsherrn neben dem Kaiser.

Die Volksmeinung ging seit langem dahin, daß Hindenburg berufener als Falkenhayn sei, die OHL zu leiten. Die jungen Generalstabsoffiziere in der Operationsabteilung, voran Major Bauer von der Sektion für Kriegsgerätbedarf, frugen sich schon seit 1914, weshalb nicht wenigstens Ludendorff an Stelle des sehr farblosen Generals Tappen an die Spitze der Operationsabteilung gestellt wurde. Für höfische Bedenken und die Winkelzüge der Kabinettspolitik bestand hier gar kein Verständnis mehr. Der Kronprinz, die Kaiserin, der Bruder des Kaisers, Großadmiral Prinz Heinrich von Preußen, waren alle im Grunde überzeugt, daß ein Wechsel in der Leitung der OHL eintreten müsse, und doch war die „Stuckmauer" um den Kaiser, von der Hindenburg gesprochen hatte, undurchdringlich. Großadmiral v. Tirpitz hatte eine Zeitlang die Idee, Hindenburg müsse sich dem Kaiser selbst antragen, eine ganz unmögliche Vorstellung für den, der Hindenburg kannte und der die kaiserliche Umgebung kannte. Zudem wurde Tirpitz im Frühjahr 1916 selbst gestürzt und schied aus dem Ringen aus.

Die allgemeine Vertrauenskrise wie der stete Konflikt zwischen OHL und Oberost lastete seit dem Jahre 1915 mit jedem Monat schwerer, je mehr sich der Krieg in die Länge zog, je ungewisser Ausgang, Strategie, Ziele und Mittel wurden. General v. Falkenhayn wies Hindenburg 1915 brieflich darauf hin, daß ihm persönlich jegliche Kritik an seinen Maßnahmen ganz gleichgültig sei, daß jedoch eine Kritik an Maßnahmen der OHL unmöglich sei, denn hinter diesen stünde die „Allerhöchste Billigung". Damit appellierte er sehr geschickt an die bei Hindenburg stark ausgeprägte monarchische Treuepflicht. Diese Entwicklung brachte es zwangsläufig mit sich, daß Hindenburg trotz seiner Abneigung gegen die Politik mehr und mehr genötigt wurde, sich mit politischen Problemen zu befassen. Er sprach den Kanzler, den Staatssekretär des Reichsmarine-Amtes, er hörte die auf energisches Handeln drängenden Vertreter der äußersten Rechten, den Generallandschaftsdirektor Kapp, den Rittmeister der Reserve v. Oldenburg-Januschau, die Front gegen Bethmann machten, die ihm in den Ohren lagen, „es müsse etwas geschehen". Diese Situation war einigermaßen verwirrend für einen alten Mann, der ein langes Leben als Soldat hinter sich gebracht und sich niemals mit Politik abgegeben hatte. In diesen Dingen drückte sich die stille, unaufhaltsam fortschreitende Abdankung des Monarchen aus, der in völliger Selbstentäußerung und Zurückhaltung seine oberste Pflicht sah.

Im Februar des Jahres 1916 erschien der Herzog Ernst Günther von Schleswig-Holstein, der Bruder der Kaiserin, zu Besuch in Kowno, um den Versuch zu machen, zwischen OHL und Oberost zu vermitteln. Es fiel allgemein auf, daß Hindenburg an der Tafel noch wortkarger als gewöhnlich war, eine längere Ansprache des Herzogs beantwortete er damit, daß er sich in seiner vollen Wucht und Größe erhob und ganz kurz erklärte: „Danke Hoheit". Ludendorff überhörte im Gespräch sogar Fragen des Herzogs. Die Spaltung schien unüberbrückbar. 1916 begann Falkenhayn eine Offensive bei Verdun, Frankreich sollte an entscheidender Stelle der Westfront zum Einsatz der letzten Kräfte gezwungen werden, damit es sich verblutete. Diese brutale Methode entsprach der phantasielosen Strategie Falkenhayns und Tappens, der von den Herren von Oberost geringschätzig zu sagen pflegte, sie wollten immer nur dort angreifen, wo nichts stände! Hindenburg erkannte klar, daß mit der Offensive bei Verdun alle Pläne, in den Weiten des Ostens wieder zum großräumigen Bewegungskrieg überzugehen, die operativen Fähigkeiten, die Stärke des deutschen Generalstabs, zu nutzen, ad acta gelegt wurden. Das Ostheer mußte Truppen an die Westfront abgeben. Gegenüber seinem Schwiegersohn Brockhusen-Justin äußerte er sich skeptisch bezüglich der Erfolgsaussichten bei Verdun, meinte jedoch, da die Offensive nun einmal eingeleitet sei, müsse man sie auch durchstehen.

Im März des Jahres 1916 gingen die Russen an der Nordfront, im Bereich der 10. Armee des Generals v. Eichhorn, bei Postawy und zwischen Narocz- und Wisznew-See überraschend gegen die nur schwach mit Landwehr, Landsturm und abgesessenen Kavallerieregimentern besetzte deutsche Front zur Offensive über. Hindenburg und Ludendorff hatten hier keine feindliche Gegenoffensive erwartet. Sechs schwache deutsche Divisionen mit nur geringer Artillerie und 66 Bataillonen mußten den Stoß von 400 feindlichen Bataillonen auffangen. Was der feindliche Oberbefehlshaber General Ewert trotz Einsetzens der Tauwetterperiode des Frühjahrs rücksichtslos in den Kampf warf, waren freilich schlecht ausgerüstete und kriegsmüde Verbände. Hinter ihnen stand die eigene Artillerie, standen Heerespolizei und Kosakensotnien bereit, um weichende Einheiten zusammenzuschießen. Die Zahl sollte den Sieg erzwingen. Der elende Zustand der Angreifer war ein Mahnzeichen, welch gewaltiger Sieg 1915 gewinkt hatte, welch Sieg vielleicht noch 1916 im Osten winken konnte, wenn der Mann an der Spitze der OHL wirklich sich entschloß, das Steuer herumzureißen. Falkenhayn rang jedoch um Verdun, um die Zermürbung Frankreichs. Die Westfront brauchte jeden Mann, der Sturm auf die Forts der großen Gürtelfestung mit ihren Panzerbatterien kostete Hekatomben. Die Ostfront tat ihre Pflicht, sie hielt aus. Mit einem Verlust von 120.000 Mann brach die russische Offensive zusammen. Hindenburg gestand fast beschämt, der einzige Anteil, den er am Abwehrkampf habe nehmen können, habe darin bestanden, nach vorn zu fahren und Auszeichnungen zu verteilen. Dieser Krieg brauchte keine Feldherrnkunst mehr. Aber der alte Mann empfand zutiefst die Schwere dieser neuen Kriegsform. Er lehnte es im März ab, zur Hochzeit seines Ordonnanzoffiziers, des Prinzen Joachim von Preußen, mit einer anhaltinischen Prinzessin nach Berlin zu fahren, obwohl er den Prinzen wie einen Sohn achtete. Er wollte nicht an höfischen Festlichkeiten teilnehmen, während seine Soldaten in verschlammten Gräben und Unterständen den harten Kampf gegen die Übermacht der feindlichen Angreifer führten. Die größte Leistung der Ostfront bestand jetzt darin, daß sie aushielt, ohne daß die im furchtbarsten Ringen stehende Westfront Truppen nach dem Osten abzugeben brauchte.

Am 7. April des Jahres 1916 beging Hindenburg in seinem Hauptquartier in Kowno in Anwesenheit des Bruders des Kaisers, des Prinzen Heinrich von Preußen, das seltene Fest des 50jährigen Militärjubiläums, vielleicht der ungetrübteste Höhepunkt seiner Laufbahn. Ludendorff sprach vor dem versammelten Stab über die Bedeutung der Persönlichkeit des Feldmarschalls, fand sehr warme Worte und konnte seine innere Anteilnahme nicht verbergen. Hindenburg zitierte an diesem Ehrentag, aller sonstigen Abneigung gegen die Klassik zum Trotz, wie ein sattelfester Lateiner an der Tafel den alten Wahlspruch der ritterlichen Vorfahren „Mentem bello – cor regi – sanguinem patriae – gloriam dei“ (Der Geist dem Kriege, das Herz dem König, das Blut dem Vaterland, die Ehre Gott). Das war der preußische Royalist, der da sprach. Als er das Hoch auf den Kaiser ausbrachte, schloß er tief ergriffen mit den Worten: „Sein bin ich bis zum letzten Atemzuge, und der soll ein Gebet für meinen König und mein Vaterland sein.“ Der König und Kaiser hatte ihm manchen Schmerz in den letzten beiden Jahren getan, hatte ihm manche Bitte verwehrt, das änderte nichts an der traditionellen Vasallentreue!

Die große Krise und Wende des Krieges kündigte sich an. Bei Verdun verblutete nicht nur die französische, sondern auch die deutsche Infanterie. Sehr bald sollte sich zeigen, daß die westlichen Alliierten es endlich verstanden hatten, ihre Maßnahmen mit denjenigen des großen östlichen Verbündeten abzustimmen, daß sie zu gemeinsamem Angriff auf die Riesenfestung der Mittelmächte übergingen, während im Inneren der Festung die allgemeine Not und der Streit über Ziele und Sinn des Krieges zunahmen.

Im Mai 1916 erschien der Kaiser mit dem Reichskanzler und dem Chef des Generalstabes des Feldheeres bei Hindenburg zu Besuch und feierte ihn in einer glanzvollen Tischrede voll der alten romantischen Überschwenglichkeit als Nationalheros. Hindenburg hielt im Einverständnis mit Ludendorff und Hoffmann noch einmal Vortrag über die eigenen großen Angriffspläne. Falkenhayn erwiderte kalt, die Idee sei gut, die Schlacht im Westen müsse aber erst zu Ende geschlagen werden.

Im nächsten Monat brach die österreichische Front in Südwolhynien und der Bukowina zusammen, nur die deutsche „Süd-Armee“ hielt als Pfeiler in der Flut. Die russische Offensive unter General

Brussilow war ausgesprochen gedacht als Entlastung für den Westen und für Italien, wo die österreichische Heeresleitung zum Angriff übergegangen war, ein Unternehmen, das Hindenburg mit großer Skepsis verfolgt hatte, weil es die österreichische Ostfront schwächte. Gleichzeitig wurden im Westen Vorbereitungen des Gegners zu einer Großoffensive an der Somme erkennbar, um die französische Armee bei Verdun zu entlasten. Gleichwohl mußte man infolge der österreichischen Niederlage Truppen aus dem Westen nach Osten werfen. Deutschland stand mitten im Sturm. Jetzt rächte es sich, daß man 1915 versäumt hatte, eine Entscheidung im Osten herbeizuführen! Angesichts der neuen russischen Siege begann die Haltung Rumäniens zweifelhaft zu werden, das bislang neutral geblieben war, obwohl es zur Sache der Westmächte neigte.

Ende Juni hielten Hindenburg und Ludendorff im Schloß des Fürsten Hans Heinrich von Pleß in Oberschlesien, wo der Kaiser, wie schon längere Zeit im Vorjahr, wieder mit dem Chef des Generalstabes und der Operationsabteilung weilte, Vortrag über die Notwendigkeit, im Osten ein gemeinsames deutsch-österreichisches Oberkommando zu schaffen, so daß eine wirksame Kontrolle der österreichischen Kriegsanstrengungen möglich wurde. Noch schien der Kaiser unschlüssig, obwohl die Schläge jetzt hageldicht fielen. Am 1. Juli brach im Westen mit furchtbarer Gewalt die englische Großoffensive an der Somme los. Einen Tag später notierte Oberstleutnant Hoffmann Gerüchte von einem Vorstoß des Kanzlers gegen Falkenhayn. Fast schien indes jetzt bereits die Stellung des Reichskanzlers gefährdeter als diejenige des Generalstabschefs. Die Alldeutschen und die Konservativen verfochten den uneingeschränkten Unterseebootkrieg gegen England, um den würgenden Griff der britischen Handelsfernblockade zu lockern, eine Maßnahme, die weitgehende und schwer überschaubare Rückwirkungen auf die Haltung bislang neutraler Mächte wie Amerika und der kleinen europäischen Staaten, Holland und Dänemark, haben konnte. Der Generallandschaftsdirektor Kapp versorgte Hoffmann ständig mit Material über die Notwendigkeit energischer Politik im Inneren und Äußeren und machte auch Anstrengungen, Hindenburg für die Kampagne zu

Gunsten des uneingeschränkten Unterseebootkrieges einzuspannen, was diesem gar nicht paßte. Für den 2. Juli 1916 hieß es in Hoffmanns Tagebuch: „Es ist ziemlich aufregend. Ludendorff natürlich sehr gespannt. Der einzige, der wahrhaft olympische Ruhe bewahrt, ist der Feldmarschall ..."

Unmittelbar darauf entwarf Hindenburg auf Drängen Ludendorffs und Hoffmanns ein Schreiben an den Kaiser, in dem er erneut die Schaffung eines einheitlichen Oberbefehls im Osten verlangte. Das Schreiben wurde nicht abgesandt, da der Oberquartiermeister v. Eisenhart-Rothe, der zu Bethmann gesandt worden war, diesen nicht für einen gemeinsamen Schritt gegen Falkenhayn gewinnen konnte. Dafür telegraphierte Hindenburg am 7. Juli an die OHL und forderte praktisch wenigstens die Wiederherstellung der alten Befehlsbefugnis des Oberbefehlshabers Ost. Die Tatsache, daß im allgemeinen die Zusammenarbeit mit den Nachbar-Heeresgruppen sich reibungslos gestaltete, vor allem mit dem Feldmarschall Prinzen Leopold von Bayern, vermochte auf die Dauer eine einheitliche Befehlsregelung nicht wettzumachen.

Die schweren Abwehrschlachten im Westen und Osten nahmen ihren Fortgang, die Russen griffen jetzt zwecks Kräftebindung auch an verschiedenen Stellen der deutschen Ost-Front an. Ende Juli ließ Graf Julius Andrassy den Reichskanzler v. Bethmann Hollweg wissen, Österreich-Ungarn stünde unmittelbar vor dem Zusammenbruch. Der Chef des Zivilkabinettes v. Valentini sagte dem Kaiser, es sei notwendig, einen gemeinsamen deutsch-österreichischen Oberbefehl zu schaffen, um das Ausscheren Österreichs zu unterbinden. Der Kaiser, der sich nach Charleville-Mezières begeben hatte, wo sich der Großteil des Hauptquartiers befand, kehrte wieder nach Pleß zurück. Falkenhayn vertrat die – durchaus richtige – Ansicht, das österreichische Hauptquartier in Teschen würde eine Unterstellung unter deutschen Befehl nicht widerspruchslos hinnehmen. Immerhin wurden Hindenburg und Ludendorff am 27. Juli wieder nach Pleß befohlen, wo auch der österreichische Oberkommandierende Erzherzog Friedrich, der Chef des österreichischen Generalstabes Conrad v. Hötzendorf und der junge Kronprinz Boris von Bulgarien erschienen waren. Die Östereicher schienen nicht gewillt, Teile ihrer Befehlsgewalt abzutreten, da trafen am nächsten Tage neue Nachrichten von russischen Erfolgen aus Galizien ein, welche die Österreicher veranlaßten, einzuwilligen, daß ihre Front in Galizien Hindenburg und Ludendorff unterstellt wurde, die gleichzeitig wieder, wenn auch unter Kontrolle der OHL, mit dem gesamten Oberbefehl über die Ostfront betraut wurden.

Mit dem 30. Juli 1916 trat im Osten eine Neugliederung der Front ein: Die „Heeresfront Hindenburg" übernahm mit den drei Heeresgruppen Leopold von Bayern, Linsingen und Eichhorn, der die bisherige Heeresgruppe Hindenburg erhielt, die Front zwischen der Ostsee und dem Raum westlich von Brody in Galizien, daran schloß sich die deutsch-österreichisch-ungarische „Heeresfront Erzherzog Karl" unter dem österreichischen Thronfolger Karl Franz Joseph, dem in General v. Seeckt ein deutscher Stabschef zugeteilt wurde. Einigermaßen befriedigt notierte Oberstleutnant Hoffmann am 30. Juli: „Stellung von Falkenhayn sehr erschüttert, unsere sehr gekräftigt." Bei den teilweise recht heftigen Kontroversen in Pleß zwischen Hindenburg und Falkenhayn hatte der Kaiser ostentativ für Hindenburg und Ludendorff Partei ergriffen, Falkenhayn war nicht zur Hoftafel gebeten worden. Sein Stern war seit dem Mißerfolg bei Verdun im Sinken begriffen. Hindenburg begab sich mit dem Stab Oberost von Kowno nach Süden und schlug in Brest-Litowsk sein Hauptquartier auf, wo man anfangs trotz der Sommerhitze in dem heißen, engen Sonderzug ausharrte und dann Unterkünfte in den düsteren, feuchten, schlecht möblierten Kasematten der alten Zitadelle bezog, da die Stadt seit den Kämpfen des Vorjahres zum größten Teil in Trümmern lag.

Die Lage blieb weiterhin aufs äußerste gespannt. Hoffmann drängte Hindenburg, er solle beim Kaiser die Kabinettsfrage stellen und unter Drohung mit dem eigenen Rücktritt den Sturz Falkenhayns erzwingen. Solch Vorgehen gegenüber der Majestät lag Hindenburg gar nicht, aber er erbat trotzdem angesichts der ungelösten Führungs-Krise persönlich Vortrag beim Kaiser. Dieser lehnte seine Bitte ab. Darauf unterbreitete Hindenburg ihm am 20. August eine ausführliche Denkschrift, da mit der OHL ein neuer Konflikt über die Abrufung von Verstärkungen ausgebrochen war. Hoffmann notierte am 23. August, Seine Majestät habe auf den letzten Bericht noch nicht geantwortet, der Feldmarschall sei darob sehr erregt. Dann kam eine ausweichende Antwort ohne klare Entscheidung. Hindenburg und Ludendorff waren in diesen Tagen viel unterwegs, sie suchten die einzelnen Armee-Oberkommandos auf, darunter auch die beiden ihnen unterstellten österreichischen Armeeoberfehlshaber, die Generale v. Tersztyanski (4. k. u. k. Armee) und v. Boehm-Ermolli (2. k. u. k. Armee).

Inzwischen war seit Wochen innerhalb der Operationsabteilung der höchste Offizier nach Generalmajor Tappen, Oberst Bauer, eifrig damit beschäftigt, Ludendorff in die OHL zu bringen. Er fand Falkenhayn nervös und seine Führung völlig unzureichend, Tappen erschien ihm allzu ruhig und allzu sarkastisch. Bauer war ausgesprochen einer jener neuen politisierenden Generalstäbler, dazu besaß er als Leiter der Sektion für Kriegsgerät vielerlei Beziehungen zu Kreisen der Politik und Wirtschaft. Er ging zum Kriegsminister General Wild v. Hohenborn, zum Kommandanten des Großen Hauptquartiers, dem Generalobersten v. Plessen, der zunächst solche Kulissenpolitik entrüstet tadelte, sich dann jedoch überzeugen ließ, daß etwas geschehen mußte. Noch war indes der Chef des Militärkabinetts, General v. Lyncker, einem Wechsel in der OHL abhold. Wie Oberst Bauers Erinnerungen zeigen, war es diesem in erster Linie um die maßgebliche Einschaltung Ludendorffs zu tun. Er verlor über die Rolle Hindenburgs kein Wort, indes mußte ihm klar sein, daß Ludendorff ohne Hindenburg nicht denkbar war.

Da griff das Schicksal ein. Am 27. August gingen Oberst Bauer und Major Frh. v. d. Bussche-Ippenburg gegen Abend im Park von Pleß spazieren. Der Kaiser begegnete den beiden Offizieren und sagte ihnen bezüglich der Haltung Rumäniens, dieses würde sicher neutral bleiben. Rumäniens Haltung war im Augenblick eine der ärgsten Sorgen. Zur Deckung Siebenbürgens und Ostungarns waren keinerlei Truppen verfügbar, griff Rumänien in den Krieg ein, so erstand in der tiefen Flanke der Doppelmonarchie in kritischster Stunde ein neuer Gegner, der die ganze Stellung der Mittelmächte im Südostraum über den Haufen werfen konnte. Bald nach dem Gespräch mit den beiden Generalstabsoffizieren saß der Kaiser am Abend dieses Tages beim Kartenspiel, als die Nachricht eintraf, Rumänien habe Österreich-Ungarn den Krieg erklärt. Der Kaiser wurde blaß, seine ersten Worte waren: Dann habe Deutschland den Krieg verloren.

Nunmehr war jedermann im Großen Hauptquartier überzeugt, daß Falkenhayn die Lage falsch beurteilt habe, daß es neuer Männer bedürfe, um diese tödliche Krise zu meistern. Am Nachmittag des 28. August beschied General v. Lyncker telefonisch Hindenburg und Ludendorff nach Pleß. Oberstleutnant Hoffmann sagte darauf zu Ludendorff, man müsse aufs Ganze gehen, der Feldmarschall dürfe sich jetzt nicht mit Kleinigkeiten abspeisen lassen, er müsse auf der Leitung der Kriegführung bestehen. Auch die Kaiserin, die stets für Hindenburg eingetreten war, die auch einmal mit Tirpitz über dessen Berufung an die Spitze der OHL gesprochen hatte, wurde nach Pleß gerufen. Am Vormittag des 29. August empfing General v. Lyncker persönlich Hindenburg und Ludendorff bei der Ankunft auf dem Bahnsteig in Pleß und eröffnete ihnen, Hindenburg solle Chef des Generalstabes des Feldheeres und Ludendorff „Zweiter Chef des Generalstabes" werden. Falkenhayn sah sich in tiefster Ungnade, bewies aber in dieser bitteren Stunde Haltung und Würde. Er reichte Hindenburg die Hand und sagte ganz kurz: „Gott helfe Ihnen und unserem Vaterland."

Ludendorff wünschte eine Änderung seiner Dienstbezeichnung, er bat um die Umbenennung in „Erster Generalquartiermeister", wobei er sich ausdrücklich volle Mitverantwortlichkeit ausbedang, freilich auch einverstanden war, daß diese Forderung geheim blieb. In schwerster Stunde, um zwei Jahre zu spät, wurden jetzt die beiden bedeutendsten Soldaten des Reiches an die Spitze eines Heeres berufen, dessen beste Kräfte bereits verbraucht, wenn auch seine Substanz noch längst nicht erschöpft war. Die Schaffung eines Duumvirats an der Spitze des Generalstabes bedeutete ein merkwürdiges Novum. Nominell war der Kaiser Oberster Kriegsherr, ihm war in voller Mitverantwortlichkeit der Chef des Generalstabes des Feldheeres zur Seite gestellt, diesem trat nun wieder mit dem gleichen Recht der Mitverantwortlichkeit ein „Erster Generalquartiermeister" zur Seite. Praktisch entwickelte sich daraus jenes Verhältnis, das schon bei Oberost geherrscht hatte und das den Eigenschaften der beiden Männer in der Führung des Generalstabs entsprach: Hindenburg übernahm die Rolle des obersten Befehlshabers des Heeres, Ludendorff diejenige des Generalstabschefs. Damit aber wurde der Kaiser noch mehr als früher im Hauptquartier zu einer rein dekorativen Figur, zumal er nach außen zäh an der Rolle des Obersten Kriegsherrn festhielt und es ablehnte, sich in der Art eines echten konstitutionellen Monarchen vorwiegend auf die ausgleichende Kontrolle der Gesamtgeschäfte zu beschränken. Es war kein gutes Zeichen für die innere Struktur der im schwersten Daseinskampf stehenden Monarchie, deren inneres Gefüge mehr und mehr unterhöhlt wurde.

Sehr eigenartig wirkt ein Vergleich von Äußerungen der drei bislang im Stab Oberost führenden Offiziere zu dem großen Wechsel in der Leitung der Kriegführung. Hoffmann, der zum Oberst und Chef des Stabes des neuen Oberbefehlshabers Ost, des Feldmarschalls Prinz Leopold von Bayern, befördert wurde, trug in seinem Tagebuch folgenden Kommentar ein: „Für mich ist der Sprung erheblich. Die sämtlichen Heeresgruppen- und Armee-Chefs sind natürlich bedeutend älter als ich ..." Er dachte in erster Linie an die eigene Karriere.

Ludendorff schrieb später in seinen Kriegserinnerungen: „Die Aufgabe war von ungeheurer Größe. Das schwere Gefühl der Verantwortung hat mich nicht einen Augenblick verlassen ... Schwereres war noch nie plötzlich einem Menschen durch das Schicksal auferlegt worden. Gesenkten Hauptes bat ich Gott, den Allmächtigen, mir Kraft für mein Amt zu verleihen ..." Er dachte an seine Arbeit, an die gewaltige Aufgabe, aber die starke Hervorhebung der furchtbaren Last der Verantwortung weckt zumindest beim Leser Zweifel, ob er wirklich souverän über den Dingen stand, ob er nicht schließlich der Last erliegen würde, die ihm aufgebürdet war und ob er nicht im Grunde selbst diese Gefahr dunkel gespürt hat. Von Hindenburg sprach er in diesem Zusammenhang gar nicht, die Betonung des eigenen „Ich" ist ja überhaupt für seine Erinnerungen im Vergleich zu dem stets von Hindenburg in den Denkwürdigkeiten verwendeten Plural „Wir" charakteristisch. Mehr und mehr sah er sich als den alleinigen Lenker der Geschicke.

Hindenburg faßte sich in seinen Memoiren am kürzesten und schmucklosesten. Er vermied bewußt alle großen Worte über Verantwortung, Arbeit und Aufgaben, erst recht verlor er kein Wort über den Aufstieg zur höchsten militärischen Würde, die das Reich zu vergeben hatte. Preußische Offiziere taten ohne viel zu reden ihre Pflicht auf dem Platz, auf den sie der König und Kaiser gestellt. Nach der Schilderung des Telefongesprächs mit General v. Lyncker am Nachmittag des 28. August, bei dem ihm dieser nichts über seine zukünftige Verwendung gesagt, sondern nur erklärt hatte: Die Lage sei ernst, fährt er fort:

„... Ich lege den Hörapparat weg und denke an Verdun und Italien, an Brussilow und die österreichische Ostfront, dazu an die Nachricht: Rumänien hat uns den Krieg erklärt. Starke Nerven werden nötig sein ..."

4. CHEF DES GENERALSTABES DES FELDHEERES

DIE DRITTE OBERSTE HEERESLEITUNG 1916-1918

Mit der Berufung von Hindenburg zum Chef des Generalstabes und Ludendorffs Erhebung zum Ersten Generalquartiermeister traten die beiden Männer, von denen Hindenburg eine schon fast legendäre Berühmtheit genoß, während Ludendorff bei vielen Generalstäblern als der Mann galt, der auch das Unmögliche möglich machte, in kritischster Stunde in einen Kreis, der ihnen bislang fremd gewesen und dessen führende Persönlichkeiten, General v. Falkenhayn und Generalmajor Tappen, ihnen stets wenig freundlich gesonnen gewesen waren. Der alte Stab Oberost hatte einer großen Familie geglichen, unter Hindenburgs partriarchalischer Hand hatten alle Mitglieder vortrefflich und reibungslos zusammengearbeitet. Der neue Stab war sehr viel umfangreicher, war, um es mit einem Wort zu sagen, überorganisiert. Es gab hier viele bedeutende Persönlichkeiten sehr verschiedener Ansicht, es gab rivalisierende Cliquen, die einander heimlich erbittert befehdeten.

Das Große Hauptquartier, zu dem der Generalstab gehörte, saß damals mit den meisten Abteilungen noch immer in Charleville-Mezières, der Doppelstadt auf beiden Ufern der Maas im französischen Departement Ardennes, mit den wichtigsten Teilen, Generalstabschef und Operationsabteilung, in Pleß in Oberschlesien, in dessen Nähe sich das österreichische Hauptquartier in Teschen befand. Unter dem Kaiser als Oberstem Kriegsherrn bestand es aus dem Vortragenden Generaladjutanten, der gleichzeitig Chef des Militär-Kabinetts Seiner Majestät war, drei General- und vier Flügeladjutanten, von denen der Generaladjutant Generaloberst v. Plessen als Erster Kommandant des Hauptquartiers fungierte, dem Chef des Generalstabes des Feldheeres, dem Staatssekretär des Reichsmarine-Amtes mit dem Chef des Admiralstabes, dem preußischen Kriegsminister, den Chefs des Marine- und des Zivilkabinettes, dem Reichskanzler oder dessen Vertreter und dem Vertreter des Auswärtigen Amtes. Chef des Generalstabes, Kriegsminister, Staatssekretär des Reichsmarine-Amtes und Reichskanzler waren nebengeordnete Instanzen, sie waren gleichberechtigt der Person des Monarchen untergeordnet, der für ihre oft weit auseinanderstrebenden Ansichten, Wünsche und Belange der einzig koordinierende Faktor war, sofern er seine Aufgaben richtig auffaßte und zu erfüllen wußte.

Der Generalstab, den Hindenburg übernahm, setzte sich aus fünf Abteilungen zusammen: Der Zentralabteilung, die seit März 1916 Oberst Tieschowitz v. Tieschowa leitete und der die Bearbeitung des Schriftwechsels, der Personalien und der Militär-Kabinettssachen oblag, der Operationsabteilung, von der noch zu reden sein wird, der Nachrichten-Abteilung, seit 1917 Abteilung Fremde Heere genannt, unter Oberstleutnant v. Rauch, der Abteilung III B unter Oberstleutnant Walter Nicolai, die die Spionage und Spionageabwehr bearbeitete, und der Militärpolitischen Abteilung unter General v. Bartenwerffer. Dazu kam der Apparat des Generalquartiermeisters Generalleutnant Hahndorff mit seinen vielfältigen Sparten für die Bearbeitung des Nachschubs und der Betreuung der rückwärtigen Gebiete und eine Reihe von Waffen-Behörden, Generale für die Fuß-Artillerie und das Ingenieur- und Pionierwesen.

Die Ausweitung des Krieges, die Erfassung aller Bereiche des menschlichen wie des nationalen Lebens für die Kriegführung – eine Entwicklung, die einem altmodisch empfindenden Manne wie Hindenburg zunächst so ungewohnt erschienen war – fand ihren Ausdruck im Entstehen immer neuer Dienststellen und Kommandobehörden. Dem Chef des Generalstabes unterstand seit Herbst 1915 ein „Kriegs-Presse-Amt" in Berlin, das seine Richtlinien meist von der Abteilung III B empfing. Seit dem Juli 1916 existierte eine „Militärische Stelle des Auswärtigen Amtes", die 1918 in „Auslandsabteilung der OHL" umgetauft wurde. 1917 trat ein „Bild- und Film-Amt" dazu, mit Abteilungen für Presse, Propaganda, Graphik, Bildwesen, Kunst- und Paßwesen und zahlreichen Auslandsstellen, dem die Auslands-Propaganda zufiel und unter dessen Aegide die Zusammenfassung der deutschen Filmindustrie in der später so berühmten „Universum-Film-Aktiengesellschaft" (UFA) erfolgte. Im Herbst des Jahres 1916 wurden die Luftstreitkräfte unter einem eigenen Kommandierenden General zusammengefaßt, nachdem die Idee der Schaffung einer selbständigen Luftstreitmacht als drittem Wehrmachtteil am Widerstand der Marine wie des preußischen Kriegsministeriums gescheitert war. Mit dem 1. November 1916 wurde ferner zur Steuerung der Kriegswirtschaft unter Generalleutnant Wilhelm Groener, dem bedeutendsten Eisenbahnfachmann des Generalstabes, in der Heimat ein besonderes „Kriegs-Amt" errichtet, Ausdruck der Wandlung des Krieges, der zum Wirtschafts- und Produktionskampf geworden war.

Die bedeutsamste Abteilung des Generalstabes, mit deren rund 120 Offizieren Hindenburg und Ludendorff in engsten Kontakt traten, mit denen sie auch gemeinsam die beiden Hauptmahlzeiten des

Tages einnahmen, war die Operations-Abteilung. Sie war aus der alten 2. (Deutschen) Abteilung des Generalstabes hervorgegangen, der Ludendorff so lange angehört hatte und die im Frieden mit der Eisenbahnabteilung unter dem Oberquartiermeister I zusammengefaßt gewesen war. Ihr hatte die Bearbeitung der Aufmarschpläne, der Heeresgestaltung und der Rüstungsplanung obgelegen. Die Operations-Abteilung war das eigentliche Nervenzentrum des Generalstabes, ihre Offiziere betrachteten sich als Elite, in ihren Augen galten Nachrichten- und Nachschubdienst stets als etwas Zweitklassiges. Ludendorff hatte sich vor dem Krieg im Ernstfall als Leiter dieser Abteilung gesehen, jetzt verkörperte sich in ihm gewissermaßen eine Vereinigung der Stellung des Oberquartiermeisters I und des Stellvertretenden Generalstabschefs. Einst hatte er Generalmajor Tappen selbst als seinen Nachfolger empfohlen, weil er in ihm einen bequemen Platzhalter erblickt hatte. Tappen war ein Mann von eisernen Nerven, aber ein allzu unbeweglicher Methodiker. Seine Tage waren gezählt. Ludendorff schlug den Major Georg Wetzell als neuen Abteilungsleiter vor, dem er selbst sagte, er habe im Osten alles allein machen müssen, kein gutes Urteil über den zwar eitlen, aber auch sehr begabten Oberstleutnant Hoffmann, mit dem er im Grunde vorzüglich zusammengearbeitet hatte. Wetzell hat aber auch ein anderes Wort Ludendorffs aus diesen Tagen festgehalten. „Wir kennen uns von früher. Der Feldmarschall und ich sind Soldaten, wir sind keine Politiker."

Von anderen Offizieren aus dem Stab Oberost brachte Ludendorff den I b Oberstleutnant v. Vollard-Bockelberg als Sachbearbeiter für Organisationsfragen in die OHL. Fraglos war es ein Fehler, daß Hindenburg nicht den alten Stab geschlossen mitnahm, fraglos hätte gerade Oberstleutnant Hoffmann bei all seinen menschlichen Schwächen doch einen weit überlegeneren, auch politisch versierteren Operationschef abgegeben als der unzweifelhaft militärisch tüchtige, aber doch weniger weitblickende Major Wetzell. Seit Mitte August 1916, noch vor Übernahme der OHL durch Hindenburg und Ludendorff, war bereits zur Bearbeitung des balkanischen und türkischen Kriegsschauplatzes die Operations-Abteilung B abgezweigt worden. Unter dem neuen Generalstabschef erfuhr die Operations-Abteilung eine abermalige Erweiterung. Unter Auflösung der Stelle des Feldmunitionschefs wurde zwecks einheitlicher Leitung des Munitions- und des Kriegsgerätwesens am 23. September 1916 die Operations-Abteilung II unter Oberst Max Bauer eingerichtet, einem Manne, der seit 1906 dem Generalstab angehörte, unter Ludendorff in der alten 2. (Deutschen) Abteilung Sachbearbeiter für Schwere Artillerie gewesen war und sich maßgeblich für die Einführung der berühmten beweglichen 42 cm Mörser eingesetzt hatte. Oberst Bauer war im Grunde eine ähnliche Natur wie Hoffmann, wenn auch weniger zynisch. Begabt, arbeitsfreudig, ungeheuer ehrgeizig, durchdrungen von der Idee, daß Politik und Strategie eine unlösliche Einheit bildeten, daß der hohe Generalstäbler politisch denken und politisch argumentieren müsse, zeigte er sich beflissen, eigene Politik zu machen, ein Bestreben, das ihm durch seine zahlreichen Beziehungen zu Politikern und Wirtschaftsführern auf Grund seiner kriegswirtschaftlichen Aufgaben erleichtert wurde. Das waren Dinge, die Ludendorff zunächst fremd, die Hindenburg nicht nur fremd, sondern auch sehr unsympathisch waren. Oberst Bauer war indes einer der bedeutendsten und einflußreichsten Offiziere des Generalstabs, eine Erscheinung, wie sie nur die zunehmende „Chefwirtschaft" möglich machte, das Überwiegen des Einflusses der jeweiligen Stabschefs gegenüber demjenigen des verantwortlichen Oberbefehlshabers. Diese Entwicklung wurde durch den Generalstabsdienstweg gefördert, der bei Kontroversen direkte Berichterstattung an den Chef des Generalstabes vorsah, sie wurde gerade durch Ludendorff begünstigt und zeitigte zum Teil sehr unerfreuliche Folgen. Ihr Aufkommen wirkte umso eigenartiger, als gleichzeitig die infolge des großen Bedarfs an Generalstabsoffizieren stark verkürzte Ausbildungszeit auf der „Schule für Generalstabsanwärter" in Sedan eine Herabminderung des Niveaus des einzelnen Generalstäblers zur Folge hatte. Neben Oberst Bauer nahm im letzten Jahre des Krieges ein anderer Mann seinen Aufstieg, der in Hindenburgs Leben noch eine große Rolle spielen sollte und der wie er aus dem 3. Garde-Regiment zu Fuß hervorgegangen war, Hauptmann Kurt v. Schleicher, der beim Generalquartiermeister die Abteilung II für Wirtschaft und besetzte Gebiete leitete, sich durch diese Tätigkeit vielerlei Beziehungen zur Industrie, Landwirtschaft und Bankwelt verschaffte und Geschmack an einer militärisch-politischen Zwitterstellung finden lernte.

Es ist bislang viel von der Organisation der OHL die Rede gewesen und wenig von dem neuen Chef, von Hindenburg. Der Grund dafür liegt in der Eigenart der modernen Kriegführung, die nun einmal eines umfänglichen Apparates bedarf, er liegt aber auch in der Art Hindenburgs, sein neues Amt auszuüben, in der Methode, den eingearbeiteten Offizieren Planung und Ausführung aller Einzeldinge zu überlassen und sich mit der Kontrolle im Großen zu begnügen. Oberst Bauer hat ihn in seinen Erinnerungen den „Vater der OHL" genannt. Selbst er, ganz ein Kind der neuen Zeit voll Rastlosigkeit, Arbeitswut und Technisierung, konnte und wollte sich nicht dem Einfluß der Persönlichkeit Hindenburgs in ihrer Wucht und ihrer Schlichtheit entziehen, obwohl er ihm nicht ohne Kritik gegenüberstand, obwohl er oft lieber allein mit Ludendorff wirtschaftete und versuchte, die Praxis vielbeschäftigter Generalstäbler von Oberost fortzusetzen, den Feldmarschall auf Besichtigungsreisen zu schicken, wenn es Dinge gab, von denen sie glaubten, man könne sie besser allein erledigen. Wenn sich solche Leute in der Hoffnung wiegten, der alte Herr merkte das gar nicht, so täuschten sie sich freilich. Er duldete es stillschweigend, solange derartige Methoden ihm mit der eigenen Verantwortung vereinbar zu sein schienen und solange er das Gefühl hatte, er könne sich auf seine gut eingearbeiteten Generalstabsoffiziere verlassen, daß sie nichts unternahmen, was mit seinen Grundanschauungen unvereinbar war. Der ihm zugeteilte Stabsarzt Dr. Münter hörte ihn einmal zu Ludendorff sagen, wenn die Grundlagen einer Planung festgelegt seien, könne er ihm alles andere überlassen. Ludendorffs Bedeutung lag in dieser gewaltigen gedanklichen Arbeit des vorbildlichen Generalstabschefs, und niemand war sich in dankbarer Anerkennung dieser Leistung dessen mehr bewußt als der Feldmarschall.

Von Major Wetzell, dem neuen Chef der Operations-Abteilung, stammt die Bekundung, daß der Feldmarschall gemäß dem – wie er sich ausdrückte – „begrenzter werdenden Interesse des Alters" jeweils täglich über die Großlage und die Kampflage an bestimmten, gerade im Brennpunkt der Handlung stehenden Frontabschnitten unterrichtet wurde, daß alles andere gewöhnlich der Stab unter Ludendorff bewältigte. Der Bewegungskrieg mit seinen grandiosen operativen Entwürfen, mit den gewaltigen Schlachten in den weiten Räumen des Ostens, Tannenberg, der Schlacht an den Masurischen Seen, der großen Herbstschlacht in Nordpolen 1914, der Winterschlacht in Masuren, mit dem großen, unverwirklicht gebliebenen Plan der Generaloffensive gegen Rußland, jener Krieg, auf den sich der Feldherrnruhm des Doppelgestirns Hindenburg-Ludendorff gründete, der der Führungskunst des Generalstabes unbeschränkte Wirkungsmöglichkeiten geboten hatte, war versunken. Die Eigenart des Stellungskrieges, der Fortfall großer operativer Entscheidungen, das Fehlen eines raschen Wechsels des Lagebildes an der wichtigsten Front im Westen bedingte eine gewissermaßen stationäre Kriegführung, begünstigte angesichts des Vorhandenseins eines umfangreichen, glänzend funktionierenden Stabsapparates das allmählich immer stärker zu Tage tretende Überwiegen der Chefarbeit. Es ist schon einmal hervorgehoben und kann nicht genug betont werden, daß sich dieses System mit allen Vor- und Nachteilen auf die Heeresgruppen mit ihren zumeist fürstlichen Oberbefehlshabern und auf die Armee-Oberkommandos übertrug, ganz einfach, weil der führende Generalstäbler gern direkt mit den nachgeordneten Generalstäblern in den hohen Stäben arbeitete, als daß er den Umweg über deren Oberbefehlshaber vorzog. Der Generalstabsdienstweg gestattete solch Verfahren, das auf die Länge der Zeit zur Ausbildung einer neuen Generalstabshierarchie führte. Hierin war Ludendorff unbestritten führend, nicht ohne daß er von einzelnen klugen Generalstabsoffizieren, vor allem von General Groener, heftig kritisiert wurde. Die meisten fügten sich jedoch seiner überlegenen Gedankenarbeit und seinem immensen Organisationstalent.

Im Grunde verlagerte sich die Entscheidung des Krieges weitgehend von der äußeren an die innere Front, an der um die Erhaltung des Lebens-, Kampf- und Arbeitswillens der breiten Massen gerungen wurde. 1916 und 1917 schien es der OHL unmöglich, noch einmal den Versuch zu wagen, durch eine große Offensive eine rein militärische Entscheidung zu erzwingen. Grundsätzliche neue operative Entscheidungen, Überlegungen, ob eine neue Offensive im Osten gegen das zerfallene Zarenreich oder Offensiven auf Nebenkriegsschauplätzen, in Italien oder Mazedonien, kräftemäßig zu vertreten waren, wurden – abgesehen von dem Plan des Feldzuges zur Niederwerfung Rumäniens im Jahre 1916, wiederum einem Meisterstück Hindenburg-Ludendorffscher Führungskunst – immer seltener. Dafür verlangten die Entwicklung der technischen Kampfmittel, der Maschinenwaffen, des Gaskampfes, der Flammenwerfer, der Flugzeuge, der schweren Artillerie und die neuartige Taktik des Stellungskrieges eine Fülle technischer Arbeit und neuer Vorschriften, deren Bearbeitung wiederum Sache des Stabes war, um deren Einzelheiten sich der in einen Oberbefehlshaber des Heeres verwandelte Generalstabschef oft gar nicht kümmern konnte, sofern die Grundlagen feststanden, selbst dann nicht, wenn er ein so genau arbeitender Mann wie der Feldmarschall war. Ein ganz neuer Bereich war die mit der Entscheidung an der inneren Front unlösbar verknüpfte Militärpolitik, die infolge des Fehlens einer echten politischen Kriegführung die OHL immer stärker in Anspruch nahm. Hier trat der Feldmarschall ganz zurück, er ließ dem jüngeren und moderner empfindenden Ersten Generalquartiermeister vollkommen freie Hand und griff nur selten selbst, auch da, wo er anwesend war, bei Verhandlungen und Besprechungen ein. Meist bewahrte er Schweigen und billigte damit auf seine Art das Vorgehen Ludendorffs, dem er vertraute. Das war wahrscheinlich ein Fehler, denn im Grunde war Ludendorff auf diesem Gebiet nicht erfahrener als er, aber es war eben eine Tatsache, mit der man sich abfinden muß.

In seinem ausgeprägten Verantwortungsbewußtsein war sich Hindenburg jedoch stets der Tatsache gewärtig, daß die Verantwortung für alles, was geschah, bei ihm lag. Bei großen Entscheidungen lagen Entschlußfassung und Führung bei ihm. Es war nicht so – auch diese Bekundung stammt von Major Wetzell und wird von einem kritischen Beobachter, dem Stabschef der Heeresgruppe Kronprinz, General

Graf v. d. Schulenburg, bestätigt –, daß Ludendorff beliebig schalten und walten konnte, daß der Feldmarschall in behaglicher Beschaulichkeit und Sorglosigkeit die Dinge treiben ließ, so daß Ludendorff das Gefühl hatte, er könne sich alles erlauben. General Graf v. d. Schulenburg hat vor dem Untersuchungsausschuß des Reichstages im März 1925 bezeugt, wie oft ihm Ludendorff selbst beim mündlichen Vortrag oder am Fernsprecher gesagt habe, diese oder jene Frage könne er nicht entscheiden, er müsse sie erst dem Feldmarschall vorlegen. Ludendorff wußte sehr wohl, daß bei allen wichtigen Beschlüssen Hindenburgs Rat und Urteil unumgänglich waren, oft waren sie ihm auch erwünscht, weil der Feldmarschall als der Ältere ruhiger urteilte und die größere Lebensweisheit besaß. In jedem Fall läßt sich in Anknüpfung an das bereits einmal zitierte Urteil des Generals v. Metzsch sagen, daß nur ein gelassen und sicher in sich selbst ruhender Charakter von großer Abgeklärtheit und Vornehmheit fähig war, auf die Dauer einem so schwierigen und temperamentvollen Berater wie Ludendorff, der dabei unentbehrlich war, taktvoll und unaufdringlich stets die Grenzen bewußt zu machen, in denen er zu handeln hatte, solange nicht die volle Verantwortung bei ihm selbst ruhte. Zum wirklichen Feldherrn Moltkescher Prägung gehörte ein großes Maß von Souveränität und rein menschlicher Überlegenheit. Die Geschichte hat die Frage offen gelassen, ob der im Jahre 1916 51 Jahre zählende Ludendorff bereits jene Reife erlangt hatte, um die oberste Leitung des deutschen Heeres selbst übernehmen zu können. Die Entscheidung, ob er mehr war als der große Organisator und gedankenreiche, mitverantwortliche Mitarbeiter als Stabschef, ist nie gefällt, weil seine Entwicklung mit dem Zusammenbruch des Jahres 1918 abriß und jählings in andere Bahnen gelenkt wurde.

General Charteris, der Chef des britischen Nachrichtendienstes in Frankreich, hat einmal erklärt, beim Wechsel im deutschen Oberkommando habe man 1916 zunächst voll Bewunderung die organisatorischen Maßnahmen Ludendorffs studiert, habe jedoch rasch erkannt, daß dahinter ein anderer mächtiger Wille stand, der Wille eines Mannes, der unberührt von den Wechselfällen des Krieges in echter Seelengröße die letzte Verantwortung trug und die letzte Entscheidung traf. In dieser Rolle war Hindenburg von tiefstem sittlichem Ernst durchdrungen, wie dies seinem protestantisch-christlichen Lebensgefühl entsprach. Auf die Frage, wie der Schlachtenlenker es über sich gewinnen könne, Befehle zu geben, die Zehntausende in den Tod schickten, hat er 1916 einmal erwidert: „Es ist der Sieg des Hirns über das Herz, des Verstandes über das Gefühl. Wir schicken Tausende in den Tod, damit Zehntausende leben können. Glauben Sie mir, es ist nicht leicht. Es muß sein, und wir beschwichtigen damit unser Herz. Das Wohl der Gesamtheit steht über dem Wohl des Einzelnen ..."

Im September 1916 unternahmen Hindenburg und Ludendorff eine Informationsreise an die Westfront, um die Probleme des ihnen bislang ganz fremden Hauptkriegsschauplatzes mit seinen Materialschlachten aus eigener Anschauung kennenzulernen. In Cambrai sprachen sie vor den Heeresgruppen- und Armeeoberbefehlshabern und deren Chefs, angefangen von den fürstlichen Herrn, dem deutschen und dem bayerischen Kronprinzen, dem württembergischen Thronfolger Herzog Albrecht bis zum grimmigen „Löwen von Flandern", dem Admiral Ludwig v. Schröder, der das Marinekorps in Flandern befehligte und einer der treuesten Verehrer Hindenburgs wurde. Hindenburg gab den Abbruch der verhängnisvollen Offensive bei Verdun bekannt und sprach über den neuen Feldzug zur raschen Ausschaltung Rumäniens. Zum ersten Mal erfüllte die Versammelten wieder das Bewußtsein, daß ein einheitlicher, machtvoller Wille und zielbewußte, felsenfeste Entschlossenheit die OHL erfüllten, daß die Führungskrise beendet war.

Vorerst blieb der Befehlskopf der OHL mit dem Chef des Generalstabes des Feldheeres, dem Ersten Generalquartiermeister und der Operationsabteilung noch in Pleß, wo das kaiserliche Hoflager weilte und von wo aus das Hauptquartier des österreichischen Verbündeten in Teschen leicht zu erreichen war. Der Rumänien-Feldzug erforderte eine enge Zusammenarbeit mit dem österreichischen Generalstab und dessen so gedankenreichem Chef, Feldmarschall Conrad v. Hötzendorf, dessen Rolle mit jedem Jahr tragischer wurde, weil dieser überragenden Feldherrnpersönlichkeit das Instrument fehlte.

Als Wohnung diente Hindenburg ein kleines Haus dicht beim

Schloß des Fürsten von Pleß. Auch in der neuen Stellung hielt er zäh an dem gewohnten, streng geregelten Tageslauf fest, den ihm der erstarrte Krieg ohne große, rasche Veränderungen erlaubte. Ausgangs des Jahres 1916 war er zum ersten und einzigen Male im Kriege einige Zeit krank. Infolge eines hartnäckigen Luftröhrenkatarrhs mußte er für einige Zeit das Bett hüten. In dieser Zeit vertrat ihn Ludendorff in allen Fragen. Diese Periode hat zweifellos beträchtlichen Einfluß auf die Entwicklung der Vorstellung bei Ludendorff gehabt, in Wahrheit sei er der alleinige Lenker der deutschen Kriegsmaschinerie, eine Überzeugung, die durch den Umstand begünstigt wurde, daß Hindenburg ihm auch sonst in militärpolitischen Dingen vollkommen freie Hand ließ und sich seinem Vorgehen ohne Widerspruch anschloß, die sich jedoch voll erst in der rückschauenden Betrachtung beim Abfassen seiner Kriegserinnerungen ausprägte.

Um die Jahreswende 1916/17 war der Feldmarschall wieder gesund. Auf Wunsch des Kaisers wurde ihm im Januar 1917 jedoch in dem Stabsarzt Dr. Münter ein ständiger ärztlicher Betreuer zugeteilt. Dr. Münter hat in seinen, in der „Deutschen Medizinischen Wochenschrift" erschienenen Erinnerungen ein sehr treffendes Bild seines Patienten in diesen entscheidenden Jahren entworfen. Er fand, daß Hindenburgs Organismus trotz seiner nahezu 70 Jahre vollkommen gesund war. Der Feldmarschall äußerte dem Arzt gegenüber, hohe geistige Leistungen seien nach seiner Auffassung nur bei einem robusten, gesunden Körper möglich. Der Schlaf war prachtvoll. Leichte Rheumabeschwerden wurden rasch mit Diathermie wieder beseitigt. Mit 70 Jahren mußte er zum ersten Mal in seinem Leben einen Zahnarzt frequentieren. Er rauchte nur wenig, höchstens eine Zigarette nach den Mahlzeiten. Dr. Münter schrieb wörtlich: „Robuster Körper, phlegmatische Veranlagung, guter Schlaf und Bescheidenheit im Genuß von Alkohol und Nikotin hielten Arteriosklerose fern."

Der Tag verlief nach unabänderlicher Regel. Nach dem Frühstück besprach er morgens gegen 9 Uhr die Lage mit Ludendorff, dann folgte ein einstündiger Spaziergang mit seinem Adjutanten, ein Amt, das nach dem Tod von Major Caemmerer sein Schwiegersohn

Oberleutnant v. Pentz, erhalten hatte, manchmal in Begleitung von Gästen des Großen Hauptquartiers, die ihm hierbei ihre Sorgen und Anliegen unterbreiten konnten. Nach der Rückkehr in das Dienstgebäude folgten je nach der Lage Aussprachen mit Ludendorff oder Einzelvorträge der Abteilungschefs. Punkt 12 Uhr begab er sich mit Ludendorff und Major Wetzell zum Vortrag beim Kaiser, wobei meist Ludendorff, bei sehr wichtigen Entscheidungen jedoch Hindenburg selbst sprach. Dann folgte das Essen mit den Offizieren des engeren Stabes und den fast niemals fehlenden Gästen von der Front oder aus der Heimat. Der Nachmittag sah ähnlich wie der Vormittag aus, punkt 20 Uhr aß man wieder im größeren Kreis und blieb dann meist bis 21.30 Uhr zusammen im Gespräch. Dann hielt ein jüngerer Generalstabsoffizier im Dienstgebäude Vortrag über die Abendlage, von der es abhing, ob sich der Feldmarschall nochmals kurz mit dem Ersten Generalquartiermeister besprach. Unter den Gästen des Großen Hauptquartiers fanden sich Frontoffiziere, berühmte Kampfflieger wie Richthofen oder Boelcke, genau so wie einfache Offiziere aus den Schützengräben, fanden sich Gelehrte, Diplomaten, hohe Beamte, Industrielle, Agrarier, Politiker, Reichstagsabgeordnete, Erfinder. Oft war es Hindenburgs Bemühen, Ludendorff mehr oder weniger lästige Besucher fern zu halten, um seine Arbeitskraft zu schonen. Dazu kam eine lawinenartig anschwellende Post, für deren Bearbeitung ein besonderer Offizier notwendig war. Die seltsamsten Dinge wurden an ihn herangetragen, er nennt in seinen Denkwürdigkeiten zwei besonders wunderliche Fälle, bei denen er als Chef des Generalstabes bemüht wurde, die Regelung der Müllabfuhr einer Provinzstadt und die Bitte einer Deutsch-Chilenin, ihr bei der Wiederbeschaffung ihres verlorenen Taufscheins behilflich zu sein!

Im Februar des Jahres 1917 siedelte das Große Hauptquartier, nachdem der Chef des Generalstabes mit der Operationsabteilung fünf Tage hindurch in Berlin geweilt hatte, nach Bad Kreuznach über, da sich das Schwergewicht der Kriegführung nach der Besetzung Rumäniens eindeutig nach Westen verlagert hatte. Kreuznach war als Solbad berühmt, sein mildes und warmes Klima wurde freilich von manchem der hart arbeitenden Generalstäbler, für die der

Tag sechzehn Stunden und mehr hatte, beschwerlich empfunden. Der Kaiser nahm hier seinen Sitz im Kurhaus, das auf einer von zwei Armen der Nahe gebildeten Insel lag, Hindenburg bezog Quartier in der Villa Imhof, Dienstgebäude des Generalstabs wurde das dreistöckige, in einem Park gelegene Kurhotel „Oranienhof". Hier feierte Hindenburg seinen siebzigsten Geburtstag, der eine Flut von Ehrungen brachte. Während des Sommers 1917 zog Frau v. Hindenburg zeitweilig mit den Töchtern und Enkelkindern in die „Gräfenbacher Hütte" bei Kreuznach, das Fabrikantenhaus eines verlassenen Hüttenwerkes in einem stillen Waldtal des Soon-Waldes. Gewöhnlich verblieb sie indes in Hannover, wo sie sich charitativen Pflichten und der Betreuung der zahllosen Verwundeten widmete. Befreundet mit der Gräfin Elisabeth v. Crayenberg, einer geborenen Gräfin v. d. Schulenburg-Wolfsburg, die den Prinzen Bernhard von Sachsen-Weimar geheiratet hatte (der um einer früheren Ehe mit einer Bürgerlichen willen auf Titel und Vorrechte verzichtet und den Namen Graf von Crayenberg angenommen hatte), und deren Schwager Prinz Wilhelm von Sachsen-Weimar-Eisenach, war sie hier Mittelpunkt eines kleinen, geistig sehr aufgeschlossenen Kreises.

Die Erscheinung des alten Feldmarschalls, das Bild eines harmonischen Familienlebens und fest verwurzelter Anschauungen, wirkte im Grunde ausgeglichener als die Persönlichkeit Ludendorffs, auf dem die gewaltige Last der Alltagsarbeit ruhte, der aber auch, mit ernst gefurchtem Antlitz, Monokel und dem Blaustift in der Hand über die Kriegskarten gebeugt, ohne diese Last nicht existieren zu können schien. Die Arbeit, die stete Anspannung waren ihm ebenso sehr Lebensbedürfnis wie sie ihn schließlich verzehrten, er kannte keine anderen Gedanken, von seltenen, flüchtig dem Augenblick abgelauschten Stunden abgesehen, die er den Frauen schenkte. Im ganzen Krieg gönnte er sich vier Urlaubstage. Dieses Dasein mußte schließlich seinen Tribut fordern. Hindenburgs Sinn für Behaglichkeit, sein feiner, stiller Humor waren ihm ganz fremd. Dabei hielt er seine Schwäche für die Frauen peinlich vor dem alten Herrn verborgen. Wie der Feldmarschall gehandelt haben würde, hätte er diese Seite des Ludendorffschen Daseins gekannt, lehrt sein Eingreifen, als die Gattin des Oberstleutnants Hoffmann begann, politische Empfänge in Berlin zu veranstalten, und versuchte, Frau Ludendorff in ihrem Salon mit Politikern zusammenzubringen. Da veranlaßte er Ludendorff, seine Gattin zu bitten, den Verkehr bei Frau Hoffmann einzustellen, wie er auch dafür Sorge trug, daß dem politischen Ehrgeiz der Gattin Hoffmanns Zügel angelegt wurden.

Der Feldmarschall war der Feldherr einer gewandelten Zeit, Feldherr nicht im Sinne eines persönlich auf dem Kampfplatz eingreifenden Schlachtenlenkers auf stolz sich bäumendem Roß, sondern im Sinne eines Obersten Kriegsherrn, der hoch über den Dingen stand. Die Zeit, der langandauernde Krieg mit seiner Mobilisierung aller Volkskräfte, prägte auch das Instrument, das Heer, um. Aus der preußischen Armee, aus den Kontingenten der Bundesstaaten, die alle noch fest den Souveränen, an der Spitze dem preußischen König und deutschen Kaiser, verbunden gewesen waren, deren Offizierkorps festgefügt und in strenger, einheitlicher Ehrauffassung erzogen worden war, kurzum, aus dem „Kaiserlichen Heer", das 1914 in den Krieg marschiert war, wurde ein „Volksheer". Die Besten des alten aktiven Offizierskorps deckte zumeist schon der grüne Rasen, sie lagen auf den Schlachtfeldern Belgiens, Nordfrankreichs, Polens und Rußlands. Auch das Offizierkorps mußte, wenn auch das Militärkabinett sich mühte, die alten Formen zu konservieren, neuen Elementen Zugang gewähren, die früher zu Recht oder Unrecht nicht der Achselstücke für würdig gehalten worden waren. Der Schützengrabenkrieg wie die Bewirtschaftung aller Nahrungs- und Verbrauchsgüter in der Heimat schmolz die Standesunterschiede hinweg. Langsam, oft fast unmerklich, bahnten sich tiefgreifende, soziale Umschichtungen an. Die alte Bindung an die Landesfürsten und den Kaiser wurde schwächer.

Maler, Photographen, Zeitungsleute, schließlich auch der Film, trugen Sorge, daß Aussprüche und Bilder des greisen Feldmarschalls, der an der Spitze des Millionenheeres stand, in alle Welt hinausgetragen wurden. Der Erwerbssinn patriotisch sein wollender Geschäftemacher prägte sein Bild auf Spielkarten, auf Werbungsmittel für tausenderlei Dinge, es prangte auf Plakaten, die für die Zeichnung für

Kriegsanleihe warben, wie auf Notgeldscheinen. Aber es lag im Charakter des Massenkrieges, daß die persönliche Ausstrahlungskraft des Feldmarschalls, die so stark bei der 8. und 9. Armee und im Bereich der deutschen Ostfront wirksam gewesen war, nicht mehr auf allen Kriegsschauplätzen zwischen Flandern und Mesopotamien gleichmäßig in Erscheinung treten konnte. Überall konnte der Feldherr in einem Weltkriege, in dem in Westeuropa, in Rußland, auf dem Balkan und in Vorderasien gekämpft wurde, nicht mehr selbst erscheinen. Nur die Kolonnen, die im Westen über zerfahrene, granatenzerwühlte Straßen zur Front zogen, sahen manchmal den alten Feldmarschall plötzlich im Auto am Wege halten, aufrecht, schwer und wuchtig im Wagen stehend, sahen sein großflächiges, wie aus Holz geschnittenes Antlitz, gewahrten einen Patriarchen der alten Zeit, bedachtsam und gründlich im Denken, voller Güte, voll unerschütterlichen Vertrauens. Der Feldmarschall verlangte keinen Vorbeimarsch, wie er es bei Besichtigungen hinter der Front immer gern tat, er ließ nur die Kolonnen an sich vorüberziehen. Die Stirn schien oft dunkel umwölkt, der Blick, umflort von leiser Wehmut, war der eines Vaters, der seine Söhne in die große, niemals abreißende Schlacht ziehen sah, aus der so viele nie mehr wiederkehren würden. Über die Soldaten hinweg ging der Blick in tiefe Schatten. Die Soldaten aber nahmen das Bild des greisen Hünen im Auto mit, der schweigsam, mächtig und doch auch fast unwirklich fern erschien. Einer der Armeeführer im Westen, General der Kavallerie v. d. Marwitz, selbst ein gereifter Mann altpreußischer Denkungsweise, mit Oldenburg-Januschau aus gemeinsamer Dienstzeit eng befreundet, lieh diesem Empfinden sehr treffend Ausdruck, wenn er in seinen Weltkriegsbriefen nie anders als von „Vater Hindenburg" sprach. Dank Hindenburgs Erscheinung umschlang ein festes Band des Vertrauens Truppe und Führung. Gerade der einfache Mann behielt das Gefühl, daß „oben, ganz oben" eben dieser alte Mann stand, nicht der ihm fremd und fremder werdende Kaiser, daß dieser alte Mann es schon schaffen würde, daß man ihn nicht allein lassen dürfe. Dies Gefühl stand außerhalb aller Kritik, außerhalb des Fluchens und Schimpfens über den nicht endenwollenden Krieg im Blut und Dreck der Schützengräben und Trichterfelder, das doch niemand hinderte, seine Pflicht zu tun.

Hindenburgs Losung bei Übernahme seines schweren Amtes lautete: „Wir wollen nicht durchhalten, sondern siegen." Der Sieg rückte indes immer ferner. Gleich die erste Sitzung im Großen Hauptquartier unmittelbar nach der Berufung Hindenburgs und Ludendorffs stellte sie vor das drängendste und kritischste aller Probleme, den Übergang zum uneingeschränkten U-Bootkrieg, das einzige Mittel, das noch blieb, um die lebenbedrohende Fernblockade zu brechen und England friedenswillig zu machen. Am 31. August 1916 fand im fürstlichen Schloß in Pleß in Anwesenheit des Kaisers, des Reichskanzlers v. Bethmann Hollweg, der Staatssekretäre für Äußeres und Inneres, des Kriegsministers und des Chefs des Admiralstabes eine Beratung über diese Frage statt. Sie rührte an das Grundproblem des gesamten Krieges, der für die Mittelmächte zum Ringen um Rohstoffe und Nahrungsmittel, für die Alliierten zum Kampf um die Transportwege der Meere geworden war. Bei der zahlenmäßigen Unterlegenheit der deutschen Hochseeflotte, die zudem nicht voll eingesetzt wurde, schien das Unterseeboot das ideale „Kampfmittel des armen Mannes" im Krieg gegen England, im „Transportkrieg" zu sein, nur hatte man leider vor dem Krieg das Schwergewicht nicht auf den Bau von Unterseebooten, sondern von Schlachtschiffen gelegt. Im Grunde war die Sphäre Hindenburg fremd, obwohl ihn Tirpitz schon 1915 mit der Problematik bekannt gemacht hatte, aber diese Art der Kriegführung griff weit über die traditionellen Bereiche des Landkrieges hinaus, in denen Hindenburg denken gelernt hatte, in denen der Generalstab, in der seine Gesellschaftsschicht, der preußische Landadel, erzogen, in der sie groß und in der sie alt geworden waren. U-Boote in genügender Zahl waren nicht vorhanden, die deutsche Schlachtflotte hatte auch in der Seeschlacht im Skagerrak im Mai des Jahres trotz großer Erfolge nicht die Entscheidung erringen können. Zudem barg der unbeschränkte U-Bootkrieg neue Gefahren, nicht nur die bereits wirtschaftlich eng mit England zusammenarbeitenden Vereinigten Staaten von Nordamerika, sondern auch kleinere, bislang neutrale, europäische Länder, die

Niederlande und Dänemark, konnten in ihm einen Kriegsgrund erblicken. Hindenburg und Ludendorff rieten daher für den Augenblick vom Übergang zum unumschränkten U-Bootkrieg ab, nicht weil sie prinzipiell dessen Gegner waren, sondern weil sie keinerlei Truppen zur Verfügung hatten, um bei einer Kriegserklärung der Niederlande und Dänemarks wirksam eingreifen zu können, da der rumänische Kriegsschauplatz alle irgend verfügbaren Reserven beanspruchte. Hindenburg erklärte wörtlich: „Die Lage ist dunkler als je ...“ In seinen Denkwürdigkeiten schrieb er über die Situation, der Gegner habe überall die Vorhand gehabt.

Im Augenblick war das vordringlichste Problem die rasche Ausschaltung Rumäniens. Diese gelang in konzentrischem Vorgehen aus Siebenbürgen und Nord-Bulgarien mit Hilfe deutscher, österreichisch-ungarischer, bulgarischer und türkischer Verbände. Die deutsche Befehlsgewalt wurde auf sämtliche österreichischen Kräfte in Galizien und Siebenbürgen ausgedehnt, nicht jedoch auf die Verbände in Italien und Albanien. Vorübergehend kam eine Oberste Kriegsleitung durch das deutsche Große Hauptquartier zustande, sie erlosch wieder, als im November 1916 der greise Kaiser Franz Joseph seine Augen für immer schloß. Hindenburg suchte sehr bald nach seiner Ernennung zum Chef des Generalstabes Wien auf, immer bei allen Verhandlungen mahnend, man wolle sich doch nicht streiten, sondern die zum Wohl der beiderseitigen Armeen notwendigen Maßnahmen erörtern. Entgegen den österreichischen Besorgnissen anläßlich der Kriegserklärung Rumäniens meinte er trocken, man solle doch froh sein, daß man einen Gegner wieder in offener Feldschlacht schlagen könne, daß dies geschehe, dafür solle man ihn sorgen lassen!

Nach der Einstellung der Offensive bei Verdun und dem Verebben der alliierten Großoffensive an der Somme, die voll die ungeheure materielle Überlegenheit des Gegners enthüllt hatte, mußte die Hauptsorge der Steigerung der Energien der Kriegführung auf allen Gebieten gelten. Wichtiger noch als der Sieg im Kampf um die Grabenfronten schien der Sieg in der Produktionsschlacht daheim, wo es an den wichtigsten Rohstoffen wie an den Grundnahrungsmitteln zu mangeln begann. Unter dem Namen Hindenburgs wurde ein großzügiges Programm zur Steigerung der Rüstungserzeugung in Gang gebracht. Um die letzten Menschenreserven für die Heimat- wie die Schlachtenfront zu mobilisieren, erging am 5. Dezember 1916 ein Gesetz über die Hilfsdienstpflicht, das die Arbeitspflicht für alle männlichen Deutschen zwischen 17 und 60 Jahren verkündete, das die weiblichen Arbeitskräfte, an deren Aufbietung sowohl Ludendorff wie Oberst Bauer sehr stark gedacht hatten, indes nicht erfaßte. Hindenburg-Programm und Hilfsdienstgesetz waren beide Ausdruck eines verzweifelten Ringens, das umso verzweifelter wurde, je mehr sich enthüllte, daß weder die Menschenreserven noch das industrielle Potential noch die Nahrungsdecke für einen Mehrfrontenkrieg gegen die ganze Welt auf die Dauer ausreichten, daß die deutschen Kräfte sich unaufhaltsam verbrauchten.

Hindenburg lebte, wie er dies auch in seinen Denkwürdigkeiten hervorhebt, im Grunde noch ganz in der Vorstellungswelt des Bismarckischen Zeitalters. Er verfocht eine starke, patriarchalisch-soziale Staatsgewalt. Politik und Parlamentarismus waren ihm fremd, noch fremder, ja, wie ein scharfer Beurteiler, der Staatssekretär v. Kühlmann sarkastisch meinte, „undeutsch" dünkte ihn die Diplomatie. Diese rein soldatische Einstellung, das Ergebnis einer soldatischen Erziehung und einer langen ehrenvollen Laufbahn als Offizier, aber mußte sich im Wirtschafts- und Massenkrieg des industrialisierten 20. Jahrhunderts, im Lebenskampf eines 70-Millionen-Volkes, als unzulänglich erweisen. Die Staatsführung wurde weder durch einen großen Monarchen noch durch einen politisch begabten Kanzler repräsentiert. Der Kaiser begriff nicht, daß mit der Berufung Hindenburgs an die Spitze des Großen Generalstabes, mit der Betrauung Ludendorffs zum Leiter der Operationen, für ihn die Stunde gekommen war, stillschweigend Hindenburg die Rolle des Oberbefehlshabers zu überlassen und sich wieder in der Reichshauptstadt allein den politischen Geschäften und der Koordinierung der Kriegsanstrengungen zu widmen. Und der Reichskanzler war im Grunde ein wohlmeinender, aber hilfloser Philantrop, der weder die Größe noch die gnadenlose Härte dieses Weltenkampfes erfaßte.

Sehr deutlich trat Hindenburgs Einstellung in einer Unterhaltung mit Ludendorff und dem Chef des Admiralstabes, Admiral v. Holtzendorff, am 8. Januar 1917 zu Tage, als man erneut die nunmehr militärisch möglich scheinende Durchführung des uneingeschränkten U-Bootkrieges erörterte. Holtzendorff frug, was man tun solle, wenn der Kanzler (der noch immer auf ein Gespräch mit England hoffte) nicht mitmachen wolle? Hindenburg: Das mache ihm auch Kopfzerbrechen. Holtzendorff: „Dann müssen Sie Kanzler werden!" – Hindenburg: „Nein, das kann ich nicht und will ich nicht. Ich kann nicht mit dem Reichstag verhandeln." Holtzendorff: An eine Kanzlerkandidatur Tirpitz' oder des Fürsten Bülow sei wohl wegen ihres schlechten Verhältnisses zum Kaiser nicht zu denken? Ludendorff warf ein, er würde dem Feldmarschall nicht zureden. Hindenburg: „Ich kann im Reichstag nicht reden. Ich lehne ab. Wie ist es mit Dallwitz?" Ludendorff bezweifelte, ob Herr v. Dallwitz den U-Bootkrieg überhaupt wolle. Holtzendorff äußerte unschlüssig, ob nicht der gegenwärtige Kanzler im Ausland viel Vertrauen genieße. Hindenburg schloß die Debatte: „Also wir halten zusammen. Es muß sein. Wir rechnen mit dem Krieg mit Amerika und haben alle Vorbereitungen getroffen. Schlechter kann es nicht werden. Der Krieg muß mit allen Mitteln abgekürzt werden."

In solchen Äußerungen enthüllte sich die Ratlosigkeit gegenüber Fragen, die zu entscheiden eigentlich Sache der Staatsführung war. Im Vorjahr hatte Tirpitz die Rettung in einer Militär-Regierung unter Hindenburg gesehen, wie nun auch Admiral v. Holtzendorff für einen Militär-Kanzler plaidierte. Die meisten Verfechter eines möglichen Militärregimes sprachen jedoch von Ludendorff als vom kommenden Kanzler. Hindenburg trat ihm gegenüber zurück. Ludendorff selbst sagte zu Major Nicolai, der ihm solche Wünsche übermittelte, er könne sich nicht zu der Last der Kriegsführung auch noch diejenige der Politik aufbürden. Die beiden Männer an der Spitze der OHL waren für jegliche politische Strategie schlecht gerüstet und wußten darum, und doch stellte die Politik infolge des Versagens aller politischen Instanzen unabweisbare Forderungen. Die „stille Diktatur" der OHL entstand, jene Diktatur, nach der weder Hindenburg noch Ludendorff jemals gestrebt hatten, die auch niemals unumschränkte Vollmachten in sich schloß, die ihnen jedoch gerade von bürgerlichen Politikern der Mitte, durchaus nicht nur von „Reaktionären“, zugeschoben wurde. Männer wie Gustav Stresemann, der „Kronprinz“ der National-Liberalen, erblickten in Ludendorff den kommenden „deutschen Cromwell“, während Ludendorff und Hindenburg ihrerseits wieder nach einem „deutschen Clemenceau oder Lloyd George“ Ausschau hielten, nach Politikern, die imstande waren, in der Art der führenden Politiker Frankreichs und Englands die Massen zum Durchhalten aufzurufen und in nationalem Sinne zu binden.

Die große Forderung der Jahre 1916/17, die rechtzeitige großzügige innere Reform an Haupt und Gliedern zur Mobilisierung aller Kräfte, die Modernisierung des überalterten preußischen Klassenwahlrechtes, die Vorbereitung der Parlamentarisierung der Monarchie in der Nachkriegsära, die Herausstellung neuer sozialer Glaubens- und Lebensinhalte, wurde vom Generalstab und von der OHL nicht erkannt, weil die Soldaten abseits der politischen Entwicklung gestanden hatten. Hindenburg beharrte beim Ideal des patriarchalischen Ordnungsstaates voll Kraft und strenger Zucht, erhoffte sich zum Beispiel vom Gesetz über die Hilfsdienstpflicht die Freisetzung sittlicher Kräfte im Volk, während gerade dies Gesetz in seiner verwässerten Form ohne echte Mobilisierung aller Arbeitskräfte, ohne Anpassung der Löhne der Hilfsdienstpflichtigen in der Heimat an den Sold des Frontsoldaten, ohne Zusammenfassung der Heimat mittels der Stellvertretenden Generalkommandos als Schaltstellen nur die fortschreitende, innere Zersetzung und Unzufriedenheit förderte. Was nutzte es, daß Hindenburg grimmig zu einem Journalisten sagte, den Kriegsgewinnlern gebühre der Strick, die Kugel sei für sie zu schade, wenn die gleichen Leute daheim ungestört Riesengeschäfte machten, während die breiten Massen hungerten? Ganz unverständlich blieb den breiten Massen der Streit um die territorialen Kriegsziele, bei denen Großindustrie und Oberste Heeresleitung zum Teil sehr weitgehende Wünsche vorbrachten.

Die jüngere Schicht der Generalstabsoffiziere in der OHL, Männer wie die Obersten Bauer und v. Haeften, auch Ludendorff selbst, waren dabei auf der anderen Seite ganz vorurteilslos sogar bereit, eine Beteiligung der Sozialdemokratie an der Regierung zu diskutieren, sofern diese „Ruhe und Ordnung" im Rücken des Heeres garantiere, eine Haltung, die wieder bewies, wie wenig sie im Grunde das komplizierte Parteigetriebe und die Hintergründe der Innenpolitik durchschauten. Ähnlich unsicher war Ludendorffs Haltung in der Frage eines Verständigungsfriedens. Hier dachte Hindenburg zunächst lange seiner Wesensart nach optimistischer als er. Das Programm der OHL sah die Sicherung strategischer Vorfelder im Westen wie Osten und die Gewinnung östlichen Siedlungsbodens als unabdingbare Forderungen beim Friedensabschluß an. Das hieß, daß Belgien, Teile Polens, Litauen und Kurland in dieser oder jener, mehr oder weniger engen Form dem Reich angegliedert werden sollten. Ludendorff war bereit, Abstriche zu machen, wenn ein „gerechter Friede" möglich sei, allerdings hatten diese „Abstriche" ihre Grenzen. In einem Telefongespräch mit General v. Kuhl, dem Stabschef der Heeresgruppe Kronprinz Ruprecht von Bayern, gab er am 19. August 1917 zu, man könne sofort Frieden haben, wenn Belgien geräumt würde. Dieser Preis war ihm damals jedoch zu hoch.

Weder Hindenburg noch Ludendorff und vielleicht kaum einer der führenden Militärs – ausgenommen General Groener – erkannten klar, in welch hohem Maße der sich infolge der Bewirtschaftung der Lebensmittel und Rohstoffe entwickelnde „Kriegssozialismus" zur Nivellierung der alten führenden Schichten wie zur Aushöhlung des inneren Gehaltes der Monarchie beitrug. Beide Männer besaßen dagegen sehr wohl Verständnis für Teilkomplexe der sozialen Frage, soweit diese die ihnen anvertrauten Frontsoldaten berührten. Durch Vermittlung Dr. Münters, der selbst Bodenreformer war, wurde Dr. Damaschke, der Apostel der Bodenreform, zu Hindenburg und Ludendorff gebracht. Bei der OHL entstand ein großzügiges Programm zur Schaffung von Kriegerheimstätten, zur Sicherstellung von Siedlungsland und zum Neubau gesunder Wohnungen für die Zeit nach dem Kriege, wenn die Demobilisierung Millionen von Soldaten wieder den Weg in die Heimat öffnete, die für sie besser und schöner werden sollte. Hindenburg war tief beeindruckt von den Ideen Dr. Damaschkes.

Entscheidend blieb jedoch der Umstand, daß eine einheitliche politisch-militärisch-wirtschaftliche Gesamtkriegführung nicht zustande kam. Die dritte OHL Hindenburg-Ludendorff sah sich der Tatsache gegenüber, daß die Kampfkraft des Feldheeres nicht mehr ausreichte, einen raschen Sieg zu erzwingen, daß an keiner Front eine Entscheidung sich abzeichnete, daß nirgends, sah man von dem kleinen Montenegro ab, die völlige Ausschaltung eines Gegners gelungen war und daß sich allmählich berechnen ließ, wann der Ersatz an Soldaten und Arbeitern zur Neige ging, von der schwierigen Rohstoff- und Ernährungslage ganz zu schweigen. Dazu kam der fortschreitende Verfall des österreichisch-ungarischen Bundesgenossen, kam die unglückselige Idee, ein selbständiges Polen zu errichten, womit die letzten Hoffnungen auf einen Sonderfrieden mit dem Zarenreich zu Grabe getragen wurden. Hindenburg und Ludendorff hatten schließlich den polnischen Plänen des Reichskanzlers v. Bethmann Hollweg zugestimmt, weil man ihnen Hoffnung auf eine starke national-polnische Armee gemacht hatte, eine Utopie, die sie als Söhne des deutschen Ostens ohne weiteres hätten durchschauen müssen. Hindenburg vertraute indes dem Urteil des von ihm hochgeschätzten und mit ihm früher kameradschaftlich verbunden gewesenen Generalgouverneurs von Warschau, Generaloberst v. Beseler, der die Aufstellung polnischer Divisionen für möglich hielt.

In der Heimat lief ein unterirdisches Beben durch die innere Front, von der reformistischen Mehrheits-Sozialdemokratie spaltete sich in der „Unabhängigen Sozialdemokratischen Partei“ (USPD) ein radikaler, pazifistisch-revolutionärer Flügel ab. In Wien beschritt der Nachfolger Franz Josephs, Kaiser Karl, geleitet von seiner Gemahlin, einer bourbonischen Prinzessin, heimlich Wege, um Verhandlungen über einen Sonderfrieden mit Frankreich einzuleiten.

Im Dezember 1916 entschloß sich der Kaiser, ein unformuliertes, allgemeines Friedensangebot hinausgehen zu lassen, um die Erstarrung der Fronten zu überwinden. In seiner romantisch-idealistischen Art ließ er verkünden, er wolle es auf Gott wagen, die Menschheitsfrage des Friedens in die Hand zu nehmen. Hindenburg stand diesem Schritt mit äußerster Skepsis gegenüber, seiner Ansicht nach enthüllte er nur die Schwäche der eigenen Position. Zudem durchkreuzte das kaiserliche Angebot Pläne des amerikanischen Präsidenten Wilson, die Rolle eines „Arbiter mundi" zu übernehmen.

Das Scheitern des Friedensschrittes wie die Verbesserung der militärischen Lage durch die Niederwerfung Rumäniens führte im Januar 1917 zur Verkündung des uneingeschränkten U-Bootkrieges, für den die U-Bootwaffe im Grunde zu schwach war, obwohl sie große Anfangserfolge erzielte. Dieser deutsche Schritt führte zum Kriegseintritt Amerikas an der Seite der Alliierten, ein Entschluß, der freilich auf die Dauer bei den engen wirtschaftlichen Beziehungen zwischen England und Amerika sowieso unausbleiblich gewesen wäre.

Das Jahr 1917, das im Grunde mit der Kriegserklärung der Vereinigten Staaten von Nordamerika, der gewaltigsten Industriemacht der Welt, die entscheidende Wendung des Krieges brachte, stand an allen Fronten im Zeichen der Abwehr. Mit Hilfe des Hindenburg-Programms suchte man auf deutscher Seite die Bewaffnung und Ausrüstung zu verbessern, die Erzeugung an Munition, Flugzeugen, Geschützen, Maschinengewehren, Minenwerfern und Lastkraftwagen zu steigern, die Kampfkraft der Infanterie durch vermehrte Zuteilung von automatischen und von schweren Waffen zu steigern und die Artillerie mit neuen weittragenden, großkalibrigen Modellen auszurüsten. Die OHL lehnte zunächst alle Vorschläge ab, auf dem Balkan oder in Italien wieder zur Offensive überzugehen. Im Westen gelangte ein neues elastisches, blutsparendes Abwehrverfahren zur Einführung. Bislang war die Behauptung der jeweiligen Hauptkampflinie verlangt worden. Künftig verteidigte man sich nicht mehr in einer Linie, sondern in einer nach rückwärts gestaffelten Zone. Für Gegenstöße gegen einen eingebrochenen Gegner wurden Eingreif- und Reserveverbände ausgespart. Zwischen Stellungs- und Reserve-Divisionen trat ein regelmäßiger Wechsel ein. Der Frontbogen zwischen Arras und Soissons wurde aufgegeben, die deutschen Divisionen wurden in einer sorgfältig vorbereiteten großzügigen Ausweichbewegung in die Sehnenstellung Arras-St. Quentin-Soissons zurückgenommen, die bessere Verteidigungsmöglichkeiten bot. Zur besseren Führung des Millionenheeres im Westen wurde die Unterteilung der Armeen und Armee-Abteilungen in drei Heeresgruppen unter den Kronprinzen Wilhelm und Ruprecht und dem Feldmarschall Herzog Albrecht von Württemberg voll durchgeführt, nachdem es schon zuvor üblich gewesen war, mehrere Armeen zu Gruppen unter einem besonderen Heeresgruppen-Kommando oder dem jeweils dienstältesten Armee-Oberbefehlshaber zusammenzufassen.

Das neue Abwehrverfahren, dessen geistiger Vater Ludendorff war, brauchte Zeit, um Allgemeingut der Truppe zu werden. Es beschwor anfangs, als die Engländer bei Arras nach gewaltiger Artillerievorbereitung unter Einsatz eines neuen Kampfmittels, geländegängiger Panzerkampfwagen, im Frühjahr zur Offensive übergingen, eine schwere Krise herauf. 10.000 Gefangene, 200 Geschütze fielen in englische Hand. Ludendorffs Geburtstag, der 9. April 1917, war einer der dunkelsten Tage der Schlacht. In solchen Stunden bewährte sich Hindenburgs seelische Kraft. Man müsse in solchen Momenten nach Licht suchen, schrieb er später über den Abendvortrag dieses Tages. Die Eingreifverbände marschierten, er zweifelte keine Stunde, daß man der Krise Herr wurde. Der Rückzug in die Sehnenstellung ermöglichte das Abfangen der sich an die englische Offensive reihenden französischen Offensiven in der Champagne und an der Aisne, die abermals unter einem unerhörten Materialeinsatz unternommen wurden. Die elastische, tiefgestaffelte Verteidigung bewährte sich, sie lieh der deutschen Abwehr neue Kraft. Die auf Ludendorffs Weisungen verfaßte neue Vorschrift über die Abwehrschlacht blieb vorbildlich für alle Zeiten. In den Frühjahrsschlachten verblutete die Blüte der französischen Infanterie, die französische Armee erlebte eine Welle von Gehorsamsverweigerungen, die freilich mit brutaler Rücksichtslosigkeit unterdrückt und der deutschen Führung damals nicht in vollem Umfang bekannt wurden.

Noch vor den alliierten Frühjahrsoffensiven war ein Ereignis eingetreten, das die gesamte Welt in ihren Grundfesten erschüttern sollte. Im Februar 1917 war in Rußland die Revolution ausgebrochen. Kaiser Nikolaus II. wurde zur Abdankung gezwungen, die erste der alten großen, einst mit den Hohenzollern so eng verbundenen Dynastien, wurde beseitigt. Die neue demoliberale provisorische Regierung war zwar entschlossen, den Kampf an der Seite der westlichen Alliierten fortzusetzen, aber die Auswirkungen der Revolution auf das innere Gefüge der russischen Armee waren nicht abzusehen.

Der Konflikt zwischen OHL und Reichsleitung über den uneingeschränkten U-Bootkrieg, dem der Kanzler lange mit Zweifeln gegenübergestanden hatte, die Nachricht von der russischen Revolution, die Kunde von geheimen Sonderfriedensverhandlungen des österreichischen Kaisers und vor allem das deutlich sichtbar werdende Nachlassen der moralischen Kräfte der Heimat nach dem Hungerwinter 1916/17 führten angesichts der unsicheren und schwankenden Politik des Kanzlers zu verstärkter Einflußnahme der OHL auf die Politik, in der Hoffnung, sie könne den Kaiser zu einem Kurswechsel im Sinne entschiedener Kriegspolitik und straffer Zusammenfassung aller Kräfte bewegen. Hindenburg und Ludendorff unterstützten den Kaiser nachhaltig, als dieser beim Besuch des österreichischen Monarchen in Kreuznach den Verzicht auf jegliche Verhandlungen über einen Sonderfrieden verlangte. Die OHL wurde, ohne daß sie dies ursprünglich als ihre Aufgabe angesehen hatte, zu einem der gewichtigsten Faktoren der Innenpolitik, weil im technisierten Massenkrieg des 20. Jahrhunderts die Produktionsschlacht fast bedeutsamer geworden war als die Entscheidung an der Front. Oberst Bauer und durch ihn wiederum Ludendorff kamen in Berührung mit allen Lagern in Politik und Wirtschaft. Sie erlebten die Reformer verschiedenster Prägung, Walther Rathenau von der „Allgemeinen Elektrizitäts-Gesellschaft (AEG)", Dr. Gustav Stresemann von den National-Liberalen, der in Ludendorff den neuen Kanzler sah, Matthias Erzberger vom linken Flügel des Zentrums, der großen katholischen Mittelpartei, die alle ihre Wünsche hinsichtlich einer Reform im Inneren, vor allem einer Anpassung des überalterten preußischen Wahlrechtes an die Zeit, hatten. Sie erlebten die Führer der Konservativen und der Agrarier, nicht nur Herrn v. Oldenburg-Januschau, der die Militärdiktatur verfocht, sondern auch den „ungekrönten König von Preußen", Ernst v. Heydebrand u. d. Lasa und den

Grafen Kuno v. Westarp, die beide Gegner der Wahlrechtsreform waren und damit den führenden Soldaten weit mehr aus dem Herzen sprachen, nicht weil diese Gegner des allgemeinen Wahlrechtes waren, sondern weil sie die Erörterung innerpolitischer Fragen im Krieg für schädlich hielten, weil sie letzthin der Auffassung waren, daß die Soldaten diese Fragen gar nicht entscheiden konnten.

Hindenburg und Ludendorff wünschten, gerade weil sie schwer an der Last der furchtbaren Abwehrschlachten im Westen trugen, einen „starken Mann" am Steuer zu sehen. Oberst Bauer, der wendigste, wenn auch nicht unbedingt der klügste politische Kopf in der OHL, hatte im März 1917 dem Kronprinzen und Ludendorff eine von ihm verfaßte Denkschrift „Demokratie oder Monarchie?" unterbreitet. Er sah ganz klar die Gefahren, die aus der russischen Revolution erwachsen konnten und verlangte angesichts der zerfahrenen Politik des Kanzlers eine scharfe Stellungnahme gegen jede „Demokratisierung" in Deutschland sowie die Errichtung eines starken monarchisch-sozialen Regimes unter „Belehrung", das hieß propagandistischer Bearbeitung, der Massen. Hindenburg sah damals noch keine Gefahr für die Monarchie. Als ihm Oberst Bauer einmal sagte, er sähe den Tag kommen, an dem Philipp Scheidemann, einer der führenden sozialdemokratischen Abgeordneten, Reichskanzler würde, erwiderte er nur lachend: „Na, na, das könnte gut werden." Solche Entwicklung war für ihn einfach unvorstellbar. In diesem Bewußtsein unerschütterlicher Sicherheit fand er nichts dabei, daß Ludendorff den Führern der russischen bolschewistischen Partei, Wladimir Iljitsch Uljanow-Lenin und Leo Bronstein-Trotzki, die Durchreise durch Deutschland gestattete, als sie sich aus ihrem Schweizer Exil nach Rußland begeben wollten. Er sah darin nur die Möglichkeit zur Zersetzung der russischen Armee.

Zu Ostern 1917 erließ der Kaiser eine Botschaft, in der er für die Zeit nach dem Krieg eine Reform des preußischen Wahlrechts ankündigte, wie sie der Kanzler für unumgänglich hielt. Wiederum war es ein halber Schritt, der peinliche Eindruck blieb, daß man unter dem Eindruck der russischen Revolution handelte. Und es war ein Schritt, der den Tendenzen der OHL schroff zuwiderlief. Oberst

Bauer hielt einen neuen Kanzler bereit, den früheren Reichskanzler Fürst Bülow, den er verschiedentlich beim Direktor des nationalen Scherl-Verlages gesprochen hatte. Hindenburg und Ludendorff sprachen sich für Bülow aus, es gab auch noch einen zweiten Kandidaten für sie, den seit März 1916 verabschiedeten Großadmiral v. Tirpitz. Beide hatten den Nachteil, daß sie beim Kaiser in tiefster Ungnade standen. Hindenburg verhielt sich im Grunde neutral, er bezeichnete zwar des öfteren, so gegenüber Dr. Münter, Bethmann Hollweg als einen „unglückseligen Mann", bemerkte aber auch gegenüber dem Chef des Zivilkabinettes, Herrn v. Valentini, der heimlich zu den Anhängern Bethmanns zählte, er würde jeden Kanzler begrüßen, den Seine Majestät ernenne. Praktisch wußte er nur, des politischen Terrains ganz unkundig, wen er als Kanzler für ungeeignet hielt.

Im Juni verstärkten sich Besorgnis und Mißstimmung bei der OHL. Oberst Bauer sprach Matthias Erzberger, den vielgewandten und vielgeschäftigen Führer der Zentrumspartei, der sich vom wütenden Annektionisten in den Befürworter eines Verständigungsfriedens verwandelt hatte, gegenüber dem Generalstäbler jedoch vor allem für eine einheitliche Lenkung der Propaganda durch eine Art „geistiges Kriegsernährungsamt" eintrat. Dies war am 10. Juni 1917. Neun Tage später schrieb Hindenburg an Bethmann Hollweg, warnte vor der in der Heimat seinem Gefühl nach weit verbreiteten Idee, der Krieg würde bis zum Herbst zu Ende sein, betonte die Wirksamkeit des uneingeschränkten U-Bootkrieges und forderte eine festgeschlossene Front im Inneren. Am 27. Juni wandte er sich in der gleichen Sache direkt an den Kaiser und hatte Ende Juni auch eine persönliche Unterredung mit Bethmann Hollweg, der dieser freilich mit der Begründung, Ludendorff habe ihr nicht beigewohnt, in seinen Erinnerungen keine sehr große Bedeutung zumaß. Am 1. und 2. Juli statteten Hindenburg und Ludendorff dem österreichischen Hauptquartier einen Besuch ab. Vier Tage darauf, am 6. Juli, sprach Erzberger vor dem Hauptausschuß des Reichstages und erklärte unumwunden, der Krieg sei nicht mehr zu gewinnen. Das führte zum Entschluß der Mittel- und Linksparteien, in einer Resolution namens des

Reichstages zu erklären, daß Deutschland niemals den Erwerb fremden Gebietes erstrebt habe und auch gegenwärtig nicht erstrebe, sondern nur einen gerechten Frieden der Verständigung als sein Ziel betrachte. Damit hoffte man eine Basis für Friedensgespräche zu schaffen, im Grunde stand diese isolierte Aktion weder im Einklang mit der offiziellen Politik noch im Einklang mit den von vielerlei verschiedenen militärischen und politisch-wirtschaftlichen Gremien erörterten Wünschen, sich beim Frieden Faustpfänder zu sichern. Die so idealistische Aktion war abermals nur ein Spiegelbild der Zerfahrenheit der deutschen Innenpolitik. Ging sie in dieser Form in die Welt hinaus, mußte sie als Schwächezeichen wirken. Der Gegner wußte sehr wohl, daß der Reichstag nicht für den Kaiser und die OHL sprach!

Hindenburg und Ludendorff fuhren noch am gleichen Tag von Kreuznach nach Berlin, wo der Kaiser weilte. Am 7. Juli erhob Hindenburg auch schriftlich Protest beim Kanzler gegen die These vom Verständigungsfrieden, er befürchtete dadurch eine neue Schwächung der ohnehin so brüchig gewordenen inneren Front. Solche Dinge durfte man nach seinem Empfinden nicht offiziell ankündigen. Der Kaiser wies ihn wie Ludendorff ab mit dem Bemerken, innerpolitische Angelegenheiten gingen die Generale nichts an. Beide hatten geplant, im Generalstabsgebäude führende Parlamentarier, darunter Bethmanns Gegner, Stresemann und Erzberger, zu empfangen, um ihnen die militärische Lage darzulegen und ihre Hoffnungen wieder zu beleben. Hindenburg und Ludendorff ahnten nicht, wieweit der vielgeschäftige Zentrumsabgeordnete auch in die österreichischen Geheimverhandlungen über einen Sonderfrieden verstrickt war. Unverrichteter Dinge reisten sie nach Kreuznach zurück.

Oberst Bauer suchte den Kronprinzen zu alarmieren, in den er besonderes Vertrauen setzte, und bewog ihn, führende Parlamentarier zu empfangen und seinen Vater im Sinne eines Kanzlerwechsels zu beeinflussen. Gleichzeitig trachtete er den Feldmarschall und Ludendorff dahin zu bringen, daß sie ihren Abschied einreichten, hatte freilich auch die Besorgnis dabei, Hindenburg könne, sofern ihn der

Kaiser, wie man zu sagen pflegte, am Portepée faßte, das heißt, ihm strikten Befehl gab, im Amt bleiben, während der um so vieles unbeliebtere Ludendorff dann allein ging. Die Besorgnis in Kreuznach erreichte ihren Höhepunkt, als klar wurde, daß der Kanzler nicht bereit war, sich der von der Reichstagsmehrheit befürworteten Friedensresolution entgegenzustellen und daß der Kaiser nicht gewillt schien, ihm den Laufpaß zu geben. Ein Abschiedsgesuch Bethmanns war abgelehnt worden. Am 12. Juli ließen darauf Hindenburg und Ludendorff telefonisch in Berlin mitteilen, sie würden ihren Abschied einreichen. Begriff der alte Feldmarschall, daß er den von ihm so aufrichtig verehrten Souverän, den König, in eine Zwangslage brachte? Er glaubte, zum Besten des preußischen Königtumes zu handeln! Da wich der Kanzler. Einen Tag später, am 13. Juli, empfing der Kaiser erneut den Feldmarschall und den Ersten Generalquartiermeister und eröffnete ihnen, sie hätten als Generale zu gehorchen, im übrigen sei Bethmann entlassen. Am Nachmittag dieses Tages fand im Gebäude des Generalstabs am Königplatz der ursprünglich für den 7. Juli vorgesehen gewesene Empfang der Parlamentarier durch die beiden führenden Soldaten statt, ein bis dato unerhörter Vorgang in der Geschichte des Generalstabes. Unter anderen erschienen Heydebrand, Westarp, Stresemann, Erzberger, Schiffer und der Prinz Schoenaich-Carolath. Ludendorff wandte sich als Sprecher der OHL scharf gegen die geplante, bislang noch nicht veröffentlichte Friedensresolution (deren Text wenig später durch eine angebliche Indiskretion in die Linkspresse gelangte!). Die Vertreter der liberalen, freisinnigen und katholischen Mehrheitsparteien suchten glaubhaft zu machen, daß die Resolution, sofern der Gegner sie zurückweise, das einzige Mittel sei, um die Massen noch einmal hochzureißen. Die Konservativen plaidierten dafür, den Reichstag überhaupt nach Hause zu schicken. Ludendorff gab schließlich einen kurzen Überblick über die Lage: Der Feind wolle keinen Frieden, sagte er, man müsse durchhalten. Deutschland verfolge keine uferlosen Pläne, Anlaß zu Schwarzseherei bestünde nicht. Die Ersatzlage und die Rohstoffvorräte seien ausreichend, der U-Bootkrieg wirke sich günstig aus. Eine entscheidende Offensive sei allerdings nicht möglich. Der Feldmarschall schwieg, in solchen Fällen sah er Ludendorff als den geeigneten Sprecher an. Nach dem Zeugnis Schiffers, der für die Nationalliberalen der Unterredung beiwohnte, griff er nur einmal selbst ein, als Ludendorff erklärte, der Kriegseintritt der Vereinigten Staaten sei nicht entscheidend. Da stimmte er lebhaft zu. Gemessen an der Tatsache, daß das kleine amerikanische Berufsheer bislang niemals in der Geschichte einen bedeutsamen militärischen Faktor gebildet hatte, daß das neu entstehende Wehrpflichtheer erst über den Atlantik nach Europa gebracht sein wollte, war es unzweifelhaft gerade für die fest in der Moltkisch-Schlieffenschen Tradition wurzelnden Generalstäbler schwer, sofort die richtige Einstellung zu gewinnen. Sie waren gelehrt worden, militärische, nicht wirtschaftliche Faktoren als entscheidend anzusehen. Und hatte nicht die Marineleitung versichert, als sie zum uneingeschränkten U-Bootkrieg überging, acht Monate würden genügen, um England friedenswillig zu machen? Mußte die OHL nicht annehmen, daß die U-Boote amerikanische Truppentransporte über den Atlantik verhindern würden oder daß die amerikanischen Divisionen zumindest zu spät kommen würden? Hindenburg jedenfalls zweifelte nicht an den Perspektiven, welche der neue Staatssekretär des Reichsmarine-Amtes, Admiral v. Capelle, entwickelt hatte.

Der Kanzler war gestürzt, ein Nachfolger war jedoch nicht vorhanden. „Ein Königreich für einen Kanzler“, so kennzeichnete der erste Biograph des Kronprinzen später die Situation. Es ist die Frage, ob man bei der OHL das Satyrspiel der Bethmann befehdenden Politiker untereinander durchschaute, von denen jeder eine andere Meinung vertrat, Heydebrand und Westarp den Antiparlamentarismus predigten, Stresemann und Erzberger den Ausbau des Parlamentarismus, während sie in der Frage des Sieg- oder des Verständigungsfriedens genau entgegengesetzter Ansicht waren. Die Tragik Bethmanns lag darin, daß er sich mit allen überworfen hatte. Eine Kanzlerkandidatur Bülows oder Tirpitz’ war ausgeschlossen. Fürst Bülow war Hindenburg wiederholt als überaus geschickter und gewandter Politiker mit langjähriger außenpolitischer Erfahrung geschildert worden, ohne daß er von seinen Charaktereigenschaften eine zutreffende Vorstellung besaß. Er hatte mehrmals versucht, mit dem Kaiser über ihn als möglichen Kanzler zu sprechen. Doch der Kaiser vergaß Bülows Haltung in der Daily-Telegraphkrise nicht. Ludendorff war baß erstaunt, daß nicht einfach wie beim Militär jederzeit ein Ersatzmann als Kriegskanzler griffbereit gehalten wurde. Hindenburg resignierte schließlich, weil er letzten Endes das Terrain nicht kannte. So fiel die Wahl auf den bisherigen Leiter des preußischen Kriegsernährungsamtes, den Unterstaatssekretär Dr. Georg Michaelis, den man den beiden führenden Soldaten auf Grund seines Verwaltungs- und Organisationstalentes als „starken Mann" schmackhaft zu machen suchte.

Es war eine ausgesprochene Verlegenheitslösung. Weder hatte die OHL einen ihrer beiden Kandidaten durchbringen können, noch vermochte der neue Kanzler die Friedensresolution abzuwürgen. Auf Wunsch von Dr. Michaelis nahmen Hindenburg und Ludendorff in Berlin an einer zweiten Besprechung mit den Fraktionsführern des Reichstages im Reichsamt des Inneren über die Friedensresolution teil. Wieder prallten die Meinungen aufeinander, obwohl jetzt der Feldmarschall selbst gegen die Resolution Stellung nahm. Das Einzige, was er erreichte, war, daß die Mehrheitsparteien wenigstens ehrend des Heeres gedenken wollten, von dem bislang in der ganzen Entschließung überhaupt nicht die Rede gewesen war. Sonst beharrten die Führer der Mehrheitsparteien darauf, die Resolution sei das beste Mittel, die Massen wieder aufzureißen, wenn sie abgelehnt würde. Ludendorff hielt in diesem Fall eine schärfere Fassung für angezeigt, er meinte nach dem Zeugnis Schiffers, die Resolution müsse mehr „Pfeffer" enthalten. Graf Westarp von den Konservativen entgegnete, jegliche Friedensresolution, auch eine Erklärung, welche die OHL billige, müsse eine schwächende Wirkung haben. Da griff Hindenburg ein, der es, wie Schiffer meinte, nicht vertragen konnte, wenn man an seiner Stärke zweifelte, und versetzte: „Das können Sie ganz ruhig, Graf Westarp, was ich tue und was ich unterschreibe, wird niemals den Eindruck der Schwäche hervorrufen." Graf Westarp suchte ihn zu beschwichtigen. Hindenburg brummte: „Ich wollte bloß, daß Sie sich nicht unnötig graue Haare wachsen lassen." Am 19. Juli 1917 wurde die Resolution offiziell bekannt gegeben, das Echo blieb aus, der Gegner zog andere Schlüsse aus diesem Schritt, als die Abgeordneten gedacht hatten.

Immerhin setzte man bei der OHL zunächst große Hoffnungen auf Michaelis, der Hindenburg schon persönlich weit sympathischer war als Bethmann Hollweg. Die OHL forderte enge Zusammenarbeit im Sinne einer zielbewußten Politik im Inneren, wandte sich jedoch gleichzeitig scharf gegen Behauptungen, die neue Reichsleitung sei praktisch nur ihr Werkzeug. Tatsächlich hatte sich die Lage indes durch den Kanzlerwechsel verschlechtert. Der Monarch war durch den von der OHL erzwungenen Rücktritt des Reichskanzlers in eine unhaltbare Lage gekommen, trübe hatte er selbst erklärt, eigentlich könne er ja gleich „abdizieren". Trotz des nach außen fortbestehenden politischen Burgfriedens bildete sich in der USPD eine starke radikalrevolutionäre Partei, die den bestehenden Staat mit allen Mitteln bekämpfte. Am 25. Juli 1917 wandte sich der Generalquartiermeister Generalleutnant Hahndorff zum ersten Mal mahnend und warnend gegen die Wühlarbeit der USPD im Heer. Die Propaganda der USPD führte in der Folge zu Massen-Streiks in der Rüstungs-Industrie und zu Gehorsamsverweigerungen in der Hochseeflotte. Die ersten Flammenzeichen jener Revolution, die bereits dem Hause Romanow den Thron gekostet, erschienen am Horizont. Auf Betreiben General Scheüchs, der General Groener in der Leitung des Kriegs-Amtes abgelöst hatte, empfingen Hindenburg und Ludendorff in der Folge die Führer der sozialdemokratischen und der christlichen Gewerkschaften, um sie zur Stellungnahme gegen Streiks zu bewegen. Sie fanden hier einsichtige und vaterlandsliebende Männer, aber es war die Frage, wem die Massen auf die Dauer, wurde der Krieg endlos und hoffnungslos, gehorchen würden!

Im August des Jahres 1917 unternahm der Papst einen vergeblichen Vermittlungsschritt. Der neue Staatssekretär des Äußeren, Richard v. Kühlmann, versuchte mit Hilfe des spanischen Gesandten in Brüssel, Marquis v. Villalobar, die englische Verhandlungsbereitschaft zu erkunden. Auch dieser Schritt hatte keinen Erfolg. In einem Kronrat, den der Kaiser am 11. September 1917 im Schloße Bellevue in Berlin abhielt, umriß Ludendorff in Anwesenheit des Feldmarschalls und des Reichskanzlers die Ansichten der OHL in der Frage der Kriegsziele und der Friedensmöglichkeiten, Darlegungen, die er am 14. September auch schriftlich in einem Memorandum zusammenfaßte. Er hielt die eigene Lage zwar für sehr schwierig, diejenige der feindlichen Mächte indes für noch ungünstiger. Einem Friedensschluß noch vor Anbruch des Winters, von dem allgemein gesprochen wurde – so allgemein, daß Hindenburg offiziell am 25. September 1917 protestierte, da man ihm und Ludendorff Äußerungen unterstellt hatte, ein längeres Durchhalten sei unmöglich – bezeichnete Ludendorff, der seine Äußerungen sorgfältig zuvor mit Hindenburg festgelegt hatte, zwar als erstrebenswert, aber er sah die eigene Position noch als so stark an, daß er weitgehende Wünsche für die dauernde Sicherung der militärischen und wirtschaftlichen Machtposition des Reiches im Hinblick auf künftige Verteidigungskriege bei allen Verhandlungen für unumgänglich hielt. Im Osten erklärte er die enge Bindung von Kurland und Litauen an das Reich für unerläßlich und wünschte eine Arrondierung des preußischen Grenzraumes gegen Polen. Im Westen forderte er Geländezuwachs zum Schutz des lothringisch-luxemburgischen und niederrheinisch-westfälischen Industriereviers und eine enge Bindung von Belgien, das er in „Wallonien" und „Viamland" teilen wollte, an das Reich. Die zumindest auf wirtschaftlichem Gebiet zu vollziehende Vereinigung des belgischen Raumes mit dem Deutschen Reich mußte nach seiner Ansicht dazu führen, daß auch die Niederlande wieder stärker zum Reich zurückfanden, zumal dann, wenn ihr indonesisches Kolonialreich durch ein mit Deutschland verbündetes Japan garantiert würde. Damit, so meinte er, würde die deutsche Marine günstige Ausgangspositionen gegen England gewinnen. Endlich verlangte er ein großes Kolonialreich in Afrika.

Die vorbehaltlose Wiederherstellung Belgiens war ohne Zweifel eins der bedeutsamsten Faustpfänder, das man in der Hand hatte, England hatte noch immer für die Sicherung der flandrischen Küsten gegen jede große Kontinentalmacht gefochten. Eben auf Belgien wollte die OHL jedoch nicht ohne Weiteres verzichten. Die im

September 1917 von Großadmiral a. D. v. Tirpitz ins Leben gerufene „Vaterlandspartei“ machte sich anheischig, nicht nur zur Sammlung aller nationalen und staatserhaltenden Kräfte, sondern auch zur Verfechtung der Ziele eines „gerechten Friedens“ aufzurufen, wie ihn alldeutsche Kreise verstanden.

Die innere Krise verschärfte sich. Als im Oktober der Kammerherr v. Oldenburg-Januschau als Vertreter agrarischer Kreise Ludendorff aufsuchte, um mit ihm über die Schwierigkeiten in der Kartoffelversorgung zu sprechen, meinte er unter anderem, er habe das Empfinden, als sage Ludendorff nicht mehr alles dem Feldarschall. Ludendorff erwiderte, der Feldmarschall trüge seit drei Jahren die Verantwortung. „Wenn der zusammenbricht, das sind Armeen ...“ Oldenburg-Januschau entgegnete trocken: „Der bricht nicht zusammen, der hat einen zu guten Magen.“ Aber die symbolische Kraft, die von der Persönlichkeit Hindenburgs ausging, reichte nicht aus, die Schwierigkeiten im Inneren zu überwinden. Die Tage des neuen Kanzlers waren bereits gezählt. Er wurde mit dem rebellierenden Reichstag nicht fertig. Als die USPD Einspruch gegen alldeutsche Propaganda bei der Truppe erhob, womit sie den neu eingeführten vaterländischen Aufklärungsunterricht treffen wollte, während der Staatssekretär des Reichsmarine-Amtes, Admiral v. Capelle, gegen die Wühlarbeit der gleichen USPD in der Hochseeflotte protestierte und der Kanzler darauf die USPD als außerhalb der vaterländischen Front stehend bezeichnete, wurde seine Lage gegenüber dem Reichstag unhaltbar. Am 1. November 1917 trat er zurück.

Zum Nachfolger wurde der bayerische Ministerpräsident Graf Georg Hertling ernannt, der im Sommer die Kanzlerwürde ausgeschlagen hatte, weil er sich mit seinen 74 Jahren für zu alt hielt. Graf Hertling war wieder wie Bethmann Hollweg eine Gelehrtennatur, war fraglos außerordentlich klug und hochgebildet, doch bereits greisenhaft hinfällig und schwach, ohne jede außenpolitische Erfahrung und schlecht geeignet, mit seinen müden Händen das Schiff durch den Sturm sicher in den Hafen zu steuern. Er meinte selbst, sein Einfluß reiche nur soweit, wie Vernunft und gütliches Zureden etwas zu nutzen vermöchten. Dazu lebte er im festen Glauben an die Unbesiegbarkeit der beiden großen Soldaten an der Spitze der OHL. Der Kaiser bedeutete zwar Hindenburg und Ludendorff, den alten Herrn sollten sie ihm gefälligst in Ruhe lassen, doch der „alte Herr“ selbst gestand rasch freiwillig wieder der OHL stillschweigend die Prärogative zu. Noch unglücklicher schien es, daß gar keine gedeihliche Zusammenarbeit mit dem Staatssekretär des Auswärtigen Amtes, Herrn v. Kühlmann, zustande kam. Dieser, ein sehr eleganter, wohlhabender, vielseitig gebildeter und noch recht lebenslustiger Weltmann, der auch einige diplomatische Gaben besaß, war dem Feldmarschall wie dem Ersten Generalquartiermeister ein ganz fremder Typus. Kühlmann wiederum fand Ludendorff zu autokratisch, Hindenburg „zu beschränkt und zu altväterisch-deutsch-konservativ“. Beiden fehlte naturgemäß die Kenntnis des Auslandes, die sich Kühlmann in vielfältigen diplomatischen Stellungen erworben hatte. Bei den Konferenzen in Kreuznach trug nach Kühlmanns Erinnerungen Hindenburg zumeist die Lage vor, wobei er seine Ausführungen, wie es seine Gewohnheit war, mit einer schlichten Sentenz schloß, der Kampf sei hart und schwer, mit Gottes Hilfe werde man ihn aber schließlich bestehen, eine Ausdrucksweise, die Kühlmann unsäglich bieder fand. Für die Einzelfragen erteilte Hindenburg dann Ludendorff das Wort, allein dessen Wesensart war noch unvereinbarer mit derjenigen Kühlmanns, so daß nur selten Einigkeit herrschte, ja daß oftmals Zugeständnisse, welche die OHL im Gespräch gemacht, hernach widerrufen wurden.

Die Folie für die unheilbaren inneren Zerwürfnisse bildeten die großen Abwehrschlachten des Sommers und Herbstes im Westen, die letzte große russische Offensive gegen die Osterreicher in Galizien, die deutsche Teiloffensive in Rußland, die deutsch-österreichische Herbstoffensive in Italien, die Tank-Schlacht von Cambrai im Herbst, bei der die Engländer zum ersten Mal Kampfwagen in Massen einsetzten und durch ihre Anfangserfolge die Fortsetzung der Offensive gegen Italien durchkreuzten, und endlich die zweite Revolution in Rußland, welche den Sturz der demoliberalen Regierung Kerenski und den Sieg der radikalen Bolschewiki unter Lenin und Trotzki brachte, eben jenen Revolutionären, denen Ludendorff die

Reise nach Rußland ermöglicht hatte. Sehr bald sollte sich jedoch erweisen, daß die Erhebung der Arbeiter, Bauern und Soldaten in Rußland gefährliche Ansteckungsstoffe für all die anderen überalterten Regime Europas barg. Rußland schied aus der Reihe der Feindmächte aus, die Armee zerfiel, nachdem ihr die deutschen Teil-Offensiven im Baltikum und in Galizien im Sommer und Herbst tödliche Schläge zugefügt hatten. Die neue Regierung der bolschewistischen Volkskommissare zeigte sich zu Friedensverhandlungen bereit. Es schien möglich, im Osten völlige Rückenfreiheit zu gewinnen.

Am 22. Dezember 1917 begannen deutsch-österreichisch-russische Friedensverhandlungen in Brest-Litowsk, bei denen der OHL die Mitwirkung zugestanden war. Sie führten jedoch rasch über der Frage der deutsch-polnischen Grenzziehung zu einem neuen schweren Kompetenzstreit zwischen OHL und Reichsleitung. Generalmajor Hoffmann, der Chef des Stabes Oberost, übermittelte dem Kaiser unter Umgehung Hindenburgs und Ludendorffs seine eigenen wesentlich gemäßigteren Ansichten in der Frage des Erwerbs polnischen Gebietes. Bei einer Beratung im Schloß Bellevue in Berlin mit Hindenburg und Ludendorff versuchte der Kaiser, Hoffmann gegen die OHL auszuspielen. Ludendorff widersprach sehr schroff, Hindenburg sekundierte, weil es ihm hier um das Prinzip einheitlicher militärischer Führung ging, der Kaiser brach die Beratung ab. Bei der OHL fürchtete man, das Auswärtige Amt lasse sich allzusehr auf die von den Russen gewünschte Verhandlungsbasis – keine gewaltsamen Annektionen, Räumung während des Krieges besetzter Gebiete und völliges Selbstbestimmungsrecht für alle bislang nicht selbständigen kleinen Nationen im Osten – festlegen. Sowohl Hindenburg als auch Ludendorff hielten die Sicherung von Faustpfändern im Osten für unumgänglich, gerade weil sie daran dachten, die neugewonnene Rückenfreiheit zu einem großen entscheidenden Schlag im Westen auszunutzen. In einem langen, von Ludendorff entworfenen, von Hindenburg noch abgeänderten Schreiben protestierte dieser am 7. Januar 1918 beim Kaiser, wies in sehr massivem Ton auf die Pflicht der OHL hin, einen Frieden zu sichern, der den Leistungen des Heeres entspräche und beschwerte sich über die Tatsache, daß der

Kaiser Hoffmanns Urteil über dasjenige der OHL gestellt habe, der Hoffmann dienstlich unterstellt sei. Seine Majestät, hieß es, hätten das Recht zur Entscheidung, könnten jedoch nicht erwarten, daß aufrichtige Männer, welche dem Kaiser und dem Vaterlande treu gedient hätten, sich mit ihrem Namen an Handlungen beteiligten, die sie aus innerster Überzeugung als schädlich für Krone und Reich ansähen. Gemeinsam mit Ludendorff stellte er gegebenenfalls sein Amt zur Verfügung.

Zwei Tage später legte Hindenburg dem Reichskanzler Grafen Hertling dar, daß er angesichts der Verantwortung, welche er, der Feldmarschall, trage, an Rücktritt denken müsse, und zwar er in erster Linie, nicht Ludendorff, würde die OHL vor Tatsachen gestellt, die sie nicht sanktionieren könne. Die OHL forderte die Köpfe Kühlmanns und des Chefs des Zivilkabinetts, Valentini. Sie hielt Kühlmann für zu schwächlich, sie wünschte rasche klare Erfolge, während die Verhandlungen einmal wegen deutsch-österreichischer Meinungsverschiedenheiten, zum anderen wegen ständiger Verzögerungs- und Agitationsmanöver der russischen Delegierten, sich außergewöhnlich schwierig gestalteten. Bei den Besprechungen mit dem Kaiser fand Kühlmann Ludendorffs Ton gegenüber der Majestät geradezu ungehörig, der Feldmarschall ging für sein Empfinden bis zur Grenze des Erträglichen.

Am 23. Januar 1918 mühte sich der Kanzler, in einem Memorandum eine Abgrenzung der Verantwortlichkeiten zwischen OHL und Reichsleitung zu erreichen, die Verantwortung für die Friedensverhandlungen sollte bei der Reichsleitung liegen, die OHL sollte nur beratende Rechte haben. Einen Tag später schrieb der Kaiser an Hindenburg, betonte, die Entscheidung liege allein bei ihm, schlug sich ganz auf die Seite der Reichsleitung, appellierte an Hindenburg, ihm seinen wertvollen Rat weiterhin zu erhalten und – opferte seinen vertrauten Chef des Zivilkabinetts. Es war ein sehr unwürdiger Versuch, die Würde der kaiserlichen Stellung zu wahren. Nachfolger Valentinis wurde Herr v. Berg-Markienen, ein Vetter Oldenburg-Januschaus und Verfechter altpreußischer Traditionen. Der deutsch-polnische Magnat Graf Hutten-Czapski urteilte später rückschauend in seinen Memoiren, der Sturz Valentinis sei zweifellos einer der ersten Schritte zur Revolution von oben gewesen. Die Würde des Monarchen hatte einen neuen schweren Schlag erlitten, eine Tatsache, die merkwürdigerweise dem überzeugten Royalisten Hindenburg gänzlich entging, da ihm nichts ferner lag, als die Gewalt der Krone zu schmälern. Und doch trieben ihn die Verhältnisse dazu, die Opposition der OHL zu vertreten und gegen den Kaiser durchzusetzen. Es blieb das bedrückende Bild des resignierenden Monarchen, während der greise Reichskanzler letzthin sein Vertrauen darauf gründete, daß die OHL den militärischen Erfolg verbürge, und während der verantwortliche Leiter der Außenpolitik, der nach einer diplomatischen Lösung Ausschau hielt, sich ganz isoliert sah. Je komplizierter sich die Zusammenarbeit zwischen OHL und Reichsleitung gestaltete, desto mehr Zwischeninstanzen wurden geschaffen. Seit dem August des Jahres 1917 vertrat der frühere Militärattaché in Paris, Oberst v. Winterfeld, die Interessen der OHL beim Reichskanzler. In Berlin amtierte unter Oberst v. Haeften, einem Mann, der Ludendorffs besonderes Vertrauen genoß, die „Auslandsabteilung" der OHL. Das Auswärtige Amt wiederum unterhielt in dem Legationsrat Frh. v. Lersner einen besonderen Verbindungsmann zur OHL, während es in der Umgebung des Kaisers durch den Frh. v. Grünau vertreten war.

Liberale und großindustrielle Kreise forderten in einer Eingabe an die OHL für das Jahr 1918 nurmehr eine politische Offensive. Ludendorff antwortete am 11. Februar 1918, nur Handeln könne noch einen Erfolg verbürgen. Seit dem Einmarsch in Belgien und Frankreich im Jahre 1914 hatte die deutsche Heeresleitung infolge des Ausscheidens Rußlands aus dem Krieg zum ersten Mal wieder im Westen die Wahl zwischen Angriff und Verteidigung. Niemand empfand im Grunde die lähmende Endlosigkeit des Stellungskrieges stärker als der Feldmarschall, der noch in der Gedankenwelt des älteren Moltke aufgewachsen war. Niemand begrüßte mehr als er die Möglichkeit zu einzelnen Gegenschlägen, wie sie sich beispielsweise im Herbst des Vorjahres in der Italien-Offensive oder in der Tankschlacht bei Cambrai geboten hatte. In den großen operativen Entschlüssen hatte die eigentliche Stärke des deutschen Generalstabes gelegen. Schlieffen, der so viel bewunderte Meister, hatte in der Operation das Wesen der Kriegführung erblickt, und der Feldmarschall wie der Erste Generalquartiermeister waren seine Schüler. Es war daher kein Wunder, daß beide jetzt die Gelegenheit gekommen sahen, die Operationsfreiheit zurückzugewinnen. Der Angriff war stets die Waffe der preußischen Armee gewesen. Beide, Hindenburg wie Ludendorff, waren überzeugt, daß man alles daran setzen mußte, im Westen durch eine großangelegte Offensive den Krieg abzukürzen, bevor sich die amerikanische Unterstützung voll auswirken konnte. Gleichzeitig sah man sich jedoch genötigt, mit begrenzten Kräften im Osten ein neues weitgespanntes Offensivunternehmen einzuleiten. Im Februar 1918 besetzten deutsche und österreichische Truppen die Ukraine, um die bolschewistische Regierung bei den Verhandlungen in Brest-Litowsk unter Druck zu setzen und um angesichts steigender Knappheit an Lebensmitteln das reiche landwirtschaftliche und industrielle Potential Südrußlands für die deutsche Kriegswirtschaft zu sichern.

Die große Offensive im Westen wurde die beherrschende Idee der OHL für das neue Jahr, sie bildete die letzte große Hoffnung. Hindenburg selbst widmete sich den Vorbereitungen bis in alle Einzelheiten, er gedachte den Schlag mit neuartigen Mitteln und mit zahlreichen Verstärkungen so zu führen, daß er nicht fehlgehen konnte und stand ihm mit einem großen Optimismus gegenüber, ganz einfach schon deshalb, weil der Krieg mit dieser Offensive wieder jene Formen annehmen mußte, die ihm geläufig waren, in denen er als Soldat denken gelernt hatte. Zudem gehörte Vertrauen in die eigene Kraft zu seinen schönsten Gaben, er argumentierte weit gelassener als der Erste Generalquartiermeister, der mehr und mehr unter der tödlichen Last der Arbeit litt und der mehr und mehr den furchtbaren Ernst der Situation erahnte. Im Feldmarschall verkörperte sich dagegen all das Vertrauen, all die Hoffnungen, die auch der Frontoffizier und der gemeine Mann empfanden, wenn sie aus dem öden Einerlei des Grabenkrieges herausgerissen wurden, wenn der Befehl zum Angriff erging. Ludendorff wußte um dieses Kapital an moralischer Kraft, er tat alles, um Hindenburgs Glauben nicht zu schmälern, weil er wußte, daß jede Unsicherheit der Führung sich sofort nach unten lawinenartig fortpflanzen würde, weil er ahnte, daß die letzte Karte ausgespielt wurde.

Im Januar des Jahres 1918 veröffentlichte der amerikanische Präsident Woodrow Wilson sein berühmtes Programm der Vierzehn Punkte für den kommenden Weltfrieden, das scheinbar auch für einen Verständigungsfrieden Raum bot. Er forderte die Abschaffung der Geheimdiplomatie, die Freiheit der Meere, eine allgemeine Abrüstung, die Räumung aller besetzten Gebiete, das Selbstbestimmungsrecht für alle Völker und die Errichtung eines Völkerbundes. Schon befand sich eine riesige amerikanische Armee in Aufstellung, um in Europa einzugreifen, um nötigenfalls dies Programm zur Verbesserung der Welt mit Gewalt zu verwirklichen. Die deutsche OHL glaubte, sie verfüge noch über genügend Kräfte, um die Entscheidung zu erzwingen, bevor die amerikanischen Divisionen in die Waagschale geworfen werden konnten. Allein es gab neue Mahnzeichen. Mitten in den Vorbereitungen für die große Schlacht im Westen brach in Berlin ein Munitionsarbeiterstreik aus, an dem sich rund eine halbe Million Arbeiter beteiligten, ein Zeichen für die wachsende Kriegsmüdigkeit. Auf Verlangen der OHL wurde der Streik durch schärfste Maßnahmen abgewürgt. Hindenburg forderte in einem Schreiben an Hertling Stärke und Festigkeit in der inneren Politik und die offene Erklärung, daß Streik im Krieg Landesverrat sei. Ludendorff verlangte in einem Brief an den Kriegsminister General v. Stein schärfste Bekämpfung des „Terrorismus". Gerade General v. Stein, einst Ludendorffs Vorgänger als Chef der 2. (Deutschen) Abteilung im Generalstab, der Freund und Gönner Hindenburgs, war jedoch für derartige Maßnahmen ein sehr ungeeigneter Mann, ganz einfach, weil er sich einen Kampf zwischen Volk und Heer gar nicht vorstellen konnte, weil er nicht ernsthaft an revolutionäre Strömungen glauben mochte.

In Bad Homburg vor der Höhe einigten sich der Kaiser, der Kanzler, der Vizekanzler v. Payer und die OHL über die Durchführung der zur Offensive notwendigen Schritte. Am 3. März des Jahres 1918 erzwangen die Mittelmächte durch ein Ultimatum die Unterzeichnung des Friedensvertrages durch die bolschewistische Regierung. Zwei Tage später erfolgte der Abschluß eines Vorfriedens mit Rumänien. Die beiden Friedensverträge brachten jedoch im Grunde keine volle Entlastung. Rumänien verblieb unter deutscher Besatzung, in Südrußland schoben sich deutsche Verbände bis in die Ostukraine und bis in den Kaukasus vor, ständig behindert durch bolschewistische Partisanen. In der Ukraine entstand unter dem Hetman Skoropadski eine deutschfreundliche Regierung, im Bereich der Donkosaken begünstigten die deutschen Stellen die weißgardistische Armee des Hetmans Krasnow, während England und Frankreich versuchten, im Kubangebiet, in Nordrußland und in Sibirien antibolschewistische Regungen zu unterstützen, um Rußland wieder für die Alliierten zurückzugewinnen.

Der Gedanke, angesichts der wenigstens teilweise erreichten Entlastung im Osten nochmals im Westen eine militärische Entscheidung anzustreben, um England und Frankreich an den Verhandlungstisch zu bringen, bevor die Masse des amerikanischen Heeres in Europa eingreifen konnte, entsprach – es ist schon einmal gesagt worden – dem rein soldatischen Denken der beiden Männer an der Spitze der OHL. Ludendorff war jetzt auch gewillt, unter Umständen Belgien bei Verhandlungen nach der Offensive in die Waagschale zu werfen, die Bekanntgabe eines offenen Verzichtes hielten er wie Hindenburg für undiplomatisch. Ludendorff hatte vielmehr die Vorstellung, man müsse die militärische Offensive mit einer außenpolitischen und propagandistischen Kampagne großen Stils koppeln, um den Kriegswillen Englands zu brechen. Man wußte bei der OHL, daß sich einflußreiche Kreise um den ehemaligen Außenminister Lord Lansdowne gegen die Kriegspolitik des allmächtigen, redegewaltigen und diktatorisch regierenden Premierministers Lloyd George gewandt hatten und glaubte daher an die Existenz einer „Friedensbewegung". Ludendorff sandte dem Kanzler im Januar 1918 eine Denkschrift über die Notwendigkeit einer politisch-propagandistischen Aktion zu. Worte seien heute Schlachten, so schrieb er! Für solche Aktion fehlte der Reichsregierung das Organ. Der Staatssekretär v. Kühlmann griff dafür, unabhängig vom Drängen der OHL und ohne diese oder den so impulsiven Monarchen in Kenntnis zu setzen, im Einverständnis mit dem Kanzler zu einem alterprobten Mittel, er versuchte alte freundschaftliche Beziehungen zu führenden englischen Diplomaten zur Erkundung der Möglichkeiten eines Vergleichsfriedens auszunutzen.

Die beiden führenden Soldaten wiederum erhofften von der geplanten gewaltigen Angriffsserie im Westen die Überwindung des erstarrten Krieges und die Erzwingung der großen Wende. Dann erst mochten die Diplomaten sprechen. Sie verhehlten sich nicht die Zunahme von Ermüdungserscheinungen in der eigenen Truppe, die Einflüsse, die aus der hungernden Heimat kamen, die schleichende Umsturzpropaganda aus dem In- und Ausland. Indes glaubten sie, die Offensive, der Übergang zum Bewegungskrieg und die reifende Entscheidung würde die Truppe wieder hochreißen, würden an all die guten Eigenschaften des Soldaten appellieren, die in den meisten Verbänden immer noch lebendig waren. Die reine Defensive barg nur die Endlosigkeit des Ringens mit einem übermächtigen Gegner, der stärker, nicht schwächer wurde. Hindenburg hielt es für geboten, mit allen Mitteln das Ringen abzukürzen, und zwar nicht durch einen, seiner Auffassung nach vermeidbaren Vergleichsfrieden, sondern durch die Herbeiführung einer echten militärischen Entscheidung. Vier Jahre lang war er in treulicher Pflichterfüllung der Heimat fern geblieben, er wußte wohl, daß die Menschen dort litten, daß sie hungerten, daß ihre seelischen Kräfte schwersten Belastungen ausgesetzt waren, aber er wußte auch, daß die Niederlage nur noch Schlimmeres bringen würde. Bei den Besprechungen mit Kaiser und Kanzler in Bad Homburg vor der Höhe im Februar betonte Ludendorff, die geplante Offensive werde lang anhalten, ein gewaltiges Ringen werde anheben, an einer Stelle beginnend, an einer anderen sich fortsetzend, der Kampf würde schwer, aber er würde siegreich sein! Zum ersten Mal wurde es möglich, durch den Abzug von 48 Divisionen aus Rußland, Italien und Rumänien im Westen zahlenmäßig die Überlegenheit zu gewinnen. Im Frühjahr 1918 standen an der Westfront 193 deutsche Divisionen etwa 170-180 feindlichen Großverbänden unterschiedlichen Wertes gegenüber, von englischen, französischen und kanadischen Divisionen bis zu indischen und portugiesischen Divisionen. Dagegen erwies es sich als unmöglich, stärkere österreichische, bulgarische oder türkische Kräfte für die Westfront zu erhalten, ohne die anderen Fronten in Norditalien, in der Ukraine, in Mazedonien, in Palästina und Nordmesopotamien allzusehr zu schwächen.

Aus früheren Kriegen fehlte dem Generalstab jegliche Erfahrung und Vergleichsmöglichkeit für den Übergang aus dem Stellungskrieg zu neuem operativem Handeln, wie Oberstleutnant Wetzell später in seiner Denkschrift für den Untersuchungsausschuß des Reichstages hervorhob. Nur die Schlacht von Gorlice-Tarnow und der rumänische Feldzug boten Vorbilder. Die Operation, die notwendig war, um die Bewegungsfreiheit zurückzugewinnen, bestand aus zwei Phasen, dem taktischen Durchbruch durch die feindliche Front und dem strategischen Ansatz gegen Flanke und Rücken des Gegners. Hindenburg baute auf die neuen Angriffsmethoden der Operationsabteilung, die einheitliche Ausbildung in der Angriffstaktik, den Ansatz des ersten Angriffs an der schwächsten Stelle, um das Moment der Überraschung auszunutzen, die Vermeidung des stumpfsinnigen tagelangen Trommelfeuers und der nicht minder stumpfsinnig-schematisch langsam vorverlegten artilleristischen Feuerwalze, der beliebten Taktik der Alliierten und die rasche Nutzung der Anfangserfolge, für die die Stäbe unmittelbar auf das Gefechtsfeld vorgezogen werden sollten. Hindenburg, Ludendorff und Wetzell sahen die Bürgschaft für den Erfolg darin, daß die geistige Selbständigkeit und Elastizität der deutschen Führungskunst die Herrschaft des Materials überwand. Die eigenen Munitionsvorräte reichten nicht für ein tagelanges Trommelfeuer, das zudem den Gegner mißtrauisch machen mußte. Daher war geplant, die Offensive mit einem kurzen, geballten artilleristischen Feuerschlag von zermalmender Wucht einzuleiten, für den man zur Wahrung des Überraschungsmomentes ein neuartiges Schießverfahren entwickelt hatte, durch das das langwierige Einschießen vermieden wurde.

Die für den Angriff bereitgestellten Divisionen waren zweifellos noch gut. Es gelang auch trotz steigenden Pferdemangels infolge der Knappheit an Futtermitteln und der durch Rohstoffschwierigkeiten und Treibstoffmangel bedingten ungenügenden Motorisierung, die Artillerie und die Troßverbände der Angriffsdivisionen beweglich zu machen. Es fehlte jedoch an Kavallerie-Korps mit Radfahr- und Panzerautomobilverbänden oder an verlasteten Infanterieeinheiten zum raschen Nachstoß in die Tiefe. Längst waren die meisten Kavallerieregimenter infolge des Mangels an Pferdefutter in Schützenverbände umgewandelt worden, was noch an berittenen Einheiten vorhanden war, stand im Osten und war dort nicht zu entbehren. Es war ein Symbol der Auflösung der alten Welt. Die vornehmsten Regimenter der Monarchie mit überwiegend adeligen Offizierskorps waren die berühmten Kürassier-, Dragoner-, Ulanen- und Husaren-Regimenter gewesen, die durch Jahrhunderte die Schlachten für den König von Preußen entschieden hatten. Jetzt hatte der lange Schützengrabenkrieg sie überflüssig gemacht, und in der Stunde, in der man ihrer wieder bedurft hätte, machte der Wirtschaftskrieg des 20. Jahrhunderts einen Strich durch die Rechnung. Völlig, von wenigen Versuchsmodellen und Beutefahrzeugen abgesehen, fehlte eine eigene Kampfwagen-Waffe. Hier setzten die Rohstoffschwierigkeiten der Produktion enge Grenzen. Weder Hindenburg noch Ludendorff schätzten den Wert der sehr schwerfälligen, unbeholfenen und leicht verwundbaren Panzerfahrzeuge als Angriffsmittel sonderlich hoch ein, sie vertrauten auf die Kampfkraft der eigenen Infanterie, die vor allem da, wo sie mit erheblich leichter zu erzeugenden Panzerabwehrwaffen, beweglichen Infanteriegeschützen, Tankgewehren oder motorisierten Fliegerabwehrkanonen, ausgestattet war, bislang noch immer der neuen Angriffswaffe Herr geworden war, auch dann, wenn diese in größeren Massen eingesetzt wurde, wie im vorjährigen Herbst bei Cambrai und am Bourlonwald.

Nach längeren Debatten und Kontroversen über den geeigneten Ansatzpunkt für den ersten gewaltigen Stoß entschied man sich für den Angriff auf die Nahtstelle der englischen und französischen Armeen zwischen Arras und La Fère, um die englische Front nach der Kanalküste hin aufzurollen. Vier neue Armee-Oberkommandos wurden im Westen eingeschoben, die gesamte Front gliederte sich jetzt in vier Heeresgruppen, Kronprinz Wilhelm, Kronprinz Ruprecht, Herzog Albrecht von Württemberg und General v. Gallwitz. Gerade die Tatsache, daß drei der Heeresgruppen von Persönlichkeiten fürstlichen Ranges, dem deutschen, dem bayrischen und dem württembergischen Thronerben, geführt wurden, lieh den ihnen zugeteilten Stabschefs eine besondere Bedeutung. Die drei Chefs der Prinzen, Generalmajor Graf v. d. Schulenburg, General v. Kuhl und Oberst Heye waren im Sinne der Ludendorffschen „Chef-Hierarchie" eigentlich die entscheidenden Offiziere, mit denen er direkt arbeitete.

Für den ersten Angriffschlag wurden auf dem Nordflügel die 2. und die 17. Armee mit 39 Divisionen, 2.175 Feld- und 1.495 schweren Geschützen bereitgestellt, auf dem Südflügel die 18. Armee mit 24 Divisionen, 1.580 Feld- und 940 schweren Geschützen. Das Bild, das Hindenburg und Ludendorff vorschwebte, war eine Offensive mittels einer bislang nie erreichten Konzentration von Infanterie und Artillerie. Brachte der erste wuchtige Schlag nicht gleich den erhofften Zusammenbruch des Gegners, so sollten ihm ähnliche Schläge an anderen Stellen folgen. Der französische Marschall Foch prägte später das Wort von der „Büffelstrategie" Ludendorffs. Letzthin – obwohl das später gern und oft bestritten worden ist – warf Ludendorff, gedeckt durch Hindenburgs Autorität, alles, was er an Kräften hatte, in die Waagschale, eben weil in dieser Offensive nach langen zermürbenden Kriegsjahren die letzte, die einzige Hoffnung lag, daß man dem Gegner wieder den eigenen Willen aufzwang. Hindenburg war überzeugt, daß dies möglich sei. Öfter denn je zuvor fuhr er an die Front, besuchte Truppenteile, darunter auch sein altes Regiment, das 3. Garde-Regiment zu Fuß, kontrollierte den Ausbildungsstand, sprach einige wenige markige Worte, wie es seine Gewohnheit war.

Am 8. März des Jahres 1918 wurde das Hauptquartier von Bad Kreuznach nach dem belgischen Badeort Spa in der Provinz Lüttich verlegt, einem berühmten Mineralbad in waldiger Gebirgsgegend. Die OHL bezog Quartier im „Hotel Britannique". Unmittelbar vor Beginn der Offensive gingen Hindenburg und Ludendorff mit der Operationsabteilung noch weiter vor nach Avesnes, einem kleinen Städtchen an der Helpe in Nordfrankreich, einstmals einer von Vauban erbauten Festung. Hier befand sich nun für Monate in einer viel zu kleinen Villa mit engen ungemütlichen Räumen die Nervenzentrale des deutschen Heeres. Heftige Frühjahrsregen machten die Märztage in Avesnes noch trüber, das Städtchen war sowieso als Regennest berüchtigt.

Als Angriffstermin für das „Unternehmen Michael", die große Schlacht in Frankreich, war der 21. März vorgesehen. Zeitweilig dachte man schon daran, den Angriff wegen der langanhaltenden Regenfälle zu verschieben. Dann besserte sich überraschend das Wetter. Am 20. März versammelte Hindenburg noch einmal die Chefs der Angriffsarmeen in Avesnes zu einer kurzen, allerletzten Besprechung. Er schloß diese mit einer Ansprache, in der er seinem felsenfesten Vertrauen Ausdruck lieh, daß die Truppe es schaffen würde und allen Generalstabsoffizieren für ihre aufopferungsvolle Vorarbeit dankte. Wörtlich sagte er: „Ich bin überzeugt, daß wir siegen werden. Wir wollen siegen, und wo der Wille vorhanden ist, findet sich auch der Weg. Also vorwärts mit Gott!" Am nächsten Morgen brüllte das Artilleriefeuer auf, dann erhoben sich die drei Angriffsarmeen zum Sturm, rechts die 17. Armee in Richtung Arras-Cambrai, in der Mitte die 2. Armee zwischen Cambrai und St. Quentin, links die 18. Armee im Raum La Fère. Der Verlauf des Angriffs entsprach nach den ersten Erfolgen nicht den hoben Erwartungen, während das Zentrum leidliche, der linke Flügel vorzügliche Erfolge errang, geriet der rechte Flügel, auf dem die Entscheidung fallen sollte, rasch ins Stocken und hing nach zwei Tagen erheblich zurück. Hindenburg entschloß sich gemeinsam mit Ludendorff, den ursprünglichen Operationsplan abzuwandeln, um das Beste aus der einmal entstandenen Lage herauszuholen und ein Stocken der gesamten Bewegung zu vermeiden. Jetzt erwies sich als besonders nachteilig, daß weder bewegliche Truppen noch eine starke operative Reserve-Armee hinter der Front existierten. Dazu hatten die eigenen Kräfte nicht mehr gereicht. Die 18. Armee erhielt nun Bewegungsfreiheit in südwestlicher Richtung, die 2. Armee des Generals der Kavallerie v. d. Marwitz wurde auf Amiens dirigiert, die Nahtstelle der alliierten Armeen, der rechte Flügel sollte in nordwestlicher Richtung durchbrechen, um so die Voraussetzungen für den zweiten vorgesehenen Angriffsschlag zu schaffen, den die 4. und die 6. Armee von der Heeresgruppe Ruprecht gegen die englische Front in Flandern führen sollten.

Freilich zerfaserte sich so die deutsche Stoßrichtung, die Angriffsfront verbreiterte sich bei sich abnutzenden Kräften sowohl in nordwestlicher wie in südwestlicher Richtung. An die Stelle des anfänglichen Ziels, einer Aufrollung der englischen Front, trat die Absicht, durch einen Durchbruch bei Amiens die englische von der französischen Armee zu trennen. Der Angriff der 18. Armee in west-südwestlicher Richtung kam gut voran, hier erreichte man den Raum von Albert-Montdidier-Noyon. Auch die 17. Armee machte Fortschritte. Als neue Ziele wurden für AOK 17 St. Pol, für AOK 2 Amiens, für AOK 18 Compiègne in Richtung Paris ausgegeben. Für die Männer in der häßlichen, ziegelroten, gelb abgesetzten Villa in Avesnes waren es Tage ungeheurer Spannung. Ungeheuer war aber auch die angstvolle Spannung, mit der man im englischen Kriegskabinett nach Nachrichten von der Front Ausschau hielt. Die 3. und 5. englische Armee waren zerschlagen, schon erwog man den Rückzug der englischen Truppen auf die Kanalküste, die Hilferufe, die nach Amerika gingen, wurden dringlicher und verzweifelter. Noch einmal beherrschte der deutsche Soldat, beherrschten der alte preußische Feldmarschall und sein Erster Generalquartiermeister die Stunde.

Dann enthüllte sich, wie sehr sie im Appell an den altpreußischen Angriffsgeist die eigenen Kräfte überschätzt hatten. Im Trichtergelände der ehemaligen Sommeschlacht kam der Nachschub nicht nach, die ausgehungerten deutschen Truppen plünderten vielfach die reichen, erbeuteten feindlichen Verpflegungslager, Regenfälle verhinderten das rasche Nachziehen der schweren Waffen. Es fehlte generell die Möglichkeit, die Anfangserfolge mit der notwendigen Schnelligkeit auszunutzen. Am 28. März blieb ein Angriff auf Arras, der der 2. Armee den Weg nach Amiens hatte öffnen sollen, liegen. Gleichzeitig gelang auf alliierter Seite angesichts der tödlichen Bedrohung durch die deutsche Offensive die Bildung eines einheitlichen Oberkommandos unter Marschall Foch, ein Schritt, der bislang stets an englisch-französischen Eifersüchteleien und Kompetenzstreitigkeiten gescheitert war.

Am 25. März hatte der Kaiser voreilig befohlen, angesichts des Sieges in der „Schlacht bei Monchy-Cambrai-St. Quentin-La Fère" zu flaggen und Viktoria zu schießen. Hindenburg erhielt den Blücher-Stern zum Eisernen Kreuz, eine Auszeichnung, die vor ihm nur einmal, im Jahre 1815, für den Sieg bei Waterloo an den Fürsten Blücher, den berühmten „Marschall Vorwärts", verliehen worden war. Ludendorff wurde mit dem Großkreuz des Eisernen Kreuzes ausgezeichnet. Beide empfingen ehrende Handschreiben ihres kaiserlichen Herrn. Und doch war kein entscheidender Sieg errungen, der Kaiser hatte nur wieder jenen Sieg als sicher und unbestreitbar vorweggenommen, den Ludendorff bereits in den Besprechungen in Homburg vor der Höhe als unbestreitbar vorweggenommen hatte. Darin enthüllte sich das Bewußtsein, daß man die letzte Karte ausspielte, daß diese Karte stechen mußte. In diesen Tagen fuhren der Kaiser und der Feldmarschall nach vorn, sie wollten bei den vorwärtsstürmenden Truppen sein. Beim Frühstück in Gouzaucourt, im Sektor der 2. Armee, trafen sie deren Oberbefehlshaber, den General der Kavallerie v. d. Marwitz. Der Kaiser öffnete Hindenburgs Mantel und wies auf den Blücherstern, den der Feldmarschall bereits auf der Brust trug, indem er bemerkte, Blücher habe den Stern bekommen, weil er mit den Engländern, Hindenburg, weil er gegen die Engländer gesiegt habe. „Vater Hindenburg", schrieb Marwitz nach Hause, sei stumm gleich einer Mauer dagestanden. Das Schweigen verbarg viel. Zuvor hatte Marwitz die Majestät gewarnt, die Schlacht sei noch nicht gewonnen. Der Kaiser hatte sehr bestimmt, fast verweisend, erwidert, der erste große Abschnitt sei siegreich beendet.

Das Stocken des Angriffs vor Arras bedingte neue Überlegungen. War es vorteilhafter, den zweiten Offensivschlag bei Armentières gegen den englischen Nordflügel einzuleiten und alle Kräfte dorthin zu werfen oder den Angriff auf Amiens fortzusetzen? Hindenburg billigte Ludendorffs Vorschlag, beides zugleich zu wagen. Am 4. April 1918 blieb der Angriff auf Amiens 16 Kilometer vor dem heißersehnten Ziel liegen. Der am 9. April einsetzende zweite Angriffschlag brachte zwar die Niederlage der an der dortigen Front stehenden portugiesischen Divisionen und die Erstürmung des beherrschenden Kemmel-Berges, aber wiederum keinen entscheidenden Durchbruch. Am 25. April beantragten Kronprinz Ruprecht und sein Stabschef General v. Kuhl die Einstellung der Offensive. Der bayerische Kronprinz war schon lange skeptisch geworden, ob der Krieg überhaupt noch zu gewinnen sei.

Doch Ludendorff hielt fest am Bild der einander folgenden Angriffsschläge, und Hindenburg war seiner ganzen Art nach überzeugt, daß man den einmal gefaßten Entschluß nun durchhalten mußte, so bitter und furchtbar die Schlacht auch wurde. Nach einer Atempause für die eigenen Truppen dachte Ludendorff an einen Ablenkungsstoß in Richtung auf Paris, um die französischen Reserven zu binden, während gleichzeitig eine österreichische Offensive an der italienischen Front den Abzug von Kräften aus Italien verhindern sollte, um dann endgültig zur Zertrümmerung des britischen Nordflügels auszuholen. Unterdes mühte sich Oberst v. Haeften von der Auslandsabteilung der OHL, im neutralen Ausland zu erkunden, ob etwa der Gegner bereits friedenswillig und verhandlungsbereit geworden sei. Haeften besaß Ludendorffs Vertrauen, doch seine Versuche, die OHL mit Kühlmann zu versöhnen, stießen auf das alte Mißtrauen. Militärisch beherrschten die großen Chefs die Szene, die „militärischen Manager", von denen Ludendorff den stärksten Mann unter den Armee-Chefs, Oberst Friedrich v. Loßberg, jeweils dorthin delegierte, wo die Lage kritisch schien. Der Kaiser trat hinter dem Feldmarschall und dem Ersten Generalquartiermeister fast ganz zurück.

Zwischen dem 11. und 14. Mai 1918 fanden in Spa Besprechungen zwischen dem Monarchen, Hindenburg, Ludendorff, Hertling und Kühlmann statt. Auch der österreichische Kaiser und der König von Bayern erschienen, der Kaiser mußte all seinen so verhängnisvollen Geheimverhandlungen über einen Sonderfrieden abschwören, aber es war klar, daß die Haltung Österreichs höchst unsicher war und blieb. Ludendorff sprach offiziell zu Gunsten der Fortsetzung der Offensive, er mochte die Initiative nicht preisgeben, hatte jedoch schon vorher unter vier Augen Oberst v. Haeften eröffnet, die Offensive sei nur durchzuhalten, wenn der Kanzler und der Kriegsminister 200.000 Mann Ersatz verfügbar machten, die praktisch nicht vorhanden waren.

Am 27. Mai begann der dritte Offensivschlag, das Unternehmen „Blücher-Yorck“, die 1. und die 7. Armee griffen am Chemin des Dames an, die französischen Stellungen wurden überrannt, die deutsche Front schob sich in weiter Wölbung vor, deutsche Angriffsspitzen erschienen bei Reims, bei Chateau-Thierry, drei Tagemärsche vor Paris, das mit neuartigen Ferngeschützen beschossen wurde. Abermals flutete eine Welle der Panik durch die Reihen der Alliierten. Jetzt mußte sinngemäß die große Flandernoffensive folgen, es erwies sich indes als unmöglich, die Truppen so rasch umzugruppieren. Dafür erweiterte sich der deutsche Frontvorsprung in Richtung auf Paris bis in die Gegend von Compiègne. Die Marne wurde überschritten. Bei Chateau-Thierry traf man auf die ersten amerikanischen Einheiten. Dann erlahmten auch hier die deutschen Kräfte.

Kronprinz Ruprecht wandte sich mahnend an den Kanzler, man solle Verhandlungen einleiten, solange man noch Trümpfe in der Hand habe. Oberst v. Haeften trat am 3. Juni mit einem Vorschlag zur Einleitung einer politischen Offensive gegen die feindliche Heimatfront hervor und verlangte als Voraussetzung für den Erfolg größte Mäßigung in der Frage der Kriegsziele. Ludendorff unterbreitete dem Kanzler eine zweite Denkschrift über die Notwendigkeit politischen Handelns. Gleichzeitig jedoch war er überzeugt und wußte sich darin gedeckt durch den Feldmarschall, daß man in den militärischen Anstrengungen nicht nachlassen dürfe, daß man weiter auf die feindliche Front im Westen einhämmern müsse. Unabhängig von der OHL, ohne Wissen des Kaisers, ohne Informierung Oberst v. Haeftens, hatte unterdes der Staatssekretär v. Kühlmann unter Ausnutzung alter freundschaftlicher Beziehungen zu einem britischen Diplomaten Verhandlungen im neutralen Holland über den Austausch deutscher und englischer Kriegsgefangener dazu benutzt, durch den deutschen Vertreter des Roten Kreuzes, den Fürsten Hermann v. Hatzfeld, Herzog zu Trachenberg, Kontakt mit dem englischen Unterstaatssekretär des Auswärtigen Amtes Lord Newton zu gewinnen. Sein Ziel war eine geheime Zusammenkunft mit einem führenden englischen Staatsmann in Holland, um die Möglichkeiten eines Verständigungsfriedens zu erkunden. Nur der Kanzler Graf Hertling wußte um diesen Schritt. Kühlmann wollte vorsichtig die deutsche Öffentlichkeit auf derartige Schritte vorbereiten und erklärte in Anlehnung an Formulierungen der Haeftenschen Denkschrift über politische Aktionen, daß ein Ende des Krieges auf rein militärischem Wege ohne diplomatische Verhandlungen kaum zu erwarten sei. Jetzt rächte sich das fehlende Vertrauensverhältnis zur OHL wie das Fehlen jeglicher Koordinierung aller politischen und militärischen Anstrengungen durch den Kaiser. Die Konservativen ritten im Reichstag eine scharfe Attacke gegen die Rede Kühlmanns, Hindenburg und Ludendorff, welche die Hintergründe des Kühlmannschen Schrittes nicht kannten, jedoch von starkem Mißtrauen gegen ihn erfüllt waren – Hindenburg hatte sogar dem Kaiser gegenüber sich einmal beschwert, Kühlmann spiele ein „ausländisches Glücksspiel namens Poker!“ – hielten die Rede für baren Defaitismus. Sie erzwangen seinen Rücktritt und durchkreuzten damit, ohne es zu ahnen, vielleicht die letzte Möglichkeit eines Vergleichsfriedens, da auf englischer Seite sich bereits der südafrikanische Feldmarschall Smuts zu Gunsten eines derartigen Friedens geäußert hatte.

Staatssekretär des Auswärtigen Amtes wurde der bisherige Gesandte in Norwegen und frühere Marine-Attaché in Petersburg, Admiral v. Hintze. Auch Haeften geriet bei Ludendorff in Mißkredit, er untersagte ihm nach der Rede Kühlmanns jede weitere Beteiligung an Friedensschritten. Mit dem Feldmarschall setzte er seine ganze Hoffnung auf den vierten vorbereiteten Offensivschlag, das Unternehmen „Marneschutz-Reims“, das die 1., 3. und 7. Armee von der Heeresgruppe Kronprinz durchführen und dem dann der Schlag Numero Fünf, das Unternehmen „Hagen“, in Flandern folgen sollte. „Marneschutz-Reims“ sollte durch eine doppelte Umklammerung das französische Stellungssystem auf den Höhen zwischen Reims und der Marne aus den Angeln heben. Ludendorff bedeutete Admiral v. Hintze, er hoffe mit der Offensive den Kampfwillen des Gegners zu brechen und ihn friedenswillig zu machen. Aber er selbst fand, damals gern und oft vor großen Entscheidungen die Losungen der Herrenhutischen Brüdergemeine studierend, im Gegensatz zum Leitspruch für den 21. März die Losung für den 15. Juli, den Tag der Offensive Numero Vier, bedrückend. Tatsächlich wurde der Angriff durch Überläufer verraten, die Franzosen konnten rechtzeitig ihre Truppen in rückwärtige Stellungen zurücknehmen, der deutsche Feuerschlag und die Sturmkolonnen trafen ins Leere und stießen dann auf eine wohlvorbereitete feindliche Abwehr. Der Angriff mußte abgebrochen werden. Zwei Tage später fuhr Ludendorff mit den Obersten Bauer und Wetzell und Major v. Vollard-Bockelberg im Auto zu einer Besprechung zur Heeresgruppe Kronprinz. Als der Wagen in hoher Geschwindigkeit einen Kleinbahndamm passierte, wurden Ludendorff und Bauer mit dem Kopf gegen einen der Spannbogen des Regenschutzes geschleudert. Während Ludendorff nur einen leichten Gehirnschock und eine Stauchung des Rückens davontrug, erlitt Oberst Bauer eine Gehirnerschütterung, der er zwar wenig Beachtung schenkte, die aber künftig doch seine Arbeitskraft wie seine seelische Verfassung erheblich beeinträchtigte – ein unheimliches Spiel des Zufalls.

Ludendorff hatte zunächst nach der Einstellung des Unternehmens „Marneschutz-Reims" an die Einleitung von „Hagen" gedacht. Da traf am 18. Juli die Meldung von einem französischen Gegenangriff mit zahlreichen neuen leichten Kampfwagen aus dem Wald von Villers-Cotterets ein. Verbände der 7. und 9. Armee gaben nach, in der Folge mußte der deutsche Frontvorsprung an der Marne geräumt und die für Flandern bereitgestellten Divisionen umdirigiert werden, um die Front bei Soissons-Reims zu stützen. Ludendorff war tief erschüttert, eigentlich begann jetzt bei ihm eine nervöse Krise in Permanenz. Am Tag des Gegenstoßes von Villers-Cotterets trug Hindenburg dem Kaiser selbst über die Lage vor, nach dem Zeugnis des Generalobersten v. Plessen auch da gelassen und ruhig. Er betonte, man müsse den Angriff bei Reims fortsetzen, wenn der Flankenstoß des Feindes zum Stehen gebracht sei, darüber könnten indes Wochen vergehen.

Am anderen Tag, dem 19. Juli, schlug Hindenburg bei der Mittagstafel vor, mit allen verfügbaren Kräften über die Höhen nordwestlich von Soissons zum Gegenstoß anzusetzen und dafür die Truppen aus Flandern heranzuziehen, was bedeutet hätte, daß die Herbeiführung einer Entscheidung endgültig in den Raum zwischen Aisne-Marne gelegt worden wäre. In dieser Stunde, in der der deutschen Führung die Initiative zu entgleiten drohte, trat der Feldmarschall charakteristischerweise mit einem eigenen und zwar theoretisch vollkommen richtigen Vorschlag hervor, während er sonst vertrauensvoll Ludendorff die Planung überlassen hatte. Dieser war solch Verhalten nicht mehr gewöhnt, war zudem überreizt und sah sich im Inneren der schrecklichen Erkenntnis gegenüber, daß alle Berechnungen getrogen hatten. Er wurde sehr schroff und erklärte, das müsse unterbleiben. Darauf hob der Feldmarschall die Tafel auf. Ludendorff entfernte sich mit blutrotem Kopf. Beim abendlichen Vortrag kam Hindenburg auf seinen Plan zurück, fuhr mit der Hand über die Karte, die Höhen nordwestlich Soissons beührend, und versetzte mit seiner tiefen Stimme: „So müssen wir den Gegenstoß führen, das würde die Krisis sofort lösen." Ludenorff entgegnete heftig, das sei Unsinn und entfernte sich. Hindenburg folgte ihm mit der kurzen Bemerkung, er möchte ihn noch sprechen. Später erzählte er dem Obersten Mertz v. Quirnheim von der Operationsabteilung B, er habe Ludendorff klar gemacht, wenn das Unternehmen aus sachlichen Gründen (zweifelhaft war vor allem infolge der angespannten Transportlage die Möglichkeit rascher Umgruppierung) nicht durchführbar sei, so müsse man eben darauf verzichten. Er müsse ihn jedoch ersuchen, seine Gegengründe sachlich zu formulieren und den Ton militärischer Subordination zu wahren. Es war vermutlich das erste Mal, daß er ihm einen Verweis erteilte.

Fortan häuften sich indes Klagen vieler Generalstabsoffiziere, voran des Generals v. Kuhl und des Obersten v. Loßberg wie des freilich sehr kritisch urteilenden Obersten v. Mertz über Ludendorffs Nervosität und Überarbeitung. Schon rein äußerlich erschien dieser in den Monaten der tödlichen Krise mit seinem geröteten, gedunsenen Antlitz und den umschatteten Augen nicht gesund. Er schlief schlecht, aß wenig, arbeitete jedoch noch wütender und rastloser als zuvor, als könne er durch ununterbrochene Tätigkeit das Unheil bannen, das riesengroß heraufzog. Am 22. Juli gab Hindenburg beim Vortrag vor dem Kaiser zu, neue Unternehmungen seien erst möglich, wenn die Truppe wieder geordnet und aufgefüllt sei. Ludendorff erschien den einen gedrückt und nervös, den anderen trotz allem immer noch bewunderungswürdig in seinem rasenden Arbeitseifer. Auch das Bild des Feldmarschalls wurde schwankender. Für den 29. Juli gibt es beispielsweise zwei sich widersprechende Zeugnisse. Generaloberst v. Plessen, der Kommandant des Großen Hauptquartiers, notierte, aus Avesnes berichte der Chef des Militärkabinettes, Freiherr v. Marschall, der Feldmarschall müsse Ludendorff aufrichten, Oberst v. Mertz vermerkte hingegen, der Feldmarschall habe anscheinend keine Stütze für Ludendorff geboten. Bezeichnend für die in der engsten Umgebung Hindenburgs und Ludendorffs um sich greifende Unsicherheit war die Tatsache, daß Oberst Bauer, der für sich in Anspruch nahm, daß er gewissermaßen zweimal, 1914 und 1916, Ludendorff und mit ihm 1916 Hindenburg in maßgebliche Stellungen lanciert hatte, die Überzeugung gewann, Ludendorff müsse weg, müsse durch jemand anderes ersetzt werden und daß er höchst unruhige politische Projekte schmiedete, die Ernennung des Fürsten Bülow zum Reichspropagandaminister, die stärkere Einschaltung des Kronprinzen, die Ernennung eines Diktators, wobei er sowohl an den Kammerherrn v. Oldenburg-Januschau wie an den sozialdemokratischen Reichstagsabgeordneten Gustav Noske dachte, einen für sehr national und wehrfreudig geltenden Mann, ein Abbild der politischen Weltfremdheit der politisierenden Generalstäbler seines Schlages, die nach dem „starken Mann" riefen.

In diesen Tagen unterbreitete der Major im Generalstab Niemann dem Leiter der Zentralabteilung des Generalstabes, Oberst v. Tieschowitz, eine Denkschrift über Politik und Kriegführung, welche der Oberst so beachtlich fand, daß er ihn nach Avesnes rief. Major Niemann nahm nach einer Aussprache mit Hindenburg und Ludendorff an der Abendtafel teil, er fand die Stimmung bei allen gedrückt, alle waren ermüdend einsilbig und ersichtlich sehr abgespannt. Ludendorff beschloß, Niemann solle Verbindungsoffizier der OHL beim Kaiser werden und stimmte ihm zu, daß die Politik jetzt das Wort haben müsse, doch dürfe man dem Gegner keine Zugeständnisse machen, diese würden nur schaden. Major Niemann erwiderte lakonisch, komme der Berg nicht zum Propheten, müsse der Prophet zum Berge kommen.

Auch Hindenburg, der nach dem Urteil des Obersten v. Mertz „mit blühendem Optimismus" dem Unternehmen „Marneschutz-Reims" entgegengesehen hatte, war sich jetzt klar darüber, daß die eigenen Verbände eine Atempause brauchten. Die meisten Divisionen waren abgekämpft, vielerorts grassierte die Grippe, zahlreiche Offiziere waren ausgefallen, die Ersatzlage war schwierig, die Ernährungsschwierigkeiten in der Heimat nahmen zu. Zu diesem Zeitpunkt aber waren bereits 27 frische, glänzend ausgerüstete, wenn auch noch kampfunerfahrene amerikanische Divisionen in Frankreich gelandet. Die Waage neigte sich! Trotz der Mahnungen des eisernsten unter den großen Chefs, des Obersten v. Loßberg, bezweifelte man nach wie vor bei der OHL, daß die Amerikaner sonderlichen Kampfwert besaßen und wollte die Vorstellung von der Überlegenheit des deutschen Frontsoldaten nicht aufgeben. Ludendorff äußerte gegenüber Hindenburg, er müsse sein Amt zur Verfügung stellen. Der Feldmarschall wie der Kaiser versicherten ihn darauf ihres vollsten Vertrauens. Nur zögernd, wobei Hindenburg schließlich einsichtiger als Ludendorff war, ging man daran, die Aufgabe der großen, durch die verschiedenen Offensiven entstandenen, Frontvorsprünge einzuleiten. Die fehlende Beweglichkeit der eigenen Verbände, vor allem der Etappenformationen, machte sich erschwerend bemerkbar. Immer wieder klagten dabei die Heeresgruppen- und Armeechefs über das häufige „Hineinbefehlen" des Ersten Generalquartiermeisters. Immer stärker griffen trübe Ahnungen um sich, so daß die OHL am 7. August in einem Geheimerlaß Stellung gegen „Flaumacherei" nahm.

Am nächsten Tage, dem 8. August 1918, griffen auf Betreiben des alliierten Oberkommandierenden Marschall Foch, der die Initiative nicht wieder aus der Hand geben wollte, obwohl er im Augenblick keinerlei größere Reserven zur Hand hatte, englisch-australisch-kanadische Verbände mit zahlreichen Tanks beiderseits der großen Römerstraße Amiens-St. Quentin den Frontvorsprung der 2. Armee an und erzielten beim XX. Korps und beim General-Kommando 51 tiefe Einbrüche. Sechs Divisionen wurden überrannt. Tanks, Panzerautomobile und feindliche Kavallerie stießen tief in das deutsche Hinterland vor. Schlimmer war jedoch das Versagen geschlossener Truppenteile, Eingreifverbände wurden von Flüchtenden mit den Rufen „Streikbrecher“ – „Kriegsverlängerer“ empfangen. Die Front der 2. und der 18. Armee mußte zurückgenommen werden. Ludendorff, den die Meldungen zutiefst erschütterten, sandte den Obersten v. Mertz zum AOK 2, sein Bericht bestätigte die trüben Vermutungen. Für die „Chefwirtschaft“ charakteristisch war, daß sofort der Chef des AOK 2, Oberst v. Tschischwitz, als Sündenbock abberufen wurde. Die Erinnerungen des Generals v. Gallwitz bergen für diese Wochen sehr interessante Einzelheiten über das Nachlassen der Disziplin bei Ersatz- und Ausbildungstruppen, über Ausschreitungen auf Bahntransporten zur Front und Fälle von Desertionen und Weglaufen im Gefecht. Die moralischen Kräfte der Truppe waren erschöpft.

Am 10. August erschien der Kaiser in Avesnes bei Hindenburg und Ludendorff. Major Niemann, der ihn begleitete, fand den Feldmarschall abgespannt. Ludendorff wies darauf hin, daß man eine schwere Niederlage erlitten habe, er sprach später vom 8. August als dem „Dies ater“ des deutschen Heeres. Nach wie vor verlangte er indes, daß man keinen Fußbreit Bodens ohne Kampf aufgeben dürfe. Als er geendet hatte, verlas Hindenburg ein Telegramm des Generals v. Cramon, des deutschen Bevollmächtigten bei der österreichisch-ungarischen Heeresleitung, die physische und moralische Kraft der Doppelmonarchie ginge dem Ende entgegen. Der Kaiser, nach Niemanns Erinnerungen bleich, mit tiefgefurchtem Antlitz und unruhig flackerndem Blick der einst so strahlenden blauen Augen, erklärte wörtlich: „Ich sehe ein, wir müssen die Bilanz ziehen. Wir sind an der Grenze unserer Leistungsfähigkeit. Der Krieg muß beendet werden.“ Er ließ auch wissen, Österreich habe bereits empfohlen, den König von Spanien um seine Vermittlung zu ersuchen, und bat die Herren für die nächsten Tage zur Konferenz nach Spa. Ludendorff schrieb später in einer seiner polemischen Schriften („Die überstaatlichen Mächte im letzten Jahr des Weltkrieges") über die Lage nach dem 8. August 1918: „Der Krieg war militärisch nicht mehr zu gewinnen. Aufgabe der Politik wurde es, ihn zu beendigen." Das war die herkömmliche, im Grunde mechanische Vorstellung von der Trennung der Gewalten und der Verantwortlichkeiten. Die beiden führenden Soldaten hatten keine sehr klare Vorstellung von den ungeheuren Schwierigkeiten, die jeglichen politischen Schritten im Wege standen. Ludendorff vor allem hatte jetzt das Vertrauen zu sich wie zum Heer verloren, er glaubte sich nicht mehr berechtigt, dem Heer neue Blutopfer abzuverlangen und drängte daher die politischen Stellen zum Handeln.

Vom 13.-14. August 1918 tagte die vom Kaiser angekündigte Konferenz zwischen den führenden Männern der OHL und der Reichsleitung in Spa. Hindenburg gebrauchte zur Kennzeichnung der Lage die Formulierung, man dürfe nicht mehr hoffen, den Kriegswillen des Gegners durch kriegerische Handlungen zu brechen, man müsse sich strategisch gesehen nurmehr auf die Defensive beschränken. Ludendorff gab sehr deutlich gegenüber dem Kanzler und dem Staatssekretär v. Hintze seiner Besorgnis Ausdruck, die Heimat lasse das Heer moralisch wie materiell im Stich. Hindenburg sah in der strikten Defensive noch eine Hoffnung, allmählich den Kampfwillen des Gegners zu lähmen. Der Staatssekretär Admiral v. Hintze, auf dessen diplomatisches Geschick die beiden führenden Soldaten große Hoffnung setzten, gab zu verstehen, wenn man verhandeln wolle, müsse man die bisherigen politischen Ziele fallen lassen. Hindenburg und Ludendorff hielten Konzessionen im Westen für möglich, wollten jedoch die Eroberungen im Osten unter allen Umständen halten. Beide warfen später der Reichsleitung vor, sie habe praktisch gar nichts unternommen. Ludendorff lebte ganz in der Vorstellung, daß man in der Diplomatie ebenso rasch handeln könne wie bei militärischen Entscheidungen. Offiziell wurde zwar der Entschluß gefaßt, den König Alfons XIII. von Spanien und die Königin

Wilhelmine der Niederlande um ihre Vermittlung anzugehen, praktisch war es jedoch ungeheuer schwierig, einerseits das Gesicht zu wahren und andererseits um eine Friedensvermittlung nachzusuchen, während der Gegner sich des eigenen Übergewichtes klar bewußt war, obwohl die alliierten Militärs sich noch nicht im Klaren darüber waren, wie weit die deutsche Widerstandskraft bereits unterhöhlt war. Dazu wechselte Ludendorffs Stimmung rascher denn je. Den Schlußworten des Protokolls über die Sitzungen in Spa, die Hindenburg gewählt hatte, gab er schließlich wieder eine zuversichtlichere Fassung. Auch war er sich durchaus nicht sicher, ob man dem Auswärtigen Amt wirklich den tödlichen Ernst der Situation klar machen sollte. Gegenüber Oberst v. Mertz gab er zu, es falle ihm schwer, dem Auswärtigen Amt reinen Wein einzuschenken, ohne dieses „ängstlich zu machen".

Ähnlich unsicher stand er der sich zuspitzenden Lage im Inneren gegenüber. Oberst Nicolai von der Abteilung III B hatte den Eindruck, als begänne er seine ungeschminkten Berichte zu fürchten. Ein Kampf gegen den inneren Feind, eine Erhebung des Volkes gegen das Heer, waren für ihn ganz ungewohnte Vorstellungen. Noch weniger mochte der Feldmarschall an solche Entwicklung glauben, ganz ähnlich vertrauensvoll argumentierend wie der Kriegsminister General v. Stein. An der Tafel in Brest-Litowsk, an der bei den Friedensverhandlungen mit der Sowjetregierung zum ersten Mal die Vertreter der neuen Heilslehre gemeinsam mit königlichen Prinzen, preußischen Generalen und österreichischen Hocharistokraten gespeist hatten, während sie gleichzeitig versucht hatten, ihre revolutionäre Propaganda auf das deutsche Ostheer auszudehnen, hatte der russische Admiral Altvater Generalmajor Hoffmann von der ungeheuren psychologischen Wirkung der bolschewistischen Propaganda auf die russischen Truppen erzählt. Unter vier Augen hatte er ihn zu warnen versucht, es würde dem deutschen Heer nicht anders als dem russischen ergehen, wenn diese Propaganda zu wirken begänne. Selbst ein so kluger Mann wie Hoffmann hatte ihn daraufhin ausgelacht. Und der Kaiser hatte einem Warner, dem ersten Leiter des Kriegsamtes, Generalleutnant Groener, auf dessen Hinweis, wenn es nicht gelänge, Kaiser und Arbeiterschaft enger zusammenzuführen, würde es unmöglich sein, den Krieg auf die Dauer durchzuhalten, eisig erwidert, solche Worte wünsche er von einem General nicht wieder zu hören.

In militärischer Hinsicht sah sich die OHL der Notwendigkeit gegenüber, großzügige Räumungsoperationen einzuleiten und auf rückwärtige Stellungen auszuweichen, für deren Vorbereitung wenig geschehen war. Unter den bedeutenden Chefs wuchs die Kritik an Ludendorff. General v. Kuhls Tagebuch hält dessen Aufgeregtheit, Nervosität und Wutausbrüche fest. Andere tadelten lebhaft das Ludendorffsche System, überall Sündenböcke zu suchen und allen anderen Schuld an den Niederlagen zuzumessen, nur sich selbst nicht. Der Gegner setzte seine Angriffe fort, am 2. September ereignete sich ein neuer tiefer Einbruch bei der 17. Armee an der Straße Arras-Cambrai. Am Nachmittag dieses Tages rief Ludendorff, bei dem sich der Feldmarschall befand, den Chef der Operationsabteilung, Oberstleutnant Wetzell, zu sich und erklärte, er lege Wert darauf, in Wetzells Gegenwart Hindenburg zu wiederholen, was er ihm bereits unter vier Augen gesagt habe, daß keine Aussicht mehr bestünde, den Krieg noch zu gewinnen. Hindenburg erwiderte darauf: „Dann ist aber auch jeder Tag ein Gewinn für uns, um den wir den Krieg abkürzen. Die Marine hat sich eben in ihrer Berechnung der Wirkungen des U-Bootkrieges getäuscht." Oberst v. Mertz, dem Wetzell hernach die Szene schilderte, fragte, was sich denn Ludendorff eigentlich unter dem Gewinn des Krieges vorgestellt habe. Wetzell zuckte die Achseln.

Am 6. September wurden die Stabschefs der alten Heeresgruppen Kronprinz Wilhelm und Kronprinz Ruprecht, Graf v. d. Schulenburg und Hermann v. Kuhl, sowie der Chef der neugebildeten Heeresgruppe v. Boehn, Oberst v. Loßberg, nach Avesnes befohlen. Der Feldmarschall sprach selbst über die operative Lage, erklärte, die OHL habe keine Fehler begangen, sonst stünde er nicht mehr hier, bürdete die Schuld den Indiskretionen, die vorgekommen seien, und der unzureichenden Führung der Armeen auf und betonte, der Rückzug müsse aufhören, man müsse siegen, sonst sei man verloren.

Damit stellte er sich, was ihm persönlich alle Ehre machte, aber sachlich möglicherweise zu weit ging, ganz vor den Ersten Generalquartiermeister. Kuhl schrieb verbittert, alle anderen seien schuld, nur nicht die OHL. Loßberg vermerkte Ludendorffs Nervosität. Graf v. d. Schulenburg meinte später, es wäre besser gewesen, wenn Ludendorff im August gegangen wäre. In einen derartigen Wechsel im Amt des Ersten Generalquartiermeisters hätte der Feldmarschall damals jedoch zweifellos nicht eingewilligt, schon weil es ihm unehrenhaft erschienen wäre, nach einem Fehlschlag sofort den Mann fortzuschicken, mit dem er Jahre hindurch auf das engste zusammengearbeitet hatte.

Aus der Besorgnis heraus, Ludendorff könne die Reichsleitung nicht in genügendem Umfange über den Ernst der Lage unterrichten, veranlaßten Oberst v. Mertz und der Leiter der Militärpolitischen Abteilung der OHL, General v. Bartenwerffer, durch Oberst v. Winterfeld den Kanzler, die Stellungnahme der OHL zur Kriegslage zu erbitten. Hindenburg erwiderte, die Lage sei sehr gespannt, der Kräfteverschleiß auf deutscher Seite durch die Tankangriffe sei groß, die Ersatzlage absolut unbefriedigend. Er hoffe aber, die Lage zu halten, da auch der Gegner Einbußen erleide. Zu größeren Offensiven, die allein noch in diesem Jahr einen entscheidenden Umschwung bringen könnten, sei das Heer nicht mehr fähig. Am 9. September erschien Admiral v. Hintze auf Wunsch der OHL in Spa und erhielt endlich reinen Wein eingeschenkt. Aus Wien verlautete bereits, die österreichische Regierung plane einen allgemeinen Friedensaufruf. Dies Vorgehen hielt der Feldmarschall für falsch, er setzte noch immer seine Hoffnung auf einen Vermittlungsschritt mit Hilfe neutraler Mächte. Geschehen war dafür wenig, es war auch die Frage, ob ein derartiger Schritt noch irgendeinen Erfolg haben konnte. Die beiden führenden Staatsmänner in London und Paris, Lloyd George und Clemenceau, wußten sehr gut, daß der Sieg der Alliierten nurmehr eine Frage der Zeit war, und die Zeit war nicht der Verbündete Deutschlands!

Die innerhalb der OHL um sich greifende Unsicherheit und sehr vermutlich die Intrigen des Obersten Bauer, dem es nicht gelungen war, Ludendorff zu stürzen, führten inzwischen am 6. September zu einem plötzlichen Wechsel in der Leitung der Operationsabteilung. Oberstleutnant Wetzell wurde versetzt, anfangs sollte er Chef beim AOK 3 werden, dann kam er als Chef zum AOK 5. Der Vorgang blieb ihm selbst ganz unverständlich und rätselhaft. Der eigentliche Leiter der Operationsabteilung wurde der Ia, Major Joachim v. Stülpnagel, einstmals Ludendorffs Bürooffizier in der 2. (Deutschen) Abteilung. Als Nachfolger Wetzells wurde der für sehr tüchtig und fleißig, aber auch für vollkommen unpolitisch und unparteiisch geltende bisherige Stabschef der Heeresgruppe Herzog Albrecht von Württemberg, Oberst Wilhelm Heye, in die OHL versetzt. Man hatte Ludendorff drei Kandidaten präsentiert, Oberst v. Loßberg, General v. Seeckt, der damals Chef des türkischen Generalstabes war, und Oberst Heye. Er hatte den bequemsten und am wenigsten eigenwilligen gewählt. Heye, ein sehr ehrlicher Mann, bekannte selbst, es sei besser gewesen, wenn Wetzell geblieben wäre, er wäre nicht mehr als ein „fünftes Rad am Wagen" gewesen. Oberst Bauer hatte wahrscheinlich auf den Grafen Schulenburg gesetzt, den Stabschef des Kronprinzen, dieser wiederum hatte nachdrücklich General v. Seeckt empfohlen, der für die größte Hoffnung des Generalstabsnachwuchses galt. Weder Schulenburg noch Seeckt hätten indes zu Ludendorff gepaßt.

Angesichts dessen völliger Überarbeitung wurde auf Betreiben Dr. Münters, des Leibarztes Hindenburgs, ein Nervenarzt, Oberstabsarzt Dr. Hochheimer, zugezogen, um Ludendorff zu behandeln. Dr. Münter hatte von Ludendorffs Reizbarkeit erfahren, hatte sogar von einem gelegentlichen Weinkrampf gehört. Dr. Hochheimer kam aus dem Stab des Feldsanitätschefs, wo er auch mit der Behandlung des Wohnungsproblems und des Kriegerheimstätten-Wesens befaßt worden war. Er veranlaßte den Feldmarschall, das enge, unbequeme, vorgeschobene Hauptquartier in Avesnes, wo der Feldmarschall mit seinem Adjutanten Rittmeister v. Pentz, Dr. Münter, Ludendorff und dessen Adjutanten Oberleutnant Lingemann gemeinsam in einer kleinen Villa hauste, aufzugeben und in das komfortablere Spa zurückzukehren. Hochheimer begann Ludendorff seelisch wie körperlich zu behandeln und stellte mit Besorgnis und Befremden fest, wie verkrampft das Seelenleben dieses so berühmten Mannes war. Der Mensch in Ludendorff, schrieb er, müsse erst wiedergeboren, vielleicht erst entwickelt werden! Hindenburg zeigte sich äußerst besorgt um die Gesundheit des Ersten Generalquartiermeisters, er meinte, dieser sei „mehr wert als 12 Armeekorps". Die Behandlung Hochheimers zeitigte auch Erfolge, Ludendorff erholte sich sichtlich, aber es war die Frage, ob tatsächlich eine derartige psychotechnische Kur von vier Wochen die Schäden jahrelanger Überarbeitung vollkommen wieder beseitigen konnte. Die Verhaltensweise des Patienten in der bald eintretenden Krise sprach nicht dafür.

Während die OHL wieder im „Hotel Britannique" in Spa ihren Einzug hielt und Hindenburg dort sein Quartier in der „Villa Sous Bois" nahm, fielen die Schläge dichter und dichter. Das Heer schrumpfte zusammen, 29 Divisionen mit 58 Infanterie-Regimentern mußten aus Mangel an Ersatz aufgelöst werden. Hinter der Front schwoll das Heer der Drückeberger und Fahnenflüchtigen, es nutzte nicht viel, daß man besondere Feldgendarmerie-Eskadrons bildete. In der hungernden Heimat brandete immer stärker die Frage auf, warum und für wen man diesen Krieg noch weiterführe. Die Kriegsziele der alten Führungsschicht waren in den Augen der Massen keine zugkräftige Parole. In Rußland lockte das Bild der Arbeiter-, Bauern und Soldatenrevolution. Mitte September veröffentlichte die österreichische Regierung einen „Aufruf an Alle" zur Einleitung von Friedensverhandlungen und gab damit ihren Bankrott bekannt.

Der Feldmarschall suchte nach Kräften die Fühlung mit der Truppe zu wahren, suchte ihr Kraft zu geben und selbst Zutrauen aus der Haltung der Frontverbände zu gewinnen, die in der weit überwiegenden Mehrzahl noch immer willig kämpften, litten und starben. Am 18. August hatte er in Beaumont im Beisein seines alten, nunmehr achtzigjährigen ehemaligen Kompaniechefs Hauptmann a. D. v. Seel den Vorbeimarsch seines alten geliebten 3. Garde-Regiments zu Fuß abgenommen. Meist verzichtete er jedoch jetzt auf Paraden und offizielle Besichtigungen, die die abgekämpfte Truppe nur ermüdeten, sondern wollte nurmehr durch die Ruhequartiere gehen, um die Leute zu sehen, mit ihnen zu sprechen und sich ein Bild von ihrer körperlichen und seelischen Verfassung zu machen. Wiederholt mußten bereits angesagte Besuche bei aus der Front gezogenen Divisionen wieder abgesagt werden, weil die betreffenden Verbände wieder in die Esse der gewaltigen, nicht mehr abreißenden Schlacht geworfen werden mußten, weil die Front keinen Mann mehr entbehren konnte. Am 19. September besuchte er in Ruhe liegende Verbände der 17. Armee, als ihm der Zusammenbruch der bulgarisch-deutschen Front in Mazedonien und das bevorstehende Ausscheiden Bulgariens aus der Reihe der Verbündeten gemeldet wurden. Er blieb ruhig, wurde aber sehr blaß, erst allmählich wurde er beim Essen, das der Oberbefehlshaber der 17. Armee, General v. Below, in seinem Hauptquartier in Denain gab, etwas gesprächiger. Am Nachmittag fuhr er zu Divisionen der 6. Armee. Er fand die meisten Einheiten sehr abgekämpft, sehr müde und äußerst gedrückter Stimmung. Den folgenden Tag stattete er der 207. Division in Auby einen Besuch ab, verteilte Eiserne Kreuze und sprach zu den zusammenströmenden Soldaten einige wenige Worte, es komme nur mehr auf eines an, durchzuhalten und den Feind nicht durchzulassen. Generalmajor Czettritz von der 207. Division hat die Szene festgehalten, er sah die hünenhafte Erscheinung des alten Feldmarschalls in der graubezogenen Pickelhaube und im hellgrauen Mantel mit dem Marschallstab in der mächtigen Faust zum ersten Mal und war tief beeindruckt, aber ihm entging auch nicht der todernste, in weite Fernen entrückte Blick. Der Zusammenbruch Bulgariens bedingte die Schaffung einer neuen kräftezehrenden Verteidigungsfront auf dem Balkan. Das so weitgespannte Gebilde deutscher Macht, das immer noch von Flandern und vom Artois bis in den Kaukasus sich erstreckte, zerbrach Stück um Stück.

Am 23. und 24. September 1918 weilte Generalleutnant Groener, 1917 als Chef des Kriegsamtes über Meinungsverschiedenheiten mit der Industrie zurückgetreten, seit 1918 Chef des Stabes der in der Ukraine operierenden Heeresgruppe Kiew, in Spa bei der OHL, um sich zu informieren. Er hatte schon als Chef der einstigen Eisenbahn-Abteilung des Generalstabes für einen der am modernsten denkenden Offiziere gegolten. Ludendorff äußerte sich ihm gegenüber sehr ernst und meinte, man könne sich nurmehr wenige Monate halten, bis Weihnachten müsse Friede sein. Der gleiche Ludendorff sagte aber auch zu dem Freiherrn v. Lersner vom Auswärtigen Amt, dieser solle ihn nicht drängen bei der Entschlußfassung, er, Ludendorff, habe den Ruhm Hindenburgs geschaffen: „Und der Feldmarschall weiß dienstlich noch von nichts!" Damit unterstellte er diesem eine Ahnungslosigkeit, die nicht den Tatsachen entsprach. Die Generalstäbler Heye, Stülpnagel, Bartenwerffer, Mertz drängten zu klaren Entschlüssen. Ludendorff klammerte sich an Nachrichten vom Ausbruch der Lungenpest in der französischen Armee. Oberst v. Mertz schrieb in seinem Tagebuch, Ludendorff habe wohl den Mut zu einem Verzweiflungskampf, nicht aber den Mut, ein Ende zu machen.

Ende September folgten neue feindliche Offensiven in der Champagne, zwischen Maas und Argonnen, wo die Amerikaner einbrachen, in Flandern, wo die Endländer auf Cambrai und auf die U-Bootbasen vorstießen. Ganz offensichtlich erstrebte der Gegner einen doppelten Durchbruch in Richtung auf Gent-Maubeuge und auf Charleville-Sedan, um die gesamte deutsche Front aus den Angeln zu heben. Noch hegte die OHL die Hoffnung, in elastischer Abwehr in neue Stellungen ausweichen zu können. Fechtend ging das Westheer in die Lys-Hermann-Brunhild-Stellung zurück, schon erwog man das abermalige Ausweichen in die Antwerpen-Maas-Stellung, für deren Ausbau es freilich an Kräften fehlte.

Am 27. September richtete Hindenburg einen Appell gegen Sorge und Mißmut an das Offizierkorps. Anderen Tages begab sich Ludendorff zum Feldmarschall, der sich bereits seine eigenen Gedanken darüber gemacht hatte, daß man endlich zu dem Entschluß kommen mußte, den Kampf abzubrechen. Beide fanden sich ohne viel Worte einig, daß man sofort Waffenstillstandsverhandlungen aufnehmen müsse. Die Vorstellung, welche sie dabei leitete, war in erster Linie die, eine Atempause zu gewinnen. Nach außen mußte man ihrer Auffassung nach alles vermeiden, was den Eindruck erwecken konnte, man könne die Waffen überhaupt nicht mehr aufnehmen. Um eine wirkliche Einheitsfront in der Heimat zu erreichen, schien die Umbildung der Regierung auf breitester Grundlage durch einen freien Entschluß des Monarchen unumgänglich. Solche Gedankengänge trafen sich mit denjenigen des Vizekanzlers v. Payer, eines süddeutschen Liberalen, und des Staatssekretärs v. Hintze, daß man durch eine rasche Reform von oben einer Revolution und einem totalen Zusammenbruch zuvorkommen müsse. Wieder schwebte den Soldaten vor, die Politiker hätten mit soldatischer Schnelligkeit zu handeln. Hindenburg unterstrich die Waffenstillstandsforderung durch ein Telegramm, jeder Tag, den man noch mit dem Angebot zögere, koste tausenden tapferer deutscher Soldaten das Leben. Was weder er noch Ludendorff sich genügend klar machten, war der Umstand, daß diese Forderung die Heimat, vor allem die führenden Politiker, die bislang stets in der Vorstellung von der Unbesiegbarkeit des deutschen Heeres gelebt hatten, praktisch gänzlich unvorbereitet traf und daß es unter ihnen keinen beherrschten, gelassen überlegenen, großen Geist gab.

Am 29. September teilten Hindenburg und Ludendorff, beide nach außen eine gute Haltung bewahrend, den Abteilungschefs des Generalstabes den bitteren Entschluß mit. In Spa begannen Beratungen über die neuen Maßnahmen. General v. Bartenwerffer sagte zu Major Niemann, man dürfe keine Stunde verlieren! An der Abendtafel im Großen Hauptquartier machte sich Mißstimmung gegen Ludendorff breit. Freiherr v. Lersner hatte dessen Drängen bereits gründlich mißverstanden und warf ihm vor, er wolle die völlige Kapitulation. Major Niemann erwog bei sich, ob nicht die Bildung einer Militärregierung unter dem Feldmarschall der beste Ausweg sei, sodaß man Unterhandlungen von Heeresleitung zu Heeresleitung führen könne. Beide Ideen bargen Unmögliches, Hindenburg hätte nie in die Kanzlerschaft gewilligt, weil er sich ihr nicht gewachsen fühlte, die Alliierten lehnten gerade Verhandlungen mit „Kriegsverbrechern“ wie Hindenburg und Ludendorff prinzipiell ab. Dazu fehlte im Großen Hauptquartier jede Kenntnis der Gedankengänge des Präsidenten Wilson, der überzeugt war, nur ein Kreuzzug gegen die überlebten Dynastien zu Gunsten der Weltherrschaft der Demokratie könne den Einsatz amerikanischer Truppen in diesem Kriege rechtfertigen. Unter den großen Chefs an der Front gab es berechtigte Bedenken gegen die Hast des neuen Schrittes der OHL. General v. Gallwitz, einer der ausgezeichnetesten Köpfe der deutschen Generalität, hielt es für falsch, die Karten offen auf den Tisch zu legen. General Groener sprach vom richtigen Entschluß im falschen Augenblick.

Unterdes reisten am Abend des 29. September der Reichsschatzsekretär Graf von Roedern und der Major Freiherr von dem Bussche-Ippenburg von der OHL nach Berlin. Bussche-Ippenburg sollte die Fraktionsvorstände über die Lage unterrichten, um durch die Kennzeichnung der Dringlichkeit eines Waffenstillstandes zugleich in der Stunde der Not den Weg zu einer nationalen Einheitsfront zu ebnen, abermals eine Hoffnung, welche den tatsächlichen Verhältnissen in keiner Weise Rechnung trug. Major v. d. Bussche-Ippenburg berichtete am 2. Oktober den führenden Parlamentariern, unter denen sich von konservativer und frei-konservativer Seite Graf Westarp und Freiherr v. Gampp-Massaunen, von den Nationalliberalen Stresemann, von der Sozialdemokratie Friedrich Ebert, von ausgesprochen staatsfeindlichen Parteien der Unabhängige Hugo Haase und der Pole Sayda befanden, über die Lage, betonte, infolge der Tankangriffe und des fehlenden Ersatzes sei das Heer am Ende seiner Kraft angelangt, betonte, jeder Tag könne die Lage weiter verschlechtern, betonte jedoch gleichzeitig, man dürfe keine Zeichen der Schwäche erkennen lassen, man müsse eine feste Einheitsfront von Heer und Heimat bilden, um den Kampf wieder aufnehmen zu können, wenn der Feind Deutschland den Waffenstillstand und den Frieden versage. Zwei der Abgeordneten mochten heimlich frohlocken, Haase und Sayda, es war naiv, anzunehmen, sie würden die Ausführungen des Majors, wie es vorgesehen war, vertraulich behandeln. Die anderen waren zutiefst erschüttert, ja gelähmt. Sie hatten fest auf das Heer, auf die OHL, vertraut und mußten nun erleben, daß diese jählings ihren Bankrott anmeldete und um ihren Beistand nachsuchte. Der preußische Landwirtschaftsminister v. Waldow, der der Sitzung beigewohnt hatte, äußerte hernach, nun bleibe nichts, als sich eine Kugel vor den Kopf zu schießen.

Den Forderungen der OHL wie der Berater des Kaisers gemäß vollzog sich die Umbildung der Regierung auf parlamentarischer Basis. Die Mehrheitsparteien übernahmen die Verantwortung. Der greise Graf Hertling trat zurück. Die Parteien einigten sich auf den badischen Thronfolger als Nachfolger, den Prinzen Maximilian von Baden, der als aufrichtiger Liberaler auch das Vertrauen der Mittelparteien und eines Teiles der Sozialdemokraten genoß.

Eigentlich hätte die OHL den Prinzen kennen müssen, er war kein Soldat, sondern eine sehr ideal gesonnene Gelehrtennatur, er besaß auch Beziehungen zu Kreisen, die einem Frieden um jeden Preis das Wort redeten, eine Anschauung, die er selbst nicht teilte. Sein Bestreben war es ehrlich, die Rettung der Monarchie und die Vermeidung der bedingungslosen Kapitulation zu erreichen. Die OHL kannte ihn nicht, kannte weder seine Vorzüge noch seine Schwächen. Ludendorff begrüßte jeden Kanzler, der die Reichstagsmehrheit brachte. Aber es war schwer, sich vorzustellen, daß der so wohlmeinende, kluge und hochgebildete Prinz in der Stunde äußerster Not der Mann war, ein Sechzig-Millionen-Volk zum letzten Verzweiflungskampf aufzureißen. Er war ein Mann des Friedens, nicht des Schwertes.

Trotzdem fand die neue Regierung, der der Botschafter Solf als Staatssekretär des Auswärtigen angehörte und die als Staatssekretäre ohne Portefeuille auch Vertreter des linken Zentrums, Erzberger, und der Mehrheitssozialdemokratie, Scheidemann, enthielt, zunächst den Beifall der OHL, die fortfuhr, mit Hast auf das Waffenstillstandsangebot zu drängen. In der Nacht vom 3./4. Oktober 1918 ging das Angebot entgegen erheblicher Bedenken des neuen Reichskanzlers hinaus, als Verhandlungsgrundlage sah man die Vierzehn Punkte des Präsidenten Wilson an, um dessen Vermittlung man bat. Oberst Nicolai suchte zu warnen, er hielt die neue Regierung für „katastrophal". Noch anders urteilte Oberst Bauer, er vertrat die Überzeugung, Hindenburg und Ludendorff hätten am 29. September feierlich ihre Ämter zur Verfügung stellen müssen. Bauer sagte Ludendorff offen, er gäbe das Rennen verloren, nun ginge es um Ludendorffs und des Kaisers Kopf. Dies wieder wollte Ludendorff nicht glauben, und der Feldmarschall vollends hielt eine deutsche Revolution für ausgeschlossen.

Ludendorff eröffnete vielmehr General v. Kuhl zufrieden, Prinz Max mache seine Sache gut. Hindenburg erklärte wörtlich am 3. Oktober vor dem neuen Kriegskabinett: „Gegenwärtig steht das deutsche Heer fest. Gezwungen, wird es von Abschnitt zu Abschnitt, sich zäh an den feindlichen Boden klammernd, ausweichen. Die Dauer solcher Rückzugsbewegungen ist vorher nicht genau zu bestimmen. Man kann aber hoffen, daß sie bis zum nächsten Frühjahr deutsches Gebiet beschützen werden." Zu Graf Westarp von der Konservativen Partei sagte er am gleichen Tag, er werfe die Flinte nicht ins Korn. Schon aber wies der Staatssekretär Solf ärgerlich warnend darauf hin, in der Behauptung, das Heer werde zusammenbrechen, wenn die Heimat nicht aushielte, läge eine Verschiebung der Verantwortung, die Wehrkraft, nicht die Heimat, sei zuerst zusammengebrochen. Der Kanzler gab indes am 5. Oktober unmißverständlich vor dem Kabinett zu verstehen, wenn kein ehrenvoller Friede zu erreichen sei, müsse man entschlossen im Vertrauen auf die gewaltigen, noch im deutschen Volk schlummernden Kräfte den letzten Kampf wagen.

Bei der OHL erwog man unterdes die Zusammensetzung der Waffenstillstandskommission, die zunächst einem Militär unterstehen sollte. Hindenburg dachte anfangs an den Generalobersten v. Beseler als Leiter, den bisherigen Generalgouverneur von Warschau, einen Mann, den er noch aus der Zeit kannte, da sie Kommandierende Generale gewesen waren und den er hoch schätzte. Beseler wurde am 2. Oktober nach Spa befohlen und war vollkommen gebrochen, als er erfuhr, welch undankbaren Auftrag man ihm übertragen wollte. Seine Mission scheiterte schließlich daran, daß sowohl Hindenburg wie Hintze sich überlegten, es müsse das Ende jeglicher deutschen Polenpolitik bedeuten, wenn man ausgerechnet den Generalgouverneur von Warschau mit den Waffenstillstandsverhandlungen betraute, während man gewillt war, bezüglich der Gebietserwerbungen im Osten fest zu bleiben. Dafür fiel die Wahl auf den Generalleutnant Erich v. Gündell, der einstmals zu Hindenburgs Magdeburger Zeit

Regimentskommandeur in Halberstadt gewesen und zuletzt im Friedensgeneralstab als Oberquartiermeister II die Auslandsabteilungen geleitet hatte. Um seiner Verdienste als Generalstäbler willen war er in den Adelsstand erhoben worden. Er galt für einen der befähigtsten Offiziere unter dem Nachwuchs. Der heiklen Aufgabe sah auch er naturgemäß mit sehr gemischten Gefühlen entgegen. Es war der bitterste Auftrag, der einen Offizier treffen konnte.

Die Antwort des Präsidenten Wilson auf das deutsche Waffenstillstandsgesuch traf in der Nacht vom 7. zum 8. Oktober 1918 in Berlin ein und wurde am 9. Oktober veröffentlicht. Als Vorbedingung für jedwede Verhandlungen verlangte die amerikanische Note die Räumung der besetzten Gebiete. Auf Einladung des Reichskanzlers Prinz Max von Baden wohnte Ludendorff einer Kabinettssitzung bei, bei der man erörterte, was geschehen müsse, um die Öffentlichkeit im Fall des Scheiterns der Verhandlungen zu mobilisieren. Walter Rathenau, damals ein warmer Bewunderer Ludendorffs, schrieb im „Berliner Tageblatt" einen Artikel, in dem er eine „Levée en masse" nach dem französischen Vorbild des 70er Jahres befürwortete. Gambettasche Maximen waren Ludendorff fremd, sie lagen überhaupt dem deutschen Volkscharakter nicht. Ludendorffs klaren Fragen wich der Prinz-Kanzler jetzt aus, er verlangte dagegen die Entfernung einiger Mitarbeiter, womit vor allem Oberst Bauer getroffen werden sollte. Das Kabinett unterbreitete dafür dem Ersten Generalquartiermeister einen umfassenden Fragebogen zur militärischen Lage, der unmöglich mit mathematischer Genauigkeit beantwortet werden konnte. Ludendorff suchte immer wieder dem Prinzen und seinen bürgerlichen und sozialistischen Staatssekretären klar zu machen, man dürfe sich nichts ohne Gegenbedingungen abhandeln lassen, solange man Faustpfänder habe, die Armee könne noch den Winter über halten – eigentlich ein Widerspruch zu allen Äußerungen vor dem Waffenstillstandsangebot! Jetzt drängte Ludendorff nicht mehr, eher bewegte ihn Skepsis, ob die neue Regierung imstande war, Festigkeit zu wahren und ob die Front tatsächlich halten würde. Er veranlaßte den Feldmarschall, dem Prinz-Kanzler in einem Schreiben klar zu machen, notfalls müsse man das Volk zu einem letzten Kampf aufrufen. Ein Erlaß der OHL vom 12. Oktober mahnte, man solle halten um jeden Preis, man müsse den Gegner weder unter- noch überschätzen. Am 13. Oktober wandte sich der Feldmarschall an das Heer und gab bekannt, daß er den Friedensschritt der Regierung billige. Gleichzeitig forderte er Vertrauen. General v. Gallwitz hatte den Eindruck, die OHL führe nurmehr mechanisch und resigniere im Grunde genommen. An der Front standen die meist zu Schlacke ausgeglühten Divisionen in dauerndem, hinhaltendem, schwerstem Abwehrkampf. Wo sie Boden aufgaben, geschah dies in voller Ordnung, was jetzt noch focht, war eine Elite, es gab keinen zweiten Dies ater! Wohl aber gab es im Hinterland viele, allzuviele, die nicht mehr die Kraft zum Kampf aufbrachten oder aufbringen wollten, weil sie den Sinn dieses Krieges nicht mehr begriffen. Am 14. Oktober richteten Hindenburg und Ludendorff ein neuerliches Telegramm an den Prinz-Kanzler, in dem sie einen ehrenvollen Frieden oder den Kampf bis zum letzten Mann und bis zur letzten Patrone forderten. Ludendorff hoffte, man könne lange Räumungsfristen für die besetzten Gebiete aushandeln, könne dergestalt Zeit gewinnen und schließlich, gab es gar keine andere Möglichkeit, die Verhandlungen wieder abbrechen.

Auf der Gegenseite aber stand ein philosophierender Theoretiker und doktrinärer, in der Diplomatie unerfahrener Universitätsgelehrter. Die zweite Note Präsident Wilsons vom 15. Oktober 1918 forderte die Einstellung des U-Bootkrieges und ließ die Unumgänglichkeit eines Regimewechsels, der Beseitigung der Monarchie, erkennen, wollte man die Verhandlungen zu einem ersprießlichen Ende bringen. Das Schicksal der Hohenzollern lag jetzt nicht mehr in der Hand des preußischen Adels, des Offizierkorps, des deutschen Volkes, sondern war dem Urteil des amerikanischen Präsidenten überantwortet. Einer der jungen Offiziere der OHL, Hauptmann v. Wallenberg, hat beschrieben, wie ungeheuer die versteckte Forderung nach der Abdankung des Kaisers den alten Feldmarschall, der sonst so gelassen schien, erregte, als die Note verlesen wurde.

Ludendorff eilte zu der für den 17. Oktober vorgesehenen Kabinettssitzung nach Berlin. Der Prinz-Kanzler wußte aus dem Munde des Kaisers von Rücktrittsdrohungen Ludendorffs, denen sich Hindenburg anschließen wollte. Der Staatssekretär Graf v. Roedern erörterte bereits die Möglichkeit, ob nicht der Kaiser Hindenburg befehlen könne, ohne Ludendorff im Amt zu bleiben. Ersichtlich war der Erste Generalquartiermeister, der eine so widerspruchsvolle Politik verfolgt hatte, zur Persona minus grata geworden – nicht ohne eigene Schuld!

In der Kabinettssitzung am 17. Oktober gab Ludendorff eine zuversichtliche Darstellung der militärischen Lage, betonte freilich, daß man scharf gegenüber Zersetzungserscheinungen durchgreifen müsse und lehnte das Ansuchen des Kabinettes ab, auch andere Armeeführer zur Lage zu hören. Die Verantwortung, erklärte er fest, läge beim Feldmarschall und ihm. Er fand sich einig mit dem Vizekanzler Friedrich v. Payer, daß man notfalls das Volk zum letzten Kampf aufrufen müsse. Der neue Kriegsminister General Scheüch versprach, noch einmal 600.000 Mann Ersatz aus der Industrie freizumachen. Nach der Sitzung hörte der Prinz-Kanzler indes verschiedene frühere deutsche Diplomaten und die deutschen Vertreter in Kopenhagen und Den Haag, welche alle ein Eingehen auf die zweite Note Wilsons empfahlen, weil sie weiteren Widerstand für nutzlos hielten. Die Stimmung wandelte sich wieder. Während am 18. Oktober die OHL in einem Erlaß an das Heer erklärt hatte, die Einheitsfront im Innern sei gesichert, mußte sie bereits zwei Tage später gegen die Absicht protestieren, den U-Bootkrieg einzustellen.

Am 24. Oktober 1918 traf die dritte Note Präsident Wilsons ein, sie verlangte bedingungslose Kapitulation. Darauf entwarf der Hauptmann im Generalstab Kröger auf Befehl des Feldmarschalls sofort eine Kundgebung der OHL an die Armee, die Antwort Wilsons sei unannehmbar, sie enthülle den Vernichtungswillen des Gegners und könne für den Soldaten nur die eine Aufforderung enthalten, den Widerstand mit äußerster Kraft fortzusetzen, im Bewußtsein, daß die Unzerbrechlichkeit der deutschen Front den Gegner schließlich zu einem Frieden bereit machen würde, der die Zukunft gerade der breiten Schichten des deutschen Volkes zu sichern vermöge. Ludendorff unterzeichnete erst nach Hindenburg diese Kundgebung.

Beide glaubten sich noch mit dem Vizekanzler einig und reisten – gegen den Willen des Prinz-Kanzlers, der in diesem kritischen Moment nichts mehr fürchtete als Forderungen der Soldaten – am Abend des 24. Oktober nach Berlin, wo sie am 25. Oktober zwischen 14 und 15 Uhr eintrafen. Auf dem Bahnhof empfing sie der seit drei Tagen in Berlin weilende Oberst Bauer, der Ludendorff warnte, es ginge um seinen Kopf. Ludendorff nickte. Der Kaiser empfing die beiden Generale in Gegenwart des Generalobersten v. Plessen. Hindenburg wie Ludendorff erklärten sehr energisch, würde jetzt nicht gehandelt, stünden Thron und Vaterland auf dem Spiel. Alle Verhandlungen müßten abgebrochen werden, eine neue Regierung müsse das Volk aufrufen. Das anfängliche Vertrauen zum Prinzen Max hatte bitterer Enttäuschung Platz gemacht. Der Kaiser ließ den neuen liberalen Chef des Zivilkabinettes, Clemens v. Delbrück, kommen, der die Ansicht der Regierung darlegte. Hindenburg und Ludendorff beharrten auf ihrem Standpunkt. Der Kaiser, notierte Plessen, blieb ganz passiv und verwies sie an den Kanzler. Was sie bislang nicht ahnten, waren zwei Dinge, einmal, daß der Kanzler erkrankt war und zum anderen, daß Baron Lersner aus Spa telegraphiert hatte, die OHL sei „sehr wild“, man solle sich aber um Gottes Willen nicht von der Friedenspolitik abbringen lassen, es gäbe nichts anderes mehr, die Lage sei hoffnungslos.

Abends gegen 21 Uhr erschienen Hindenburg und Ludendorff in der Sitzung beim Vizekanzler v. Payer, an der auch der Kriegsminister General Scheüch und der Chef des Admiralstabes v. Levetzow teilnahmen. Ludendorff verbürgte sich dafür, die Front würde halten. Payer gab sich skeptisch, was Ludendorff tief traf. Der Kriegsminister und der Feldmarschall schwiegen. Nach den Erinnerungen Payers schlug Ludendorff die Zurückziehung des Waffenstillstandsangebotes und einen gemeinsamen Aufruf von Kaiser, Kanzler, Reichskabinett, Bundesrat und Reichstag an das deutsche Volk vor. Klirrend sprach er von der Soldatenehre, die es zu retten gelte. Payer, der württembergische Liberale, entgegnete nüchtern, er sei nur ein schlichter Zivilist, kenne keine besondere Soldatenehre, sondern nur eine allen gemeinsame Ehre und sähe jetzt nur das hungernde Volk. Ludendorff fuhr grollend auf, denke der Vizekanzler so, lasse er die Dinge derart treiben, werde man in wenigen Wochen den Bolschewismus im Lande haben. Payer suchte ihn zu begütigen, die Beurteilung der Verhältnisse im Lande müsse man ihm überlassen, das verstehe er besser. Ludendorff wurde noch zorniger und erklärte brüsk, er und der Vizekanzler lebten in verschiedenen Welten, es habe keinen Zweck, das Gespräch fortzusetzen, er breche es daher ab. Abermals schwieg der alte Feldmarschall, still, mit fahlem, tiefgefurchtem Antlitz, das nicht ahnen ließ, was eigentlich in ihm vorging. Sehr wahrscheinlich hielt er Ludendorffs Sprache für mehr als deutlich, andererseits waren ihm bei seinem Sinn für Takt und Würde solche Auftritte peinlich.

Ludendorff entschloß sich, seinen Abschied zu erbitten. Er ahnte nicht, daß noch am gleichen Abend der Prinz-Kanzler schriftlich den Kaiser vor die Wahl stellte, entweder müsse Ludendorff gehen oder er würde zurücktreten. Die Kundgebung der OHL wurde der Truppe nicht mehr bekannt gegeben. Der Prinz warf Ludendorff dauernde Eigenmächtigkeit vor, ein Vorwurf, der in diesem Fall genauso den Feldmarschall traf, doch an dessen Sturz konnte niemand weniger denken als der wenig populäre prinzliche Kanzler, dazu war das Prestige des alten Mannes viel zu groß! Am anderen Morgen fand Hindenburg Ludendorff im Generalstabsgebäude damit beschäftigt, sein Abschiedsgesuch zu verfassen. Er bat ihn, es liegen zu lassen, weil gleich Herr v. Berg-Markienen, der abgesetzte konservative Chef des Zivilkabinettes, käme, der sie sprechen wolle. Dann erschien Oberst v. Haeften mit der Mitteilung, der Kaiser erwarte die beiden führenden Soldaten der OHL im Schlosse Bellevue, es handele sich um die Verabschiedung Ludendorffs, ob auch um diejenige Hindenburgs, stünde noch dahin.

Der Kaiser hatte ob des Ultimatums des Kanzlers eine schlaflose Nacht hinter sich, er wähnte indes vor dem Empfang, daß sich ein Ausweg finden ließe. Fast heiter bemerkte er zu Major Niemann, der Kanzler müsse bleiben, die Generale müßten gleich zur OHL zurück, dann sei die ganze Angelegenheit erledigt. Aber er war doch erregt, als Ludendorff vor ihm stand und neben diesem die wuchtige Gestalt des Feldmarschalls. Er hatte beide eigentlich nie ganz begriffen, am wenigsten aber lag ihm Ludendorff, der Mann, dem er die Erhebung zum Grafen angetragen, der diese Ehrung brüsk abgelehnt hatte, der nie um irgendeine Gunst gebuhlt hatte. Daher sagte er jetzt zornig, zu ihm gewandt, der Generalstab habe ihn um die Errungenschaften seines Kaisertums gebracht. Er dachte an Bethmanns Sturz, an Valentinis Entlassung. Hindenburg schwieg. Ludendorff glaubte, jetzt müsse der Feldmarschall ihn verteidigen. Aber der Feldmarschall glaubte wohl, Ludendorff sei selbst Manns genug, das Notwendige zu sagen, und zudem war er in der Vorstellung groß und alt geworden, daß es gegen das Wort des Königs keine Einwände gab, sofern dieser befahl oder seine Ungnade zu erkennen gab.

Der Kaiser regte an, zwei andere Armeeführer zur Frontlage zu hören. Ludendorff, noch immer in sehr reizbarer Gemütsverfassung, wurde wieder ungebührlich heftig und erklärte schroff ablehnend, entweder genösse die OHL das Vertrauen Seiner Majestät oder sie genösse es nicht mehr. Hindenburg schwieg wieder. Darauf sagte Ludendorff: „Majestät, da der Feldmarschall schweigt, muß ich sprechen. Wenn ich aus diesen Worten den mir schmerzlichen Eindruck bekommen soll, daß ich das Vertrauen Ew. Majestät verloren habe, so müßte ich untertänigst bitten, mich zu entlassen." Der Kaiser erwiderte rasch: „Gern, Sie erleichtern mir durch solche Bitte meine Stellung." Auf seine Frage, ob Ludendorff eine andere Verwendung an der Front wünsche, lehnte dieser ab. Der Kaiser fuhr fort: „Ich werde mir jetzt mit Hilfe der Sozialdemokraten ein neues Kaiserreich aufbauen als erster Sozialdemokrat." Ludendorff: „Wenn ich Ew. Majestät als der bisherige Berater noch den Rat geben darf, möglichst schnell in der Öffentlichkeit die Allerhöchsten Absichten bekannt zu geben."

Der Kaiser wandte sich Hindenburg zu. Der alte Feldmarschall versetzte still: „Majestät, wenn Ludendorff geht, muß ich auch gehen." Das lehnte der Kaiser ab, indem er ihm, wie er hernach Major Niemann erzählte, klar zu machen suchte, er sei das „Palladium der Nation", er könne das deutsche Volk in dieser Notstunde nicht im Stiche lassen. Hindenburg erwiderte: „Wenn Ew. Majestät befehlen, bleibe ich ..."

Oberst Heye war Zeuge, wie der Feldmarschall und sein Erster Generalquartiermeister getrennt das Schloß verließen, wie von Seiten Ludendorffs einige heftige Worte fielen und wie sie sich darauf zum Gebäude des Generalstabs begaben. Hier ging Hindenburg noch einmal in Ludendorffs Zimmer, was dort zwischen ihnen gesprochen wurde, ist unbekannt, es gab keinen Zeugen. Ludendorff schrieb später, er habe Hindenburg sein Abschiedsgesuch gezeigt. Er begab sich dann, nachdem er seine Mitarbeiter gesprochen und ihnen prophezeit hatte, in vierzehn Tagen werde auch der Kaiser gestürzt sein, in die Pension, in der seine Frau wohnte.

Der Kaiser war sehr erregt. Als er hernach mit Major Niemann im Park des Schlosses Bellevue spazieren ging, beschwerte er sich über Ludendorffs Verhalten und meinte, er habe nicht anders gekonnt, als dessen Abschiedsgesuch zu bewilligen. General v. Gündell, der designierte Leiter der Waffenstillstandsdelegation, hörte Hindenburg sagen, Ludendorff habe in augenblicklicher Erregung vorschnell gehandelt, was er bedauere. Zu Generalleutnant Groener äußerte sich Hindenburg in ähnlichem Sinne, Ludendorff sei selber schuld an seiner Entlassung gewesen, die Schwierigkeiten mit dem Kanzler seien bereits überwunden gewesen, Ludendorff sei jedoch schroff geworden und habe den Abschied erbeten. Wenn aber der Erste Generalquartiermeister wirklich jene überragende, stolze Feldherrnpersönlichkeit war, als die er sich später sah, weshalb war er dann nicht in dieser Stunde gleich einem Seydlitz oder Yorck aufgestanden und hatte dem Kaiser erklärt, jetzt ginge es nicht mehr um ihn, um den Feldmarschall, um den Kanzler, um Personal- und Kompetenzfragen, jetzt gehe es um Thron und Altar, um den Bestand des Reiches, und da wolle er die Schlacht für Kaiser und Reich weiter schlagen, nach der Schlacht gehöre dann sein Kopf dem Kaiser? Dies hatte er nicht getan, auch er stand im Bann des soldatischen Gehorsams. Er nahm den Abschied und ging in bitterer Enttäuschung, in grollender Resignation. Hernach warf er dem Feldmarschall vor, dieser habe ihn fallen lassen, und bei dem zunehmendem Mißtrauen, das sein Wesen erfüllte, setzte sich die Idee in ihm fest, daß dabei nicht der Gehorsam eines treuen Dieners des Königs ausschlaggebend gewesen war, sondern häßliche, sehr eigensüchtige Motive, Angst um seine Stellung, um die Feldmarschallswürde und die Feldmarschallspension und die hämische Freude, endlich mit Anstand einen lästigen Vormund loszuwerden. Er behauptete, Hindenburg sei absichtlich zurückhaltend gewesen!

Während Hindenburg an diesem Vormittag des 26. Oktober 1918 im Generalstabsgebäude weilte, erschienen bei ihm drei Führer der Konservativen, der Kammerherr v. Oldenburg-Januschau, Freiherr v. Wangenheim-Kl. Spiegel und Freiherr v. Thüngen. Oldenburg-Januschau verlangte die Errichtung einer Diktatur, um die drohende Revolution zu bekämpfen und alle Kräfte von Volk und Heer zusammenzufassen. Der Feldmarschall war sowohl gegen die von Rathenau empfohlene Levée en masse wie gegen jede Diktatur. Er sei Soldat und kein Politiker, versetzte er, und könne solche Dinge auch niemals beim Kaiser durchsetzen. Oldenburg-Januschau protestierte, der Feldmarschall sei mehr als nur Soldat, werde der Reichstag nicht sofort aufgelöst, habe man in vierzehn Tagen keine Monarchie mehr. Hindenburg entgegnete, er übertreibe! Aber die innere Erregung, die auch ihn erfüllte, die quälenden Zweifel, was zu tun oder zu lassen sei, die auch ihn, den äußerlich so beherrschten Mann, bewegten, fanden nun doch Ausdruck. Er ging im Zimmer auf und ab, die Fäuste ballend, und sagte nach dem Zeugnis Oldenburgs mehrmals mit seinem grollenden Baß: „Der verfluchte Reichstag ..."

In seinen Denkwürdigkeiten schrieb er über die einsame Rückkehr nach Spa, ihm sei zu Mute gewesen, als wenn er von der Beerdigung eines ihm teueren Toten in seine verödete Wohnung zurückgekehrt wäre. Drei Tage später war General v. Gallwitz bei ihm in Spa, er fand ihn gleichmäßig frisch, klar, eigentlich unbewegt. Von Ludendorff, notierte er, habe niemand gesprochen. Ein anderer Beurteiler, General v. Gündell, fand diese hohe Abgeklärtheit „bewundernswert". Der alte Feldmarschall hielt auch in diesen Tagen fest an seinem gewohnten Tageslauf, erschien mit der gewohnten minutiösen Pünktlichkeit zu den Mahlzeiten, schrieb alltäglich einen Brief nach Haus. Das Leben ging weiter, das Leben eines einundsiebzigjährigen alten Mannes, dessen Welt Stück um Stück zerbrach, der sich

Entscheidungen gegenübersah, deren Notwendigkeit er für undenkbar gehalten hatte, in dem längst das Feuer der Jugend erloschen war, in dem niemals ein sehr leidenschaftliches Herz geschlagen hatte. Aber seine Umgebung gewahrte doch, wie sehr er litt, wie sein altes Antlitz oft grauweiß und wie zerfallen erschien, wie der Blick trüb ins Leere ging. Die Zeit forderte umwälzende Taten, dafür war er zu alt geworden. Er wartete auf die Befehle seines königlichen Herrn. Als Soldat, so erläuterte er später einmal Oldenburg-Januschau, war er überzeugt, er dürfe den Monarchen nur verlassen, wenn dieser es wünsche. Im Mai 1919 schrieb ihm der alte Kammerherr, der ihm ein treuer Freund geworden war, aus rückschauender Betrachtung, als er noch einmal auf seinen Diktaturplan zu sprechen kam: „Aber Ew. Exzellenz sind Soldat und nicht Politiker und wollten nur Soldat sein." Damit gab er, wenn auch mit leiser Resignation, zu, daß der Feldmarschall als alter Soldat nur so handeln konnte, wie es ihm das Gesetz eines langen soldatischen Lebens vorschrieb.

Ludendorff hatte hellsichtig am 26. Oktober zu seinen Mitarbeitern gesagt: „In vierzehn Tagen haben wir keinen Kaiser mehr." Oberst Bauer gab das Spiel auf und meldete sich krank, er vermied es, sich in Spa beim Abschied nochmals beim Feldmarschall zu melden! Der Weg führte bergab. Am 26. Oktober trat der Kaiser die unbeschränkte Kommandogewalt über die Armee ab, am 28. Oktober wurde das Militärkabinett, die Domäne der kaiserlichen Personalpolitik in der Armee, dem dem Reichstag verantwortlichen Kriegsminister unterstellt. Das war die Revolution von oben, die große, zu spät kommende Reform. An dem gleichen 28. Oktober ereigneten sich bei der Hochseeflotte auf Schillig-Reede die ersten Meutereien, als bekannt wurde, die Flotte solle noch einmal zur Unterstützung des schwerringenden Heeres gegen England eingesetzt werden. Die Flotte, des Kaisers Schöpfung, zerbrach zuerst! Der Kaiser hatte niemals in seinem Leben trotz besten Wollens eine glückliche Hand gehabt.

Bezeichnenderweise blieb das Duumvirat an der Spitze der OHL auch nach dem Fortgang Ludendorffs erhalten. Niemand kannte besser als der Feldmarschall die eigenen Grenzen. Es gab eine ganze

Reihe von Kandidaten für den Posten des Ersten Generalquartiermeisters, zwei der großen Chefs im Westen, Lossberg und Schulenburg, den deutschen Generalstabschef in der Türkei, General v. Seeckt, endlich den Chef der Heeresgruppe Kiew, Generalleutnant Wilhelm Groener. Bewußt wählte sich Hindenburg Groener als neuen ersten Berater, er wollte einen Mann mit verkehrstechnischen Erfahrungen an seiner Seite haben, einen Mann mit guter Kenntnis der innerpolitischen und wirtschaftlichen Verhältnisse. Beides traf auf den früheren Leiter der Eisenbahnabteilung des Generalstabes, den ersten Feldeisenbahnchef des Großen Krieges und den ersten Leiter des Kriegsamtes zu. Hindenburg sah klar, was kommen würde: Der Waffenstillstand brachte schwierige Rückzugs- und Räumungsoperationen, die kommende Demobilisierung brauchte einen Mann mit guten Kenntnissen in Wirtschaft und Verwaltung. Groener, der Sohn eines schlichten württembergischen Zahlmeisters, aus sehr bürgerlichen Verhältnissen, galt von jeher, soweit derartige Überlegungen überhaupt eine Rolle spielten, im Generalstab für eine Art von süddeutschem Demokraten. Der Kronprinz beschwor den Feldmarschall, er solle jeden anderen, nur nicht Groener, nehmen. General v. Gündell beurteilte ihn sehr abschätzig als reinen Verwaltungsfachmann und warf ihm eine einseitige Bevorzugung der arbeitenden Klassen vor. Groeners bisheriger Oberbefehlshaber in Kiew, Generaloberst Graf v. Kirchbach, sagte zu ihm vor seiner Abreise nach Spa: „Und nun, mein lieber Groener, entdecken Sie Ihr preußisches Herz“. Das eben besaß Groener als Württemberger fraglos nicht. Er war durchaus kein Gegner der Monarchie, wie man wohl gemeint hat, aber er war ein modern denkender und sehr nüchtern urteilender Mann, der überzeugt war, daß niemand dem rollenden Rad der Zeit in die Speichen greifen konnte. Und es war ein Zeichen für Hindenburgs Klarblick, daß er rasch zu Groener Vertrauen faßte.

Es gab nun folgende unumstößliche Tatsachen: Die Kampfkraft des Westheeres war nurmehr begrenzt, die guten Divisionen verbluteten, im Hinterland breiteten sich Zersetzung und Kriegsmüdigkeit aus. Groeners erste Idee, sofort einige intakte Divisionen an die Rheinlinie zu verlegen, um die entscheidenden Brücken und die großen, ostwärts des Rheins lagernden Verpflegungsmagazine des Westheeres bei Unruhen zu sichern, erwies sich als undurchführbar, weil es intakte Divisionen nicht mehr gab und weil man jede Divisionsgruppe, die kampffähig war, dringend an der Front benötigte. Die Kapitulation Bulgariens, der Zusammenbruch der Türkei und der unaufhaltsam nahende Zusammenbruch der Doppelmonarchie bedingten zudem Maßnahmen zur Sicherung des Südostraumes und der Alpengrenze. Die Forderung der Feindbundmächte lautete klar auf bedingungslose Kapitulation und eine durchgreifende Änderung des bisherigen Regimes. Von dem Wert und der Bedeutung der Monarchie für Deutschland besaßen weder der englische Premierminister Lloyd George noch der amerikanische Präsident Wilson eine Vorstellung. In der Heimat griffen die Gehorsamsverweigerungen in der Flotte um sich. Was hier heraufzog, war keine Revolution russischen Stils, sondern ein riesiger, aus Hunger, Müdigkeit, Erschöpfung und Hoffnungslosigkeit geborener Streik der Matrosen, Arbeiter und Soldaten. Der Kaiser verließ Berlin, wo seine Anwesenheit dringend notwendig gewesen wäre, und begab sich wieder zur OHL. Der Prinz-Kanzler war an Grippe erkrankt, seine Nerven waren nie die besten gewesen, geschwächt durch die körperliche Krankheit ergab er sich tiefer Resignation. General Groener bekam auf der Durchreise nach Spa von ihm zu hören, er bezweifle, ob es noch möglich sei, das Kaisertum der Hohenzollern zu retten. Er meinte, das beste sei, wenn der Kaiser freiwillig abdanke und eine Regentschaft einsetze, damit man wenigstens das Prinzip der Monarchie retten könne.

Die Idee einer freiwilligen, rechtzeitigen Abdankung des Kaisers hegten auch andere, so König Ferdinand von Bulgarien, der, wie, stets höchst geschickt verfahrend, diesen Schritt bereits zu Gunsten seines Sohnes Boris vollzogen hatte und damit die bulgarische Monarchie rettete, so Friedrich Naumann, der Schöpfer der nationalsozialen Bewegung, deren Ziel es gewesen war, Monarchie und Arbeiterschaft zu versöhnen. Am 1. November entsandte der Prinz-Kanzler daher den königlich preußischen Staatsminister des Inneren Drews mit der heiklen Mission nach Spa, dem Kaiser einen derartigen Schritt nahezulegen. Hindenburg und Groener wohnten dem Drewsschen Vortrag bei. Der Kaiser berichtete hernach in einem Brief vom 3. November, wie er schließlich Drews (der zudem unglücklicherweise schwerhörig war) angefahren habe: Passiere in Berlin das Geringste, würde er die Antwort mit Maschinengewehren auf das Pflaster schreiben lassen, und wenn er sein eigenes Schloß zerschießen lassen müsse, Ordnung müsse sein! Hindenburg hielt die Abdankung des Kaisers für eine Unmöglichkeit. General Groener versuchte hernach, den beiden Generaladjutanten des Kaisers die Idee zu unterbreiten, dieser müsse den Tod auf dem Schlachtfeld suchen. Der Heldentod des Monarchen oder auch nur die Tatsache seiner Verwundung würde der Monarchie ihr Prestige wiedergeben. Der Kaiser müsse sich opfern. Ganz abgesehen davon, daß der Gedanke praktisch schwer zu verwirklichen war, da der Kaiser infolge seines verkrüppelten Armes kein voll kampfkräftiger Mann war, barg er auch andere Unwägbarkeiten, niemand wußte, was geschah, wenn der Kaiser etwa verwundet oder unversehrt in Gefangenschaft geriet, oder wie die Feindbundmächte einen derartigen Schritt des gleichen Monarchen aufnehmen würden, in dessen Namen der Kanzler bereits mit dem amerikanischen Präsidenten über einen Waffenstillstand verhandelte. Hindenburg, dem Groener seinen Plan unterbreitete, war sichtlich unangenehm berührt, die Person des Monarchen stand ihm viel zu hoch, war ihm viel zu heilig, als daß sein Altpreußentum je zugegeben hätte, den Souverän gewissermaßen zum Objekt irgendeiner Handlung zu erklären. Zu Groener bemerkte er: „Aber das geht ja nicht, dann haben wir ja keinen Kaiser mehr." In einer Randbemerkung zu der diesbezüglichen Darstellung Groeners, die in dessen freiwilligem Ehrengerichtsverfahren später eine Rolle spielte, hielt er fest, er habe damals – am 1. November – nicht an eine offene Revolution geglaubt. Auch das ist kennzeichnend für sein unerschütterliches monarchisches Gefühl wie für seinen Glauben an die Loyalität des deutschen Volkes. Noch immer konnte er nicht glauben, daß sich das Volk gegen Kaiser und Frontheer erheben würde.

Dies war am 1. November 1918. Einen Tag später unterrichtete der Flottenchef, Admiral Scheer, den Feldmarschall offiziell von den

Gehorsamsverweigerungen bei der Hochseeflotte. Noch konnte man hoffen, die Bewegung zu drosseln. Wiederum einen Tag später, am 3. November, richtete der Feldmarschall einen scharfen Protest gegen die Debatten über die Abdankung des Kaisers an den Kanzler. Am gleichen Tage feuerte in Kiel eine Patrouille aus Deckoffizieren und Maaten unter Befehl eines Reserveleutnants auf eine große Demonstration von Werftarbeitern und Matrosen, es gab Tote und Verwundete, der pflichtbewußte Offizier wurde von der Menge erschlagen. Am nächsten Tag überfluteten die Meuterer ganz Kiel, der Stationskommandant Vizeadmiral Souchon verlegte sich aufs Verhandeln, nur auf dem im Dock liegenden Linienschiff „König" deckten der Kommandant, der I. Offizier und der Flaggoffizier die kaiserliche Kriegsflagge mit ihrem Leibe, eröffneten das Feuer auf Matrosen, die die rote Fahne hissen wollten und zahlten dafür mit ihrem Leben. Auch der Stadtkommandant von Kiel wurde von meuternden Matrosen ermordet. Die Regierung in Berlin sandte keine Truppen, sondern zwei Abgeordnete der Freisinnigen und der Sozialdemokraten, um die Unruhestifter zu beschwichtigen.

Die Revolution breitete sich aus. Bei der OHL studierte man den Einsatz von 2-3 Front-Divisionen gegen Kiel. Der Bürooffizier Hauptmann v. Schleichers von der Abteilung II beim Generalquartiermeister, Oberleutnant v. Holtzendorff, erhielt Weisung, die entsprechenden Transporte festzulegen. Inzwischen griff die Meuterei auf die großen Städte am Rhein über, die Rheinbrücken und die Verpflegungsdepots rechts des Rheins gerieten in die Hand der Aufständischen. Das Westheer besaß links des Rheins nur Lager mit Verpflegungssätzen für zwei bis vier Tage. Warnend wies der Feldverpflegungschef auf diesen Umstand hin und bat um klare Angaben, wie lange man brauche, um die Rheinbrücken und die Depots rechts des Rheins wieder in die Hand zu bekommen und Kiel mit Fronttruppen zurückzuerobern. Niemand konnte ihm einen gültigen Termin nennen, die Operation erwies sich praktisch als undurchführbar, wollte man nicht die Fronttruppe der Gefahr des Verhungerns aussetzen. Um den Rücken des Großen Hauptquartiers gegen Meutererhaufen aus dem Rheinland zu sichern, wurde die 2. Garde-Infanterie-Division unter Generalleutnant v. Friedeburg aus der Front gezogen und in den belgisch-deutschen Grenzraum verlegt. Sie enthielt einige der berühmtesten Regimenter der Armee, darunter das Kaiser Alexander-Garde-Grenadier-Regiment. Aber auch diese Truppe war müde, ausgeblutet und erschöpft, die meisten Bataillone zählten kaum 200 Gewehre mehr.

Am 5. November reiste General Groener noch einmal nach Berlin. Hindenburg ließ durch ihn dem Kanzler eröffnen, er würde sich für einen Schuft halten, wenn er den Kaiser im Stich ließe. Für den nächsten Tag ging ein markiger Befehl an das Heer hinaus, für die Armee gäbe es keine Kaiserfrage, getreu ihrem Fahneneid stünde sie zum Obersten Kriegsherrn. In Berlin forderten unterdes die sozialdemokratischen Staatssekretäre die Abdankung des Kaisers und drohten andernfalls mit dem Austritt aus dem Kabinett. Groener bezweifelte, ob das Kaisertum noch zu retten sei. Auf der Rückreise entging er mit seinem Sonderzug in Hannover nur mit knappem Vorsprung meuternden Matrosenhaufen, die sich bald darauf der Stadt bemächtigten und den Stellvertretenden Kommandierenden General, der ihnen entgegentreten wollte, niederschlugen. Für den alten Feldmarschall waren all das im Grunde unfaßliche Nachrichten, einen Kampf zwischen Heer und Volk hatte er – es ist schon mehrmals betont worden und kann nicht genug hervorgehoben werden – niemals für möglich gehalten. Einer Niederschrift Groeners über die Vorgänge im Großen Hauptquartier vom 1. Juni 1922 zufolge, unternahm dieser es nun, dem alten Herrn klar zu machen, daß das kaiserliche Heer längst zu einem „Volksheer" geworden sei und daß man mit diesem Heere die Revolution nicht mehr niederschlagen könne. Angesichts der Gefahr des Bolschewismus bleibe nur der Versuch, daß die Führer des Heeres ein Bündnis mit den führenden Mehrheitssozialdemokraten suchten, um die gefährlichen „Radikalinskis" der äußersten Linken unschädlich zu machen und schließlich bei einem Wiedererstarken der militärischen Machtmittel die sozialistische Bewegung ganz abzuwürgen. Der Feldmarschall – es ist bereits gesagt worden – hatte Vertrauen zu Groeners Urteilskraft gefaßt, er entzog ihm dies Vertrauen auch jetzt nicht!

Am 8. November traf die Kunde ein, der König von Bayern sei aus München vertrieben. Die Waffenstillstandskommission unter General v. Gündell rüstete sich schweren Herzens, die feindlichen Linien zu überschreiten. Da traf in letzter Stunde die Nachricht ein, daß nicht Gründell, sondern der Staatssekretär Erzberger die Delegation führen solle, da man meinte, einem Zivilisten würde es leichter fallen, bessere Bedingungen zu erhalten. Dies war Erzbergers Triumph. Ungewollt spielte er der OHL damit einen sehr wertvollen Trumpf zu. Sie war es jetzt nicht, welche die Waffenstillstandsverhandlungen führte. Gündells Aufzeichnungen verraten ganz naiv die erhebliche Erleichterung, die er wie der Feldmarschall bei der Nachricht vom Erscheinen Erzbergers verspürten. Sie waren der Verantwortung für den Abschluß des Waffenstillstandes enthoben! Ein sehr bedeutsames Moment für die Meinungsbildung in der Zukunft!

Am 8. November gab der Kaiser offiziell der OHL Befehl, Operationen des Frontheeres vorzubereiten, um die Ordnung in der Heimat wiederherzustellen. Am Abend berieten Hindenburg und Groener mit dem Kommandanten des Großen Hauptquartiers, Generaloberst v. Plessen, über die Lage. Entscheidend war das Versagen der Etappe, war der Umstand, daß die Aufständischen die Rheinbrücken und die Verpflegungsdepots kontrollierten. Es war der Abend, von dem später der grippekranke Prinz-Kanzler schrieb, ein drückendes Gefühl der Ohnmacht habe alle übermannt, man habe nurmehr dem Unheil freien Lauf lassen können. Hindenburg und Groener, die – unzutreffende – Nachrichten hatten, in Berlin hätten sich bereits Arbeiter- und Soldatenräte gebildet, hielten eine Operation des Frontheeres gegen die Heimat für unmöglich. Plessen protestierte. Man beschloß, um die Stimmung der Truppe zu erkunden, für den nächsten Morgen 50 Divisions- und Regimentskommandeure und Generalstabsoffiziere der Heeresgruppen Kronprinz, Ruprecht und Gallwitz, je 5 von den 10 nördlichen Armeen, nach Spa zu rufen, die Oberst Heye zu den Verhältnissen bei der Truppe hören sollte.

39 Offiziere erreichten am 9. November Spa, gänzlich unvorbereitet, ohne Kenntnis von der Lage in der Heimat, da die Post nicht mehr funktionierte. Niemand empfing sie vernünftig, niemand sorg-

te dafür, daß sie die Möglichkeit erhielten, sich zu säubern, zu rasieren und zu frühstücken. Nach Ansicht Hindenburgs und Groeners blieb nichts mehr, als beim Lagevortrag dem Kaiser zu eröffnen, das Heer würde nicht mehr für ihn gegen die Heimat marschieren. Sie wußten nicht, daß der Staatssekretär des Auswärtigen Solf und der Unterstaatssekretär der Reichskanzlei Wahnschaffe dem Kaiser bereits zur Abdankung geraten hatten. Oberst Graf v. d. Schulenburg, der Stabschef der Heeresgruppe Kronprinz, der gleichfalls nach Spa befohlen war, begegnete beim Eintreffen im „Hotel Britannique" den unsicher und bedrückt wirkenden Frontoffizieren, die nicht wußten, was sie hier sollten. Generaloberst v. Plessen und Oberst Freiherr v. Marschall vom Militärkabinett eröffneten ihm nach seiner späteren Darstellung, der Feldmarschall und Groener würden beim Kaiser wegen dessen Abdankung vorstellig werden. Beide bestritten später entrüstet, daß es ihre Absicht gewesen sei, beim Lagevortrag um 10 Uhr das Thema der Abdankung anzuschneiden. Groener machte geltend, als württembergischer General hätte er sich nie für kompetent gehalten, dem König von Preußen als Deutschem Kaiser einen derartigen Rat zu erteilen. Hindenburg sowohl wie Plessen bezweifelten die Glaubwürdigkeit der Schulenburgschen Darstellung, der berichtete, er habe Plessen und Marschall gefragt, ob sie denn alle verrückt geworden seien? Wie immer in solch kritischen Situationen erwies es sich hinterher als sehr schwierig, den genauen Ablauf noch richtig zu rekonstruieren. Immerhin scheint noch vor der Lagebesprechung gegen 9.15 Uhr Admiral v. Hintze, der jetzt den Kanzler bei der OHL vertrat, die Reichskanzlei in Berlin telefonisch verständigt zu haben, Hindenburg und Groener würden dem Kaiser zur Abdankung raten, woraus der kranke Kanzler schloß, die Abdankung sei bereits zu erwarten, was gar nicht der Fall war. Später konnte sich Admiral v. Hintze – subjektiv vermutlich vollkommen ehrlich – dieses Telefongesprächs nicht mehr entsinnen.

Vor der „Lage" sprach der Feldmarschall noch zu den Frontoffizieren. General Kundt und Oberst Hünicken haben als Zeugen die Szene geschildert, der Feldmarschall schien grau, fahl, wie erloschen, tiefernst, die Hände hielt er ineinander verkrampft. Hinter ihm gewahrte man die hohe Gestalt des Generalobersten v. Plessen, der die

Augen mit einem Taschentuch verdeckte. Hindenburg eröffnete den erstaunten und verwirrten Offizieren, in Deutschland herrsche Revolution, die Bahnen, Nachrichtenverbindungen, Rheinbrücken und Verpflegungsdepots seien in der Hand von Aufständischen, das Feldheer sei in Gefahr zu verhungern. Für den Kaiser handele es sich darum, sich die Kaiser- und Königskrone wiederzuholen. Er unterstrich die Schwierigkeiten einer Kehrtwendung der kämpfenden Truppe bei unsicherer Versorgung im Angesicht eines heftig nachdrängenden Gegners. Dann überließ er die Offiziere dem sehr pessimistisch gestimmten Oberst Heye von der Operations-Abteilung.

Um 10 Uhr begann in Anwesenheit von Hindenburg, Groener, Plessen, Marschall, Graf v. d. Schulenburg, Admiral v. Hintze, Freiherr v. Grünau und Major Niemann der Lagevortrag beim Kaiser. Hindenburg erklärte zuvor mit dumpfer Stimme beklommen, er müsse Seine Majestät um seine Entlassung bitten, da er das, was er ihm sagen müsse, als preußischer Offizier ihm nicht sagen könne. Der Kaiser, der mühsam seine Nervosität unterdrückte, entgegnete, man wolle erst einmal sehen.

General Groener gab ein nüchternes Bild der Lage und erklärte abschließend, mit dem Feldmarschall und allen Abteilungschefs der OHL wisse er sich einig in der Überzeugung, daß es unmöglich sei, das Heer gegen die Revolution in der Heimat einzusetzen. Darin lag unausgesprochen als Alternative die Notwendigkeit für den Kaiser, abzudanken. Der Kaiser bat Schulenburg um sein Urteil. Dieser erklärte zufolge seiner späteren, möglicherweise etwas überspitzt formulierten Denkschrift, man müsse entschlossen den Umsturz bekämpfen, man brauche das Frontheer dafür nicht umzudrehen, es genüge, wenn einige gute Formationen mit modernen Kampfmitteln, Gas, Bombenflugzeugen und Flammenwerfern, gegen die Aufstandszentren im Hinterland, Verviers, Köln und Aachen, vorgingen, um sie zurückzugewinnen. Es dürfe keine Abdankung und keinen Bürgerkrieg geben, sondern nur die rasche und energische, gewaltsame Wiederherstellung der Ordnung.

Hindenburg teilte Groeners Ansicht, der Kaiser stellte sich auf die Seite des Grafen v. d. Schulenburg. Inzwischen führte Admiral v.

Hintze über den Apparat des Generals v. Bartenweffer von der Politischen Abteilung der OHL ein zweites Ferngespräch mit der Reichskanzlei, in dem er mitteilte, der Kaiser habe das Vertrauen der Armee verloren, eine Entscheidung sei in einer Viertelstunde zu erwarten. In der Lagebesprechung entspann sich eine erbitterte Diskussion zwischen Hindenburg, Groener, Plessen und Schulenburg über die Frage, ob das Heer unter dem Befehl des Kaisers oder nurmehr unter dem Befehl der OHL in die Heimat zurückmarschieren würde. Schulenburg verfocht als einziger die These, das Heer sei noch kaisertreu. Hindenburg schwieg schließlich bedrückt.

Etwa gegen 11 Uhr wurde die Lagebesprechung abgebrochen, da aus Berlin die Meldung kam, in der Reichskanzlei verlange man die Abdankung des Kaisers. Dieser erging sich mit seiner Umgebung im Park der Villa „La Fraineuse". Gegen 13 Uhr traf der Kronprinz ein, der Schulenburgs Vorschläge für die einzig möglichen hielt. Kurz darauf erschien Oberst Heye mit dem Ergebnis der Offiziersbefragung. Er hatte den Offizieren zwei Fragen vorgelegt, erstens, wie die Truppe zum Kaiser stehe, ob sie unter seinem Befehl zur Wiedereroberung der Heimat bereit sei, und zweitens, wie die Truppe zur Bekämpfung des Bolschewismus stehe. Die erste Frage hatten 23 Offiziere verneint, 15 waren unschlüssig gewesen, einer hatte sie bejaht. Die zweite Frage hatten 8 verneint, 19 waren sich nicht schlüssig gewesen, 12 hatten sie bejaht, mit der Einschränkung, dazu bedürfe man einer Ruhepause zur Belehrung der Leute.

Zwischen Groener und Schulenburg entstand eine neue Meinungsverschiedenheit über die Frage, ob das Heer ohne den Kaiser noch in Ordnung in die Heimat zurückkehren würde, was Schulenburg heftig bestritt. Oberst Heye betonte die Kampfmüdigkeit der Truppe. Bei diesen Gesprächen im Park äußerte Groener, als die nicht ganz zutreffende Bemerkung fiel, „es stinke" auch schon bei der 2. Garde-Infanterie-Division, man dürfe sich nicht darüber täuschen, daß in Zeiten revolutionärer Umwälzungen Begriffe wie Fahneneid und Oberster Kriegsherr oft zu bloßen Ideen würden, da Schulenburg immer wieder darauf beharrte, die Armee stehe getreu dem Fahneneid zu Seiner Majestät – eine Äußerung, welche Schulenburg später in der scharfen Formulierung wiedergab, Oberster Kriegsherr und Fahneneid seien nurmehr bloße Ideen, und die daher Groener noch viele bittere Stunden und die Mißachtung des Großteils des Offizierkorps eintragen sollte.

Der Kaiser gab nun die Schulenburgischen Vorschläge preis, beharrte jedoch darauf, daß er an der Spitze des Heeres in die Heimat zurückkehren wolle und wünschte eine Befragung aller Oberbefehlshaber. Nur wenn diese nicht mehr zu ihm stünden, sei er bereit zu gehen! Hindenburg bemerkte trübe, eigentlich müsse man so urteilen wie Schulenburg, aber nach allen Meldungen, die er habe, sei das unmöglich. Die Frage tauchte auf, wohin sich der Kaiser begeben solle, wenn tatsächlich kein anderer Weg blieb, als das Heer zu verlassen. Hindenburg empfahl für diesen Fall, als die Rede von der Schweiz war, den Grenzübertritt nach Holland, dessen Grenze nur 60 Kilometer entfernt und das eine Monarchie war. Gleichzeitig wandte er sich jedoch gegen jegliche Pläne, daß der Kaiser auch als König von Preußen abdanken solle. Groener glaubte, auch dazu sei es zu spät, das wäre vielleicht vor zwei Wochen noch möglich gewesen.

Unterdes häuften sich telefonische Mahnungen aus der Reichskanzlei, man solle die Abdankung des Kaisers bekannt geben. Unterstaatssekretär Wahnschaffe und Geheimrat Simons sprachen mehrfach mit Hintze und Grünau und entwarfen sehr aufgeregte Bilder von den Verhältnissen in der Reichshauptstadt, wo bereits Straßenkämpfe ausgebrochen sein sollten. Nach vergeblichen Versuchen, vom Kriegsminister oder vom Stellvertretenden Kommandierenden General in den Marken Auskunft zu erhalten, gelang es, den Stabschef des Militärgouverneurs von Berlin, Major v. Berge und Herrendorf, an den Apparat zu bekommen. Dieser meldete, die meisten Truppen der Garnison seien zu den Aufständischen übergegangen, von Straßenkämpfen sei keine Rede, bei einzelnen Schießereien habe es vielleicht 20-30 Verwundete gegeben.

Admiral v. Hintze machte in Berlin auf diese Widersprüche aufmerksam und protestierte gegen das dauernde Drängen der hohen Beamten in der Reichskanzlei auf die Bekanntgabe der Abdankung. Der Prinz-Kanzler war nicht zu erreichen. Im Einverständnis mit dem Monarchen entwarf er eine Erklärung, wonach der Kaiser die Würde des Reichsoberhauptes niederlegen und sich wieder auf die Regierung des Königreiches Preußen beschränken wolle. Hindenburg war als Oberbefehlshaber des Heeres vorgesehen, der Kaiser gedachte bei dem preußischen Kontingent zu verbleiben. Dies war eine ganz utopische Lösung. Während Hintze die Erklärung formulierte, rief der Unterstaatssekretär Wahnschaffe von neuem aus der Reichskanzlei an, die Abdankung müsse sofort erfolgen, sonst sei alles verloren. Hintze erwiderte, der Entschluß Seiner Majestät müsse abgewartet werden. Wahnschaffe erklärte, das nütze nichts, Hintze möge gut zuhören, was bereits in Berlin bekannt gegeben sei. Darauf verlas er eine durch das Wolffsche Telegraphenbüro verbreitete Erklärung, der Kaiser und König habe dem Thron entsagt, der Kronprinz habe auf seine Rechte verzichtet, der Reichskanzler bleibe noch solange im Amt, bis die Frage einer Regentschaft geregelt sei, dann sei beabsichtigt, die Ernennung des Reichstagsabgeordneten Ebert zum Kanzler vorzuschlagen.

Der Reichskanzler Prinz Max von Baden hat sich niemals später geäußert, wie und wann diese merkwürdige Depesche eigentlich zustande gekommen ist. Vermutlich hat sie der Geheimrat Simons entworfen, als eine Deputation der Mehrheitssozialdemokraten, die den Druck ihrer radikaleren Genossen von der USPD fürchteten, beim Kanzler auf einen klaren Entscheid in Spa drängte. Die Furcht vor dem Druck der Straße bewog auch Philipp Scheidemann, gegen 14 Uhr öffentlich die Republik auszurufen, während die klügeren Köpfe der sozialdemokratischen Führung, an der Spitze der designierte Kanzler Friedrich Ebert, durchaus am Prinzip der konstitutionellen Monarchie festhalten wollten, weil sie sehr genau wußten, daß sie gar nicht über die genügende Anzahl von Persönlichkeiten verfügten, um selbst die volle Verantwortung zu übernehmen.

Kurz nach 14 Uhr teilten Plessen und Hintze in der Villa „La Fraineuse" mit, in Berlin sei die Abdankung des Kaisers bekannt gegeben. Hindenburg und Groener waren nicht anwesend, sie hatten sich zum Essen begeben. Der diensttuende Hofmarschall v. Gontard, der sich ob dieser Nachricht nur mühsam beherrschen konnte und Tränen in den Augen hatte, bat den Kaiser aus dem Gesellschaftszimmer in den Speisesaal und verlas dann den Funkspruch aus Berlin. Der Kaiser war aufs äußerste empört und erklärte sofort, er sei und bleibe König von Preußen und wolle bei den Truppen ausharren. Er sprach von einem „schamlosen Verrat" und entwarf ein Protesttelegramm. Hintze wurde zum Feldmarschall entsandt. Graf v. d. Schulenburg fuhr zu seiner Heeresgruppe zurück, nachdem er den Kaiser noch einmal gefragt hatte, ob dieser beim Heer bleiben werde. Kaiser Wilhelm II. erwiderte fest: „Sie kennen meinen Entschluß, Graf."

Um 15.30 Uhr erörterten der Feldmarschall, Groener, Marschall, Hintze und Grünau in der Hindenburgischen Villa „Sous Bois" die neue Situation. Groener erklärte, militärische Machtmittel seien nicht vorhanden. Man solle einen Protest formulieren, diesen jedoch vorerst nicht veröffentlichen. Wieder tauchte die Frage auf, wohin sich der Kaiser begeben könne. Wieder zog man einen, wie Hindenburg meinte, vorübergehenden, Übertritt nach Holland in Erwägung, wenn es gar keinen anderen Ausweg gab. Angeblich war auch das Sturm-Bataillon Rohr, dem die Bewachung des Hauptquartiers anvertraut war, nicht mehr sicher, eine fälschliche Auslegung der Beschwerde des Bataillonsadjutanten Oberleutnant Graf v. Schwerin beim Zweiten Kommandanten des Hauptquartiers, Major Freiherr v. Münchhausen, über den neuesten Befehl, nur bei Gefahr für das Leben des Kaisers noch zu schießen. Graf Schwerin hatte derartige Befehle als abträglich für die Manneszucht bezeichnet. Tatarennachrichten häuften sich, es hieß, daß von Verviers, Aachen und Köln Aufständische heranrückten. Hindenburg bewegte der Gedanke sehr stark, was dann mit dem Kaiser geschehen solle. Schon am Mittag hatte er bei den Gesprächen im Park geäußert, wenn vor dem Portal der Villa „La Fraineuse" geschossen würde, könne der Kaiser immer noch durch die Hintertür in Sicherheit gebracht werden und im Auto die holländische Grenze erreichen. Offenbar hielt der Feldmarschall es für unter der Würde des Monarchen, Aufrührern offen entgegenzutreten, dazu stand ihm dessen geheiligte Person zu hoch. Zur Erklärung dieser Einstellung wie auch zur Begründung seines Ratschlages, äußerstenfalls müsse der Kaiser zeitweilig im neutralen Ausland Schutz suchen, ist eine handschriftliche Notiz sehr charakteristisch, die er zu dem Buch des Oberstleutnants Niemann: „Revolution von oben, Umsturz von unten“ verfaßt hat, hauptsächlich um gegen die Schulenburgsche Darstellung der Vorgänge Stellung zu nehmen. Darin bezog er sich auf zwei historische Beispiele, die Tatsache, daß der den Revolutionären verhaßte Thronfolger Prinz Wilhelm von Preußen im Jahre 1848 vorübergehend Aufenthalt in England genommen hatte und daß einst im Jahre 1741 der Feldmarschall Graf Schwerin bei Mollwitz dem Großen König, als die Schlacht verloren schien, geraten hatte, das Schlachtfeld zu verlassen. Das war die ganz altpreußische Vorstellung, daß die geheiligte Person der Majestät unter allen Umständen vor jeglicher Unbill zu behüten sei. Daß sich die Zeiten gewandelt hatten, daß die Todesstunde des monarchischen Prinzips überhaupt in Deutschland geschlagen hatte, das glaubte der alte Feldmarschall auch in diesem Augenblick nicht. Dazu wurzelte er viel zu fest mit allen Fasern seines Daseins in der alten Zeit.

Um 16 Uhr versammelte man sich wieder zur Besprechung beim Kaiser in der Villa „La Fraineuse“, an der jetzt auch neben den Militärs und Hofleuten der Flottenchef Admiral Scheer teilnahm. Der Kaiser protestierte gegen die Abdankung und beharrte darauf, er wolle wohl als deutscher Kaiser, nicht aber als König von Preußen abdanken. Der Feldmarschall wies darauf hin, daß militärische Kräfte zur Niederwerfung der Revolution nicht vorhanden seien und regte den vereinbarten nichtöffentlichen Protest an. Der Kaiser bemerkte, dann müsse der Feldmarschall das Heer in die Heimat zurückführen. Abermals ergab sich damit die Frage, wo der Kaiser selbst seinen Aufenthalt nahm. Hindenburg wies daraufhin, er könne nicht bei der Armee bleiben, die Waffenstillstandsverhandlungen seien bereits eingeleitet, der Weg in die Heimat sei ihm versperrt, er könne es nicht verantworten, daß der Monarch unter Umständen von Meuterern nach Berlin geschleppt und dort der Revolutionsregierung ausgeliefert würde. Daher bezeichnete er einen Übertritt nach Holland als äußersten und letzten Ausweg. „Wollte Gott, es wäre anders“, fügte er bedrückt hinzu.

Darauf verließ er die Besprechung und begab sich wieder in seine Villa. Das letzte, was er noch vernahm, war, der Kaiser wolle die Nacht sicherheitshalber im Hofzug auf dem Bahnhof verbringen.

Auch in den späteren Jahren blieb Hindenburg im Briefwechsel mit dem Kaiser über die dunklen Nachmittagsstunden des 9. November in Spa dabei, sein Rat und sein Verhalten seien richtig gewesen, wehrte sich jedoch – und das mit Recht – dagegen, daß man ihm die alleinige Verantwortung für die Abreise des Kaisers aufbürden wollte. Oberst Bauer tadelte in seinen Memoiren schneidenden Tones indirekt den Feldmarschall mit der Feststellung, daß keiner sich gefunden habe, der Groener in den Arm gefallen sei! Das sei die unauslöschliche Schande dieses 9. November! Das war natürlich schief gesehen, aber Hindenburg war doch tief verletzt.

Andererseits ließ sich nicht leugnen, daß an diesem Tage eben ein sehr alter Mann, der ganz in altpreußisch-royalistischen Vorstellungen wurzelte, vor weltbewegende Entscheidungen gestellt wurde, deren volle Tragweite er erst allmählich erkannte, vor allem, was die Tatsache anbelangte, daß dies die Sternenstunde der deutschen Monarchie war. Er hat, wie er oft der Ansicht war, der längere Weg sei der klügere, fest geglaubt, auch wenn der Kaiser nach Holland ginge, so würde es später möglich sein, ihn zurückzuholen oder wenigstens das Prinzip der Monarchie wiederherzustellen. Und er teilte diese Ansicht mit General Groener, der auch niemals die Anschauung aufgab, daß im Grunde die konstitutionelle Monarchie die beste Staatsform für Deutschland sei. Für die Reaktionsweise des Alters war es jedoch charakteristisch, wie er auch an diesem Tag zäh und unerschütterlich an dem üblichen Tageslauf festhielt. Er aß zu Abend und saß dann noch eine Weile bei Tisch. Gegen 19.30 Uhr erschien Plessen in der Villa „Sous Bois" und teilte mit, der Kaiser habe sich entschlossen, nach Holland zu gehen. Hindenburg fragte, ob er zu Seiner Majestät gehen könne? Plessen riet ab. In Spa wuchs die Unruhe, wucherten die Gerüchte. Die jüngeren Generalstäbler der OHL hielten die schleunige Abreise des Kaisers für geboten. General Groener ordnete an, die Offiziere sollten die Nacht über in ihren Büros bleiben und ließ Karabiner an sie verteilen. Im weiteren Verlauf des Abends wurde Hindenburg gemeldet, der Kaiser habe sich entschlossen, nicht zu reisen. Er legte sich zum Schlafen nieder. Es war stets seine Überzeugung gewesen, man solle wichtige Beschlüsse nicht übereilen.

Unterdes schwankte der Kaiser, was er tun solle. Mehrmals entschloß er sich zum Bleiben, mehrmals zur Abreise, auf die die Umgebung drängte. Als gegen 22 Uhr neue Meldungen kamen, Aufständische seien im Anmarsch auf Spa, beschloß er, am Morgen um 5 Uhr im Hofzug nach Holland abzureisen. Als Zufluchtsort wählte er das Schloß des Grafen Bentinck in Amerongen, eben jenes Schloß, das im Sommer der Staatssekretär v. Kühlmann als Treffpunkt für seine geplante geheime Zusammenkunft mit englischen Staatsmännern ausgewählt hatte, weil die Bentincks sowohl in Deutschland wie in Holland und in England Grundbesitz hatten und in allen drei Ländern Ansehen genossen. Vor seiner Abreise schrieb er dem Kronprinzen einen Brief, in dem er ausführte, der Feldmarschall habe ihm seine Sicherheit nicht mehr garantieren können, in Berlin existierten bereits zwei revolutionäre Regierungen. Damit wollte er vermutlich, wenn auch nicht in allen Einzelheiten richtig, die Ausweglosigkeit seiner Situation verdeutlichen.

Hindenburg schlief, als im graufeuchten Morgen des 10. November der Hofzug mit dem Kaiser und seinem Gefolge Spa verließ. Gegen 9 Uhr trank er in seiner Villa mit seinem Adjutanten und Dr. Münter Kaffee und wollte sich gerade den Mantel anziehen, um zum Dienst zu gehen, als ein Telefonanruf kam, der Kaiser habe Spa verlassen. Hindenburg war tief betroffen. Zu Dr. Münter meinte er, man habe am vorhergehenden Nachmittag nur sozusagen akademisch die Frage eines Übertrittes nach Holland erörtert, er machte drei Persönlichkeiten, welche Dr. Münter in seinen Aufzeichnungen nicht mit Namen nennt, für den Entschluß des Kaisers verantwortlich. Nach der Angabe des Arztes erwähnte er dabei jedoch den Namen Plessens nicht. Am Abend des 10. November sprach ihn einer der engsten Freunde des Kaisers, Fürst Max Egon v. Fürstenberg, an. Hindenburg frug, weshalb der Kaiser abgereist sei? Der Fürst erwiderte, der Feldmarschall habe doch selbst dazu geraten. Hindenburg bestritt das energisch, davon könne keine Rede sein. Später sagte er von diesen Tagen indes, sie seien alle wie gelähmt gewesen.

Als die Abreise des Kaisers bekannt wurde, erließ Hindenburgs Schwiegersohn Hans Joachim v. Brockhusen-Justin, damals Stellvertretender Verwaltungschef in Kurland, als pommerscher Edelmann eine Treuekundgebung für den Monarchen.

Der Kaiser hatte auf den Feldmarschall geblickt, der Feldmarschall hatte auf den Befehl seines Königs gewartet. Eigentlich hatte sich damit der Souverän dem Diener untergeordnet. Oberst Bauer hatte den Kronprinzen beschworen, rechtzeitig nach Berlin zu gehen. Vergebens! All das fordert eine nüchterne Betrachtung in ernüchterter Stunde. Fraglos wäre es zu Beginn der Meutereien möglich gewesen, durch brutalen Zugriff jede Unruhe in Blut zu erstikken, die Revolution war keine echte Revolution! Fraglos wäre so eine Handhabe gegeben gewesen, den Monarchen ähnlich wie den König Friedrich Wilhelm VI. anno 1848 durch die Revolution hindurchzubringen. Allein in Berlin warteten hunderte und tausende von Offizieren auf Befehle, auf Waffen, um gegen die Revolutionäre vorzugehen. Der Kriegsminister verbot, bei Unruhen zu feuern. Keiner griff ein, nicht Ludendorff, nicht Bauer, die beide später so schneidige, scharfe Töne in ihren Erinnerungen anschlugen. Und es gab ein gewichtiges „Aber"! In der Nacht zum 8. November hatte die Waffenstillstandskommission unter Führung Erzbergers, bestehend aus dem Gesandten Graf Oberndorff, dem Obersten v. Winterfeld und dem Kapitän z. S. Vanselow, unter einigen Schwierigkeiten die französischen Linien erreicht. Marschall Foch hatte ihr die Waffenstillstandsbedingungen in seinem Salonwagen auf dem Bahnhof in Compiègne übermittelt, die Frist bis zur Unterzeichnung lief am 11. November 1918 um 11 Uhr ab. Selbst wenn es der OHL gelungen wäre, im Namen des Kaisers die Revolution niederzuschlagen, mußte sie entweder in die überaus harten Bedingungen des Waffenstillstandes willigen und sich mit der Tatsache abfinden, daß die Alliierten den Sturz des Kaisers forderten, oder sie mußte das hungernde, müde gewordene deutsche Volk zu einem Verzweiflungskampf aufrufen, der dann in erster Linie in den Augen der Öffentlichkeit ein

Kampf für den Monarchen und die Dynastie geworden wäre. Dafür aber wollten die wenigsten mehr hungern, Opfer bringen und sterben, dazu hatte der Kaiser selbst allzuviele schwere Fehler begangen. Dies war die harte Realität. Die Zeit der Dynastien war abgelaufen, so bitterschwer ein zeit seines Lebens so königstreuer Mann wie der Feldmarschall auch fortan daran trug.

Am 10. November 1918 forderte der Feldmarschall zur Bildung von „Vertrauensräten" auf, um dem Entstehen revolutionärer „Soldatenräte" vorzubeugen. Unter den Generalstäblern in der OHL lief das von Oberst Bauer später anklagend zitierte Wort um, nun müsse man eben umlernen. Gleichzeitig forderte Hindenburg eine Abwandlung der unmenschlich harten Waffenstillstandsbedingungen, die Verlängerung der 14-tägigen Räumungsfrist für die besetzten Westgebiete auf zwei Monate, die Verminderung oder den völligen Fortfall der für Westdeutschland vorgesehenen entmilitarisierten Zone, die Aufhebung der Lebensmittelblockade, die Verringerung der abzugebenden Mengen an Eisenbahnwaggons und Lastkraftwagen, da man anderenfalls schwerste Störungen im gesamten Verkehrs- und Wirtschaftsleben befürchten mußte, endlich eine beiderseitige Vereinbarung über den Austausch der Kriegsgefangenen. Aber er war sich klar, daß es Widerstand nicht mehr gab, und in diesem Punkt galt sein Groll den Meuterern in der Heimat, die mit ihrer Auflehnung ihm die Möglichkeit genommen hatten, zu harte Bedingungen abzulehnen. So sah er sich zu der bitteren Feststellung genötigt, auch wenn die Durchsetzung seiner Forderungen nicht gelänge, müsse man trotzdem den Waffenstillstand abschließen. Ohne Einspruch ließ er auch den Kronprinzen gehen, dessen Verbleiben an der Spitze seiner Heeresgruppe der Kriegsminister General Scheüch für untragbar erklärt hatte. Auch der Kronprinz begab sich nach Holland, nachdem er dem Feldmarschall einen langen Abschiedsbrief geschrieben hatte.

Es gab keine Milderung der Waffenstillstandsbedingungen. Die deutsche Delegation mußte unterschreiben, am 11. November 1918 um 11.55 Minuten trat die Waffenruhe in Kraft. Die Geschütze und Maschinengewehre schwiegen über den zerwühlten Fluren Flanderns, der Champagne und des Artois. Das deutsche Heer stand, aus tausend Wunden blutend, zerschlissen, zu Tod erschöpft, aber bislang im offenen Felde ungeschlagen, wenn es auch Schritt um Schritt der Übermacht gewichen war, in einer Linie zwischen der holländisch-belgischen Grenze in Flandern, in Ostbelgien, in Ostfrankreich bis zur Südwestgrenze Lothringens und bis ins südwestliche Elsaß. Das Wichtigste aber war für die Armee wie für die Entwicklung der Revolution und des neuen Staates, der in seinen Geburtswehen lag, der Umstand, daß der greise Feldmarschall, dem der Kaiser die Rückführung des Heeres anvertraut hatte, der sich einen so legendären Ruf erworben, an der Spitze der Armee blieb, in tragischer Stunde, in tiefer Trauer und Bitternis, aber in unerschütterlicher Pflichterfüllung.

General v. Kuhl, einer der besten Köpfe des alten Generalstabes, schreibt in seinem zweibändigen Werk über den Weltkrieg 1914/18, alle die großen Befehlshaber der ersten Kriegsjahre auf beiden Seiten, der jüngere Moltke, der russische Großfürst Nikolai Nikolajewitsch, der französische Generalissimus Joffre, der englische Oberkommandierende Sir John French, der italienische Marschall Cadorna, der österreichische Generalstabschef Conrad v. Hötzendorf seien gestürzt worden: „Feldmarschall v. Hindenburg aber hat seinen Ruf und seine Stellung von Tannenberg bis zum Ende zu behaupten vermocht ...“

5. DER GENERALFELDMARSCHALL
1919-1925

„Mitten in dieser gewaltigsten kriegerischen und politischen Spannung verlor das deutsche Heer seinen innersten Halt. Für Hunderttausende getreuer Offiziere und Soldaten wankte damit der Untergrund ihres Denkens und Fühlens. Schwerste innere Konflikte bahnten sich an. Ich glaubte, vielen der besten die Lösung dieser Konflikte zu erleichtern, wenn ich voranschritte auf dem Weg, den mir der Wille meines Kaisers, meine Liebe zu Vaterland und Heer und mein Pflichtgefühl wiesen. Ich blieb auf meinem Posten ...“

Dies sind Hindenburgs eigene Worte am Schluß des vorletzten Abschnittes seiner Erinnerungen, mit denen er seinen Entschluß zu begründen suchte, an der Spitze des Heeres zu bleiben, obwohl der König und Kaiser gegangen war. Er konnte sich darauf berufen, daß der Kaiser keinen Zweifel darüber gelassen hatte, der Feldmarschall müsse das Heer zurückführen, wenn ihm nur der Weg ins neutrale Ausland bliebe. Gleichwohl war dieser Entschluß in den Augen vieler Offiziere, vieler Konservativer höchst umstritten. Sie begriffen den alten Mann nicht mehr, wenn sie auch erfühlten, daß sein Rücktritt für die Armee eine neue, möglicherweise tödliche Erschütterung im Gefolge gehabt hätte. Nur wenige erfaßten damals in vollem Umfang, welch ungeheure Selbstüberwindung dieser Entschluß von dem einundsiebzigjährigen Feldmarschall erforderte, der als junger Offizier die Begründung des Kaiserreiches im Spiegelsaal des Schlosses von Versailles erlebt, der sein ganzes Leben dem Dienst für den preußischen König und deutschen Kaiser geweiht hatte. Aber es war klar, daß Hindenburgs Ausharren von weittragender Bedeutung für das Schicksal des Heeres wie das Schicksal der Revolution und des neuen deutschen Staates wurde, nicht, weil er selbst mit starker Hand sofort handelnd in den Ablauf der Ereignisse eingriff, sondern weil sich in ihm das Symbol der staatlichen Ordnung verkörperte. Die Gegenkräfte der Revolution wie die Verfechter des staatlichen Ordnungsgedankens, die einstweilen eingeschüchtert, ratlos, gelähmt und furchtsam auf das Chaos starrten, das der Zusammenbruch der Monarchie heraufbeschwor, vermochten auf diese Weise neuen Halt zu gewinnen. Der Fortfall des Symbols der Krone bedeutete für das Offizierkorps und das alte Beamtentum eine schwere seelische und moralische Krise. Der Name und die Gestalt des Generalfeldmarschalls, um die sich bereits Legenden und Mythen rankten, trat in einem sehr erheblichen Umfang an die Stelle des verschwundenen, einigenden Symbols der Kaiserkrone. Mit seinem Namen und seinem Ansehen deckte er zunächst den Versuch, die Überlieferungen der Armee, des alten Offizierkorps und seiner geistigen Elite, des Großen Generalstabes, in die ungewisse Zukunft hinüberzuretten. Man mag die starke Rolle solch restaurativer Kräfte in der Geburtsstunde der ersten deutschen Republik bedauern, und das ist auch weidlich geschehen. Nur darf man darüber nicht vergessen, daß die echten demokratischen Kräfte sehr schwach waren, daß riesengroß sogleich die Gefahr einer zweiten Revolution unter bolschewistischen Vorzeichen heraufzog, welche die Träger der ersten Revolution vermutlich genauso wie in Rußland hinweggespült haben würde, wären die sich in Hindenburgs Erscheinung verkörpernden, restaurativen, staatserhaltenden Kräfte nicht vorhanden gewesen. Dies war gewiß eine tragische Situation, aber die Geschichte fragt nicht nach idealen Ausgangspositionen. Hindenburg selbst hat von der Lähmung gesprochen, die alle in den Novembertagen befallen habe. Ein sehr altpreußisch empfindender Mann unter den Armeeoberbefehlshabern, der Hindenburg hoch verehrte, General v. d. Marwitz, lieh diesem Empfinden der Ohnmacht gegenüber den Zeitläuften in seinen Weltkriegsbriefen treffend Ausdruck. Er schrieb am 9. November 1918 traurig nach Haus, so habe sich nun das Geschick der Hohenzollern erfüllt, was werden solle, wisse man nicht. Hier trat der Feldmarschall in die Bresche! Lassen wir ihn noch einmal selbst mit dem Eingangswort des letzten Abschnittes seiner Lebenserinnerungen zu Wort kommen:

„Unsere Aufgabe war es nunmehr, das Dasein der übriggebliebenen Kräfte unseres Heeres für den späteren Aufbau des Vaterlandes zu retten. Die Gegenwart war verloren. So blieb nur die Hoffnung auf die Zukunft. Heran an die Arbeit! ..."

Das Schicksal des neuen Staates war höchst ungewiß. Der von dem letzten kaiserlichen Reichskanzler designierte neue Regierungschef, Friedrich Ebert, einer der wenigen sozialdemokratischen Führer mit echten, staatsmännischen Fähigkeiten, hatte General Groener noch am 6. November zu verstehen gegeben, man denke nicht daran, das Prinzip der konstitutionellen Monarchie preiszugeben, wenn auch der Kaiser und der Kronprinz zurücktreten müßten. Niemand war sich mehr als Ebert der Tatsache bewußt, daß seine Partei gar nicht über die genügende Zahl allgemeinpolitisch geschulter Funktionäre verfügte, um die volle Verantwortung mit Aussicht auf Erfolg übernehmen zu können. Aber Ebert sah sich sogleich genötigt, das Kanzleramt mit dem Sitz in einem sechsköpfigen, paritätisch zusammengesetzten „Rat der Volksbeauftragten" aus Vertretern der SPD und der USPD zu vertauschen, um Schlimmeres, das Abgleiten in den Bolschewismus, zu verhüten. Noch am Abend des 9. November ließ er telefonisch in Spa anfragen, ob man in Berlin auf die Unterstützung der OHL im Kampf gegen den Bolschewismus rechnen könne, eine Frage, die Hauptmann v. Schleicher für die OHL bejahte. Einer der führenden Köpfe des deutschen nationalen Liberalismus, Gustav Stresemann, sah in dieser Stunde aus dem gleichen Grunde das Verbleiben Hindenburgs an der Spitze der Armee für weit bedeutsamer als die Frage der Staatsform an. Die Frage, um die es ging, war die Entscheidung, ob der neue revolutionäre Staat ein „Räte-Staat" nach bolschewistischem Muster oder eine demokratisch-soziale Republik sein würde. Inmitten des zerfallenden Reiches, angesichts des Auftauchens nicht nur sozialer Umsturzideen, sondern auch separatistisch-föderalistischer Regungen in Bayern, in Hannover, in Hessen, in den Rheinlanden gab es nurmehr zwei Gewalten, deren jede über nurmehr unsicher zu definierende Kräfte verfügte, den „Rat der Volksbeauftragten" und den alten, in der Dritten Obersten Heeresleitung sich verkörpernden Generalstab, dem allmählich die auf Rückkehr in die Heimat drängenden Soldaten des Millionenheeres entglitten. Aber allein um der Erfüllung der Waffenstillstandsbedingungen willen, die die rasche Räumung der besetzten Gebiete, die Rückführung und Demobilisierung des Feldheeres vorsahen, war der „Rat der Volksbeauftragten" auf die Unterstützung der OHL angewiesen. So stand an der Wiege der deutschen Republik das Bündnis zwischen Volksbeauftragten und Generalstab, das die führenden Männer der OHL um Groener erstrebten, das Ebert, wenn auch mit gemischten Gefühlen, begrüßte.

General Groener, den der Feldmarschall mit seiner Autorität deckte, wie er einst Ludendorffs Entwürfe gedeckt hatte, war zu klug und dachte viel zu real, um sich jetzt allein mit der Pflege unfruchtbaren Ressentiments zu begnügen. In seinen unveröffentlichten Lebenserinnerungen schrieb er, das Offizierkorps habe nur mit einer Regierung zusammengehen können, welche den Kampf gegen den

Radikalismus und den Bolschewismus aufnahm: „Was war demnach näherliegend, als Ebert, den ich als anständigen und zuverlässigen Charakter und unter der Schar seiner Parteigenossen als den staatspolitisch weitsichtigsten Kopf kennengelernt hatte, die Unterstützung des Heeres und des Offizierkorps anzubieten?"

Noch schaltete er bei diesen ersten Überlegungen den Feldmarschall nicht ein. „Selbst die Initiative zu ergreifen, war nicht seine Art", notierte Groener am 10. November 1918 in seinem Tagebuch. An diesem Tage erschien der Begründer der national-sozialen Bewegung, Friedrich Naumann, einer der führenden Köpfe des deutschen Liberalismus, auf der Rückkehr von einer Frontfahrt in Spa. Auch sein Lebenswerk, die Versöhnung des Kaisertums mit den demokratischen und sozialen Kräften der Zeit, schien zerbrochen. Groener bat ihn, auf Ebert im Sinne eines Bündnisses mit der OHL einzuwirken. Die Zeit schien jedoch auf rasche Entscheidungen zu drängen, daher rief Groener noch am Abend telefonisch in der Reichshauptstadt an und teilte mit, der Feldmarschall, das Offizierkorps und das Heer stellten sich der neuen Regierung zur Verfügung. In diesem Entschluß wußte er sich nicht nur mit dem Feldmarschall, sondern auch mit den Abteilungschefs und den jüngeren Generalstäblern einig. In organisatorischer Hinsicht erfuhr die OHL eine Umbildung, die Militärpolitische Abteilung unter dem Oberquartiermeister General v. Bartenweffer wurde aufgelöst, die bisherige Bauersche Operationsabteilung II wurde als innenpolitische Abteilung reorganisiert, ihre Leitung erhielt Hauptmann Kurt v. Schleicher, mit Oberleutnant v. Holtzendorff als Adjutant und zwei Mitarbeitern, Hauptmann im Generalstab v. Seidel und Major Gareis. Es war Groeners Idee, den sehr gewandten und als Unterhändler in allen Sätteln gerechten Hauptmann v. Schleicher in diese führende Position zu bringen. Manche Generalstabsoffiziere, so Hauptmann Geyer, verfochten die Ansicht, man müsse „Offiziers-Kompanien" bilden und mit ihnen weiterkämpfen, wenn die Mannschaft den Gehorsam aufkündige. Groener, Schleicher und Gareis hielten es jedoch angesichts des russischen Beispiels, wo Offiziers-Verbände den Kampf gegen den Bolschewismus aufgenommen und rasch infolge ihrer zahlenmäßigen Unterlegenheit in eine verzweifelte Lage geraten waren, für das Törichteste, was man tun konnte, wenn man gewissermaßen freiwillig der Truppe die Führer nahm und sich damit des Einflusses auf die Mannschaften begab.

Für den 10. November vermerkte Groener in seinem Tagebuch nur ganz kurz: „OHL stellt sich der Regierung zur Verfügung." Hindenburg erließ einen Aufruf an das Heer, er bleibe an der Spitze, und ermahnte jedermann zu treuer Pflichterfüllung. Auf einer Geheimleitung hielt Groener telefonisch Verbindung mit Ebert aufrecht. In den nächsten Tagen weihte er den Feldmarschall in die Einzelheiten ein. Dieser hieß alles gut, wollte jedoch unmittelbar nicht mit diesen Fragen befaßt werden. Der Weg, den er ging, war schwer und bitter, war für ihn, der sich stets für den getreuesten Diener Seiner Majestät gehalten hatte, am schwersten und bittersten von allen.

Ein ironischer Zufall wollte es, daß infolge der Schwerfälligkeit der militärischen Bürokratie noch am 10. November bei der Truppe ein Merkblatt der OHL über die Kaiserfrage zur Ausgabe gelangte. Wie bereits erwähnt, erging aber auch an diesem Tag der Befehl der OHL über die Bildung von „Vertrauensräten" bei der Truppe und den hohen und höchsten Stäben. Pro Kompanie sollten sie sich aus einem Offizier, einem Unteroffizier und zwei Mann zusammensetzen. Ein zweiter Erlaß vom 11. November suchte diese Maßnahme schon wieder abzuschwächen.

Am 11. November gab der Ia des AOK 7, Oberstleutnant Frh. v. Blomberg, der OHL telefonisch die Waffenstillstandsbedingungen durch. Eine jede war für den alten Feldmarschall ein furchtbarer Schlag, es gab keine Milderung, um die er nachgesucht hatte! Räumung Frankreichs, Belgiens und Elsaß-Lothringens bis 26. November – Räumung des linken Rheinufers bis 6. Dezember – Besetzung von Mainz, Köln und Koblenz durch die Alliierten mit rechtsrheinischen Brückenköpfen – Schaffung einer entmilitarisierten Zone rechts des Rheins von 30-40 Kilometer Tiefe – Anullierung der Friedensverträge von Brest-Litowsk und Bukarest – sofortige Ablieferung von 5.000 Geschützen, 30.000 Maschinengewehren, 2.000 Flugzeugen, 5.000 Lokomotiven, 5.000 Lastkraftwagen und sämtlichen

U-Booten – Abrüstung und Internierung der deutschen Schlachtflotte – keine Rückgabe der deutschen Kriegsgefangenen, keine Lokkerung der Blockade! Damit war der alte, schon Anfang November von Hindenburg, Groener und Heye festgelegte Plan, bei Abschluß des Waffenstillstandes das Heer hinter den Rhein zurückzunehmen, zuverlässige Kräfte zur Wiederherstellung von Ruhe und Ordnung in die großen Städte zu entsenden und starke Kräfte nach Osten zu werfen, um die dortigen Gebietserwerbungen zu behaupten und einen Schutzwall gegen den Bolschewismus zu errichten, endgültig begraben. Auch die deutschen Positionen im Osten waren verloren. Polen konstituierte sich als unabhängiger Staat, die Truppen in der Ukraine, in Wolhynien, Litauen, Kurland, Lettland und Estland erlagen in großem Umfang den Auflösungserscheinungen.

Rittmeister v. Helldorf brachte als Kurier den Text der Bedingungen. Am Abend des 11. November war ein zufälliger Gast, ein junger Ulanenoffizier, Oberleutnant v. d. Marwitz, Zeuge des Essens beim Feldmarschall. Die Speisen waren sehr einfach. Hernach saß man rauchend beisammen. Hindenburg, immer noch grau, wie erloschen erscheinend, sprach äußerlich ruhig über die Verhältnisse vor dem 9. November. Die Lage sei bis zum äußersten gespannt gewesen, da habe er den letzten Pfeil aufgelegt: „... Und da brach mir der Bogen." Diese Worte zielten zweifelsohne auf die Offensive bei Reims wie auf den Willen der OHL, bei untragbaren Bedingungen zum letzten Kampf aufzurufen. Sie zeigten klar, daß er in diesen Tagen sehr bitter und rückhaltlos die Überzeugung so zahlreicher Frontoffiziere teilte, daß die Heimat mit der Revolution dem Feldheer, das noch nicht geschlagen war, in den Rücken gefallen sei. Ludendorff sollte etwas später die Frage eines englischen Generals, ob er glaube, daß die Heimat dem Heer einen „Dolchstoß in den Rükken" versetzt habe, geradezu begeistert bejahen. Hindenburg vertrat die verhängnisvolle These vom „Dolchstoß" mehrere Jahre hindurch, bis er auch hier wie in so vielen Dingen zu nüchternerer Anschauung gelangte. Zunächst gewann diese These jedoch eine große Überzeugungskraft, sie wurde der OHL noch leichter gemacht durch den Umstand, daß Erzberger sie von den Waffenstillstandsverhandlungen ausgeschlossen hatte. Bewußt hatte er es sogar vermieden, vor dem Überschreiten der feindlichen Linien mit den eigenen führenden Soldaten, Hindenburg oder Groener, selbst Fühlung zu nehmen. Damit bürdete er dem neuen Regime die Verantwortung für den Waffenstillstand auf, die eigentlich den Militärs gebührt hätte.

Nach der Unterzeichnung des Waffenstillstandes richtete Hindenburg am 12. November 1918 einen Aufruf an das Heer, in dem er an die soldatische Ehre und den Stolz auf die eigenen ungeheuren Leistungen appellierte und erklärte, aufrecht und stolz ginge die Armee aus einem vierjährigen Kampf gegen eine Welt von Feinden hervor. Der notwendige rasche Rückmarsch, hieß es weiter, sei eine schwere Aufgabe, fordere strenge Selbstbeherrschung und treue Pflichterfüllung und bilde den Prüfstein für Geist und Haltung der Truppe. Er schloß mit einigen ganz schlichten, persönlichen Worten: „Im Kampf habt Ihr Euren Generalfeldmarschall niemals im Stich gelassen. Ich vertraue auch jetzt auf Euch ...“ Gelegentlich sagte er damals: „Ich bin ein alter Mann. Wenn die Jungen sehen, daß so ein alter Kerl seine Pflicht tut, werden sich doch manche besinnen. Ich bin todmüde, aber ich werde stehen, bis ich umfalle, solange dieser Körper noch zu etwas gut ist, für ein Beispiel.“

Noch stand das deutsche Feldheer – während das Ersatzheer in der Heimat sich größtenteils aufgelöst hatte – mit 168 Divisionen im Westen, mit dutzenden anderer Divisionen in den baltischen Ländern, in Polen, in der Ukraine, im Kaukasus, in Rumänien und Ungarn. Die Persönlichkeit des Feldmarschalls bildete wenigstens im Westen die Gewähr für einen einigermaßen geordneten Rückmarsch. Aber die Revolution brachte bittere Stunden genug. Selbst bei der OHL bildete sich ein „Soldatenrat“. In der Heimat war der „Vollzugsrat der Arbeiter- und Soldaten-Räte“ neben den Volksbeauftragten Träger der eigentlichen Regierungsgewalt. Die OHL sah sich vorerst gezwungen, Stellung gegen Offiziere zu nehmen, die ihre Ehre verteidigten. Die „Räte“ forderten die Abschaffung aller Rangunterschiede und Rangabzeichen. General v. d. Marwitz, der die 5. Armee in die Heimat führte, klagte in seinen Briefen, Hindenburg sei „unglaublich beraten“, es bestünde Befehl, nur innerhalb der Truppe rote Fahnen zu entfernen, sonst dürfe man nichts gegen Revolutionäre unternehmen. Die Männer um den Feldmarschall, die mit ihm die preußische Tradition retten wollten, mußten auf lange Sicht handeln, sie konnten ihre Pläne nicht preisgeben. General Groener erkannte rasch, daß es unmöglich war, mit den vorhandenen Front-Verbänden bei der Rückkehr in die Heimat Zucht und Ordnung wiederherzustellen, die ersten Pläne für die Bildung eines neuen „Freiwilligen-Heeres" entstanden. Groener und Schleicher, dem neuen Leiter der Operations-Abteilung II, ging es in erster Linie um die Behauptung der Bündnisfähigkeit des Reiches, um die Erhaltung möglichst der Ost-Positionen und um die inner- und wirtschaftspolitische Konsolidierung. Das Mittel dazu konnte nur die Wahl einer verfassunggebenden Nationalversammlung sein, die dem neuen Staat einen gesetzmäßigen Rahmen lieh.

Am Abend des 14. November 1918 verließen Hindenburg, Groener und die beiden Operations-Abteilungen im Zug der Räumungsmaßnahmen mit einem Sonderzug Spa. Als neues Quartier war Homburg vor der Höhe ausersehen, die Kasino-Vorräte waren bereits dorthin geleitet worden. In Bad Homburg herrschte indes ein besonders radikaler Soldatenrat, der die Vorräte der OHL sofort beschlagnahmte. Daher wurde der Zug nach Wilhelmshöhe bei Kassel umdirigiert. Auf der Fahrt wurde der Feldmarschall an der deutsch-belgischen Grenze in Herbesthal Zeuge des Gebarens eines völlig bolschewisierten Soldaten-Rates. In Gießen, das man passierte, gewahrte man wüste Bilder zuchtlos umherstrolchender Mannschaften, die ihre Gewehre zerschlagen hatten. Ganz anders war der Eindruck in Kassel-Wilhelmshöhe, wo man am 16. November eintraf. Der örtliche Soldaten-Rat hatte zur Begrüßung des Feldmarschalls die roten Armbinden durch schwarzweiße ersetzt, der „Arbeiter- und Soldatenrat" von Kassel erließ eine Kundgebung, Hindenburg gehöre dem deutschen Volk und Heer, die Größe seiner Pflichterfüllung müsse jeder anerkennen. Es war seltsam, zu sehen, wie seine Persönlichkeit auch auf die Revolutionäre wirkte. Ein einziges Mal ereignete es sich in den Revolutionsmonaten 1918/19, daß ein Posten dem alten Mann die Ehrenbezeigung verweigerte. Er tat es auch nur einmal! In

Wilhelmshöhe sicherte das Sturm-Bataillon Rohr das Hauptquartier, das soldatische Formen wahrte. Das Leben ward freilich noch kärglicher als zuvor. Hindenburg mochte nicht im Schloß wohnen, weil dieses seinem kaiserlichen Herren gehörte und er keine Erlaubnis besaß, dort einzuziehen. So bezog er Quartier im „Schloß-Hotel", das anfangs wegen Kohlenmangel ungeheizt war. Durch die Beschlagnahme der Kasino-Vorräte war auch die geringste Bequemlichkeit ausgeschlossen. Man aß aus der Feldküche, anstandslos löffelte der Feldmarschall irgendeine undefinierbare Suppe, die eisernen Bestandteile der kalten Verpflegung bildeten, wie einer der jüngeren Offiziere festgehalten hat, Brot und Kunsthonig.

Der 16. November 1918, der Tag, an dem Hindenburg im „Schloß-Hotel" in Wilhelmshöhe einzog, war auch der Tag, an dem der Mann, der vier Jahre lang sein Stabschef gewesen war, General der Infanterie a. D. Erich Ludendorff, mit Wissen der Provisorischen Regierung unter falschem Namen als „Ernst Lindström" Deutschland verließ, um sich über Kopenhagen nach Schweden zu begeben. Seit dem dunklen 26. Oktober hatte er still in der Pension in der Keithstraße gelebt, in der seine Frau bei Kriegsbeginn untergekommen war. Als am 9. November dunkle Gestalten die Pension zu umlauern begannen, war er nach Potsdam zu Freunden seines Bruders, des Astronomen Professor Hans Ludendorff, gezogen. Dann hatte ihm Hauptmann Breucker, der als junger Leutnant in Düsseldorf unter ihm gedient hatte und später Adjutant des Feldmunitionschefs Ost und Mitarbeiter im Kriegsamt gewesen war, in seiner Berliner Wohnung Asyl angeboten. Anfangs hatte Ludendorff daran gedacht, sich unter den Schutz der OHL zu stellen. Solch Schritt hätte gar nicht zur Politik Groeners und Schleichers gepaßt, zumal Groener persönlich ein sehr scharfer Gegner der Ära Ludendorffs im Generalstab war. Naturgemäß notierte Ludendorff mit bitterem Groll, daß der Feldmarschall ganz untätig blieb. Es schien ihm unerträglich, in Deutschland zu bleiben. In Schweden machte er indes neue kränkende Erfahrungen, die Verwandten seiner schwedischen Großmutter, die Familie Leffler, distanzierten sich von ihm, er fand auf dem Lande bei einem Gutsbesitzer namens Oolsen in Hesleholmgard Unterschlupf.

In Deutschland ergoß sich eine Flut von Beschimpfungen über ihn, auch der letzte Reichskanzler, Prinz Max von Baden, griff ihn auf das heftigste an. An die Persönlichkeit des Feldmarschalls wagten sich die Kritiker nicht heran, teils fehlte es an Mut, teils hoffte man bewußt, den alten Mann, dessen Ausharren in der OHL unumgänglich war, auf diese Weise gegen den ehemaligen Mitarbeiter ausspielen zu können. Nur die billigen Pamphlete der revolutionären Asphaltliteratur wandten sich auch gegen Hindenburg, den „greisen Menschenschlächter". Gegenüber den Beschimpfungen Ludendorffs bewahrte der Feldmarschall Schweigen. Er mochte, soweit er sie überhaupt zu Gesicht bekam, mit Friedrich dem Großen denken: Niedriger hängen. Auch glaubte er nicht, daß es etwas nutze, wenn er seine Stimme erhöbe, er würde ja doch niedergeschrieen werden. Jungen Generalstäblern, die ihn baten, für Ludendorff einzutreten, erklärte er brummend, er läse nur die „Kreuz-Zeitung" – das Blatt der alten Konservativen Partei – da stünden keine Beschimpfungen drin!

Hauptmann Breucker, der Hindenburg wie Ludendorff gleich hoch verehrte, wandte sich an ihn und bat um eine öffentliche Erklärung für Ludendorff. Hindenburg schrieb ihm am 23. November, er hielte ein öffentliches Eingreifen zur Zeit für nutzlos, man müsse ruhigere Zeiten abwarten. Dann ließ er sich doch von Mitarbeitern, die unter Ludendorff Dienst getan hatten, zu einem Schritt für Ludendorffs Ehrenrettung bestimmen. Hauptmann Breucker wurde Anfang Dezember nach Wilhelmshöhe befohlen. Er aß mit dem Feldmarschall, der seine Bereitwilligkeit versicherte, für Ludendorff einzutreten und ihn im übrigen an Groener verwies. Dieser fragte Breucker, was der Feldmarschall seiner Ansicht nach tun solle. Breucker antwortete, er solle ganz kurz erklären, daß er als Chef des Generalstabes des Feldheeres für a l l e s, was geschehen sei, die volle Verantwortung trage. Groener, der einmal Ludendorffs Gegner war, zum anderen fürchten mochte, solch unzeitige Erklärung könne alle seine politisch-militärischen Pläne hemmen und den Feldmarschall, den er gerade aus dem Tagesstreit heraushalten wollte, vollends in diesen verstricken, erwiderte, solche kurze Erklärung könne der

Feldmarschall gar nicht geben, er sei nichts anderes als ein Werkzeug in den Händen Ludendorffs gewesen. Das mochte im Moment hinsichtlich der im Brennpunkt der Diskussion stehenden Militär-Politik der OHL seine Überzeugung sein, mochte auch von dem Bestreben diktiert sein, Hauptmann Breucker von der Unzutunlichkeit seines Vorhabens zu überzeugen, in jedem Fall war es ein schiefes Bild! Er nahm dann den jungen Offizier auf einen Spaziergang mit und sprach lange mit ihm über Ludendorff, den er ganz scharf als den „Totengräber der Armee, der Monarchie und des Reiches" verurteilte. Er warf ihm vor, er habe den Generalstab korrumpiert und sei dem „Cäsarenwahnsinn" erlegen. Auch dabei ging er entschieden zu weit, obwohl man sehr wohl über Ludendorffs Wirken im Generalstab, über die „Chef-Wirtschaft", zweierlei Meinung sein konnte. Immerhin kam folgender Beschluß zustande: Beim Einzug der heimkehrenden Truppen in Berlin sollte der Oberbürgermeister Exzellenz Wermuth ein Telegramm an den Feldmarschall richten, worauf dieser in seiner Antwort seine unlösliche Verbundenheit mit Ludendorff betonen sollte. Dieser Plan, den Hauptmann Breucker dem Berliner Stadtoberhaupt unterbreitete, scheiterte an Wermuths nüchterner Feststellung, bei solchen Äußerungen müsse die OHL den ersten Schritt tun. Dies hielt der Feldmarschall für nutzlos, Groener für taktisch falsch und für den Augenblick für unnötig und gefährlich.

Im Grunde blieb Hindenburg in diesen Wochen inaktiv. Zu den zahlreichen Abordnungen aus Kassel, die ihn in Wilhelmshöhe begrüßten, darunter Lehrer mit ihren Schulklassen, vermochte er tieferschüttert, fast schluchzend, nur wenig zu sagen. Einmal fielen die Worte: „Ja, die Zeit ist schwer, furchtbar schwer. Aber wir wollen auf Gott vertrauen, dann wird es wieder besser werden."

Die Volksbeauftragten entsandten besondere Kommissare nach Wilhelmshöhe, teils zum Schutz der OHL vor „wilden Soldaten-Räten", teils zur Überwachung konterrevolutionärer Machenschaften. Die jungen Generalstabsoffiziere nannten diese Leute, die dem Feldmarschall durchaus den gebührenden Respekt erwiesen und es sogar mit Fassung ertrugen, daß er im engsten Kreis aus seiner monarchistischen Überzeugung keinerlei Hehl machte, spöttisch die „Haussozi", wie Hauptmann v. Wallenberg berichtet. Andererseits zeigte sich rasch, daß die heimkehrende Truppe auch da, wo sie bis zum letzten Augenblick eine gute Haltung bewahrt hatte, sich verlief, wenn sie unter den Einfluß der Soldaten-Räte kam. Ebenso rasch zeitigte aber auch die Politik Groeners Erfolge. Die OHL suchte durch besondere Offiziere wieder Einfluß auf die Truppe zu gewinnen. Oberst v. Haeften übernahm die Vertretung bei Ebert. Am 21. November wurde dem eigenen Soldaten-Rat sehr kühl mitgeteilt, notfalls werde man gegen den Berliner Arbeiter- und Soldatenrat mit Gewalt vorgehen.

Während das Westheer großenteils bis zum Erreichen der heimatlichen Standorte den Zusammenhang wahrte, wurden die Verhältnisse im Osten komplizierter und unübersichtlicher. Nicht nur der Bolschewismus drohte, sehr bald bedrohten Truppenverbände des neu entstandenen polnischen Staates nach dem kläglichen Zusammenbruch der deutschen Herrschaft in Warschau die Grenzorte der Provinz Posen. Am 22. November entwarf General Groener den Plan, beim Einzug der Truppen in Berlin dort eine allgemeine Säuberungsaktion einzuleiten, wofür zehn Divisionen unter General Lequis eingesetzt werden sollten. Zwei Tage später erließ Hindenburg einen Befehl, in den Ostprovinzen mit Hilfe des Truppen-Generalstabes einen freiwilligen Grenzschutz zu formieren. Noch standen deutsche Truppen in Kurland, in Litauen, sehr langsam vollzog sich der Rückmarsch aus der Ukraine, während in Ungarn der bisherige Oberbefehlshaber in Rumänien, Feldmarschall v. Mackensen, interniert wurde.

Unterdes ging Ende November endgültig der Traum zu Ende, es könne gelingen, die Krone Preußens zu retten. Am 28. November 1918 dankte der Kaiser formell von Holland aus als König von Preußen ab, abermals ein dunkler Tag für den preußischen Royalisten im Hauptquartier in Wilhelmshöhe.

Wieder war die Mahnung der Pflicht stärker, dazu kam die Hoffnung, die Groenerschen Pläne der „Säuberung" könnten zum Tragen kommen. Am 8. Dezember richtete der Feldmarschall einen Brief an Friedrich Ebert, in dem es hieß, er wende sich an ihn, weil man ihm berichtet habe, daß er als „treuer deutscher Mann sein Vaterland über alles liebe". In diesem Sinne habe er sich mit ihm verbündet, um das deutsche Volk vor dem drohenden Zusammenbruch zu bewahren. Es gelte, die Zerstörung der Wirtschaft und des sozialen Lebens „durch Torheit und Verblendung" zu vereiteln. Emil Barth, einer der Vertreter der USPD im Rat der Volksbeauftragten, ein Mann, der den Erinnerungen des Reichswehrministers Noske zufolge mehrmals wegen Sittlichkeitsverbrechen vorbestraft war, gewann, als er die OHL nach der Tagung aller Soldaten-Räte in Ems aufsuchte, in Unterhaltungen mit General Groener und Major Gareis den Eindruck, daß Wilhelmshöhe das Zentrum der Gegenrevolution sei. Er hatte Angst, man würde ihn einfach verhaften, drohte indes Major Gareis, man solle sich nicht bei konterrevolutionären Aktionen, die er für die Zeit nach dem Friedensschluß befürchtete, erwischen lassen, dann „ginge es Auge um Auge".

Die geplante Säuberung Berlins mißlang. General Lequis vermochte sich nicht durchzusetzen, die heimkehrenden Truppen entglitten der Befehlsgewalt der OHL. Hauptmann v. Schleicher begab sich selbst nach Berlin, in zwei aufeinander folgenden Versammlungen aller dort anwesenden Generalstabsoffiziere im „Roten Haus" am Königsplatz versuchte er, die kommenden Richtlinien der Entwicklung festzulegen, die Aufstellung eines Freiwilligen-Heeres, um der neuen Regierung ein Machtinstrument zu verschaffen, so daß sich die wirtschaftliche und innenpolitische Konsolidierung des Reiches vollziehen konnte. Auf der zweiten Versammlung ergriff Generalmajor v. Seeckt, bislang deutscher Chef des türkischen Generalstabes, das Wort, bekannte sich wie Schleicher zur Errichtung eines Freiwilligen-Heeres, verlangte jedoch als erstes die Wiederherstellung der Bündnisfähigkeit des Reiches. Seeckt galt weit mehr als Schleicher als kommender Mann, als die größte Hoffnung unter den jüngeren Generalstäblern. Noch während dieser Beratungen im Generalstabsgebäude beschloß der Kongreß der Arbeiter- und Soldatenräte am 18. Dezember 1918, daß künftig die militärische Befehlsgewalt auf die Volksbeauftragten und den Vollzugsrat der Soldatenräte übergehen solle. Groener und Schleicher, gedeckt durch die Autorität des Feldmarschalls, protestierten auf das heftigste und setzten sich durch, zumal Ebert rasch infolge linksradikaler Umsturzversuche in Bedrängnis geriet und die Hilfe der OHL erbitten mußte. Die OHL begann planmäßig, die Formierung neuer Freiwilligen-Verbände zu fördern. Auf Anregung Oberst Heyes stellte beispielsweise General Maercker von der alten 214. Infanterie-Division das „Freiwillige Landesjäger-Korps" auf. Die Forderung, der Feldmarschall solle selbst den Oberbefehl über den Grenzschutz in Schlesien gegen Polen übernehmen, stieß freilich nicht nur bei den Sozialdemokraten, sondern auch bei Vertretern der neuen Demokratischen Partei auf Ablehnung.

Es war klar, daß das kommende Jahr 1919 die Entscheidung im Kampf zwischen der jungen Republik und den Anhängern des Räte-Regimes bringen mußte. Die jungen Frontsoldaten, Offiziere und Generalstäbler, die sich in den Freikorps zusammenfanden, um für die Ordnung und ein neues, einstweilen sehr nebuloses „Reich" zu kämpfen, retteten die Republik, jene Staatsform, die sie zu Unrecht für die Niederlage verantwortlich machten und die ihnen darum im Grunde äußerst verächtlich erschien. In einem Weihnachtsaufruf stellte sich der Feldmarschall vor das vielgeschmähte Offizierkorps. Das Heer, erklärte er, habe bis zuletzt gegen eine Welt von Feinden standgehalten, die Träger dieses Volksheeres seien die Offiziere gewesen, er wolle durchaus nicht manche Schwäche leugnen, aber der Kern des Offizierkorps sei gesund gewesen, der deutsche Offizier sei allzeit der Diener des Volksganzen gewesen. Das waren bedeutsame Worte in einer Zeit wilder, verworrener Hetze gegen alle Mächte und Männer des gestürzten Regimes und der besiegten Armee.

Ausgangs des Jahres 1918 wurde die Lage noch dunkler, in der Provinz Posen brach ein polnischer Aufstand aus, der Großteil der Provinz geriet in polnische Hand. Das neue Polen bedrohte auch Schlesien, der neuentstandene tschecho-slowakische Staat bezeigte gleichfalls Appetit auf schlesisches Gebiet. Der Schutz des deutschen Ostens wurde die vornehmlichste Aufgabe der OHL. Im Januar 1919 unterdrückten Verbände der neuen Freiwilligen in Berlin einen Aufstand des bolschewistischen „Spartakus-Bundes", der Keimzelle der späteren Kommunistischen Partei Deutschlands. Ebert betraute den Reichstagsabgeordneten Gustav Noske, einen der besten Köpfe der alten Mehrheitssozialdemokratie, einen ebenso energischen wie vaterlandsliebenden Mann, mit der Leitung aller Heeresangelegenheiten. Noske erwarb sich rasch Sympathien bei den führenden Männern der OHL. Ende Januar 1919 weilte General Groener bei Ebert und unterbreitete ihm im Namen Hindenburgs seine Forderungen, die Beseitigung des Widerstandes der Räte gegen die militärische Kommandogewalt, die Ausschaltung aller radikalen Elemente in den Soldaten-Räten, vor allem in den bedrohten Ostprovinzen. Er betonte die Notwendigkeit einer starken Präsidialgewalt im neuen Staat und schnitt, seiner knappen Notiz („Kaiserfrage") nach zu urteilen, auch das Problem der monarchischen Staatsform an. Zum Geburtstag des ehemaligen Kaisers am 27. Januar 1919 gedachte der Feldmarschall im Kreis seiner Mitarbeiter wie der „Haussozis" in Wilhelmshöhe seines Herrn mit den Worten: „Feig und unwürdig wäre es, wollten wir heute die Liebe zu unserem Kaiser verleugnen." Am 30. Januar telegraphierte der Kaiser aus seinem Exil in Holland an Hindenburg, dankte für sein Gedenken zum Geburtstag und erklärte, er flehe Gottes Segen auf seine Arbeit für das deutsche Volk herab.

Je mehr die Zahl der Freiwilligen-Verbände anwuchs, desto stärker wurde die Stellung der OHL, die der Provisorischen Regierung ein neues Machtinstrument schuf. Groeners und Schleichers Programm lief jetzt darauf hinaus, zunächst die innere Gesundung und Festigung, der staatlichen Ordnung zu erreichen, um dann wieder eine aktivere Außenpolitik zu betreiben. Noch flackerten überall im Reich bolschewistische Unruhen auf. Überall mußten die neuen Freiwilligen-Verbände mit Waffengewalt die Ordnung wiederherstellen.

Unter diesen Auspizien fanden im Januar 1919 die Wahlen zur Verfassunggebenden Nationalversammlung statt. Für die große Rolle, die der Feldmarschall im Denken und Trachten der Öffentlichkeit noch immer spielte, war es bezeichnend, daß er von nicht weniger als drei politischen Parteien oder Gruppierungen Angebote erhalten hatte, für die Nationalversammlung zu kandidieren. Die Deutschnationale Volkspartei (DNVP), die Nachfolgerin der alten Konservativen und Freikonservativen Partei, bot ihm durch Graf Westarp und den früheren preußischen Finanzminister Exzellenz Oskar Hergt die Spitzenkandidatur für den Wahlkreis Ostpreußen an. Die von Gustav Stresemann ins Leben gerufene Deutsche Volkspartei, die Nachfolgerin der National-Liberalen Partei, bot ihm gleichfalls telegraphisch die Spitzenkandidatur für Ostpreußen an. Endlich trachtete ihn ein Berliner Ingenieur namens Fritz Körting, der früher der Tirpitzschen „Vaterlands-Partei" angehört hatte, als Spitzenkandidat für seine Liste „Unabhängiger nationaler Kandidaten" zu gewinnen. Der Feldmarschall lehnte alles ab mit der Begründung, er könne sein Amt nicht verlassen, die OHL müsse außerhalb der Politik bleiben.

Einen Tag vor der Wahl der deutschen Nationalversammlung, die die neue Verfassung des Reiches beschließen sollte, wurde am gleichen Tag, an dem einst durch Bismarck das Deutsche Kaiserreich im Spiegelsaal des Versailler Schlosses gegründet worden war, im gleichen Saal zu Versailles die Friedenskonferenz der alliierten und assoziierten Mächte eröffnet, zu der deutsche Vertreter einstweilen nicht zugelassen waren. Die Friedenskonferenz überschattete im Grunde fortan alle Beschlüsse der Nationalversammlung, der Provisorischen Regierung und der OHL.

Für Hindenburg selbst tauchte eine andere Frage auf, die Untersuchung über die entscheidenden Stunden am 9. November 1918 in Spa. Im Dezember 1918 hatte der General Graf v. d. Schulenburg eine Denkschrift verfaßt, die, wie er später angab, durch eine Indiskretion an die Öffentlichkeit gelangt war. Sie wurde auch an den Grafen Westarp herangetragen. Deutschnationale Abgeordnete, vor allem Major a. D. v. Graefe-Goldebee, bezeichneten die Abdankung des Kaisers auf Grund der eigenmächtigen Bekanntgabe durch den Kanzler als „Fälschung". Der Feldmarschall wurde in die Kontroversen hineingezogen, als die konservative „Kreuz-Zeitung" zum Kaiser-Geburtstag einen Artikel brachte, in dem behauptet wurde, am 9. November sei in Spa schon alles mit roten Kokarden herumgelaufen und in dem Groener als „Revolutions-General" angegriffen wurde. Hindenburg sandte der „Kreuz-Zeitung" eine Berichtigung, nahm

Groener nachdrücklich in Schutz und erklärte trocken, er habe im Großen Hauptquartier am 9. November nicht eine rote Kokarde gesehen. Er nahm auch Verbindung mit Graf Westarp auf, betonte, es falle ihm als durch und durch konservativ gesonnenem Manne schwer, gegen die „Kreuzzeitung“ zu polemisieren, er könne jedoch nicht Vorwürfe gegen Groener hinnehmen, die letzten Endes ihn selbst träfen, Groener sei ein monarchisch gesonnener Mann. Er schrieb Westarp auch, wenn er noch auf seinem Posten in äußerster Selbstüberwindung ausharre, so tue er das, weil er damit einem Befehl „S. M. seines Königs und Herrn“ gehorche.

Aus dieser Kontroverse entstand bei führenden konservativen Politikern, Westarp selbst, dem früheren Staatssekretär Helfferich, Herrn v. Oldenburg-Januschau und Herrn v. Berg-Markienen, die Idee, die Beteiligten sollten über die Vorgänge am 9. November ein gemeinsames Protokoll aufsetzen, um den Sachverhalt festzulegen.

Hindenburg begrüßte diese Idee grundsätzlich, zumal der Kaiser verlangte, die an den Entschlüssen des 9. November beteiligten Ratgeber sollten endlich den Verleumdungen seiner Person entgegentreten. Im März gab Hindenburg der Presse eine Erklärung über die Frage, weshalb der Kaiser nach Holland gegangen sei. Er führte darin aus, der Kaiser habe gemeinsam mit seinen Ratgebern den Entschluß gefaßt, außer Landes zu gehen, um seinem Volk einen Bürgerkrieg zu ersparen und ihm Ruhe und Frieden zu erhalten. Es sei nicht die Schuld Seiner Majestät, wenn er sich in diesem Glauben geirrt habe. Graf Westarp wollte Hindenburg, Groener, Plessen, Hintze, Marschall und Schulenburg zu einer gemeinsam protokollierten Erklärung bewegen. Hindenburg geriet jedoch in Empörung, als rechtsstehende Blätter die Schulenburgische Denkschrift veröffentlichten und stellte der „Kreuzzeitung“ eine scharfe Entgegnung zur Verfügung, in der er behauptete, Schulenburg sei über die Vorgänge in Spa nicht genügend unterrichtet. Gleichzeitig unterstrich er, daß weder er noch Groener Wert darauf legten, in unerwünschte Polemiken in der Presse verwickelt zu werden. Andererseits schienen ihm hier seine eigene Ehre und die monarchische Idee auf dem Spiel zu stehen. Er unterhandelte selbst mit Graf Schulenburg und versandte im April ein vertrauliches Rundschreiben, wonach ihm der Graf versichert habe, die Denkschrift sei an und für sich gar nicht für die Öffentlichkeit bestimmt gewesen, sie stelle keine abgeschlossene Arbeit dar, sondern habe nur als Grundlage für eine spätere Darstellung dienen sollen. Wogegen sich Hindenburg erbittert wehrte, war die Behauptung Schulenburgs, er wie Groener hätten am 9. November von vornherein auf die Abdankung des Kaisers und die Flucht ins Ausland gedrängt. An Generaloberst v. Plessen schrieb er verdrossen, er halte eine gemeinsame Darstellung der Vorgänge in Spa für unmöglich, seine und Groeners Erinnerung weiche zu stark von derjenigen Graf Schulenburgs ab.

Diese Haltung zeigte, wie sehr ihn alle Vorgänge berührten und erregten, welche das Schicksal der Monarchie betrafen, wie peinlich er bestrebt war, die eigene Rolle des treuen Dieners seines kaiserlichen Herrn zu verteidigen, wie tief ihn nicht nur Zweifel des Kaisers selbst, sondern auch anderer Persönlichkeiten an der inneren Aufrichtigkeit seiner Monarchentreue verwundeten und quälten. Es gibt kein schriftliches oder mündliches Zeugnis dafür, daß er sich Gedanken darüber gemacht hat, ob sein Verhalten am 9. November vor Gott und vor seinem König wirklich bestehen konnte, weil er in solchen Dingen ungewöhnlich verschlossen war und selten oder nie jemandem Einblick in sein Inneres gewährte. Aber man kann wohl annehmen, daß ihn diese Frage wieder und wieder gerade in den dunkler und dunkler werdenden Tagen der Jahreswende 1918/19 bewegt hat, daß er indes immer wieder nur die Antwort fand, daß die Situation keinen anderen Ausweg mehr geboten hatte, obwohl Erziehung und Überlieferung einem königlich preußischen Generalfeldmarschall eigentlich einen anderen Rat nahegelegt hätten. Sicherlich hat er etwas davon gespürt, daß dies nicht nur im Leben seines Königs und Kaisers, sondern auch in seinem eigenen Dasein die tragischste aller tragischen Stunden gewesen war, die ihm beschieden gewesen waren und die ihm noch beschieden sein sollten.

Auch die Entfremdung zwischen ihm und Ludendorff und das schwere Geschick, das diesen getroffen, lasteten stärker auf ihm, als er sich dies nach außen anmerken ließ. Im Februar des Jahres 1919 kehrte Ludendorff, nachdem er das Manuskript seiner Kriegserinnerungen abgeschlossen hatte, aus Schweden nach Deutschland zurück. Sein Herz war noch immer erfüllt von Groll gegen Hindenburg, weil dieser ihn nicht verteidigt hatte, obwohl er dies, wie er wähnte, mit Erfolg hätte tun können. In seinen Erinnerungen hatte er zunächst den Feldmarschall wegen dessen vorgeblicher geistiger Schwerfälligkeit und Urteilslosigkeit scharf angreifen wollen, hatte diesen Passus indessen dann als allzu unwürdig auf den Rat Sven Hedins gestrichen. In der Nationalversammlung richtete Philipp Scheidemann erneut Mitte Februar heftigste Angriffe gegen Ludendorff und bezeichnete ihn als den „Hasardeur des Weltkrieges", der schließlich Bankrott gemacht habe. Hindenburg protestierte in einem Brief vom 16. Februar 1919 an Scheidemann gegen die Redewendung, Ludendorff sei ein Hasardeur gewesen. Hauptmann Breucker, der damals aus freien Stücken Ludendorffs Interessen vertrat, forderte Hindenburg abermals telegraphisch auf, die Vorwürfe Scheidemanns öffentlich zurückzuweisen und sandte ihm am 20. Februar 1919 einen ausführlichen Bericht über die Kampagne gegen Ludendorff, bei der man die Öffentlichkeit – um den Feldmarschall nicht angreifen zu müssen – glauben machen wolle, Ludendorff habe die OHL allein geführt. Doch Hindenburg ließ es bei dem Brief an Scheidemann bewenden, duldete freilich, daß die Presse ihn veröffentlichte. Scheidemann bedauerte in seiner Antwort, daß der Vorwurf gegen Ludendorff, wie der Feldmarschall ausgeführt habe, auch ihn treffe, das sei nicht beabsichtigt gewesen. Im übrigen halte er seine Äußerungen über Ludendorff aufrecht. Die OHL hatte keine Macht, gegen Politiker irgend etwas zu unternehmen. Gab nicht gerade dieser Brief des Mannes, der die deutsche Republik proklamiert hatte, der Skepsis und Resignation Hindenburgs recht, es habe keinen Sinn, gegen Windmühlenflügel anzukämpfen?

Ludendorff selbst befand sich in keiner günstigen seelischen Verfassung. Der gewaltige, rücksichtslose Arbeiter, der Mann der rastlosen Tätigkeit, der ohne angespannteste Arbeit nicht hatte leben können, der sich in seiner starken Ichbezogenheit ganz in die Vorstellung eingelebt hatte, er sei der Mann, der die riesige deutsche Kriegsmaschinerie gesteuert habe, sah sich unvermittelt an einen öden Strand geworfen, sah sich ohne Lebensaufgabe, ohne Tätigkeitsfeld. Schon begann wie einst im Jahre 1918 nach den ersten Niederlagen die Suche nach „Sündenböcken“, nach Männern oder Mächten, die ihm sein Konzept zerstört hatten. Er las wahllos und unkritisch ungeheuer viel, er las alles, was an Schriften, Broschüren, Pamphleten, Erinnerungen über den jüngst verwichenen Krieg erschien, er studierte auch mit tiefem Erschrecken die Darstellungen deutscher Revolutionäre, in denen sie sich ihrer defaitistischen und umstürzlerischen Propaganda in der Heimat und im Heere rühmten. Das alles bildete den Urgrund für Erkenntnisse ganz falscher Art, zu denen ihn später andere Menschen, die in sein Leben traten, noch führen sollten. Vorerst aber empfand auch er im Grunde für den Feldmarschall nur die Bitternis enttäuschter Freundschaft.

Viele seiner ehemaligen Mitarbeiter, vor allem der letzte Generalquartiermeister Generalleutnant Hahndorff, drängten auf eine Versöhnung Hindenburgs und Ludendorffs. Nachdem ein Vermittlungsversuch, den der Oberquartiermeister der Kriegsgeschichtlichen Abteilung des Großen Generalstabes, Generalmajor Mertz v. Quirnheim, auf Wunsch Hindenburgs unternommen hatte, im März 1919 gescheitert war, ließ Ludendorff wissen, eine Aussöhnung könne sich nur vollziehen, wenn Hindenburg den ersten Schritt tue. Dazu war der Feldmarschall ohne weiteres bereit. Er war ohnehin der Meinung, die Zeit werde das Ihrige tun, um die großen, unbestreitbaren Verdienste Ludendorffs in das rechte Licht zu rücken. So schrieb er ihm zu seinem Geburtstag am 9. April 1919 einen überaus herzlichen Brief, indem er ihn bat, das „Mißverständnis“ zu vergessen und ihm wieder die Freundeshand zu reichen. Wörtlich hieß es am Schluß: „Gott hat uns einst in ernster Zeit zusammengeführt, darum wollen wir uns in noch ernsterer Zeit nicht wieder trennen.“ Ludendorff antwortete postwendend wie erlöst am 10. April 1919: „Vier Jahre habe ich Ihnen, Herr Generalfeldmarschall, dem Kaiser und dem Vaterlande treu und aufrecht gedient, und so stehe ich auch heute noch zu Ihnen. Es war mir das Schwerste in dieser schweren Zeit, daß ich einen Riß wähnte zwischen meinem Generalfeldmarschall und mir ...“

Doch die Schilderung der wechselvollen Beziehungen zwischen Hindenburg und Ludendorff, die die ganzen letzten Jahre des Feldmarschalls überschatten sollten, greift bereits den Ereignissen voraus.

Im Februar des Jahres 1919 beschloß die Nationalversammlung, die unter dem Schutz des Freiwilligen Landesjägerkorps in Weimar, nicht in dem unruhigen Berlin, tagte, eine neue Verfassung, das Reich wurde Republik, die Mitglieder der Nationalversammlung wählten Friedrich Ebert zum vorläufigen Reichpräsidenten, bis eine Volkswahl, wie sie die Verfassung vorsah, stattfinden konnte. Der Sozialdemokrat Philipp Scheidemann bildete das erste Reichskabinett der Republik. Mit dem 1. Februar 1919 war der Generalstab bereits auf Friedensfuß gesetzt worden. Da die Rückzugs- und Räumungsmaßnahmen im Westen abgeschlossen und der Kampf um die deutschen Ostprovinzen alle Kräfte in Anspruch nahm, verlegte die OHL am 12. Februar 1919 das Hauptquartier von Wilhelmshöhe nach Kolberg, wo man sich im „Hotel Bellevue" einrichtete. Hier, im pommerschen Bereich, wo im Kreis Cammin sein Schwiegersohn Brockhusen-Justin angesessen war, fühlte sich Hindenburg heimischer als im hessischen Wilhelmshöhe. In Kolberg, wo er meist mit General Groener, Dr. Münter, seinem Adjutanten und Schwiegersohn Rittmeister v. Pentz und Hauptmann v. Schleicher zusammen aß, lernte er den letzten eingehender kennen und schätzen. Von Kolberg erließ er am 15. Februar 1919 einen Aufruf zur Bildung zweier Grenzschutz-Armee-Oberkommandos für Ostpreußen und Schlesien. Chef des Stabes des AOK Nord in Königsberg wurde Generalmajor v. Seeckt. Anfangs entwarf man in der Operations-Abteilung, die an Stelle Oberst Heyes Major v. Stülpnagel übernahm, neue Pläne für eine Zangenoffensive mit beiden Grenzschutz-AOKs gegen Polen, bis die Alliierten einen Strich durch alle Maßnahmen machten.

In Kolberg wurde aus auserlesenen Leuten zur Sicherung des Hauptquartiers das Freikorps „Hindenburg" gebildet.

Das Leben schien sich etwas zu normalisieren. Besucher kamen wieder, so der Verteidiger Deutsch-Ostafrikas, General v. Lettow-Vorbeck, so der sozialdemokratische Oberpräsident von Ostpreußen, August Winnig, den die eigene Partei nur zu bald wegen seiner patriotischen Ansichten verstoßen sollte, so der neue Reichswehrminister Gustav Noske, der Hindenburg gut gefiel. Er habe ein gutes Auge und ein sicheres Auftreten, meinte der alte Mann. Noch war die Entscheidung über die Gestalt der künftigen Wehrmacht der Republik nicht gefallen. Die Sozialisten und Teile der Demokraten forderten ein Volksheer, General v. Seeckt vertrat die Idee, eine neue Reichsarmee aus Freiwilligen aufzustellen, die ihre Ergänzung in einer kurzfristig dienenden Miliz finden sollte.

Der Feldmarschall hielt sich im Grunde außerhalb all dieser Diskussionen, weil es für ihn feststand, daß er seinen Abschied nehmen würde, sowie der Abschluß des Friedensvertrages erfolgte. Die Bildung der vorläufigen Reichswehr, eines Übergangsheeres von rund 400.000 Mann, in dem die Freikorps und Freiwilligen-Verbände zusammengefaßt wurden, erfolgte im wesentlichen unter der Leitung des Reichswehrministers Noske und des preußischen Kriegsministers Oberst Reinhardt, eines württembergischen Landsmannes von Groener.

Ende April 1919 erschien Graf Westarp persönlich in der Angelegenheit des Protokolls über den 9. November 1918 bei Hindenburg in Kolberg. Auf einem langen Spaziergang, den Hindenburg mit dem Grafen in den Dünen unternahm, schilderte er diesem eingehend die Situation beim Zusammenbruch und sprach zum ersten Mal offen über das schwierige Temperament des Kaisers. Dieser, sagte er, habe beständig zwischen „himmelhochjauchzender“ und „zu Tode betrübter“ Stimmung geschwankt, man habe bei ihm niemals mit Festigkeit rechnen können, und das habe ihn stark bei seiner Entschlußfassung beeinflußt. Hindenburg war noch immer sehr erregt über die Tatsache, daß die Generale v. Marschall und Graf v. d. Schulenburg ihn allein für den Rat verantwortlich machen wollten, der Kaiser müsse nach Holland gehen. Als sich bereits die dunklen Schatten des Diktatfriedens herniedersenkten, begab sich Graf Westarp ein zweites Mal zum Feldmarschall nach Kolberg. Er fand ihn, wie er seiner Frau berichtete, klar, pedantisch in allen Einzelheiten und außerordentlich zähen Willens. Hindenburg erklärte, er wolle sich ja vor den Kaiser stellen, wolle seinen Teil an der Verantwortung tragen, „aber die anderen, Plessen, Marschall und anderes Geflügel", sollten nicht versuchen, alles auf ihn allein abzuschieben. Graf Westarp meinte, ohne Groener tue Hindenburg nichts, er halte diesen für den monarchischsten Mann von der Welt. Indes entsprach der Sachverhalt, so wie ihn Hindenburg darstellte, den tatsächlichen Verhältnissen, sofern man, wie es in dem endlich am 27. Juni 1919 veröffentlichten gemeinsamen Protokoll der Fall war, die Haltung des Monarchen selbst außer acht ließ. Später äußerte Hindenburg, man habe die Erklärung mehr aus Vasallentreue zur Ehrenrettung des Monarchen abgegeben als um der geschichtlichen Tatsachen willen. Zäh hielt er an der These fest, was ihn betreffe, so habe er einen Übertritt des Kaisers nach Holland nur als äußersten, zeitlich begrenzten Ausweg angesehen.

Das harte Gesetz, unter dem auch die Verhandlungen und Kontroversen über den Ablauf der Ereignisse des Jahres 1918 standen, waren die Friedensverhandlungen in Versailles. Unter diesem Gesetz, auf dessen Zustandekommen kein deutscher Vertreter irgendeinen Einfluß hatte, standen auch die letzten Pläne der führenden Männer der OHL in Kolberg, die Rückeroberung der Provinz Posen, die Sicherung Kurlands gegen den Bolschewismus, die Behauptung der deutschen Ostposition, die Aufstellung eines neuen modernen Reichsheeres, die Konsolidierung des Staates im Sinne einer starken Ordnungsmacht. Dank Hindenburgs Autorität, die Männer wie Groener und Schleicher geschickt in die Waagschale zu werfen wußten, hatte sich die OHL gegenüber den Arbeiter- und Soldaten-Räten wie der Regierung behaupten können, aller Orten im Reich stellten die unter ihrer Aegide gebildeten Freikorps die Ordnung her und beseitigten bolschewistische Auswüchse, wie sie sich am schlimmsten in Bayern gezeigt hatten. Soweit schien sich die erstrebte innenpolitische Festigung der Lage trotz fortdauern der Hungersnot und schleichendem Währungsverfall, trotz Elend und Hoffnungslosigkeit und heimlich fortschwelender Unruhe anzubahnen.

Die außenpolitische Konzeption General Groeners scheiterte jedoch an den unerbittlichen Gegebenheiten der Situation. Die Hoffnung, die deutschen Positionen im Osten halten zu können, die Hoffnung, man könne durch geschicktes Lavieren gegenüber den ehemaligen Feindbundmächten Vorteile herausschlagen, die Hoffnung, es könne der deutschen Politik gelingen, die Zwistigkeiten unter den Alliierten auszuschlachten, die Idee, man müsse in den Völker-Bund hineingehen, den Präsident Wilson plante, um die eigne Position zu verbessern – all das erwies sich bald als trügerisch. Vergebens hatte General Groener seine Hoffnung auf Amerika gesetzt, vergebens hoffte er, die Alliierten würden begreifen, daß ein starkes Deutsches Reich der beste Schutzwall gegen den Bolschewismus sein würde. Als in der zweiten Hälfte des Monats April 1919 endlich eine deutsche Abordnung nach Versailles gerufen wurde, geschah es nur, um ihr einen Diktatfrieden zu präsentieren.

Zuvor hatte Groener zeitweilig sogar mit Angeboten Marschall Fochs gerechnet, deutsche Truppen sollten sich an der Abwehr des Bolschewismus beteiligen. Ein amerikanischer Offizier vom US-Hauptquartier in Trier, Major Conger, der Kolberg besuchte, war mit großen heimlichen Hoffnungen aufgenommen worden. Er wurde vom Feldmarschall zu Tisch gebeten. Conger war von dessen Größe und Würde tief beeindruckt und meinte, er müsse unbedingt einmal die Vereinigten Staaten aufsuchen. Hindenburg bemerkte: „Nach Amerika nun gerade? Wer weiß, was ich da wohl für einen Empfang haben würde?“ Conger: „Excellenz haben zwei bis drei Millionen Freunde in USA, die Soldaten der Expeditionsarmee in Europa.“ Major Conger war gewiß ein ehrlicher Mann, politische Ergebnisse konnte sein Besuch jedoch nicht zeitigen. Er war selbst entsetzt über den Zusammenbruch der ursprünglich so idealistischen, wenn auch sehr weltfremden Politik des Präsidenten Wilson, der bei der Friedenskonferenz vor den Haßgefühlen Frankreichs, dem Vergeltungsbedürfnis Englands und den zügellosen Gebietswünschen der kleinen neu entstandenen europäischen Staaten die Fahne strich. Das Diktat von Versailles war kein echter Friede, wie er einst auf dem Wiener Kongreß den Schlußstrich unter die napoleonische Ära gesetzt hatte, es barg nur den Keim zu neuen weltweiten Konflikten.

Die Bedingungen des Diktatfriedens waren unmenschlich hart: Deutschland verlor im Westen Elsaß-Lothringen, im Osten die Provinz Posen, den größten Teil der Provinz Westpreußen und wertvolle

Teile Oberschlesiens. Es mußte sich verpflichten, die Alleinschuld am Kriege auf sich zu nehmen. Die Stärke des Heeres wurde auf 100.000 Mann festgesetzt, schwere Waffen, Tanks, schwere Artillerie, Flugzeuge wurden verboten, der Generalstab mußte aufgelöst werden. Die endgültige Höhe der Wiedergutmachungsleistungen wurde vorerst noch nicht festgesetzt. Die erste Antwort war auch in den Kreisen der sozialdemokratisch-demokratischen Reichsregierung, deren sozialistische Mitglieder 1918 so enthusiastische Hoffnungen auf den Friedens- und Versöhnungswillen der sozialistischen Bruderparteien in den Ententeländern gesetzt hatten, ein Aufschrei der Empörung und des Entsetzens. Die Monate Mai und Juni standen im Zeichen der Erörterungen, ob es möglich sei, mit dem Übergangsheer und einem unruhigen, von Hunger und Elend zermürbten und von sozialen Konflikten zerrissenen Volk einen Verzweiflungskampf zu wagen. Nachdem er die Friedensbedingungen in der Zeitung gelesen hatte, schrieb der alte Feldmarschall v. Woyrsch aus Pilsnitz bei Breslau an Hindenburg: „Das ist zu furchtbar und schrecklich, ich bin wie zerschlagen. Was soll nun werden? Diese Bedingungen können wir doch gar nicht annehmen, andererseits weiß ich kein Mittel, uns dagegen zu wehren." Diese Worte entsprachen der Stimmung, die Hindenburg selbst erfüllte.

Als der Vorfriede erkennbar wurde, hatte dieser inzwischen nach der Abreise der deutschen Delegation nach Versailles am 26. April 1919 dem Außenminister Graf Brockdorff-Rantzau durch den Oberquartiermeister Generalmajor v. Winterfeld den Entwurf zu seiner Bitte um Entlassung aus dem Dienst unterbreiten lassen, einen Schritt, den er schon lange geplant hatte. Mit Rücksicht auf die heikle außenpolitische Lage wollte er einen allzu demonstrativen Rücktritt vermeiden, weshalb er das Urteil des Reichsaußenministers einholen wollte. Auf der anderen Seite ließ er auch dem Prinzen Eitel Friedrich von Preußen, einem der jüngeren Söhne des Kaisers, Kenntnis von der Korrespondenz über seinen Rücktritt zukommen, damit dieser den kaiserlichen Herren im Exil unterrichten konnte, da ihm dessen Geneigtheit am Herzen lag. Nach seiner streng legitimistischen Auffassung hatte ihn der Kaiser auf den Posten berufen, den er jetzt zu verlassen wünschte. Es war daher seine Pflicht, den Souverän im Exil unterrichten zu lassen. Brockdorff-Rantzau fand den Entwurf des Entlassungsgesuches allzu betont traditionalistisch, er fürchtete, in der vorliegenden Form könne die Entente darin einen Aufruf zu einem gegenrevolutionären Pronunciamiento erblicken und riet zu Umänderungen. Hindenburg fügte sich und wählte einen neuen Text, der am 1. Mai 1919 an den Reichspräsidenten Ebert hinausging. Darin hieß es: „Mein Wunsch, mich ins Privatleben zurückzuziehen, wird bei meinem hohen Alter allgemein verstanden werden, umsomehr, als es ja bekannt ist, wie schwer es mir meinen Anschauungen, meiner ganzen Persönlichkeit und Vergangenheit nach wurde, in der jetzigen Zeit mein Amt weiter auszuüben." Ebert antwortete ihm einen Tag später und dankte ihm für seine Dienste. Wörtlich schrieb er am Schluß seines Briefes: „Daß Sie auch in den Zeiten schwerer Not in Treue auf Ihrem Posten ausgeharrt und dem Vaterlande Ihre Persönlichkeit zur Verfügung gestellt haben, wird Ihnen das deutsche Volk niemals vergessen." Bis zur endgültigen Unterzeichnung des Friedens gedachte Hindenburg noch auszuharren, zumal die Frage der Unterzeichnung noch nicht entschieden war. Das bedeutete, daß der Zweiundsiebzigjährige den Kelch der Bitternis bis zur Neige leeren mußte.

In den Kreisen der führenden Generalstabsoffiziere um Major v. Stülpnagel von der Operationsabteilung dachte man zunächst daran, zumindest im Osten den Kampf wieder aufzunehmen. Der Reichskanzler Scheidemann und das erste Reichskabinett traten zurück. General Groener erwog für den Fall, daß man die Waffen wieder aufnahm, dem Reichspräsidenten Noske als Kriegskanzler zu empfehlen. Aber nur zu bald mußte er erkennen, daß der Gedanke an Widerstand, ja selbst nur an einen „Militäraufstand" zur Behauptung der deutschen Ostprovinzen gegen Polen, eine Utopie war. Fragebogen, die er den neuen Gruppen-, Wehrkreis- und Brigade-Kommandos des so uneinheitlich zusammengesetzten und ausgerüsteten Übergangsheeres zuleiten ließ, um die Bewaffnung, Ausrüstung und Haltung und die Stimmung der Bevölkerung in den Wehrkreisen oder Bereichen der Reichswehr-Großbrigaden festzustellen, ergaben ein sehr trübes Bild. Wenn es auch vielfach der Truppe selbst keineswegs an Kampfwillen fehlte, so fehlte es doch sonst an allem, an ausreichender Munition, an schweren Waffen. Vor allem aber war es klar, daß die aufgewühlte Arbeiterschaft die Wiederaufnahme der Kampfhandlungen nicht dulden, daß sie diese mit einem Generalstreik beantworten würde. Hindenburg schloß sich Groeners Ansicht an. Als die Reichsregierung von ihm ein Gutachten über die Möglichkeit eines bewaffneten Widerstandes anforderte, erklärte er in der Antwort, der günstige Ausgang der Gesamtoperationen sei sehr fraglich, doch müsse er als Soldat den ehrenvollen Untergang einem schmählichen Frieden vorziehen. Einen Erfolg hielt er nur gegenüber Polen für möglich. Für den Fall, daß sich die Reichsregierung für einen Ostfeldzug entschied, wünschte er Seeckt als Ersten Generalquartiermeister zur Seite zu haben, ein Zeichen, daß er dessen überragende Begabung erkannt hatte. Man hatte den höchsten Offizier der alten Armee um seine Stellungnahme gebeten, er hatte als Soldat geantwortet. Unter den Akten hat sich später eine von ihm verfaßte Stellungnahme zu der Frage gefunden, ob er 1919 einen Aufruf in der Art des Generals Yorck habe erlassen sollen, wie dies offensichtlich viele von ihm verlangt oder erwartet hatten. In seinen Ausführungen legte er sich gewissermaßen selbst dar, daß die Situation des Jahres 1812 grundverschieden von derjenigen des Jahres 1919 gewesen war. 1812 war der Gegner, Napoleon, als Besiegter aus Rußland zurückgekehrt, das Zarenreich bot sich als mächtiger Verbündeter Preußens an. 1919 stand das geschlagene Deutschland, aus tausend Wunden blutend, innerlich zutiefst zerrissen, allein einer Welt von Feinden gegenüber. Daß auch der Gegner, vor allem England, kriegsmüde war, daß der englische Premierminister Llyod George in diesen Wochen einer Milderung der Friedensbedingungen nicht abgeneigt war, weil er fürchtete, das deutsche Heer könne sich noch einmal mit furchtbarer Gewalt erheben, konnte man in Kolberg nicht ahnen. Und Lloyd George wiederum hatte keine klare Vorstellung, wie schwach die Position der nationalen Kräfte in Deutschland damals war, wie tief die Erschöpfung war, welche die vier Weltkriegsjahre hinterlassen hatten.

Die letzte Entscheidung mußten nach Hindenburgs Auffassung die Politiker fällen. Sie fiel am 23. Juni 1919 in einem Ferngespräch zwischen Ebert und Groener, das anfangs in Hindenburgs Anwesenheit geführt wurde. Als der Feldmarschall erkannte, daß Groener es selbst auf sich nehmen wollte, dem Reichspräsidenten die eigene militärische Ohnmacht darzulegen, um den in praxi schon verabschiedeten Chef des Generalstabes nicht mehr mit diesem bitteren Geständnis zu belasten, verließ er leise das Zimmer. Hernach, als Groener ihm den Inhalt des Gespräches mit Ebert wiedergab, sagte er nach Groeners Aufzeichnungen still: „Eigentlich haben Sie recht, Sie müssen eben wieder das schwarze Schaf sein." Oberleutnant v. Holtzendorff, Schleichers Adjutant, hörte, wie er zu Groener sagte, dieser habe recht gehabt: „Ich konnte es nicht machen."

Diese Handlungsweise am 23. Juni 1919 in Kolberg ist ihm oft verdacht worden. Man meinte, er habe wie einst Pontius Pilatus seine Hände in Unschuld waschen wollen. Das war es nicht! Er wußte, daß einem königlich preußischen Feldmarschall in alten Zeiten nichts geblieben wäre, als an der Spitze der letzten Regimenter ins Feuer zu gehen, um zu versuchen, das Unheil noch zu wenden oder den Tod in Ehren zu suchen. Den Tod fürchtete der alte Mann gewiß nicht. Aber das Sterben in solcher Stunde barg im modernen Krieg des 20. Jahrhunderts nicht nur den Untergang der letzten Bataillone, es barg den Untergang der Nation. Hätte er gesprochen, hätte er die Sprache der friderizianischen Zeit gebraucht. Er hätte dem Reichspräsidenten, der Deutschland so heiß liebte wie er selbst, den harten Entschluß nicht erleichtert. Er wußte, daß Groener mehr ein Sohn der neuen Zeit war. So war er ihm dankbar, daß er ihm die bittere Entscheidung abnahm.

Das zweite Reichskabinett, das der bisherige sozialdemokratische Arbeitsminister Gustav Bauer bildete, beschloß die Unterzeichnung des Vertrages. Unter vielen anderen kränkenden Bestimmungen sah dieser auch die Auslieferung der sogenannten „Kriegsverbrecher" vor, an der Spitze der Proskriptionsliste standen die Namen des Kaisers, des Kronprinzen und des Feldmarschalls. Dieser protestierte sofort bei Ebert gegen die Auslieferung seines kaiserlichen Herrn.

Was ihn betraf, so wollte er nun gehen, gleich, was ihm noch beschieden sein würde. Am 24. Juni verständigte er telegraphisch den Reichspräsidenten, er lege den Oberbefehl nieder. Am nächsten Tage, dem 25. Juni 1919 erließ er einen Abschiedsbefehl an das Heer. Darin sagte er:

„Soldaten! Ich habe mich seinerzeit der Regierung gegenüber dahin ausgesprochen, daß ich als Soldat den ehrenvollen Untergang einem schmählichen Frieden vorziehen muß. Diese Erklärung bin ich Euch schuldig ... Wie der Einzelne bei sich über die Ereignisse der letzten Tage denkt, ist seine Sache. Für seine Handlungen darf es aber nur eine Richtschnur geben: Das Wohl des Vaterlandes ... Die Möglichkeit, die innere Ruhe zu wahren und zu fruchtbringender Arbeit zu gelangen, hängt wesentlich von der Festigkeit unserer Wehrmacht ab. Diese Festigkeit zu erhalten, ist daher unsere erste Pflicht. Die persönlichen Anschauungen, so schwer es auch fallen mag, müssen zurückgestellt werden ...“

Diese Worte bargen eigentlich den Leitfaden, nach dem er selbst künftig handelte. Er blieb im Herzen Royalist, er blieb dem im Exil lebenden Souverän in Vasallentreue verbunden, aber die Stunde der Wiederaufrichtung der Monarchie rückte in unbekannte Fernen, ganz einfach weil die nackte Not des Vaterlandes andere Aufgaben stellte. Am 28. Juni 1919 wurde der Vertrag von Versailles unterzeichnet. An diesem Tag bat General Reinhardt, der designierte Chef der Heeresleitung der neuen Reichswehr, General v. Seeckt, die Geschäfte des Chefs des Großen Generalstabes bis zur Auflösung der gesamten Institution weiterzuführen, da der Feldmarschall aus dem Dienst scheide. Etliche Tage später schrieb Seeckt an Hindenburg, sofern es ihm gelänge, den Geist des Generalstabes an Stelle der äußeren Form zu erhalten, würde er in seiner Aufgabe mehr als diejenige eines Totengräbers des alten Generalstabes erblicken. Der Feldmarschall konnte in diesem Fall das Bewußtsein mitnehmen, daß das Erbe der berühmten Institution in guten Händen war!

In diesen Tagen, da er das Heer verließ, erreichten ihn viele Briefe, die Ausdruck der Verehrung waren, die er nach wie vor genoß. Unter den Briefen aus den Reihen der ehemaligen Bundesfürsten fallen besonders zwei durch ihren herzlichen Ton auf, diejenigen des Königs Friedrich August von Sachsen, der dem Feldmarschall seit jeher besonders zugetan gewesen war, und seines einstigen Kommandierenden Generals in Koblenz, des Großherzogs Friedrich von Baden. Noch herzlicher, voll ehrlicher Bewunderung und unerschütterlichen Vertrauens auf ihn als die führende Persönlichkeit Deutschlands, schrieb ihm mit der Anrede „Geliebter Herr Generalfeldmarschall“ aus Breslau der so ungewöhnlich kluge und begabte Kronprinz Georg von Sachsen.

Am 2. Juli 1919 aß der Feldmarschall zum letzten Mal in Kolberg gemeinsam mit den alten Mitarbeitern. General Groener feierte ihn als den Mann, dessen Größe darin liege, daß er seinem Volk in der Stunde der Not die Treue gehalten habe. Es war Abend. Nach dem Essen trat man vor die Tür des Hotels, bei Fackelschein hatten sich die Musikkorps aller in und um Kolberg liegenden Truppenteile zum Großen Zapfenstreich vereinigt. Die altberühmten preußischen Armeemärsche, die Choräle klangen auf, die Preußens Weg zur Größe begleitet hatten, der Fehrbelliner Reitermarsch, der Hohenfriedberger Marsch, der Choral von Leuthen.

Am Tage darauf, dem 3. Juli 1919, verließ der Feldmarschall Kolberg.

Unter diesem Datum hob das preußische Kriegsministerium offiziell die Mobilmachungsbestimmung des Generalfeldmarschalls von Beneckendorff und von Hindenburg als Chef des Generalstabes des Feldheeres auf, der Schlußstrich unter eine lange ruhmreiche Laufbahn.

Am gleichen Tage richtete er an den Generalissimus der Alliierten, Marschall Foch, ein Schreiben, in dem er sich für alle seit dem 29. August 1916 gefaßten Entschlüsse für allein verantwortlich erklärte und sich an Stelle des Kaisers und Obersten Kriegsherrn zur Verfügung stellte. Jetzt hatte er das Empfinden, daß er so sprechen konnte, wie es seine alten Begriffe von Ritterlichkeit und Vasallentreue ihm zur Pflicht machten. Ritterlichkeit aber war dem 20. Jahrhundert fremd geworden. Er erhielt niemals irgendeine Antwort auf diesen Brief.

Die Frage, wohin sich der letzte Chef des deutschen Generalstabes im Alter begeben sollte, hatte inzwischen dank der großzügigen Haltung der Stadtverwaltung von Hannover eine glückliche Lösung gefunden. Das Gut Golenczin, das ihm die Stadt Posen geschenkt hatte, war beschlagnahmt worden und in polnischen Besitz gekommen. Bereits im Sommer des Jahres 1918 hatte die hannoversche Stadtverwaltung, deren Leiter damals der königliche Stadtdirektor Tramm war, erwogen, Hindenburg auf Lebenszeit das städtische Rittergut Burg als Wohnsitz zur Verfügung zu stellen. Hindenburg hatte durch seine Frau erwidern lassen, wenn die Stadt schon an solch Entgegenkommen denke, sei ihm ein Wohnsitz in der Stadt, möglichst in der Nähe der Eilenriede, lieber als ein ganzes Gut. Darauf erwarb die Stadt im September 1918 für 350.000 Mark das dem Regierungsrat Heydemann gehörende Villengrundstück Seelhorststraße 32, und übereignete den Nießbrauch auf Lebenszeit an Hindenburg und seine Gattin. Als die Revolution ausbrach, die Frau v. Hindenburg in Hannover erlebte – ohne daß sie je belästigt wurde –, erklärte sie sogleich dem neuen sozialdemokratischen Oberbürgermeister Leinert, sie würde auf das Geschenk verzichten, sofern man dies wünsche. Im Dezember entschied der neue Magistrat indes, daß die Überlassung des Hauses nicht rückgängig gemacht werden solle und teilte am 9. Dezember 1918 dem Feldmarschall mit, zum Mai des Jahres 1919 würde das Haus, in dem noch einige Umbauten vorgenommen werden mußten, bezugsfertig sein. Die Villa stand auf dem Gelände des ehemaligen Exezierplatzes, auf dem Hindenburg einst als junger Leutnant in den Jahren nach 1866 die Rekruten des 3. Garde-Regiments zu Fuß gedrillt hatte. Im Garten fand sich noch eine alte Weide, die einst als Richtungspunkt bei Gefechtsübungen gedient hatte.

Am 4. Juli 1919 hielt der Feldmarschall in Hannover Einzug, auf das feierlichste von den Behörden, der Stadtverwaltung, der Generalität, der Garnison, den studentischen Korporationen der Technischen Hochschule und der Schuljugend gleich einem siegreichen Feldherrn empfangen. Am Bahnhof erwartete ihn eine Ehrenkompanie, die Fahrt durch die mit Fahnen und Blumen geschmückten Straßen glich einem Triumphzug, an der Seelhorststraße waren eine

Ehren-Kompanie und eine Ehren-Schwadron aufmaschiert. Hindenburg war tief ergriffen. Zur Jugend sprach er einige wenige, ganz altpreußisch-schlicht empfundene Worte: „Wir gehen mit Gott – denn Gott lebt noch – einer besseren Zukunft entgegen ..."

Der alte Mann war und blieb unstrittig die populärste Erscheinung des alten vaterländischen Deutschlands. Immer wieder überhäufte man ihn mit Ehrungen, bat man ihn zu Regimentsfeiern, zu Schiffstaufen, zu Denkmalsweihen. Als die ehemaligen Generalstabsoffiziere sich in der „Schlieffen-Gesellschaft" zusammenschlossen, war es selbstverständlich, daß er den Vorsitz erhielt. Darin enthüllte sich, wie sehr viele Menschen in der so unpathetisch gewordenen Zeit, in dem so nüchtern gewordenen neuen Staat, heimlich nach einer großen, symbolhaften Gestalt Ausschau hielten, in der sich die Überlieferung wie die Zukunft des Reiches zu manifestieren vermochten. Bereits während der Tagungen der Nationalversammlung hatte eine Gruppe von Seeoffizieren den Vorschlag gemacht, Hindenburg zum Reichspräsidenten zu wählen, ein Vorschlag, der zwar bei den Links- und Mittelparteien nur einen Heiterkeitserfolg geerntet hatte, der aber einer sehr echten Sehnsucht entsprungen war!

Trotz der Ungunst der Zeitläufte schien das Alter doch endlich einen ruhigen Lebensabend zu versprechen. Das stattliche Haus in der Seelhorststraße füllte sich mit Erinnerungsstücken, mit den zahllosen Ehrengeschenken, die er erhalten, mit den geliebten Jagdtrophäen. Das Treppenhaus schmückte zwischen Elch-Schaufeln, Hirschgeweihen und Rehkronen das urige Haupt des Wisentstiers, den er in Bialowies erlegt hatte. Ein geschnitzter Eichenschrank barg die tausende von Ehrenbürger-Briefen deutscher Städte. Frau v. Hindenburg war noch immer eine liebenswürdige Hausfrau, die sich in der Stadt allgemeiner Achtung erfreute. Der Sohn, der den Krieg als Generalstabsoffizier bei Korps- und Divisionsstäben mitgemacht hatte, war mit der 20. Infanterie-Division nach Hannover zurückgekehrt, tat dort bei hohen Stäben Dienst und wurde dann Generalstabsoffizier beim Infanterieführer VI der 6. Division in Hannover. Auch Rittmeister v. Pentz verblieb als Kavallerie-Offizier im neuen kleinen Reichsheer. Als freiwilliger Adjutant fand sich der Oberstleutnant Frh. v. Kügelgen, ein früherer Ulanenoffizier. Als er seinen selbstgewählten Dienst beim Feldmarschall antrat, meinte er, dieser schenke da einem ihm Unbekannten ein ganz großes Vertrauen. Hindenburg erwiderte, einem alten Offizier vertraue er ganz von selbst. General v. Cramon, der ehemalige Vertreter der OHL beim österreichischen Generalstab, mit dem Hindenburg befreundet war, meinte von ihm, er sei ein so anständiger Mann, daß er Leute, die er ernannt und die ihm in die Hand einen Eid abgelegt oder ein Versprechen gegeben hatten, für unfähig gehalten habe, etwas dem Vaterlande Abträgliches zu tun.

1919 meinte jemand zu Hindenburg, in diesem Hause könnte man glücklich sein. Der alte Herr entgegnete schwerfällig: „Könnte ..." Die Politik, um die er sich nicht mehr zu kümmern brauchte, ließ ihn doch nicht zur Ruhe kommen. Mit General Groener, der gleich ihm den Dienst verließ, und den ihm angebotenen Posten eines „General-Truppen-Inspekteurs" ausschlug, weil er glaubte, er sei durch sein – an und für sich richtiges – Votum für die Unterzeichnung des Versailler Vertrages in den Augen des Offizierkorps zu sehr belastet und müsse darum Leuten Platz machen, die ohne solche Last an die Arbeit gehen könnten, blieb er in Briefwechsel. Die neuen Männer, welche den Aufbau der Reichswehr übernahmen, waren General Reinhardt als Chef der Heeresleitung und General v. Seeckt als Chef des neuen „Truppen-Amtes" der Heeresleitung, des getarnten Großen Generalstabes.

Im August des Jahres 1919 sandte Ludendorff, der in Berlin enge Fühlung mit rechtsradikalen Kreisen um den Obersten Bauer gewonnen hatte, Hindenburg seine Kriegserinnerungen. Auf die Bitten ungezählter Menschen hin hatte auch Hindenburg, beraten durch Generalmajor Mertz v. Quirnheim, seit dem Frühjahr begonnen, seine Erinnerungen aufzuzeichnen. Generalmajor v. Mertz hatte mit Ludendorff über diese Absicht gesprochen, die beiden Autoren hatten auch wechselseitig die Druckfahnen ihrer Werke ausgetauscht. Als Hindenburg sich am 20. August 1919 in einem herzlich gehaltenen Brief bei Ludendorff für die Dedikation seiner Memoiren bedankte, bemerkte er, das Werk, das er vorbereite, könne sich mit dem seinigen nicht messen, es sei eigentlich nur geschrieben, um ethisch und erzieherisch auf das unglückliche deutsche Volk einzuwirken. Noch hatte Ludendorff beim Studium der Hindenburgschen Druckfahnen nichts Bedenkliches an jenem später so vielumstrittenen Passus über die Vorgänge des 26. August 1914 während der Schlacht bei Tannenberg gefunden!

Einstweilen schmiedeten die Ereignisse den Feldmarschall und seinen einstigen berühmten Ersten Generalquartiermeister wieder enger zusammen. Am 20. August des Jahres 1919 trat ein aus 28 Abgeordneten der Nationalversammlung bestehender Untersuchungsausschuß zusammen, um vorerst an Stelle einer Auslieferung der „Kriegsverbrecher" die Vorgänge beim Kriegsausbruch im Jahre 1914, die etwaige Nichtausnutzung von Friedensmöglichkeiten während des Krieges und die Frage, ob im Verkehr zwischen Reichsleitung, OHL und Parlament Treu und Glauben gewahrt seien, an Hand der Akten zu prüfen. Der Ausschuß sollte ferner untersuchen, ob in der militärischen und wirtschaftlichen Kriegführung Verstöße gegen das Völkerrecht vorgelegen hätten. Er bildete vier Unterausschüsse. Der II. Unterausschuß beschäftigte sich mit der Frage, ob 1917 ein Verständigungsfrieden möglich gewesen und wer diesen gegebenenfalls vereitelt habe. Vernommen wurden unter anderem der frühere Staatssekretär des Inneren Helfferich, der frühere Reichskanzler v. Bethmann Hollweg, der vorletzte Staatssekretär des Reichsmarine-Amtes Admiral v. Capelle und der Vorgänger Kühlmanns im Auswärtigen Amt, Staatssekretär Arthur Zimmermann. Es war vorauszusehen, daß man auch Hindenburg und Ludendorff vor dieses Tribunal laden würde. In einer gemeinsam mit dem ehemaligen Reichskanzler Michaelis formulierten Erklärung legten beide ihre Haltung in der Friedensfrage fest.

Die Vernehmungen führten rasch zu heftigen Zusammenstößen zwischen Helfferich, der eine sehr scharfe Klinge schlug, und dem Abgeordneten der USPD Dr. Cohn, der in den Augen der Militärs und der Konservativen zu den Drahtziehern des „Dolchstoßes" gehörte. Dann beschuldigte der frühere Botschafter in Washington, Graf Johann Heinrich Bernstorff, der der Demokratischen Partei beigetreten war, Ludendorff in seiner Aussage, er habe sich ihm gegenüber im Mai 1917 gegen einen Verständigungsfrieden ausgesprochen, Behauptungen, die Hindenburg wie Ludendorff ungeheuer erregten.

Zu der 14. Sitzung des II. Unterausschusses wurden die beiden führenden Soldaten der Dritten OHL geladen. Hindenburg begab sich nach Berlin, wo er bei Staatssekretär Helfferich abstieg. Wieder sah er sich begeistert empfangen, die Reichswehr stellte Posten vor dem Hause Helfferichs. Der alte Mann war voll grollender Empörung. Der Abgeordnete Dr. Cohn war in den Skandal des bolschewistischen Botschafters Joffe verwickelt gewesen, den man über der Verbreitung revolutionären Agitationsmaterials ertappt und kurz vor der Revolution aus Berlin verwiesen hatte. In seinen Augen bestand der gesamte Ausschuß aus Leuten, die 1918 dem schwer ringenden Heer wie einst der düstere Hagen dem strahlenden Siegfried den Dolch in den Rücken gejagt hätten. Als er sich am 18. November 1919 in den Reichstag begab, um seine Aussagen zu machen und die Menge ihm Ovationen bereitete und ihm zurief, er möge den Reichstag gar nicht erst betreten, erwiderte er streng: „Stören Sie mich nicht, ich bin im Dienst."

Dem Vorsitzenden des Ausschusses, dem demokratischen Abgeordneten Bergrat Georg Gothein, verweigerte er zornig den Handschlag. Nachdem er zu seiner Person vernommen und vereidigt worden war, verlas er trotz Gotheins Einspruch zunächst eine gemeinsam mit Ludendorff abgesprochene Erklärung über die Tätigkeit der Dritten OHL, in der er gegen die Kriegsschuldlüge und für die These vom „Dolchstoß" Stellung nahm. Gothein protestierte wiederholt, er dürfe keine Werturteile abgeben, hier gehe es nur um Tatsachen. Hindenburg, der sich die Widerlegung der Kriegsschuldlüge nicht nehmen lassen wollte, fuhr ihn an: „Dann lasse ich die Weltgeschichte darüber entscheiden." Unter neuen Protesten begründete er die „Dolchstoß-These", wobei er mit den Worten schloß: „Den guten Kern des Heeres trifft keine Schuld. Wo die Schuld liegt, ist klar erwiesen ..."

Schriftlich hatten er wie Ludendorff schon zuvor niedergelegt, sie könnten im juristischem Sinne eine Pflicht zur Aussage nicht anerkennen, wenn sie trotzdem ihre Aussage abgäben, so geschehe das nur, um dem deutschen Volk die volle Wahrheit klarzulegen. Nur an der Wahrheit könne das deutsche Volk wieder gesunden.

Hindenburg bekannte sich vor dem Ausschuß dazu, daß er in der OHL seit dem 29. August 1916 gemeinsam mit Ludendorff für alles die volle Verantwortung getragen habe. Ludendorff protestierte heftig gegen die Behauptungen, er habe sich einem Frieden der Vermittlung und Verständigung entgegengestellt. Er sprach wieder ausführlich von der furchtbaren Last der Verantwortung, die sie, der Feldmarschall und er, zu tragen gehabt hätten. Wenn man ihm 94 Photographien vorhalte und ihm vorwerfe, daß er auf keiner einzigen ein Lächeln zeige, dann könne er nur sagen, daß die Sorge um Land, Volk, Heer und Zukunft vielleicht habe sein Lächeln ersterben lassen. Hindenburg erhob sich und hieb in die gleiche Kerbe. Ludendorff, erklärte er, sei stets für den Frieden eingetreten, allerdings für einen ehrenvollen Frieden durch einen deutschen Sieg. Er wisse nicht, ob die im Ausschuß sitzenden Herren je solche Verantwortung zu tragen gehabt hätten, wie sie sie für's Vaterland getragen hätten.

Das Ganze endete mit einem vollen Sieg der Persönlichkeit Hindenburgs, gleich, ob er nun in allen Dingen wirklich Recht hatte oder nicht. Die Vernehmung wurde nicht wiederholt. Als er Berlin verließ, stürzten Studenten auf ihn zu und riefen, er müsse Reichspräsident werden. Er stutzte, dann wehrte er ab.

Das Eintreten für die These vom Dolchstoß hatte der gerechten Sache, der Bekämpfung der Lüge von der alleinigen Schuld Deutschlands am Kriege im Grunde einen schlechten Dienst getan. Damals glaubte er indes ehrlich an die Richtigkeit dieser These. Die Revolution von 1918 war dem alten Soldaten und preußischen Royalisten im Grunde noch immer ein unverständlicher Vorgang. Mit den Jahren lernte er die Verhältnisse nüchterner und unromantischer sehen, da bezweifelte er dann, ob tatsächlich der „Dolchstoß" die ausschlaggebende Rolle gespielt habe. Ludendorff ging den umgekehrten Weg. Mit den Jahren verstrickte er sich tiefer und tiefer in die Erforschung zwischenstaatlicher Mächte, des Judentums, der katholischen Kirche, der Freimaurerei, denen er die Schuld am Zusammenbruch Deutschlands zumaß, der für ihn zugleich das Scheitern seiner Lebensarbeit gewesen war. Aber dieser Weg war lang und schmerzlich, nicht nur für Hindenburg, sondern vielleicht auch für den grüblerischen fanatisch-sektiererischen Wahrheitssucher, in den sich Ludendorff verwandelte. Vorerst hatte er kaum begonnen, Anfang des Jahres 1920 weilte Ludendorff zu Besuch in Hannover und empfand dankbar die herzliche Aufnahme in der Villa in der Seelhorststraße.

Wie sehr der Feldmarschall ein innerlich unabhängiger Mann blieb, lehrt sein Verhalten im Fall Groeners. Im Oktober 1919 richtete der Infanterieführer der Großen Reichswehr-Brigade 29 in Liegnitz, Generalmajor Graf Friedrich Gustav Waldersee, ein Schreiben an Hindenburg, in dem er verlangte, dieser solle verhindern, daß Groener im politischen Leben eine Rolle spiele. Er hatte Groener bereits in der Öffentlichkeit heftig angegriffen und ihn beschuldigt, er habe der Revolution Vorschub geleistet. Hindenburg nahm darauf in einer Erklärung für die Presse gegen Waldersee für Groener Stellung. Der Reichswehrminister Noske erteilte Waldersee den Abschied. Groener bat General v. Seeckt, als Chef des Truppen-Amtes gewissermaßen der heimliche Generalstabschef, wie er Hindenburg am 21. Oktober 1919 schrieb, um ein ehrengerichtliches Verfahren, dem er sich freiwillig unterwerfen wolle. Seeckt, der Groener sehr hoch schätzte, willigte ein, auch Hindenburg sah darin den besten Weg, um die Vorwürfe gegen seinen letzten Ersten Generalquartiermeister aus der Welt zu schaffen.

Das Freiwillige Ehrengericht, dem unter anderen die Generale v. Kuhl und v. Below angehörten, tagte unter Vorsitz des Generalobersten v. Boehn. Am 10. März 1920 wurde Hindenburg um seine Aussage gebeten. Er bekundete noch einmal, das Umdrehen des Frontheeres gegen die Heimat sei eine Unmöglichkeit gewesen, solch Vorgehen hätte nur einen kläglichen Zusammenbruch zur Folge gehabt. Man hätte daher beim Kaiser keine falschen Hoffnungen erwecken dürfen. Aber er betonte auch von neuem nachdrücklich, in dem Rat, der Kaiser müsse, sofern gar kein anderer Weg bliebe, Zuflucht in Holland suchen, habe nur die äußerste und allerletzte Alternative gelegen. Er hatte die Genugtuung, daß das Ehrengericht General

Groener im Mai 1920 von allen Anwürfen Waldersees freisprach. Der einzige Tadel, den es aussprach, bezog sich darauf, daß der General es am entschlossenen Eingreifen gegen die Revolution habe fehlen lassen.

Während Ludendorff und Oberst Bauer in Berlin Beziehungen zu konservativen Kreisen um den Generallandschaftsdirektor Kapp aufnahmen, die planten, mit Hilfe unzufriedener Freikorps, welche die Heeresverminderung ablehnten, die republikanische Regierung zu stürzen und die Diktatur auszurufen, bewahrte der Feldmarschall auch in diesem Fall weit mehr Wirklichkeitssinn. Die Stunde für Gewaltmaßnahmen war 1920 so wenig gegeben wie sie es 1919 gewesen war. Nur Stetigkeit, nur Arbeit konnten dazu beitragen, die entsetzliche Not, die furchtbaren Lasten der Wiedergutmachung zu überwinden. Der neue schwache Staat brauchte eine Atempause. Gewiß liebte er ihn nicht, vieles blieb ihm immer fremd an diesem System, aber von der Proklamierung einer nationalen Diktatur, eine Würde, auf die Kapp wie Ludendorff Anspruch erhoben, von der gewaltsamen Aufrichtung eines autoritär-konservativen Regimes versprach er sich auch nichts. Er verbot ausdrücklich, sich bei einem Putsch auf seine Autorität zu berufen. Oberst Bauer glaubte, die Engländer würden einen schroff antibolschewistischen Kurs in Deutschland begrüßen, er baute auf mehr oder weniger private Meinungsäußerungen einzelner englischer Generale. Ludendorff war geneigt, Bauer zu vertrauen. Doch das rasche Scheitern des Kappschen Unternehmens im März 1920 und die sich daran reihenden blutigen Kommunistenunruhen, die auch Hannover nicht verschonten, die das ganze Ruhrgebiet in Flammen setzten, gaben dem ruhigen Urteil Hindenburgs recht.

Dieser dachte zwar noch immer in ganz altpreußischen Begriffen, hielt am Ideal der monarchischen Staatsform fest, erblickte im Bismarkischen Staate der „Zucht und Ordnung“ die beste Regierungsform, stand jedoch der Tagespolitik fern und mochte sich nicht mehr eindeutig auf irgendeine Parteilinie festlegen lassen.

Zwar übernahm er in dem von dem Hauptmann d. R. Franz Seldte und dem früheren Oberstleutnant i. G. Theodor Düsterberg ins Leben gerufenen „Stahlhelm“, dem Bunde der Frontsoldaten, den ihm angebotenen Ehrenvorsitz, wie er dies auch beim „Kyffhäuser-Bund“, dem allgemeinen Kriegerverband, tat, zwar wohnte er als Ehrengast mehrfach deutschnationalen Veranstaltungen bei, aber er ließ, wie der Briefwechsel mit General Groener lehrte, auch andere Meinungen gelten und lehnte es beispielsweise ab, dem im Juni 1919 von seinem Schwiegersohn Hans Joachim v. Brockhusen-Justin begründeten „Bund der Aufrechten“, der Vereinigung der Kaisertreuen, beizutreten. Darin kam die Überzeugung zum Ausdruck, daß die Frage der Monarchie Sache des ganzen Volkes sein müsse, nicht eines zahlenmäßig begrenzten Bundes, darin drückte sich aber auch das Empfinden aus, daß er selbst nicht einer Partei, sondern nur dem ganzen deutschen Volke verpflichtet sei, daß er nur so durch mahnende Worte oder Beispiele noch etwas zur Wiederherstellung der Einigkeit aller Volksschichten – das Ziel, das ihm am meisten am Herzen lag – beitragen könne. Im Mai 1920 schrieb er General Groener, der als Reichsverkehrsminister in das dem Kapp-Putsch folgende bürgerliche Koalitionskabinett Fehrenbach eingetreten war, im allgemeinen teile er seine Überzeugungen, nur sei er ein zu „eingefleischter Monarchist“, um nicht dieser Staatsform unter allen Umständen den Vorzug vor der „besten Republik“ zu geben, die immer größere Mängel als die Monarchie aufweise. Wörtlich hieß es in seinem Briefe vom 25. Mai 1920: „Den Deutschen und vor allem den Preußen steht die Jakobinermütze, welcher immer Narrenschellen anhängen, nicht.“

Die Zurückhaltung des Feldmarschalls in politischen Fragen hinderte nicht, daß seine Persönlichkeit, in der sich die Kräfte der Restauration und so viel von den Kräften der großen Überlieferungen der deutschen Vergangenheit verkörperte, immer wieder Gegenstand politischer Spekulationen wurde, wie dies schon bei den Wahlen zur Nationalversammlung der Fall gewesen war. Schon am 24. August 1919 hatte der Geschäftsführende Ausschuß der von Stresemann begründeten Deutschen Volkspartei bei der Erörterung der Frage, wen man bei der endgültigen Wahl des Reichspräsidenten durch das Volk als Kandidaten aufstellen könne, sich einmütig für Hindenburg entschieden. 1920 erschien eine Broschüre von Josef Buchhorn, die Hindenburg als Führer der Deutschen in eine bessere Zukunft verherrlichte. Noch vorher, ausgangs des Jahres 1919, hatte Oberst Bauer in einem sehr törichten Interview dem amerikanischen Presse-Korrespondenten Karl von Wiegand erklärt, man habe die Absicht, in Deutschland wieder eine Monarchie nach britischem Muster einzuführen. Der Weg dazu sei folgender: Hindenburg müsse Reichspräsident werden, dann müsse eine Volksabstimmung über die Frage entscheiden, ob das Reich eine Republik oder eine Monarchie sein solle. Fiele die Entscheidung zu Gunsten der Monarchie aus – woran Oberst Bauer nicht zu zweifeln schien – müsse der Kronprinz den Thron besteigen. Die Rückkehr des Kaisers hielt auch Bauer für ausgeschlossen.

1920 führte die Frage, ob die Amtszeit des 1919 provisorisch von der Nationalversammlung gewählten Reichspräsidenten durch einen Beschluß des Reichstages verlängert oder ob der Präsident gemäß der Verfassung vom Volk neu gewählt werden solle, zu Erörterungen in Kreisen der Deutschnationalen und der Deutschen Volkspartei über die Kandidatur Hindenburgs. Die Rechtsparteien traten an ihn mit der Bitte heran, sich zur Verfügung zu stellen, falls es zur Neuwahl käme. Hindenburg glaubte sich diesem Ersuchen nicht versagen zu sollen, er mochte aber nichts unternehmen, bevor er nicht die Zustimmung seines kaiserlichen Herren besaß und frug daher in Haus Doorn an, wo der Kaiser seinen Wohnsitz in Holland genommen hatte. Dieser hatte keine Einwände dagegen, daß Hindenburg bei den Reichspräsidentenwahlen kandidierte. Sehr voreilig plauderten Teile der Rechtspresse all diese Erwägungen aus, indem sie Hindenburg als den kommenden „Retter“ feierten. Das trug ihm scharfe Angriffe aus der Mitte und von Links ein, der berühmte Publizist Maximilian Harden schrieb in der bürgerlichen Presse, Hindenburg sei nicht nur Monarchist, sondern im engsten Sinn „ehrenwerten Altpreußentums Royalist“, Kunst, Wissenschaft und Politik seien so weit von ihm entfernt wie Hannover von Athen. Aber auch ultrakonservative Kreise erhoben warnend ihre Stimme, sie hielten es für unmöglich, daß sich der Feldmarschall der neuen Republik zur Verfügung stellte, damit würde diese konsolidiert! Immerhin besteht kein Zweifel, daß die Möglichkeit einer Kandidatur Hindenburgs gegen Ebert in erheblichem Maße zu dem Beschluß beitrug, einen derartigen Wahlkampf mit ungewissem Ausgang zu vermeiden und die Amtszeit des provisorisch gewählten Reichspräsidenten zu verlängern. Demokraten, Zentrum und Sozialdemokratie sahen damals in Hindenburg den Schildhalter monarchistischer Restauration.

Die „Kaiserfrage" beschäftigte den alten Mann immer wieder. In einer Erklärung vom 16. August 1920 wandte er sich gegen die These, der Kaiser sei fahnenflüchtig geworden. Er erklärte darin, er weise mit Entrüstung die verleumderische Behauptung zurück, daß der Kaiser die Flucht ergriffen habe. Dieser sei gegangen, weil ihn sein Volk im Stich gelassen habe. Wenn man sage, er habe an der Spitze der Truppen den Heldentod an der Front suchen sollen, so müsse man sich vergegenwärtigen, daß solche Handlungsweise wegen der bereits eingeleiteten Waffenstillstandsverhandlungen ausgeschlossen gewesen sei. Ein Verbleiben des Kaisers beim Heer hätte den Bürgerkrieg bedeutet. Der „unglückliche Herrscher" habe dem Volk sowohl ein Scheitern der Waffenstillstandsverhandlungen wie den Bürgerkrieg ersparen wollen. Zum Schluß sagte er wörtlich: „Es ist leicht, dem toten Löwen einen Fußtritt zu versetzen." Die Frage des 9. November 1918 war auch in den folgenden Jahren 1921 und 1922 noch Gegenstand eines Briefwechsels zwischen dem gestürzten Monarchen und dem treuen Diener. Der Kaiser, dem Hindenburg des öfteren über die Zustände in der Heimat berichtete, dem er riet, die von ihm verfaßten Geschichtstabellen zur Kriegsschuldfrage der Öffentlichkeit zugänglich zu machen, empfand es doch mit jedem Jahr bitterer, daß ihn alle eigentlich am 9. November allein gelassen hatten. Er war auch nicht frei von Bitterkeit gegenüber dem Feldmarschall, obwohl ihm dieser keinen Anlaß gab, an seiner Treue und Verehrung zu zweifeln. Erst nachdem der Feldmarschall 1922 noch einmal ausdrücklich sich zur Mitverantwortung für den Entschluß des Kaisers bekannt hatte, ins Ausland zu gehen, sandte ihm dieser im September 1922 ein versöhnliches Schreiben, in dem er die geschichtlichen Verdienste des Feldmarschalls anerkannte. Die Frage, ob dieser am 9. November 1918 richtig gehandelt hatte oder nicht, wollte er auch jetzt indes dem Urteil der Geschichte überlassen.

Der Kapp-Putsch und der ihm folgende rote Aufstand im Ruhrgebiet wie die allgemeine Verelendung des deutschen Volkes brachten auch für Hannover unruhige Tage. Während des Kapp-Putsches stellte die Reichswehr Posten in der Seelhorststraße. Ein aus den Kämpfen gegen die kommunistische Rote Armee an der Ruhr heimkehrendes Studentenbataillon ließ es sich nicht nehmen, vor dem alten Herrn vorbeizumarschieren. Die Not der Zeit brachte noch anderes. Im Sommer 1920 drang ein Einbrecher durch die Verandatür in Hindenburgs Villa. Der Feldmarschall, der im anliegenden Zimmer am Schreibtisch gesessen hatte, trat ihm mit der Frage entgegen, was er hier wolle und suchte ihn festzuhalten. Darauf schoß der Dieb auf ihn, ohne zu wissen, wen er vor sich hatte. Der Schuß traf nicht. Der alte Mann besaß noch immer herkulische Kraft, er drängte den Mann an die Wand und klingelte nach dem Diener, so daß der Einbrecher dingfest gemacht werden konnte. Die Stadt Hannover schenkte ihm darauf einen schwarzen Schäferhund. Dieser war jedoch so scharf, daß man ihn wieder abschaffen mußte. Schmunzelnd meinte der alte Herr, er habe jeden Morgen einen anderen „angefrühstückt“. Er wurde durch einen manierlichen Schäferhund namens „Rolf“ ersetzt, der bessere Dienste leistete.

Die Fragen, welche die Geschichte stellte, die Kaiser-Frage, die Beziehungen zu Ludendorff, und auf der anderen Seite der nie abreißende Strom der Besucher, der Zuschriften, der Ehrungen, der Einladungen zu offiziellen Feierlichkeiten, die immer wieder zeigten, wie große Teile des deutschen Volkes, nicht nur die Kreise der Fürstlichkeiten und der alten Gesellschaft, sondern auch die ehemaligen Frontsoldaten, im Feldmarschall den Hüter der großen Überlieferung wie den Mittelpunkt und das einzige Symbol des nationalen Lebens erblickten, bildeten die Pole, um die die Altersjahre in Hannover kreisten. Auch schwere Schicksalsschläge beugten nicht die schier unzerstörbare körperliche und seelische Kraft des nahezu Fünfundsiebzigjährigen. 1921 starb die Kaiserin fern der Heimat im holländischen Exil, eine Frau, die er aufs höchste verehrt und die stets in ihm den besten und treuesten Diener ihres Gemahls erblickt hatte. Vier Wochen später ging Frau v. Hindenburg am 14. Mai 1921 nach qualvollem Krebsleiden, der Krankheit, die so früh ihren hochbegabten Vater gefällt hatte, in die Ewigkeit ein. Die hannoversche Stadtverwaltung gewährte ihr ein Ehrengrab auf dem Stöckener Friedhof, der Kaiser sandte einen seiner Söhne, den Prinzen Oskar von Preußen, zur Beisetzung. Beileidsbezeugungen ohne Zahl bewiesen abermals die ungewöhnliche Volkstümlichkeit des letzten großen Repräsentanten einer versinkenden Zeit, die Deutschlands Größe ausgemacht hatte. Auch aus der hannoverschen Arbeiterschaft kamen viele Bekundungen der Anteilnahme. Hindenburg wollte auch im Organ der hannoverschen SPD eine Danksagung veröffentlichen. Da freilich diktierte die Partei-Raison eine Ablehnung. Das änderte nichts daran, daß der sozialdemokratische Oberpräsident der Provinz Hannover, der ehemalige Reichswehrminister Noske, den Feldmarschall hoch achtete.

Im Spätsommer des Jahres 1921 weilte Hindenburg bei seinem Schwiegersohn Brockhusen-Justin. Inzwischen hatte Oberst Bauer, der nach dem Kapp-Putsch ins Ausland gegangen war, seine Erinnerungen veröffentlicht. Sie enthielten eine scharfe Kritik der Dritten OHL und damit eine versteckte Kritik an Hindenburg. Dieser bat Ludendorff zu sich, er wollte ihn bewegen, Bauer öffentlich zur Ordnung zu rufen, eine heikle Aufgabe, die Ludendorff auf andere abzuschieben trachtete. Er war inzwischen nach München übergesiedelt, wo ein Verehrer, Kommerzienrat Hornschuh, ihm auf der Prinz-Ludwigshöhe eine Villa zur Verfügung gestellt hatte. Damit war er in eine ganz neue Umgebung gelangt. Unter der Regierung des Ministerpräsidenten v. Kahr war Bayern das Zentrum aller nationalen, nationalistischen, restaurativen und rechtsrevolutionären Kräfte geworden. Ludendorff war die Hoffnung vieler, sehr verschieden gearteter politischer Gruppen geworden, unter denen die von Adolf Hitler geschaffene „Nationalsozialistische Deutsche Arbeiter-Partei" (NSDAP) in München immer neue Anhänger gewann. Der unruhigen, fiebrig erhitzten Atmosphäre Münchens stand der Feldmarschall fern. Aus dem Oktober 1921 hat sich ein Brief von ihm an den

Reichsverkehrsminister General Groener erhalten, der zeigt, wie er immer mit Interesse, aber auch nicht ohne Skepsis dessen Berichte las. Er tadelte mit Groener, daß zuviel geredet und nicht gehandelt würde, er tadelte die Vielzahl der Parteien, die das deutsche parlamentarische System aufwies. Er teilte durchaus nicht Groeners Bewunderung für den amtierenden Reichskanzler Dr. Josef Wirth, einen Vertreter des linken Flügels des Zentrums. Die Zeiten waren nicht besser geworden, die Reparationsforderungen der Alliierten, über die auf ungezählten Konferenzen verhandelt wurde, führten zum schleichenden Verfall der deutschen Währung, zur Verelendung breiter Schichten des Mittelstandes wie eines Großteils der alten führenden Schichten, die soziale Unruhe schwelte noch immer, Not und Hoffnungslosigkeit stiegen wie eine Flut. Der alte Feldmarschall blieb nur stiller, von Sorge erfüllter Beobachter. „Sie wissen, daß ich mir aus Politik nicht viel mache, aber Ihre Auslassungen über selbige interessieren mich trotzdem sehr", schrieb er Groener. In einem Brief an den Kaiser vom 30. März 1921 hatte er geschrieben, die Auswirkungen des Versailler Diktates lasteten immer drückender auf dem deutschen Volk, den Angelpunkt jeglicher zukünftigen Politik bilde die Kriegsschuldfrage.

Als im Juni 1922 rechtsradikale Attentäter den jüdischen Reichsaußenminister Walther Rathenau ermordeten und als Antwort auf diese Bluttat eine allgemeine Hetze gegen sämtliche Rechtskreise einsetzte, blieb auch Hindenburg von Angriffen nicht verschont. Der Kommunistenführer Iwan Katz behauptete, die Villa in der Seelhorststraße sei die „Zentrale einer rechtsradikalen Mörderorganisation", die hannoverschen Kommunisten verlangten, man solle „Herrn v. Hindenburg" das Haus entziehen und in ein Wöchnerinnenheim umwandeln. Dieser meinte bärbeißig dazu, es könne schon sein, daß man ihn hier wieder heraussetze, dann grübe er seine Frau auf dem Friedhof wieder aus und zöge nach Neudeck, um dort seine Tage zu beschließen.

Im Sommer des Jahres 1922 besuchte Hindenburg zum ersten Mal nach dem Krieg die Schlachtfelder Ostpreußens. Der Südteil des Schlachtfeldes von Tannenberg, die Gegend um Usdau und Soldau, war 1919 ohne Volksabstimmung zu Polen geschlagen worden. Der Sieg des Jahres 1914 schien ausgelöscht, der deutsche Osten war in größerer Gefahr denn je. Nicht nur der slawische Bevölkerungsdruck drohte, es drohte auch eine neue schwere wirtschaftliche Erschütterung der ostdeutschen Landwirtschaft, des Rückgrates der Volkswirtschaft in den Ostprovinzen. Hindenburg besuchte seine Schwägerin in Neudeck. Noch konnte niemand ahnen, daß wenig mehr als zwanzig Jahre später über ganz Ostpreußen die slawische Flut unter den roten Fahnen des Bolschewismus zusammenschlagen würde. Aber er hörte hier wie auch schon zuvor aus dem steten Briefwechsel mit dem Kammerherrn v. Oldenburg-Januschau genug von den Sorgen des ostpreußischen Grundbesitzes. Die wichtigste Bekanntschaft, die er bei diesem Besuche Ostpreußens machte, war diejenige des damaligen Landes-Hauptmanns der Provinz, Dr. h. c. Manfred Graf v. Brünneck-Belschwitz, eines viel feiner gearteten Konservativen als es etwa der so urwüchsige Oldenburg-Januschau war.

Der Besuch Hindenburgs auf dem Schlachtfeld von Tannenberg weckte die Idee, dort ein Denkmal für den großen Sieg des Jahres 1914 zu errichten. Unter dem Vorsitz des Generalmajor a. D. Kahns bildete sich ein Denkmalsausschuß. Der Bürgermeister der Stadt Hohenstein, Severin, stellte kostenlos städtischen Grund und Boden, der zu dem ehemaligen aufgesiedelten Rittergut Sauden gehörte, für das Denkmal zur Verfügung. Allein, einstweilen fehlte es an Geld, die Pläne weiter zu verfolgen.

Im August des Jahres 1922 lud der inzwischen zurückgetretene bayerische Ministerpräsident v. Kahr, der die Regierung von Oberbayern leitete und noch immer für einen der prominentesten Vertreter der restaurativen Kräfte in Süddeutschland gelten konnte, Hindenburg nach München ein. Er fand, daß es um Hindenburg nach dem Tod seiner Frau zu einsam geworden sei, meinte, er müsse öfter nach Bayern kommen und zöge am besten ganz nach München. Das war gedacht im Sinne der Sammlung aller konservativen Kräfte, um München zum Zentrum einer Gegenbewegung gegen das „rote Berlin" zu machen. Kahr vermittelte Hindenburg eine Einladung zur Gamsjagd bei einem seiner politischen Freunde, dem königlich bayerischen Kammerherrn Dr. ing. h. c. Hubert v. Schilcher auf Schloß Dietramszell, dem Sproß einer in den Adelsstand erhobenen Familie hoher bayerischer Forstbeamter. Er lud ihn gemeinsam mit dem Kronprinzen Ruprecht von Bayern und Ludendorff zu einem Essen im engsten Kreis. Kronprinz Ruprecht veranstaltete einen Festakt für Hindenburg im Zeughaus. Der Aufenthalt in München, bei dem er auch Ludendorff in seinem Heim in Ludwigshöhe aufsuchte, brachte Hindenburg in lockere Berührung mit den teils restaurativen, teils nationalrevolutionären Bestrebungen in München. Das bleibende Ergebnis waren aber eigentlich nur die freundschaftlichen Beziehungen zur Familie v. Schilcher in Dietramszell, wo er auch in den nächsten Jahren nach dem Tod Dr. Hubert v. Schilchers fast alljährlich als Jagdgast weilte.

1923 begann das bittere Jahr des Ruhrkampfes und der Inflation. Frankreich besetzte das Ruhrgebiet, um sich das Herz der deutschen Industrie als Faustpfand zu sichern. Seit 1920 hatte in Berlin ein Kabinett das andere abgelöst. Dem Kabinett Fehrenbach waren zwei Kabinette Wirth gefolgt. Auf Wirth, der als Kanzler die Politik der Erfüllung begonnen hatte, um zu zeigen, daß die Deutschland auf der zweiten Londoner Reparationskonferenz aufgezwungenen Leistungen von 132 Milliarden Goldmark unerfüllbar waren, war der Generaldirektor Wilhelm Cuno gefolgt. Diesem folgte im Spätsommer 1923 endlich der stärkste politische Kopf der Republik, Gustav Stresemann, als Kanzler eines Kabinettes der Großen Koalition von den Sozialdemokraten bis zur Deutschen Volkspartei.

Im September 1923 weilte Hindenburg wieder zur Jagd in Dietramszell. Die Lage war düster genug, der Ruhrkampf stand vor dem Zusammenbruch, der von der Reichsregierung angeordnete passive Widerstand hatte die letzten finanziellen Reserven aufgezehrt, die Mark sank ins Bodenlose. In Bayern schwelte die Empörung über die Mißwirtschaft im „roten Berlin“. Niemand vermochte mehr zu sagen, wer hier der kommende Mann war, der Kronprinz Ruprecht, den die Anhänger des Hauses Wittelsbach, als ob er regierender Fürst wäre, mit „Seine Majestät“ anredeten, der Regierungspräsident v. Kahr, General Ludendorff oder der Mann aus dem Nichts, Adolf

Hitler, der sich in den „Sturmabteilungen" (SA) unter dem ehemaligen Fliegerhauptmann Göring eine schlagkräftige politische Kampftruppe geschaffen hatte. In Hohenschwangau fragte einer der Mitarbeiter Hitlers den Feldmarschall, ob er Hitler von ihm grüßen dürfe. Hindenburg erwiderte: „Sie können Hitler von mir grüßen, aber bestellen Sie ihm zugleich, ich warnte vor jeder Unüberlegtheit, einen zweiten Kapp-Putsch kann unser Vaterland nicht ertragen."

Noch während Hindenburg in Dietramszell war, sah sich die Reichsregierung gezwungen, den Ruhrkampf abzubrechen. In Bayern proklamierte die Landesregierung, im wesentlichen aus Besorgnis vor eigenmächtigen Maßnahmen Hitlers, darauf den Belagerungszustand und ernannte den Regierungspräsidenten v. Kahr zum General-Staatskommissar. Bevor er nach Hannover zurückreiste, suchte Hindenburg noch Ludendorff in München auf. Es blieb ihm nicht verborgen, daß sich in der bayerischen Hauptstadt zwei Lager abzuzeichnen begannen, eine konservativ weiß-blaue Gruppe um Kahr mit dem Kronprinzen im Hintergrund, und eine schwarzweißrote hakenkreuzlerische Gruppe um Ludendorff und die im „Kampfbund" zusammengefaßten nationalistischen Militärbünde mit Ludendorff als Schirmherrn, der seinerseits auf Adolf Hitler schwor als einzigen Mann, der imstande sei, die breiten Massen für die nationale Sache zu mobilisieren. Hindenburg schätzte Kahr, er schätzte Ludendorff als seinen alten Kameraden und Mitarbeiter, erkannte jedoch klar, daß beide sich auseinanderlebten. Die Hitler-Bewegung war ihm, dem Altpreußen, fremd und unbegreiflich. Gleichwohl wollte er das seinige tun, zur Einigkeit zu mahnen und legte Ludendorff eindringlich – wie er ihm in einem Brief vom 23. November 1923 vorhielt – ans Herz, sich doch mit einem ruhigen besonnenen Mann von der weißblauen Seite, etwa dem Generalobersten Graf v. Bothmer, auszusprechen. Ludendorff war indes damals schon von starkem Mißtrauen gegen alles Wittelsbachische erfüllt und hegte Argwohn, beim Kronprinzen verfolgte man separatistische Pläne.

Voll Sorge, aber auch nicht ohne Hoffnung, fuhr der Feldmarschall nach Hannover zurück. In einem Briefe vom 11. Oktober 1923 an Groener lieh er der Erwartung Ausdruck, der Parlamentarismus würde bald ein Ende nehmen und damit würden die „alte Zucht und Ordnung“ wiederkehren. Diese Redewendungen lassen darauf schließen, daß er in München in Unterredungen mit Kahr und Ludendorff Kenntnis von dem großen Plan erhalten hatte, unter Zuhilfenahme der Reichswehr, an deren Spitze seit 1920 General v. Seeckt als Chef der Heeresleitung stand, und der Vaterländischen Verbände Norddeutschlands unter General v. Below ein „nationales Direktorium“ zur Behebung des Notstandes und zur Einleitung einer konservativen Reform des Staatslebens einzusetzen. An diesem Plan arbeiteten sehr viele verschiedene politische Gruppen und politische und militärische Einzelpersönlichkeiten, Seeckt selbst, General v. Below, Justizrat Claß vom Alldeutschen Verband, letzthin auch Kahr. Es war die Frage, ob Nord- oder Süddeutschland die Vorhand bei der Auslösung der Bewegung haben solle, alle die verschiedenen Exponenten dieser Ideen waren sich jedoch über eine Tatsache einig, daß man Hitler in München im Zaum halten müsse, auf daß er nicht auf eigene Faust vorprelle.

General Groener antwortete Hindenburg auf seinen Brief sehr ausführlich. Er war ein Gegner des Kahrschen Vorgehens in Bayern, da er in den Eigenmächtigkeiten der Münchener Politik reichsfeindliche Hintergründe witterte, er verurteilte auch jeglichen Rechtsradikalismus. Der Parlamentarismus, schrieb er Hindenburg, sei zwar fraglos wandlungsbedürftig, doch ließe sich dies Problem nicht einfach durch die Rückkehr zu „Zucht und Ordnung“ bewältigen. Es läge im Wesen jeder Verfassung, daß sie dem Gang der Zeiten angepaßt werden könne. Groener warnte auch vor unzeitigen Versuchen einer monarchistischen Restauration, wie man sie in Bayern erörtere. Solche Versuche müßten nur zur Spaltung der staatlichen Machtmittel führen, hieß es in seinem Briefe. Die Hauptgefahr sah er nach wie vor im Kommunismus, den man seiner Ansicht nach nur im Bunde mit dem Sozialismus bekämpfen konnte. Er sprach sich zu Gunsten einer Reichsreform unter enger Bindung Preußens an das Reich aus und äußerte lebhafte Befürchtungen hinsichtlich bayerischer Sonderbestrebungen, bezweifelte auch ganz richtig, ob sich Kahr gegen Hitler durchsetzen könne.

Hindenburg war wahrscheinlich nicht mit all seinen Ausführungen restlos einverstanden, aber die Entwicklung gab Groener recht. Am Abend des 8. November 1923 unternahm Hitler einen Putsch in München und proklamierte sich zum Reichskanzler und Diktator und Ludendorff zum Feldherrn der neuen deutschen Nationalarmee. Der Traum von der großen konservativen Reform, vom „Direktorium" zerrann, die Reichsregierung unter Stresemann blieb fest und betraute General v. Seeckt mit der vollziehenden Gewalt. In München setzte der anfänglich überrumpelte Generalstaatskommissar v. Kahr am 9. November 1923 die Landespolizei gegen einen großen Demonstrationszug der nationalen Revolutionäre ein, an dessen Spitze Hitler und Ludendorff schritten. Unter dem Feuer der Polizei zerbrach der Putsch. Hitler floh und wurde nach einigen Tagen verhaftet, Ludendorff schritt wie gefeit durch die Kette der Polizisten hindurch, die Haltung wahrend. Aber dieser Todesmut nutzte nichts, die nationale Revolution war zu Ende.

„Mir ist es jetzt, als habe ich das Unglück vorausgeahnt", heißt es in dem schon erwähnten Brief Hindenburgs an Ludendorff vom 23. November. Er hielt das überstürzte Vorgehen Hitlers und die Selbstzerfleischung der nationalen Kräfte für ein nationales Unglück, gerade darum mochte er jetzt nicht die Hand von Ludendorff abziehen, wie dies bereits die bayerischen Offiziersverbände getan hatten, die sich am 9. November hinter Kahr gestellt hatten. Als General v. Cramon für die „Schlieffen-Vereinigung" am 10. November bei Hindenburg anfrug, ob es nicht notwendig sei, eine Untersuchung gegen Ludendorff anzuberaumen, er habe dieserhalb schon mit General v. Kuhl Fühlung genommen, mahnte Hindenburg unverzüglich davon ab und riet, zu warten. Er hielt es jetzt, gerade weil er wußte, daß Kahr auf sein Wort und Urteil viel gab, und weil er hoffte, Ludendorff würde sich einem ehrlichen Manneswort nicht verschließen, für seine Pflicht, zur Versöhnung aufzurufen. Begütigend bat er Ludendorff in einem Brief vom 5. Dezember 1923, er möge in ihm nicht einen Gegner erblicken, weil er sich bemühe, Frieden zu stiften. Kahr seinerseits sandte ihm die vertrauliche Denkschrift des Generalstaatskommissariats über die Vorgänge am 8./9. November in

München. Hindenburg erklärte in seinem Dankschreiben, seine Rolle sei schwer genug, er stehe zwischen zwei Freunden, Kahr und Ludendorff. Zu Weihnachten des Jahres 1923 sandte er dem letzten einen besonders herzlichen Gruß mit den Worten: „Mir erhalten Sie die sturmbewegte Freundschaft, ich erwidere Sie treulich."

Das Versöhnungswerk des Feldmarschalls wurde dadurch erschwert, daß Ludendorff verbittert aus den beiden großen Offiziersverbänden, dem „Deutschen Offizier-Bund" und dem betont monarchistischen „Nationalverband Deutscher Offiziere" austrat und sich in eine heftige Fehde mit dem bayerischen Kronprinzen Ruprecht einließ. Seit langem hatte er das Haus Wittelsbach – zu Unrecht – reichsfeindlicher, separatistischer Pläne verdächtigt. Nach dem Putsch griff er die Behauptung eines in Böhmen erscheinenden nationalsozialistischen Blattes auf, wonach der bayerische Kronprinz und der Erzbischof von München, Kardinal v. Faulhaber, Kahr zum gewaltsamen Vorgehen gegen Hitler und ihn bewogen hätten. Im Januar 1924 wandte sich Kronprinz Ruprecht an Hindenburg als den Senior des deutschen Offizierkorps und forderte eine ehrengerichtliche Untersuchung gegen Ludendorff, wobei er geltend machte, dieser habe schon als Erster Generalquartiermeister einem ungebührlichen Ehrgeiz gehuldigt. Daraus entwickelte sich eine langwierige Kontroverse, bei der der Feldmarschall immer wieder, wenn auch nicht mit vollem Erfolg, beschwichtigend den Standpunkt zu vertreten suchte, beide, Ludendorff wie der bayerische Thronerbe, seien in ihren Behauptungen zu weit gegangen, beide müßten daher einander wechselseitig ihr Bedauern aussprechen. Der Konflikt zwischen Ludendorff und der Generalität verschärfte sich, als siebenundzwanzig königstreue bayerische Generale ihn feierlich aus der Standesgemeinschaft ausschlossen. Es war ein gewichtiger Schritt auf dem Weg der Entwicklung Ludendorffs zum völkischen Rebellen und Sektierer, oder wie er selbst sich später nannte, zum „Weltrevolutionär deutscher Volksschöpfung". General v. Cramon schrieb im Februar 1924 an Hindenburg, er hielte es für das beste, wenn Ludendorff sich vorerst einmal ganz aus der Politik zurückzöge. Das war wider dessen Natur. Obendrein war er infolge eines körperlichen

Leidens, einer Kropfgeschwulst, reizbarer und unverträglicher denn je.

Die Situation wurde noch schwieriger, als der Prozeß vor dem Volksgerichtshof in München gegen Hitler, Ludendorff und ihre Mitverschworenen begann. Hindenburg war von vielen Seiten gedrängt worden, sich in öffentlicher Kundgebung gegen die „Schmach" zu wenden, daß einem der verdientesten Generale des Großen Krieges der Prozeß gemacht würde. Solche Stellungnahme war mit seinem peinlichen Rechtsempfinden unvereinbar. Vor dem Prozeß erklärte er daher zufolge der Berliner Zeitung „Der Tag" vom 24. Februar 1924, man habe ihn gebeten, den Prozeß gegen Ludendorff zu verhindern. Ein derartiger Eingriff in die Rechtspflege sei bei ruhiger Überlegung eine Unmöglichkeit. Man müsse nur fest den Glauben bewahren, daß alle Handlungen Ludendorffs ein Ausfluß seiner glühenden, selbstlosen Vaterlandsliebe gewesen seien, eine Annahme, die er im Bestreben, Gerechtigkeit walten zu lassen, auch dessen augenblicklichen Gegnern nicht vorenthalten wolle. Das war wieder die Stimme des väterlichen Mahners, Einigkeit zu bewahren, um des höchsten Gutes, des so schwer leidenden Vaterlandes, willen.

General Sixt v. Arnim erstattete ihm regelmäßig Bericht über den Ablauf des Prozesses vor dem Volksgerichtshof. Er entwarf bereits ein Gnadengesuch, das Hindenburg für Ludendorff an die Justizbehörde richten sollte, sofern letzterer verurteilt und der Vollzug der Strafe nicht ausgesetzt werden würde. Mit Erleichterung erfuhr Hindenburg, daß Ludendorff am 1. April 1924 freigesprochen, während Hitler und eine Reihe Mitarbeiter zu Festungshaft verurteilt wurden. Er telegraphierte ihm sofort und bat von neuem, den Geist der Versöhnlichkeit sprechen zu lassen. Aber der Ton der Briefe, die zwischen ihm und Ludendorff hin und her gingen, wechselte schon in der Anrede. Hindenburg schrieb herzlich stets: „Mein lieber Freund", Ludendorff, voll Groll, voll Bitternis, daß niemand ihn zu begreifen schien, wählte die streng offizielle Anrede und schrieb „Hochzugebietender Herr Generalfeldmarschall" ... Schritte Hindenburgs bei den Vorsitzenden der bayerischen Offiziersverbände zu Gunsten Ludendorffs hatten keinen Erfolg. Der General galt ihnen schon als hoffnungsloser Querkopf. Sehr dankbar empfand dagegen Kahr die loyale Haltung des alten Feldmarschalls, er dankte ihm in einem Briefe vom 4. Juli 1924 ausdrücklich dafür, daß dieser ihm auch nach den „häßlichen Novembertagen“ sein Wohlwollen bewahrt habe und schrieb ihm, für ihn sei und bleibe er stets der Leitstern über allen Wirrungen des Parteilebens. Die Hoffnung freilich, der Hindenburg in seinen Briefen an Kahr immer wieder Ausdruck geliehen hatte, daß der „Riß“, den der 9. November 1923 gebracht habe, wieder heilen müsse, erfüllte sich nicht.

Ludendorff ging seine eigenen Wege. 1923 hatte er die Bekanntschaft der Ärztin und Religionsphilosophin Mathilde v. Kemnitz gemacht, deren Schriften über eine völkische, antichristliche Lebensform ihn tief beeindruckt hatten. 1924 trat er zusammen mit Gregor Strasser und dem ehemaligen deutschnationalen Abgeordneten Major a. D. v. Graefe-Goldebee an die Spitze der „Nationalsozialistischen Freiheitspartei“, die die Nachfolge der verbotenen NSDAP Hitlers antreten wollte. Gleichzeitig übernahm er die Schirmherrschaft über einen neuen nationalen und sozialistischen Wehrverband, den „Front-Bann“, den der frühere Hauptmann im Generalstab Roehm aufzog. Der „Front-Bann“, der sich auch mühte, in einem sogenannten „Front-Ring“ eine Auffangsorganisation für die alten Kriegerverbände zu schaffen, weckte Bedenken bei den bereits bestehenden Frontsoldaten- und Kriegerverbänden. Oberstleutnant Düsterberg vom „Stahlhelm“, Admiral v. Schröder vom „Nationalverband Deutscher Offiziere“ wandten sich brieflich an Hindenburg und beschworen ihn, die bevorstehende Zehnjahresfeier der Schlacht von Tannenberg, zu der auch Ludendorff erscheinen wollte, dazu zu benutzen, der zunehmenden Zersplitterung unter den Wehrverbänden entgegenzutreten. Hindenburgs Einfluß auf Ludendorff war jedoch im Schwinden begriffen, alle diese Bestrebungen blieben vergeblich.

Im Grunde waren dies alles nicht ermutigende Vorzeichen für die Feier der zehnjährigen Wiederkehr der Schlacht von Tannenberg, die noch einmal im August des Jahres 1924 Hindenburg und Ludendorff auf dem Schlachtfelde vereinte, von dem ihr Ruhm ausgegangen war. Hindenburg war mit dem Dampfer nach Ostpreußen gereist und hatte auch dem in eine Freie Stadt verwandelten Danzig einen Besuch abgestattet, wo ihn der Danziger Oberbürgermeister Sahm begrüßt hatte, den er einst in Magdeburg als Stadtrat kennengelernt hatte, als er dort Kommandierender General gewesen war. Am 31. August 1924 fand in Anwesenheit aller an der Schlacht beteiligt gewesenen Generale, des Chefs der Heeresleitung General v. Seeckt und der Führer der ostpreußischen Wehrverbände vor rund 40-50.000 Zuschauern auf einer flachen Kuppe bei Sauden die feierliche Grundsteinlegung des geplanten Denkmals für die Schlacht statt. Der Feldmarschall prägte den Hammerspruch: „Den Gefallenen zum ehrenden Gedächtnis, den Lebenden zu ernster Mahnung, den kommenden Geschlechtern zur Nacheiferung ..."

Das Jahr 1923 hatte unmittelbar nach der Niederschlagung des „Hitler-Putsches" in München die Einführung einer neuen Währung gebracht. Die Überwindung der Inflation war der entscheidende Schritt zur wirtschaftlichen und innerpolitischen Konsolidierung der deutschen Republik. Stresemann, der Kanzler der schwersten Krisenmonate, vermochte zwar seine Koalitionsregierung nicht zu halten und machte in der Folge erst dem Senatspräsidenten Dr. h. c. Wilhelm Marx vom Zentrum, dann dem bisherigen Reichsfinanzminister Dr. Luther – neben dem Reichswährungskommissar und Reichsbankpräsidenten Schacht einem der Väter der neuen Währung – als Kanzler Platz, blieb jedoch in den folgenden Kabinetten an der Spitze des Reichsaußenministeriums. Aus dem Verfechter eines Annektionsfriedens und einer deutschen Militärregierung unter Ludendorff war der Befürworter eines friedlichen Wiederaufstiegs Deutschlands auf dem Wege einer echten Verständigung zwischen den europäischen Großmächten, vor allem zwischen Deutschland und Frankreich, geworden, da alle gleichermaßen unter den wirtschaftlichen Folgen des Krieges litten. Das Rezept der Siegermächte, daß es genüge, aus dem Besiegten diejenigen Summen herauszupressen, die notwendig waren, um die Finanz- und Volkswirtschaft der Siegerstaaten wieder zu sanieren, hatte angesichts der engen, unlöslichen Verflechtung aller Wirtschaftseinheiten in Europa nur den Ruin der gesamten Wirtschaft des alten Kontinentes heraufbeschworen. Stresemann erreichte mit amerikanischer Unterstützung im Dawes-Abkommen von 1924 die Räumung des Ruhrgebietes und die vorläufige Regelung der deutschen Wiedergutmachungsleistungen unter amerikanischer Anleihehilfe. Die Verhältnisse beruhigten sich, durch die fremde Kapitalhilfe erholte sich das deutsche Wirtschaftsleben, die Republik von Weimar gewann eine Atempause. Stresemanns Ziele waren die endgültige Räumung aller besetzten Gebiete, die Herstellung eines dauerhaften freundschaftlichen Verhältnisses zwischen Deutschland und Frankreich als ersten Schritt zu einer Einigung der Mächte des europäischen Kontinents und – in weiter Ferne – die Herbeiführung einer friedlichen Regelung des deutsch-polnischen Verhältnisses unter Bereinigung der territorialen Streitfragen. Dieser Weg war lang, mühevoll und mit Enttäuschungen gepflastert, aber es war der einzige Weg, den ein entwaffnetes Deutschland mit Aussicht auf Erfolg beschreiten konnte, um seine Rechte als Großmacht zurückzugewinnen, obwohl es gerade dem alten Offizierkorps, auch einem Manne wie dem Feldmarschall, schwerfiel, Verständnis für diese Politik der geduldigen, zähen Überredung aufzubringen.

Da starb im Februar des Jahres 1925 unvermittelt der erste deutsche Reichspräsident Friedrich Ebert, ein Mann, dessen echter staatsmännischer Begabung auch Hindenburg trotz mancher Vorbehalte seine Anerkennung nicht versagt hatte. Die Neuwahl des Reichspräsidenten sah eine Unzahl von Kandidaten, jede der großen bürgerlich-christlichen Mittelparteien, Demokraten und Zentrum, die Sozialdemokraten, die Kommunisten, ja auch die nach der Entlassung Hitlers aus der Haft neu erstandene kleine NSDAP warteten mit eigenen Kandidaten auf. Die Deutschnationale und die Deutsche Volkspartei hatten sich auf einen gemeinsamen Kandidaten geeinigt, den Düsseldorfer Oberbürgermeister Dr. Karl Jarres. Hitler gewann Ludendorff als Kandidaten der NSDAP, obwohl bereits zwischen den beiden Männern seit der Flucht Hitlers beim Putsch an der Feldherrnhalle in München ein tiefgehendes Zerwürfnis schwelte. Hindenburg hielt es für unmöglich, daß ein Mann vom Range Ludendorffs für die NSDAP kandidierte und schrieb ihm einen Brief, in dem er ausführte, er habe nicht mehr viele Bitten an seine Freunde zu stellen, sein Leben neige sich dem Ende zu, doch bäte er ihn, seine Kandidatur zurückzuziehen. Ludendorff antwortete nicht, der alte Feldmarschall war darob gekränkt.

Als er diesen Brief schrieb, ahnte er nicht, wie bald er selbst vor eine Situation gestellt werden sollte, die einem von so starkem Mißtrauen erfüllten und so arg verbitterten Manne wie Ludendorff Gelegenheit genug bieten sollte, seinen Schritt zu mißdeuten und als Ausfluß eigener eitler und ehrgeiziger Pläne hinzustellen. Infolge der hoffnungslosen Zersplitterung des deutschen Parteiwesens und der daraus resultierenden Vielzahl der Kandidaten endete die Reichspräsidentenwahl in totem Rennen. Der Kandidat der Rechten, Dr. Jarres, den auch Hindenburg gewählt hatte, erhielt nur eine relative Mehrheit. Ein zweiter Wahlgang wurde notwendig. Das „Kurfürsten-Kollegium", wie die Linksparteien spöttisch den Wahlausschuß der beiden großen Rechtsparteien nannten, geriet in Verlegenheit, wen man als Kandidaten benennen sollte, nachdem Jarres nicht durchzubringen gewesen war. Erwägungen, den allseits hoch geachteten demokratischen Reichswehrminister Dr. Geßler als Sammelkandidaten aller bürgerlichen Parteien zu nominieren, scheiterten an der Ablehnung des Zentrums, in dessen Reihen der Einfluß des linken Flügels, der Christlichen Gewerkschaften, sehr beträchtlich war.

Leiter des Ausschusses der Rechtsparteien war der frühere königlich preußische Innenminister Friedrich Wilhelm v. Loebell, der 1917 als starrer Konservativer zurückgetreten war, als der Kaiser die Reform des preußischen Dreiklassenwahlrechtes ankündigte. Sein Bruder, Generalleutnant a. D. Arthur v. Loebell, war einer der ältesten Jugendfreunde Hindenburgs. 1919/20 hatte dessen Name schon einmal bei den Erörterungen über die Reichspräsidentenwahl eine Rolle gespielt. Eine Reihe deutschnationaler Politiker, voran der frühere Landrat Winkler und der Abgeordnete v. Ditfurth, hätten schon beim ersten Wahlgang lieber Hindenburg als Jarres als Kandidaten gesehen. Während 1919 der Geschäftsführende Ausschuß der Deutschen Volkspartei in Hindenburg den einzig möglichen Kandidaten bei einer Präsidentenwahl erblickt hatte, war Stresemann jedoch jetzt sehr viel skeptischer. Er befürchtete, eine Nominierung Hindenburgs könne monarchistischen Restaurationswünschen Vorschub leisten und äußerst schädliche Rückwirkungen im Auslande zeitigen. Er sah in Hindenburg eine Gefahr für seine deutsch-französische Verständigungspolitik. Zudem hatte er sehr übertriebene Vorstellungen von dem Einfluß der aristokratischen Verwandtschaft auf den alten Herrn.

Immerhin waren die Deutschnationalen der stärkere Koalitionspartner. Am 1. April 1925 erschienen die deutschnationalen Abgeordneten v. Ditfurth und Rittmeister a. D. Schlange-Schoeningen bei Hindenburg und trugen ihm die Kandidatur an. Hindenburg bemerkte später zu einem der alten Klubfreunde aus den Vorkriegstagen in Hannover, dem Landrat Graf Clemens Wedel, sie hätten ihn gewissermaßen ans Portepée gefaßt. Aber er hatte weit weniger Neigung als 1919/20, noch eine politische Rolle zu übernehmen. Er wußte sehr gut, daß er kein Politiker war. Und wenn er als Kandidat auftrat, mochte er nicht als Vertreter bestimmter Parteien erscheinen, sondern nur als Repräsentant der Sammlung aller vaterlandsliebenden Deutschen. Diese Idee der „nationalen Sammlung", die ihn im Grunde seit dem Zusammenbruch des Jahres beschäftigte, sollte noch eine große, stets zäh bewahrte Rolle in seinen Überlegungen spielen. Aber er war jetzt nahezu achtundsiebzig Jahre alt und glaubte, sich einen geruhsamen Lebensabend ehrlich erworben zu haben. Man schrieb ihm das Wort zu, er habe seit seiner Jugend kein einziges gutes Buch mehr gelesen, womit er auf seinen rein militärischen Werdegang habe hinweisen wollen. Die angebliche Äußerung barg natürlich ein schiefes Urteil. Aber seine Erziehung und Bildung waren nun einmal eine rein militärische gewesen, wenn ihn auch das angeborene, ererbte Herrentum davor bewahrt hatte, ein einseitiger Fachmann im Sinne des hochgezüchteten Spezialistentums des modernen Generalstäblers zu werden.

In einem Briefe an General v. Cramon faßte er fürs erste seine Ansicht zur Kandidaturfrage dahingehend zusammen, daß er auf keinen Fall für eine einzelne Partei auftreten wolle. Er entschloß sich, den ihm seit vielen Jahren befreundeten Grafen Wedel zu bitten, als sein Berater und Vertrauensmann zu fungieren. Als Landrat besaß dieser politische Erfahrung, auch war er wohl ein konservativ denkender Mann, war aber nicht einseitig auf eine bestimmte Parteilinie eingeschworen. Graf Wedel hat sich stets selbst als „unpolitischer Berater" des Feldmarschalls bezeichnet und hat diese Haltung treulich bewahrt. Am 4. April war er bei einem zweiten Besuch Ditfurths beim Feldmarschall zugegen. Herr v. Ditfurth bat erneut um Annahme der Kandidatur. Der Feldmarschall entgegnete wörtlich: „Ihr seid Optimisten!" Er nähme die Kandidatur nur an, wenn er von allen Rechtsparteien aufgestellt würde, er wolle nicht zum „Verräter" an Jarres werden, wolle auch nicht den „Reichsblock", das Wahlbündnis der Deutschnationalen und der Deutschen Volkspartei, sprengen und lehne es ab, sich allein von der Deutschnationalen Partei aufstellen zu lassen. Wenn eine gemeinsame Nominierung zustandekäme, müsse ihm Jarres selbst diese namens des „Reichsblocks" antragen. Er würde sie nur annehmen, wenn er überzeugt wäre, daß seine Ablehnung wirklich das Vaterland in Gefahr brächte. „In diesem Fall will ich nicht feige zurückstehen", sagte er wörtlich.

Graf Wedel teilte die Bedenken des Feldmarschalls dem Staatsminister v. Loebell mit, der sich ihnen nicht verschloß.

Die Entscheidung drängte sich nun auf wenige Tage zusammen. Am 6. April erschien in Gegenwart Graf Wedels und des freiwilligen Adjutanten Oberstleutnant a. D. v. Kügelgen der deutschnationale Reichstagsabgeordnete Hauptmann a. D. Schmidt bei Hindenburg. Graf Wedel berichtete über die Einstellung Loebells. Hauptmann a. D. Schmidt sprach äußerst beredt und eindrucksvoll zu Gunsten der Annahme der Kandidatur. Hindenburg war sehr beeindruckt von seinen Worten und bat Graf Wedel, dem Fraktionsführer der Deutschnationalen, dem früheren Oberbürgermeister und Staatssekretär Exzellenz Wallraf, seine Einstellung zu unterbreiten.

Graf Wedel begab sich zunächst zum führenden Kopf der Deutschen Volkspartei in Hannover, dem früheren Stadtdirektor Tramm, um die Einstellung der Deutschen Volkspartei zu erkunden. Er traf Tramm und den volksparteilichen Abgeordneten Spickernagel im Begriff, sich zum Feldmarschall zu begeben und begleitete sie wieder in die Seelhorststraße. Beide rieten namens der Deutschen Volkspartei von der Kandidatur ab. Spickernagel hatte den Entwurf eines Telegramms bei sich, wonach der Feldmarschall die Kandidatur mit der Begründung ablehnen sollte, er wolle Jarres nicht schädigen. Er bat Hindenburg, das Telegramm zu unterzeichnen. Graf Wedel protestierte gegen solch Verfahren. Dann wandte sich Stadtdirektor Tramm in temperamentvollen Ausführungen gegen die Annahme der Kandidatur, die nur von begeisterten, nicht aber von politisch denkenden Köpfen vertreten würde. Der Feldmarschall betonte in seiner Erwiderung von neuem, er wolle nicht von einer Partei, sondern vom deutschen Volke gerufen werden. Die Annahme stelle für ihn nur ein schweres Opfer dar. Wörtlich sagte er zum Schluß der Unterredung: „Ich will mich nicht drängen lassen, sondern schließlich nur das tun, was ich selbst will."

Bei der Rückkehr von dieser Besprechung traf Graf Wedel in seiner Wohnung den von der Bayerischen Volkspartei nach Hannover entsandten Major a. D. Loibl an, den man an ihn als den Vertrauensmann des Feldmarschalls verwiesen hatte. Major Loibl teilte mit, die Bayerische Volkspartei sei begeistert von der Kandidatur Hindenburgs, Jarres würde in Bayern keine einzige Stimme erhalten, der Landesausschuß der Bayerischen Volkspartei habe sich für Hindenburg ausgesprochen. In Berlin stünden die Stimmen für Hindenburg beim „Reichsblock" Neun gegen Drei. Graf Wedel teilte diese Nachricht Hindenburg mit, der ihn bat, sofort nach Berlin zu Exzellenz Wallraf zu fahren, um ihm diese Wendung zu berichten. Wallraf sicherte dem Grafen in Berlin zu, die Kandidatur würde dem Feldmarschall nur auf einer für ihn annehmbaren Grundlage angeboten werden.

Am 7. April teilte Graf Wedel dem Feldmarschall das Ergebnis der Berliner Besprechung mit und schlug ihm vor, den „Reichsblock" zu bitten, bei einstimmigem Beschluß ihm die Kandidatur durch Jarres anzutragen, falls dies nicht bis zum 9. April definitiv geschehe, müsse er ablehnen. Doch der Feldmarschall erklärte, er habe sich die Sache überlegt, er wolle überhaupt ablehnen, er sei zu alt. Ein Telegramm zur Begründung dieses Entschlusses, das die Empfehlung enthielt, an seiner Stelle Jarres zu nominieren, wurde entworfen, der Text wurde telefonisch nach Berlin durchgegeben. Die Presse sollte erst am 8. April benachrichtigt werden. Auf diese Hiobsbotschaft hin erschien am Nachmittag des 7. April 1925 der ehemalige Großadmiral v. Tirpitz bei Hindenburg, der Mann, der mehrfach im Kriege in Hindenburg einen möglichen Militär-Kanzler gesehen hatte. Es ist nicht überliefert, was im einzelnen zwischen ihnen gesprochen wurde, Hindenburg erzählte jedenfalls später dem Grafen Wedel, er sei nicht sehr freundlich zu dem Großadmiral gewesen, das „ewige Drängeln“ habe ihn ärgerlich gemacht. Aber das Ergebnis der Unterredung war doch, daß Hindenburg seine Ablehnung zurückzog. Offenbar hatte ihm Tirpitz klargemacht, daß anderenfalls die Niederlage des Kandidaten der Rechten sicher sei. Tirpitz argumentierte als Deutschnationaler, er versprach sich viel von einem deutschnationalen Vertreter auf dem Sessel des Reichspräsidenten. Aber es gab auch ultrakonservative Standes- oder Berufsgenossen des Feldmarschalls, die seine Aufstellung als Kandidat bei den Reichspräsidentenwahlen mit Bestürzung betrachteten, die darin die Sanktionierung der republikanischen Staatsform durch den bisherigen Schildhalter der monarchischen Restauration erblickten. Ein Brief Hindenburgs aus dem Februar des Jahres 1927 an den Kaiser, in dem er betont, er habe sein jetziges dornenvolles Amt nur übernommen, nachdem man ihn an der Ehre gefaßt und er sich der Einwilligung Seiner Majestät versichert habe, läßt sowohl Rückschlüsse auf die Art zu, in der ihm Tirpitz die Unumgänglichkeit der Annahme der Kandidatur klar gemacht haben muß, wie darauf, daß er sich nochmals nach Doorn gewandt hat, um die Einwilligung seines kaiserlichen Herrn einzuholen. Das entsprach den streng legitimistischen Anschauungen, an denen er festhielt.

Am Abend des 7. April wurde Graf Wedel von Seiten des „Reichs-Blocks“ gebeten, sich am nächsten Tage wieder nach Berlin zu begeben. Der Staatsminister v. Loebell ließ ihn mitteilen, zufolge der Meldung des früheren Adjutanten von Tirpitz habe der Feldmarschall die Ablehnung der Kandidatur zurückgezogen. Noch spät abends, gegen 22 Uhr, ging Graf Wedel wieder zum Feldmarschall in die Seelhorststraße. Nach seiner Meinung war die Reise nach Berlin untunlich, der Feldmarschall mußte selbst seine Entscheidung bekanntgeben. Der „Reichs-Block" müsse ihm, nicht er dem „Reichs-Block", die Kandidatur antragen. Darauf formulierte Hindenburg eine Erklärung für den „Reichs-Block" und bat um Entsendung eines Vertreters desselben nach Hannover zwecks Unterrichtung über die Lage. Er bestimmte ferner, daß die Erklärung über die Ablehnung nicht mehr veröffentlicht werden solle.

Am 8. April 1925 trat Dr. Jarres als erster bei der Sitzung des „Reichs-Blocks" für die Kandidatur Hindenburgs ein, die darauf einstimmig beschlossen wurde. Als letzter stellte Stresemann seine Bedenken zurück, verlangte freilich dafür, daß der Kandidat im Falle der Erwählung sich feierlich verpflichten müsse, weder an der Staatsform noch an der bestehenden Außenpolitik zu rütteln. Graf Wedel hielt bei der Einschwenkung der Deutschen Volkspartei die Erkenntnis für ausschlaggebend, daß Dr. Jarres gegen den hochangesehenen Kandidaten der bürgerlichen Mitte und der Sozialdemokratie, den ehemaligen Reichskanzler Marx, nicht durchzubringen gewesen wäre. Für die Kandidatur Hindenburgs, die ihm am 9. April 1925 von zwei Vertretern des Loebell-Ausschusses offiziell angetragen wurde, stimmten jetzt die Deutschnationale Partei, die Deutsche Volkspartei, die Wirtschaftspartei, die Bayerische Volkspartei und der Bayerische Bauernbund. Auch Hitler und Ludendorff mit dem Häuflein der NSDAP beschlossen, ihre Stimmen dem Feldmarschall des Großen Krieges zu geben. Die Demokratische Partei, das Zentrum und die Sozialdemokratische Partei stimmten für Marx, die Kommunistische Partei hielt an ihrem Kandidaten des ersten Wahlganges, dem ehemaligen Hafenarbeiter Ernst Thälmann, fest.

Zunächst wollte Hindenburg gar nichts von Wahlpropaganda hören, wie er sich überhaupt nur langsam in die neue Rolle fand, die er in dem Bewußtsein übernommen hatte, daß das Vaterland noch einmal von ihm die Erfüllung einer schweren Pflicht verlange, und daß die Erfüllung dieser Pflicht vielleicht dazu beitragen könne, dem deutschen Volk den schweren Weg in eine neue bessere Zukunft zu erleichtern, wenn er zur Sammlung rief. Lächelnd meinte er, was er sagen solle, wenn ihn in Hannover „sein liebes Gesicht“ von allen Straßenecken anstarre. Aber er stimmte doch zu, daß der „Reichs-Block“ im Landbund-Haus in Hannover eine Nebenstelle errichtete, deren Leitung Oberstleutnant a. D. v. Feldmann erhielt, ein Hindenburg nicht unbekannter ehemaliger Generalstäbler, der im Kriege zuletzt deutscher Chef der Operationsabteilung des türkischen Generalstabes gewesen war, 1919 die OHL bei der Nationalversammlung in Weimar vertreten hatte und dann deutschnationaler Reichstagsabgeordneter geworden war. In den Augen führender Deutschnationaler war er auch der gegebene Staatssekretär der Präsidialkanzlei, sofern der Feldmarschall gewählt wurde. Die Leitung der Pressestelle lag in den Händen des Schriftstellers Dr. Gerhard Schultze-Pfaelzer, der später mehrere Biographien über Hindenburg veröffentlichte.

Dr. Schultze-Pfaelzer, der auch über die Zeit vor der Wahl berichtet hat, fiel im wesentlichen die Aufgabe zu, die Fülle der Zuschriften und Huldigungen, die den neuen Kandidaten des „Reichs-Blocks“ erreichten, zu ordnen. Der Feldmarschall sah sich unvermittelt wieder im Brennpunkt des Interesses der Öffentlichkeit. Die Sensations- und Boulevard-Presse überschlug sich in törichten Meldungen, er unterhandele mit dem Kaiser oder dem Kronprinzen über die Wiedereinführung der Monarchie, er wolle sich selbst zu einer Art Reichsverweser von Gottes Gnaden machen und was dergleichen Unsinn mehr war. Der Alterspräsident des Reichstages, der sozialdemokratische Redakteur Wilhelm Bock aus Gotha, forderte ihn in einem Brief zum Rücktritt auf, weil er aus eigener Erfahrung wisse, daß man in seinem hohen Alter zu keiner Leistung mehr fähig sei, eine Erfahrung, die den Braven freilich nicht hinderte, selbst sein Reichstagsmandat weiter zu versehen. Politiker kamen mit brauchbaren oder unbrauchbaren Ratschlägen, Lebensreformer empfahlen Rezepte zur Lebensverlängerung, Alkoholgegner wollten wissen, wie er zur Frage des Temperenzlertumes stehe, die zahllosen Vertreter der zahllosen Interessenverbände drangen auf Mitteilung, wie der Kandidat über ihr jeweiliges Sondergebiet dächte, Neugierige wünschten zu wissen, wann der nächste Krieg ausbräche, Ängstliche, welches der beste Schutz gegen Luftangriffe sei. Es ging bis ins Endlose, von der Flut mehr oder weniger gelungener poetischer Huldigungen ganz zu schweigen.

Für die Osterfeiertage zog er sich auf das Gut der Schwiegermutter seines Sohnes, der Freifrau v. Mahrenholtz auf Groß-Schwülper bei Braunschweig, zurück. In diesen Tagen ging sein Wahlaufruf unter dem Datum des 12. April 1925 hinaus, der als „Osterbotschaft" in die Geschichte einging. Der Inhalt wie der Stil verrieten sehr deutlich, daß der Feldmarschall selbst der Botschaft die letzte Form gegeben hatte. In ganz schlichten Worten gab er bekannt, daß er nach ernster Überlegung nur aus der Treue zum Vaterland heraus dem Rufe „vaterländisch gesinnter Deutscher aus allen Gauen und Stämmen" gefolgt sei, um sich um das höchste Amt des Reiches zu bewerben. Wörtlich hieß es dann:

„Wenn die Pflicht mir nun gebietet, auf dem Boden der Verfassung, ohne Ansehn der Partei, der Person, der Herkunft und des Berufs als Reichspräsident zu wirken, so soll es an mir nicht fehlen. Als Soldat habe ich immer die ganze Nation im Auge gehabt, nicht die Parteien. Sie sind in einem parlamentarisch regierten Staate notwendig, aber das Staatsoberhaupt muß über ihnen stehen und unabhängig von ihnen für jeden Deutschen walten. Den Glauben an das deutsche Volk und an den Beistand Gottes habe ich nie verloren. Ich bin nicht mehr jung genug, um an einen plötzlichen Umschwung der Dinge zu glauben. Kein Krieg, kein Aufstand im Innern kann unsere gefesselte, leider durch Zwietracht gespaltene Nation befreien. Es bedarf langer, ruhiger, friedlicher Arbeit. Es bedarf vor allem der Säuberung unseres Staatswesens von denen, die aus der Politik ein Geschäft gemacht haben. Ohne Reinheit des öffentlichen Lebens und Ordnung kann kein Staat gedeihen. Der Reichspräsident ist besonders dazu berufen, die Heiligkeit des Rechtes hochzuhalten. Wie der erste Präsident auch als Hüter der Verfassung seine Herkunft aus der sozialdemokratischen Arbeiterschaft nie verleugnet hat, so wird auch mir niemand zumuten können, daß ich meine politische Überzeugung aufgebe. Gleich dem von mir hochgeschätzten Dr. Jarres erachte auch ich in jetziger Zeit nicht die Staatsform, sondern den Geist für entscheidend, der die Staatsform beseelt. Ich reiche jedem

Deutschen die Hand, der national denkt, die Würde des deutschen Namens nach innen und außen wahrt und den konfessionellen und sozialen Frieden will, und bitte ihn: Hilf auch Du mit an der Auferstehung unseres Vaterlandes."

Exzellenz Wallraf erzählte später Dr. Schiffer, wie Hindenburg ihn vor Unterzeichnung des Wahlaufrufes gefragt habe, ob er in der Unterschrift das Adelsprädikat weglassen solle? Wallraf wies darauf hin, Bismarck habe bis zum Jahre 1848 stets das „von" vor seinem Namen weggelassen. Hindenburg erwiderte: „Mit dem kann ich mich nicht vergleichen, aber ich werde doch lieber mit ‚von' unterzeichnen, sonst sagen die Leute: Der Alte ist wohl ganz verrückt geworden, jetzt hat er auch den Adel abgelegt ..."

Diese Äußerung ist ebenso charakteristisch wie die Osterbotschaft. Man tut gut, diese sehr aufmerksam zu lesen, sie barg in ihren einfachen Worten das Programm, nach dem er künftig handeln sollte. Was ihn leitete, war die Hoffnung, daß sein Vorgehen dazu führen konnte, das deutsche Volk wieder zu einigen in gemeinsamer Arbeit an einem friedlichen Wiederaufstieg. Aus diesem Grunde hatte er dem Ruf der Pflicht gehorcht, obwohl sich niemand klarer als er selbst darüber war, welche Selbstüberwindung, welche Mühen und welche Schwierigkeiten das neue Amt für einen alten Mann barg, der sein Leben lang Soldat und nicht Politiker gewesen war. Der Aufruf ließ erkennen, daß weder die Besorgnisse Stresemanns noch die Hoffnungen der deutschnationalen Parteiführung, der gemeinsame Kandidat würde ein deutschnationaler Präsident werden, in vollem Umfang berechtigt waren. Auf der anderen Seite aber waren die Nominierung Hindenburgs und die Osterbotschaft ein Markstein in der Geschichte der deutschen Republik. Die Osterbotschaft machte unmißverständlich klar, daß der neue Präsident, sofern er gewählt wurde, zwar verfassungsmäßig regieren, daß ihm jedoch das Staatsethos des Preußentums, die Idee des Staates als übergeordneter Wesenheit, weit näher stand als die Idee des demokratischen Systems, das keineswegs fest stabilisiert war. Es wurde das Schicksal der deutschen Republik, daß die beiden Präsidenten, die sie erlebte, keine liberalen, bürgerlichen Demokraten waren, daß sie aus ganz andersgearteten

Bereichen kamen. Der erste Präsident war Sozialist gewesen, der zweite sollte ein königlich preußischer Generalfeldmarschall werden, der noch fest im Zeitalter Bismarcks wurzelte. Beiden war eines gemeinsam: Ein ungewöhnliches Maß an Pflichtbewußtsein und eine ungewöhnliche Fähigkeit zur Selbstentäußerung.

Schon der Wahlkampf barg ungewöhnliche Belastungen, obwohl er selbst nur zweimal das Wort ergriff. Er sah sich umdrängt von tausenden von Leuten, von zehntausenden von Wünschen und Forderungen. Die Zeitungsleute folgten ihm nach Groß-Schwülper. Manchmal konnte er sehr sarkastisch-abwehrend sein. Als sie ihn unbedingt auf der Hasenjagd photographieren wollten, meinte er trokken, das ginge nicht, jetzt schösse man keine Hasen, sie hätten Schonzeit! Den Sonntag vor dem Wahltermin, dem 26. April, stempelten die Vaterländischen Verbände Hannovers zum „Hindenburg-Sonntag". Vor seiner Villa in der Seelhorststraße fand ein Aufmarsch von Abordnungen aller rechtsstehenden Organisationen statt. Am Abend sprach Hindenburg vor 600 geladenen Gästen in der Stadthalle. Hernach empfing er die Presse und erklärte ziemlich kurzangebunden, er habe sie hierher gebeten, um zu demonstrieren, daß er weder auf einer Kanone noch im Rollstuhl gefahren komme. Bei dem anschließenden Abendessen im kleinen Kreis bat ihn ein französischer Journalist um einen Kartengruß an Marschall Foch. Das riß alte Wunden von 1919 wieder auf. Noch stand sein Name auf der nie amtlich außer Kraft gesetzten alliierten Liste der Kriegsverbrecher. Er entgegnete: „Marschall Foch hat mir auf meinen Brief nicht geantwortet, ich kenne ihn nicht, und an fremde Leute schreibe ich nicht."

Seufzend ließ er sich dazu bewegen, ein zweites Mal, diesmal im neu erfundenen Rundfunk, zu sprechen. Meist verhielt er sich während des Wahlkampfes ganz unbeteiligt neutral, gelegentlich sagte er zu Oberstleutnant v. Feldmann brummend: „Na, ihr habts ja gewollt." Kurz vor der Wahl aber frug er ihn doch, was denn nun aus der Geschichte würde, in einem gewissen Alter falle man nicht mehr gern durch's Examen! Das zeigte, daß er sich im Inneren mit seiner zukünftigen Rolle ausgesöhnt hatte, daß er doch glaubte, er könne noch eine echte, große Aufgabe erfüllen. Und es war menschlich verständlich, daß er eine Niederlage nicht unbewegt hinnehmen wollte. Dazu war das Ganze zu ernst.

Den Wahltag, den 26. April 1925, verbrachte er wieder bei Mahrenholtzs auf Groß-Schwülper. Er selbst ging nicht zur Wahl, sich selbst zu wählen, erschien ihm zu töricht. Still ging er mit seinen Enkelkindern im Park spazieren. Eine Zeitlang schien es am Abend, den ersten Meldungen über die Wahlergebnisse nach zu urteilen, als ob die Waage schwankte. Er legte sich zur gewohnten Zeit, gegen 22 Uhr, schlafen, während die Familienangehörigen noch die Wahlergebnisse am Radioapparat hörten. Der Kreis Gifhorn, zu dem Groß-Schwülper gehörte, stimmte mit großer Mehrheit für Hindenburg, dieser erhielt 13.000 Stimmen, Marx 5.000, der Kommunistenführer Thälmann nur ganze 200! Aber im Reich stand der Sieg Hindenburgs erst gegen 2 Uhr morgens fest. Er hatte 14.655.766 Stimmen erhalten, sein Gegner, der ehemalige Reichskanzler Marx, 13.751.615 Stimmen.

Sein Sohn, Major im Generalstab Oskar v. Hindenburg, damals Taktiklehrer an der Kavallerieschule in Hannover, der mit ihm in Groß-Schwülper weilte, wollte ihm am anderen Morgen möglichst früh den Wahlsieg mitteilen. Als er gegen 6.30 Uhr in das Schlafzimmer schaute, fand er den Vater noch ruhig und fest schlafend. Erst um 7 Uhr erwachte er zur gewohnten Zeit und erfuhr, daß er Präsident des Deutschen Reiches geworden sei. Es gibt mancherlei Anekdoten, mancherlei Erzählungen von dem, was er in diesem Moment alles gesagt haben soll. Die Wahrheit ist viel schmuckloser und viel alltäglicher. Es fiel kein besonders erwähnenswertes Wort. Bemerkenswert war nur die Gelassenheit und das Vertrauen, mit der er der neuen Aufgabe entgegensah. Zu seinem Sohn bemerkte er, jetzt gehe es erst richtig an die Arbeit. Das zeigt, daß sich seine Einstellung zu seiner neuen Aufgabe gewandelt hatte, daß er die Überzeugung gewonnen hatte, er könne seinem Volk noch etwas nutzen und daß der Mann der lebenslangen, unermüdlichen Arbeit sich bewußt wurde, daß die Zeit der stillen Betrachtung, der sorgenvollen Beobachtung so mancher ihn unheilvoll dünkenden Entwicklung vorüber war.

6. DER REICHSPRÄSIDENT
1925-1930

Der letzte Chef des Generalstabes des Feldheeres, der Senior des alten kaiserlichen deutschen Offizierkorps, war Präsident der deutschen Republik geworden. Es ist nicht uninteressant, zunächst in der Schilderung des geschichtlichen Ablaufs einzuhalten und sich vor Augen zu rufen, welch Echo dieses so ungewöhnliche Ereignis in Deutschland wie in der Welt fand. Den sehr hoch gespannten Hoffnungen, mit denen große Teile der Deutschnationalen Partei, mit denen die Vaterländischen Verbände und die Wehrverbände die Wahl Hindenburgs begrüßten, stand schon im Lager des „Reichs-Blocks" die kühle Feststellung des Reichsaußenministers Stresemann in den „Deutschen Stimmen" gegenüber, gesiegt habe der „große Name". In dieser Verehrung großer geschichtlicher Mächte aber enthüllte sich eine sehr echte Sehnsucht breiter deutscher Volksschichten, die an der Spitze des Reiches eine Gestalt zu sehen wünschten, die symbolhaft die Mächte der Überlieferung verkörperte und die einen Weg aus dem Dunkel der Jahre nach dem Zusammenbruch in eine neue Zukunft zu weisen vermochte. Der Glaube, daß eine einzelne, überragende, ehrwürdige Persönlichkeit Wunder zu wirken vermöchte, sollte dem Erwählten die bittersten Stunden seines Lebens bereiten, denn ihm bargen sich allzuviel heiße, fiebrige Ungeduld, ressentimentgeladene Unzufriedenheit und die tiefe Staatsverdrossenheit gerade der alten führenden Schichten, die den Zusammenbruch des Jahres 1919 noch immer nicht verwunden hatten.

Den übergroßen Hoffnungen gegenüber fehlte es nicht an einer fast noch längeren Skala kritischer, skeptischer oder pessimistisch resignierender Stimmen. Der ehemalige Botschafter Graf Johann Heinrich Bernstorff, ein überzeugter Demokrat, sprach von der „Todesstunde der deutschen Republik". Statt einer Polemik lassen wir besser die Geschichte selbst dazu ihr Urteil abgeben.

Im „Neuen Reich", einer großdeutsch-katholischen Zeitschrift in Wien, stellte Professer Pfeiffer nach dem „Unglück" fest, ein Hindenburg als Reichspräsident sei eine der ungewollten Früchte französischer Gewaltpolitik gegenüber dem nachnovemberlichen Deutschland.

Die „New York Evening Post", eine amerikanische Zeitung, hatte vor der Wahl prophezeit, die Nachbarn Deutschlands würden die Wahl Hindenburgs als gewichtigen Schritt zur Wiederherstellung der Monarchie betrachten, sie würde tiefe Rückwirkungen in Frankreich zeitigen und würde an der Themse wie ein kalter Luftzug empfunden werden. Sicher würde die französische Regierung protestieren. In der „Morningpost", einem führenden Blatt der britischen Konservativen, veröffentlichte ein Mitglied des „Exekutivkomitees der Freunde Frankreichs in England", F. Victor Fisher, eine Erklärung, mit Hindenburg sei die „Verkörperung des deutschen Kaiserismus" zum Präsidenten der Republik gewählt, das sei das größte Ereignis seit der bolschewistischen Revolution in Rußland. Er verlangte zur Sicherung der Alliierten einen englisch-französisch-belgischen Garantiepakt. Sehr viel ruhiger und richtiger beurteilten die „Times" die neue Situation, andere englische Blätter begrüßten Hindenburgs Eintritt in die Politik, die liberale Wochenschrift „New Statesman and Nation" stellte ganz nüchtern fest, Hindenburg sei kein Verschwörer, wenn er den Amtseid geleistet habe, werde er niemals einen monarchistischen Staatsstreich unternehmen, und wenn man in Deutschland schließlich wieder die konstitutionelle Monarchie einführen wolle, so sei das kein Grund zur Panik, sondern ganz einfach eine innerdeutsche Angelegenheit.

Ganz scharf kommentierte natürlich die französische Zeitung „Le Temps" die Wahl. Hindenburg, hieß es da, sei getragen von den „Kräften der Reaktion und der brutalen Revanche", man müsse die Wiederherstellung der deutschen Militärmacht, den baldigen Sturz des republikanischen Systems und die Rückkehr der Hohenzollern auf den Thron befürchten.

In Amerika schwankte man bezüglich des endgültigen Urteils. In Washington nahm der deutsche Botschafter Frh. v. Maltzahn an einer Gesellschaft teil, bei der zahlreiche Vertreter der Geschäftswelt anwesend waren. Fast alle befürchteten kriegerische Verwicklungen als Folge der Wahl Hindenburgs. Maltzahn verlas darauf einen noch vor der Wahl geschriebenen Brief seines Vaters, der noch ganz in den Vorstellungen der mecklenburgischen Ritterschaft lebte. Darin schrieb der alte Baron, er und seine Frau beteten jeden Abend zu Gott, daß „dieser unselige Greis“ sich nicht dazu hergeben möge, Präsident der Republik zu werden, sonst sei der neue Staat in den Augen der Öffentlichkeit legalisiert. Es gab viele nachdenkliche Mienen an diesem Abend, und viele verließen die Gesellschaft, um neue Börsenordres aufzugeben. Das amerikanische „Journal of Commerce“ bezeichnete die Wahl Hindenburgs als berechtigten Protest gegen die falsche Politik der Alliierten.

Der so lebhaft umstrittene alte Feldmarschall empfing unterdes am Tage nach der Wahl, dem 27. April 1925, im Herrenhaus von Groß-Schwülper den Besuch des amtierenden Reichskanzlers Dr. Luther, in dessen bürgerlichem Koalitionskabinett auch drei deutschnationale Vertreter als Minister für Finanzen, Wirtschaft und Ernährung und Landwirtschaft saßen. Dr. Luther erschien in Begleitung seines persönlichen Referenten, Oberregierungsrat Dr. v. Stockhausen. Hindenburg unterhielt sich zwei Stunden mit ihm. Dr. Luther war von der Unterredung sehr befriedigt. Zu Stresemann sagte er später, Hindenburg werde „konstitutionell“ regieren. Nach dem Zeugnis Oberregierungsrat v. Stockhausens äußerte der Kanzler, Hindenburg zeige Verständnis für die Politik, wenngleich ihm diese fremd sei, er werde manches tun müssen, was ihm gegen den Strich gehe, aber er werde es tun, sofern er überzeugt sei, daß das Wohl des Reiches es fordere. In einer der ersten Unterredungen mit Dr. Luther bemerkte der Feldmarschall einmal lächelnd, hoffentlich lasse man ihn nun nicht so lange auf seinem Platz, bis er „vertrottele“, das merke man hernach nämlich selbst nicht mehr, ein Wort, das in seiner stillen Überlegenheit und seiner tiefen Lebensweisheit auf Dr. Luther nachhaltigen Eindruck machte.

Anschließend an die erste Unterredung gab Hindenburg dem Reichskanzler ein Essen im engsten Kreis, an dem sein Sohn, seine beiden Schwiegersöhne, Rittmeister v. Pentz und Landrat v. Brockhusen-Justin, und der Freiherr v. Inn- und Knyphausen teilnahmen. Hindenburg leerte sein Glas auf „die Wiedererstarkung und das

Wohl unseres geliebten Vaterlandes." Am Abend war der Landrat des Kreises Gifhorn, Herr v. Wagenhoff, in Groß-Schwülper zu Gast, der seinem Vater, dem General a. D. v. Wagenhoff auf Dankwitz in Schlesien, einen genauen Bericht über das Essen beim Feldmarschall sandte. Landrat v. Wagenhoff brachte den Trinkspruch auf den neuen Reichspräsidenten aus. Hindenburg erwiderte, nachdem er einmal dem Ruf gefolgt sei, freue er sich über das Wahlergebnis. Wörtlich fuhr er dann fort: „Ich werde mich bestreben, die Pflichten, die mir nun überkommen sind, voll und ganz zu erfüllen. Mehr kann ein Mensch nicht hergeben, als daß er seine Pflicht erfüllt. Möge Gott mir die Kraft dafür verleihen und alles zum Besten lenken für unser deutsches Vaterland ..." Die Rede kam auf die bevorstehende Vereidigung. Hindenburg bemerkte, auch das sei eine schwere Stunde, die er zu bestehen habe. Allen denen, die in diesen Tagen mit voreiligen Wünschen, mit Mahnungen kamen, was er zu tun und zu lassen habe, sagte er immer wieder, sie sollten nicht vergessen, daß er einen Eid zu leisten habe, der ihn binde. Der Eid war dem alten Soldaten etwas Heiliges. Schwor er den Eid auf die Republik, den er zu schwören hatte, so bedeutete das, daß er Abschied von mancherlei Vorstellungen und Hoffnungen zu nehmen hatte, die eigentlich einen Teil seiner Lebenswelt ausgemacht hatten. Er wußte das sehr genau, aber dieser Abschied muß ihm schwer genug geworden sein, sonst wäre er nicht wiederholt auf die Eidesleistung zu sprechen gekommen.

Am 9. Mai 1925 fand in Hannover in der Villa in der Seelhorststraße eine zweite Besprechung zwischen Hindenburg und Reichskanzler Dr. Luther statt, an der diesmal auch der Staatssekretär der Reichskanzlei Kempkes, ein Parteifreund Stresemanns, teilnahm, da der Reichskanzler die Einzelheiten der Amtseinführung mit dem neuen Präsidenten erörtern wollte.

Am 11. Mai 1925 begab sich Hindenburg in einem, an den fahrplanmäßigen Zug angehängten Salonwagen nach Berlin, um sein neues Amt anzutreten. Am Nachmittag um 17.32 Uhr traf der Zug auf dem Bahnhof Heerstraße ein. Der Reichskanzler und das Kabinett begrüßten ihn auf dem Bahnsteig. Hindenburg trug Gehrock und Zylinder. Vorüber an den Kriegervereinen, dem „Stahlhelm" und anderen Wehrverbänden, Vereinen und Schulen, die Spalier bildeten, fuhr er im Auto mit dem Reichskanzler durch Charlottenburg in die Wilhelmstraße, wo er in den ersten Tagen in den alten Räumen Bismarcks in der Reichskanzlei Wohnung nehmen sollte, bis er in das Palais des Reichspräsidenten übersiedeln konnte.

Am 12. Mai 1925 fand im Plenarsaal des Reichstages die feierliche Amtseinführung statt. Gemäß der Reichsverfassung mußte der Reichstagspräsident, der sozialdemokratische Abgeordnete Paul Löbe, die Vereidigung vornehmen. In seiner Erwiderung auf die Worte Löbes erklärte Hindenburg, Reichstag und Reichspräsident gehörten zusammen, beide bildeten gemeinsam die Verkörperung der Volkssouveränität, der Grundlage unseres heutigen Verfassungslebens. Aber er unterstrich auch wieder, daß es Aufgabe des Reichspräsidenten sei, im überparteilichen Sinne alle arbeitswilligen und aufbaubereiten Kräfte des Volkes für das gemeinsame Wohl zusammenzufassen und daß er sich dieser Aufgabe der Sammlung und Einigung mit besonderer Hingabe widmen wolle.

Er verließ den Reichstag durch das selten benutzte Königsportal und schritt langsam die Hauptfreitreppe hinunter. Eine riesige Menschenmenge begrüßte ihn. Auf der Freitreppe brachte der Reichskanzler ein dreifaches Hoch auf den neuen Reichspräsidenten aus. Hindenburg und Dr. Luther schritten dann die Ehrenkompanie der Reichswehr ab. Darauf begab sich der Reichspräsident im Auto in die Wilhelmstraße, wo ihn im Reichspräsidentenpalais Wilhelmstraße 73 der bisherige Stellvertretende Reichspräsident, der Präsident des Reichsgerichts, Dr. Simons, begrüßte. Aus Anlaß der Übernahme der Amtsgeschäfte fand ein Frühstück statt. Hindenburg ergriff von neuem das Wort und hob unter Würdigung der Verdienste seines Vorgängers hervor, er wolle sich von der soldatischen Anschauung leiten lassen, die er in langen Jahren der Friedensarbeit im Heer gewonnen habe, daß in Zeiten der Not Pflicht vor Recht gehe. In diesem Sinne wollte auch der Aufruf an das deutsche Volk verstanden sein, in dem es hieß: „Das Reichsoberhaupt verkörpert den Einheitswillen der Nation."

Vergleicht man all diese im Grunde ja nur offiziellen Äußerungen mit der Osterbotschaft und mit seiner späteren Politik, so wird doch klar erkennbar, daß sie alle eine gemeinsame Linie bargen, die auf seine eigenen Intentionen zurückging. Das große Ziel war die Sammlung aller Kräfte. Der zu den Deutsch-Völkischen gestoßene Abgeordnete Major a. D. v. Graefe-Goldebee bemerkte düster nach der Vereidigungsszene im Reichstag zu seinen Fraktionskollegen: „Ich glaube, der Feldmarschall wird diesen Eid noch genau halten." Die Erkenntnis, daß der Amtseid, den er auf die Verfassung geschworen hatte, für ihn etwas absolut Bindendes war, war die zweite entscheidende Tatsache. Sicherlich stand jetzt an der Spitze der Republik weder ein Demokrat noch ein Sozialist, wohl aber ein Mann, der noch in der alten Anschauung erzogen worden war, daß der vorbehaltlose Dienst für den Staat das höchste Ethos berge. Somit erschien er eigentlich nicht so sehr als Präsident der Republik, sondern als ein Regent, ein Verweser des Reiches, der das große Erbe der Vergangenheit mit der Zukunft zu verschmelzen suchte.

Sehr bedeutsam war zunächst die Frage der engsten Umgebung. Staatssekretär der Präsidialkanzlei und Leiter des Büros des Reichspräsidenten war seit 1920 der Ministerialdirektor und spätere Staatssekretär Dr. Otto Meißner. Er war im Jahre 1880 im Elsaß als Sohn eines preußischen Postmeisters und einer elsässischen Mutter geboren, war in den Justizdienst und später in die Eisenbahnverwaltung eingetreten, hatte ausgangs des Krieges als Hauptmann der Reserve dem Stab der Heeresgruppe Kiew angehört und war Ende 1918 in den diplomatischen Dienst übernommen worden, zunächst als deutscher Geschäftsträger in der Ukraine. 1919 war er unter dem Gesandten Nadolny stellvertretender Leiter des Büros des Reichspräsidenten geworden, 1920 hatte er Nadolnys Nachfolge angetreten. Bei der Deutschnationalen Partei hatte man daran gedacht, Hindenburg einen deutschnationalen Staatssekretär der Präsidialkanzlei zur Seite zu stellen. Erster und vorzüglichster Kandidat war Oberstleutnant a. D. v. Feldmann. Freilich war es die Frage, ob er als ehemaliger Offizier trotz all seiner Befähigung genügend Erfahrung auf dem schwierigen politischen Parkett der Reichshauptstadt besaß. Auch stieß seine Kandidatur auf starke Bedenken bei der Sozialdemokratischen Partei. Wenn schon ein Generalfeldmarschall, der letzte Chef des Generalstabes, Reichspräsident geworden war, so wollte man nicht noch einen ehemaligen Generalstabsoffizier als Staatssekretär erleben, da man in diesem Falle die Entstehung eines Militärregimes fürchtete. Neben Feldmann gab es andere Anwärter, den Abgeordneten Hauptmann a. D. Schmidt, den Schwiegersohn von Tirpitz, den späteren Gesandten Ulrich v. Hassell, endlich den Oberverwaltungsgerichtsrat Dr. Gottfried v. Dryander, den Sohn des Hindenburg wohl bekannten Oberhofpredigers, der sich als deutschnationaler Reichstagsabgeordneter auch weitgehender Wertschätzung bei den anderen Fraktionen erfreute. Allein der neue Reichspräsident war selbst einem Wechsel in der Besetzung des Staatssekretärpostens abgeneigt. Trocken meinte er, wenn man eine Kompanie übernehme, so könne man doch nicht gleich den Kompaniefeldwebel wechseln. Er brauchte fürs erste einen sorgfältig eingearbeiteten Berater, der über langjährige Erfahrungen im politischen Leben Berlins verfügte. All diese Eigenschaften, verbunden mit einer unermüdlichen Arbeitskraft, großer Geschicklichkeit im Verkehr mit Parteien und Politikern und einem ruhigen, abgewogenen Urteil brachte Staatssekretär Dr. Meißner mit, dessen Wirksamkeit der Feldmarschall sehr bald schätzen lernte, obwohl sie aus ganz verschiedenen Bereichen kamen.

Das Büro des Reichspräsidenten, dem unter dem Staatssekretär ein Sachbearbeiter für innerpolitische Angelegenheiten, Ministerialrat Döhle, und ein Vertreter des Auswärtigen Amtes, anfangs Legationsrat v. Erdmannsdorff, darauf Ministerialrat Baron v. Hoyningen-Huene, angehörten, blieb so in seiner Zusammensetzung unverändert. Daneben bestand die militärische Adjutantur. Major Oskar v. Hindenburg folgte dem Vater als Adjutant nach Berlin, seiner jungen Frau fiel die bedeutungsvolle Aufgabe der Vertretung der Hausfrau im frauenlosen Haushalt des verwitweten Reichsoberhauptes zu, eine überaus schwierige Rolle, der sie sich durch all die Jahre in der Wilhelmstraße mit ungewöhnlichem Takt und Geschick zu entledigen wußte. Für den Sohn, der sich immer eine rein militärische Laufbahn ersehnt hatte, war die neue Aufgabe, die er um des Vaters willen übernahm, gleichfalls schwer und ungewohnt. Sie bedingte ein Leben im Schatten, das doch leicht Mißdeutungen und ungerechtfertigten Angriffen ausgesetzt war, die ihm nicht erspart bleiben sollten. Nach dem ersten Jahr der Reichspräsidentenzeit wurde noch ein zweiter Adjutant zum Reichspräsidenten kommandiert, Oberleutnant Wedigo v. d. Schulenburg. Als Sachbearbeiter gehörte ferner ein ehemaliger Offizier des 3. Garde-Regiments zu Fuß zur Adjutantur, Major a. D. v. Riedel.

Von der ersten Stunde an nahm der Feldmarschall seine Arbeit als Reichsoberhaupt äußerst genau und ernst. Es war nicht so, daß er nur mit seiner unnachahmlichen fürstlichen Würde und Hoheit repräsentierte, er regierte vielmehr wie ein patriarchalischer Regent und war sehr wohl über die Pflichten und Rechte seiner Stellung wie über ihre Grenzen unterrichtet. Eine der ersten Kostproben bekam der Reichswehrminister Dr. Geßler zu spüren. Als Reichspräsident war Hindenburg Oberster Befehlshaber der kleinen Wehrmacht des Reiches, deren Belange ihm natürlich besonders am Herzen lagen. Der Reichswehrminister unterbreitete ihm einen langen Entwurf für den ersten Aufruf an die Wehrmacht. Hindenburg sagte: „Lesen Sie mir mal vor." Der Minister verlas den Aufruf. Hindenburg: „Das glaubt kein Mensch, daß das meine Worte sind, das ist mir viel zu lang. So spreche ich nicht. Geben Sie mir mal einen Bleistift." Sprach's und strich den ganzen Aufruf zusammen, bis er die ihm zusagende militärische Knappheit hatte. Er bat Geßler, ihm den Aufruf noch einmal vorzulesen und war zufrieden: „So, nun mag's gehen." Geblieben waren elf Zeilen voll schlichter Prägnanz mit einer ernsten Mahnung zur Pflichterfüllung.

Mahnend hatte Hindenburg schon vor der Wahl immer wieder gesagt, er wolle und werde kein Werkzeug sein. Das war ausgesprochen gerichtet an die Adresse jener deutschnationalen Freunde, die nun von ihm eine schlichte, rücksichtslose Rechtspolitik erwarteten. Der linke Flügel des „Reichs-Blocks" um Stresemann, der bis zuletzt der Kandidatur Hindenburgs widerstrebt hatte, war indes fürs erste nicht weniger schwierig zu behandeln. Im Anschluß an die Vereidigung lernte der Reichsaußenminister Stresemann den neuen Reichspräsidenten beim Reichskanzler zum ersten Mal in seinem Leben persönlich kennen. Er war beeindruckt durch die kolossale Gestalt, die ritterliche Würde des alten Herrn und das oft wie gemeißelt erscheinende, mächtige Antlitz. Er wirkte auf ihn wie eine Statue. Die Äußerungen Hindenburgs ließen ihn wie schon den Kanzler folgern, der Feldmarschall-Präsident werde „konstitutionell regieren". In einer Unterredung mit dem Reichspräsidenten am 9. Juni 1925 war Stresemann erstaunt, wie genau Hindenburg über die Einzelfragen der Außenpolitik informiert war, aber er fand es schwierig, die von ihm verfolgte Politik mit ihm zu diskutieren, er meinte, er sei in gewissen „einseitigen Vorstellungen" befangen. Er notierte eine konservative Grundeinstellung und eine realpolitische Kühle in der Beurteilung der Außenpolitik. Schon schwebten die Verhandlungen Stresemanns und des britischen Botschafters Lord d'Abernon über einen deutsch-französisch-belgischen Sicherheitspakt im Westen, bei dem er unter Verzicht auf Elsaß-Lothringen unter britisch-italienischer Garantie die dauernde Bereinigung des Verhältnisses zu den westlichen Nachbarn, Frankreich und Belgien, und die allmähliche Räumung der besetzten Rheinlande wie die Rückgabe des Saargebietes in nicht allzuferner Zeit zu erreichen hoffte. Stresemann hatte den sehr richtigen Eindruck, Hindenburg befürchte, die nationalen Belange kämen dabei zu kurz. Der nüchterne Sinn des alten Feldmarschalls, der seine eigenen bitteren Erfahrungen über die französische Reaktionsweise gesammelt hatte, stieß auf die so hochfliegenden, weitgespannten Pläne europäischer Einigung des großen Idealisten und Goethefreundes Stresemann, der nach Bismarck wieder der erste wirklich bedeutende Leiter der deutschen Außenpolitik war und dem damals das Glück zuteil geworden war, daß Deutschland eine Reihe hervorragend befähigter Diplomaten im Ausland besaß, angefangen von den beiden Botschaftern in den westlichen Hauptstädten, Leopold v. Hoesch in Paris und Friedrich Sthamer in London, bis zu den Botschaftern in Washington und Moskau, Frh. v. Maltzahn und Graf Ulrich v. Brockdorff-Rantzau. Stresemann faßte jedoch bald Zutrauen zu Hindenburg. An den amerikanischen Botschafter in Berlin, Houghton, schrieb er, die Entstehung einer monarchisch-aristokratischen „Vendée“ um den Präsidenten sei nicht zu befürchten. Er verstand sehr wohl, daß es dem Soldaten nicht leicht wurde, ihm zu folgen, aber er begriff, daß dieser ihm folgen würde, wenn er die Unumgänglichkeit einer Politik des langsamen, friedvollen Aufbaues erkannte. Scherzhaft bemerkte er einmal, der Feldmarschall bezweifle als alter Soldat immer, daß sich ein Ersatz für den Krieg finden ließe. Im allgemeinen bezeichnete er das Verhältnis zwischen ihnen als „wohlwollende Neutralität“.

Hindenburg schuf sich seine eigene Arbeitsweise als Regent. Methodisch, wie er stets gewesen war, legte er Notizbücher an, in denen er festhielt, was ihn an Gedanken und Fragen bewegte, wobei die verschiedenartigen, so weitgespannten Fragenkreise, mit denen er sich beschäftigen mußte, mit verschiedenen Farben angestrichen wurden, je nachdem, ob sie den Reichskanzler, den Staatssekretär, den Außen- oder Reichswehrminister, andere Minister, den Staatssekretär der Präsidialkanzlei oder seinen Militäradjutanten betrafen. Diese vielfarbigen Notizbücher erlangten bald im engsten Kreise eine gefürchtete Berühmheit. Der alte Herr kontrollierte die Abwicklung aller hier festgehaltenen Obliegenheiten sehr genau und nahm erst dann eine Streichung vor, wenn der jeweilige Komplex seine zufriedenstellende Erledigung gefunden hatte. War ein Notizbuch voll und alles Angestrichene bewältigt, verbrannte er es eigenhändig. Der Gedanke, daß diese Notizbücher eine einzigartige, historische Quelle darstellten, in der sein Tageslauf und seine ungeheure, unermüdliche Arbeit klar zu Tage traten, kam ihm in seiner Bescheidenheit gar nicht.

Der Arbeitstag im Reichspräsidenten-Palais in der Wilhelmstraße begann früh. Noch vor dem Frühstück unternahm er mit seinem Schäferhund „Rolf“ einen Spaziergang im Garten, dann frühstückte er allein zwischen 8 und 9 Uhr mit seinem Sohn, wobei der Hund neben seinem Platz lag, darauf rief er diesen und ging mit ihm in sein Arbeitszimmer, wo hinter seinem Sessel am Schreibtisch ein Bild des alten Blücher hing. (Die Auslandspresse brachte, wie er ärgerlich feststellte, Hetzmeldungen, er hinge im ganzen Palais überall selbst Kriegsbilder auf!) Noch vor dem ersten Vortrag des Staatssekretärs las er die Zeitungen aller Richtungen, besondere Zeitungsausschnitte wurden für ihn auch vom Büro des Reichspräsidenten zusammengestellt, ferner erhielt er die Presse-Auszüge der Reichsregierung, endlich kam fast täglich der Pressechef der Reichsregierung zum Vortrag. Gegen 10 Uhr erschien meist Staatssekretär Meissner zum Vortrag, dann kam die Folge der Besucher, der Empfänge, der Vorträge des Kanzlers oder der Minister. Er las gewissenhaft die Fülle der Akten, die sich auf seinem Schreibtisch häuften, er las sehr genau die Berichte der Diplomaten und ließ sich beispielsweise auch nach seinem Amtsantritt die Berichte Stresemanns an die deutschen Auslandsvertreter vorlegen, um festzustellen, wie sich in ihnen seine Kandidatur gespiegelt hatte. Botschafter, Gesandte oder andere deutsche Auslandsvertreter, die in Berlin weilten, waren gehalten, unter allen Umständen bei ihm Bericht zu erstatten. Der Chef der Marineleitung hatte auch die Berichte der Kreuzerkommandanten über Auslandsreisen vorzulegen.

Unter den Botschaftern schätzte er ganz besonders den Grafen Brockdorff-Rantzau in Moskau, ferner den Botschafter Sthamer in London und dessen Nachfolger, den Freiherrn Konstantin v. Neurath, die es beide ausgezeichnet verstanden, die deutschen Belange am englischen Hofe, bei König Georg V., zu vertreten. Unter den fremden Diplomaten in Berlin erwarb sich der päpstliche Nuntius Eugenio Pacelli, der gegenwärtige Papst, sehr rasch seine Bewunderung und Verehrung. Er erblickte in der Unterhaltung mit diesem geistig so überaus bedeutenden und dabei wahrhaft frommen Manne stets einen hohen Gewinn und folgte auch gern Einladungen des Nuntius.

Die Reichswehr und Kriegsmarine hatten wieder einen wirklichen Obersten Kriegsherrn erhalten. Ihren Belangen galt seine ganz besondere Aufmerksamkeit. Fallweise erschienen der Reichswehrminister Dr. Gessler und die Chefs der Heeres- und Marineleitung zum Vortrag, regelmäßig hielt der Chef des Heeres-Personalamtes Vortrag über Personalangelegenheiten. In der Heeresleitung saßen eine Reihe von Offizieren, die ihm wohl bekannt waren. Oberst v. Schleicher, bislang Leiter des Ressorts A 3 für innere Angelegenheiten in der 1. Abteilung (T 1) des Truppen-Amtes, der Operationsabteilung, wurde 1926 Leiter der „Politischen Abteilung (Wehrmacht)" beim Reichswehrminister und damit dessen inoffizieller Staatssekretär, Generalleutnant Wetzell übernahm 1926 das Truppen-Amt, den getarnten Großen Generalstab in der Heeresleitung, General Heye war Befehlshaber im Wehrkreis I Ostpreußen. Den Chef der Heeresleitung, General v. Seeckt, schätzte Hindenburg sehr hoch, obwohl Seeckt selbst ihm gegenüber meist eine kühle Zurückhaltung wahrte, wie sie in seiner Wesensart lag.

Das Mittagessen wurde meist im kleinen Kreis eingenommen, Gäste waren selten. In den späteren Jahren legte er dann eine kleine Ruhestunde ein, darauf arbeitete er, bis der Diener ihm meldete, das Abendbrot sei angerichtet, am Schreibtisch. Nach dem Essen weilte er gern bis gegen 22 Uhr im engsten Kreis bei der Familie seines Sohnes und sah es gern, wenn jüngere Leute aus deren großen Bekanntenkreis ganz zwanglos zu Gast waren, da er es noch immer liebte, junge Menschen um sich zu sehen. Sehr oft weilte auch seine älteste Tochter, Frau v. Brockhusen, bei ihm in Berlin, die ihm in vielen Dingen glich und ihn ausgezeichnet verstand. Sie saß auch oft, sofern keine Besucher bei ihm waren, über eine Handarbeit gebeugt im Arbeitszimmer, wenn er arbeitete.

Der Winter mit seinen zahllosen gesellschaftlichen Verpflichtungen, den großen Diners für das Diplomatische Corps, die Reichsregierung, die Generalität, die Amts-Chefs des Reichswehr-Ministeriums und das Offizierkorps des Infanterieregiments 9 in Potsdam, das die Tradition der Garde trug, und den privaten, persönlichen Essen für die Landwirtschaft während der Grünen Woche, die Parlamentarier und die Industriellen und Wirtschaftsführer, war stets weit anstrengender. Aber die würdige Repräsentation, auf die er sich so trefflich verstand, jeder Zoll noch ein wirklicher Herr des Ancien Régime, gehörte nun einmal zu den Pflichten, denen er sich unterziehen mußte.

Die innen- und außenpolitische Situation, die er bei seinem Amtsantritt vorfand, hatte nicht er geschaffen. Er mußte sich mit ihr abfinden und versuchen, das Beste daraus zu machen, was daraus zu machen war. Dank der zielbewußten und geschickten Politik Stresemanns hatte die junge Republik ihre ersten außenpolitischen Erfolge errungen. Seit dem 15. Januar 1925 amtierte der parteilose Reichskanzler Dr. Hans Luther, ein Mann, dessen gründliche Bildung, dessen ausgleichende Gaben und dessen Liebe zu Deutschland der Feldmarschall rasch schätzen lernte. Das Kabinett Luther war ein bürgerliches Koalitionskabinett, in dem Vertreter der Deutschnationalen, des Zentrums, der Demokraten, der Deutschen Volkspartei und der Bayerischen Volkspartei saßen. Der Reichsaußen- und der Reichswehrminister, Dr. Stresemann und Dr. Gessler, waren in allen Kabinetten seit 1923 beziehungsweise 1920 zu ruhenden Polen in der Erscheinungen Flucht geworden. Aber die Mehrheit des Kabinettes im Reichstag stand bei der Vielzahl der dort vertretenen Parteien und bei dem Fehlen einer starken, kontinuierlichen Majoritätsbildung, der alten Krankheit aller Kabinette der Weimarer Republik, nie auf sehr festen Füßen und bedurfte eines steten, kunstvollen Jonglierens. Dr. Luther kam aus der Generation der großen Oberbürgermeister, die Deutschland so viele ausgezeichnete politische Persönlichkeiten gestellt hat. Er war ein sehr erfahrener Politiker, aber sowohl er wie in noch weit höherem Maße der bislang mit den Schwierigkeiten der Kabinetts- und Reichstagspolitik ganz unvertraute Feldmarschall sollten nur zu bald erkennen müssen, wie unsagbar schwer es war, mit einem zerfahrenen, in Parteihader und kleinliches Gezänk verstrickten Parlament im Rücken eine dauerhafte Politik zu treiben. Seit dem Jahre 1919 hatte die Republik bereits 11 Kabinettswechsel erlebt, nacheinander waren die Kabinette Scheidemann, Bauer, Hermann Müller, Fehrenbach, zwei Kabinette Wirth, Cuno, zwei Kabinette Stresemann und zwei Kabinette Marx gefolgt. Das Kabinett Luther war das zwölfte Kabinett in sechs Jahren. Das alles deutete auf eine tiefgehende, schleichende Krise des parlamentarischen Systems hin, dessen Verkörperung, der Reichstag, nie imstande war, seine hohe Verpflichtung zu begreifen, sondern zum Schauplatz von Parteiintrigen, Klassen- und Interessengegensätzen geworden war.

Die Außenpolitik stand im Zeichen der Stresemannschen, von England unterstützten Bestrebungen, mit Frankreich und Belgien, den westlichen Nachbarn des Reiches, unter Anerkennung der seitherigen deutschen Westgrenzen und der entmilitarisierten Zone einen Sicherheitspakt abzuschließen, wonach sich die vertragsschließenden Mächte unter Garantie durch England und Italien verpflichteten, niemals wieder zu dem Mittel kriegerischer Auseinandersetzungen zu greifen, um Streitfragen zu schlichten. Als Gegenleistung gedachte Stresemann, nachdem er dem Sicherheitsbedürfnis Frankreichs Genüge getan hatte, die Räumung der besetzten Gebiete, die Regelung der Saarfrage und die Aufnahme Deutschlands in den Völkerbund zu erreichen. Diese Politik der Verständigung und des friedlichen Wiederaufstiegs fand nur langsam und zögernd Hindenburgs Beifall, er fügte sich, weil er zu nüchtern dachte, als daß er nicht erkannt hätte, daß es keinen anderen Weg gab. Aber er bestand darauf, daß bei den Verhandlungen über den neuen Pakt im Herbst in dem schweizerischen Ort Locarno ein Memorandum über die Kriegsschuldfrage eingereicht wurde. Das war in seinen Augen noch immer der Angelpunkt, auf dem alle diskriminierenden Bestimmungen des Versailler Vertrages beruhten. Vom 5. bis 16. Oktober tagte die Konferenz von Locarno, an der von deutscher Seite Reichskanzler Dr. Luther und Reichsaußenminister Stresemann, von englischer und französischer Seite die Außenminister Sir Austen Chamberlain und Aristide Briand sowie italienische, belgische, polnische und tschechische Vertreter teilnahmen. Sie führte zum Abschluß des Sicherheitspaktes im Westen und zu Schiedsrichterverträgen mit den kleinen östlichen Mächten, Polen und der Tschecho-Slowakei. Dem von Polen erstrebten „Ost-Locarno", der Anerkennung der Grenzen von 1919, wich Stresemann wohlweislich aus.

Der Locarno-Vertrag beschwor den ersten Konflikt Hindenburgs mit der Deutschnationalen Partei und eine neue Kabinettskrise. Stresemann hatte nicht, wie er es gehofft hatte, den ehemaligen Gegnern schlagartig die deutsche Gleichberechtigung abringen können, das zähe Feilschen um jedes einzelne Zugeständnis ging vielmehr weiter. Vorläufig hatten die Engländer nur die Räumung der Kölner Besatzungszone bis zum 31. Januar 1926 zugestanden. Andere Zugeständnisse betrafen die Verminderung der Besatzungstruppen, die Zurückziehung der fremden Delegierten im Rheinland und damit den Verzicht auf die Einmischung in Verwaltungsfragen, Rechte, die die Franzosen stets zur Förderung des rheinischen Separatismus ausgenutzt hatten, und die Bildung einer deutschen Rheinlandkommission. Der Deutschnationalen Partei, wenigstens der Mehrzahl ihrer führenden Köpfe, schien dies nicht genug, in Anbetracht, daß Deutschland alte Rechte auf Elsaß-Lothringen für immer preisgegeben und in die Verewigung der Entmilitarisierung der Rheinlande eingewilligt hatte. Hindenburg schrieb anfangs etwas mißvergnügt in einem Privatbrief an seinen alten Freund Oldenburg-Januschau, „die Suppe von Locarno habe ihm Stresemann vor seinem Amtsantritt eingebrockt". Ähnlich hieß in einem Brief an den Grafen Brünneck, man müsse das „Übel" in verfassungsmäßigen Grenzen halten. Aber – abgesehen von seiner Privatmeinung – wußte er sehr wohl, daß es keinen anderen gangbaren Weg für die deutsche Politik gab und war daher sehr ungehalten, als der Deutschnationale Parteivorstand den Austritt der drei Deutschnationalen Minister v. Schlieben, Martin Schiele und Albert Neuhaus aus dem Kabinett erzwang, obwohl der Reichswirtschaftsminister Neuhaus bewundernd zu Stresemann gesagt hatte, er hätte nie gedacht, daß dieser soviel erreichen würde. Damit richtete er gewissermaßen auch ein Mißtrauensvotum gegen Hindenburg – das erste von vielen. Es tue ihm leid um die Deutschnationalen, sie schadeten sich selbst, meinte der alte Herr. Er sah sich von der Partei im Stich gelassen, der als Konservativer sein Herz gehörte. Es war ein schwacher Trost, daß eine Anzahl führender Konservativer alten Schlages, der Fürst Max Egon von Fürstenberg, Fürst Kraft zu Hohenlohe-Oehringen, Graf Lubbert Westphalen, Graf v. Eickstedt-Peterwaldt, Graf Klaus Bismarck-Varzin und Werner v. Alvensleben einen Aufruf gegen die Haltung des deutschnationalen Parteivorstandes in der Locarnofrage erließen.

Der Streit um den Locarno-Pakt rief auch Ludendorff auf den Plan. Anläßlich eines Jagdaufenthaltes in Dietramszell im August 1925 hatte Hindenburg sich auf der Rückreise in München bei ihm zu Besuch angesagt, obwohl einer seiner Freunde, General v. Cramon, bereits Bedenken ob möglicher politischer Nackenschläge durch einen derartigen Besuch vorgebracht hatte. Hindenburg hatte ruhig erwidert, er werde doch wohl einen alten Kriegskameraden aufsuchen dürfen! Der Adolf Hitler gehörende „Völkische Beobachter“, auf den Ludendorff keinen Einfluß mehr hatte, brachte indes eine öffentliche Ankündigung dieses ganz privat gedachten Besuches, worauf die bayerische Staatsregierung unter Ministerpräsident Held Bedenken anmeldete, der Reichspräsident könne unmöglich dem wegen seiner antichristlichen und antikatholischen Haltung und seiner nicht beigelegten Fehde mit dem Kronprinzen Ruprecht in Bayern sehr wenig mehr angesehenen General Ludendorff als Reichsoberhaupt einen Besuch abstatten. Die Reichsregierung, die die Unterstützung der Bayerischen Volkspartei benötigte, warnte ebenfalls. Darauf gab Hindenburg der Staatsraison den Vorzug und sagte unter Berufung auf sein hohes Amt, das ihn binde, schweren Herzens den Besuch ab. Ludendorff, der Hindenburg noch zu seiner Erwählung gratuliert hatte, und der damals – das kann vielleicht zu seiner Entlastung angeführt werden – infolge seiner substernalen Kropfgeschwulst ein körperlich schwer leidender Mann war, der doppelt reizbar war, war tödlich gekränkt. Er schrieb am 30. August sehr formell an den Reichspräsidenten, er hoffe, es komme eine Zeit, in der sich Ew. Exzellenz durch einen Besuch bei seinem alten Kampfgefährten und Mann völkischer Weltanschauung nicht kompromittiert zu fühlen brauchen. Seine neue geistige Mentorin, Frau Dr. Mathilde v. Kemnitz, tat wohl kaum etwas, um den unglücklichen, gequälten und verbitterten Mann zu beschwichtigen. Im November 1925 rief er zur Durchsetzung seiner neuen völkisch-germanisch-neuheidnischen Weltanschauung den „Tannenberg-Bund“ ins Leben. Im „Völkischen Kurier“ folgten heftigste Angriffe Ludendorffs auf Hindenburg wegen des Locarno-Vertrages. Mit diesem, schrieb er, habe er einst Ruhm und Ehre geteilt und habe seinen Ruhm erhöht, nun sei der Generalfeldmarschall im Begriff, seinen Ruhm zu opfern, wenn er seinen Namen unter das „Dokument der Schande und Unehre“ setze. In seinen nachgelassenen Nachkriegserinnerungen klagte Ludendorff den Feldmarschall später an, er sei ein Schützling der Freimaurer, ja, er sei wohl selbst Freimaurer, er habe ihn mit dem Passus über den Abend des 26. August 1914 in seinen Erinnerungen verleumden wollen. Und Hindenburg? In seinem Arbeitszimmer in Hannover hatte das Bild Ludendorffs über der Tür zu seinem Schlafzimmer gehangen, sodaß er es immer im Auge hatte. Als er das Haus in der Seelhorststraße aufgab und nach Neudeck übersiedelte, befahl er, das Bild solle den gleichen Ehrenplatz finden. Er strich ihn nicht aus seinem alten Herzen, auf seine Weise hielt er ihm die Treue.

Angesichts der Unumgänglichkeit, den Locarno-Pakt zu ratifizieren und der offensichtlichen Schwierigkeiten, die Rückwirkungen aus dem Pakt zu realisieren, trat Hindenburg in einem Brief an den Reichskanzler Dr. Luther vom 27. November 1925 für die Teilung der gesetzgeberischen Behandlung des Locarno-Paktes und des Eintritts in den Völkerbund ein, wie diese Lösung schon bei den Verhandlungen im Reichstag erörtert worden sei. Er hielt es für besser, die Entscheidung über den Eintritt in den Völkerbund noch gewissermaßen als Faustpfand in der Hand zu behalten. Das Reichs-Kabinett beschloß in seiner Sitzung vom gleichen Tage, daß die vom Reichspräsidenten angeregte Trennung unmöglich sei.

Am 30. November 1925 begaben sich Luther und Stresemann nach London, wo am 1. Dezember im Foreign Office die feierliche Unterzeichnung des Locarno-Paktes stattfand, von dem seine geistigen Väter und Befürworter, Stresemann, der französische Außenminister Briand und Lord d'Abernon, den Beginn einer neuen Ära europäischer Verständigung erhofften. Um eine einseitige Festlegung nach Westen zu vermeiden, an der man in Moskau sehr wenig Interesse hatte, kam in der Folge in Verhandlungen zwischen Stresemann, dem russischen Außenkommissar Tschitscherin, der auch von Hindenburg empfangen wurde, und dem russischen Botschafter in Berlin, Krestinski, der Abschluß eines deutsch-russischen Freundschaftsvertrages zustande, eine Lösung, die der Reichskanzler befürwortete, weil er Deutschlands Aufgabe in Mitteleuropa in der Mittlerstellung zwischen Ost und West erblickte.

Unmittelbar nach der Unterzeichnung der Locarno-Verträge in London, am 4. Dezember 1925, wandte sich der Reichspräsident erneut an Dr. Luther und drang darauf, daß vor dem etwaigen Eintritt in den Völkerbund die Gegenleistungen aus den Locarno-Verträgen sichergestellt würden. Erkennbar war bisher nur der Beginn der Räumung der Kölner Zone. Hindenburg bestand darauf, man müsse eine Anerkennung des Status quo im Osten vermeiden, man müsse die aus Artikel 16 der Völkerbundssatzung anfallenden Durchmarschrechte fremder Truppen im Fall von Exekutionen des Bundes klären und nachdrücklich auf der bislang nicht verwirklichten Kürzung der Räumungsfristen der II. und III. Besatzungszone bestehen. Ferner verwies er auf die notwendige Klärung allgemeiner Probleme, der Abrüstung, des Schutzes der deutschen Minderheiten, der Zuteilung von Kolonialmandaten und den Widerruf des Kriegsschuldbekenntnisses. Das waren Maximalforderungen, er hielt es aber für unumgänglich, immer wieder angesichts der Unnachgiebigkeit der Westmächte den Gesamtkomplex in Erinnerung zu bringen. In einem Briefe an Graf Brünneck, den er einige Wochen später schrieb, klagte er darüber, daß ihn gerade diejenigen im Stiche ließen und ungeduldig würden, die ihn gerufen hätten. Er rufe ihnen allen zu: „Oft ist der weiteste Weg der sicherste!"

Zunächst bescherte das nach dem Londoner Besuch erfolgende Ausscheiden der deutschnationalen Minister dem Reich eine neue Kabinettskrise. Das erste Kabinett Luther trat zurück, die Krise, schleppte sich über Weihnachten und Neujahr hin und endete nach vergeblichen Versuchen, eine Regierung Geßler, Koch-Weser oder v. Kardorff zu bilden (von denen die ersten beiden führende Demokraten, der dritte Volksparteiler war), damit, daß im Januar 1926 der Reichspräsident zum zweiten Mal den früheren Reichskanzler Dr. Luther mit der Kabinettsbildung betraute. Das zweite Kabinett Luther setzte sich aus Vertretern der Volkspartei, der Demokraten, des Zentrums und der Bayerischen Volkspartei zusammen und war wieder darauf angewiesen, im Reichstag mit wechselnden, unsicheren Mehrheiten zu regieren. Die Hoffnung Hindenburgs, unter Einschluß der Deutschnationalen eine breite Regierungskoalition der bürgerlichen Sammlung zustande zu bringen, hatte sich nicht erfüllt. Die Deutschnationale Partei hielt an ihrer Obstruktion fest, die einsichtigen Köpfe vermochten sich nicht durchzusetzen.

Das drängendste Problem war vorerst der Eintritt Deutschlands in den seit 1920 bestehenden Völkerbund, die nach dem Ersten Weltkrieg auf die Initiative des Präsidenten Wilson hin geschaffene große zwischenstaatliche Organisation, welche der Verhinderung künftiger Kriege und fruchtbringender internationaler Zusammenarbeit dienen sollte, jedoch daran krankte, daß weder die Vereinigten Staaten noch die Sowjet-Union noch Deutschland bislang ihr angehörten, so daß sie eigentlich zum Instrument der Politik der Siegerstaaten geworden war. Der Locarno-Pakt verpflichtete Deutschland zum Beitritt. Hindenburg hielt es jedoch für angezeigt, vorher immer wieder auf die Klärung der Präliminarien zu dringen. In einer Besprechung mit Staatssekretär Meißner Ende Januar 1926 trat er für eine „kräftigere Sprache" ein. In einem Brief an den Reichskanzler Dr. Luther vom 3. Februar 1926 wies er wieder darauf hin, wie bedeutsam die Durchsetzung der Gegenleistungen vor Absendung des Aufnahmegesuches sei, der Beweis, daß Deutschland seine volle Gleichberechtigung zurückerlangt habe, würde wesentlich zur Beruhigung im Inneren beitragen. Niemand spürte stärker als er den Druck der Rechtsparteien. Es waren Unterschiede in der Methode, Stresemann hoffte im Grunde das Gleiche zu erreichen, wenn er das Reich erst einmal als Mitglied des Bundes in Genf vertrat.

Der Briefwechsel zwischen Hindenburg und Luther zu Beginn des Februar 1926 ergab schließlich Einmütigkeit, daß das Aufnahmegesuch hinausging, nachdem wenigstens der für das entwaffnete Deutschland so heikle Artikel 16 eine geeignete Auslegung gefunden hatte. Hindenburg betonte in einem Brief vom 8. Februar 1926, das „Ob" und „Wie" der Teilnahme an Völkerbundsexekutionen könne nunmehr von Deutschland selbst bestimmt werden. Der Reichskanzler setzte ihm zwei Tage später in einem längeren Schreiben auseinander, er gehe mit ihm konform in der Auffassung, das Ziel der praktischen Politik müsse es sein, die Verminderung der Besatzung der zweiten und dritten Zone, die Abkürzung der Besatzungsfristen und einen Entscheid über eine Volksabstimmung an der Saar zu erreichen. Er verwies auf die Zusicherung der Besatzungsmächte, in sehr kurzer Zeit die Besatzungstruppen auf das denkbar geringste Maß herabzusetzen, er meinte, deren Stärke würde dann etwa derjenigen der deutschen Friedensgarnisonen gleichkommen (ein Vergleichsmaß, das Hindenburg herangezogen hatte). Er hegte Zweifel, ob die conditio sine qua non für den Eintritt in den Völkerbund, ein ständiger Ratssitz, erreichbar sei, sie scheine ihm gefährdet, gab aber doch der Hoffnung Ausdruck, allmählich werde sich die Erkenntnis Bahn brechen, daß die gegenwärtige Politik die einzig mögliche zur schrittweisen Befreiung Deutschlands sei. Politik war die Kunst des Möglichen, eine der wichtigsten Erkenntnisse, welche Hindenburg gewonnen hatte. Er hatte auch Vertrauen zu Luther wie Stresemann gefaßt.

Am 15. Februar 1926 empfing Hindenburg den in Berlin weilenden deutschen Gesandten in der Schweiz, Adolf Müller, der, obwohl ursprünglich Arzt, zu den vorzüglichsten Diplomaten rechnete, die das Reich besaß. Er fragte ihn nach den Aussichten für den Eintritt in den Völkerbund. Der Gesandte Müller hatte Bedenken, ob der Zeitpunkt des Eintrittes günstig gewählt sei, er befürchtete, Polen werde gleichzeitig einen ständigen Ratssitz fordern und erhalten und das würde Komplikationen in der Minderheitenfrage nach sich ziehen. Hindenburg wünschte, daß auch der Kanzler den Gesandten noch empfing, der die Anregung dankbar aufgriff. Am 27. Februar schrieb Hindenburg sehr befriedigt über den einmütigen Beschluß des Kabinettes an Luther, den Eintritt in den Völkerbund nur zu vollziehen, wenn nicht gleichzeitig mit dem Deutschen Reich andere Mächte, namentlich Polen, einen Ratssitz erhielten. Noch einmal mahnte er zu fester Haltung in Genf in dieser Frage. Anderenfalls sah er ernste Hindernisse für die Durchsetzung der Locarno-Politik im Inneren.

Stresemann reiste am 5. März 1926 voller Optimismus nach Genf zur Völkerbundstagung. Bislang waren England und Frankreich unbestritten die Regisseure der Genfer Politik gewesen. Jetzt warf überraschend ein Antrag Brasiliens auf einen Ratssitz alle Planungen über den Haufen, während man in London und Paris geglaubt hatte, sowohl mit den polnischen wie mit den spanischen Wünschen in dieser Hinsicht auf dem Kompromißwege fertig werden zu können. Das einzige, was Stresemann herauszuhandeln vermochte, war die Zusicherung, daß das Reich an der Herbstsession als ständiges Mitglied teilnehmen würde. Es war eine schwere Niederlage der deutschen Politik, die bei der Rechtsopposition neue heftige Kritik auslöste. Hindenburg mahnte erneut beim Reichskanzler, die Zuteilung eines Ratssitzes an Polen gleichzeitig mit Deutschland würde ungünstigste Rückwirkungen auf die öffentliche Meinung haben. Er dachte vor allem an den so schwer geprüften deutschen Osten.

Die Niederlage in Genf blieb nicht ohne Rückwirkungen auf die inneren Verhältnisse. Schon im Winter hatte man zwei Mitglieder der deutschvölkischen Bewegung wegen Plänen eines Attentats gegen den „Verräterhund" Stresemann verhaftet. Rechtsradikale Kreise schreckten nicht davor zurück, die Person des Reichspräsidenten als ihren angeblichen Protektor vorzuschieben. Am 17. März 1926 bat Hindenburg den alten Admiral v. Schröder zu sich, den er an und für sich als hervorragenden Soldaten immer geschätzt hatte, und las ihm als Vorsitzenden des „Nationalverbandes Deutscher Offiziere" seine Stellungnahme zu Äußerungen vor, welche der Leiter des rechtsradikalen „Wiking-Bundes", Major a. D. v. Sodenstern, verbreitet hatte. Sodenstern hatte auf Tagungen der Vaterländischen Verbände erklärt, mit Hilfe der Großindustrie müsse man einen Putsch der Kommunisten provozieren, dann müsse das Wachregiment der Reichswehr aus Berlin herausgezogen werden, damit die Reichshauptstadt ohne Schutz sei. Die Schutzpolizei, meinte der Major, sei ohnedies zu 50 vom Hundert unsicher. Darauf würde sich der „Wiking-Bund" als Retter in der Not antragen, unter ultimativer Erzwingung von Vorleistungen der Regierung, einer durchgreifenden Regimeänderung und der Zerschlagung des Parlamentarismus. Sodenstern behauptete, er sei mehrmals vom Reichspräsidenten empfangen worden (Randbemerkung Hindenburgs: „Nein."). Dessen „nationale Lauheit" (Randbemerkung Hindenburgs: „Unerhört.") sei behoben, er denke jetzt anders. Nach Schluß der Völkerbundstagung wolle Hindenburg sofort eine Regierungsänderung durchführen und ein deutschnationales Kabinett ernennen! Hindenburg war empört und bat den Admiral, auf den Major a. D. einzuwirken. In einem Brief aus späteren Jahren an den Admiral verwahrte er sich noch einmal ganz energisch dagegen, daß man jeweils auf Grund irgendwelcher Tendenzmeldungen sein Eingreifen verlange, er wisse selbst bei seinem Alter und bei seiner Vergangenheit, wann es notwendig sei, Heer und Tradition gegen ungerechtfertigte Angriffe zu schützen. Wie gesagt, er schätzte den alten „Löwen von Flandern“, aber wie so viele alte Kameraden machte dieser ihm oft die Handhabung seiner schweren Amtspflichten nicht leichter!

Als gemäßigter Konservativer sah er sich rasch auf einen Mittelweg gedrängt, der ihn mit den beiden großen Flügeln der Rechts- und Linksparteien in Konflikt brachte. Die beiden großen Linksparteien warfen die Frage der Abfindung der vormaligen regierenden Häuser in die Debatte. Was Preußen betraf, so hatten seit langem Verhandlungen über einen Vergleich zwischen dem Hause Hohenzollern und der preußischen Staatsregierung geschwebt, bei der jeder der beiden Partner natürlich eine möglichst vorteilhafte Lösung erstrebt hatte. Mit dem sozialdemokratischen preußischen Ministerpräsidenten Otto Braun, einem Mann, der auf andere Art ein ebenso guter Preuße war wie Hindenburg auf seine Weise, stand der Feldmarschall nicht schlecht. Beide hatten aneinander Gefallen gefunden, nicht nur, weil Otto Braun ein passionierter Jäger und ein gebürtiger Ostpreuße war, sondern auch, weil Hindenburg seinen sehr gesunden Menschenverstand schätzte. Der Streit um die Fürstenabfindung nahm jedoch akute Formen an, als die Kommunistische Partei einen Agitationsantrag für ein Volksbegehren auf entschädigungslose Enteignung vor allem des Hohenzollernhauses, aber auch der anderen fürstlichen Häuser einbrachte, dem sich die Sozialdemokratische Partei anschloß, um im Wettlauf um die Arbeiterstimmen nicht zurückzubleiben.

Das rief den Legitimisten in Hindenburg wie den Hüter des Rechts auf den Plan. Am 15. März 1926 richtete er ein längeres Schreiben an den Reichsjustizminister Marx, in dem er darlegte, die Frage der Fürstenabfindung sei für ihn von besonderer Bedeutung, er hoffe auf eine gerechte Lösung auf dem Boden des Rechtsstaates. Er warf ferner die Frage auf, ob der Gesetzentwurf der Linksparteien nicht eine außerverfassungsmäßige Form der Enteignung verlange, für deren Billigung eine Zweidrittelmehrheit des Reichstages erforderlich sei. Er könne kein Gesetz unterzeichnen, über dessen Verfassungsmäßigkeit Zweifel bestünden. Schon im Entwurfsstadium wolle er auf diese Dinge hinweisen, da Artikel 153 der Reichsverfassung besage, das Privateigentum werde gewährleistet, Enteignungen könnten nur zum Wohl der Allgemeinheit durchgeführt werden. Der ihm vorliegende Entwurf verlange einen gegen Personen gerichteten Vermögensentzug, eine Enteignung aus politischen Gründen habe mit dem Allgemeinwohl nichts zu tun. Damit stelle der Entwurf eine Durchbrechung der Verfassung dar.

Man könnte einwenden, daß hier allein die legitimistische Grundeinstellung des neuen Reichspräsidenten zu Wort kam, daß er allein auf Grund seiner zahlreichen persönlichen Beziehungen zu deutschen Fürstenhäusern auf den Plan trat. Noch immer stand er mit dem Kaiser im Briefwechsel und gratulierte alljährlich zum Geburtstag seines Kaiserlichen Herrn. Er korrespondierte mit dem Bruder des Kaisers, Großadmiral Prinz Heinrich von Preußen, der ihm auch in der Existenzkrise der Fürstenhäuser schrieb, mit dem Kronprinzen, den Prinzen Oskar und Eitel Friedrich von Preußen, mit dem König Friedrich August von Sachsen, mit den Großherzögen von Baden und von Oldenburg. Er war also gewissermaßen Partei. Aber er hatte nie einen Hehl daraus gemacht, daß er Monarchist sei und bleibe, und daß dies nichts mit seiner Aufgabe als Hüter der Verfassung zu tun habe.

Der Antrag der Kommunisten, von denen sich die mächtige Sozialdemokratische Partei hatte ins Schlepptau nehmen lassen, um, wie Ministerpräsident Braun dies in seinen Memoiren begründet, die Front der Republikaner nicht zu zersplittern, lief acht Jahre nach der Revolution darauf hinaus, einen einseitigen Akt der Sozialisierung großer Vermögenswerte eines bestimmten, willkürlich ausgewählten Personenkreises vorzunehmen. Ging der Antrag durch, wer konnte dann sagen, ob der Appetit nicht mit dem Essen stieg, wen der nächste Bannstrahl treffen würde? Die Verfassung garantierte das Privateigentum und sah höchstens eine Enteignung unter ausreichender Entschädigung vor. Der Reichspräsident war im Recht, wenn er sich gegen dieses Volksbegehren stemmte, das zudem niemals die Mehrheit der Wähler für sich buchen konnte.

Der Streit um die Fürstenabfindung trug neue, tiefe Zerklüftung in das ohnedies in tausend Parteiungen zerspaltene deutsche Volk. Er war in vollem Gange, als das Kabinett Luther Anfang Mai unvermittelt über eine unter dem 5. Mai 1926 erlassene Verordnung des Reichspräsidenten zur Flaggenfrage, welche der Reichskanzler gegengezeichnet hatte, in eine tödliche Krise geriet. Die neue Verordnung des Reichspräsidenten besagte, künftig hätten deutsche Auslandsvertretungen an Plätzen, die von deutschen Handelsschiffen angelaufen würden, neben den neuen schwarzrotgoldenen Reichsfarben die alte schwarzweißrote Handelsflagge mit der republikanischen Gösch zu zeigen. Diese Verordnung entsprach einem Wunsch des Auslandsdeutschtums. Die neuen, 1919 gewählten Reichsfarben, die alten Symbole der 48er Revolution, waren im Ausland nicht sehr bekannt. Bei Hindenburg, der an den schwarzweißroten Farben hing, kam der Wunsch hinzu, auf die Dauer zu einer Bereinigung des Flaggenstreites beizutragen. Die Zeit dafür war zweifellos nicht reif, für die republikanischen Parteien von der Mitte bis zur Linken war das Problem ein rotes Tuch. Der Reichstag revoltierte sofort gegen den Reichskanzler. Der Reichspräsident wollte Dr. Luther, mit dem er vorzüglich arbeitete, sekundieren und ließ am 9. Mai ein Schreiben an diesen veröffentlichen, worin er erklärte, es läge ihm fern, die verfassungsmäßigen Reichsfarben beseitigen zu wollen, er hoffe jedoch in absehbarer Zeit auf eine verfassungsmäßige Beilegung des schwebenden Flaggenstreites auf dem Weg eines Ausgleichs, der der Gegenwart wie der Geschichte gerecht würde und ersuche darum den Kanzler, zu gegebener Stunde mit den gesetzgebenden Körperschaften und den interessierten Vereinigungen Fühlung zu nehmen. Er schloß mit dem Wunsch, die Zeit möge nicht fern sein, wo sich das deutsche Volk wieder friedlich um ein und dasselbe Symbol schare.

Damit goß er, ohne es zu wollen, Öl ins Feuer. Die republikanischen Parteien wurden noch mißtrauischer, am 12. Mai 1926 wurde das zweite Kabinett Luther gestürzt. Dem Kanzler blieb die überaus heftige Reaktion des Parlaments immer unverständlich, noch unverständlicher dünkte sie dem Reichspräsidenten. Aber der Vorfall zeigte wieder, wie labil die innere Situation war, wie wenig im Grunde das neue System konsolidiert war und wie unsicher und schwankend es darum reagierte.

Die Mai-Tage waren heiße Tage gerade für das Reichspräsidenten-Palais. Am 19. Mai wandte sich der Staatsminister a. D. v. Loebell an Hindenburg und teilte ihm Gerüchte mit, wonach der Reichspräsident den sozialdemokratisch-kommunistischen Gesetzantrag über die Fürstenenteignung vollziehen werde, sofern das Volksbegehren im Reichstag durchgehe. Er erbat eine klare Stellungnahme in der Öffentlichkeit. Hindenburg ließ im engsten Kreis keinen Zweifel darüber, daß er eher sein Amt niederlegen würde, als dies Gesetz zu unterzeichnen, sofern es angenommen würde. Eine öffentliche Stellungnahme war jedoch mit seinen verfassungsmäßigen Pflichten unvereinbar, er hielt sie auch für schädlich. Er verwies den Minister v. Loebbel in seiner Antwort vom 22. Mai auf die Kundgebung der Reichsregierung vom 24. April, derzufolge die entschädigungslose Enteignung dem Grundsatz des Rechtsstaates widerspräche.

Inzwischen war es nach einer Woche mit zwei gescheiterten Versuchen, den Reichwehrminister Dr. Geßler oder den Kölner Oberbürgermeister Dr. Konrad Adenauer mit der Regierungsbildung zu betrauen, dem Reichspräsidenten gelungen, in dem früheren Reichskanzler Dr. h. c. Wilhelm Marx vom Zentrum einen neuen Regierungschef zu finden, der auf gleicher Grundlage wie Dr. Luther ein Koalitionskabinett der bürgerlichen Mittelparteien bildete. Am 17. Mai 1926 übernahm Marx die Führung der Regierungsgeschäfte, wieder ein Mann von hohen ausgleichenden Gaben und einer tiefen Güte und Weisheit, dessen vornehme Denkungsart Hindenburg bald achten lernte, obwohl er sein Gegner im Wahlkampf gewesen war.

In Preußen hatte die Politische Polizei unterdes Umsturzpläne kleiner rechtsradikaler Verbände aufgedeckt und Haussuchungen bei führenden Industriellen, alldeutschen Politikern und einigen Militärs, darunter dem Admiral v. Schröder, vorgenommen. Wahrscheinlich waren diese Diktaturpläne nicht mehr wert als diejenigen des Majors v. Sodenstern vom März. Hindenburg seinerseits forderte den preußischen Ministerpräsidenten Braun auf, den für die Pfingstfeiertage geplanten Aufmarsch des Roten Frontkämpfer-Bundes in Berlin zu verbieten, alarmiert durch Beschwerden aus konservativen Kreisen, die kommunistische Terrorakte fürchteten. Ministerpräsident Braun war nur dazu bereit, wenn als Äquivalent dafür im Sommer der große „Stahlhelm-Tag" verboten wurde. Hindenburg, der Schirmherr des „Stahlhelm", wandte ein, das ginge nicht, das seien doch national denkende Männer. Er sandte zwei alte Freunde zu ihm, General v. Cramon und Admiral v. Schröder. Hier ergaben sich unüberbrückbare Gegensätze. Ministerpräsident Braun fand den ersten nur bis zu einem gewissen Grade erträglich, den zweiten ganz unbelehrbar. Aber bezüglich des „Stahlhelm-Tages" war der Reichspräsident zu keinerlei Konzession bereit. Es war ein schwerer, dornenvoller Weg, den der alte Soldat in all diesen politischen Wirrnissen ging, weit schwerer, als er dies je gedacht.

Der Reichstag lehnte das kommunistisch-sozialdemokratische Volksbegehren, für das 12,5 Millionen Stimmen gesammelt waren, mit 236 gegen 142 Stimmen ab. Darauf wurde ein Volksentscheid durchgeführt, rund 15,5 Millionen Wähler stimmten für die Enteignung der Fürstenfamilien, die Gegenseite übte Stimmenthaltung. Da nach der Verfassung ein Volksentscheid nur durchging, wenn mehr als die Hälfte aller Stimmberechtigten, das heißt ca. 20 Millionen, ihn befürworteten, war der Sieg des Rechtsstaates gesichert. Am Tage des Volksentscheids, dem 20. Juni 1926, setzte sich Hindenburg für eine geregelte Regelung der Abfindung der Hohenzollern in Preußen ein. Privatim hatte er schon gegenüber Loebell nicht mit seiner Meinung zurückgehalten, daß in dem Begehren der Linken nach seiner Ansicht ein großes Unrecht, Undank, Mangel an Traditionsbewußtsein und ein grober Verstoß gegen das rechtsstaatliche Gefüge läge. Er hatte betont, daß er selbst sein ganzes Leben im Dienste der Könige von Preußen und der Deutschen Kaiser zugebracht habe. Am 6. Oktober 1926 schloß der Staat Preußen den endgültigen Vergleich mit dem ehemaligen Königshaus, mit dem Ministerpräsident Braun nicht sehr zufrieden war. Dem Kaiser verblieb ein großer Grundbesitz.

Die beherrschende außenpolitische Frage des Jahres 1926 war und blieb der Eintritt Deutschlands in den Völkerbund unter Zubilligung eines ständigen Ratssitzes. Auf der Herbsttagung des Völkerbundes mußte die Entscheidung fallen. Vor der für den 12. August 1926 vorgesehenen Kabinettsitzung, in der man über den Eintritt in den Völkerbund beraten wollte, richtete Hindenburg daher am 9. August ein neuerliches mahnendes Schreiben an den Reichskanzler Marx, in dem er seine Ansicht folgendermaßen präzisierte: Vor dem Eintritt mußte man die Herabsetzung der fremden Besatzung im Rheinland auf mindestens diejenige Stärke zu erreichen suchen, welche die deutschen Friedensgarnisonen gehabt hatten. Eine fremde Besatzung war seinem Gefühl nach mit dem „vielberufenen Geist von Locarno“ überhaupt nicht zu vereinbaren. Die Skepsis, die der alte Herr beim Abschluß des berühmten Vertragswerkes gehegt hatte, hatte leider vollauf ihre Bestätigung gefunden! Hindenburg glaubte jetzt die Gelegenheit gekommen, alte Forderungen durchzusetzen. Er betonte gegenüber Marx, das Ziel müsse die endgültige Räumung der Rheinlande sein. Vor dem Eintritt müsse man ferner die Entwaffnungsfrage klären und darauf dringen, daß die Tätigkeit der Interalliierten Militärkommission ihr Ende erreiche. Setze man diese Forderungen durch, schrieb er, werde sich im Inneren die Abneigung gegen die Völkerbundspolitik erheblich verringern. Der Reichsaußenminister Stresemann erhielt eine Abschrift des Briefes. Wieder waren sich Hindenburg und Stresemann im Ziel einig, nicht jedoch im Weg. Stresemann, der das schwierige Genfer Terrain besser kannte, wußte zu gut, daß man mit dem Beharren auf Vorleistungen angesichts der Haltung der Westmächte und der eigenen Ohnmacht nicht viel weiter kommen würde, als gewandter Taktiker hoffte er das, was der Reichspräsident verlangte, eher durchsetzen zu können, wenn er erst Deutschland gleichberechtigt im Völkerbund vertreten konnte.

Die Entwicklung gab ihm recht. Am 10. September 1926 hielt er in Genf seine berühmte Rede, mit der er dem Reich den Platz im Völkerbund und den ständigen Sitz im Völkerbundsrat erkämpfte. In einer privaten Aussprache versuchte er eine Woche später bei einem Treffen mit dem Leiter der französischen Außenpolitik, Aristide Briand, in Thoiry mit einem Schlage eine Gesamtregelung des deutsch-französischen Problems zu erreichen. Beide hatten mit der reaktionär-nationalistischen Opposition in den eigenen Ländern zu ringen. Stresemann wünschte die Revision des Dawes-Plans, die Räumung der Rheinlande bis zum 30. September 1927, den Abbau der Militärkontrolle und die Rückgabe des Saargebietes mit wirtschaftlichen Gegenleistungen zu verkoppeln, um Frankreich bei der Überwindung seiner Finanzkrise zu helfen. Er sowohl wie Briand waren große Idealisten, aber der Weg war schwieriger und verschlungener, als die Aussprache von Thoiry im Moment erkennen ließ, und es gab ein anderes Mahnzeichen, nach der Rückkehr aus Thoiry erlitt der deutsche Reichsaußenminister einen schweren Herzanfall. Er war ein im Grunde schon von lebensbedrohender Krankheit gezeichneter Mann. Als er am 23. September 1926 nach Berlin zurückkehrte, begab er sich sofort zum Reichspräsidenten, um ihm Bericht zu erstatten. Ein besonderer Kabinettsausschuß zur Behandlung aller Fragen, die sich aus der Entrevue von Thoiry ergaben, wurde gebildet. Doch das erste – und das einzige – konkrete Ergebnis dieser weitläufigen Erörterungen zwischen ihm und Briand war ein deutsch-französisch-belgischer Eisen-Pakt am 30. September 1926, ein Wirtschaftsabkommen, das die Eisen-Industrie der drei Länder eng miteinander verband. Alle anderen Schritte, zuvorderst eines der von Hindenburg geforderten Nahziele, die Aufhebung der Militärkontrolle, wollten schrittweise erkämpft sein.

Gerade die Rolle des „Stahlhelms“ und der anderen Wehrverbände, die in den geheimen Grenzschutz in den östlichen Wehrkreisen eingeschaltet waren, hatte Briand in Thoiry mehrfach gestreift. Eine neue innenpolitische Krise erleichterte die Arbeit des Reichsaußenministers hierbei keineswegs. Ende September 1926 erhielt die Linkspresse Kenntnis davon, daß der Chef der Heeresleitung, General v. Seeckt, ohne Unterrichtung des zuständigen Reichswehrministers, dem ältesten Sohn des Kronprinzen, dem Prinzen Wilhelm von Preußen, gestattet hatte, in Uniform an Reichswehrübungen teilzunehmen. Ein Sturm der Entrüstung brach los, die republikanischen Parteien forderten den Rücktritt des Chefs der Heeresleitung. Der

Reichswehrminister Geßler, der längst der Zusammenarbeit mit dem oft sehr eigenwilligen Seeckt überdrüssig geworden war, bezeigte wenig Neigung, die neue Eigenmächtigkeit zu decken. Oberst v. Schleicher, der Leiter des „Politischen Büros" des Reichswehrministeriums, gewissermaßen der Staatssekretär Geßlers, war gleichfalls Seeckt nicht mehr so gewogen wie früher, da dieser es ihm nicht verziehen hatte, daß er 1925 nicht imstande gewesen war, ihm die erhoffte Kandidatur bei der Reichspräsidentenwahl zu sichern. Schleicher meinte anfangs, ein einfaches Dementi genüge, um den Zwischenfall aus der Welt zu schaffen, als er jedoch den Ernst der Affaire erkannte, verhielt er sich völlig neutral und ließ den Chef der Heeresleitung ohne Unterstützung.

Hindenburg geriet in eine sehr schwierige Situation. General v. Seeckt war in seinen Augen der Schöpfer der ausgezeichneten neuen Berufswehrmacht, er achtete seine Verdienste sehr hoch. Andererseits machte ihm der Reichskanzler klar, daß Geßler gehen würde, sofern Seeckt nicht verabschiedet würde und daß dies eine neue Kabinettskrise zur Folge haben würde. Hindenburg sah die Wehrmacht als seine Domäne an, er hatte sich immer für ihre Belange eingesetzt, und hatte es beispielsweise in einer Korrespondenz mit dem damaligen Reichsjustizminister Marx im Frühjahr 1926 durchgesetzt, daß ein Gesetz über die Abänderung des Militärstrafgesetzbuches, wonach Duellforderungen oder Zweikämpfe ohne weiteres zur Entlassung von Reichswehrangehörigen führen sollten, dahin abgeändert worden war, daß nur unter bestimmten Umständen auf Dienstentlassung zu erkennen war. Der alte Ehrbegriff des Offizierkorps mußte seiner Ansicht nach streng gewahrt bleiben.

Es ist schon einmal gesagt worden, daß ihn mit der Reichswehrführung zahlreiche alte Beziehungen verbanden. General Wetzen war gegenwärtig Chef des Truppen-Amtes, Oberst v. Schleicher war sein Mitarbeiter in den dunklen Revolutionstagen gewesen. Leiter der Abteilung T 1 im Truppen-Amt, der Operations-Abteilung, war Oberstleutnant Frh. v. Fritsch, mit Major Oskar v. Hindenburg, freundschaftlich verbunden seit der gemeinsamen Dienstzeit im Stab des AOK 4 im Jahre 1914. All das machte die Entscheidung nicht einfacher. Gerade Fritsch riet damals Seeckt, sich zur Wehr zu setzen, wenn die Parteien seinen Kopf forderten. General v. Seeckt war viel zu klug, um nicht zu wissen, daß die Proklamierung einer Diktatur Seeckt gegen den Willen des greisen Feldmarschall-Präsidenten ein Unding war. Am 7. Oktober empfing Hindenburg Seeckt und anschließend Geßler. Am Tage darauf erklärte Seeckt General Wetzell, die Lage sei aussichtslos. Um 12 Uhr mittags des gleichen Tages erteilte Hindenburg schweren Herzens Seeckt den Abschied. In einer handschriftlichen Aufzeichnung, die er am 13. Oktober 1926 verfaßte, hielt er fest, er habe Seeckt nicht wegen der Teilnahme eines königlichen Prinzen an Reichswehrübungen den Abschied gegeben. Dafür hätte eine „Mißbilligung" genügt, die notwendig gewesen wäre, einmal weil die Teilnahme Zeitfreiwilliger an militärischen Übungen verboten war, zum zweiten, weil man mindestens zuvor den Entscheid des Reichswehrministers habe einholen müssen. Er habe den Schritt getan, um eine Kabinettskrise zu vermeiden. Zunächst habe er erklärt, er wolle sein Amt niederlegen – ein Zeichen, wie nahe ihm der Konflikt ging, weil dieser seine Treue zum Herrscherhaus in Frage stellte und ihn nötigte, den besten militärischen Kopf des Heeres zu entlassen! Er habe jedoch den dringenden Gegenvorstellungen nachgegeben, zumal sein Rücktritt auch nichts an der Verabschiedung Seeckts geändert haben würde. Er sei darum, schrieb er, nach „recht schwerem inneren Kampf" geblieben. Bei seiner Wortkargheit, bei seiner Abneigung, sich gefühlvoll über seine eigenen Empfindungen auszulassen, wogen diese einfachen Worte doppelt schwer!

Zum Nachfolger Seeckts wurde auf dessen Empfehlung der bisherige Befehlshaber im Wehrkreis I, General Heye, ernannt, wieder ein alter Mitarbeiter des Feldmarschalls aus der Dritten OHL. Hindenburg hatte wieder einmal bewiesen, daß er gewillt war, streng konstitutionell zu regieren. Mit der Ernennung Heyes zum Chef der Heeresleitung, der eine weit weniger beherrschende Persönlichkeit als Seeckt war, vollzog sich eine neue, sehr bedeutsame Entwicklung. Oberst v. Schleicher schob sich als heimlicher Staatssekretär und Lenker der Militärpolitik stark in den Vordergrund. Durch seine jahrelange Tätigkeit auf dem politischen Sektor hatte er sich ein Netz umfangreicher Beziehungen zu Politikern, Parlamentariern und Wirtschaftsführern geschaffen. Außer dem Staatssekretär Meißner kannte kaum einer so gut wie er die vielfältig verschlungenen Pfade der Berliner Politik. In den folgenden Jahren wurde er mehr und mehr für das Reichspräsidenten-Palais zum Ratgeber und zum Sprachrohr in allen militärpolitischen Angelegenheiten.

Im Grunde war dabei eine Natur wie diejenige Schleichers, des überaus gewandten, ja gerissenen Taktikers und Unterhändlers, dem Feldmarschall fremd, obwohl er ihm lange seine Wertschätzung bewahrte.

Wie Hindenburg sich das künftige Offizierkorps dachte, lehrte seine berühmte Rede vor den jungen Offizieren bei der Eröffnung der Infanterieschule in Dresden am 18. November 1926. Er sei nach Dresden gekommen, so sagte er da, um zu zeigen, welch hohen Wert er der Erziehung des Offiziernachwuchses zumesse. Der Beruf, „den Sie, meine jungen Herren", erwählt haben, berge hohe Anforderungen und gipfele darin, daß sie stets des Wortes eingedenk zu sein hätten: Dulce et decorum est pro patria mori. Der Offizier müsse eine Führernatur sein, er dürfe aber nie vergessen, daß ihm im Untergebenen das kostbarste Gut des Vaterlandes anvertraut sei. Er wünsche, daß der künftige Offizier Strenge in der Mannszucht mit einem warmen Herzen für seine Leute vereine, deren Berater und Vertrauter er sein müsse. Die Kameradschaft sei das höchste Gut. Der Ton müsse ritterlich sein, der Offizier müsse sich auch echten Humor und Fröhlichkeit bewahren, er müsse sich fernhalten von Überheblichkeit und Ziererei. Zum Schluß sagte er wörtlich: „Halten Sie den Schild der Ehre rein und vergessen Sie nie, daß das Mark der Ehre die Treue ist. Diese dem Vaterland gegenüber zu halten, ist unsere vornehmste Pflicht ..."

Die Wehrpolitik stand für Hindenburg in diesen Wochen im Brennpunkt des Interesses, weil sich die Aufhebung der Militärkontrolle abzuzeichnen begann. Am 30. November 1926 schrieb er an den Reichskanzler Marx – unter Zuleitung von Abschriften des Briefes an den Reichsaußen- und den Reichswehrminister – er vermute, das Ende der Militärkontrolle stehe bevor, er befürchte jedoch die

Absicht der Westmächte, dafür ein Kontrollorgan des Völkerbundes einzusetzen. Man müsse da einen ganz klaren Entscheid erwirken und eindeutig zu verstehen geben, in solchem Falle würde man die Mitarbeit im Völkerbund einstellen. Der Kanzler unterrichtete ihn am 4. Dezember von dem einmütigen Beschluß des Kabinetts, eine Völkerbundskontrolle abzulehnen. Einige Tage später lag der Bericht des Reichsaußenministers vor, wonach sich der deutsche Standpunkt durchgesetzt habe, daß die Militärkontrolle mit dem 31. Januar 1927 erlösche und daß kein neues Investigationsorgan geschaffen würde. Hindenburg machte auch unmißverständlich klar, daß er nicht auf etwaige Pläne eingehen würde, aus den alliierten Militärattachées einen Überwachungsausschuß zu formieren.

Mitten in diese Entwicklung, die wenigstens einen Teilerfolg auf dem Weg der schrittweisen Rückkehr Deutschlands zur Gleichberechtigung darstellte, platzte die großangelegte Reichstagsrede des sozialdemokratischen Abgeordneten Philipp Scheidemann, in der er die seit langem bestehenden geheimen Verbindungen zwischen Reichswehr und Roter Armee enthüllte. Die Reichswehr unterhielt mit Billigung der russischen Stellen Versuchsplätze für die Entwicklung von Jagdflugzeugen und Panzerkampfwagen in Rußland. Scheidemann griff diese Geheimpolitik, um die auch Stresemann wußte und die er um des Schutzes der deutschen Ostgrenzen willen hingenommen hatte, obwohl sie ihm stets Unbehagen verursacht hatte, schärfstens an. Gleichzeitig verlangte der sozialdemokratische Reichstagspräsident Löbe die Schaffung eines Kontrollorgans für die Überwachung des Offiziersnachwuchses. Die Linksparteien wandten sich bereits seit längerer Zeit gegen den geplanten Ersatz-Bau eines neuen Panzerschiffes für die Reichsmarine.

Für Wehrfeindlichkeit besaß der Feldmarschall keinerlei Verständnis. Zudem stürzten die Scheidemannschen Enthüllungen das Kabinett in eine neue Krise, am 17. Dezember 1926 sah sich das dritte Kabinett Marx zum Rücktritt genötigt. Die übliche Weihnachtskrise war da. Mit jedem Male begriff der Reichspräsident weniger die Unumgänglichkeit dieser von dem höchst unduldsamen Parlament jeweils zur Unzeit beschworenen Kabinettskrisen, die sich meist durch Wochen hinschleppten, weil die Herbeiführung einer echten Mehrheitsbildung bei der Vielzahl der Parteien und der Erbitterung der Parteifehden nahezu unmöglich geworden war.

Einstweilen führte Marx die Geschäfte fort, bis die Bildung einer neuen Regierung gelungen war. Am 22. Dezember 1926 sandte ihm Hindenburg einen Brief, in dem er auf die Notwendigkeit hinwies, angesichts der eigenen vollständigen Abrüstung, die durch den Versailler Vertrag verbriefte allgemeine Regelung der Abrüstungsfrage voranzutreiben und schlug dafür die Ernennung des Generalobersten a. D. v. Seeckt, den er gern wieder in die Politik einschalten wollte, zum Reichskommissar für die Abrüstungsfrage vor. Er wies darauf hin, daß er diese Idee schon einmal mündlich mit Marx und Stresemann erörtert habe. Damals hätten sie zugestimmt, hätten jedoch vorgeschlagen, mit der Ernennung Seeckts zu warten, bis die deutschen Entwaffnungsforderungen erledigt seien.

Zunächst beanspruchte die Regierungskrise alle Kräfte. Ein Protokoll vom 10. Januar 1927 zeigt anschaulich die Fülle der Arbeit und die Kompliziertheit der Verhandlungen, welche der Reichspräsident zu führen hatte, der jetzt im achtzigsten Lebensjahre stand. In der ersten Besprechung mit dem Reichstagspräsidenten Löbe wandte er sich auf Grund der Rede Scheidemanns gegen die Idee eines Kabinetts der Großen Koalition unter Einschluß der Sozialdemokraten. Scheidemanns Ausführungen, betonte er, hätten verstimmend auf die Deutschnationalen, die Deutsche Volkspartei und Teile des Zentrums gewirkt. Löbe plädierte für die Große Koalition, gab aber zu, er verstünde auch den Standpunkt des Reichspräsidenten und empfahl daher letzthin, einen Kanzler aus den Mittelparteien zu wählen. Die Wirtschaftspartei, vertreten durch Prof. Dr. Dr. Bredt, die darauf erschien, sprach sich gegen die Große Koalition aus. Prälat Adam Leicht von der Bayerischen Volkspartei riet zu einem Kabinett unter dem katholischen Gewerkschaftsführer Stegerwald. Hindenburg gab zu verstehen, er würde einen Kanzler aus den Reihen der Deutschen Volkspartei bevorzugen. Er dachte an Dr. Julius Curtius, einen engen Mitarbeiter Stresemanns. Die Deutschnationalen, für die Graf Westarp beim Reichspräsidenten erschien, und das Zentrum, für das dessen Fraktionsführer Abgeordneter v. Guérard sprach, wollten zunächst zuwarten und untereinander verhandeln. Bei einer zweiten Besprechung mit Hindenburg willigte Graf Westarp ein, daß Dr. Curtius mit den Verhandlungen über eine Regierungsbildung beauftragt würde. Hindenburg machte Curtius klar, der Auftrag bedeute noch nicht die Designierung als Kanzler. Er hoffte jetzt auf ein Kabinett mit breiter bürgerlicher Basis. Nach vier Tagen war indes Curtius mit seinem Latein am Ende und gab den Auftrag zurück, da er das Zentrum nicht hatte gewinnen können. Die Regierung der Mitte war gescheitert.

Hindenburg fragte darauf Herrn v. Guérard, ob das Zentrum den neuen Kanzler stellen wolle? Er plante, den von ihm hochgeschätzten vorherigen Kanzler Marx wieder mit der Regierungsbildung zu beauftragen, und zwar wollte er dieses Mal die Deutschnationalen mit in die Regierung hineinnehmen. Jetzt meldete Graf Westarp neue Bedenken an, während Stresemann sich scharf gegen den Eintritt der Deutschnationalen in die Regierung aussprach und mit Rücktritt drohte, eine Drohung, die Hindenburg offenbar nicht sehr ernst nahm. Nunmehr setzte Hindenburg das Gewicht seiner persönlichen Autorität ein und erreichte schließlich, daß am 29. Januar 1927 Reichskanzler Marx sein viertes Kabinett bildete, dem drei Deutschnationale beitraten, Exzellenz Hergt als Vizekanzler und Reichsjustizminister, Walther v. Keudell-Hohenlübbichow als Reichsinnen- und Martin Schiele als Ernährungsminister.

Im Hinblick auf die zahlreichen Falschmeldungen über angebliche deutsche Rüstungs- und Mobilmachungsvorbereitungen, die in der Presse geisterten und die durch die Enthüllungen Scheidemanns neuen Auftrieb erlangt hatten, forderte Hindenburg im Februar 1927 den Reichskanzler auf, dafür Sorge zu tragen, daß das Gesetz über Landesverrat dahingehend erweitert würde, daß künftig auch landesverräterische Falschmeldungen bestraft werden könnten. In den unter seinem Vorsitz tagenden Kabinettsitzungen, vor allem nach der Frühjahrssession des Völkerbundes trat er immer wieder dafür ein, die Rückwirkungen aus dem Locarno-Pakt zu realisieren, auf der Rheinlandräumung, der Regelung der Saarfrage und dem ausreichenden Schutz der deutschen Minderheiten im Osten zu bestehen. Er sprach sich gegen „Kompromißbereitschaft“ aus. Das alles deutete immer wieder auf den Unterschied der Methode, nicht des Ziels, zwischen ihm und Stresemann hin, aber das stete Drängen hatte auch sein Gutes, es stärkte diesem gewissermaßen den Rücken. In anderer Hinsicht, bezüglich einer Wiedereinschaltung Seeckts als Abrüstungskommissar, kam er freilich nicht weiter. Hier wich ihm Stresemann, zu dessen erbittersten Gegnern der General gehörte, aus. Die konkreten Erfolge der Realisierung des Locarno-Paktes blieben auch 1927 mager genug. Sie beschränkten sich auf die Aufnahme Deutschlands in die Mandatskommission des Völkerbundes und den Abzug der französischen Truppen aus dem Saargebiet, an deren Stelle eine schwache internationale „Bahnschutz-Truppe“ trat. Wenn Hindenburg im Vorjahr an den Grafen Brünneck geschrieben hatte, der weiteste Weg sei oft der sicherste, so war das sicherlich richtig, aber er war auch zugleich der mühevollste!

Das Jahr 1927 brachte den achtzigsten Geburtstag des Feldmarschalls, der das Oberhaupt der deutschen Republik geworden war. Zuvor aber sollte es die Einweihung des Denkmals für die Schlacht bei Tannenberg bringen, das nach mühevoller, von den sozialdemokratischen Behörden Preußens zum Teil behinderter Aufbringung der Gelder durch freiwillige Sammlungen westlich Hohenstein an der Straße nach Osterode erstanden war. Nach einem Entwurf der Gebrüder Walter und Johannes Krüger, der vom Feldmarschall gebilligt worden war, war auf der flachen Höhe in Anlehnung an die Vorbilder altgermanischer Steinsetzungen wie in Erinnerung an die Wucht der Ordensburgen des Mittelalters ein gewaltiges Mauer-Achteck mit hohen, starken, viereckigen Türmen erwachsen, dessen dunkelrotes Gestein sich wirkungsvoll gegen den lichtblauen ostpreußischen Spätsommerhimmel abhob.

Für den 18. September 1927 war die Einweihungsfeier vorgesehen, zu der Hindenburg in Begleitung des Reichskanzlers Marx erschien, nachdem er den ostpreußischen Reichswehrmanövern beigewohnt hatte. Die preußische Staatsregierung lehnte unter dem Einfluß der Sozialdemokraten ihr Erscheinen ab. Dagegen hatte Ludendorff seine Anwesenheit zugesagt. Es wurde das letzte, tragisch verdunkelte Zusammentreffen der beiden großen Soldaten, die einst vor dreizehn Jahren gemeinsam auf den Fluren um den Denkmalshügel eine der denkwürdigsten und genialsten Schlachten der Weltgeschichte geschlagen und gewonnen hatten.

Ludendorffs Wandlung hatte beängstigende Fortschritte gemacht. Nach der Scheidung von seiner ersten, so schönen Frau, hatte er die Ärztin und Religionsphilosophin Mathilde v. Kemnitz geheiratet und stand seitdem völlig unter dem Einfluß der zweiten Frau. Auf ihren Rat hatte er sich einer Operation unterzogen, durch die die lebensbedrohende Kropfgeschwulst beseitigt war. Unter der Einwirkung der von der zweiten Frau vertretenen philosophischen und lebensreformerischen Anschauungen hatte sich sein Wesen indes grundlegend verändert. Er war aus der Kirche ausgetreten und vertrat mit sektiererischem Fanatismus die Lehren seiner Frau, die ihm als eine geistig überragende Persönlichkeit erschien. Mehr und mehr steigerte er sich in die Überzeugung hinein, er habe – wie Hindenburg das einmal halb ärgerlich, halb in traurigem Scherz gegenüber dem Maler Professor Vogel ausdrückte – „im Kriege alles allein gemacht" und verfocht mit Erbitterung dies selbsterkürte „Feldherrntum".

In Ostpreußen erschien er in Begleitung seiner Frau. Die Erforschung der angeblichen Geheimlehren der Freimaurerei und der jüdischen Kabbala führte ihn auf merkwürdige Pfade des Denkens. Er sah allen Ernstes in der Art, wie über dem Torturm des Tannenbergdenkmals 10 Schwerter angeordnet waren, das Symbol des Lebensbaumes der Kabbala. Damit wurde für ihn und seine Frau das Denkmal zum „Jahwe-Denkmal", in dem sich der Herrschaftswille der das Deutschtum bedrohenden „überstaatlichen Mächte" enthüllte!

Er lehnte es ab, zu dem Essen zu erscheinen, das der Chef der Heeresleitung, Generaloberst Heye, beim Infanterieführer I in Allenstein den versammelten aktiven und inaktiven Generalen und den Regierungsvertretern gab, weil er nicht mit dem „römischgläubigen" Reichskanzler Marx, den er gänzlich zu Unrecht als „rheinischen Separatisten" bezeichnete, an einem Tisch sitzen wollte. Dafür notierte er später mißfällig, daß Hindenburg an der Tafel ein Grußtelegramm des Kaisers mit Rücksicht auf den Kanzler nicht offiziell verlas, sondern nur hernach den alten Generalen mitteilte. Hindenburg besaß noch jenes Taktgefühl, das dem alten Kampfgenossen leider gänzlich abhanden gekommen war.

Für den 18. September gab er bekannt, er werde fünf Minuten vor dem Feldmarschall am Ehrenmal eintreffen. Der alte Herr, der an diesem Tag Uniform trug, ging indes sogleich auf ihn zu, reichte ihm die Hand und sagte in herzlichem Tone: „Wie freue ich mich, Sie zu sehen, ich werde nie vergessen, was Sie mir einst gewesen sind.“ Ludendorff behauptete später in seinen Nachkriegserinnerungen, ihn habe dabei „ein böser Blick“ Hindenburgs getroffen, stellte sich grollend abseits und legte sich die Worte des Feldmarschalls so aus, als habe dieser sagen wollen: Früher warst Du ja ein ganz anständiger Kerl, aber jetzt?

Er lehnte standhaft die ihm vom Feldmarschall angebotene gemeinsame Vorbeifahrt an den zahllosen, aufmarschierten Wehrverbänden und Kriegervereinen ab, sondern fuhr in einem zweiten Wagen hinter Hindenburg her. Beim Vorbeimarsch der Verbände vor der Tribüne, auf der der Reichspräsident, der Reichskanzler, die Generalität und die Ehrengäste standen, nahm er abseits vor der Tribüne Aufstellung, so daß die Kolonnen, ihn zuerst gewahrend, unwillkürlich zu früh Tritt faßten und daß mancher Verband, wie dies nun einmal bei Paraden zu sein pflegt, der aus dem Gleichschritt gekommen war, diesen schlecht wieder aufnehmen konnte, als er an der Tribüne mit dem greisen Feldmarschall vorbeikam, was dessen infanteristisch geschultem Auge natürlich nicht entging.

In seiner Ansprache nahm Hindenburg an diesem Tag offiziell Stellung gegen die Behauptung von der alleinigen Schuld des Deutschen Reiches am Kriege und legte feierlich Verwahrung gegen diese im Vertrag von Versailles verankerte These ein. Er hatte die Reichsregierung von dieser Absicht zuvor verständigt, hatte ihr jedoch den Wortlaut der Rede nicht unterbreitet. Mancher der Minister mochte ob der Wucht und des Ernstes der Worte des deutschen Reichsoberhauptes skeptisch werden. Der in Genf weilende Reichsaußenminister Stresemann sekundierte dem alten Herrn jedoch durch ein geschicktes Inverview für den berühmten französischen Pressekorrespondenten Jules Sauerwein vom „Matin".

Infolge der Haltung Ludendorffs blieb der große Ehrentag der Einweihung des Tannenberg-Denkmals nicht ohne einen Tropfen Bitternis für den alten Mann, der die Bürde des Reichsoberhauptes auf sich genommen und sie mit so unerschütterlicher Würde verkörperte. Das Bild war im Grunde beschämend. Nichtsdestotrotz unternahmen ausgangs des Jahres General v. Cramon und Hauptmann a. D. Breucker noch einmal einen letzten Versuch, Ludendorff mit dem Feldmarschall zu versöhnen, gerade weil sie wußten, wie nahe innerlich dem alten Herrn der unselige Zwist ging. Auch dieser Versuch blieb umsonst. Trotzdem gedachte Hindenburg auf dem alljährlich stattfindenden Essen der alten Mitglieder des Stabes Oberost im Hotel „Kaiserhof" Ludendorffs mit den Worten, es wäre undankbar und treulos, ihn zu vergessen, wenn er sich auch von ihnen getrennt hätte. Er hatte sich erhoben und hielt das Sektglas in der Hand. „Ich werde ihm bis zum letzten Atemzug die Treue halten", sagte er, und dann, das Glas absetzend und sich mit der Hand auf die Brust schlagend: „In meinem alten Herzen sitzt er fest ..."

Die Szene warf ein Licht auf die Wesensart des alten Herrn im Reichspräsidenten-Palais in der Wilhelmstraße. Der achtzigste Geburtstag am 2. Oktober 1927 enthüllte noch einmal seine ungeheure Volkstümlichkeit. Reichskanzler Marx, dieser so überaus gütige und human empfindende Mann, mühte sich, namens der Reichsregierung den Tag so festlich wie möglich zu gestalten. Nicht nur die Reichs- und die Preußische Staatsregierung warteten mit Geschenken auf, das ganze deutsche Volk überbot sich in Beweisen der Liebe und Verehrung. Der ehemalige Staatsminister v. Loebell gab ein Gedenkbuch mit Beiträgen von General Groener, Oberpräsident a. D. v. Batocki-Bledau, August Winnig, Dr. Karl Jarres, Graf Eberhard v. Kalckreuth vom Reichslandbund und Ernst v. Borsig vom Arbeitgeber-Verband heraus. Das alte Deutschland feierte seine letzte große repräsentative Persönlichkeit. Der Stil der Panegyrik streifte freilich die Grenze des Peinlichen, an der Verherrlichung der unbestreitbar verehrungswürdigen Gestalt des Feldmarschalls haftete noch immer ein Gutteil jenes überschwenglich-bombastischen Hurra-Patriotismus der wilhelminischen Ära, der schon die Probe des Großen Krieges schlecht bestanden hatte, der dem Wirklichkeitssinn des deutschen Volkes so argen Abbruch tat und – der so gar nicht mit der Schlichtheit Hindenburgischen Wesens übereinstimmte. Wenn da Worte vom „Geheimnis göttlicher Sendung" fielen, wenn da die Rede war „von dem, von markigster Pflichterfüllung durchtränkten Greis", wie sie sich in Groeners Gedenkartikel oder in der bekannten Helmoltschen Biographie fanden, so war dies zwar gut gemeint, aber fraglos des Guten zuviel, ganz zu schweigen von den Sammlungen für Theateraufführungen und Vortragsstoffe zum 80. Geburtstag, die geschäftige Theaterverlage produzierten.

Das bedeutsamste Ereignis des 80. Geburtstages war die Überreichung zweier Schenkungen, des „Hindenburg-Dankes" und der „Hindenburg-Spende". Der „Hindenburg-Dank" der alten Soldaten und der deutschen Wirtschaftsverbände brachte ihm den alten Familiensitz Neudeck. Diese Ehrengabe hatte ihre eigene Geschichte. Eines Tages hatte der Kammerherr v. Oldenburg-Januschau Hindenburg sehr niedergeschlagen angetroffen. Er erzählte ihm, seine Schwägerin Lina könne Neudeck nicht mehr halten, er selbst habe auch kein Geld, um das Gut behaupten zu können, so ginge das letzte Hindenburgische Familiengut nun auch verloren. Einst hatte man zum 70. Geburtstag Bismarcks am 1. April 1885 aus den reichen Erträgen der „Bismarck-Spende" des deutschen Volkes dem eisernen Kanzler das 1830 der Familie verloren gegangene Hauptgut Schönhausen wiedergeschenkt, wobei der Kanzler den Überschuß aus der Spende zu einer Stiftung für Kandidaten des höheren Lehramtes bestimmt hatte. Wie einst Bismarck zum Schirmherrn der Nation geworden war, so war dies damals Hindenburg geworden. Oldenburg-Januschau, der langjährige Freund und Gutsnachbar, wußte, wie sehr das Herz des alten Mannes an Neudeck hing. Er entschloß sich, einzugreifen und die Soldatenbünde, den „Kyffhäuser-Bund" und den „Stahlhelm" zu Spenden aufzurufen, um dem Feldmarschall zum 80. Geburtstag das Gut übereignen zu können. Doch die geldlichen Mittel der Soldaten-Verbände waren nicht groß. Oldenburg-Januschau wandte sich an die Vertreter der Wirtschaft, der Landwirtschaft wie der Industrie, des Handels, der Banken, der Schiffahrt und des Versicherungsgewerbes. Geheimrat Duisberg, der Vorsitzende des Aufsichtsrates der „I. G.-Farben" und Geheimrat Kastl vom Reichsverband der Industrie griffen helfend ein. Geheimrat v. Zastrow und Präsident Keinath übernahmen die Betreuung der Geldmittel des „Hindenburg-Dankes". Neudeck wurde an die Ostpreußische Landgesellschaft verkauft, das ca. 1.000 Morgen große Vorwerk Wolla wurde aufgesiedelt, das Hauptgut wurde zum Erwerbspreis Oldenburg-Januschau übereignet, der aus den gestifteten Mitteln auch noch ein Waldstück erwarb, das zum Rittergut Langenau gehörte, welches in der Agrarkrise der 90er Jahre aus Hindenburgischem Besitz an den preußischen Staat übergegangen und Domäne geworden war. Neudeck wurde auf den Namen des Sohnes, Oberstleutnant Oskar v. Hindenburg, eingetragen, der Nießbrauch verblieb auf Lebenszeit dem Feldmarschall. Am 2. Oktober 1927 übergab Oldenburg-Januschau dem Freunde die beiden Schenkungsurkunden der Soldaten-Verbände und der deutschen Wirtschaft, für die an der Spitze Geheimrat Duisberg und der Führer der ostpreußischen Landwirtschaft, Dr. Brandes auf Zaupern, gezeichnet hatten. Dem „Hindenburg-Dank" reihte sich die „Hindenburg-Spende" des Deutschen Volkes an, deren Ertrag der Feldmarschall zur Unterstützung Kriegsbeschädigter und Kriegshinterbliebener bestimmte. Für die Verwaltung der „Hindenburg-Spende" wurde ein Kuratorium aus fünfzehn Mitgliedern gebildet, dem Politiker aller Parteien, darunter der Reichstagspräsident Löbe und Ministerpräsident a. D. Stegerwald vom Zentrum neben führenden Bankiers wie Franz v. Mendelssohn-Bartholdy und Georg Emil v. Stauss und Vertreter der Wirtschaft wie Geheimrat Duisberg angehörten. Beide Spenden waren vollkommen verschiedene Komplexe, was aus guten Gründen nicht eindringlich genug hervorgehoben werden kann.

Trotz des historischen Beispiels der „Bismarck-Spende" ist die Schenkung von Neudeck oft als ein Akt großagrarisch-großkapitalistischer Intrige bezeichnet worden, mit dem man den Feldmarschall-

Präsidenten fest an die Interessen des ostelbischen Großgrundbesitzes ketten wollte. Man hat ihm oftmals später aufgerechnet, er hätte sie nicht annehmen dürfen. Doch es bedurfte keiner „Bestechung", um den Feldmarschall-Präsidenten wieder am Geschick des deutschen Ostens und seiner schwer ringenden Landwirtschaft zu interessieren. Er hatte sich stets dem deutschen Osten verbunden gefühlt, als alter Generalstabschef kannte er die Bedeutung des Ostens als Ernährungsbasis gut genug. Dazu brauchte es nicht der Freundschaft zu dem Kammerherrn Elard von Oldenburg-Januschau, zu dem deutschen Adelsmarschall Exzellenz Friedrich Wilhelm v. Berg auf Markienen oder zu Manfred Graf v. Brünneck auf Belschwitz. Und was die Tatsache der Schenkung anbelangte, so war es in Preußen von jeher üblich gewesen, daß der König verdiente Offiziere mit Landbesitz belohnte, auf diese Weise waren einst Limbsee und Neudeck dem Oberst Otto Friedrich v. Hindenburg vom Großen König überkommen, der in dem von ihm entworfenen und von der Familie sorgsam gehüteten Haussegen noch dankbar der Tatsache gedachte, daß er einst als armer Mann über die Weichsel in den Osten gegangen und durch die Gnade des Königs zu Besitz gekommen war. In dieser Welt lebte der Feldmarschall, in dieser Welt würde er zum Sterben gehen, wenn der Herrgott ihn zur Großen Armee abrief. Das war nun einmal eine Tatsache. Gewiß war der König nicht mehr vorhanden. An seine Stelle war das Volk, waren neue Mächte getreten, die die Öffentlichkeit verkörperten. Die Öffentlichkeit fungierte als Geber. Sollte er darum als Staatsoberhaupt die Gabe verweigern? Er hatte der Idee des Staates stets treu gedient, die hoch über den Parteien stehende, auf Heer und Berufsbeamtentum gestützte altpreußische Staatsautorität verkörperte sich jetzt in ihm selbst.

Zunächst mußte das Herrenhaus in Neudeck völlig umgebaut werden, da das alte Haus vom Schwamm zerfressen war. Erst 1930 konnte er das neue Herrenhaus beziehen. Die Villa in Hannover wurde aufgegeben. Bislang hatte er gern alljährlich im Spätsommer oder Frühherbst in den bayerischen Bergen zur Gamsjagd geweilt, wo er dann bei Schilchers in Dietramszell zu Gast weilte oder bei deren Freunden, Herrn und Frau v. Malaise, die in der Nähe ein Hofgut bewirtschafteten. Meist bejagte er den Bezirk des Staatsforstamtes Fall bei Lenggries, ab und zu war er auch Gast bei dem sehr jagdfrohen Herzog Ludwig in Bayern, dem Chef der herzoglichen Nebenlinie des Hauses Wittelsbach. Solche Jagdaufenthalte waren – dies sei nebenbei bemerkt, da auch Dietramszell neben Neudeck später gern als Ort geheimnisvoller politischer Umtriebe um den Reichspräsidenten verdächtigt wurde – einzig und allein der Jagd gewidmet, von den dringlichsten laufenden Geschäften abgesehen. Schilchers, Malaises oder gar der ganz im Waidmannstum aufgehende, höchst urwüchsig-schlichte Herzog in Bayern hatten keine politischen Sonderinteressen. Als jedoch die stillen Sommer in der so geliebten, heimatlichen Umgebung in Neudeck winkten, gab er die süddeutschen Jagdreisen allmählich auf. Nur die Hirschjagd in der märkischen Schorfheide vom Jagdhaus „Am alten Kalkofen" am Werbellinsee aus behielt er noch bei.

Das Leben in Neudeck bedeutete für ihn in gänzlich anders gearteter Weise, als sich dies die böswilligen Kritiker vorstellen konnten, die Heimkehr in die Landschaft mit den herben, schweren Äckern, den welligen Hügeln, den stillen Weihern und Seen und den dunklen Wäldern, die seit 200 Jahren die Wiege seines Geschlechtes gewesen war. Neudeck – das waren für ihn die alten, oft seit Generationen mit der Familie verbundenen Gutsleute, der tüchtige Oberinspektor Riemers, die Mamsell Fräulein Roland, der Hofmann Kupkowski, der seit 40 Jahren im Hindenburgischen Dienst stehende Kutscher Christian Müller, der vier Generationen Hindenburgs gefahren hatte, der alte Schäfer Witkowski, der in der Jugend ein Spielkamerad des greisen Herrn gewesen war, der zwergenhafte Diener Willi, der die Schwägerin Lina v. Hindenburg bedient hatte – Neudeck, das war das auf sanfter Anhöhe sich erhebende, breite Herrenhaus mit der Auffahrt um das von Zwergmispeln gesäumte Rondell und den beiden russischen Beutekanonen vor der Eingangstür, mit Halle, Saal, Bibliothek und Arbeitszimmer, die all die zahllosen, bislang in Hannover untergebrachten Erinnerungsstücke und Jagdtrophäen schmückten, mit der großen Terrasse auf der Rückseite zum sanft sich wieder hinabsenkenden Park hin, auf der der alte Herr so gern an Sommerabenden im Familienkreise saß und eine Bowle trank. Das Gut war nach ostelbischen Begriffen nicht groß, mit den großen, zehntausend Morgen und mehr zählenden Herrschaften des Kreises Rosenberg, Finkenstein oder Schönberg, konnte es sich nicht vergleichen.

Der Tageslauf des alten Mannes war in Neudeck so streng geregelt wie in der Wilhelmstraße. Noch immer war er von peinlichster Pünktlichkeit und äußerster ritterlicher Zuvorkommenheit gegen jedermann. Kein Besucher durfte warten, selbst der Staatssekretär mußte in Fällen, wo es erforderlich war, dann seinen Vortrag beschneiden. Er liebte im allgemeinen einen bescheidenen Lebensstil, aber bei offiziellen Gelegenheiten, bei den Diners in der Wilhelmstraße, bei denen die Diener die alten Hindenburgischen Farben, Blau-Silber, trugen, legte er doch Wert auf anständige Repräsentation und gute Weine. Die Gesundheit war noch immer unerschüttert. Im Frühjahr 1926 hatte sich das alte Knieleiden infolge des vielen Stehens im ersten Winter in Berlin bei gesellschaftlichen Veranstaltungen mit einem Erguß im rechten Kniegelenk wieder bemerkbar gemacht. Die Behandlung, die anfangs Professor Schilling führte, wollte nicht recht anschlagen, darauf wurde ein Internist, Professor His, zugezogen, den er aus der Kriegszeit kannte, als His beratender Innerer Arzt beim AOK 8 gewesen war. Dieser verordnete eine neue Behandlungsmethode, mit deren Durchführung er den Arzt Dr. Hugo Adam betraute, der seitdem der Hausarzt des Reichspräsidenten-Palais wurde, freilich selten genug einzugreifen brauchte, etwa wenn sich, merkwürdigerweise stets später als bei anderen, alljährlich zu Frühjahrsbeginn eine leichte Grippe einstellte. Um ihm bei seinem Knieleiden das Treppensteigen im Palais zu ersparen, sollte ein Fahrstuhl eingebaut werden. Das verbot er aus Sparsamkeitsgründen und war sehr ungehalten, als der Arzt schließlich doch den Bau durchsetzte.

Der Reichskanzler Marx, ihm verwandt in seiner vornehmen Denkungsweise und seiner Abgeklärtheit, war immer wieder erstaunt, wie treffsicher der alte Mann auch ihm fernliegende Probleme zu erfassen und zu beurteilen wußte. Immer dann, wenn er auf

Männer von patriotischer Anschauung und ruhiger Urteilskraft stieß, ging er mit, auch, wenn sie nicht in allen Punkten seine Ansichten teilten oder aus ganz anderen Parteikreisen kamen. Fast stets fand er schnell das Charakteristische an den Menschen heraus.

Allzu ehrgeizige und betriebsame Naturen fanden keine Gnade, „der reitet mir auf einem zu hohen Pferde“ hieß es dann wohl. Als patriarchalischer Edelmann hatte er stets ein Herz für den einfachen Mann. Alljährlich begrüßte er als seine Geburtstagsgäste Oldenburger Bauern, die ihm symbolisch einen Ammerländer Schinken, eine Wurst und einen Spickaal überbrachten und die dann zum Essen gebeten wurden. Alljährlich kam zum Geburtstagstee der hannoversche Bauer Plinke mit einem Topf Honig als Gabe. Die kernigen Bauerngestalten bewegten sich so sicher und natürlich im Palais wie der Landjunker, der ihnen wesenverwandt war. Er fand es immer wieder rührend, daß die Leute oft stundenlang in den Straßen warteten, um ihn zu sehen. Selbst die Nöte und Kümmernisse der Reinmachefrauen im Palais fanden sein Ohr. Sofern ihn nicht Amtspflichten von Berlin fernhielten, ging er allsonntäglich zum Gottesdienst in die Dreifaltigkeitskirche. Auch das war ihm Herzensbedürfnis. Sicherlich war er nie in seinem Leben das gewesen, was man einen weitschichtig gebildeten Mann von großen literarischen Kenntnissen nennen konnte, aber er war durchaus nicht so engstirnig, wie man das gern und oft behauptete. Seit seinen jungen Jahren hatten geschichtliche Werke, Memoiren und Biographien sein Interesse gefunden, er verehrte Treitschke, er rezitierte gern aus den ritterlichen Balladen Börris v. Münchhausens. Und im Alter verschmähte er wie so mancher vielbeschäftigte Mann auch nicht einen guten Kriminalroman. Auf seinem Schreibtisch stand die alte abgegriffene Papptafel mit dem lateinischen Wahlspruch „Ora et labora“, die schon des Vaters Arbeitstisch geziert hatte. Und die Arbeit des Aktenlesens, die ihm sein hohes Amt aufbürdete, füllte den Großteil des Tages, wobei er noch dazu die Akten, die seine Tätigkeit betrafen, selbst genau sammelte und ordnete.

Er hatte immer seit seiner Jugend Wilhelm Busch geliebt, der feine, stille Humor, den er sich bewahrte, war eine der köstlichsten Eigenschaften. Behaglich schmunzelnd erzählte er dem Reichskanzler Marx auf der Reise nach Tannenberg, wie bei der Reichspräsidentenwahl eine alte Bäuerin im Bayerischen Wald, die ein Bild von ihm mit dem Marschallstab in der Hand gesehen hatte, gesagt habe: „Ich möcht' den da mit der Keerzen in der Hand, dös is a christlicher Mann." Auf die Zuschrift einer schon bejahrten Dame, der Inhaberin eines Putzmachersalons, die ihm verblümt einen Heiratsantrag machte, mit dem Bedeuten, sie fühle sich noch jung, meinte er lächelnd: „Dieser Dame schreiben wir ab, sie ist zu alt." Bei einem Empfang im Freien ward ihm der übliche Ehren-Pokal dargereicht. Er setzte ihn rasch ab, ohne zu trinken. Hernach befragt, weshalb er das getan habe, meinte er trocken: „Na, da saß doch eine Wespe auf dem Rand." Bei einem Empfang in Hamburg regnete es Blumen, als er mit dem Regierenden Bürgermeister im Auto durch die Straßen fuhr. Der Bürgermeister zeigte sich um seinen Zwicker besorgt. Der Feldmarschall brummte: „Wenn nur keine Rosen dabei sind!" Ein verwunderter Blick des Stadtoberhauptes, das sich erkundigte, wie Exzellenz das meine? Hindenburg: Neulich habe er einen Schnuppen gehabt, und da habe ihm doch jemand eine Rose gerade so zugeworfen, daß der Dorn die Nase getroffen habe, das sei sehr unangenehm beim Schneuzen gewesen ... Als man ihm erzählte, ein sehr berühmter Rechtsgelehrter sei nunmehr auch zum Gegner der Todesstrafe geworden, nachdem er Zeuge einer Hinrichtung gewesen sei, meinte der alte Herr nachdenklich: „So, so, ob er wohl auch schon einmal bei so einer Ermordung zugegen gewesen ist?"

Der Präsident der Republik hatte nie einen Hehl aus der Tatsache gemacht, daß er Monarchist sei und bleiben wolle. Eigentlich – es ist schon einmal angedeutet – erschien er wie ein Reichsverweser. Etwas von fürstlicher Hoheit umwehte ihn, von jener Hoheit, die den alten Kaiser Wilhelm I. gekennzeichnet hatte. Die Könige Europas empfanden, daß er im Grunde einer der ihren war. Sowohl König Christian X. von Dänemark als auch der so kluge König Gustav V. von Schweden versäumten nie, passierten sie Berlin, ihm ihren Besuch zu machen. König Christian X. mußte ihm die Grüße des englischen Königs Georg V. ausrichten, und das wollte viel sagen, denn der britische Monarch galt nicht gerade als ein besonderer Freund deutschen oder gar preußischen Wesens. Hindenburg wahrte aber auch hier Bescheidenheit. Zu General v. Cramon bemerkte er einmal, auf das stets auf seinem Schreibtisch stehende Bild Kaiser Wilhelms II. weisend, wie schmerzlich es für ihn sei, daß der Kaiser nicht zurückkehre, er müsse immer denken, daß die Ehren, die er empfange, eigentlich diesem gebührten, bei schwierigen Entscheidungen frage er sich oft, wie wohl sein kaiserlicher Herr entschieden haben würde. Der so sprach, war ein Mann der alten, unter neuen Stürmen versinkenden Zeit, er stand als Regent an der Spitze eines Reiches, dem die schwersten Jahre seiner Geschichte bevorstanden, nachdem er selbst die Schwelle des achtzigsten Jahres überschritten hatte.

Unter dem Datum des 10. Dezember 1927 hat sich eine unsignierte Notiz erhalten, die entweder nach Angaben des Reichspräsidenten oder für denselben als Resumée seiner Ansichten zur Lage ausgangs des Jahres 1927 verfertigt worden ist. In jedem Fall spiegelt sich dort, wie er selbst damals die Situation ansah. Sie trägt die Überschrift „Zur politischen Lage“. Bezüglich der Außenpolitik, hieß es da, diese sei „festgefahren“, Zugeständnisse aus dem Locarno-Pakt seien kaum erfolgt, dagegen sei die Forderung nach einem Ost-Locarno aufgetaucht. Die fehlende, klare, antibolschewistische Haltung der Reichspolitik, meinte der Schreiber, habe zur Stützung Polens durch England und Frankreich geführt. Die schwebenden französisch-jugoslawisch-italienischen Spannungen habe man nicht ausgenutzt. (Dies entsprach nicht Stresemannschen Maximen, der sich von Vorstellungen der Bismarckischen Kabinetts- und Machtpolitik weitgehend gelöst hatte, sehr wohl aber den altmodischeren Anschauungen Hindenburgs!) Im ganzen lautete das Verdikt über die Außenpolitik, ihr fehle die Initiative, sie lasse sich treiben. Hinsichtlich der Innenpolitik wurde festgestellt, daß man vor schweren Krisen stehe. Die Landwirtschaft sei durch zwei ungünstige Erntejahre schwer getroffen, sie leide unter zu hohen Steuern und Soziallasten und sei hoch verschuldet zu überhöhten Zinssätzen. Der unbekannte Schreiber befürchtete auch infolge der Verordnung über die Arbeitszeit und die wirtschaftlichen und politischen Forderungen der

Gewerkschaften eine Krise für die Industrie, die bislang gut gearbeitet und in steigendem Umfange exportiert habe. Er notierte, daß die Eisen-Industrie bereits Stillegungen beschließe. Ein Artikel Löbes im „Vorwärts", in dem die Überführung der Produktionsmittel in die Hand der Allgemeinheit gefordert worden war, wurde heftig kritisiert. Eine Auflösung des Reichstages oder die 1928 fälligen Neuwahlen wollte der Verfasser der Notiz möglichst hinausschieben. Er unterstellte – in wohl zu weitgehender Besorgnis – der Sozialdemokratie die Taktik, sie wolle den Staat zermürben und nach einer Neuwahl möglicherweise den Sturz des Reichspräsidenten und mit Hilfe des Artikels 48 der Verfassung die Errichtung einer proletarischen Diktatur bewirken. Ein Gegenmittel gegen derartige Bestrebungen sah der Verfasser, was die Notiz besonders interessant macht, in der Bildung eines „entschlossenen Beamtenkabinettes", das von den Parteien unabhängig war.

Dies waren Überlegungen, keine festen Pläne, und zwar Überlegungen, deren Autorschaft nicht sicher festzustellen ist. Bemerkenswert ist daran, wie die Idee auftaucht, notfalls ein von den Parteien und somit von dem so unsicher reagierenden Reichstag unabhängiges Kabinett zu bilden, wozu der Reichspräsident, dem nach der Verfassung die Ernennung des Kanzlers zustand, unter besonderen Umständen durchaus der Verfassung nach berechtigt war. Die wiederholten, mehrfach aus, bei Licht besehen, zweit- und drittrangigen Gründen vom Parlament beschworenen Regierungskrisen, die offen zu Tage tretende Unfähigkeit des Reichstages, zu klarer Mehrheitsbildung und festen, dauerhaften Koalitionen zu kommen und kleinliche Parteizwistigkeiten zu Gunsten des gemeinsamen Wohls und der großen Aufgaben der Volksvertretung zurückzustellen, hatten ihre Wirkung auf einen Mann nicht verfehlt, von dem niemand erwarten konnte, daß er als alter Soldat Verständnis für die im Grunde unwichtigen und belanglosen Finessen der Parteitaktik aufbringen würde, der sich andererseits aber klar war, daß die so überaus schwierige Außenpolitik, die friedliche Befreiung Deutschlands von den Fesseln des Versailler Zwangsfriedens, dauerhafte, arbeitsfähige Kabinette mit ausreichender Mehrheit erforderte.

Hindenburg hat von Anfang an sehr genau darüber gewacht, daß die Rechte des Reichspräsidenten nicht geschmälert würden. In einem Schreiben vom 22. November 1926 an den Reichskanzler Marx hatte er ausführlich zu einem Referentenentwurf über ein Ausführungsgesetz zum Artikel 48 der Reichsverfassung Stellung genommen. Abschriften dieses Schreibens waren dem damaligen Reichsinnenminister Dr. Külz und dem Reichswehrminister Geßler zugeleitet worden. Der Artikel 48 behandelte die Sonderrechte des Reichspräsidenten, insbesondere auch die Verhängung des Ausnahmezustandes bei Notständen. Bislang war, worauf Hindenburg in seinem Schreiben hinwies, eine starre, formalistische Auslegung dieser Rechte stets vermieden worden, seit die Weimarer Nationalversammlung diese Angelegenheit wohlweislich vertagt hatte. Er betonte, daß bei Unruhen allein der Artikel 48 die Autorität des Reichspräsidenten gewährleiste, eine Schmälerung hielt er für unzuträglich, auch der Zeitpunkt, ein Ausführungsgesetz einzubringen, schien ihm nicht glücklich gewählt, er befürchtete nur neue schwere Kämpfe im Reichstag und riet daher, die Frage weiter dilatorisch zu behandeln, bis die Festigung des Staates fortgeschritten und vielleicht die vielerorts diskutierte Wahl- oder gar die Verfassungsreform erfolgt sei. Er hielt es aber für nützlich, klipp und klar seinen grundsätzlichen Standpunkt in dieser Frage darzulegen: Danach dürfe ein Ausführungsgesetz nicht Sinn und Inhalt des Artikels 48 verfälschen und die Rechte des Reichspräsidenten beeinträchtigen. Insonderheit wandte er sich gegen die geplante Einschaltung des Staatsgerichtshofes als Kontrollorgan bei Exekutivmaßnahmen des Reiches gegen einzelne Länder. Reichsinnenminister Dr. Külz ließ auf die Stellungnahme des Reichspräsidenten wissen, ihm erscheine eine sorgfältige Behandlung des Ausführungsgesetzes von Regierungsseiten besser als ein etwaiger Initiativantrag aus den Reihen des Reichstags, vor allem denen der Sozialdemokratie, im übrigen teile er Hindenburgs Ansicht, daß der Inhalt des Artikels 48 nicht verwässert werden dürfe. Der Reichskanzler teilte Anfang Dezember dem Staatssekretär der Präsidialkanzlei mit, er teile die Ansicht des Reichspräsidenten, daß gegenwärtig nicht der geeignete Zeitpunkt sei, um diese Frage zu lösen. Auch er sprach sich für die Erhaltung des Charakters des Artikels 48 aus.

Viel, ja alles, hing davon ab, ob es dem Reichstag gelingen würde, die Basis für eine dauerhafte, arbeitsfähige Regierung zu bilden. Nicht minder bedeutungsvoll, ja im Grunde entscheidend, war die wirtschaftliche Situation, die von der endgültigen Regelung der Reparationsfrage wie der Weltwirtschaftslage abhing. Der Anleihestrom, der sich auf Grund des Dawes-Abkommens nach Deutschland ergossen hatte, hatte in der Industrie eine trügerische Scheinkonjuktur erzeugt, hatte aber auch zu hoher Verschuldung der gewerblichen Wirtschaft wie der kommunalen Behörden geführt, die oft die Anleihegelder zu Luxusbauten verwandten, eine Entwicklung, die auch dem Reichspräsidenten nicht verborgen blieb, der sich wiederholt für einen gesunden Wohnungsbau aussprach.

Im Gegensatz zur Industrie war die wirtschaftliche Entwicklung bei der Landwirtschaft bereits rückläufig. Die Insel des Reiches im Osten, die Provinz Ostpreußen, spürte die heraufziehende Krise am ehesten. Einer der deutschnationalen ostpreußischen Landtagsabgeordneten, der selbst grundgesessen war, wandte sich im Dezember 1927 an Hindenburg mit der Bitte, einen besonderen Vertreter Ostpreußens beim Reich zu ernennen. Der Reichspräsident erwiderte, es würde eine Zentralstelle für Ostpreußen im Reichs-Innenministerium geschaffen und sicherte die beschleunigte Durchführung von Hilfsmaßnahmen für Ostpreußen zu. In einem Schreiben vom 3. Dezember 1927 an Reichskanzler Marx äußerte er sich eingehend über die Notwendigkeit rascher Hilfe für die Provinz. Zur Widerlegung aller Gerüchte wies er darauf hin, daß die notleidende ostpreußische Landwirtschaft zu einem Viertel aus Großgrundbesitzern, zur Hälfte aus Mittel-Bauern und zu einem Viertel aus Kleinbauern bestünde. Als Gründe für die Notlage der ostpreußischen Landwirtschaft, deren Schuldenlast 1927 um 80 Millionen gestiegen war, führte er die fast rein agrarische Struktur der Provinz, das schlechte Klima, den Mangel an Rohstoffen und die ungünstigen Verkehrsverbindungen infolge der Insellage an. Er befürchtete, daß ein Umsichgreifen der Krise Ostpreußen schließlich zur Beute Polens werden lassen könnte. Tannenberg, schrieb er, sei dann umsonst geschlagen. Die erste Hilfsaktion mußte seiner Ansicht in der Gewährung langfristiger Großkredite an die Landwirtschaft bestehen. Unzweifelhaft war in weiten Kreisen Deutschlands, die einseitig industriell oder gewerkschaftlich interessiert oder die landsmannschaftlich gebunden waren, jegliche Hilfe für den bereits auf das Äußerste durch die Gebietsabtretungen an Polen und die Aussiedlungsmaßnahmen der polnischen Regierung bedrohten deutschen Osten äußerst unpopulär. Die westdeutsche Industrie hatte oft wenig Verständnis für die ostdeutsche Landwirtschaft bewiesen. Andererseits waren gerade viele Großbetriebe mit intensiver Wirtschaftsweise in Schulden geraten, weil sie in den schweren Nachkriegsjahren der Aufforderung der Regierung gefolgt waren, möglichst viel zu produzieren, um die großen Verluste an landwirtschaftlicher Nutzfläche durch den Versailler Vertrag bis zu einem gewissen Grade auszugleichen. Die Preise für landwirtschaftliche Produkte lagen damals erheblich unter denen für industrielle Erzeugnisse, die Bankzinsen betrugen 8 bis 15 Prozent, zeitweise unter Hinzurechnung von Spesen und Provisionen bis zu 24 Prozent. Der dritte Umstand war nun einmal der, daß der Reichspräsident ein Sohn des deutschen Ostens war und daß er bestrebt war, alles, was in seiner Macht stand, zu tun, um dem Osten zu helfen. Dazu bedurfte es keiner „Verschwörung der Großagrarier“, keiner „junkerlichen Clique“ um den alten Herrn, von der hernach so oft die Rede sein sollte – dies war ganz einfach in seinen Augen seine Pflicht.

Am 21. Dezember 1927 fand unter dem Vorsitz des Reichspräsidenten in Anwesenheit der Reichsminister, der preußischen Minister und des Reichsbankpräsidenten Schacht eine große Besprechung über die Ostpreußenhilfe statt. Hindenburg eröffnete sie mit Ausführungen über die Notlage der ostpreußischen Landwirtschaft und erklärte, er habe es für seine Pflicht erachtet, sich bei der Hilfsaktion an die Spitze zu setzen. Was not tue, sei finanzielle Hilfe. Reichsinnenminister v. Keudell bezeichnete die Kreditbeschaffung, die Zinsverbilligung und die Ermäßigung der Frachttarife als vordringlich. Auch der sozialdemokratische Ministerpräsident Braun (der später in seinen Memoiren so scharf die Schenkung von Neudeck an Hindenburg angriff und sie als üble junkerliche Machenschaften des ihm verhaßten Kammerherrn v. Oldenburg-Januschau bezeichnete, mit denen dieser den alten Herrn in die Netze großagrarischer, engherziger Interessenpolitik habe verstricken wollen), sprach sich damals zu Gunsten der Ostpreußen-Hilfe aus und erklärte, man dürfe die Absicht des Gegners, Ostpreußen durch den polnischen Korridor verkümmern zu lassen, nicht Wahrheit werden lassen. Anfang Februar 1928 übergaben die Führer der ostdeutschen Landwirtschaft, an der Spitze der Präsident des Reichslandbundes Graf v. Kalckreuth und der Direktor des Landbundes v. Sybel, gemeinsam mit Vertretern der Bauern-Vereine dem Reichspräsidenten eine Denkschrift über die außerordentlich ernste Lage der Landwirtschaft, die unter dem Druck der hohen Steuern, der hohen Soziallasten und der hohen Verschuldung litt und wiesen auf die zunehmende Unruhe unter dem Landvolk hin. Abermals sicherte der Reichspräsident seine Verwendung für Hilfsmaßnahmen zu. Die Landwirtschaft war das Rückgrat jeder Volkswirtschaft, die Krise der deutschen Landwirtschaft war eines der ersten Zeichen an der Wand, das auf die allgemeine große Krise hindeutete, die heraufzog. Aber die Ostpreußen-Hilfe, die in den folgenden Jahren zu einer Hilfsaktion für die gesamte Landwirtschaft erweitert werden mußte, sollte ihm selbst eine Flut schmutzigster Verdächtigungen eintragen, seitdem er selbst durch Neudeck wieder mit dem ostdeutschen Grundbesitz verbunden war.

Das Kabinett der „schwarz-blauen" Koalition vom Zentrum bis zu den Deutschnationalen, auf dessen Zustandekommen der Reichspräsident selbst so stark hingewirkt hatte, bestand jetzt ein gutes Jahr. Zu Beginn des neuen Jahres 1928 zeichnete sich jedoch über dem neuen geplanten Schulgesetz eine gefährliche Krise ab. Noch bevor diese Krise sich auswirkte, trat der Reichswehrminister Dr. Geßler zurück, nachdem Enthüllungen in der Linkspresse ergeben hatten, daß eine Dienststelle der Marineleitung, die Seetransport-Abteilung, noch aus alten Geheimfonds stammende Gelder zur Finanzierung nationaler Filme verwendet hatte. Hindenburg wollte Geßler gern zum Ausharren bewegen, allein der Reichswehrminister, der über die Maßnahmen des Leiters der Seetransport-Abteilung nicht informiert gewesen war, war all der – gutgemeinten und vaterländisch gedachten – Eigenmächtigkeiten müde. Er wollte gehen und bedeutete dem Reichspräsidenten, der letzte Dienst, den er der Reichswehr noch erweisen könne, bestünde darin, daß er mit seinem Abgang das Gesicht der Marine-Leitung wahre. Die Nachfolge war schwierig. Oberst v. Schleicher befürwortete die Ernennung Groeners, der für parteilos galt, von dem man jedoch annahm, er stünde den Demokraten (der Partei Geßlers) nahe. Hindenburg schätzte seinen letzten Ersten Generalquartiermeister noch immer sehr, er zögerte indes mit der Ernennung, weil er sehr gut wußte, welche Mißstimmung in weiten Kreisen des Offizierkorps gegen Groener herrschte. Oberst v. Schleicher wußte diese Bedenken zu beschwichtigen, sodaß der alte Herr in die Betrauung Groeners mit dem Reichswehrministerium einwilligte. Einst hatte Groener Schleichers Karriere gefördert, jetzt war Schleicher ausgesprochen der Initiator der neuen politisch-militärischen Rolle Groeners, in dem er eine der stärksten politischen Persönlichkeiten der Zeit, ja unter Umständen einmal einen möglichen Nachfolger Hindenburgs, erblickte. Seine Bedeutung als heimlicher Leiter der Politik der Reichswehr wuchs. Es ergab sich das ungewöhnliche Bild, daß die drei führenden Männer der letzten Obersten Heeresleitung während der dunklen Revolutionsmonate wieder in der Reichsführung vereinigt waren.

Trotz der Mahnungen des Reichspräsidenten, eine Kabinettskrise und eine vorzeitige Reichstagsauflösung wegen des Streites über das Schulgesetz und die geistliche Schulaufsicht zu vermeiden, zerbrach die Koalition über dieser Frage. Der Reichstag wurde aufgelöst. Die Neuwahlen vom 20. Mai 1928 ergaben einen starken Ruck nach Links. Die Sozialdemokraten wurden mit 153 Mandaten wieder die stärkste Partei des Reichstages. Die konservative und bürgerliche Rechte, die Deutschnationalen und die Deutsche Volkspartei, die Hindenburg so sehr am Herzen lagen, erlitten starke Verluste. Die Deutschnationalen sahen sich durch Absplitterungen wie die Landvolk-Partei geschwächt, sie retteten von den bisherigen 102 Sitzen nur 62 – die Folge ihrer unfruchtbaren, schwankenden Obstruktionspolitik, während der rund 1,1 Millionen umfassende Stimmenverlust der Deutschen Volkspartei die Folge des Mißtrauens gegen die Stresemannsche Außenpolitik war, was wiederum bei der Parteiführung zu der Neigung führte, Anschluß an den Obstruktionskurs der äußersten Rechten gegen Stresemann zu gewinnen, der im Mai 1928 schwer erkrankt war, sodaß man ihn bereits einige Tage nahezu aufgegeben hatte.

Am 12. Juni trat das vierte Kabinett Marx zurück. Hindenburg sah sich der Verfassung zufolge genötigt, den Führer der stärksten Partei, der Sozialdemokraten, den ehemaligen Reichskanzler und Reichsaußenminister Hermann Müller-Franken, mit der Regierungsbildung zu betrauen. Für die Verhandlungen über die Kabinettsbildung hatte er sich einige Notizen gemacht, von denen sich ein undatierter Durchschlag erhalten hat. Punkt 1 sah den Empfang Hermann Müllers vor, Bedingung war, daß seine Regierung eine tragfähige Mehrheit im Parlament fand. Falls Hermann Müller keine Regierung zustande brachte, sollte Graf Westarp von den Deutschnationalen im gleichen Sinne beauftragt werden, falls auch dieser scheiterte, sollte das Zentrum Vorschläge für die Regierungsbildung machen, wobei der Reichspräsident unter Punkt 3, dem Angebot an das Zentrum, sich notiert hatte, Bedingung müsse sein, daß am Charakter der Reichswehr nichts geändert würde. Unterpfand dafür solle die Rückkehr Geßlers als Reichswehrminister bilden. Der wichtigste Punkt war Numero 4: Falls auch das Zentrum über der Regierungsbildung scheiterte, gedachte der Reichspräsident einem Vertrauensmanne die Bildung der Regierung zu übertragen, der ohne Parteibindung war, aber „mit der Auflösungsordre in der Tasche“ versehen sein sollte, das heißt mit Vollmacht, jederzeit den Reichstag wieder aufzulösen. Er wollte allen Beteiligten vor den Verhandlungen eröffnen, daß nach den letzten beiden Kabinetts-Krisen für ihn eine Regierung ohne feste Mehrheit nicht mehr in Frage komme, er sei nicht gesonnen, „dieses Hinundher mit dauernden Krisen“ nochmals mitzumachen. Sofern keine Regierung mit sicherer Mehrheit zustandekäme, sei es die Pflicht des Reichspräsidenten, ohne Befragung der Parteien und ohne Rücksicht auf deren Wünsche einen Mann seines Vertrauens zum Kanzler zu berufen. Persönlich, so hieß es in der Notiz, sei er überzeugt, ein derartiges Vorgehen würde zu einer Regierung auf breiter Basis führen, das Volk habe immer Verständnis für e i n e Linie, für einen festen Willen ...

Im Grunde barg diese Notiz die erste Andeutung, daß der Reichspräsident gewillt war, selbst einzugreifen, wenn sich die schleichende Krise des Parlamentarismus nicht beheben ließ, wenn der Reichstag nicht mehr seiner hohen Aufgabe gerecht zu werden vermochte. Man wird vielleicht fragen, an wen er damals – noch waren dies alles nicht mehr als Überlegungen für die äußerste Eventualität – als Vertrauensmann gedacht hat, sofern sich die letzte Alternative ergab. Es scheint, daß er zeitweilig den General der Artillerie a. D. Max v. Gallwitz als möglichen überparteilichen Kanzler in Erwägung gezogen hat, einen der bedeutendsten Heerführer des Großen Krieges, dessen Erinnerungen auch politisches Verständnis vermuten lassen, eine Vermutung, welche seine Haltung in der Young-Krise gegenüber Hindenburg freilich nicht gerade bestätigt. Seine Art läßt indes den Schluß zu, daß er in der Verantwortung wohl klüger als in der Opposition gehandelt haben würde. Ein anderes Mal scheint er an den Grafen v. Arnim-Boitzenburg gedacht zu haben, einen der angesehensten Grundbesitzer der Mark Brandenburg, den Ansichten nach ein gemäßigter Konservativer, mit weit mehr Erfahrung als Gallwitz, was die Tagespolitik anbelangte. Beide Kandidaturen blieben im Stadium der Erwägung, es ist nicht einmal sicher, ob die Beteiligten je davon erfahren haben, daß sie für das höchste Regierungsamt ausersehen waren. Und beide hatten den Nachteil, daß die Anwärter dem Berliner politischen Leben im Grunde fern standen.

Vorerst erwiesen sich die Befürchtungen, eine neue, endlos sich hinschleppende, unlösbare Kabinettskrise stehe bevor, als gegenstandslos. Hermann Müller-Franken war ein erfahrener Parlamentarier, dessen ruhige, sachliche Art und dessen unermüdliche Arbeitskraft auch sehr bald Hindenburg beeindruckten. Es gelang ihm noch einmal, unter energischem Eingreifen Stresemanns, die eigene Partei mit der Deutschen und der Bayerischen Volkspartei, dem Zentrum und den Demokraten zusammenzufassen und ein Kabinett der Großen Koalition zu bilden, das nahezu zwei Jahre Bestand hatte. Stresemann blieb auch im neuen Kabinett Reichsaußenminister, Groener behielt das Reichswehrministerium, die Sozialdemokratische Partei besetzte zunächst die Reichsministerien des Innern, der Finanz und der Arbeit, mit drei ihrer prominentesten Köpfe, Carl Severing, Rudolf Hilferding und Robert Wissell.

Die Wahlniederlage der Deutschnationalen sollte freilich die unheilvollsten Folgen haben. Zum neuen Vorsitzenden der Partei wurde nicht mehr der im Grunde maßvolle Graf Westarp gewählt, sondern der Geheimrat Hugenberg, der Führer des industriellen, scharfmacherischen Flügels, einstmals Mitglied des Direktoriums der Firma Krupp, Herr eines großen Konzerns von Zeitungen, Nachrichtenagenturen und Filmgesellschaften, ein äußerst starrsinniger und vollkommen unbelehrbarer Mann, der sich in schroffer „doktrinärer" Opposition gefiel und damit zum Totengräber des echten konservativen Ideengehaltes der Partei wurde. Unter seiner Führung begann der tragische Kampf der Deutschnationalen Partei gegen den Reichspräsidenten, den letzten großen Repräsentanten des alten konservativen Deutschlands.

Das neue Kabinett Hermann Müller sah sich der größten Aufgabe gegenüber, die damals die deutsche Regierung zu lösen hatte, der endgültigen Liquidierung der Reparationsfrage, von der im Grunde das Schicksal der deutschen Politik wie der Stresemannschen Europa-Politik abhing. 1928 enthüllte sich, daß die Jahresleistungen gemäß dem als Provisorium gedachten Dawes-Plan – 2,5 Milliarden Goldmark – auf die Dauer untragbar waren. Die Unsicherheit über die Höhe der Gesamtverpflichtungen, die Belastung der Industrie durch die im Dawes-Plan vorgesehene Sonderabgabe von Exportleistungen, machten eine durchgreifende, echte Gesundung des deutschen Wirtschaftslebens unmöglich. Der mit der Überwachung des Dawes-Planes beauftragte Reparationsagent, der Amerikaner Parker Gilbert, wie die Vertreter Englands, Frankreichs, Italiens, Belgiens und Japans und die deutsche Reichsregierung kamen daher im Herbst des Jahres 1928 überein, eine Kommission von Finanzsachverständigen mit der Ausarbeitung von Plänen zur endgültigen Bereinigung des Reparationsproblems zu berufen.

Der Sachverständigenausschuß, zu dem von deutscher Seite der Reichsbankpräsident Schacht, der Generaldirektor der Vereinigten Stahlwerke, Albert Vögler, der Hamburger Bankier Dr. Melchior und Geheimrat Ludwig Kastl vom Reichsverband der deutschen Industrie gehörten, trat im Februar 1929 in Paris zusammen und tagte mehr als vier Monate hindurch. Der erste deutsche Vorschlag sah vor, noch drei Jahre hindurch jeweils 1.650 Millionen Goldmark zu zahlen. Die Alliierten nahmen die Kriegsschulden Frankreichs an England und Amerika und Englands an Amerika zuzüglich der Kosten für den Wiederaufbau der zerstörten Gebiete Frankreichs zum Ausgangspunkt der Berechnung und gelangten so zur Fixierung einer Gesamtschuld Deutschlands in Höhe von 34,5 Milliarden Mark. Dem „Neuen Plan" des Vorsitzenden des Ausschusses, des amerikanischen Großindustriellen Owen D. Young, zufolge, auf den man sich schließlich nach langen Verhandlungen einigte, sollte diese Schuld in Jahresraten abgetragen werden. 37 Jahre lang sollte das Deutsche Reich Annuitäten leisten, die von 1.625 bis auf 2.300 Millionen Mark anstiegen, 21 Jahre hindurch sollten dann fallende Raten zu 1.700 Millionen gezahlt werden. Von den Annuitäten waren 700 Millionen jeweils in fremder Währung vorbehaltlos zu leisten, der diese Summe überschreitende Betrag brauchte bei Gefährdung der deutschen Währung oder bei einer wirtschaftlichen Krise nicht bezahlt zu werden. Die Forderung einer Summe von 700 Millionen in fremder Währung barg das gefährlichste Risiko und blieb am stärksten umstritten. Der „Neue Plan" barg jedoch Möglichkeiten zur Revision. Das Reich konnte im Falle besonderer Notlage den beratenden Sonderausschuß der vorgesehenen Bank für internationale Zahlungen, welche an die Stelle des Reparationsagenten als Überwachungsorgan trat, anrufen, um seine Zahlungsfähigkeit prüfen zu lassen. Fraglos stellte der „Neue Plan", psychologisch gesehen, fast 11 Jahre nach der Beendigung des Krieges gegenüber einem Volke, das bereits einmal infolge der Reparationsleistungen eine Inflation erlebt, das bereits ungeheure Wiedergutmachungsleistungen vollbracht hatte, die denkbar ungeschickteste Politik dar, die möglich war. Andererseits barg er Vorteile gegenüber dem Dawes-Plan, die Möglichkeit von Sanktionen bei Zahlungsverfehlungen fiel fort, die Verpfändung der Einnahmen der Bahn- und Zollverwaltung, die Sondersteuer auf Industrieobligationen, die Kontrollmöglichkeiten erloschen. Und der letzte große Kampf des bereits schwerkranken Reichsaußenministers Stresemann galt der Verwirklichung seiner Idee, die endgültige Annahme des „Neuen Planes“ von der Zusage zur endgültigen befristeten Räumung der besetzten Gebiete abhängig zu machen und die Rückgewinnung des Saargebietes zu sichern.

Die Regierung und der größere Teil der führenden Wirtschaftskreise sahen im Young-Plan zwar kein Ideal, aber einen Fortschritt gegenüber dem Dawes-Plan und den einzig möglichen Weg, den man beschreiten konnte, um der Kriegslasten ledig zu werden. Von Hindenburg stammt das Wort, oft sei der weiteste Weg der sicherste. Gerade die dem außenstehenden Betrachter so ungeheuerlich anmutenden Zahlungsfristen, die zwei Menschenalter umfassen sollten, machten es dem Kundigen klar, daß darin der Ansatzpunkt für die Revision lag. Hindenburg äußerte im engsten Kreis mehrfach, der „Neue Plan“ werde keine zwei Jahre halten. Stresemann urteilte ähnlich, er sah in der Annahme des Planes vor allem den Weg, zunächst einmal das Rheinland und Saargebiet freizubekommen. Natürlich konnte niemand an führender Stelle von vornherein das Thema der Revision anschneiden, darin lag die größte Schwäche der Regierungskreise gegenüber dem Ansturm der Rechtsopposition. Vom 6. bis zum 31. August 1929 tagte in Den Haag unter dem Vorsitz des belgischen Ministerpräsidenten Jaspar eine Konferenz über die Durchführung und Verwirklichung des „Neuen Planes“, an der Deutschland, Frankreich und England teilnahmen. Stresemann rang, bereits von todbringender Krankheit gezeichnet, zäh mit Frankreich um die Verkürzung der Räumungsfristen für die besetzten Gebiete. Gegen eine Erhöhung der deutschen Annuitäten in den ersten zwanzig Jahren setzte er die Räumung der Rheinlande bis zum 30. Juni 1930 durch, fünf Jahre vor dem ursprünglich im Vertrag von Versailles festgesetzten Termin.

In Deutschland begann das Trommelfeuer der Rechtspresse von den Blättern des Hugenbergschen Konzerns über die Nationalsozialisten, die Deutsch-Völkischen und die Ludendorffianer gegen die „Verewigung der Versklavung des deutschen Volkes". Stresemann, der auch in den Reihen der eigenen Partei auf zunehmende Opposition stieß, stellte nüchtern fest, es komme jetzt auf eine Milliarde mehr oder weniger nicht an. Fiel das Besatzungs- und Kontrollsystem, würde man weiter sehen können. Sehr offen äußerte er gegenüber dem Chefredakteur des „Berliner Tageblattes", der Plan sehe die Möglichkeit eines Moratoriums vor. Was die lange Dauer der Zahlungen anbelange, so solle man sich doch vor Augen halten, daß die nächste Generation vermutlich doch wohl unter ganz anderen Bedingungen leben werde, als die gegenwärtige. Deutlicher konnte er nicht gut werden.

Die Rechtsopposition, einstweilen der Führung des Geheimrat Hugenberg gehorchend, rannte jedoch Sturm gegen den Plan, weil Hugenberg hier einen Weg sah, das Weimarer System und mit ihm den greisen Reichspräsidenten, sofern dieser nicht selbst den Trennungsstrich ziehen wollte (den er der Verfassung nach gar nicht ziehen konnte!) aus den Angeln zu heben. Die Deutschnationale Partei erklärte, sie wolle es lieber auf eine Katastrophe ankommen lassen, als sich dem Plan zu fügen. Der völkisch-antisemitische Publizist Graf Ernst zu Reventlow richtete heftige Angriffe gegen Stresemann wie gegen den greisen Feldmarschall-Präsidenten. Hindenburg hatte schon 1926 während der Seeckt-Krise einmal versucht, anläßlich wilder Angriffe der Deutschnationalen auf Stresemann dem Parteivorstand klarzumachen, er sei nicht imstande, sachliche Politik zu treiben. Der Parteivorstand, damals noch unter Graf Westarps Führung, hatte kühl erklärt, er bedauere, in Gegensatz zum Reichspräsidenten geraten zu sein, müsse aber auf seiner Ansicht beharren. Die Aussprache war mit ungewöhnlicher Schärfe geführt worden. Er hatte alsdann im Februar 1929 versucht, den Führern des „Stahlhelms", Franz Seldte und Oberstleutnant a. D. Düsterberg, den Kopf zurecht zu setzen, nachdem die Haßbotschaft des märkischen „Stahlhelms" gegen den bestehenden Staat – dessen Oberhaupt der Generalfeldmarschall und Schirmherr des „Stahlhelms" war! – die Gemüter stark erregt hatte. Es war umsonst! Die nationale Rechte beharrte auf unfruchtbarer Obstruktion, sie gehorchte auch den Mahnungen des alten Mannes nicht mehr, den sie selbst 1925 als den „Retter" gekürt hatte. Es war eine Entwicklung, die den Feldmarschall auf das Bitterste verwundete, gerade weil er gehofft hatte, er könne alle Kreise, die Konservativen, die Nationalsozialisten, die bürgerliche Mitte, und die deutsch gesonnenen Teile der Sozialdemokratie wieder zu gemeinsamer Arbeit für Deutschlands friedevollen Wiederaufstieg zusammenführen. Nie war ein Wort der Revanche über seine Lippen gekommen! Auch das verzieh ihm die Rechtsopposition nicht!

Am 8. August 1929 richtete er ein Schreiben an den früheren Chef des Zivilkabinettes des Kaisers und langjährigen Bevollmächtigten des Hohenzollernhauses in Deutschland, Geheimrat v. Berg-Markienen in Ostpreußen, der zugleich als Erster Vorsitzender der Deutschen Adelsgenossenschaft „Adelsmarschall" war. Berg-Markienen hatte ihm eine Denkschrift über die deutsche Außenpolitik zugesandt, die sich gegen die Vorschläge der Sachverständigen wandte, über die in Den Haag unterhandelt wurde. Hindenburg reichte die Denkschrift zurück und bemerkte, er könne aus Zeitmangel nur kurz darauf eingehen. Er fand die Darlegungen Berg-Markienens sehr theoretisch und meinte, eine praktische Politik sei auf Grund dieser Ideen nicht möglich. Allein der wirtschaftlichen Lage bedinge eine „langsam, Schritt für Schritt vorwärts gehende Politik, wenn auch das Gefühl oft ein entschlossenes und energisches Auftreten wünsche ..." Solche Briefe kosteten ihn viel, die Männer, gegen die er sich wenden mußte, waren ihm durch Jahrzehnte in gemeinsamer Anschauung, in der Treue zum Herrscherhaus verbunden gewesen, aber er ging den Weg der Pflicht, den ihm die bessere Einsicht wies, obwohl er später angeklagt wurde, er sei nur ein Werkzeug in der Hand einer reaktionären Junkerclique um Oldenburg-Januschau gewesen. Er machte die gleichen Erfahrungen, die Bismarck einst mit der Engstirnigkeit altpreußischer Kreise gemacht hatte, als er sich in den 70er Jahren der ultrakonservativen Kirchturmspolitik nicht hatte fügen wollen.

Die Konferenz in Den Haag endete damit, daß der Young-Plan in seinen Grundzügen angenommen und daß Stresemann dafür die

Zusicherung der Räumung der II. Besatzungszone bis zum 15. Dezember 1929 und der III. Zone bis zum 30. Juni 1930 heimbrachte. Es war sein letzter Triumph! Er reiste im September zur Völkerbundsversammlung nach Genf, wo der französische Außenminister Briand die Schaffung der wirtschaftlich vereinigten Staaten von Europa anregte, eine Idee, die er begeistert aufgriff. In Deutschland gingen Hugenberg und Seldte ein Bündnis mit Adolf Hitler ein, dem Führer der bislang verhältnismäßig unbedeutenden Nationalsozialistischen Partei, um ein Volksbegehren gegen den Young-Plan einzubringen. Der „Reichsausschuß für das deutsche Volksbegehren" konstituierte sich, der sich am 11. September 1929 mit einem Aufruf an das deutsche Volk wandte. Mit dem Volksbegehren war die Einbringung eines Entwurfes für ein „Freiheitsgesetz" verbunden, wonach die Reichsregierung verpflichtet sein sollte, die Streichung des Kriegsschuldparagraphen im Versailler Vertrag durchzusetzen, sämtliche Reparationsverpflichtungen abzulehnen, die sofortige bedingungslose Räumung der besetzten Gebiete zu bewirken und einzuwilligen, daß Minister und sonstige Bevollmächtigte (also auch der Feldmarschall-Reichspräsident!), welche Tributverträge unterzeichneten, unter Anwendung der Paragraphen des Strafgesetzbuches über Landesverrat künftig mit Zuchthaus bestraft werden sollten. Das Bündnis mit Hugenberg war für die Entwicklung Hitlers höchst bedeutsam, es machte den Mann aus dem Dunkel der Wiener Elendsquartiere, der einen so dämonischen Instinkt für die Probleme des Massenzeitalters und eine so dämonische Rednergabe besaß, gewissermaßen wieder „hoffähig", schaltete ihn in die große Politik ein – wenn auch nach dem Willen des preußischen Geheimrates nur als „Trommler", als Propagandachef des „Reichsausschusses" – und verschaffte ihm wieder die moralische und materielle Unterstützung rechtsradikaler Großindustrieller wie des Stahlmagnaten Fritz Thyssen. Ein preußischer Geheimrat war dabei schlecht geeignet, einem skrupellos-genialen Massen-Agitator auf die Dauer erfolgreich Widerpart zu leisten!

4.100.000 Wähler, etwas mehr als die von der Verfassung geforderten 10 Prozent der Stimmberechtigten, trugen sich in die Listen für das Volksbegehren ein, worauf die Regierung genötigt war, den Entwurf für das „Freiheitsgesetz“ im Reichstag einzubringen. Es lag bei den alten Beziehungen Hindenburgs zur nationalen und konservativen Rechten für die Initiatoren des „Reichsausschusses“ nahe, alle Register zu ziehen, um diesen persönlich zu beeinflussen. Diese Bestrebungen reichten bis in die nächste Verwandtschaft. Einem jungen Neffen, dem Studenten der Rechte Oswalt v. Nostitz, der sich an ihn gewandt hatte, um gegen den Young-Plan zu protestieren, antwortete er begütigend, er könne erst dann zu dem Plan Stellung nehmen, wenn er der Verfassung nach dazu berechtigt sei. Immerhin suchte er ihm klarzumachen, daß die Belastung künftiger Generationen mit den finanziellen Folgen des Krieges durch die Tilgung der Anleihen auch die „sogenannten Siegerstaaten“ treffe.

Unterdes verdunkelte sich der Horizont. In der Nacht vom 2. zum 3. Oktober 1929 erlag der Reichsaußenminister Dr. Stresemann, der bedeutendste Staatsmann der Republik und seit Bismarcks Tagen der bedeutendste deutsche Außenminister, einem Schlaganfall. Ein Nierenleiden hatte ihn weit vor der Zeit gefällt. Hindenburg hatte nicht immer und nicht in allen Dingen seinen Optimismus geteilt, er bezweifelte fraglos, ob die erstrebte Politik europäischer Einigung nicht eine allzugroße nationale Benachteiligung des Reiches bergen würde, aber er wußte doch seine Größe, seine unermüdliche Arbeit, über der er sich verzehrt hatte, zu schätzen und gab dem Sarg eine Strecke selbst das Geleit. Zum Nachfolger wurde der bisherige Wirtschaftsminister Dr. Julius Curtius ernannt, ein treuer Gefolgsmann Stresemanns, der aber weder dessen außenpolitische Erfahrung noch dessen großes europäisches Prestige besaß.

Am 11. Oktober führte der „Reichsausschuß“ einen neuen Streich gegen Hindenburg. 22 Generale und Admirale der alten kaiserlichen Wehrmacht, an der Spitze der Hindenburg freundschaftlich verbundene Generalfeldmarschall v. Mackensen, Großadmiral v. Tirpitz, der ihn 1925 zur Annahme der Reichspräsidentenschaft beredet hatte, Admiral v. Schröder und die Generale v. Cramon, wiederum einer seiner ältesten Freunde, v. Gallwitz, v. François und v. Below, wandten sich an ihn mit dem Ersuchen, er möge sich an die Spitze der Bewegung zur „Auflehnung gegen die Unterdrückung" stellen und die Haager Gesetze ablehnen. Ein Wort von ihm genüge, hieß es, und die „übergroße Masse" würde ihm willig Gefolgschaft leisten. Hindenburg antwortete Feldmarschall v. Mackensen direkt, den übrigen leitete er über Admiral v. Schröder vom „Nationalverband Deutscher Offiziere" eine Stellungnahme vom 4. November 1929 zu, in der er betonte, er habe sich die Argumente der Befürworter und Gegner des Young-Planes genau vortragen lassen, seinen endgültigen Entscheid müsse er pflichtmäßig zurückstellen. Aber er suchte dem Admiral klarzumachen, daß der neue Plan einen „politischen Fortschritt" auf dem stufenweisen Weg der Abstreifung der Fesseln von Versailles darstelle, daß er wesentliche Erleichterungen, die Abschaffung der Kontrollen, die Räumung der Rheinlande bringe. Wörtlich schrieb er: „Es wird niemand in Deutschland geben, den der Young-Plan befriedigt." Er bringe jedoch geringere Leistungen als der Dawes-Plan und sehe die Möglichkeit der Revision vor. Er bat den Admiral um eine vorurteilsfreie Würdigung dieser Gesichtspunkte. Im Grunde bekannte sich der alte Feldmarschall damit zu den Maximen Stresemannscher Realpolitik. Diese Politik war aber gerade den nationalen Kreisen unverständlich, sie schwelgten in der Illusion, ein schlichtes, brüskes „Nein" genüge, um mit dem Schwert den gordischen Knoten zu durchschlagen und alle Schwierigkeiten aus der Welt zu schaffen. Noch galt der Dawes-Plan, dieser aber sah bei einseitigen deutschen Schritten die Möglichkeit von Sanktionen wirtschaftlicher oder selbst militärischer Art, eine Ausdehnung der Besatzungszonen, vor! Die Verantwortung war schwer, die Opposition sehr einfach und bequem.

In einem Brief an Hugenberg verwahrte sich Hindenburg am 12. Oktober 1929 gegen die heftigen persönlichen Angriffe des Abgeordneten Graf Reventlow gegen ihn und bat Hugenberg, der mit dem Grafen im „Reichsausschuß" saß, auf diesen einzuwirken, damit er nicht gezwungen wäre, öffentlich Stellung zu nehmen. Er wollte die Deutschnationalen schonen! Sie legten keinen Wert darauf. Vier Tage später wandte sich Hindenburg an den Reichskanzler Müller, er gewahre mit steigendem Befremden, wie der „Reichsausschuß“ sich bemühe, seine Person in den Parteistreit hineinzuziehen, obwohl er ihm dazu nie Anlaß gegeben habe. Am 18. Oktober griff er offiziell ein und teilte dem Reichskanzler in einem öffentlichen Schreiben mit, er bedauere und verurteile den Paragraphen 4 des sogenannten „Freiheitsgesetzes“, wonach der Reichskanzler und die Reichsminister, die den Young-Plan oder ähnliche Verträge unterzeichneten, als Landesverräter unter Anklage gestellt werden sollten. Auch jetzt suchte er pflichtgemäß seine Unparteilichkeit zu wahren. Als der preußische Innenminister die „Stahlhelm“-Landesverbände im Rheinland und in Westfalen wegen der Abhaltung eines großen Geländespiels bei Langenberg verbot, und sich die „Stahlhelm“-Führung Beschwerde führend an ihn wandte, schrieb er an den Reichskanzler und bat um Prüfung, ob man aus einem derartigen Vorkommnis auf eine dauernde Verletzung des Friedensvertrages schließen könne und ob die Überwachung der Einhaltung des Vertrages nicht eher Sache der Reichsregierung sei, jedenfalls läge diese doch wohl nicht einseitig beim preußischen Innenminister. Ausdrücklich betonte er, er sei Hüter der Gerechtigkeit gegen jedermann. Zudem kamen wehrpolitische Gründe hinzu, so zwiespältig und schwierig die politische Haltung des „Stahlhelms“ auch ihm persönlich gegenüber geworden war, so bildete dieser doch den Rückhalt für den „schwarzen“ Grenzschutz in den ostdeutschen Provinzen gegen einen etwaigen polnischen Handstreich, eine durchaus ernstzunehmende Gefahr.

Von den alten Freunden griff auch Oldenburg-Januschau am 22. Oktober in den Streit um den Young-Plan mit einem Briefe an Hindenburg ein, indem er seinerseits Beschwerde erhob, daß der Reichskanzler versuche, den Reichspräsidenten durch die Wiedergabe privater Äußerungen über den Young-Plan in den Kampf zu verwikkeln. Hindenburg antwortete ihm einige Tage später, er habe Hugenberg bedeutet, als dieser ihm als neuer Parteiführer den ersten Besuch gemacht habe, er sei ihm willkommen, sofern er nicht die Belange der Landwirtschaft zu Gunsten der Industrie zurückstelle. Er habe Hugenberg auch vor dem Volksbegehren gewarnt, dieses führe nur zur Zersplitterung der Kräfte des deutschen Volkes. Trotzdem habe ihn die Hugenberg-Presse ihrerseits in den Meinungskampf verwickelt und habe verkündet, er trete bedingungslos für das Volksbegehren ein. Vielleicht würde man es später doch einmal empfinden, wie gut es gewesen sei, daß wenigstens einer seine Ruhe bewahrt habe. Oldenburg-Januschau hat später einmal in seinen Erinnerungen etwas resigniert bemerkt, so sehr er den Reichspräsidenten geschätzt habe, so habe er doch mit seinen politischen Ratschlägen nur selten Glück bei ihm gehabt.

Zwischen den Brief Oldenburgs vom 22. Oktober und die vom 28. Oktober datierte Antwort Hindenburgs fällt ein Ereignis, dessen weltbewegende Auswirkungen zunächst niemand in vollem Umfang erahnen konnte, am wenigsten die beiden preußischen Landedelleute, das jedoch tief auch in Hindenburgs Lebensweg und Schicksal wie in den Entwicklungsgang des deutschen Volkes eingreifen sollte. Am 23. Oktober 1929 erlebte die New Yorker Börse einen „schwarzen Freitag", in den Vereinigten Staaten brach infolge der Überproduktion eine schwere Wirtschaftskrise aus, hunderte von Bankinstituten wurden mit einem Schlage insolvent. Die Krise breitete sich rasch auf die europäischen Länder aus, sie traf am schwersten das Deutsche Reich, das seit den Anleihen aus dem Dawes-Abkommen so eng mit der amerikanischen Finanzwelt verbunden war. Die amerikanischen Gläubiger forderten kurzfristig ihre Anlagen zurück, die deutsche Landwirtschaft stand bereits in einer schweren Krise, die Industrie hatte sich zu Rationalisierungsmaßnahmen gezwungen gesehen, die bereits ein Anziehen der Erwerbslosenziffern zur Folge gehabt hatten. Sie bekam nun auch die Auswirkungen der Weltwirtschaftskrise zu spüren. Im Grunde änderten sich damit schon die Voraussetzungen für den noch nicht unter Dach gebrachten Young-Plan. Es ließ sich leicht berechnen, daß die Weltwirtschaftskrise das wirtschaftlich höchst labile Deutsche Reich sehr bald nötigen würde, auf eine Revision des Planes zu dringen.

Anfang November 1929 erreichte Hindenburg eine neue Denkschrift des ostpreußischen Landwirtschaftsverbandes über die Notlage in Ostpreußen. In seiner Antwort berichtete er erneut über Maßnahmen zur Behebung der Kreditnot. In diesen Wochen unterhandeltc cr auf Grund eines Memorandums des Geheimrats Caro von der Braunkohlenindustrie über eine Hilfsaktion der Industrie für die Landwirtschaft mit Caro und dem Bankier und Braunkohlen-König Silverberg über die Möglichkeit, mit Hilfe der Großindustrie Mittel aufzubringen, um die Rentabilität der ostdeutschen Landwirtschaft durch durchgreifende Maßnahmen wiederherzustellen und eine allgemeine Zinssenkung und Entschuldung zur Erhaltung des deutschen Groß-, Mittel- und Kleinbesitzes im Osten einzuleiten.

Mit dem Young-Plan, an dem die Vereinigten Staaten nicht direkt beteiligt waren, waren eine Reihe sogenannter Liquidations-Abkommen verknüpft, welche gegen gewisse finanzielle Ausgleichsleistungen die Abgeltung aller ausländischen Ansprüche und die Freigabe des beschlagnahmten deutschen Besitzes im Ausland vorsahen. Mit Amerika wurde im Dezember 1929 ein gesondertes Kriegsschuldenabkommen getroffen, mit Polen wurde über ein Liquidationsabkommen verhandelt, das – wenn auch nicht ohne Opfer – in Verbindung mit einem neuen deutsch-polnischen Handelsvertrag die Beendigung aller Maßnahmen gegen deutschen Besitz in Polen, vor allem in den abgetretenen Landesteilen, bringen sollte, wo auf Grund der polnischen Agrar-Reform oder aus politischen Gründen zahlreiche deutsche kleine und größere Grundbesitzer bereits vertrieben worden waren. Hindenburg erzählte Geheimrat Caro, er wolle dem Reichskanzler vorschlagen, die Unterzeichnung des Liquidationsabkommens und des Handelsvertrages mit Polen zu einem Appell zur Bereitstellung finanzieller Mittel für eine Osthilfsaktion zu benutzen.

Am 30. November 1929 erreichte der erste Abschnitt des Kampfes der Rechtsopposition gegen den Young-Plan sein Ende, der Reichstag lehnte mit 323 gegen 82 Stimmen das sogenannte „Freiheits-Gesetz" ab. Das bedeutete, daß der Verfassung nach das Gesetz einem Voksentscheid unterworfen werden mußte. Nur 5.800.000 Stimmen wurden für den Volksentscheid aufgebracht, das waren 13,8 Prozent aller Stimmberechtigten! Als Zeichen des Protestes gegen die unfruchtbare Obstruktionspolitik und die zügellose Kampagne gegen den ehrwürdigen Reichspräsidenten verließen 21 Abgeordnete die Deutschnationale Partei, an der Spitze Graf Westarp und der frühere Reichsminister des Inneren v. Keudell, und riefen eine „Deutschnationale Arbeitsgemeinschaft" ins Leben, aus der sich die Volkskonservative Partei entwickelte. Die Konservativen trennten sich von der alten Konservativen Partei, das war der tiefere Sinn dieses Vorganges, aber die einundzwanzig blieben künftig Offiziere ohne Heer. Hugenberg konnte auf den Trümmern der großen, so dringend notwendigen, konstruktiven Rechtspartei triumphieren!

Weder Hugenberg noch Hitler noch die in steigendem Maße angesichts der Weltwirtschaftskrise schwankend werdenden, großen Stahl- und Eisenindustriellen des Ruhrgebietes, die jetzt den Young-Plan für eine Unmöglichkeit zu halten begannen, gaben indes den Kampf auf. Für die nationale Opposition im Osten kam die Frage der Polen-Abkommen hinzu, die sie, im Gegensatz zu den Führern der deutschen Minderheit in Polen, die jede auch noch so schwache neue Rechtsbasis begrüßten, für allzu ungenügend erachteten. Auch Hindenburg war nicht ohne Zweifel. Nach einem Vortrag des deutschen Gesandten in Warschau, Ulrich Rauscher, erörterte er am 4. Dezember 1929 mit dem neuen Reichsaußenminister Curtius das Liquidationsabkommen. Er bezweifelte generell die Vertragstreue Polens und meinte, das Abkommen biete keine ausreichende Garantie gegen eine neuerliche Anwendung der polnischen Agrargesetze. Die mündliche Zusicherung des polnischen Außenministers Zaleski, dies würde nicht mehr der Fall sein, schien ihm unzureichend. Wieder war es die Frage, ob man einen geringen Schritt nach vorwärts tun sollte, um durch den Beweis des guten Willens um weitere Schritte zu ringen, oder ob man starr und stur in der Ablehnung verharren sollte. Das Deutsche Reich besaß nur die Macht kluger, vorsichtiger Diplomatie. Einen Tag nach der Unterredung mit Curtius schrieb Hindenburg an einen der führenden Männer des ostpreußischen Großgrundbesitzes, den Obersten a. D. Graf zu Eulenburg-Wicken, der ihm eine, von anderer Hand verfaßte, Denkschrift gegen den Polenvertrag zugesandt hatte und gab zu, persönlich habe er seine Bedenken gegen die gegenwärtige Form des Vertrages. Die Entscheidung liege indes beim Reichstag, auch scheine ihm der Autor der Denkschrift die einschlägigen Bestimmungen des Versailler Vertrages, die Grundlage des Liquidationsabkommens, nicht genügend zu kennen. Wenig später verteidigte er das Abkommen gegen ihm irrig und zu weitgehend erscheinende Bedenken, die Geheimrat v. Berg-Markienen ihm übermittelt hatte. Es blieb kein anderer Weg als der langsame Fortschritt.

Auf einen herzlich gehaltenen Neujahrsglückwunsch des Grafen Brünneck-Belschwitz hin schrieb Hindenburg diesem am 1. Januar 1930, Dawes- wie Young-Plan seien beide vom Übel, eine Revision müsse kommen, bis dahin sei „Young“ billiger und zwangloser. „Keiner der schroffen Kritiker“, fuhr er wörtlich fort, „hat bisher ein Rezept geben können. Als Stein nach 1806/07 erklärte, daß, um Schlimmeres zu verhüten, zunächst bezahlt werden müßte, nannte ihn Marwitz eine Natter.“ Der starrsinnige Selbstbehauptungswillen des Altpreußentums war der gleiche geblieben, seit Friedrich August v. d. Marwitz auf Friedersdorf seine Fehde gegen die Reformen des Reichsfreiherrn vom Stein und die von diesem eingeleitete, auf Zeitgewinn berechnete Verständigungspolitik mit Frankreich geführt, seit die Grafen Harry und Hermann Arnim und die anderen Ultrakonservativen ihren Kampf gegen Bismarcks Kirchenpolitik und seine Zusammenarbeit mit den National-Liberalen geführt hatten. „Für die Nerven eines Mannes in reifen Jahren ist es eine harte Probe, plötzlich mit allen oder fast allen Freunden und Bekannten den bisherigen Umgang abzubrechen“, sagt Bismarck im II. Bande seiner „Gedanken und Erinnerungen“, als er auf die Fehde der konservativen „Kreuz-Zeitung“ zu sprechen kommt. Wieviel schwerer mußte die Situation für einen alten Mann sein, den der Großteil der alten Kameraden und der Standesgenossen plötzlich auf das heftigste zu schmähen begann, als verriete er sein Vaterland?

Die Kampagne steigerte sich noch im Januar und Februar 1930. Der bayrische General Krafft v. Dellmensingen sandte Hindenburg seinen „Offenen Brief“ an den Reichspräsidenten, den er der Presse übergeben hatte, um gegen den Young-Plan zu protestieren. Hindenburg antwortete ihm am 28. Januar 1930, er hoffe, das endgültige Urteil würde wenigstens so ausfallen, daß er nach Pflicht und Gewissen seiner Verantwortung vor dem deutschen Volk gemäß gehandelt habe. Einer der prominentesten Alldeutschen, der Fürst zu Salm-Horstmar, protestierte gleichfalls bei ihm. Im Januar 1930 tagte in Den Haag die zweite Konferenz zur endgültigen Regelung der Reparationsfrage. Deutschland war durch den neuen Reichsaußenminister Dr. Curtius und den neuen volksparteilichen Reichsfinanzminister Dr. Moldenhauer vertreten, der an die Stelle Hilferdings getreten war, nachdem dieser, der Finanztheoretiker der Sozialdemokratie, in der Praxis am Finanzgenie des Reichsbankpräsidenten Schacht gescheitert war. In achtzehntägigen Verhandlungen beschloß die Zweite Haager Konferenz, daß mit dem „Neuen Plan" alle aus dem Krieg entsprungenen finanziellen Fragen erledigt seien, die Reparationskommission, der Reparationsagent und die anderen Kontrollorgane des Dawes-Plans verschwanden. Für den Fall, daß das Reich in einseitigem Vorgehen den Vertrag brechen würde, wurde den Gläubigermächten die Entschließungsfreiheit zurückgegeben. Streitfragen, ob ein „Zerreißen" des Vertrages vorliege, sollte der Internationale Gerichtshof in Den Haag entscheiden. Die Regelung der Saarfrage sollte direkten deutsch-französischen Verhandlungen überlassen bleiben.

Hindenburg legte jetzt den Hauptwert auf die Herausarbeitung der Revisionsmöglichkeiten. Am 10. Februar 1930 schrieb er dem Reichskanzler, er werde die Young-Gesetze vor der Unterzeichnung darauf prüfen, ob die folgenden Voraussetzungen erreicht seien: Vortreiben der Regelung der Saarfrage, so daß diese nach der Räumung der besetzten Rheinlande erfolgen könne, Festlegung der Grundzüge einer Finanzreform, Feststellung des Rechts auf Revision, klare Trennung des polnischen Liquidationsabkommens vom Young-Plan, beide dürften nicht miteinander in Zusammenhang gebracht werden. Dies schien ihm wohl vor allem deshalb notwendig, um die Kritiker im Osten zu beschwichtigen. Wenige Tage später erreichte ihn ein neuer Protest des Grafen Eulenburg-Wicken namens des ostpreußischen „Stahlhelms" gegen den Young-Plan und den Polen-Vertrag. Der Tenor des Schreibens war, es sei ehrenvoller, bis zum letzten zu kämpfen, als die Flagge zu streichen. Graf Eulenburg-Wicken forderte Hindenburg auf, zu einem neuen Volksentscheid aufzurufen. In seiner Antwort lehnte dieser die Idee des Volksentscheids ab und bemerkte, die deutsche Minderheit in Polen empfehle die Annahme des Polen-Vertrages.

Nachdem die Reichsregierung die Young-Gesetze Anfang Februar dem Reichsrat vorgelegt und dieser ihnen zugestimmt hatte, begann das Endstadium des Kampfes um die Annahme des „Neuen Plans“ im Reichstag. Am 17. Februar sprach Hindenburg mit Geheimrat Hugenberg und dem Studienrat Dr. Oberfohren, dem Fraktionsvorsitzenden der Deutschnationalen Partei, über die Revisionsmöglichkeiten des Plans, um noch einmal den Versuch zu machen, sie zu überzeugen. Hugenberg und Oberfohren beharrten darauf, im Gegensatz zum Dawes-Plan kenne der Young-Plan keine Revision. Hindenburg hielt es für gut, am nächsten Tag den Reichskanzler Müller von diesem Gespräch zu unterrichten und ihn zu bitten, bei der zweiten Lesung der Young-Gesetze im Reichstag klar die Revisionsmöglichkeiten von Dawes- und Young-Plan gegenüberzustellen, das könne manche Zweifel beseitigen.

Der Tag, an dem er diesen Brief schrieb, brachte die Eingabe aller rechtsgerichteten Studenten- und Jugendverbände an den Reichspräsidenten, in denen sie den Feldmarschall unter Beschwörung der Toten von Langemarck feierlich aufforderten, den Tributgesetzen seine Unterschrift zu verweigern. Hinter all diesen heißen Bitten, diesem leidenschaftlichen Drängen, stand die tiefe Ungeduld und Unruhe weiter Kreise des deutschen Volkes, die schon die dunkel sich herabsenkenden Schatten schwerer neuer wirtschaftlicher Not spürten, die alles von der befreienden Tat und der legendarischen Macht der Einzelpersönlichkeit erhofften und die den großen alten Mann an der Spitze des Reiches, dessen Blick um so vieles weiter reichte, nicht mehr begriffen. Aber der Mangel an Vertrauen gerade in jenen Kreisen, von deren Kraft und Aufbauwillen er einmal den Wiederaufstieg des Volkes und Vaterlandes erhofft hatte und im Grunde noch erhoffte, traf ihn immer wieder bitter.

Ende Februar 1930 wandte sich auch der Graf Arnim-Boitzenburg, ein Mann, auf den er große Stücke hielt, an ihn und bat ihn, die Unterschrift unter das Young- und Polen-Abkommen zu verweigern und ein Kabinett aus rechtsgerichteten Männern zu berufen. „Retten Sie durch einen starken Entschluß das Vaterland“, schrieb er ihm, wobei er betonte, er wolle keine Antwort. Hindenburg bemerkte bei der Aufforderung, ein Rechtskabinett zu bilden, am Rande: „Rechts läßt mich ja im Stich (Hgb), wie schon vorher 2 mal.“ Noch einmal erhob auch der alte Kammerherr Oldenburg-Januschau seine Stimme, nachdem der Reichstagsausschuß für auswärtige Angelegenheiten die Young-Gesetze und das Polen-Abkommen angenommen hatte. Er schrieb, als man Hindenburg zum Reichspräsidenten ausgerufen habe, sei es in der Hoffnung geschehen, „daß er die Deichsel nach rechts wende“. Das sei nicht geschehen. Er hielt es für das Beste, wenn sich Hindenburg jetzt weigerte, die Verträge in der vorliegenden Form zu unterschreiben oder aber sein Amt niederlegte. Hindenburg vermerkte am Rande: „Was geschieht, wenn ich abgehe? Bleibe ich, so laßt mich das tuen, was ich für richtig halte.“

Kurz vor der dritten Lesung der Verträge im Parlament trug der Reichsbankpräsident Dr. Hjalmar Schacht, der angelsächsischen Presse zufolge Deutschlands „financial wizard“, am 3. März 1930 dem Reichspräsidenten seinen Rücktritt an. In seinem Schreiben an Hindenburg führte er als Gründe an: Die Verschlechterung des Ergebnisses der zweiten Haager Konferenz gegenüber der ersten, vor allem die Beschränkung der Revisionsmöglichkeiten, die ungenügende Frei- beziehungsweise Rückgabe deutschen Eigentums in den Liquidationsabkommen, die Gefährdung der Währung durch die Gefahr deflatorischer Erscheinungen infolge der Tributleistungen. Hindenburg schrieb ihm am 6. März und bat ihn, wenn er schon nicht im Amt verbleiben wolle, seinen Rücktritt wenigstens zu verschieben und seine scharfe Kritik, bei der er sich die Argumente des äußersten Oppositionsflügels zu eigen gemacht habe, vor allem den Hinweis auf die Gefährdung der Währung, nicht öffentlich bekanntzugeben. Er hatte darauf eine eingehende Aussprache mit dem Reichsbankpräsidenten, der auf seinen Argumenten beharrte, die ihn veranlaßte, den Reichskanzler zu bitten, bei der dritten Lesung im Reichstag doch möglichst die Schachtschen Behauptungen zu widerlegen. Den Memoiren des Staatssekretärs Meißner zufolge erklärten der Reichskanzler und der Reichsfinanzminister Dr. Moldenhauer dem Reichspräsidenten Schachts Handlungsweise damit, daß dieser angesichts der wachsenden Opposition der rheinisch-westfälischen Industrie „Angst vor seiner eigenen Courage" bekommen habe. Hindenburg verglich – ebenfalls zufolge den Memoiren Meißners – Schachts Rücktritt mit der Handlungsweise eines Generals, der sich weigere, die von ihm vorgelegten strategischen Pläne selbst auszuführen. Schacht schloß sich ostentativ der „nationalen Opposition" an, er hatte das Vertrauen zum „langsamen Kurs", dem Vermächtnis Stresemanns, verloren, er sah vermutlich auch die heraufziehende Weltwirtschaftskrise, die für eine mit riesigen Tributlasten überhäufte Wirtschaft katastrophale Entwicklungen bergen konnte, zumal ihm Revisionsmöglichkeiten nicht rasch genug gegeben schienen. Nachfolger Schachts wurde der ehemalige Reichskanzler Dr. Luther, dem freilich die Kenntnis des internationalen Geldmarktes und das Prestige seines Vorgängers nicht im gleichen Maße eigneten.

Noch während der Verhandlungen mit Schacht machte Hindenburg einen letzten Versuch, auf Admiral v. Schröder einzuwirken, indem er ausführlich eine von diesem zunächst ohne Nennung des Verfassers eingereichte Denkschrift zu widerlegen suchte, als deren Verfasser Schröder ihm auf seine Rückfrage schließlich den deutschnationalen Abgeordneten Oberfinanzrat Bang genannt hatte, was Hindenburg ohnedies vermutet hatte. Auch dies fruchtete nichts!

Am 13. März 1930 fiel endlich die so lange heiß umkämpfte Entscheidung, mit 270 gegen 190 Stimmen nahm der Reichstag die Young-Gesetze an. Am nächsten Tag wurden sie vom Reichspräsidenten unterzeichnet. In einem amtlichen Aufruf erklärte er:

„... Schweren aber festen Herzens habe ich nach reiflicher gewissenhafter Prüfung die Young-Gesetze mit meinem Namen unterschrieben ..." Im Vergleich zum Dawes-Plan, hieß es weiter, stelle der Young-Plan einen wirtschaftlich-politischen Fortschritt auf dem schweren Weg der Befreiung und des Wiederaufbaues Deutschlands dar. Er richte an alle deutschen Männer und Frauen die ernste Mahnung, sich ihrer Pflichten gegenüber dem Vaterland und der Zukunft der Nation bewußt zu werden und sich unter Überwindung der Gegensätze zusammenzufinden. Am Schluß sagte er wörtlich: „Wir müssen uns trotz und wegen der Not der Zeit auf uns selbst besinnen und wieder eins werden in dem Gedanken: Deutschland über alles ...“

Die schlichten, soldatischen Worte dieses Aufrufs verrieten, wie sehr er über aller einfühlsamen Zusammenarbeit mit dem Staatssekretär, aus der derartige offizielle Verlautbarungen hervorgingen, doch selbst auf Stil und Inhalt Einfluß genommen hatte. Noch am Tag der Annahme der Young-Gesetze durch den Reichstag sandte er dem Reichskanzler ein Schreiben, in dem er bat, die Frage zu klären, ob das deutsch-polnische Liquidationsabkommen verfassungsändernden Charakter habe und in dem er auf die großen Aufgaben der Zukunft hinwies, die Deckung der Ausgaben aus den Young-Gesetzen, die Neuordnung der Reichsfinanzen, die Hilfe für die notleidende Landwirtschaft und die Fürsorge für die Industrie. Das ungeheure Anziehen der Erwerbslosenziffern erfüllte ihn mit Besorgnis. Er empfahl dem Kanzler, mit wirtschaftlichen Sachverständigen Fühlung zu nehmen. Nun antwortete er auch den Jugendorganisationen. Gerade die Erinnerung an die Freiwilligen von Langemarck, sagte er in seinem Schreiben, lege der neuen Generation die Pflicht auf, selbst Opfer zu bringen, auf daß deutsches Land frei werde und Deutschland durch pflichttreue Arbeit und einigenden Zusammenhalt wieder hochkomme. Darin sehe er – der Feldmarschall – die Mahnung der Toten von Langemarck!

Jetzt schrieb er auch offen an Männer wie den Grafen Arnim-Boitzenburg, der Young-Plan sei nicht schlechter als der Dawes-Plan, eine spätere Revision sei möglich, man könne sie freilich nicht vorher öffentlich ankündigen! Der Graf war viel zu klug und dachte viel zu vornehm, um nicht der Haltung des Feldmarschalls Verständnis zu zollen. Dieser schrieb auch an Oldenburg-Januschau und mühte sich in alter Herzlichkeit, ihn zu überzeugen. Oldenburg dankte ihm am 21. März 1930 weit verständnisvoller als zuvor für seine Selbstverleugnung und sein Pflichtbewußtsein. Hindenburg antwortete ihm wie erlöst über diese Haltung, gleichzeitig äußerte er Besorgnisse über die Haltung des „Stahlhelms“ und frug, ob auch dieser schon von Hugenberg pekuniär abhängig sei, das könne und wolle er nicht glauben. Es gab auch andere Lichtblicke auf der Rechten. Der Kyffhäuser-Bund unter General der Artillerie v. Horn erklärte sich für Hindenburgs Politik. Aus Göttingen sandte ihm der verabschiedete Generalleutnant Schwarz eine Erklärung, er werde der „Partei Hindenburgs" die Treue bis zum letzten halten. Von Persönlichkeiten des öffentlichen Lebens schrieben ihm zustimmend unter anderem die Landeshauptleute der beiden Provinzen, die er 1914/15 dem Deutschtum gerettet hatte, Dr. Blunck für Ostpreußen und Herr v. Thaer für Niederschlesien. Von alten Freunden oder Mitarbeitern äußerten sich zustimmend Herr v. Kahr, der Präsident des Bayerischen Oberverwaltungsgerichtshofes geworden war, Generalmajor a. D. v. Winterfeld, der bekannte Militärschriftsteller General v. Moser und der Fürst Franz Josef von Isenburg-Birstein. Die Volkskonservativen und der Jungdeutsche Orden gaben Erklärungen für die Politik Hindenburgs ab.

Die bürgerliche Presse, die großen demokratischen Blätter Berlins, das „Berliner Tageblatt", und die „Vossische Zeitung" würdigten im allgemeinen die Haltung Hindenburgs in der langen schweren Krise höchst verständnisvoll. Auch die konservative „Kreuz-Zeitung" wahrte eine vornehme Haltung und meinte, der Reichspräsident habe in seinem Pflichtgefühl die Person hinter die Sache gestellt. Graf Westarp führte aus, auch ein Rücktritt Hindenburgs hätte die Annahme des Tributplanes nicht verhindern können. Die Reichstagsmehrheit hätte dann auf Grund des Artikels 51 der Reichsverfassung einen ihr genehmen Stellvertreter einsetzen können. Im Ausland, vor allem in den angelsächsischen Ländern, fand Hindenburgs so schlichter Aufruf viel Beachtung.

Die Rechtspresse dagegen tobte. Die von Major a. D. v. Sodenstern redigierte „Deutsche Zeitung" stellte fest, der Feldmarschall besäße keinen „preußisch-deutschen Befreiungsgeist", Hitlers „Völkischer Beobachter" brachte einen Artikel „Hindenburgs Abschied von Deutschland", die „Stahlhelm"-Zeitung suchte, um wenigstens in etwa das Ehrenmitglied für sich zu proklamieren, das die „Tributgesetze" unterschrieben, den Generalfeldmarschall des Großen Krieges vom Präsidenten der Republik zu trennen. In einzelnen Landesverbänden des „Stahlhelm“ wurde sogar der Wunsch laut, dem Feldmarschall die Ehrenmitgliedschaft abzuerkennen. General v. Cramon wollte den alten Freund nicht selbst anklagen, obwohl er, wie er in der „Kreuz-Zeitung“ schrieb, ihn nicht mehr verstand und seine Handlungsweise nicht billigte, er griff dafür dessen verantwortliche Ratgeber an. Gleichzeitig brachte er die Kriegsschuldfrage mit dem Young-Plan in Verbindung. Hindenburg hielt in einer Randbemerkung dazu fest: „Tribut zahlen wir nicht als Kriegsschuldige, sondern als Unterlegene ...“ Die leidenschaftlichsten Töne schlug Ludendorff am 30. März 1930 in der von ihm herausgegebenen „Volkswarte“ in einem Aufsatz „Herr Paul von Hindenburg“ an, in welchem er verkündete, dieser habe das vernichtet, wofür er gekämpft habe, und in dem er sich zu der Behauptung verstieg, nach den Gesetzen des alten Heeres habe Hindenburg das Recht verwirkt, das feldgraue Ehrenkleid zu tragen und es mit ins Grab zu nehmen ... Der alte König Friedrich August von Sachsen sandte unter vielen anderen darauf dem von ihm so hoch verehrten Feldmarschall ein empörtes Handschreiben über diese Entgleisung Ludendorffs.

1930 näherte sich der fünfte Jahrestag der Erwählung Hindenburgs zum Reichspräsidenten. Am 18. März 1930 richtete Hindenburg ein sehr langes, ausführliches und in warmem Tone gehaltenes Schreiben an den Reichskanzler Hermann Müller, das deutlich zeigte, wie er diesen stillen, sachlichen Mann, der gleich Stresemann schon von schwerer Krankheit gezeichnet war und sich im Dienst verzehrte, achten gelernt hatte. Er erklärte darin, daß er nach einem Vortrag des Reichsjustizministers seine Bedenken gegen das Zustimmungsgesetz zum deutsch-polnischen Liquidationsabkommen aufgegeben habe, er wolle hoffen, daß das Abkommen dazu beitragen möge, deutsche Scholle und deutsche Existenzen jenseits der Reichsgrenzen zu erhalten. Dann ging er erneut auf die große Sorge ein, die ihn erfüllte, die Hilfsaktion für alle Betriebe der Landwirtschaft, große wie kleine, um diesen die Lebensfähigkeit wiederzugeben. Er hielt eine Umschuldungsaktion und Reichszuschüsse für den Zinsendienst für unumgänglich. Nachdrücklich führte er aus, es gehe nicht nur um

Großbetriebe, auch die Bauernhöfe seien überschuldet. Die Bauernunruhen des Jahres 1929 in Schleswig-Holstein redeten ihre eigene Sprache und bestätigten seine mahnenden Darlegungen.

Dies waren die dunklen Schatten, die auf das erste Jahrfünft der Reichspräsidentenschaft fielen, dies und der Konflikt mit dem nationalen und konservativen Deutschland, das ihn 1925 gerufen hatte, jener Konflikt, der ihn die bittersten Stunden seines Lebens und die ersten schlaflosen Nächte gekostet hatte. Das Jubiläum bescherte ihm wiederum zahllose anerkennende Presse-Kommentare der bürgerlichen Presse. Er wich allen Ehrungen aus und zog sich still nach Groß-Schwülper zurück. Unter den Pressestimmen zum fünften Jahrestag der Reichspräsidentenwahl fällt ein Kommentar einer westdeutschen Zeitung, des „Generalanzeigers" in Dortmund, dem rückschauenden Betrachter besonders auf, weil er ein sehr entscheidendes Problem berührte. Dort wurde in einem Artikel von Max Reinheimer bemängelt, daß mit Hindenburg eine „Halb-Reaktion" zur Macht gekommen sei. Hindenburg sei ein „konservativer Republikaner", hieß es, die Republik bedürfe aber eines „Herzenrepublikaners" an der Spitze. Der Autor befürchtete die Entstehung einer „Deutschen Staatspartei" unter Hindenburg. Er schien die Verfassung nicht sehr gut zu kennen, dieser Weg, im Parteienstaat die Hindenburg anhängenden Kräfte sehr verschiedener Observanz in einer Sammlungsbewegung zu vereinigen, war dem überparteilichen Reichspräsidenten verwehrt. So aber blieb dieser der Verweser eines unaufhaltsam zerfallenden Gebäudes, dessen Bewohner in unheilvollem, erbittertem Streit lagen, der umso leidenschaftlicher wurde, je größer wieder die allgemeine Not anstieg. Als der Reichstag über dem nicht endenwollenden Parteihader schließlich seine eigentlichen Aufgaben völlig vergaß, als sich die alten Parteien in fruchtlosem Zank und fruchtloser Obstruktion erschöpften und von rechts wie links der Marschtritt neuer sozial- oder nationalrevolutionärer Massenbewegungen immer dröhnender und machtvoller erklang, da sah sich der alte Mann schließlich von allen verlassen und sollte nur mit wenigen Vertrauten dem Ansturm der neuen Zeit die Stirn bieten.

7. HINDENBURG UND HITLER

DAS ENDE DER REPUBLIK
1930-1932

Der Young-Plan und die Weltwirtschaftskrise verlangten 1930 von dem nunmehr fast zwei Jahre im Amt befindlichen Kabinett Hermann Müller einschneidende, neue Maßnahmen. Die steigende Zahl der Arbeitslosen machte eine Reform der Arbeitslosenversicherung notwendig, der Young-Plan bedingte eine durchgreifende Finanzreform. In dieser kritischen Situation enthüllte sich rasch, wenige Tage nach der Unterzeichnung der Haager Gesetze durch Hindenburg, wenige Tage nach seinem Aufruf zur Einigkeit, wie sehr sich die Große Koalition bereits verbraucht hatte, wie wenig gerade die eigene Partei des Kanzlers gewillt war, die Verantwortung für unpopuläre Maßnahmen auf sich zu nehmen. Die Wirtschaftskrise ließ die bislang latente Krise des deutschen parlamentarischen Systems offen zu Tage treten. Die zu Einigkeit mahnende Stimme des greisen Reichsoberhauptes verhallte. Die großen Fraktionen des Reichstages waren außerstande, sich auf ein Notprogramm zu einigen, ihre Zerfahrenheit und ihr unheilvoller Hader triumphierten auch in dieser schicksalsschweren Stunde. Der Reichskanzler Hermann Müller war bereits ein vom Tode gezeichneter Mann, ein Jahr später erlag er seinem Leiden. Darin lag düstere Tragik, wieviele ausgezeichnete Männer hatten sich bereits im Ringen um die Stabilisierung des demokratischen Systems verbraucht. Der Reichspräsident Ebert hatte gearbeitet, bis es zu spät war, bis die tödliche Krankheit ihr Werk getan hatte. Stresemann war in den Sielen gestorben, jetzt drohte dem Kanzler Hermann Müller, dessen Kabinett ihm unter den Händen zerbrach, das gleiche Geschick.

Wieder löste eine an und für sich zweitrangige Frage die Kabinettskrise aus. Bei der Erörterung der Reform der Arbeitslosenversicherung trat die Deutsche Volkspartei, bei der der rechte Flügel seit Stresemanns Tod an Gewicht gewonnen hatte, für eine Verringerung der Unterstützungssätze ein, die Sozialdemokratische Partei für eine Heraufsetzung. Durch die Vermittlung des Fraktionsvorsitzenden des Zentrums, des Rechtsbeistandes der Christlichen Gewerkschaften, Dr. Heinrich Brüning, bot sich die Möglichkeit eines Kompromisses, die vom Kabinett einstimmig aufgegriffen wurde. Da machte die sozialdemokratische Reichstags-Fraktion dem eigenen Kanzler einen Strich durch die Rechnung und verweigerte ihre Zustimmung. Am 27. März 1930 sah sich der Kanzler genötigt, dem Reichspräsidenten die Demission seines Kabinettes mitzuteilen. Die Sozialdemokratische Partei ging in Opposition.

Angesichts ihrer Haltung blieben nur zwei Alternativen: Die Bildung einer neuen bürgerlichen Minderheitsregierung, die auf schwache, unsichere und wechselnde Reichstagsmehrheiten angewiesen war und die damit durchaus ungeeignet erschien, angesichts fehlender Stabilität die neuen, schwerwiegenden wirtschaftlichen und finanziellen Notmaßnahmen durchzuführen, oder die von Hindenburg schon 1928 erwogene Betrauung eines von den Parteien unabhängigen Kanzlers als Vertrauensmann des Reichspräsidenten. Die Niederschrift für die Verhandlungen bei der Bildung des Kabinettes Müller ließ klar erkennen, wie Hindenburgs Haltung in einer neuen Krise sein würde. Stützen dieser Anschauung fand er vor allem im Reichswehrminister General Groener und dessen Chef des Minister-Amtes, Oberst v. Schleicher. Groener hatte schon im Jahre 1930 in einem Privatbrief an seinen Freund Generalmajor a. D. Alarich v. Gleich geschrieben, sein „Kardinal in politicis“ (d. i. Schleicher) bemühe sich, einer Regierung den Boden zu bereiten, die sich fester auf den Reichspräsidenten und die Reichswehr stützen könne. Groener hoffte mit Hilfe guter Beziehungen zu den abtrünnigen Konservativen, die sich gegen Hugenberg gewandt hatten, die Deutschnationale Partei wieder herumreißen und in die Regierungsfront bringen zu können. Er war durchaus kein Gegner des amtierenden Reichskanzlers Müller, den er als „ganz ausgezeichnet“ charakterisierte, aber er sah voraus, daß die Sozialdemokratische Partei aus Furcht vor dem Abströmen der Arbeitermassen zu den Kommunisten den eigenen Kanzler bei den notwendigen unpopulären Maßnahmen desavouieren würde und täuschte sich darin durchaus nicht!

Die Frage war, wer den Vertrauensmann des Reichspräsidenten

abgeben könne. Ein völlig außerhalb von Parlament und Parteien stehender und mit dem tagespolitischen Getriebe unvertrauter Mann schien ungeeignet zu sein, damit fielen alte Kombinationen fort, etwa die Berufung einer Persönlichkeit wie des Generals v. Gallwitz. Hindenburg – das ist schon oft betont und muß in dieser Stunde noch einmal betont werden – war letzten Endes kein Politiker, sondern war und blieb Soldat. Als Soldat hatte er stets mit einem Chef des Stabes gearbeitet. Er hatte das Glück gehabt, in Ludendorff zur rechten Stunde den hervorragend begabten Strategen und in Groener den politischen Realisten zu finden. Mit Groener und dessen politischem Berater Schleicher hatte er in den politisch so spannungsreichen Jahren 1918/19 eng zusammengearbeitet, und das Schicksal wollte es jetzt, daß er die gleichen Männer wieder in der Leitung des Reichswehrministeriums fand. Groener hatte er immer geschätzt, Schleicher war in seinen Augen der jüngere Kamerad aus dem gleichen alten 3. Garde-Regiment zu Fuß und der politisch sattelfeste, bei allen Verhandlungen höchst gewandte Generalstäbler, der noch in jeder Lage dank jener Überlegenheit, die er auch gern offen zur Schau trug, einen Ausweg wußte. Da Groener seinerseits sich weitgehend auf Schleicher als seinen „Kardinal in politicis“ verließ, rückte dieser somit gewissermaßen zum heimlichen neuen „Chef“ auf, wobei er genötigt war, teils vertrauensvoll, teils in verborgener Rivalität mit dem Staatssekretär der Präsidialkanzlei Dr. Meißner zusammenzuarbeiten. Hindenburg hat Meißners Arbeit und Erfahrung fraglos bis zuletzt geschätzt und gewürdigt, Schleicher besaß jedoch den Vorzug, daß er in seinen Augen Soldat, mehr noch, alter Gardeoffizier und Generalstäbler, war. Die tiefe Enttäuschung, die sein Wirken bei dem alten Herrn schließlich hinterließ, lag noch fern.

Oberst v. Schleicher empfahl in der neuen Kabinettskrise den ihm aus Etatverhandlungen wohl bekannten Fraktionsvorsitzenden des Zentrums, Dr. Heinrich Brüning, als Kanzler, der Hindenburg bislang nur von einigen offiziellen Empfängen der Parlamentarier bekannt war. Brüning besaß in Schleichers wie Groeners Augen viele Vorzüge. 1885 geboren, gehörte er zur jüngeren Generation, er hatte den Krieg als Reserveoffizier mitgemacht und besaß Verständnis für die Belange der Wehrmacht wie für die Empfindungen der Frontgeneration, deren Gewinnung der Republik bisher nie gelungen war. Er war im Grunde ein Mann von konservativen Anschauungen, seine Tätigkeit für die Christlichen Gewerkschaften sicherte ihm indes auch Sympathien auf dem so mächtigen und ausschlaggebenden linken Flügel seiner Partei, der seit Erzbergers Tagen den Kurs des Zentrums so maßgeblich beeinflußte. Dazu kam eine große natürliche Begabung und Klugheit. Hindenburg nahm Schleichers Empfehlung zunächst mit Zurückhaltung auf, wie Staatssekretär Meißner in seinen Memoiren bekundet. Vielleicht erweckte Brünings Gewerkschaftstätigkeit bei ihm Befürchtungen, dieser stünde so weit links wie sein Fraktionskollege, der ehemalige Reichskanzler Wirth, der Hindenburg wenig lag. Eine längere Unterredung mit Brüning stimmte ihn um, er war tief beeindruckt von dessen lauterer Gesinnung, von seinem echt christlichen Lebensgefühl und seinem Patriotismus. Am 28. März 1930 betraute er ihn mit der Bildung der neuen Regierung, die ohne Berücksichtigung der Mehrheitsverhältnisse im Reichstag erfolgen sollte. Zwei Tage später konnte ihm Brüning sein neues Kabinett präsentieren, in dem der parteilose General Groener das Reichswehrministerium, die Schlüsselposition, behielt, während die Deutsche Volkspartei mit Dr. Curtius und Professor Moldenhauer die Ressorts des Äußeren und der Finanz besetzte, das Zentrum mit Josef Wirth, Theo v. Guerad und Adam Stegerwald die Ressorts des Inneren, des Verkehrs und der Arbeit, die Wirtschaftspartei mit Professor Dr. Bredt das Justizministerium und die Bayerische Volkspartei das Reichspostministerium. Ein Demokrat, Hermann Dietrich-Baden, wurde Reichswirtschaftsminister. Zwei der von der Deutschnationalen Volkspartei abgefallenen Konservativen, Martin Schiele und Kapitänleutnant a. D. Treviranus, erhielten die Ministerien für Ernährung und Landwirtschaft und für die besetzten Gebiete.

In einer Rede vom 1. April 1930 betonte der neue Kanzler, sein Kabinett sei nicht an eine Koalition gebunden, seine Aufgabe sei die Lösung der für das Reich lebensnotwendigen Probleme, es sei der letzte Versuch, diese Aufgabe gemeinsam mit dem Reichstag zu bewältigen. Der Nachfolger Brünings in der Führung der Zentrumsfraktion, Prälat Ludwig Kaas, stützte den neuen, halbautoritären Kurs des Präsidialkabinettes. Die Sozialdemokraten vermieden den Sturz der neuen Regierung, billigten zumeist Brünings Maßnahmen, wollten sich aber auch nicht an der Verantwortung für den neuen, notwendigerweise unpopulären Kurs offen beteiligen. Bei der Einbringung der ersten Steuer- und Zollvorlage des Kabinettes, die Steuererhöhungen und Zollerhöhungen zum Schutz der notleidenden Landwirtschaft brachte, ergab sich das Bild, daß im Reichstag Sozialdemokraten, Kommunisten und Nationalsozialisten gemeinsam gegen die Vorlage stimmten, während die Deutschnationalen Brüning unterstützten. Dieses Bild veränderte sich rasch grundlegend. Die Sozialdemokraten tolerierten fortan zumeist das Brüningsche Kabinett, die Deutschnationalen gingen in die Opposition, die Hugenberg mehr lag als konstruktive Mitarbeit, um die der Kanzler lange und oft vergeblich rang, weil er eine große, arbeitswillige Rechtspartei genauso wie Groener für unerläßlich erachtete und weil er sehr bald erkannte, wie sehr dem Reichspräsidenten daran lag, die konservative Rechte wieder zur Mitarbeit und Mitverantwortung zu bewegen. Das Ringen um eine Erweiterung des ersten Kabinettes Brüning nach rechts und das Verhältnis zur Sozialdemokratie, die in Preußen gemeinsam mit dem Zentrum in der von Hugenberg erbittert bekämpften „schwarz-roten Koalition“ die volle Verantwortung trug, während sie im Reichstag einer festen Koalition mit dem gleichen Zentrum auswich, wurden für die nächsten anderthalb Jahre zum entscheidenden Problem der deutschen Innenpolitik. Es wurde dadurch nicht einfacher, daß die Koalition zwischen Zentrum und Sozialdemokratie im größten deutschen Lande, Preußen, zum Bollwerk der Demokratie in Deutschland wurde, die immer stärker in die tödliche Krise hineinglitt.

Unter den Vorzeichen schwerer innenpolitischer Auseinandersetzungen und dunkel sich herabsenkender wirtschaftlicher Not und Verelendung fanden im Sommer 1930 die Feiern zur Befreiung der Rheinlande von fremder Besatzung statt. Hindenburg ließ zuvor die preußische Regierung wissen, er würde nur an den Befreiungsfeiern teilnehmen, wenn dem noch immer im Rheinland und in Westfalen verbotenen „Stahlhelm", dessen Ehrenmitglied er war, die Teilnahme an den Aufmärschen gestattet würde. Die „Stahlhelm"-Führung unterhandelte bereits mit dem preußischen Innenministerium über die Aufhebung des Verbots. Um diese Verhandlungen voranzutreiben, erklärte Hindenburg in einem öffentlichen Brief an den preußischen Ministerpräsidenten Braun, er mache sein Erscheinen im Rheinland von der Aufhebung des Verbotes abhängig. Ministerpräsident Braun, der sich noch in seinen im Alter verfaßten Memoiren nicht von der Vorstellung eines übertriebenen Einflusses der Deutschnationalen auf Hindenburg freimachen konnte, witterte in diesem Schreiben, das er als „einen Pfeil aus dem Reichspräsidenten-Palais" bezeichnete, eine Staatsaktion zur Unterminierung seiner Regierungskoalition in Preußen. Allein der Brief galt wirklich nur dem Eintreten für den „Stahlhelm", dessen Bestrafung für eine „Gelände-Übung" dem alten Feldmarschall nie recht eingeleuchtet hatte.

In einer Aussprache zwischen Hindenburg und Braun, bei der auch in der von Braun überlieferten Schilderung die gütig-patriarchalische Haltung des alten Mannes gegenüber dem ihm im Grunde gar nicht unsympathischen führenden Kopf der Sozialdemokratie hervorgeht, einigte man sich in Anwesenheit Brünings schließlich darauf, daß das Verbot aufgehoben wurde, wobei der „Stahlhelm" sich verpflichten mußte, künftig keine der offiziell verbotenen militärischen Übungen mehr abzuhalten, die fraglos gerade in der entmilitarisierten Zone eine Belastung für die Außenpolitik darstellten, die man vermeiden konnte. Zum Schluß der Unterredung meinte Hindenburg väterlich-wohlwollend – gehen wir den Braunschen Memoiren nach – zu dem preußischen Ministerpräsidenten, den die reaktionärdeutschnationalen Frondeure den „roten Zar" von Preußen titulierten: „Nun sind wir ja wieder einig, in Zukunft sprechen wir uns vorher aus, um solche Differenzen zu vermeiden." Braun erwiderte: „Mir schon recht." Er argwöhnte generell Intrigen gegen derartige Aussprachen mit dem alten Herrn und notierte in seinen Memoiren auch höchst abfällig Brünings höflichen Einwurf, er möge es ihm doch sagen, wenn es Schwierigkeiten mit Hindenburg gäbe: „Der Herr Reichspräsident hat ja immer die Güte, mich anzuhören." Er sah darin eine allzu „höfische“ Einstellung gegenüber der Hoheit, die den Feldmarschall als Reichsoberhaupt umgab, jener fürstlichen Hoheit und Würde, deren bezwingendem Eindruck auch er im Grunde als ehrlicher Mann sich nicht entziehen konnte, obwohl er später in den Memoiren gern unterstrich, wie urwüchsig-derb er stets die eigene Position gewahrt habe. Ein offenes Wort aber nahm gerade der Feldmarschall, sofern der Mann, der es sprach, ihm als Charakter erschien, am wenigsten übel.

Am 20. Juli 1930 nahm Hindenburg am großen Festakt in Koblenz teil. Er ehrte auch das Andenken des Mannes, dem Deutschland im Grunde die unter so schweren Opfern erkaufte Räumung der besetzten Gebiete verdankte und der diesen Tag nicht mehr erleben durfte, weil ihn der unerbittliche Tod weit vor der Zeit abberufen hatte, Gustav Stresemann. Das Rheinland war frei, die Bevölkerung jubelte Hindenburg zu, wo immer er erschien. Doch der Abschluß der festlichen Wochen war von dunkler Tragik überschattet, eine Brücke über die Mosel stürzte ein und riß Dutzende von Teilnehmern an einer Befreiungsfeier in die Tiefe.

Die gleiche dunkle Tragik überschattete die innerpolitische Entwicklung. Das erste Notprogramm Brünings, das beträchtliche Steuererhöhungen und einen Abbau der Gehälter und Soziallasten vorsah, fand im Reichstag infolge der Opposition von Rechts bis Links keine Mehrheit. Es wurde am 16. Juli 1930, mitten im Festes-Monat der Rheinlande, als Notverordnung auf Grund des Artikels 48 der Reichsverfassung verkündet. Brüning war entschlossen, die Krise ohne Gefährdung der Währung durch Sparsamkeit und strikte Devalvationsmaßnahmen zu meistern, eine Politik des „Gold gab ich für Eisen“, die Hindenburgs volle Zustimmung hatte, die seinem Gefühl entsprach, daß das Vaterland jegliches Opfer der Bürger beanspruchen könne, sofern seine Existenz auf dem Spiele stand. Auch Notverordnungen bedurften der Verfassung zufolge der nachträglichen Zustimmung des Parlaments. Im Reichstag stimmten Deutschnationale, Sozialdemokraten, Kommunisten und Nationalsozialisten, wenn auch sorgfältig fraktionsweise getrennt – und dennoch wahrlich seltsame Bettgenossen! – für die Aufhebung der Notverordnung, ohne daß sie einen anderen gangbaren Weg wußten. Vergeblich hatte der Reichsinnenminister Wirth gemahnt, man solle sich einigen und Neuwahlen vermeiden, die nur den radikalen Flügelparteien zu Gute kommen könnten. Am 18. Juli 1930 löste darauf Brüning den Reichstag auf. Auch dies entsprach Hindenburgs schon 1928 festgehaltener Anschauung, daß der Vertrauensmann in der Reichskanzlei die Auflösungsordre für das Parlament in der Tasche haben müsse, wenn es sich den notwendigen Maßnahmen versagte.

Zur Wahl im September 1930 marschierten nicht weniger als 15 größere und kleinere Parteien auf. General Groener baute auf einen projektierten „Hindenburg-Bund" von der Landvolk-Partei bis zu den Demokraten, der Hugenbergs Partei den Wind aus den Segeln nehmen sollte. Wie er seinem Freunde Alarich v. Gleich im Juli 1930 schrieb, „betriebe Freund Treviranus bereits mit ihrer (d.i. Schleichers und seiner!) Assistenz den Schlachtplan". Der Gedanke des „Hindenburg-Bundes" entsprach dem an und für sich völlig richtigem Empfinden, daß in der parlamentarischen Demokratie die Anhängerschaft einer bestimmten Idee – in diesem Falle des Hindenburg-Brüning-Groenerschen Kurses – wahltechnisch ihren Ausdruck nur in einer Auffangorganisation finden konnte, welche den Wählern die Möglichkeit gab, ihre Stimme in die Waagschale zu werfen. Er scheiterte an der gerade auf der Rechten infolge des Hugenbergschen Kurses zu Tage tretenden, hoffnungslosen Zersplitterung in zahllose Einzelgruppen vom Landvolk über die Volkskonservative Vereinigung bis zum Christlich-Sozialen Volksdienst. Die Wahl, die am 14. September 1930 abgehalten wurde, brachte einen Erdrutsch. Die Unzufriedenen, die Frontkämpfer, die Verdrossenen, die bislang überhaupt jeder Wahl fern geblieben waren, weil sie sich vom parlamentarischen System Weimars gar nichts erhofften, die kleinbürgerlich-mittelbürgerlichen Kreise, die die Woge des neuen Elends heranrollen spürten, wandten sich der NSDAP Hitlers zu, die eine ungeheure Propaganda entfaltete und die in Hitler über einen Redner mit ausgesprochenem Instinkt für die Probleme des Massenzeitalters besaß. Die NSDAP schnellte von 12 Sitzen auf 107 Sitze empor und wurde nächst der Sozialdemokratischen Partei, die 143 Mandate buchen konnte, die zweitstärkste Partei des Reichstages. Die Deutschnationalen sanken auf 41 Mandate, die rechten Splitterparteien eroberten 49 Mandate – ein Zeichen, welche Aussichten bestanden hätten, wäre es gelungen, die gesamte nationale und christliche Rechte in einem „Hindenburg-Bund" zu einigen! Die Kommunisten auf dem anderen äußersten Flügel eroberten 76 Mandate.

Damit ergab sich für den Reichspräsidenten, der unerschütterlich an Brüning festhielt und nicht daran dachte, auf die veränderten Mehrheitsverhältnisse durch eine Regierungsneubildung Rücksicht zu nehmen, gleichwohl eine völlig neue Situation. Breite, national empfindende, wehrfreudig eingestellte Kreise nicht nur des Bürgertums, sondern auch in wachsendem Maße der Arbeiterschaft und der alten Frontsoldaten strömten einer neuen nationalrevolutionären, mit unklaren sozialistischen Ideen durchsetzten Massenpartei zu, die unter der Führung eines landfremden Volkstribunen stand, dessen Gebaren und Auftreten, dessen österreichisch-deutsche Abkunft Hindenburg schon 1923 als Altpreußen ganz unverständlich geblieben waren. Im Herbst 1930 mahnte er Brüning erneut und stärker als zuvor, wenigstens die Deutschnationalen für den Regierungskurs zu gewinnen, um dergestalt die nationale Welle wenigstens teilweise abfangen zu können. Brüning konnte nur immer das eine antworten, daß all seine Unterhandlungen mit Hugenberg, Oberfohren und Dr. v. Winterfeld, den deutschnationalen Vertretern, ohne Erfolg blieben.

Noch verblüffender war die neue Situation für einen Mann wie Schleicher. Er hatte in der Reichswehr stets das Kadre-Heer für eine neue Wehrmacht gesehen, die kommen mußte, wenn Deutschland einmal die Wehrhoheit zurückgewann. Jetzt stand die Masse der wehrfreudig eingestellten Bevölkerung plötzlich in einem neuen oppositionellen Lager. Mit Groener war er sich darin einig, daß die Reichswehr selbst nach wie vor ganz scharf aus dem politischen Meinungsstreit herausgehalten werden mußte, die Politik wurde im Minister-Amt und nirgend anderswo bestimmt. Groener und der Chef der Heeresleitung, Generaloberst Heye, gingen, trotz mißvergnügter Äußerungen im höheren Offizierkorps, schroff gegen zwei aktive und einen bereits verabschiedeten Offizier des Artillerie-Regiments 5 in Ulm vor, die Verbindung mit der nationalsozialistischen Parteiführung gesucht hatten. Sie wurden in einem Reichsgerichtsprozeß abgeurteilt. Einer von ihnen – bezeichnend für die politische Unsicherheit, die in den jugendlichen Heißspornen lebte – wechselte in der Festungshaft zur Kommunistischen Partei über. Hitler selbst erschien als Zeuge vor dem Reichsgericht und leistete einen Eid darauf, daß er nurmehr auf legalem Weg zur Macht kommen wolle. Er war ausgesprochen gedacht, um Eindruck auf den greisen Feldmarschall-Präsidenten zu machen. Wurde für Hitler die Frage entscheidend, wie er die Aufmerksamkeit und das Wohlwollen Hindenburgs fand, so wurde für die Reichswehrführung das Problem ausschlaggebend, wie man sich zu der neuen Massenpartei der Rechten stellen solle.

Der neue Reichstag vertagte sich, nachdem das Kabinett Brüning eine schwache Mehrheit gefunden hatte. Eine arbeitswillige Mehrheit für die Politik Brünings fand sich nicht mehr zusammen. Die „Halbdiktatur", wie Groener den herrschenden Zustand definierte, entband das Parlament von schwerer Verantwortung, und das Parlament nahm diese Entwicklung hin!

Neben dem Nationalsozialismus blieb die ungelöste Frage einer gemäßigten breiten Rechtsgruppierung, um dem Kabinett Brüning eine breitere Basis zu geben. Oldenburg-Januschau sandte Hindenburg einen Brief Hugenbergs, der eine Rechtfertigung seiner Politik enthielt. Hindenburg antwortete ihm am 29. November 1930 sehr ausführlich, Hugenberg habe stets seine Mitarbeit unter unerfüllbaren Bedingungen (d. i. vor allem die Beseitigung der herrschenden Koalition in Preußen!) verweigert, eine formelle Zusage Hugenbergs habe stets eine glatte Absage bedeutet, alle Besprechungen, die er mit ihm gehabt habe, seien zwecklos gewesen. Nur „politische Gehässigkeit" könne davon reden, daß die Regierung Brüning keinerlei Erfolge zu verzeichnen gehabt habe. Wörtlich hieß es in seinem Brief: „Herr Hugenberg macht mich für Zustände verantwortlich, die er selbst herbeigeführt hat. Es gibt Dinge, die ich nicht ändern kann, ebensowenig wie ich gutes Wetter oder günstige Wirtschaftslage machen kann, kann ich Zwiespalt und Interessengegensätze usw. beseitigen ..." Er bat Oldenburg, ihm trotzdem seine Freundschaft zu bewahren und sandte ihm mit dem Brief einen berichtigenden Artikel des „Börsen-Courier" über die Unterredungen zwischen Hugenberg und Oberfohren mit Brüning und dem Vizekanzler und Reichswirtschaftsminister Dietrich-Baden am 17. Juli 1930 und den Brief der beiden Deutschnationalen an den Reichskanzler vom 14. Oktober 1930.

Der Reichswehrminister General Groner trat entschieden für den Brüning-Kurs ein, wobei er sich klar war, daß alles von der Haltung des Reichspräsidenten abhing. Dieser vertraute auf Brünings Geschick, begriff freilich im Inneren auch immer weniger die Haltung der preußischen Koalition, die im Grunde einen Widerspruch zur Zentrumspolitik im Reichstag bildete, zumal die preußische Regierung, weder der Ministerpräsident Braun noch der Innenminister Severing, irgendein Entgegenkommen gegenüber Wünschen des Reichswehrministeriums und des Reichspräsidenten hinsichtlich des Verbotes pazifistischer oder bolschewistischer Filme, des Kriegsfilmes „Im Westen nichts Neues" nach dem berühmten Roman von Remarque und des sowjetrussischen Propagandafilms über die Meuterei auf dem Panzerkreuzer „Potemkin", bezeigten. Nur das Verbot des ersten Films ließ sich mit Hilfe der Filmprüfstellen durchsetzen. Die preußische Koalition fühlte sich als Hüter der voraussetzungslosen Demokratie, die derartige Verbote als Beeinträchtigung der freien Meinungsäußerung ablehnte.

Aber die Demokratie geriet in immer stärkere Bedrängnis. Die Jahreswende 1930/31 sah 4,3 Millionen Erwerbslose, sah den drohenden Aufmarsch zweier radikaler Massenparteien, die jede eine neue Welt sozialen Heils und der Erlösung aus Not und Elend verhießen, sah den allerorts in den Großstädten und den Industrierevieren aufflammenden Bürgerkrieg zwischen Kommunisten und Nationalsozialisten um die Seele und das Herz der Massen. Das Reich wurde zum Schlachtfeld des Ringens zweier Massenbewegungen. Die Massen waren der alten Führerschicht längst entglitten. Man muß den tiefen Kontrast zwischen dieser Entwicklung und der alten patriarchalischen Welt bedenken, der Hindenburg, der etwa Männer wie der Kammerherr v. Oldenburg Januschau noch verbunden waren, der Bereiche agrarischer Wirtschaftsordnung, in denen die alte Einheit und die alte Bindung von Gutsherr und Gutsleuten noch wie auf Inseln fortbestand. Das Zeitalter der festen, ständischen Bindungen befand sich seit dem Heraufkommen der Technik und der Industrialisierung der Wirtschaftsformen in unaufhaltsamer Auflösung. Der Grundadel wie der Grundbesitz überhaupt verloren mit jedem Jahrzehnt mehr an Boden, nicht nur politisch, sondern in ganz buchstäblich wörtlich zu nehmendem Sinne. Der Verfall aller überkommenen Standesbeziehungen und ständischen Ordnungen, der Verlust der damit verknüpften überkommenen, staatlichen, sozialen und religiösen Wertmaßstäbe ermöglichte erst den Aufstieg einer Persönlichkeit wie derjenigen Hitlers. Der spanische Staatsphilosoph Juan Donoso Cortés, einer der bedeutsamsten Verfechter katholisch-konservativer, ständischer Ordnung, hatte im vergangenen Jahrhundert in seiner Denkschrift für den Kardinal Fornari das Bild der unaufhaltsamen Nivellierung aller Unterschiede und Bindungen durch die Technik und die Vermassung beschworen und das Heraufkommen eines Plebejers von satanischer Größe prophezeit, der, aus der Hefe des Volkes aufsteigend, die Rolle Lucifers übernehmen und eine Tyrannis ungeheuren Ausmaßes aufrichten würde. Die Zeit war jetzt reif. Man hat wohl bei allen Bemühungen von Männern wie Groener um die Schaffung einer neuen arbeitswilligen, konstruktiven, großen Rechtspartei getadelt, sie hätten allein restaurative Ziele verfolgt, als letztes Ziel eben die Wiederaufrichtung der Monarchie, um dem Staatsleben einen festen Rahmen bei demokratisch-konstitutionellen Inhalt zu leihen, und dieser Vorwurf trifft genau so Männer wie Hindenburg oder Brüning. Aber welch anderer Weg bot sich noch angesichts des Versagen des reinen Parlamentarismus westlicher Prägung, als der Versuch, die alten, erprobten Bindungen der Massen mit neuem Leben und neuem Gehalt zu erfüllen, außer man entschloß sich, der neuen Massenbewegung, welche bereits zur zweitstärksten Partei geworden war, die Macht abzutreten? Das aber erschien Hindenburg unmöglich und verderblich. Preußentum und Nationalsozialismus, so gern Hitler damals und später preußische Werte der Disziplin und des vorbehaltlosen Dienstes für den Staat für sich reklamierte, waren im tiefsten Inneren unvereinbar!

In wirtschaftlicher Hinsicht waren die Auswirkungen der Septemberwahlen, die man im Ausland mit Bestürzung verfolgt hatte, geradezu verheerend. Binnen einer Woche verlor die Reichsbank durch Abrufung ausländischen Kapitals rund eine Milliarde an Gold- und Devisenbeständen. Ein verzweifeltes Ringen, bei dem der Reichsbankpräsident Dr. Luther alle Register zog, die ihm zu Gebote standen, begann um die Erhaltung des Gleichgewichtes der deutschen Zahlungsbilanz. Unter sehr viel düsteren Umständen, als man es je hätte ahnen können, erhob sich die Notwendigkeit der Revision des Young-Planes, an deren baldigem Nahen Hindenburg nie gezweifelt hatte.

Am schwersten traf die Krise die bereits seit drei Jahren schwerringende Landwirtschaft. Seit 1925 hatte die Verschuldung aller landwirtschaftlichen Betriebe in Ostpreußen, Pommern, der Grenzmark, Brandenburg, Schlesien und Mecklenburg ständig zugenommen, was sich beim stets mehr Kapital erfordernden Großbesitz am ehesten auswirkte, aber auch den bäuerlichen Besitz keineswegs ungeschoren ließ. In Schleswig-Holstein traf die Krise gerade den Bauern, um das krasseste Beispiel zu nehmen. Die Zahl der Zwangsversteigerungen erhöhte sich gegenüber dem letzten Vorkriegsjahr um das Doppelte und darauf um das Dreifache. Dreiviertel des betroffenen Besitzes waren bäuerlicher Natur. Der deutsche Osten war stets besonders wenig krisenfest gewesen infolge der besonderen Lage der dortigen Landwirtschaft, der kürzeren Vegetationsperiode, dem Kapitalmangel, der dünneren Besiedlung und der Verkehrsarmut, die den Absatz erschwerte. Dem liberalen Freihändler, dem Arbeiter in den riesigen Großstädten des Westens und Mitteldeutschlands, dem Großindustriellen, der auf den Export seiner Waren angewiesen war, dem Bodenreformer, der die Agrarreform befürwortete, mochte der Verfall des deutschen Bauerntums und des ostelbischen Großgrundbesitzes recht gleichgültig sein, ja als etwas Begrüßenswertes erscheinen. Soziologisch, sozialgeschichtlich und volkswirtschaftlich gesehen bildete aber das Bauerntum, bildete der Grundbesitz in gesunder Streuung von Groß , Klein und Mittelbesitz die Grundlage jeder Nation. Es soll und darf nicht geleugnet werden, daß naturgemäß das konservative Element im Bauern und im Landedelmann – wohlgemerkt gar nicht einmal so sehr in den ausgesprochen hocharistokratischen, oft sehr liberal empfindenden Latifundienbesitzern, für die Schlesien das klassische Land war – seine stärkste Stütze fand. Für ein armes, dichtbevölkertes Land wie Deutschland bildete die ostelbische Landwirtschaft zudem die Ernährungsbasis, die schon durch die Gebietsabtretungen nach dem verlorenen Krieg bedenklich geschmälert worden war. Und für den gegen den slavischen Bevölkerungsdruck und den polnischen Expansionsdrang ringenden deutschen Osten wurde das Schicksal der Landwirtschaft auch zum Schicksal des Volkstumskampfes. Verlassene Bauernhöfe, an denen es bald zum Beispiel in Hinterpommern nicht mehr fehlte, Güter, die unter den Hammer kamen und zerschlagen wurden, mußten für Polen das Zeichen sein, daß der deutsche Osten zum Sterben ging.

Hindenburg, der Sohn des deutschen Ostens, empfand diese Probleme sehr klar, sehr eindringlich. Es hieße Männern wie ihm oder dem allen Liberalen so verhaßten Kammerherrn v. Oldenburg-Januschau Unrecht tun, wollte man ihnen unterstellen, sie hätte allein der „engherzige Standesegoismus", die Sorge um Neudeck oder Januschau, geleitet. Gewiß hing der gesunde Landedelmann an dem ihm von seinen Vätern überkommenen Grund und Boden, Niedergang beim Adel – und es fehlte auch daran nicht! – setzte gerade da ein, wo man um schnöden Genusses willen oder aus träger Bequemlichkeit die Güter leichtherzig aufgab oder sie in schlechter Bewirtschaftung dem Verfall überanwortete. Fraglos war das Problem, worauf Hindenburg immer wieder und nicht ohne Erfolg, gedrängt hatte, nur durch ganz großzügige Hilfsmaßnahmen zu lösen, die ebenso fraglos an den Opferwillen des so vielgestaltigen und unter so verschiedenen Wirtschaftsstrukturen lebenden deutschen Volks, das obendrein durch den verlorenen Krieg, die Inflation und die Reparationen bittere Lasten trug, neue, ungeheure Ansprüche stellten. Fraglos konnte auch nur eine vernünftige Streuung von Groß- und Kleinbesitz dem Osten dienlich sein. So gesehen bot die Krise Handhaben zur Reform, aber sie setzte gerade der Reform Grenzen, sie traf nicht nur den Großgrundbesitzer, den Großbauer, den staatlichen Domänenpächter, sie traf auch den Kossäten, den Neusiedler. Die Siedlung verschlang abermals Unsummen, und das Tempo der Fallissements übertraf stets das der Siedlung fallierter Güter.

Es ist notwendig, diese Dinge eingehend zu untersuchen, denn die einseitige Bevorzugung des Großgrundbesitzes und die vorgebliche Beeinflussung des seit der Schenkung von Neudeck wieder grundgesessenen Feldmarschall-Reichspräsidenten durch die Standesgenossen hat zu unzähligen Vorwürfen geführt, das Reich sei einzig noch aus dem engherzig-egoistischen Blickwinkel des um seinen Besitz bangenden „ostelbischen Junkers" geführt worden.

In seinem Erinnerungswerk „Am Tage danach" teilt der 1931 mit der Leitung der Osthilfe betraute Reichsminister Schlange-Schoeningen, abermals einer der von den Deutschnationalen abgesprungenen gemäßigten Konservativen, mit, 610.000 Millionen Hektar ostelbischen Grundbesitzes seien über 150 Prozent und 1,2 Millionen Hektar seien über 100 Prozent verschuldet gewesen. Die Notwendigkeit von Sofortmaßnahmen begründete er damit, daß sonst eine Welle überstürzter Zwangsversteigerungen zu einem Mangel an Käufern, zum Ausfall aller zweit- und mehrstelligen Hypotheken-Gläubiger und damit zu schweren Schäden für die von der Landwirtschaft abhängende Gesamtwirtschaft des Ostens geführt hätte. Das hätte praktisch die Versteigerung des deutschen Ostens vor den Augen der habgierigen polnischen Chauvinisten bedeutet. Eben das hatte Hindenburg schon einmal in einem seiner Schreiben an den Reichskanzler Marx etwas anders formuliert, wenn er dort erklärt hatte, Tannenberg sei dann umsonst geschlagen.

Zugegeben: der Osten schien ein Faß ohne Boden! Die Hilfsmaßnahmen erfolgten anfangs schrittweise. Das sogenannte „Hindenburg-Programm" kostete 60 Millionen Mark für Ostpreußen. 1928 hatte man eine amerikanische Anleihe für erste Entschuldungshypotheken aufgebracht. Die Notverordnung vom 26. Juli 1930 hatte 100 Millionen für Ostpreußen mobilisiert und für drei Monate Vollstreckungsschutz geboten. Die Landwirtschaft sah keine durchgreifende Änderung, die Panikstimmung hielt an, die Beschwerden hielten an. Da sich das Reich und Preußen einstweilen in die Aufbringung der Hilfsgelder teilten und die großgrundbesitzfeindliche preußische Regierung mit Hilfe der Kommissare der preußischen Genossenschaftskasse ein nicht immer unparteiisches Regiment führte, wehrte sich der Großbesitz gegen tatsächliche, manchmal aber auch nur fiktive Benachteiligungen. Eine Kette endloser Friktionen entstand daraus, und es war kein Wunder, daß die Beschwerden auch Hindenburg erreichten, von dem viele Standesgenossen erwarteten, er würde „standesgemäßer“ verfahren, als er in seinem Rechtssinn verfuhr. Immerhin muß gerechterweise festgehalten werden, daß es für die preußischen demokratischen oder sozialdemokratischen Minister ein großes Maß an Selbstüberwindung brauchte, ihre ärgsten Gegner unter dem ostelbischen Grundbesitz, die Frondeure Preußens, zu sanieren, wie es volkswirtschaftliche Notwendigkeiten geboten, und wie sie dies auch durchführten.

Ende März 1931 machte die sich zuspitzende Situation in der Landwirtschaft ein allgemeines Osthilfe-Gesetz erforderlich. Der Bedarf für die Gesamtenschuldung wurde auf 850 Millionen Mark veranschlagt. Die Aufbringung der Gelder bereitete naturgemäß Schwierigkeiten, zum Teil erwies sie sich als unmöglich.

Erster Kommissar für die Osthilfestelle bei der Reichskanzlei wurde der Reichsminister Treviranus. Ein Streit über die Besetzung der provinziellen Osthilfestellen führte zu neuen Mißhelligkeiten mit der preußischen Regierung, besonders, als der Kommissar für die Osthilfe in Köslin, Jürgen v. Dewitz, der als Landbund-Führer in Pommern schon früher einmal scharf mit dem preußischen Ministerpräsidenten Braun zusammengerannt war, Hindenburg Vorschläge für eine Änderung des Gesamtverfahrens und die Ausschaltung preußischer Regierungsstellen unterbreitete. Hindenburg gab die Dewitzschen Vorschläge mit einem Schreiben vom 13. Mai 1931 pflichtgemäß an den Reichskanzler zur Prüfung weiter.

Da der Ministerpräsident Braun in seinen Memoiren die Ansicht äußert, Dewitz habe einen Verwandten des Feldmarschall Präsidenten saniert und sich dadurch empfohlen, müssen dazu einige Feststellungen getroffen werden. Nach den Aussagen von Herrn v. Dewitz und dem Enkel des Reichspräsidenten, Heinrich v. Brockhusen-Justin, handelte es sich bei dem fraglichen Besitz um das Gut Weitenhagen, das dem jungen Schwager des mit einer geborenen v. Bandemer vermählten Brockhusen-Justin gehörte und das unter Zwangsbewirtschaftung des Konsum-Vereins Stolp stand. Mit Hilfe zweier Verwandter, der Herren v. Wühlisch und v. Puttkamer-Plauth, gelang es Brockhusen-Justin, das Gut großenteils zurückzuerwerben und zu bewirtschaften, bis der junge Herr v. Bandemer es übernehmen konnte. Brockhusen-Justin meinte, der Reichspräsident würde jeden speziellen Schritt zu Gunsten von Weitenhagen abgelehnt haben. Dewitz, der Hindenburg wegen der allgemeinen Schwierigkeiten bei der Regelung der Osthilfe aufsuchte, bekundet, daß dieser sich kurz nach Weitenhagen erkundigt habe. Dewitz erwiderte, sie gäben sich alle Mühe, es sei schwer. Hindenburg: „Na, wenn es nicht geht, ist nichts zu ändern." Dewitz unterwarf sich freiwillig wegen des Vorwurfes, er habe bevorzugt das Gut seines Vaters saniert, einem Disziplinarverfahren. Das Verfahren konnte ihm keinerlei Bevorzugung nachweisen, gleichwohl mußte er wegen seiner Fehde mit der Preußen-Kasse den Abschied nehmen.

Entgegen vielfachen Behauptungen, so in dem bekannten, mit brillianter Feder geschriebenen, aber keineswegs immer das Richtige treffenden Buche von Rudolf Olden „Hindenburg oder der Geist der preußischen Armee" ist ferner festzustellen, daß weder der Reichspräsident noch sein Sohn, der damalige Oberst Oskar v. Hindenburg, für Neudeck jemals Osthilfegelder in Anspruch genommen haben. Von den alten Freunden des Hauses unterzog sich dagegen der Kammerherr v. Oldenburg-Januschau einem Umschuldungsverfahren. Nach den Bekundungen seines Schwiegersohnes, Freiherrn v. Knyphausen-Leer, war der Sachverhalt so, daß ursprünglich zur Sicherstellung seiner beiden jüngeren Töchter – Söhne waren nicht vorhanden – das bei Eberswalde gelegene Gut Lichterfelde dienen sollte, während die älteste Tochter Januschau erben sollte. Um eine Teilung von Lichterfelde zu vermeiden, erwarb er ein anderes Gut, Biegen im Kreise Lebus, wobei der Aufbringung des Kaufpreises halber ein Vorwerk von Lichterfelde verkauft werden mußte. Der Käufer fallierte, und um Biegen zu halten, mußten Schulden auf Januschau genommen werden. Da dem alten Herrn die Gläubiger nicht genehm waren, beantragte er ein Umschuldungsverfahren. Die sehr burschikose Darstellung der Vorgänge in seinen Memoiren, wie sie nun einmal der Art dieses höchst originellen Mannes entsprach, gab freilich Anlaß zu Mißdeutungen genug. Es ist müßig zu fragen, weshalb er sie gewählt hat, denn der Autor ist im Kriege gestorben. Er hat den Untergang seiner adeligen Welt nicht mehr erlebt und kann sich in eigener Sache nicht mehr äußern.

Dieser Exkurs über die mit der Osthilfe zusammenhängenden Fragen greift im Grunde schon den Ereignissen voraus, ist aber unerläßlich, will man später die Haltung Hindenburgs richtig verstehen, da bislang infolge des Fehlens wichtiger Quellen und des Schweigens vieler Zeugen dem späteren sogenannten „Osthilfe-Skandal" ein so entscheidender Einfluß auf seine Entschließungen in den Jahren 1932/33 zugemessen worden ist.

Das bedeutsamste Ereignis des Frühjahrs 1931 – bei dem die Akten nichts über Hindenburgs persönliche Stellungnahme sagen, da bei der engen persönlichen Fühlung zwischen ihm und Brüning Briefe selten waren und Gespräche oft keinen protokollierten Niederschlag gefunden haben – war nach längeren vertraulichen Verhandlungen zwischen dem Reichsaußenminister Dr. Curtius und dem österreichischen Bundeskanzler Schober die Bekanntgabe einer Zoll-Union zwischen dem deutschen Reich und Österreich am 21. März 1931. Eine vorherige Fühlungnahme mit den Signatarmächten der beiderseitigen Friedensverträge von Versailles und Saint Germain, England und Frankreich, war nicht erfolgt. Beide protestierten, wobei die englische Regierung sich zögernd von Frankreich ins Schlepptau nehmen ließ. Die Wirtschafts- und Zoll-Union der beiden, mit großen wirtschaftlichen Schwierigkeiten ringenden Länder wurde in ein Politikum verkehrt. Frankreich und England erklärten, die beabsichtigte Union stehe im Widerspruch zu englisch-französisch-österreichischen Abmachungen, schalteten den Völkerbundsrat ein und brachten schließlich den ganzen Plan im September durch einen

Spruch des Haager Internationalen Gerichtshofes zu Fall. Für das Kabinett Brüning war das Scheitern des Curtiuschen Projektes ein erheblicher Prestigeverlust. Die Vereinigung des Deutschen Reiches und Deutsch-Österreichs war ein altes Anliegen schon in der Geburtsstunde der beiderseitigen republikanischen Systeme gewesen. Ihre Verwirklichung wenigstens auf einem Teil-Gebiet hätte der Weimarer Republik in den Kreisen gerade der nationalen Opposition neue Sympathien gewinnen können. Es sollte nicht sein! An der Seine war die deutsche Republik nur deshalb genehm, weil sie für die Pariser Politiker den Zweck hatte, die Schwäche Deutschlands zu garantieren. Stresemann hatte darum keine echte Chance erhalten, Brüning erhielt sie noch weniger, gerade weil man in Berlin vom „Kanzler der Front-Generation" redete. Erst Hitler pflückte die Früchte, weil man die Gewalt fürchtete.

Österreich, der Rumpfstaat der zerfallenen Habsburgischen Monarchie, war in wirtschaftlicher Hinsicht allein nie lebensfähig gewesen. Unter den Auswirkungen der Weltwirtschaftskrise brach daher Österreich im Mai 1931 als erster deutscher Staat zusammen. Der Zusammenbruch der deutschen Zahlungsbilanz folgte auf dem Fuße. Für das große, von Brüning erwogene Arbeitsbeschaffungsprogramm zur Überwindung der Erwerbslosigkeit, das dem Sparprogramm der Steuerhöhungen und Lastensenkungen allein Sinn zu leihen vermochte, fehlten die Mittel. Auslandsanleihen großen Stils waren infolge der allgemeinen Kapitalverknappung, der strikten Zurückhaltung Frankreichs, das zur Goldwährung zurückgekehrt war, und der Vorbelastung des deutschen Volksvermögens durch Reparations- und private Auslandsschulden nicht zu erhalten. Der drohende Zusammenbruch des deutschen Binnenmarktes bewog den Reichsbankpräsidenten wie den Reichskanzler und den Reichsaußenminister zu Bittreisen ins Ausland, um die Katastrophe zu bannen. Was not tat, war die Revision des Young-Plans, die Streichung der Reparationen und zum mindesten ein Moratorium für alle Auslandschulden bei neuen Anleihen. Brüning erkannte das alles sehr genau, aber die Erfahrungen mit der Zoll-Union machten ein sorgfältig vorbereitetes, schrittweises Vorgehen angezeigt.

Im Juni 1931 waren Brüning und Curtius Gäste des britischen Premierministers MacDonald und des Außenministers Henderson in Chequers, dem Landsitz des britischen Premiers. Sie wiesen darauf hin, daß die Aufbringung der Annuitäten des Young-Plans unmöglich geworden sei, daß der Plan, der erdacht sei, um die deutsche Wirtschaft instandzusetzen, ihren Verpflichtungen nachzukommen, nun die Katastrophe heraufbeschwöre. England lehnte nicht ab, zwischen Deutschland und Frankreich in der Reparationsfrage zu vermitteln, riet aber in erster Linie, sich aus eigener Kraft zu helfen. Dies war nicht mehr möglich. Die deutsche Wirtschaft war am Ende ihrer Kraft. Ein Gegenbesuch MacDonalds und Hendersons in Berlin im Juli zeitigte kein anderes Ergebnis. Frankreich wich einer direkten Fühlungnahme der beiderseitigen Regierungen, die Brüning erstrebte, aus. Es schien, als sähe man an der Seine nicht ungern, wenn das Reich völlig in die Knie gezwungen würde. Dann konnte man zu besseren Bedingungen mit sich reden lassen.

Inzwischen griff der Präsident der größten Gläubigermacht der Welt, der Vereinigten Staaten, Herbert Hoover, ein, alarmiert durch Berichte aus Deutschland. Er plante ein einjähriges Moratorium für alle Kriegsschulden und Reparationsleistungen. Der amerikanische Botschafter in Berlin unterrichtete Brüning am 20. Juni 1931, der Präsident würde ein gleichzeitiges Gesuch Hindenburgs um Hilfe begrüßen, um die Dringlichkeit seines Vorhabens zu unterstreichen. Brüning ließ telefonisch den in Neudeck weilenden Hindenburg bitten, ein Telegramm an Hoover zu schicken, in dem er auf die drohende Katastrophe der deutschen Wirtschaft hinwies und den Präsidenten um sein Eingreifen bat, damit das deutsche Volk finanziell entlastet würde und die Möglichkeit, unter erträglichen Bedingungen zu arbeiten, zurückgewann. „Sie, Herr Präsident, als Vertreter des größten amerikanischen Volkes, haben die Möglichkeit, für das deutsche Volk und für die Welt diejenigen Schritte zu tun, durch die eine sofortige Änderung der gefahrdrohenden Lage herbeigeführt werden kann“, so hieß es am Schluß des Telegrammes, das Hindenburg sandte. Die Stunde, in der er am Schreibtisch im Arbeitszimmer des Herrenhauses von Neudeck das Telegramm entwarf, nachdem ihm Oberleutnant v.

d. Schulenburg die Nachrichten aus Berlin unterbreitet hatte, war eine der bittersten seines Lebens. Er sah wieder die nie abreißende Kette feindseliger Kritik und heftiger Vorwürfe, aber er wußte, daß das Vaterland die Bitte an das Ausland forderte. Unter dem gleichen Datum, unter dem sein Telegramm hinausging, verkündete Präsident Hoover ein Weltfeierjahr für alle Reparationen und Kriegsschulden. Hindenburg genoß in Amerika ein legendarisches Ansehen. Sein Schritt erleichterte später Präsident Hoover erheblich die Vertretung seines Vorgehens vor dem Kongreß, und in diesem Umstand fand der alte Herr doch eine Genugtuung für das bittere Eingeständnis, daß das Leben des eigenen Volkes jetzt von der staatsmännischen Einsicht des Präsidenten der Vereinigten Staaten abhängig war.

Die Reparationszahlungen wurden ausgesetzt, Brünings nächste Aufgabe mußte es sein, ihre endgültige Streichung zu bewirken. Segen hatten sie auch den Siegern nicht gebracht. Aber das Moratorium kam zu spät. Der Zusammenbruch der deutschen Wirtschaft war nicht mehr aufzuhalten. Mitte Juli schloß eine der größten Banken ihre Schalter. Notverordnungen zur Sicherung von Finanz und Wirtschaft, die Einführung der Devisenzwangswirtschaft, eine große Preissenkungsaktion wurden unumgänglich. Sie brachten tiefe Eingriffe in die Sphäre der Privatwirtschaft, der Betriebe der öffentlichen Hand und des einzelnen Bürgers. Zur Preisregulierung wurde ein Reichspreis-Kommissar eingesetzt, abermals einer der abtrünnigen Konservativen von Format, die Hugenberg nicht gefolgt waren, der Königsberger Bürgermeister Dr. Goerdeler. Mit äußerster Anstrengung gelang es, die akute Krise zu bannen. Doch die Wirtschaftsnot blieb und mit ihr Elend, Arbeitslosigkeit und Hoffnungslosigkeit, die drei apokalyptischen Reiter Adolf Hitlers. Nunmehr war man in Paris bereit, den deutschen Kanzler und seinen Außenminister anzuhören. Frankreichs Ministerpräsident Laval und Außenminister Briand waren bereit, gegen Pfänder, einen zehnjährigen Pakt zur Anerkennung des Status Quo, den Verzicht auf jede Erhöhung der Militärausgaben und die Zusicherung, jegliche Änderung des Verhältnisses zwischen Deutschland und Österreich abzuschwören, bei der Vermittlung einer englisch-amerikanisch-französischen

Anleihe von 500 Millionen Dollar zu helfen. Briand war der Partner Stresemanns gewesen, wie Brüning sah er sich einer schroffen nationalen Opposition gegenüber. Große Zugeständnisse, eine Hilfsaktion für Deutschland, hätten jeder französischen Regierung in der Kammer das Genick gebrochen.

Hindenburg hatte den Sommer in Neudeck verbracht, wo freilich die Arbeit nie ruhte und die Regierungsgeschäfte weiter erledigt wurden. Von der durch die Brüning-Goerdelerschen Maßnahmen mühsam aufgefangenen und abgestoppten Wirtschaftskrise abgesehen, blieb das Problem das gleiche: Was geschah mit dem starken Block der Rechtsopposition von Hugenberg bis Hitler, die im Reichstag die Mitarbeit ablehnte und die dafür wenig glückliche eigene Schritte unternahm wie das Volksbegehren des „Stahlhelms" zum Sturz der preußischen Koalitionsregierung und zur Stärkung der Rechte des Reichspräsidenten durch die Vereinigung der Ämter des Reichspräsidenten und des „preußischen Staatspräsidenten", ein Amt, das nicht existierte, sondern erst zum Zwecke der Unierung hätte eingeführt werden müssen.

Nach einer von Hindenburg eigenhändig unterzeichneten Niederschrift über Krise und Demission des Kabinetts Brüning, die das Datum des 14. Juni 1932 trägt, verlangte er von Brüning im Sommer 1931 die Ausbootung der für die Rechte am wenigsten tragbaren Minister seines Kabinettes, Wirth, Guérard und Curtius, das heißt also die Umbildung der Regierung. Groeners Briefwechsel mit General v. Gleich hält fest, daß Brüning Bedenken hatte, die Preisgabe zweier prominenter Zentrumsminister könne seine Stellung bei seiner eigenen Partei schwächen. Nach der erwähnten Niederschrift bedeutete er dem Reichspräsidenten, man müsse dafür eine günstigere Gelegenheit abwarten, er war nicht grundsätzlich gegen einen Wechsel (Groener sprach in seinen Briefen an Gleich von „unserem Schmerzenskind Josef" – d.i. Wirth!), wollte jedoch lieber die im Frühjahr 1932 fälligen preußischen Landtagswahlen abwarten, die einen starken Rechtsdruck erwarten ließen. Dann konnte man gleichzeitig im Reich wie in Preußen eine Koalition vom Zentrum bis zur äußersten Rechten betreiben. Sein Programm brauchte Zeit, von Natur war er kein Mann rascher Entschlüsse, sondern ein bedachtsam und nach sorgfältiger Erwägung handelnder Politiker. Aber die Zeit war nicht sein Verbündeter, sie war Hitlers Bundesgenosse, weil das Elend noch immer stieg. Und Hindenburg, den die deutschnationale Opposition ebenso ärgerlich wie ungeduldig machte, wünschte nicht minder wie Groeners „Kardinal in politicis" klare Entscheidungen, wie sie alten Soldaten geläufig waren.

Deutschnationale und Nationalsozialisten drängten auf den Sturz Brünings. Hindenburg aber wollte Brüning keineswegs preisgeben. Auch Oldenburg-Januschau erklärte damals, dieser sei der beste Kanzler seit Bismarck! Auf einer nationalsozialistischen Kundgebung in München hatte der ehemalige Polizei-Verwaltungsbeamte Frick schon im April öffentlich auch den Rücktritt Hindenburgs verlangt. Hauptmann a. D. Göring, Hitlers Vertrauensmann zur konservativen Rechten in Berlin, hatte sich bereits nach der Unterzeichnung des Young-Plans zu der Erklärung verstiegen, die „Verlumpung" habe bereits die höchsten Stellen des Reiches ergriffen. Dr. Goebbels, der nationalsozialistische Gauleiter in Berlin, veröffentlichte Ende Mai 1931 im „Angriff" einen Artikel, der die Überschrift „Marschall-Präsident" trug und in dem die Rede von einem Manne war, der seine Unfähigkeit, die Dinge zu sehen, wie sie wirklich waren, mit würdevollem Ernst bemäntele, sodaß man die Frage aufwerfen müsse, wie es möglich sei, daß dieser „Trottel" kaiserlicher Heerführer und Präsident der Republik geworden sei. Zum Schluß erfuhr der Leser, um wen es sich handeln sollte: Um den französischen Marschall MacMahon Herzog von Magenta, den Schildhalter der monarchischen Restauration in Frankreich, der 1873 Präsident der Republik geworden war, erwählt in der Hoffnung, er würde das Königtum der Bourbonen wieder aufrichten. Ministerpräsident Braun sandte den Artikel an das Büro des Reichspräsidenten, konnte indes nie in Erfahrung bringen, ob dieser ihn gelesen hatte. Ob das nun der Fall war oder nicht, sonderliches Vertrauen flößten Hitler und seine Führerschaft dem alten Herrn sowieso nicht ein.

Aber Hitler war Führer der zweitstärksten Fraktion des Reichstages, obwohl er selbst, im Jahre 1925 von den österreichischen Behörden ausgebürgert, als Staatenloser nicht einmal in Deutschland wählen geschweige denn Abgeordneter, Minister oder Kanzler werden konnte. Was sollte man beginnen? Schleicher meinte, die Wirtschaft wisse genau, weshalb sie die unbequemsten und lautesten Aktionäre in den Aufsichtsrat wähle. Genauso müsse man die „Nazis“ bei Zeiten in die Verantwortung hineinnehmen, damit sie sich verbrauchten und damit man sie unter Kontrolle habe. Dann konnte man die Spreu vom Weizen sondern und die wertvollen, wehrfreudigen Kreise in neue Bahnen leiten. Als Hitler Ende August 1931 um einen Empfang beim Reichspräsidenten ersuchte, wird Schleicher sicherlich nicht abgeraten haben, ihn anzuhören. Auf der anderen Seite beriet er auch damals nach dem Zeugnis Brünings mit ihm und dem Chef der Heeresleitung sowie führenden Männern der freien Gewerkschaften und der Sozialdemokraten über Maßnahmen zur Eindämmung des Nationalsozialismus. Vor allem der, dem aus Altersgründen ausscheidenden Generalobersten Heye in der Heeresleitung am 1. Dezember 1931 folgende General der Infanterie Frh. v. Hammerstein-Equord – abermals ein Mann Schleichers vom 3. Garde-Regiment zu Fuß – galt als aufgeschlossen gegenüber Zeitfragen, aber auch für einen ganz scharfen Gegner des Nationalsozialismus. Nur neigte er leider bei erheblicher Begabung und einer Vorliebe für höchst geistreiche Formulierungen nicht gerade zu angespannter Tätigkeit, sondern eher zu grandseigneuraler Lässigkeit. Aber Groener hielt ihn für den Mann, gegebenenfalls brutal zuzuschlagen.

Anfang September 1931 bereitete der Spruch des Haager Gerichtshofes endgültig der Zoll-Union das Ende. Damit wurde auch für die eigene Partei die Position von Dr. Curtius im Kabinett unhaltbar. Brüning war bemüht gewesen, einer Umbildung seiner Regierung auszuweichen, allein dies war jetzt kaum mehr möglich. Für Ende September 1931 wurden der französische Ministerpräsident und sein Außenminister in Berlin erwartet. Sie baten auch um einen Empfang bei Hindenburg. Als königlich preußischer Generalfeldmarschall stand dieser noch immer auf der Liste der Kriegsverbrecher, die gemäß des Versailler Vertrages auszuliefern waren, mit ihrer Geste wollten die französischen Politiker wohl andeuten, daß man stillschweigend diese offiziell nie außer Kraft gesetzte Liste als nicht mehr existent betrachtete. Hindenburg seinerseits, immer der große alte Kavalier des Ancien Régime, gab dem scheidenden französischen Botschafter de Margerie einen 1870 erbeuteten französischen Ehrendegen zurück.

Ende September 1931 fand in Stettin in Anwesenheit des Prinzen Oskar von Preußen und des Feldmarschalls v. Mackensen der Parteitag der Deutschnationalen Partei statt, bei dem Hugenberg wieder die starre Opposition seiner Partei unterstrich.

Am 22. September empfing Hindenburg in Anwesenheit des Staatssekretärs des Auswärtigen Amtes und des Protokollchefs Graf v. Tattenbach den neuen französischen Botschafter in Berlin, André François-Poncet, einen überaus geschmeidigen und vielgewandten Mann, der noch eine große Rolle spielen sollte. Am 27. und 28. September weilten Laval und Briand in Berlin. Der Besuch bewegte sich im Rahmen einer Höflichkeitsvisite, am 28. September hatten die beiden Franzosen eine längere Unterredung mit Hindenburg. Briand legte am Grabe Stresemanns einen Kranz nieder. Brüning deckte seine Karten, die Forderung nach Einstellung aller Reparationsleistungen, noch nicht auf. Das Netz auswärtiger Beziehungen, das er sich durch seine Besuche in England, in Frankreich und in Italien schuf, sollte erst der Vorbereitung des großen Coups gelten.

Sehr bald nach der Abreise der Franzosen ließ sich die Kabinettskrise nicht mehr länger hinauszögern. Seinen 84. Geburtstag verbrachte Hindenburg dringender Amtsgeschäfte halber nicht, wie vorgesehen im Jagdhaus in der Schorfheide, sondern in seinem Palais in der Wilhelmstraße. Die führende demokratische Presse, die gewöhnlich gut informiert war, war voll der Gerüchte. Die „Vossische Zeitung" sprach von einem neuen Kabinett mit Geßler als Kanzler und Mitgliedern der Deutschnationalen und Nationalsozialisten. Diese Meldungen schossen weit übers Ziel hinaus. Hindenburg wollte gerade an Brüning festhalten, andererseits machte die unsichere Haltung der Deutschen Wirtschaftspartei, des Landvolks und der Deutschen Volkspartei, die alle im Kabinett vertreten waren, wie die strittige Haltung des Reichstages gegenüber dem geplanten Winternotprogramm der Regierung deren Reorganisation unumgänglich. Brüning hatte den Eindruck, beim Jagdaufenthalt Hindenburgs in Dietramszell hätte bereits die Umgebung des Reichspräsidenten eine neue Kabinettsliste und einen neuen Kanzler ausgeheckt, obwohl den alten Herrn notorisch dort die Gamsböcke weit mehr interessierten als die Politik, wenn auch die notwendigen Geschäfte weiterliefen. In jedem Fall fühlte er sich des Vertrauens des alten Herrn nicht mehr so sicher wie vordem. Daß Hindenburg an seiner Person festhielt, führte er in seinem 1947 veröffentlichten Brief an Dr. Rudolf Pechel, den Herausgeber der „Deutschen Rundschau", auf einen Schritt einer Reihe von Angehörigen des ältesten Adels von Ostpreußen und Schlesien bei Hindenburg zurück, von denen er schrieb, sie seien später fast alle als entschiedene Gegner der Nationalsozialisten umgekommen oder in Konzentrationslager gebracht worden. Der in Frage kommende Personenkreis wären somit führende Männer des ostpreußischen und schlesischen Großgrundbesitzes, etwa die Dohna, Eulenburg, Kanitz, Dönhoff, Finckenstein oder in Schlesien die Yorck, Praschma, Ballestrem, oder Schaffgotsch gewesen. Allen Versuchen einer Nachprüfung zum Trotz läßt sich ein derartiger Schritt nicht nachweisen. In Schlesien existierte wohl ein für Brünings Politik tätiger Kreis um den Grafen Sierstorpff-Zülshof, dessen Haupt, Graf Sierstorpff, im Zweiten Weltkrieg von den Nationalsozialisten zu Zuchthaus verurteilt wurde und der bei der Verlegung von Strafgefangenen während des Russeneinfalls ums Leben gekommen ist. Aber dieser Kreis hat nie einen Schritt bei Hindenburg unternommen. Die Presse, vor allem die meist, wie gesagt, gut unterrichtete „Vossische Zeitung", meldete dagegen Gerüchte von dem angeblichen Plan eines Rechtskabinettes unter dem ostpreußischen Staatsrat Frh. v. Gayl und von Versuchen des alldeutschen Fürsten Salm-Horstmar, briefliche Stellungnahmen gegen Brüning zu sammeln, um diese „dem höchst einflußreichen Manne, auf den es ankomme", zu unterbreiten. Ganz offensichtlich hat Hindenburg indes damals keine Stunde geschwankt in seiner Anschauung, daß Brüning bleiben müsse. Das Gesamtbild ergibt wohl wieder Versuche der Beeinflussung gegen Brüning, nach der bereits vorher erwähnten

Niederschrift vom 14. Juni 1932 jedoch nur eins: Zähes Festhalten an der Person Brünings. Dies bekunden auch die Memoiren des Staatssekretärs Meißner.

Aber gerade Meißner betont, der Reichspräsident habe jetzt ein von den Parteien völlig unabhängiges Kabinett unter Ausbootung ihm unliebsamer Persönlichkeiten gewünscht, vor allem des Ministers Wirth, dem er seine Rede nach der Ermordung Rathenaus mit dem Wort „Der Feind steht rechts" nie verzieh. Als Wirth ausschied, erhielt er auch im Gegensatz zu Curtius und Guérard nur einen sehr kühlen Abschiedsbrief.

Am 3. Oktober 1931 reichte Reichsaußenminister Dr. Curtius nach seiner Rückkehr von der Herbsttagung des Völkerbundes in Genf seinen Rücktritt ein. Brüning bot Hindenburg die Gesamtdemission des Kabinettes an. Nach einem letzten Empfang von Curtius am 6. Oktober betraute Hindenburg Brüning am folgenden Tage mit der Neubildung der Regierung. Er wünschte sehr, daß der Botschafter in London, Frh. v. Neurath, das Außenministerium übernahm. Geßler sollte Reichsinnenminister werden. Brüning selbst dachte daran, Dr. Goerdeler das Reichswirtschaftsministerium anzubieten. Groener hatte den Eindruck, Brüning würde lieber sein eigener Außenminister sein, ein hervorragender Botschafter brauchte noch kein gleich hervorragender Außenminister zu sein, ihre Aufgabenbereiche waren allzu verschieden. Neurath wie Geßler und Goerdeler lehnten auch selbst den Eintritt in die Regierung ab. Brüning selbst übernahm mit dem ausgezeichneten Staatssekretär v. Bülow als Berater die Leitung der auswärtigen Geschäfte. Schleicher brachte die Idee auf, der Reichswehrminister General Groener solle gleichzeitig mit der Führung der Geschäfte des Reichsministeriums des Inneren betraut werden, in seinen Augen ein geschickter Schachzug, um der Reichswehr, vulgo Oberst v. Schleicher, Einfluß auf die Innenpolitik zu sichern. So kam eigentlich nicht ein verbreitertes, sondern ein verengtes Zweite Kabinett Brüning zustande, bei dem die wichtigsten Ressorts, Kanzler und Außenminister, Reichswehr und Inneres, in Personalunion gesteuert wurden. Das Finanzministerium übernahm Hermann Dietrich-Baden, Justiz und Wirtschaft wurden zwei parteilosen Fachleuten anvertraut, Dr. Joel und Professor Warmbold. Anfang November wurde das Kabinett, als das Reich die Osthilfe ganz in eigene Regie nahm, durch den Osthilfe-Kommissar, Reichsminister ohne Portefeuille Schlange-Schoeningen, einen pommerschen Rittergutsbesitzer, ergänzt.

General Groener sah seine Hauptaufgabe, wie er General v. Gleich am 1. November 1931 schrieb, darin, Brüning im Inneren den Rücken zu decken für seine großen außenpolitischen Vorhaben. Die Kommunisten, verkündete er, machten ihm dabei am wenigsten Sorge. „Die Nazis", hieß es wörtlich, „wollen wir einfangen, die Sozis aber nicht in die Opposition drängen." Er trachtete, die die Polizeikräfte beherrschenden Innenminister der Länder auf eine einheitliche Linie zu bringen. Ein Verbot des Uniformtragens, der erste Schlag gegen die militanten Parteiverbände, hielt er für schwierig, weil „der Alte vom Berge" Protektor des „Stahlhelms" sei. Ein generelles Verbot der Kommunisten oder der NSDAP hielt er sowohl für falsch wie für unmöglich. Brünings Absicht ging, nach Vorlesungen zu urteilen, die er später vor der Harvard-Universität in Amerika hielt, dahin, durch finanziellen Druck auf die Länder die längst überfällige Reichsreform durchzusetzen und dann mit Hilfe einer Reichsverweserschaft Hindenburgs nach einer Volksabstimmung die konstitutionelle Monarchie als Schutzschirm demokratischen Verfassungslebens wieder einzuführen. Das entsprach im Grunde alten Hoffnungen Hindenburgs. Wie Groeners Stellung zu diesem, auf sehr lange Sicht berechneten Plan war, ist nicht ohne weiteres ersichtlich. Prinzipiell war auch er ein Anhänger der Einheitsmonarchie, wenn er auch das Problem für nicht sehr akut hielt. Von Schleicher, der mit ihm nie die Frage der Monarchie erörterte, glaubte er, dieser habe den Plan, die Monarchie über eine Reichspräsidentenschaft des Kronprinzen wieder einzuführen. Dies war eine Vermutung, immerhin unternahm Schleicher Versuche, den Kronprinzen und Brüning zusammenzubringen. Alle diese Pläne entsprachen im Grunde einer restaurativen Grundhaltung. Aber die Krise des Parlamentarismus ließ nur den Ausweg zu, daß man entweder versuchte, dem staatlichen Leben durch eine konservativ-liberale Reform wieder einen festen Rahmen zu leihen oder – daß man den Staat und das Volk der Diktatur Hitlers überantwortete, der immer gebieterischer an die Tore pochte. Der Reichstag hatte sich in alter Form selbst ad absurdum geführt, die alten Parteien verharrten in zunehmender Resignation oder in der starr bewahrten Hoffnung, sie könnten das Parteiregiment der Jahre 1919-1930 wiederherstellen.

Im allgemeinen stand im Reichstag die Sozialdemokratie den Notverordnungen Brünings mit inneren Vorbehalten gegenüber, während die Rechte Sturm gegen seine Außenpolitik lief. Größere Projekte, die Reichs- und die Wahlrechtsreform, waren auf diese Weise kaum durchführbar. Meißners Erinnerungen geben Zahlenmaterial, wie stark der Reichspräsident als Gesetzgeber jetzt in den Vordergrund trat. Von April bis Dezember 1931 wurden 40 Notverordnungen erlassen, der Reichstag hielt 1931 noch 41 Sitzungen ab. 1932 stieg die Zahl der Notverordnungen auf 59, diejenige der Reichstagssitzungen sank auf 13. Rechtlich ließ sich die Ausweitung des Artikels 48 der Verfassung auf die gesetzgeberische Praxis bei einem langandauernden Notstand vertreten, Meißner bezeugt jedoch, daß dem Reichspräsidenten, der ja kein geschulter Staatsrechtler und Jurist war, oft schwere Bedenken kamen, ob diese Praxis noch mit der Verfassung zu vereinbaren sei. Sie konnte nur eine Übergangslösung darstellen, bis die Klärung der Reparationsfrage, eine Entspannung in der Lage der Weltwirtschaft und die Klärung der Abrüstungsfrage, die unter Umständen die Anerkennung der militärischen Gleichberechtigung Deutschlands barg, auf der für 1932 geplanten Abrüstungskonferenz erfolgten.

Die Rolle des Reichspräsidenten als Gesetzgeber, die mit dem Zweiten Kabinett Brüning stärker und stärker hervortrat, gibt den Berichten Brünings, im Herbst 1931 sei zum ersten Mal ein spürbares Nachlassen der geistigen Spannkraft des alten Herrn festzustellen gewesen, eine besondere Bedeutung, denn sein Kabinett gründete sich nun wirklich nurmehr auf zwei Faktoren, die Sanktionierung durch den Feldmarschall und durch die Reichswehr. Staatssekretär Meißner, der Hindenburg damals täglich sah, hat sich in seinen Memoiren gegen die These von einem geistigen Zusammenbruch des alten Herrn gewandt, der etwa zehn Tage angehalten haben soll. Ähnlich hat sich der zweite Adjutant, Oberleutnant v. d. Schulenburg, geäußert. Das in dem berühmten, bereits erwähnten Briefe Brünings an Dr. Pechel aus dem Jahre 1947 enthaltene Wort vom „temporary blackout" – wie die englische Fassung des „Offenen Briefes" lautete, der in der „Deutschen Rundschau" in deutscher Sprache erschien – ist zunächst nicht richtig wiedergegeben worden. Es meint nicht einen geistigen Zusammenbruch, sondern ein vorübergehendes, zeitweiliges Nachlassen der geistigen Spannkraft. Hindenburgs Hausarzt Dr. Hugo Adam hat in anderem Zusammenhang bekundet, bis zum Jahre 1934, das heißt bis zu seiner letzten Krankheit, seien bei dem alten Herrn keinerlei „senile Erscheinungen" wahrnehmbar gewesen. Insbesondere hat er nie vorübergehende Bewußtseinsstörungen, sogenannte „Absencen" beobachtet.

Staatssekretär Meißner gibt in seinen Erinnerungen an, im Herbst habe der Reichspräsident eine leichte Grippe gehabt, habe jedoch seine Arbeit fortgesetzt und sich nicht geschont. Daß er in dieser Zeitspanne vermutlich oftmals müder und abgespannter erschien als an gesunden Tagen, ist nicht weiter verwunderlich. Schon bei jüngeren Leuten wechselt die Spannkraft. Das legt die Überlegung nahe, daß ein Mann, der das 84. Lebensjahr überschritten hatte, der gleichwohl Tag für Tag unermüdlich arbeitete, in einer Phase, in der er sich körperlich nicht wohl fühlte, leichter den Eindruck geistiger Abspannung und Ermüdbarkeit machte, einen subjektiv möglicherweise auch einmal beängstigenden Eindruck. Allzu weitgehende Schlüsse daraus zu ziehen, erscheint nicht ratsam, von einem eklatanten Zusammenbruch war jedenfalls keine Rede!

Immerhin muß Brüning es einmal erlebt haben, daß der Reichspräsident ihn im Moment nicht erkannte. Er hatte den Eindruck, als ließe die Konzentrationskraft des alten Herrn vor allem in den Nachmittagsstunden nach, ein Eindruck, der durch zahlreiche erhaltene Protokolle aus den Jahren 1931 und 1932 über wichtige Besprechungen gerade in den späten Nachmittags- und frühen Abendstunden eigentlich nicht bestätigt wird und den auch der Hausarzt nicht hatte. Es konnte aber geschehen, daß der Reichspräsident bei angestrengter

Arbeit oder zwischen zwei ermüdenden Besuchern einmal für einige Augenblicke die Augen schloß, um, wie man so sagt, ein wenig „einzunicken". Kam der Besucher dann in den fraglichen dunklen Herbstnachmittagen, so saß der Reichspräsident an seinem Schreibtisch, auf dem eine helle Lampe brannte, während der große Kronleuchter im Arbeitszimmer nicht angezündet wurde. Der Besucher kam aus dem Dunkel ins Helle, und es geschah manchmal, daß der alte Herr, vielleicht gerade nach einem Augenblick der Ruhe, in dem er die Augen geschlossen hatte, den Eintretenden nicht gleich erkannte und frug, wer da sei? Wer die internen Verhältnisse nicht so gut kannte, wer zudem als führender Staatsmann schwer an der Last der Verantwortung trug und genau wußte, wieviel von dem alten Manne im Reichspräsidenten-Palais in der Wilhelmstraße abhing, auf den mußte unter Umständen solche Szene bestürzend wirken. Schließlich war der Mann, in dessen Händen das Geschick des Reiches lag, ein Mann hoch in den Achtzigern, bei dem jeder sich fragte, ob denn nicht das Alter sich bemerkbar mache. Brüning fand jedenfalls die Szene des Nichterkennens so beängstigend, daß er während der Krankheit Hindenburgs mit dem Reichskabinett darüber beriet, was geschehen solle, wenn der alte Herr eines Morgens vielleicht tot in seinem Bett gefunden würde. Man beschloß, einen entsprechenden Rundfunkaufruf an das deutsche Volk für diesen Fall vorzubereiten.

Brüning hat betont, der Reichspräsident habe sich dann wieder erholt und habe erheblich gesünder gewirkt. Aber ihm erschien er seitdem sprunghafter und wechselvoller im Urteil – eigentlich ein Gegensatz zu dem gewöhnlichen, altersbedingten Starrsinn, der so viele Greise kennzeichnet! Er leitete den Beginn der Entfremdung zwischen ihm und Hindenburg von dieser Phase her, der „Herbstkrise" des Jahres 1931. Hindenburgs Aufzeichnungen bestätigen diese Vermutung nicht. Der kritische Punkt liegt da erheblich später! Aber bei Brüning, dem geborenen Westdeutschen, kam noch weit mehr als bei Stresemann, der Berliner gewesen war, zweifellos ein anderes Moment hinzu. Letzten Endes war und blieb ihm die Welt des alten ostelbischen Landedelmannes doch etwas Fremdes, bei allem Wohlwollen, bei aller Hilfsbereitschaft für den deutschen Osten und bei aller Verehrung für Hindenburg, die nie erlosch. Wie Stresemann stand er stark unter dem Eindruck eines übermächtigen Einflusses der adeligen Verwandtschaft auf den alten Herrn. Er sprach tadelnd von „nichtverfassungsmäßigen Einflüssen“, und diese waren fraglos in der Persönlichkeit Schleichers vorhanden. Aber gerade Schleicher hatte Brüning kreiert! Manchmal ging Brünings Mißtrauen zweifellos zu weit, so wenn er dem zweiten Adjutanten, Oberleutnant Wedigo v. d. Schulenburg, Einfluß zumaß. Wedigo v. d. Schulenburg war ein ganz weitläufiger Verwandter der jungen Frau v. Hindenburg. Der deutsche Adel, der ostelbische nicht weniger und nicht mehr als etwa der schwäbische oder der bayerische, war nun einmal im Lauf der Jahrhunderte vielfältig versippt und verschwägert, aber es war ein Trugschluß, daraus auf eine ganz spezielle Cliquenbildung der Verwandtschaft um den alten Herrn in der Wilhelmstraße zu schließen. Im Gegenteil – der alte Herr zog da gerade in der eigenen Hindenburgischen Verwandtschaft sehr säuberlich den Trennungsstrich. Und was die ostelbischen Freunde anbelangte, so war ein so feinsinniger Kopf wie der Graf Brünneck alles andere als ein Reaktionär oder gar ein Gegner Brünings. Oldenburg-Januschau aber hat in seinen Erinnerungen die schon einmal zitierte Feststellung getroffen, mit seinen politischen Ratschlägen habe er nur selten Glück beim „alten Herrn“ gehabt. Fraglos spielte jedoch der Unterschied zwischen den beiderseitigen Lebens- und Anschauungswelten eine große Rolle bei dem allmählichen Sichauseinanderleben von Brüning und Hindenburg. Das zeigt sich sehr deutlich in dem warmen Verhältnis, das zwischen Papen und ihm entstand. Da trat ihm zum ersten Mal als Kanzler ein Mann seines Standes und seiner Anschauungen als Edelmann und Offizier gegenüber. Das mochte alles einem altmodischen Denken entsprechen, aber Tatsache war nun einmal, daß der Feldmarschall die letzte große Persönlichkeit des deutschen „Ancien Régime“ war, mit allen Vorzügen und mit jener Begrenzung, die das konservative Lebensgefühl in einer entgötterten, aufgewühlten Welt darstellte.

Vom Herbst 1931 an unterhandelte Schleicher, vermutlich mit halbem Wissen Brünings, unter der Hand mit den Deutschnationalen und der NSDAP über eine Erweiterung des Kabinettes nach rechts. Am 10. Oktober 1931 empfing Hindenburg zum ersten Male Hitler, der sich von dem Reichstagsabgeordneten Hauptmann a. D. Göring begleiten ließ, der als Kriegsfreiwilliger den Pour le Mérite erhalten hatte. So etwas bedeutete bei Hindenburg unter Umständen viel. Hitler sprach sehr weitschweifig über sein Programm. Hindenburg liebte Leute, die so viel und so aufgeregt redeten, nicht sonderlich. Sein Urteil über Hitler ging etwa dahin, das sei ja alles sicher gut gemeint, was dieser Mann da vorbringe, aber er sei für irgendeine führende Rolle viel zu unreif, er müsse sich erst „empordienen". Der preußische Edelmann und der Führer der modernen Massen hatten im Grunde nichts miteinander gemein.

Einen Tag nach Hitlers Empfang bei Hindenburg, den die nationalsozialistische Presse mit den wildesten Hoffnungen und den törichtesten Vermutungen kommentierte, trafen sich in Bad Harzburg die Notabeln des nationalen Deutschlands, das in der Opposition stand, des gleichen Deutschland, das 1925 Hindenburg gerufen hatte, Prinzen des Kaiserhauses, Geheimrat Hugenberg, General v. Seeckt, der ehemalige Reichsbankpräsident Schacht, General Graf v. d. Goltz von den Vereinigten Vaterländischen Verbänden, die Führer des „Stahlhelm", Seldte und Oberstleutnant Düsterberg, und der Fürst zu Salm-Horstmar, die Offiziere ohne Heer, mit „dem „Trommler", Adolf Hitler, der die Massen regierte, der ihnen das Heer bringen sollte. Sie forderten den Sturz der Regierung Brüning. Die „Harzburger Front" wurde zum Schreckgespenst, bei Licht besehen war sie infolge des unvereinbaren Gegensatzes zwischen konservativer und nationalistisch-sozialer Revolution eine Fiktion. Schon in Harzburg kam es zu Raufereien zwischen Stahlhelmern und SA-Leuten. Hitler nahm den Vorbeimarsch des „Stahlhelm" nicht ab und weigerte sich auch am Essen der „Notabeln" teilzunehmen.

Nach der Niederschrift über Krise und Demission des Kabinetts Brüning bat Hindenburg im November und Dezember 1931 erneut den Kanzler, über den „Stahlhelm" Annäherung an die Deutschnationale Partei zu suchen, um auf diese Weise mäßigend auf die NSDAP zu wirken. Brüning konnte nur immer wieder entgegnen, daß alle Verhandlungen erfolglos seien. Sie scheiterten stets an dem Willen Hugenbergs, als Preis für die Unterstützung Brünings die Auflösung der Koalition in Preußen zu fordern. Im Kabinett scheint der Reichsarbeitsminister Stegerwald, als christlicher Gewerkschaftsführer sozusagen Repräsentant des linken Flügels, die Ansicht vertreten zu haben, eine Erweiterung der Regierung nach rechts könne deren Position bei den Moratoriums- und Reparationsverhandlungen schwächen.

Über die Unterredungen Hindenburgs und Schleichers existieren keine Aufzeichnungen. Den Meißnerschen Memoiren zufolge berichtete Schleicher Anfang November Hindenburg über seine Verhandlungen mit Hitler und unterstrich dessen grundsätzliche Verhandlungsbereitschaft, verschwieg jedoch die unerfüllbaren Forderungen, die dieser damit verband, die Ausschaltung Brünings und die Auflösung der Preußen-Koalition. Schleicher, den stets bei allen innerpolitischen Verhandlungen die Besorgnis leitete, Polen könne innere Schwierigkeiten zu einem Handstreich gegen Ostpreußen oder Schlesien benutzen, hatte das Bild der breiten, wehrfreudigen und nationalen Massenpartei vor Augen, deren Wehrverband, die SA, vor allem in Ostpreußen, für den Grenzschutz Ost unentbehrlich war. Die Reichswehr war in seinen Augen kein Bürgerkriegsinstrument, sondern die Wehrmacht der Nation. Andererseits glaubte er, noch seien Wehrmacht und Berufsbeamtentum stark genug, um, gedeckt durch die Autorität des greisen Feldmarschall-Präsidenten, die NSDAP bei der Beteiligung an der Verantwortung vor eigenmächtigem Handeln bewahren zu können. Im Gegensatz zu ihm dachten Brüning und Groener daran, vorerst mit polizeilichen Mitteln die Auswüchse der Bewegung zu beschneiden, ehe man diese an der Verantwortung beteiligte. Brüning wollte, der schon öfter erwähnten Niederschrift zu Folge, bezüglich der Erweiterung der Regierung dilatorisch verfahren und bis nach den im Frühjahr 1932 fälligen preußischen Landtagswahlen warten. Dann hoffte er eine Verbreiterung der Regierungsbasis im Reich wie in Preußen durch eine Koalition vom Zentrum bis zur Rechten zu erreichen. Hindenburg kamen die ersten Zweifel, ob es Brüning mit diesen Plänen überhaupt ernst sei.

Dies war der erste konkrete Grund zu der Entfremdung zwischen ihnen. Meißner bezeugt, wie unangenehm im Grunde dem Reichspräsidenten die hervorstechende Rolle war, die ihm zugefallen war, wie sehr er darunter litt, daß sie ihn in Gegensatz zu weiten Kreisen des Volkes brachte, wie sehr er eine echte Mehrheitsregierung wünschte – im Grunde kein Gegensatz zu den alten Vorstellungen von der Berufung eines Vertrauensmannes auf den Kanzlerposten, denn von solcher Maßnahme hatte er sich gerade eine Zusammenfassung der Nation erhofft. Der Weg zur Verwirklichung dieser Hoffnung aber führte jetzt nicht mehr an der NSDAP vorbei. Hitler stand vor den Toren, und die Frage, was man mit ihm beginnen solle, war ungelöst.

Brüning brauchte gerade für die neuen außenpolitischen Maßnahmen, die er plante, vorläufig ein stabiles Präsidialkabinett. Gelegentlich der Notverordnung vom 8. Dezember 1931 zur Sicherung von Finanz und Wirtschaft und zur Bekämpfung politischer Ausschreitungen betonte er ganz scharf, die Reichsregierung dulde keine andere als die verfassungsmäßige Macht, Reichspräsident und Reichsregierung verfügten allein über die Macht. Im November hatte er die Lösung der Reparationsfrage durch die Anrufung des Sonderausschusses der Bank für Interntionale Zahlungen eingeleitet. Im Dezember entschied der Ausschuß, das Reich sei nicht mehr fähig, die Annuitäten des Young-Planes aufzubringen. Anfang Januar 1932 gab Brüning aus Anlaß von Verhandlungen über die Verlängerung des Moratoriums bekannt, Deutschland werde weder jetzt noch künftig Reparationen zahlen. Der französische Finanzminister sprach darauf vom „geheiligten Recht Frankreichs auf Reparationen". Die französische Taktik lief darauf hinaus, als Gegenleistung mindestens von Amerika den Verzicht auf die Bezahlung der französischen Kriegsschulden einzuhandeln, für die 62 Jahresraten vorgesehen waren. Dank englischer Vermittlung bezeigten die Vereinigten Staaten Entgegenkommen. Zur endgültigen Klärung aller Reparationsfragen sollte, ursprünglich schon im Januar 1932, eine Konferenz in Lausanne zusammentreten. Infolge der schwierigen Vorverhandlungen wurde diese auf den April und dann auf den Juni 1932 vertagt, ein Moment, das wieder die Krise des Kabinettes Brüning ungünstig beeinflussen sollte, da der Kanzler vor der Konferenz eine Regierungsumbildung für inopportun hielt, trotz des Drängens von seiten Hindenburgs, trotz aller Schwierigkeiten mit der Rechtsopposition. Die Folge war, daß Hindenburgs Mißtrauen gegen Brünings wahre Absichten wuchs. Groener hörte ihn zweimal ärgerlich im Winter sagen, Brüning entspräche nicht ganz den Vorstellungen, die er sich von einem Kanzler mache. Er warnte, einen besseren werde man nicht finden. Noch sah auch Hindenburg keinen anderen Kanzler als Brüning. Aber Groener schrieb auch an General v. Gleich mit leiser Ungeduld, Brüning brauche nun wirklich einige wirtschaftliche und außenpolitische Erfolge.

Als das alte, so bittere Jahr 1931 zur Neige ging, zählte man 5,6 Millionen Erwerbslose. Zu Silvester erhob der alte Herr in der Wilhelmstraße erneut seine mahnende Stimme zur Einigung. Er wollte, sagte er in einer Rundfunkansprache, als der, der vor dem Volk und der Geschichte die letzte Verantwortung trage, zu allen Deutschen sprechen. Dann fuhr er fort: „Ich will zu Ihnen reden als ein Mann, der in einem langen Leben einen großen Abschnitt deutscher Geschichte mit vielen Wechselfällen durchlebt und hierbei nie das Vertrauen in die gesunde Kraft und den Lebenswillen des deutschen Volkes verloren hat ..." Die Welt lebe in einer Wirtschaftskrise, in deren Mittelpunkt Deutschland stehe. Die Folge seien schwere Lasten für den Einzelnen und für den Staat, sei die harte Notwendigkeit, jedem harte Lasten aufzuerlegen. Noch könne niemand sagen, wann lichtere Tage kommen würden. Die Überwindung der Not hänge in erster Linie von uns selbst ab, aber auch das Ausland müsse dem deutschen Opferwillen durch großzügiges Entgegenkommen den Weg ebnen. Zum Schluß rief er dazu auf, nicht Kleinmut und Verzagtheit Herr werden zu lassen, sondern sich zusammenzuschließen im Glauben an Deutschlands Zukunft. Die Massen vernahmen das ernste Wort eines alten Mannes, sie vernahmen aber auch die ekstatischen Versprechungen eines anderen, der ihnen verkündete, er würde sie aus Not und Elend herausführen. Sie hungerten nach einem Manne, der ihnen einen neuen Glauben gab. Sie waren müde, verzweifelt und ratlos oder voll Haß und Verbitterung.

Im Frühjahr 1932 lief die erste Amtsperiode Hindenburgs als Reichspräsident ab. Damit erhob sich die Frage, ob er selbst gewillt war, noch einmal für den Reichspräsidentenposten zu kandidieren, oder, sofern er nicht dazu gewillt war, was sein Alter eigentlich vermuten ließ, wer alsdann als Kandidat der Rechten und der republikanischen Parteien in Frage kam. Allen gemäßigten Politikern von der Rechten bis zur Sozialdemokratie war die Überzeugung gemeinsam, daß angesichts des ungeheuren Anschwellens der NSDAP und der Wahrscheinlichkeit, daß diese Hitler auf irgendeine Weise die deutsche Staatsbürgerschaft verschaffen und ihn als Kandidaten nominieren würde, nur die Alternative eines Sammelkandidaten bestand. Die Sozialdemokraten konnten wenigstens in Otto Braun oder Paul Löbe zwei Männer namhaft machen, die vielleicht für eine Kandidatur in Frage kamen, die bürgerliche Mitte verfügte über keine zugkräftige Persönlichkeit – außer Hindenburg! Ministerpräsident Braun spricht in seinen Erinnerungen von Versuchen der Rechtsradikalen, Hindenburg den Verzicht auf seine Wiederwahl nahezulegen. Solche Versuche sind nicht erweislich. Dagegen spielte das natürliche Ruhebedürfnis des alten Mannes, der seinem schwergeprüften Volk die Einheit nicht hatte zurückgeben können, eine große Rolle. Ministerpräsident Braun wurde von seinen eigenen Parteifreunden wie von demokratischer Seite gebeten, eine Unterredung über andere Fragen mit Hindenburg dazu zu benutzen, um ihm ein Ausharren nahezulegen. Er tat dies. Hindenburg erklärte, er brauche Ruhe, er habe sieben Jahre seine Pflicht getan. Braun meinte, er könne ihm das nachfühlen, bat ihn aber trotzdem, auf dem Posten zu bleiben. Hindenburg wich aus, er könne ihm nichts versprechen.

Brüning, Groener und Schleicher sprachen in ähnlichem Sinn. Es gab nur die Alternative Hindenburg oder Hitler – oder eines nationalsozialistischen Platzhalters für diesen! In einer undatierten, von Hindenburg eigenhändig unterzeichneten Niederschrift über die Vorgänge und die Geschichte seiner Wiederwahl, die vermutlich aus den ersten Monaten des Jahres 1932 stammt, sagt er über Brüning wörtlich: „Den Reichskanzler Brüning schätze ich als einen außerordentlich befähigten Mann von hingebender Vaterlandsliebe und großer Arbeitskraft, der in einer sehr schweren Zeit Proben seines Könnens abgelegt und sich namentlich in den außenpolitischen Verhandlungen dem Ausland gegenüber eine beachtliche Stellung erobert hat." Er sei überzeugt, daß auch eine anders zusammengesetzte Regierung nicht mehr als Brüning hätte erreichen können. Das zeigt, wie sehr er im Grunde Brüning schätzte, wie schwer ihm die endgültige Urteilsbildung über seine Regierung fiel, und es beweist, daß die kritischen Monate der Wiederwahl ihn zunächst eher wieder enger mit Brüning zusammenführten, als einzelne Äußerungen der Ungeduld und der Unzufriedenheit vermuten ließen.

Brüning, sehr stark sekundiert von Schleicher, hegte die Absicht, den Wahlkampf mit der Möglichkeit eines Sieges der Nationalsozialisten überhaupt zu vermeiden und durch ein mit Zweidrittelmehrheit vom Reichstag beschlossenes verfassungsänderndes Gesetz die Verlängerung der Amtszeit Hindenburgs auf Lebenszeit oder nur um ein bis zwei Jahre durchzusetzen. Hindenburg, der trocken meinte, es habe wohl wenig Sinn, einen Fünfundachtzigjährigen auf sieben Jahre zum Reichspräsidenten zu wählen, stimmte einer Amtszeitverlängerung um zwei Jahre zu. Damit konnte man die kritischste Periode überbrücken. Aber er ließ keinen Zweifel daran, daß er Wert darauf lege, daß außer den Kommunisten alle Parteien, auch die der Rechten, für dies Gesetz stimmten.

Im Dezember 1931 und im Januar 1932 sondierte Brüning die Haltung der Parteien gegenüber einem derartigen verfassungsändernden Gesetz, das im Reichstag auch bei Einigkeit aller gemäßigten Parteien von rechts bis links angesichts der Obstruktion der Nationalsozialisten und der Kommunisten nur mit Hilfe mindestens der Deutschnationalen durchzubringen war. Zentrum, Bayerische Volkspartei, Deutsche Volkspartei, Demokraten, Wirtschaftspartei und die Splitterparteien der Rechten zählten zusammen 208 Mandate, dazu kamen 143 sozialdemokratische Abgeordnete. Ihnen standen 107 Nationalsozialisten, 41 Deutschnationale und 76 Kommunisten gegenüber. Die Mittelparteien stimmten dem Brüningschen Vorschlag zu, die Sozialdemokraten sagten zögernd zu. Hugenberg meldete die ersten Bedenken an, er könne nicht gut mit den Sozialdemokraten gemeinsam stimmen, auch entspräche die Zusammensetzung des gegenwärtigen Reichstages nicht mehr der Volksmeinung. Hitler verlangte zuvor Neuwahlen zum Reichstag. Er bat Anfang Januar 1932 Staatssekretär Meißner zu einer Besprechung in das Hotel „Kaiserhof", wo er in Berlin mit seinem Stabe abzusteigen pflegte, und unterbreitete ihm den Plan, Hindenburg solle sich von der NSDAP, den Deutschnationalen und dem „Stahlhelm" gemeinsam aufstellen lassen. Zuvor müsse er sich dazu von Brüning trennen, eine nationale Regierung bilden und im Reich und in Preußen Neuwahlen ausschreiben. Meißner machte ihm klar, der Reichspräsident könne und würde niemals eine derartige Wahlkapitulation abschließen, er könne niemandem vor der Wahl Versprechungen machen und denke nicht daran, sich von Brüning zu trennen. Hitler erklärte darauf: „Wenn der Feldmarschall die Kandidatur eines Linksblocks annehmen will, so werde ich, den Wünschen der hinter mir stehenden nationalen Bewegung folgend, ihm notgedrungen als Gegenkandidat für die Präsidentschaft entgegentreten, und ich zweifle nicht daran, aus diesem Wahlkampf als Sieger hervorzugehen." Der Mann, der diese Worte sprach, besaß zur Stunde nicht einmal die deutsche Staatsbürgerschaft und demzufolge weder das aktive noch das passive Wahlrecht. In einer zweiten Unterredung, welche Meißner mit Göring hatte, betonte er nochmals, der Reichspräsident lehne spezielle Zusicherungen ab.

Die Hindenburgische Niederschrift über die Vorgänge bei seiner Wiederwahl hält fest, Brüning sei damals bereit gewesen, sein Kabinett nach rechts zu erweitern, er habe Hindenburg zweimal, am 27. Januar und am 6. Februar 1932, seinen Rücktritt angeboten, falls seine Person ein Hindernis bilde, seine – Hindenburgs – persönliche Fühlungnahme wie die eingehenden Verhandlungen mit den Deutschnationalen, den Nationalsozialisten und dem „Stahlhelm" hätten jedoch nur das Eine ergeben, daß diese unfähig gewesen seien, sich auf einer gemeinsamen Linie zu finden. Hitler habe praktisch die nationalsozialistische Parteidiktatur gefordert, Hugenberg die Führung einer Rechtsregierung auf schmaler Basis. Die ganze Harzburger Front sei nur eine „Fiktion". Nicht er und nicht Brüning hätten der Bildung einer Rechtsregierung widerstrebt, diese sei durch die Uneinigkeit auf der Rechten durchkreuzt. Hindenburg fand das alles tief bedauerlich und wollte trotz aller Nackenschläge die Hoffnung auf eine Einigung nicht. fahren lassen. Er sah die Möglichkeit dazu nach den preußischen Wahlen im Frühjahr.

Einem Briefe Groeners an General v. Gleich vom 24. Januar 1932 zufolge, in dem er sich über die sehr ernste Niederlage in der Frage der Amtszeitverlängerung äußert, muß es einen Augenblick gegeben haben, wo Hitler einlenken wollte, trotz des Mißtrauens, das er gegen Brüning empfand. Groener gab dem „Giftmischer Hugendubel", wie er ihn ironisch nannte, die Hauptschuld, war aber nun sehr besorgt um Brünings Position, „weil der Alte vom Berge sich nicht ohne Rechtser küren lassen wolle". Von Hitler sprach er sehr geringschätzig als von dem „Visionär und Götzen der Dummheit". Ihm gegenüber hatte Hitler sehr bescheidene Äußerungen getan, sein Ehrgeiz sei kein hohes Staatsamt. Das wechselte bei ihm, je nach dem, mit wem und zu welchem Zwecke er mit jemandem sprach!

Bei einem Briefwechsel zwischen Brüning und Hitler übersandte der letzte ein Memorandum gegen die Amtszeitverlängerung, dessen Abschrift auch dem Reichspräsidenten zugestellt wurde. Darauf schrieb Hindenburg am 28. Januar 1932 an Brüning, er bäte ihn, von dem Gesetz zur Verlängerung der Amtszeit Abstand zu nehmen, man müsse den verfassungsmäßigen Weg der Neuwahl durch das Volk einschlagen.

In seiner Niederschrift vermerkt Hindenburg, er habe die Kandidatur schließlich in dem Gefühl angenommen, sie sei seine vaterländische Pflicht. Für ihn habe die Gefahr im Wahlsieg eines rechtsradikalen Kandidaten oder in der Möglichkeit gelegen, daß sich bei einem etwaigen zweiten Wahlgang Sozialdemokraten und Kommunisten auf einen Sammelkandidaten geeinigt hätten. Das hätte den Bürgerkrieg und außenpolitische Ohnmacht bedeutet. Wörtlich schrieb er: „Aber ich gehe lieber den Passionsweg persönlicher Angriffe gegen mich und Herabsetzung meines Namens, als daß ich Deutschland sehenden Auges den Passionsweg des Bürgerkrieges beschreiten lasse." Groener schrieb in seinen Briefen, man müsse mit allen Mitteln Brüning halten und Hindenburg durchbringen, um eine nationalsozialistische Kanzler- oder Reichspräsidentenschaft zu verhindern.

Ein überparteilicher Wahlausschuß unter der Leitung des Berliner Oberbürgermeisters Sahm, der Hindenburg aus Magdeburg wie aus seiner Danziger Zeit kannte, brachte binnen zwei Wochen rund 3,5 Millionen Stimmen zusammen, die für Hindenburgs Kandidatur eintraten. Darauf trug ihm der Ausschuß die Kandidatur an. Nach dem Austausch der offiziellen Reden fragte Hindenburg unter vier Augen Oberbürgermeister Sahm, was dieser glaube, wie die Sache ausgehen würde? Sahm erwiderte, angesichts der vorweg abgegebenen 3,5 Millionen Stimmen: Gut. Hindenburg: „Herr Oberbürgermeister! Man soll seinen Gegner nicht unterschätzen, das ist keine Scheibe, die stillsteht, sondern das ist ein Mensch, der eben so gut denken kann, wie wir es können." Das zielte auf Hitler. Hernach kam er auf das in seinem Arbeitszimmer hängende Bild von der Aufbahrung der Leiche des 1757 vor Prag gefallenen Feldmarschalls Graf Schwerin zu sprechen. Er machte Sahm auf historische Ungenauigkeiten auf dem Bilde aufmerksam, Zieten, der auf dem Gemälde zu sehen war, sei in Wahrheit auf dem anderen Moldauufer gewesen. Dann meinte er, auf den an der Bahre stehenden König Friedrich den Großen weisend, solch einen Tod habe er sich immer gewünscht, daß dann einmal sein König an seiner Bahre stehe.

Da sprach der Edelmann der versinkenden Ära des Preußentumes, der Edelmann, der noch immer an seinem kaiserlichen Herren im Exil hing, der es nicht für vornehm hielt, die Fehler des Gestürzten zu erörtern, obwohl auch er sie kannte und besser kannte als irgendjemand sonst, und der noch immer hoffte, es möchte einmal gelingen, auf gesetzmäßigem Weg Deutschland wieder die Vorteile des einigenden Symbols der Krone wiederzugeben. Dieser Mann in seiner unerschütterlichen, altmodischen Würde war nun die letzte Hoffnung und das letzte Bollwerk der so unglücklichen Republik. Er sollte sie mit seinem Leibe gegen die heraufziehende Revolte der Massen decken, die auf das Hakenkreuz oder den blutigen Sowjetstern schworen. Er wußte selbst sehr wohl, daß er kein Politiker war, daß seine Größe nicht auf dem politischen Sektor lag. In seiner Bescheidenheit wehrte er fast ängstlich den sich so vielen aufdrängenden Vergleich mit Bismarck in seinen Altersjahren ab. Er war nur der Verweser des Reiches, der eigentlich selbst zur Stunde eines Bismarck bedurfte, der letzte Wächter am Tor.

In seinen Aufzeichnungen wehrte er sich gegen die landläufige Version, die „schwarz-rote Koalition" habe ihn aufgestellt. Er unterstrich, die Mittelparteien, Landvolk, Wirtschaftspartei, Christlich-Sozialer Volksdienst und Volkskonservative Vereinigung hätten ihn nominiert, ihnen hätte sich das Zentrum, die Bayerische Volkspartei und die Hannoveraner angeschlossen. Die Sozialdemokratie habe auf einen eigenen Kandidaten verzichtet und ihren Wählern empfohlen, ihn zu wählen. Auf die Überparteilichkeit dieser Kandidatur legte er großen Wert, wenn sich auch der Betrachter der Feststellung nicht erwehren kann, daß sie Stückwerk war. Noch einmal kam er auf die Hetze während des Young-Planes zu sprechen, die ihn so tief verwundet hatte, und schrieb, er sei immer davon überzeugt gewesen, der Plan würde nur eine kurze Laufzeit haben. Er habe sich nicht getäuscht, das Rheinland sei frei, der Young-Plan praktisch erledigt. Das Reich habe während der kurzen Zeit der Young-Gesetze weniger bezahlt als unter dem Dawes-Plan.

Noch schwieg die „nationale Rechte". Bei einer Besprechung der Wehrverbände am 14. Februar 1932 trat General v. Horn vom Kyffhäuser-Bund vorbehaltlos für Hindenburg ein. Der „Stahlhelm" forderte als Preis einen Kurswechsel. Hindenburg schrieb dazu, er habe aus der Wahl doch nicht ein politisches Schachergeschäft mit dem „Stahlhelm" machen können. Am 15. Februar erging der offizielle Wahlaufruf Hindenburgs. Am 16. Februar erfolgten geharnischte Absagen Hugenbergs und Hitlers. Die Vereinigten Vaterländischen Verbände unter General Graf v. d. Goltz erklärten sich gegen ihn. Hugenberg tat den törichtesten Schritt seiner ganzen törichten Politik und stellte den zweiten Bundesführer des „Stahlhelm", Oberstleutnant a.D. Düsterberg, als Kandidaten gegen den Feldmarschall auf. Die NSDAP nominierte Hitler, nachdem die braunschweigische

Rechtsregierung diesem mit der Würde eines braunschweigischen Regierungsrates endlich zur deutschen Staatsbürgerschaft verholfen hatte.

Für Düsterberg – das ist bedeutsam für die spätere Entwicklung, für die Entkräftung zahlreicher Verdächtigungen – stimmte der reaktionäre Flügel der Altpreußen, die Männer, die sich gegen jegliche Konzession an den Zeitgeist sträubten, stimmten die siedlungsfeindlichen Großagrarier Pommerns und Ostpreußens. Für Düsterberg stimmte Hindenburgs alter Freund Oldenburg-Januschau. Wieder waren die Altpreußen seine erbittertsten Gegner. Wen wollte es Wunder nehmen, daß den alten Mann solche Entwicklung bis ins Herz traf, daß er unter der Vorstellung litt, seine Standesgenossen wollten ihn boykottieren, womit junkerliche Hitzköpfe seit alters rasch bei der Hand waren. Es wurden die einsamsten Tage seines Alters.

Nicht minder schwer trug auf andere Weise ein Mann wie der so stille und überlegte Reichskanzler Dr. Brüning an der Last dieses Wahlkampfes. Er war kein großer, glanzvoller Redner, die Regierungsparteien verfügten nicht über den gewaltigen Propagandaapparat, den Hitler mobilisierte. Brüning wies in einer seiner Reden darauf hin, vom Ausgang der Wahl hinge es ab, ob die Welt glaube, daß in Deutschland noch Ehrfurcht und Achtung vor der geschichtlichen Person existierten. Er trat voll für Hindenburg in die Bresche, er nahm auch, indem er an dessen Sieg bei Tannenberg appellierte, eine neue, wilde, haßerfüllte Fehde Ludendorffs in Kauf. Ludendorffianische Generalstäbler überhäuften auch Hindenburg dieserhalb mit Zuschriften. Er antwortete nicht mehr darauf. Es nutzte doch nichts. Im ersten Wahlgang am 13. März 1932 stimmten 18,6 Millionen für Hindenburg, Hitler erhielt 11,3 Millionen, der kommunistische Kandidat Ernst Thälmann nahezu 5 Millionen, Oberstleutnant Düsterberg rund 3 Millionen und der Kandidat der Aufwertungspartei, Herr Winter, 111.470 Stimmen. Die Zersplitterung im bürgerlichen Lager, Hugenbergs unglückselig-starrsinnige Sonderpolitik, machte einen zweiten Wahlgang notwendig. Hitler zog alle Register, Hugenberg gab das Rennen auf und stellte den Düsterberg-Wählern die Entscheidung frei, wie sie stimmen wollten, eine neue Torheit. Eine

Anzahl der bekanntesten Persönlichkeiten des öffentlichen Lebens, Fürsten, Generale, Admirale, Gelehrte, Dichter, Schriftsteller, Großkaufleute erklärten sich in einem Aufruf unter Betonung der Tatsache, daß sie keine Nationalsozialisten seien, für Hitler. Der Kronprinz gab (zum Entsetzen Schleichers!) die Parole aus: „Wir wählen Hitler." Dies enthüllte die hoffnungslose Verworrenheit im Lager der Konservativen. Das Ergebnis war trotzdem ein knapper Sieg der Vernunft, 19,3 Millionen stimmten für Hindenburg, 13,1 Millionen für Hitler. Hindenburg war zum zweiten Mal für sieben Jahre zum Reichspräsidenten gewählt.

Der Sieg brachte wenig Freude. Am Tag nach der Wahl, dem 11. April 1932, plante Hindenburg die Herausgabe eines neuen Aufrufs an das deutsche Volk, in dem er zur Versöhnung und zur Einigung mahnen wollte. Als ihm der preußische Ministerpräsident Braun nach der Wahl gratulierte, meinte er warnend, man dürfe von ihm jetzt nicht eine Parteipolitik im Sinne jener Parteien erwarten, die ihn gewählt hätten. Seine Aufzeichnungen bieten keinen Anhalt für die vielfach geäußerte Vermutung, er habe es Brüning persönlich verübelt, daß dieser ihm nicht wenigstens die Deutschnationalen als Wähler gebracht habe, sie lassen eher den gegenteiligen Schluß zu, daß er die Situation Brünings ganz richtig erkannte. Ein Mann, der ihn in den folgenden Wochen mehrfach sprach und der ihn gut kannte, Graf Brünneck, hatte jedoch den Eindruck, daß er in dieser Hinsicht auch nicht frei von Bitternis gegenüber seinem Kanzler war.

Die akute Krise des Zweiten Kabinetts Brüning wurde jedoch durch eine ganz andere Entwicklung ins Rollen gebracht. Schon nach dem ersten Wahlgang hatte die preußische Polizei eine Aktion gegen die Privat-Armee Hitlers, die rund 400.000 Mann zählende SA unter dem „Stabschef" Hauptmann im Generalstab a. D. Rö,hm, durchgeführt. Die SA war die mächtigste und schlagkräftigste der politischen Armeen geworden, die in Deutschland entstanden waren. In der Woche vor der Wahl hatte Groener bereits, mehrfach gedrängt von den Innenministern der größeren Länder, die ein Einschreiten gegen dieses Privatheer verlangten, erwogen, sofort nach dem Wahlsieg Hindenburgs zuzuschlagen und die SA aufzulösen, um damit gewissermaßen Hitler die Zähne auszubrechen, bevor man mit ihm über eine Beteiligung an der Verantwortung unterhandelte. Brüning war vollauf seiner Ansicht. Kein Staat konnte sich auf die Dauer das Bestehen eines „Schattenstaates", wie ihn die Organisation der NSDAP und SA verkörperte, bieten lassen. Andererseits sah Groener, wie er am 2. April 1932 an General v. Gleich geschrieben hatte, keine Möglichkeit mehr, durch ein „Sozialistengesetz" à la Bismarck die NSDAP selbst zu treffen. 11 Millionen Wähler, schrieb er resignierend, könne man nicht durch ein Ausnahmegesetz aus der Welt schaffen. Ursprünglich hatte er geplant, alle Wehrverbände einschließlich der SA durch eine Notverordnung der Kontrolle des Reichswehrministeriums zu unterstellen. Am 5. April nötigte ihn eine Konferenz der Innenminister von Preußen, Bayern, Sachsen, Württemberg, Baden und Hessen zu drastischerem Vorgehen. Schleicher sekundierte zunächst, in einer Besprechung mit den Chefs der Heeres- und der Marineleitung, General Frh. v. Hammerstein-Equord und Admiral Raeder, sprach sich Hammerstein-Equord in recht groben Worten für ein Verbot der SA aus, Admiral Raeder fragte, ob man nicht gleichzeitig dann das „Reichsbanner", die größte Wehrvereinigung der Linken, verbieten müsse, um unparteiisch zu bleiben? Das lehnte Schleicher, zufolge einer Niederschrift Groeners aus dem Oktober 1932 über die Geschichte des SA-Verbotes, ab.

Einen Tag vor der Wahl hielt Groener Hindenburg Vortrag über das beabsichtigte Verbot der SA. Hindenburg stimmte zu. Groener zufolge warf er von sich aus ein, man müsse diese gleich, ohne vorherige Aufforderung, verbieten. Von einem Verbot etwa des „Reichsbanners" war nicht die Rede, aber fraglos hatte Hindenburg bislang stets die Ansicht vertreten, löse man einen Wehrverband auf, müsse man auch alle anderen auflösen. Man könne nicht einseitig gegen die Rechte vorgehen. Unterdes wurde Schleicher schwankend, soviel sich erkennen läßt, unter dem Einfluß des Leiters der Pressestelle des Reichswehr-Ministeriums, Major Marcks, der zu seinen engsten Mitarbeitern zählte. Eine neue Idee kam auf, Hitler ein befristetes Ultimatum hinsichtlich der Reformierung und Entmilitarisierung der SA zu stellen und erst dann zuzuschlagen, wenn, wie zu erwarten stand, dies Ultimatum gar nicht oder nur teilweise angenommen wurde. Dies Vorgehen entsprach Schleichers gewöhnlicher Taktik der indirekten Methode. So schob man eigentlich Hitler die Entscheidung zu und salvierte sich selbst!

In einer Ministerbesprechung am 9. April, an der Brüning, Groener, der Reichsjustizminister Joel, Meißner, Schleicher und die Staatssekretäre Pünder und Zweigert von der Reichskanzlei und vom Reichsinnenministerium teilnahmen, wurde Schleichers neuer Plan erörtert. Meißner hatte gegen ein Verbot im gegenwärtigen Augenblick insofern Bedenken, als dadurch der Aufruf des Reichspräsidenten zur Einigkeit durchkreuzt wurde. Brüning, Groener und Joel traten nach wie vor für das sofortige Verbot ein, Groener wußte auch, daß anderenfalls zumindest die preußische Regierung eigenmächtig handeln würde. Brüning äußerte, nur wenn der Reichspräsident sich weigern würde, die Verordnung zu unterzeichnen, könne man auf das Schleichersche Verfahren zurückgreifen und erst ein Ultimatum stellen. Groenes Aufzeichnungen zufolge sah dieser in Meißner – aus den erwähnten Gründen – und in Oberst Oskar v. Hindenburg Gegner des sofortigen Verbotes. Der letzte, glaubte er, handelte allein in Besorgnis um die Wirkung des Aufrufes und in dem Bestreben, seinem Vater eine Atempause vor neuen zügellosen Anwürfen von rechts zu schaffen. Die SA selbst war ihm ganz gleichgültig.

Am 11. April erschien der Reichskanzler bei Hindenburg, um das Verbot zu erörtern. Hindenburg stimmte zu. Im Laufe des Tages ließ er indes dem Kanzler mitteilen, nach reiflicher Überlegung hege er doch Zweifel, ob ein Verbot im gegenwärtigen Zeitpunkt richtig sei. Vermutlich hatte er Kenntnis von Schleichers neuer Idee erhalten. Groener machte klar, daß er auf seinem Standpunkt beharre, Brüning begab sich abermals zu Hindenburg, wo er an dessen Autoritätssinn appellierte.

Am 12. April 1932 wurden die Besprechungen fortgesetzt. Brüning und Groener weilten erneut beim Reichspräsidenten und appellierten abermals an die Staatsautorität. Brüning meinte, sofern der Reichspräsident bei seiner Ansicht bleibe, daß gegenwärtig ein Verbot inopportun sei, könne man bis nach den preußischen Landtagswahlen warten. Hindenburg wandte sich an Staatssekretär Meißner. Dieser hielt in Anbetracht des am Vortag veröffentlichten Aufrufes des Reichspräsidenten ein befristetes Ultimatum für klüger. General Groener sagte sehr scharf, er gäbe sich zu einer Aufforderung an Hitler nicht her, es sei wider jeden militärischen Grundsatz, dem Gegner seine Maßnahmen vorher anzukündigen. Man müsse handeln! Hindenburg fügte sich dem Rat seines alten Ersten Generalquartiermeisters und gab, wie es in den Akten zur Frage des SA-Verbotes heißt, aus Gründen der „Staatsraison" nach.

Am 13. April 1932 wurde auf einstimmigen Kabinettsbeschluß hin die SA mit all ihren Unterorganisationen aufgelöst. Aber diese Aktion war praktisch ein Schlag ins Wasser. Es besteht kein Zweifel, daß Röhm gewarnt war, und es besteht mindestens der Verdacht, daß der vielgewandte Schleicher dabei seine Hand im Spiel hatte! Röhm war ein alter Freikorpskämpfer und Illegaler, er verstand sich vortrefflich darauf, Untergrundorganisationen aufzuziehen. Niemand dachte auch in der Loyalität des Rechtsstaates daran, Röhm und die anderen hohen SA-Führer und ihre Stäbe etwa in Schutzhaft zu nehmen!

Dafür setzte eine Protestkampagne bei Hindenburg ein. Von der Reichswehr protestierten der ehemalige General d. Infanterie Joachim v. Stülpnagel und vor allem der Wehrkreiskommandeur II in Pommern, Generalleutnant v. Bock. In Ostpreußen wie in Pommern war im Gegensatz zu Schlesien, wo der „schwarze" Grenzschutz in einem überparteilichen Landesschützen-Verband zusammengefaßt war, die SA ziemlich stark in den Grenzschutz eingeschaltet, obwohl Hitler selbst in einer seiner Wahlreden heftig dagegen Stellung genommen hatte. Die Zusammenarbeit in Ostpreußen zwischen Reichswehr und SA galt für ausgezeichnet, hier waren der Wehrkreiskommandeur I, Generalleutnant Frh. v. Blomberg und sein Chef, Oberst v. Reichenau, überzeugt, ohne die Mitarbeit der SA würde die ganze Grenzschutzorganisation wertlos sein. Die kritischen Zuschriften älterer, verabschiedeter Offiziere war der alte Herr schon einigermaßen gewohnt, aber die Stellungnahme von ehemaligen oder aktiven Reichswehrgeneralen machte ihn stutzig und erschütterte zum ersten Mal nachhaltig sein Vertrauen in Groeners Urteilskraft. Ganz offenbarlich verstand die Truppe nicht mehr einen Wehrminister, der den größten Wehrverband verbot. Hindenburg nahm Fühlung mit Schleicher und den Chefs der Heeres und der Marineleitung, von denen zumindest Admiral Raeder gerechterweise ein gleichzeitiges Verbot des „Reichsbanners" für unumgänglich hielt. Das „Reichsbanner" war jedoch gleichzeitig das Kernstück der von den Republikanern gegen den Faschismus aufgezogenen „Eisernen Front". Ein Labyrinth tat sich auf. Schleicher desavouierte jetzt ersichtlich seinen Minister. Für ihn war die Stunde gekommen, in der der listenreiche Mann wähnte, nur einer könne noch all die verwickelten Probleme meistern, die Reichswehr retten und den Nationalsozialismus „zähmen", der am Schreibtisch zum Generalmajor aufgestiegene Kurt v. Schleicher selbst. Groener hatte Hindenburg gegenüber bedeutet, alle Länderregierungen forderten das Verbot der SA. Das erwies sich als nicht stichhaltig, einige der kleineren protestierten! Hindenburg hielt es in dieser Situation für das Beste, wenn Groener selbst zurücktrat. Damit wäre aber eine neue Kabinettskrise fällig gewesen, was vielleicht Hindenburg sich nicht sofort klar machte, wohl aber Groener und der ihm eng verbundene Brüning. Brüning brauchte Ruhe, im Mai begann die neue Abrüstungskonferenz, welche – erfüllten die anderen Mächte ihre Verpflichtung zur Rüstungsbegrenzung nicht – eigentlich automatisch die Anerkennung der militärischen Gleichberechtigung des Reiches bringen mußte. Im Juni nahte die Konferenz von Lausanne, welche das Ende der Reparationen bringen mußte.

Eine unglückselige Privataffaire kam hinzu. Groener hatte zum zweiten Mal geheiratet, der Heirat war allzufrüh die Geburt eines Sohnes gefolgt. Das Offizierkorps nahm diese Dinge mit Kälte auf. Im Reichsministerium des Innern dagegen, wo weit mehr Befürworter des SA-Verbotes als im Reichswehrministerium saßen, nutzte man die Gelegenheit, die politisch völlig arglose Gattin des Ministers, die in Offizierskreisen auf Zurückhaltung stieß, besonders zuvorkommend aufzunehmen.

Um die Unparteilichkeit seines Amtes zu wahren, richtete Hindenburg am 15. April ein Schreiben an Groener, in dem er ihm Belastungsmaterial gegen das „Reichsbanner" zusandte und um eine

Untersuchung und gegebenenfalls um ein entsprechendes Verbot bat. Groener schrieb etwas geringschätzig an General v. Gleich, dieser Brief sei nur verfaßt, um den Reichspräsidenten „vor den Hugenberglern weißzuwaschen". Hindenburg seinerseits notierte sehr ungehalten, daß die geforderten Ermittlungen nur schleppend geführt wurden und daß Teile des – übrigens sehr dürftigen – Materials gegen das „Reichsbanner" nach einer Unterredung Groeners mit dem Reichsbanner-Führer Höltermann in der Presse auftauchten. Er beschwerte sich darüber am 22. April bei diesem. Das sehr magere Ergebnis all dieser Enqueten war schließlich, daß man die Formationen der Linken der Kontrolle des Reichsinnenministeriums unterstellte und das von Hindenburg wiederholt geforderte Verbot des kommunistischen Gottlosen-Verbandes endlich durchführte.

Am 24. April 1932 fanden unterdes in Preußen, in Bayern und in drei anderen Ländern Landtagswahlen statt, die überall ein gewaltiges Anschwellen der nationalsozialistischen Stimmen brachten. 162 Nationalsozialisten zogen in den preußischen Landtag ein, wo die sehr starke, alte deutschnationale Fraktion mehr als die Hälfte ihrer Mandate einbüßte. Immerhin hatten die alten Koalitionsparteien in letzter Stunde vor der Wahl noch eine Änderung der Geschäftsordnung durchgesetzt, wonach der Landtag auch im zweiten Wahlgang einen Ministerpräsidenten nur mit absoluter Mehrheit wählen konnte, was nach parlamentarischen Regeln eigentlich beim zweiten Wahlgang unüblich war. Brüning hatte Hindenburg stets versichert, nach der Preußen-Wahl könne man an die Erweiterung des Kabinettes nach rechts herangehen. Jetzt erschwerte einmal die Abänderung der Geschäftsordnung, die der alten Regierung das Überleben sicherte, eine Änderung, und zum zweiten wollte er vor den Konferenzen nicht mehr eine Kabinettsumbildung vornehmen. Hindenburgs altes Mißtrauen vertiefte sich erneut. In einem Brief vom 25. April an General v. Gleich sah Groener Brünings Position als gefährdet an. Hindenburg, berichtete er, wünsche eine mehr nach rechts orientierte Regierung, aber – man habe keinen Kanzler. Wenn Hindenburg nicht „wieder stark und zuverlässig wie K. W. I." (d. i. Kaiser Wilhelm I.) würde, sehe er schlimme Tage herannahen.

General Groener glaubte noch, man habe keinen Kanzler. Er ahnte nicht, daß der Chef seines eigenen Minister-Amtes bereits einen neuen Kanzler entdeckt hatte. Schleicher ging mit dem Plan um, ein neues Präsidialkabinett mit einem neuen, der Rechten genehmeren Kanzler zu kreieren. Ende April oder Anfang Mai muß er Hindenburg davon unterrichtet haben, daß es eine Möglichkeit gäbe, einen Nachfolger für Brüning zu finden, obwohl – das muß man festhalten – ihm der Reichspräsident keinerlei Auftrag erteilt hatte, einen Nachfolger zu suchen, obwohl dieser sich noch nicht einmal endgültig darüber klar war, ob es mit Brüning nicht weitergehen würde.

Schleichers Kandidat war der ehemalige Abgeordnete des Zentrums im preußischen Landtag, Franz v. Papen, der Hindenburg als früherer Generalstabsoffizier, als Verfechter seiner Wahl im Jahre 1925 und von einigen der üblichen großen Empfänge weitläufig bekannt war. Was ihn Schleicher empfahl, war seine von der offiziellen Parteilinie weitgehend unabhängige Haltung, seine vielfältigen Beziehungen als Aufsichtsratvorsitzender der „Germania", des führenden katholischen Organs, als prominentes Mitglied des 1923 begründeten „Herren-Klubs", eines konservativ-liberalen Ausspracheforums, als Mitglied eines Komitees für deutsch-französische Verständigung. Und letzten Endes empfahl ihn auch seine Eigenschaft als Kavalier und alter Generalstäbler dem Leiter des Ministeramtes der Reichswehr. Schleichers Mitarbeiter im Ministeramt, meist jüngere oder mitteljährige Generalstabsoffiziere, Oberstleutnant Ott, Oberstleutnant v. Bredow, Major Marcks, hatten in ihm immer den Mann der ungezählten Beziehungen, den geistreichen, oft etwas zynischen Gesprächspartner, den erfahrenen Unterhändler im kleinen Kreise und letzten Endes den überlegenen Beurteiler der politischen Situation bewundert, der in jeder Lage einen Ausweg wußte. Man glaubte unter ihnen fest, daß ihn allein die Liebe zur Sache leite, der Dienst für die Reichswehr und für den Staat. Man hielt seinen Zynismus, seine lebemännischen Allüren, seinen oft kaustischen Witz für eine Maske. Seine Schwester hielt ihn sogar für einen im tiefsten Herzen gläubigen Mann, wenn er das auch sorgfältig verhehlte. Aber natürlich lebte in ihm auch ein starker Ehrgeiz. Wie weit dieser ging, ob er wirklich zielbewußt nach der Kanzlerwürde, nach der Reichspräsidentschaft strebte, wie man in der Umgebung Hindenburgs später ernsthaft glaubte, läßt sich wohl nie mehr klären, weil es keine Zeugnisse von ihm selbst gibt. In jedem Fall war er ein Mann, der die verhängnisvolle Überzeugung gewonnen hatte, das Wesen der Politik machten nicht Grundsätze aus, sondern allein ein geschicktes Kulissenspiel mit Männern und Parteigruppierungen. Die Überzeugung hatte sich in ihm festgesetzt, er sei allein der Mann, die Situation noch zu entwirren. Aber er kannte seine Schwäche, das Auftreten in der Öffentlichkeit lag ihm nicht. Darum suchte er, wie dies seine Mitarbeiter formuliert haben, einen „Sprechminister", der als Kanzler nach seinen Weisungen vor der Öffentlichkeit agieren konnte. Und dafür schien ihm Franz v. Papen der geeignete Mann.

Weder Papen, der damals im Saargebiet auf dem Besitz seiner Frau in Wallerfangen weilte, noch Hindenburg ahnten, welches Spiel Schleicher wirklich trieb. Aber der französische Botschafter, zu dem Schleicher gute Beziehungen unterhielt, wußte bereits Ende April, daß Brüning ein erledigter Mann sei und erzählte dies in der Berliner Gesellschaft. Damit fiel Schleicher dem amtierenden Reichskanzler in den Rücken, der mit französischen Staatsmännern über einen französischen Plan für eine internationale Streitmacht unterhandeln wollte, eine Idee, die im Grunde die Aufhebung der Bestimmungen des Versailler Vertrages über die deutsche Wehrhoheit bergen konnte. Schleicher hatte zu Brüning kein Vertrauen mehr, weil dieser das Problem der Eingliederung des Nationalsozialismus seinem Gefühl nach nicht rasch und großzügig genug anpackte und statt dessen mit polizeilichen Maßnahmen arbeitete, während Schleichers Nachrichtendienst, den er mit Hilfe der „Abwehr" im Ministeramt unterhielt, genug Berichte über die wachsenden Sympathien für Hitler unter den jüngeren Offizieren brachte. Aus diesen Gründen desavouierte er auch Groener.

Brüning erhoffte sich sehr viel von den bevorstehenden Konferenzen, ein Optimismus, den die Abrüstungskonferenz keineswegs und die Lausanner Konferenz nur bedingt bestätigen sollte, wobei man freilich nicht abschätzen kann, wie der Erfolg gewesen wäre, hätte er persönlich in Lausanne auftreten können. Er war argwöhnisch geworden gegen Intrigen, und Schleichers Rolle rechtfertigte gewißlich Argwohn.

Hindenburg beabsichtigte, im Mai nach Neudeck zu gehen, um dort die Pfingsttage zu verleben. Praktisch befand sich das Zweite Kabinett Brüning bereits in einer Krise. Groeners Stellung als Reichswehrminister war unhaltbar geworden, der Reichswirtschaftsminister Professor Warmbold trat aus wirtschaftspolitischen Gründen zurück. Es ist nicht klar ersichtlich, in welchem Umfang und zu welchem Zeitpunkt Schleicher gegenüber Hindenburg die Möglichkeit einer Ersetzung Brünings durch Papen erwähnt hat, andere Kanzler-Kandidaten ließ man wohl gesprächsweise Revue passieren, ganz flüchtig fiel dabei auch einmal der Name des Grafen Brünneck. In jedem Fall äußerte Hindenburg Anfang Mai den Wunsch, die Parteiführer anzuhören, um sich über die Lage nach den Landtagswahlen im Reich zu informieren. Am 9. Mai 1932 besprach er diese Frage mit Brüning und frug diesen, ob er Bedenken gegen einen derartigen Empfang habe. Nach dem Protokoll der Unterredung äußerte der Reichskanzler, ein derartiger Schritt würde im Reichstag größte Unruhe hervorrufen und seine schwierige Stellung noch mehr erschweren. Man würde in einem derartigen Empfang das Vorstadium der Bildung einer neuen Regierung erblicken. Seine Position bei den am 17. Mai beginnenden Verhandlungen in Genf würde geschwächt werden. Gegenwärtig riet er von einem Empfang ab, grundsätzlich fand er den Gedanken begrüßenswert. Vielleicht könne man nach dem Zusammentritt des preußischen Landtages Ende Mai an einen derartigen Schritt denken. Hindenburg hielt zunächst an seiner Absicht fest, Brüning erklärte, dann bäte er darum, vorher empfangen zu werden, er werde dann zurücktreten. Hindenburg stellte darauf den Empfang der Parlamentarier bis nach der Eröffnung des preußischen Landtages zurück. Zum Schluß kam die Rede auf die Möglichkeit, die Koalition in Preußen durch eine Koalition vom Zentrum bis NSDAP zu ersetzen, Brüning war dazu bereit, den Versuch zu wagen, er bestätigte auch, dieser müsse Rückwirkungen auf die Zusammensetzung der Reichsregierung haben. Er hob hervor, der Reichspräsident müsse dann nachdrücklich auf die Parteiführer einwirken. Aber – vor der Konferenz von Lausanne wünschte er keine Kabinettsänderung. Kam er mit Erfolgen zurück, das wußte er sehr wohl, würde seine Position eine ganz andere als gegenwärtig sein. Hindenburg, durch jahrelange, ergebnislose Konferenzen skeptisch geworden, hielt sehr vermutlich beide Konferenzen für nicht halb so aussichtsreich wie Brüning und sah wieder das schon so lange von ihm bemängelte Ausweichen vor der entscheidenden Regierungsumbildung.

Am 10. Mai 1932 sollte Groener das SA-Verbot vor dem Reichstag begründen. Seine Rede wirkte matt, es hieß, er habe sich an diesem Tage körperlich nicht wohl gefühlt, er selbst beschuldigte später General v. Schleicher, dieser habe solche Gerüchte ausgestreut. Nach einer Aufzeichnung zur Frage des SA-Verbots, die Hindenburg bewahrte, wurde ihm am folgenden Tag gemeldet, General Groener habe sich nach einem Vortrag Schleichers zum Rücktritt bereit erklärt, als dieser ihm auseinandergesetzt habe, er habe das Vertrauen der Truppe verloren. Hindenburg, immer ein sehr genauer Mann, war jetzt überzeugt, schon aus rein technischen Gründen könne der zurückgetretene Reichswehrminister das ihm als solchem kommissarisch übertragene Amt des Reichs-Innenministers nicht mehr fortführen. In eine formelle Neuernennung wollte er nicht mehr einwilligen, Groener hatte sein Vertrauen verloren. Schleicher seinerseits, dem Brüning das Reichswehrministerium antrug, weigerte sich, in das Kabinett einzutreten. Die Krise war da. Noch wollte Brüning, eifrig bemüht, das zerbröckelnde Kabinett für die Konferenzperiode zusammenzuhalten, nicht Groener als Innenminister fallen lassen.

Hindenburg vertagte jegliche Entscheidung, nachdem er noch den Grafen Westarp zu sich gebeten hatte, um das Urteil eines besonnenen Konservativen zu hören. Am Abend des 12. Mai 1932 reiste er nach Neudeck ab. Das offizielle, vom 13. Mai datierte Abschiedsgesuch Groeners als Reichswehrminister erreichte ihn nicht mehr. Groener schied in Bitterkeit, die nur langsam wich. Er soll damals ausgerufen haben: „Sie können sich nur auf eins verlassen, auf die Untreue des alten Herrn.“ Mag dieser Ausruf in bitterer Stunde nun gefallen sein oder nicht, so war General Groener im Grunde doch ein viel zu ehrlich denkender Mann, als daß er sich die Verehrung für Hindenburg nicht bewahrt hätte, wenn er ihm auch nicht mehr in allem folgen konnte.

In Neudeck wollte der alte Herr Ruhe finden und sich über die kommenden Entschlüsse selbst klar werden. Er liebte es nicht, wenn er hier von Besuchern überfallen wurde, die Arbeit, die Erledigung der Akten ruhte zwar auch hier nicht, aber sonst wollte er hier nurmehr Landedelmann sein, wie es die Vorfahren gewesen waren. Staatssekretär Meißner glaubt in seinen Memoiren an eine Intrige von ostelbischer Seite, die in diesen Wochen bei Hindenburg gegen Brüning unternommen worden sei. Er hielt den Kammerherrn v. Oldenburg-Januschau, den ehemaligen Oberpräsidenten v. Batocki-Bledau und den pommerschen Agrarpolitiker und Rittergutsbesitzer v. Rohr-Demmin für die Hauptakteure. Auch Schleicher soll Hindenburg in Neudeck aufgesucht haben. All dies ist nicht erweislich. Mit Oldenburg-Januschau stand Hindenburg damals auf nicht sehr engem Fuß, er hatte für Düsterberg gestimmt. Herr v. Rohr-Demmin ist sein Lebtag überhaupt nie in Neudeck gewesen. Die Niederschrift über Krise und Demission des Kabinettes Brüning vom 14. Juni 1932 hält ausdrücklich fest, es habe nur zwei Besucher in diesen Wochen gegeben, den Grafen Brünneck-Belschwitz und Staatssekretär Meißner. Graf Brünneck gehörte zu jenen Konservativen, die sich 1930 von der Deutschnationalen Partei losgesagt hatten und war, der Tradition seiner großen Ahnen, des Landtagsmarschalls der Steinschen Ära Graf Brünneck und des Oberpräsidenten Theodor v. Schön gemäß, alles andere als ein engstirniger „Junker". Meißner selbst betont in seinen Memoiren, er selbst wie Oberst Oskar v. Hindenburg seien in der Krise durchaus loyal gegenüber Brüning gewesen, und es gibt keinen Beweis, daß er mit dieser Behauptung unrecht hätte.

Andererseits blieb schon durch die nie abreißenden Zuschriften dem Reichspräsidenten die lebhafte Unruhe nicht verborgen, die in Agrarkreisen über die noch immer nicht behobene Krise der Landwirtschaft und die im Umlauf befindlichen Gerüchte über große

Siedlungsvorhaben bei nicht mehr sanierungsfähigen Gütern herrschte. Die beiden Reichsminister Stegerwald und Schlange-Schoeningen ließen in ihren Ressorts den Entwurf für ein Siedlungsgesetz vorbereiten, das gleichzeitig in Schlanges Vorstellungen als großartiges Arbeitsbeschaffungsprogramm dienen und den deutschen Osten mit neuem Leben erfüllen sollte. Gerüchte zirkulierten, rund 2.000 Großbetriebe sollten im Osten aufgelassen werden.

Hindenburg selbst besaß Kenntnis von einem Referentenvorentwurf, wie der Terminus technicus dafür so unübertrefflich lautet, für eine im Rahmen dieser Maßnahmen erwogene Verfügung, wonach die Osthilfe-Behörden bei nicht mehr entschuldungsfähigen Gütern unter Festsetzung des Preises die Zwangsversteigerung anordnen konnten, ohne Rücksicht darauf, ob Schuldner und Gläubiger sich einig waren oder nicht. War kein geeigneter Bewerber vorhanden, so mußte dem Gebot der Reichsbehörden der Zuschlag erteilt werden. Derartige Güter waren binnen zwei Wochen dem Reichsarbeitsminister oder den von diesem beauftragten Siedlungsbehörden anzubieten. Es ist nicht geklärt, wie dieser Entwurf in seine Hände gelangt war. Es steht auch nicht fest, ob etwa Brüning ihn kannte. Der Minister Schlange-Schoeningen wollte keine Verantwortung für ihn tragen. Tatsache ist nur, daß derartige Entwürfe keinesfalls als großes Geheimnis behandelt wurden und des öfteren bei den gesetzgebenden Körperschaften zirkulierten. Einer der maßgebenden Vertreter der ostpreußischen Landwirtschaft, der Direktor der Landgesellschaft und preußische Staatsrat Frh. v. Gayl hatte gleichfalls Kenntnis von derartigen Erwägungen und schrieb am 24. Mai Hindenburg einen Brief, den er dem Staatssekretär Meißner mitgab, der am 25. Mai nach Neudeck fuhr. Er sah in derartigen Plänen ein Abgleiten in den Staatssozialismus, er warnte vor einer zu großen Schwächung des deutschen Ostens auch in rein militärischer Hinsicht und bat um Prüfung, ob nicht solche Enteignungsbefugnis besser aus dem geplanten Siedlungsgesetz herauszunehmen sei.

Staatssekretär Meißner hielt Hindenburg am 25. Mai 1932 in Neudeck Vortrag über den Entwurf zur V. Notverordnung für die Sicherung von Finanz und Wirtschaft, der auch die Aufsiedlungsmaßnahmen für nicht mehr sanierungsfähige Besitze behandelte. Brüning hatte ursprünglich selbst kommen wollen. Hindenburg hatte ihm die Reise ersparen wollen und hatte ihm sagen lassen, vorläufig genüge ein informatorischer Vortrag des Staatssekretärs. Er gedachte am 29. Mai, vier Tage später, wieder in Berlin zu sein.

Beim Vortrag äußerte Hindenburg der Niederschrift vom 14. Juni 1932 gemäß Bedenken hinsichtlich der Verwendung nicht mehr entschuldungsfähiger Güter (Meißner hatte ihm Gayls Brief übergeben), wobei er auf die weit verbreitete Unruhe unter dem Landvolk hinwies. Ferner, und diese Frage bereitete dem alten Manne weit mehr Kopfzerbrechen als die Enteignungsbefugnis, da er die „Hindenburg-Spende" ausdrücklich für die Kriegsopfer bestimmt hatte und sich deren Geschick stets auf das engste verpflichtet gefühlt hatte, lehnte er die neuerliche, vorgesehene Kürzung der Renten für Kriegshinterbliebene und Kriegsbeschädigte ab. Er hatte keine generellen Bedenken gegen die V. Notverordnung, wünschte aber dringend eine Modifizierung in bestimmten Einzelpunkten. In der erwogenen Behandlung nicht mehr sanierungsfähiger Güter auf Grund einseitiger Regierungsbeschlüsse erblickte er eine Enteignungsbefugnis ohne genügenden Rechtsschutz. Endlich ließ er wissen, er würde einem Verbleiben Groeners im Kabinett als Reichsinnenminister nicht zustimmen.

Am 26. Mai war Meißner wieder in Berlin – ehrlich des Glaubens, man habe von großagrarischer Seite gegen die Siedlungsgesetze bei Hindenburg Front gemacht – und erstattete Brüning in Gegenwart des Staatssekretärs Pünder Bericht. Schriftlich wurden auch die Minister Stegerwald und Schlange-Schoeningen von den Bedenken des Reichspräsidenten zu Einzelpunkten der Notverordnung unterrichtet.

An diesem Tag sah Schleicher seine Stunde kommen. Er rief Papen auf seinem saarländischen Besitz in Wallerfange an und bat ihn, am 28. Mai nach Berlin zu kommen. Nach der Aussage Papens im Nürnberger Prozeß geschah dies mit den Worten, man suche in Berlin einen Kanzler und der Reichspräsident möchte ihn, Papen, haben. In seinen Memoiren verzeichnet Papen nur die Tatsache, daß ihn Schleicher dringender Besprechungen halber in die Bendlerstraße gebeten habe.

Am 28. Mai hatte Staatssekretär Meißner eine Unterredung mit Brüning. Noch konnte man annehmen, der Reichspräsident wolle die bisherige Regierung, wenn auch unter Ausschaltung Groeners, bis nach der Konferenz von Lausanne bestehen lassen. Nach der Konferenz war mit Sicherheit eine Umbildung des Kabinettes zu erwarten. Brüning war skeptischer. Nach seinem Empfinden war in Neudeck schon unter dem „Druck der Militärs und anderer Kräfte" ein neues Kabinett zusammengestellt – (wofür sich kein Anhaltspunkt ergibt!). Inzwischen hatte am Vortag ein anderer Minister des Kabinetts, Schlange-Schoeningen, mit einem ziemlich eindringlichen Schreiben Hindenburg sein Amt zur Verfügung gestellt. Schlange-Schoeningen verwahrte sich gegen Vorwürfe, er betreibe die Enteignung des Großgrundbesitzes, er wies auf die Dringlichkeit der Sanierungsmaßnahmen hin und warnte vor jenen Großgrundbesitzern, welche die Zeichen der Zeit nicht erkennen wollten. Ausdrücklich bezog er sich bei den projektierten Reformmaßnahmen auf den Reichsfreiherrn vom Stein. Zum Schluß stellte er die Vertrauensfrage. Seinen Erinnerungen nach hegte er die Überzeugung, seine Gegner hätten ihn beim Reichspräsidenten verleumdet. Auch dafür ergibt sich kein Anhaltspunkt. In den Schlangeschen Erinnerungen findet sich auch mit dem sicher irrtümlichen oder auf einem Versehen des Setzers beruhenden Datum des 7. Juni 1932 (vermutlich des 27. Mai?) die Angabe, der Präsident des Reichslandbundes, Graf v. Kalckreuth, sei bei ihm erschienen, was Schlange-Schoeningen zu der Annahme veranlaßte, der Graf beschäftige sich mit der Zusammenstellung einer neuen Kabinettsliste.

Am 28. Mai erschien auch Franz v. Papen bei General v. Schleicher im Reichswehrministerium in der Bendlerstraße. Schleicher eröffnete ihm, er solle Kanzler werden. Wörtlich sagte er auf Einwände Papens: „Aber ich habe Sie bereits dem alten Herrn vorgeschlagen, und er wünscht sehr Ihre Berufung." Das war vermutlich eine captatio benevolentiae! So weit war es noch gar nicht. Das Interessanteste und Bedenklichste an der ganzen Unterredung war, daß wohl Papen Vorstellungen von dem Programm einer konservativen Präsidialregierung hatte, wie sie Schleicher unter Tolerierung durch Hitler vorzuschweben schien, daß der Initiator dieser Regierung sich darüber jedoch ersichtlich nie Gedanken gemacht und das Programmatische auch gegenüber Personal- und Kulissenfragen für ganz nebensächlich hielt. Papen war sehr skeptisch und behielt sich seine Entscheidung vor.

Einen Tag darauf, am 29. Mai 1932, war Hindenburg aus Neudeck wieder in Berlin eingetroffen und empfing um 12 Uhr Brüning, nachdem man ihm Schlanges Drohung mit Rücktritt und ein Protestschreiben Stegerwalds vorgelegt hatte. Nach einer von Hindenburg veranlaßten Aufzeichnung über den Inhalt des dreiviertelstündigen Gesprächs unter vier Augen gab der Kanzler einen Bericht über die Lage und beschwerte sich über die von „unverantwortlichen Stellen", vor allem von Seiten der Reichswehr, gegen ihn geführten „Quertreibereien". Er legte dar, das müsse aufhören, auch müsse er bestimmte Garantien für den Erlaß der neuen Notverordnung und die Konferenz von Lausanne haben. Er ersuchte um einen Vertrauensakt des Reichspräsidenten durch die Ernennung neuer Reichsminister. Mit einer nur provisorischen Besetzung sei das Kabinett für die kommenden großen Entscheidungen zu schwach. Von einem Entgegenkommen im Fall Groeners oder hinsichtlich einer Modifizierung der Notverordnung wurde nicht gesprochen. Hindenburg führte aus, er glaube, das „abbröckelnde Kabinett" Brüning habe im Reichstag und in der Öffentlichkeit stark an Vertrauen verloren. Er, der Reichspräsident, habe nach wie vor zu der Person und dem Wollen Brünings „Vertrauen und alle menschliche Sympathie", glaube aber, das Kabinett könne so nicht weiter bestehen, sondern müsse alsbald vollständig neugebildet werden. Er würde es begrüßen, wenn Brüning in einem derartigen Kabinett das Außenministerium übernähme, ein Zeichen, daß er Brünings außenpolitische Leistungen höher als die innenpolitischen einschätzte. Brüning entgegnete, das letzte sei unmöglich, er würde dann keine Autorität haben, er bat, die Unterhaltung am Montag (der 29. Mai war ein Sonntag) fortsetzen zu dürfen, er müsse sich die Situation in Ruhe überlegen. Zu Staatssekretär Meißner äußerte er, nachdem er den Reichspräsidenten verlassen hatte, er habe dessen Vertrauen verloren, es gäbe keine andere Lösung als die Demission.

Am 30. Mai unterhandelte Papen erneut mit Schleicher, der lächelnd all seine Bedenken zu entkräften suchte und von einem neuen großen Arbeitsprogramm sprach, das die neue Regierung (er sprach von „Wir") bringen sollte. Bezüglich der „Nazis" meinte er nach Papens Memoiren, sie würden „staatsfromm", wenn man sie an die „Futterkrippe" lasse. Papen war weit ernster gestimmt und nicht so optimistisch wie Schleicher, der abermals – es war am frühen Vormittag – hervorhob, Hindenburg erwarte, daß Papen ihn nicht im Stich lasse und wünsche ihn noch heute zu empfangen. Papen wollte jedoch erst Rücksprache mit dem Vorsitzenden der Zentrumsfraktion, Prälat Kaas, halten, bevor er seine Entscheidung traf.

Um 12 Uhr erschien der Reichskanzler Brüning wieder beim Reichspräsidenten. Kurz zuvor war im Büro des Reichspräsidenten die auf Mitteilung des Reichsministers Treviranus durch die Telegraphen-Union verbreitete Nachricht eingegangen, das Kabinett sei zurückgetreten. Die Unterhaltung zwischen dem Kanzler und Hindenburg war nur kurz, wurde aber in sehr verbindlichem Ton geführt. Brüning übergab ein Schreiben, das das Demissionsgesuch enthielt. Hindenburg hob hervor, wie schwer es ihm falle, sich von Brüning zu trennen.

Die Niederschrift über Krise und Demission des Kabinettes Brüning vom 14. Juni 1932 betont ausdrücklich, bis zu dieser Stunde sei seitens des Reichspräsidenten oder in dessen Auftrag keinerlei Fühlungnahme mit einem Nachfolger Brünings oder Mitgliedern eines möglichen neuen Kabinettes erfolgt.

Später kursierten die unglaubwürdigsten Geschichten über den Abschiedsempfang Brünings bei Hindenburg. Danach hatte man dem Reichspräsidenten mit großen Buchstaben auf ein Blatt Papier geschrieben, was er künftig alles nicht mehr tun wolle.

Wollte man den bei Papen wiedergegebenen Äußerungen Schleichers nach gehen, so hätte der Reichspräsident jetzt nichts Eiligeres zu tun gehabt, als den neuen Kanzler zu sich zu bescheiden, den Schleicher wünschte. Der ausdrückliche Vermerk in der Niederschrift deutet aber daraufhin, daß man hernach im Reichspräsidenten-Palais sehr wohl erkannt hat, welche Vorgriffe sich General v.

Schleicher erlaubt hatte und daß man die Wahrheit aktenkundig machen wollte. Hindenburg hat zunächst offenbar an ein Kabinett Westarp oder Gördeler gedacht.

Vorerst ging er daran, den lange gehegten Vorsatz zu verwirklichen, die Parteiführer selbst zu hören, bevor er neue, möglicherweise einschneidende, Entschlüsse traf. Nachdem er einen Bericht des Reichsbankpräsidenten Dr. Luther über die außerordentlich ernste Kassenlage des Reiches angehört hatte, die für den Moment es sogar zweifelhaft erscheinen ließ, ob man im Juni die Beamtengehälter zahlen könne – für Hindenburg sicherlich ein neues Argument, daß man durchgreifende neue Maßnahmen mit einem neuen Kanzler treffen müsse! –, empfing er am Nachmittag des 30. Mai zunächst den Reichstagspräsidenten Löbe. Dieser erklärte einer Aktennotiz über die Besprechungen mit den Parlamentariern zufolge, für ihn käme der Rücktritt Brünings doch überraschend. Vom Standpunkt des Reichstagspräsidenten aus habe er nichts gegen eine nach rechts verlagerte Regierung einzuwenden, sofern sie auf verfassungsmäßigem Wege gebildet würde. Er habe jedoch Bedenken hinsichtlich der Außenpolitik.

Um 17.30 Uhr folgten die Abgeordneten Wels und Breitscheid von den Sozialdemokraten. Sie brachten innen- und außenpolitische Bedenken vor und verhehlten nicht ihre Besorgnis vor einer Verletzung der Verfassung. Der Reichspräsident erwiderte, er werde streng verfassungsmäßig verfahren. Um 18.15 Uhr folgten ihnen Hitler und Göring für die NSDAP. Hitler führte aus, man müsse eine starke innerpolitische Basis für eine „Nationale Regierung“ schaffen, dann würde er zur Mitarbeit bereit sein. Personelle Wünsche äußerte er nicht, forderte aber die Aufhebung des SA-Verbotes und Neuwahlen.

Am 31. Mai 1932 vormittags 10.30 Uhr wurden die Besprechungen fortgesetzt. Für das Zentrum erschienen Prälat Kaas und Dr. Perlitius. Kaas, der so überaus gewiegte Taktiker, entwickelte folgende Linie: Keine neue Zwischenlösung, statt dessen die Berufung der zur Macht strebenden Rechtsparteien, das Zentrum würde dann in Opposition gehen. Neuwahlen habe es nicht zu fürchten, im Augenblick hielt er sie aber für gefährlich! An einem Präsidialkabinett sei er nicht interessiert. In jedem Fall müsse die Nationale Opposition in die Verantwortung und in Berührung mit der Außenpolitik gebracht werden. Eine Teilnahme Brünings als Außenminister in einem neuen Kabinett lehnte er ab. Kam ein Übergangskabinett zustande, wollte er sich von Fall zu Fall seine Haltung vorbehalten. Im Anschluß an das Zentrum wurden Hugenberg und Dr. v. Winterfeld für die Deutschnationalen und Dr. Dingeldey für die Deutsche Volkspartei empfangen. Die beiden ersten waren zur Mitarbeit in einer „Regierung der Rechten" bereit, Hugenberg war skeptisch bezüglich der Dauer der toleranten Haltung Hitlers und meinte, mindestens nach einer Neuwahl würde sich das ändern. Dingeldey war gleichfalls bereit, an einer überparteilichen Regierung mitzuarbeiten.

Es folgten dann Besprechungen mit den Führern der kleineren Parteien, der Wirtschaftspartei, dem Christlich-Sozialen Volksdienst und der Volkskonservativen Vereinigung. Bei dieser sprach sich Graf Westarp gegen einen Wechsel des Kanzlers und Neuwahlen aus. Am Nachmittag erschien Prälat Leicht für die Bayerische Volkspartei, der skeptisch bezüglich einer Rechtsregierung war. Herr v. Hauenschild vom Landvolk befürwortete dagegen eine Regierung „der besten Männer", nicht der Parteien. Zum Schluß erschienen die demokratischen Abgeordneten Weber und Dr. Meyer, die wiederum Besorgnisse äußerten und die Erwartung aussprachen, daß streng verfassungsmäßig vorgegangen würde.

Das Bild dieser Parlamentarierempfänge war nicht ermutigend, keiner hatte eine klare Lösung im Sinne einer neuen demokratischen Regierungsbildung vorzubringen gewußt. Im Grunde neigten alle ihr Haupt, um den Entscheid des Reichspräsidenten, in vieler Augen den „tödlichen Streich" einer konservativen Präsidial-Regierung, zu empfangen. Um 18.15 Uhr – 31. Mai 1932 – wurde Franz v. Papen dem Protokoll zufolge vom Reichspräsidenten empfangen, nachdem die beiden demokratischen Reichstagsabgeordneten diesen verlassen hatten.

Papen hatte unterdes mit dem Prälaten Kaas gesprochen, der ihm klar zu verstehen gegeben hatte, seine Partei würde ein Kabinett Papen niemals unterstützen. Kaas hatte ihn beschworen, den Feldmarschall zu bitten, von seiner Betrauung mit der Regierungsbildung Abstand zu nehmen. Als ihn Hindenburg daher frug, ob er bereit sei, ihm zu helfen, erwiderte er: „Ich fürchte, ich kann es nicht, Herr Reichspräsident!" Er riet dazu, noch einmal zu versuchen, Brüning zu gewinnen. Hindenburgs Enttäuschung über Brüning brach hervor, er brachte alle alten Bedenken vor, die Notverordnungen, das SA-Verbot, die Situation bei der Reichspräsidentenwahl, wo seine eigenen Leute „diesen Gefreiten" gegen ihn aufgestellt hätten. Papen setzte ihm auseinander, das Zentrum würde ihn bis aufs Messer bekämpfen, während er ursprünglich doch wohl dazu ausersehen gewesen sei, ihm die Mitte zu bringen. Hindenburg erhob sich und ergriff seine beiden Hände. Er bat ihn auf das Eindringlichste, ihn, den alten Mann, jetzt nicht im Stiche zu lassen. Schließlich sagte er mit schwerer Stimme: „Sie waren Soldat und haben im Krieg ihre Pflicht getan. In Preußen kennen wir nur Gehorsam, wenn das Vaterland ruft."

Lassen wir Papen selbst sprechen: „Vor dieser Berufung auf Gehorsam und Loyalität strich ich die Segel. Gab es nicht höhere Interessen als Parteidisziplin? Ich schlug in die mir dargebotene Hand des Marschalls."

Schleicher hatte im Vorzimmer gewartet und erschien, um ihn zu beglückwünschen. Papen, Schleicher und Meißner begannen mit dem Feldmarschall und seinem Sohn die ersten Maßnahmen und die Zusammensetzung des neuen Kabinettes zu erörtern. Papen war sich klar darüber, daß jetzt sehr viel davon abhing, daß er Kaas seine Meinungsänderung plausibel machte. Schleicher verließ während der Besprechung als einziger einmal den Raum. Während die Kabinettsbildung noch geheim bleiben sollte, gelangte eine telefonische Nachricht in den Reichstag, Papen habe die Kanzlerschaft angenommen. Dort weilte auch Kaas in einer Fraktionsbesprechung des Zentrums. Wer die Indiskretion im Reichspräsidenten-Palais begangen hat, hat sich nie feststellen lassen. Sie paßte aber ganz vorzüglich in das Spiel Schleichers, seinem „Sprechminister" sogleich die Flügel zu stutzen. War dieser von den Parteien ganz unabhängig, so war er desto abhängiger von seinem Mentor in der Bendlerstraße. In jedem Falle hatte die neue Regierung so einen schlechten Start.

Schleicher hatte bereits eine Kabinettsliste zusammengestellt, die sowohl dem Geschmack Papens wie demjenigen Hindenburgs entsprach. Frh. v. Neurath wurde Außenminister, Schleicher selbst, der als Generalleutnant zu diesem Behuf den Abschied nahm, Reichswehrminister, Frh. v. Gayl Reichsinnenminister. Der Leiter der Budget-Abteilung im Reichsfinanzministerium, Graf Schwerin v. Krosigk, erhielt die Finanzen, die Justiz übernahm der bisherige deutschnationale bayerische Justizminister Dr. Gürtner, Post und Verkehr übernahm ein alter Freund Papens, Frh. v. Eltz-Rübenach, bislang Eisenbahn-Direktionspräsident in Baden, zum Ernährungs- und Landwirtschaftsminister wurde der Leiter der Raiffeisen-Genossenschaften Magnus Frh. v. Braun ernannt. Freilich gelang es nicht, eine Reihe bekannter Konservativer zu gewinnen. Dr. Goerdeler sollte Reichswirtschaftsminister werden, wollte dies Amt aber nur in Personalunion mit dem Arbeitsministerium annehmen, worüber sich die Verhandlungen zerschlugen. Für die Landwirtschaft hatte Papen eigentlich den westfälischen Grundbesitzer Freiherrn v. Lüninck gewinnen wollen. Dieser lehnte ab. Das Wirtschaftsministerium übernahm Professor Warmbold von neuem, das Arbeitsministerium wurde kommissarisch von Staatssekretär Syrup verwaltet. In die unmittelbare Umgebung des Kanzlers wurden dagegen zwei ausgesprochene Vertrauensleute Schleichers detachiert, der Oberregierungsrat Planck von der Reichskanzlei, ein früherer Kavallerieoffizier der Reichswehr, wurde deren Staatssekretär, Major im Generalstab Marcks wurde Reichspressechef. Vor allem die Wahl des Staatssekretärs der Reichskanzlei war bedeutsam, Papen hätte weit eher eines bedeutenden, weitschauenden und mit der allgemeinen Politik wohl vertrauten, echten Beraters bedurft als eines verläßlichen Vertrauensmannes Schleichers.

Man hat wohl gesagt, leichtfertiger sei kein Kabinett seit den Tagen des Kanzlers Michaelis gebildet worden. Besser könnte man sagen, auf ungewöhnlichere Weise sei wohl nie ein deutsches Kabinett zustandegekommen. Von seinem Standpunkt aus hatte Schleicher seinen großen Coup sorgfältig vorbereitet. Skrupel kannte er nicht. Wie unerfreulich sein angemaßtes Vorgehen im Namen des greisen Feldmarschall-Präsidenten erscheinen mußte, konnte ihm recht gleichgültig sein, denn die Öffentlichkeit erfuhr davon nichts! Die Frage, ob es klug war, mitten im Rennen, sozusagen vor dem Finish, den Jockei zu wechseln, wird immer umstritten bleiben. Die große Bedeutung des Kanzlerwechsels ist freilich erst in der postkatastrophalen Schau sichtbar geworden. Schleicher, und mit ihm Hindenburg, mochten die Überzeugung gewonnen haben, ein neues Kabinett mit breiterer Rechts-Basis sei ein besserer Partner als eine zerbröckelnde Regierung mit provisorischer Besetzung. Brüning ging wie Groener in tiefer Bitterkeit, er wähnte außenpolitisch kurz vor dem Ziel mühevoller Arbeit zu stehen, er verstand Hindenburg nicht mehr und suchte die Hauptschuld neben den in zahllosen Gerüchten kolportierten Einflüssen ostelbischer Agrarier wieder in einem angeblichen „blackout" beim alten Herrn nach Tagen voller Pressionen und Anstrengungen.

Nach seiner Erzählung hat Hindenburg ihm gegenüber, als er ihm einen Abschiedsbesuch machte, geäußert, mit dem neuen Kanzler werde es bestimmt nicht gehen, er sei noch nicht zu alt, um das nicht zu sehen. Das kann nur mehr oder weniger eine „Façon de parler" gewesen sein, denn Papen gewann als kaisertreuer Edelmann und Offizier wie kein Kanzler zuvor sein Vertrauen. Nur war Papen als konservativer Katholik im Zeitalter der Massen und der Parteiapparate sozusagen politisch heimatlos, seine praktische Erfahrung in der großen Politik war nicht sehr erheblich. Er war und blieb der Kanzler ohne Partei, ohne Bewegung, kurzum ohne ein Organ, das die Verbindung zu den Massen realisierte, während um ihn die alten erstarrenden Blöcke der großen Parteien der Republik, der zahllosen unseligen Splitterparteien und zwei, von chiliastischen Hoffnungen gespeiste, weltanschauliche Bewegungen mit getarnten oder offen unterhaltenen militanten Organisationen bestanden.

Das Ephemere dieser konservativen Regierung trat sofort schon gewissermaßen symbolisch in der Tatsache in Erscheinung, daß der neue Kanzler keine Dienstwohnung beziehen konnte. Infolge von Renovierungsarbeiten im Palais des Reichspräsidenten bat Hindenburg Papen, ihm die Kanzlerwohnung der Reichskanzlei zu überlassen, dieser selbst begnügte sich mit der im Hinterhaus belegenen Wohnung des ehemaligen Staatssekretärs des Inneren Wilhelmstraße 74.

Papen rief zur Sammlung aller nationalen Kräfte auf. Hitler hatte ihm sozusagen einen zeitlich befristeten Scheck ausgestellt. Als erstes erreichte er die Auflösung des Reichstages am 4. Juni! Die anderen Parteien, außer den Deutschnationalen, schwankten zwischen resignierender Zurückhaltung und Opposition. Am schärfsten wandte sich das Zentrum gegen den Abtrünnigen. Mitte Juni wurde das Verbot der SA aufgehoben. Damit hatte Hitler erreicht, was er wollte. Die Tolerierung des Kabinettes aus Vertretern der im Grunde ihm wesensfremden, ja verhaßten, alten deutschen Oberschicht war nicht mehr erforderlich.

Papens Pläne gingen dahin, der Konferenz von Lausanne zum Erfolg zu verhelfen und durch ein großes Arbeitsbeschaffungsprogramm die Wirtschaft wieder in Gang zu bringen. Die Finanzlage war äußerst angespannt. Der stille Bürgerkrieg zwischen Kommunismus und Nationalsozialismus ging in zahllosen Straßenschlachten, Schießereien und Zusammenstößen seinem Höhepunkt entgegen.

Die Konferenz von Lausanne, die vom 16. Juni bis zum 8. Juli 1932 tagte, brachte Papen nicht jenen vollen Erfolg, den er erhofft hatte. Die Verknüpfung der Endlösung der Reparationsfrage mit einer endgültigen Stabilisierung des deutsch-französischen Verhältnisses gelang nicht. Es zeigte sich, daß England einem allzu engen Verhältnis der beiden großen kontinentalen Mächte abgeneigt war. Die Andeutung Papens, notfalls sei die deutsche Regierung auch bereit, sofern das Sicherheitsbedürfnis Frankreichs dies verlange, ein Militärbündnis mit Frankreich einzugehen, erregte, als sie durch eine Indiskretion bekannt wurde, Erschrecken in London. Als Ergebnis der Konferenz konnte Papen nur die Streichung der Reparationsleistungen bis auf die Zahlung einer Abschlußsumme von 3 Milliarden Mark buchen, die in erst nach drei Jahren konvertierbaren fünfprozentigen Schuldverschreibungen abgegolten werden sollten. Für die Kritiker war es leicht zu erklären, Brüning würde mehr erreicht haben. Vermutlich hätte Frankreich, zäh wie stets auf einmal erworbenen Rechtstiteln beharrend, stets auf einer Restzahlung bestanden, anfänglich hatte man in Paris sieben Milliarden gefordert! Die Konferenz brachte somit einen Teilerfolg, aber jetzt zeigte sich, daß es der neuen autoritären, ohne Propagandaapparat, ohne Bindeglied zu den Massen über dem Volke thronenden Regierung schwer wurde, den Anfangserfolg populär zu machen, zumal dieser natürlich keine sofortige Entlastung bergen konnte.

Nach der Rückkehr aus Lausanne begab sich Papen sofort zu Hindenburg, der wieder in Neudeck weilte, um ihm Bericht zu erstatten. Er fand ihn, wie er in seinen Memoiren unterstreicht, „in ausgezeichnetem Gesundheitszustand". Angesichts des immer heftiger aufflammenden Bürgerkrieges in den Großstädten und angesichts der ungelösten Situation im preußischen Landtag, wo die von den alten Parteien herbeigeführte Änderung der Geschäftsordnung die Bildung einer der Landtagsmehrheit entsprechenden Rechtsregierung verhindert hatte, wurden zwei Fragen vordringlich: ein Verbot aller uniformierten Verbände und ein Eingreifen in Preußen. Das Verbot der uniformierten Verbände mußte zum Konflikt mit Hitler führen, den Schleicher gerade mit Hilfe der Regierung Papen hatte umgehen wollen. Andererseits hatte Schleicher Nachrichten über Unterhandlungen zwischen dem Staatssekretär Abegg vom preußischen Innenministerium und den Kommunisten über eine gemeinsame antifaschistische Verteidigungsfront. Und zum dritten hatte bereits Brüning für den Fall des Zustandekommens einer nationalsozialistischen Regierung in Preußen eine Notverordnung vorbereitet, die Polizei und Justiz unter die Hoheit des Reiches stellen sollte. Die rund 60.000 Mann starke preußische Schutzpolizei war die schlagkräftigste polizeiliche Ordnungsmacht, die es in Deutschland gab.

Papen empfahl ein drastisches Eingreifen von Reichs wegen in Preußen, um die Krise zu beenden und gleichzeitig einer von den Nationalsozialisten beherrschten preußischen Landesregierung zuvorzukommen. Durch eine Notverordnung sollte der Reichskanzler zum Reichskommissar in Preußen bestellt werden und den Ministerpräsidenten und den Innenminister ersetzen.

Am 18. Juli 1932 verbot der Reichsinnenminister Frh. v. Gayl sämtliche Demonstrationen im Reich. Am 20. Juli 1932 erging eine Notverordnung des Reichspräsidenten zur Wiederherstellung der öffentlichen Sicherheit und Ordnung in Preußen. Gleichzeitig wurde in Berlin und der Mark Brandenburg, dem Bereich des Wehrkreises III, vorsichtshalber der Ausnahmezustand verhängt und der Wehrkreisbefehlshaber, Generalleutnant v. Rundstedt, mit der vollziehenden Gewalt betraut. Papen übernahm als Reichskomnmissar die preußische Regierung und ernannte den Essener Oberbürgermeister Dr. Bracht, den früheren Staatssekretär der Reichskanzlei, einen konservativen Katholiken, zu seinem Stellvertreter. Der preußische Ministerpräsident Braun hatte sich bereits von der Ausübung der Amtsgeschäfte zurückgezogen, der Innenminister Severing und die anderen Minister wichen der Gewalt, als Reichswehr-Infanterie aufmarschierte. Sie beschränkten sich auf eine Klage wegen Verfassungsbruchs beim Staatsgerichtshof.

Nach dem Krieg wurde ein Plan enthüllt, wonach der Stellvertretende preußische Ministerpräsident und Wohlfahrtsminister Hirtsiefer und der Finanzminister Klepper mit den Ministerpräsidenten der größeren süddeutschen Länder für den Fall eines Gewaltstreiches der Reichsregierung beschlossen hatten, solchem Vorgehen durch die Mobilisierung des „Reichsbanners“, die „diskrete Neutralisierung“ des Reichspräsidenten und die Verhaftung der Reichsregierung wie der Führerschaft der NSDAP zuvorzukommen. Als vorläufige Reichsregierung sollte ein Direktorium der Ministerpräsidenten der fünf größten Länder dienen. Dieser Plan eines „heißen Staatsstreiches“, von dem Hindenburg und Papen 1932 keine Kenntnis hatten, rechtfertigte jedoch bis zu einem gewissen Grade nachträglich den „kalten Staatsstreich“, den Papen durchführte.

Die Neubesetzung zahlreicher führender Verwaltungsposten in Preußen mit Konservativen, Angehörigen der alten Führungsschichten, unterstrich den restaurativen Charakter des neuen Regimes. Diese Entwicklung war im Wahlkampf Wasser auf die Mühlen der Nationalsozialisten, deren Presse unter wüstesten Beschimpfungen des Adels und des alten Offizierkorps gegen das „Kabinett der Barone“

vom Leder zog. Hatte Hitler noch beim Wahlkampf im März und April 1932 strikt befohlen, die Person des greisen Reichspräsidenten zu schonen, so griff er jetzt auch diesen selbst in gehässigster Weise an, in dem er auf den Altersunterschied zwischen ihnen hinwies und blasphemisch erklärte, er, Adolf Hitler, werde in jedem Falle länger leben!

Abermals wurden alle Mittel der Technik für den Wahlkampf aufgeboten, Hitler benutzte Flugzeug und Auto, um in zahlreichen Massenversammlungen in allen Teilen Deutschlands die Massen zum letzten Kampf aufzurufen. Die Wahlen am 31. Juli 1932 brachten der NSDAP einen vollen Sieg, mit 230 Mandaten wurde sie die stärkste Fraktion des Reichstages. Dann folgten der Stärke nach die Sozialdemokraten, die Kommunisten und das Zentrum. Die Deutschnationalen retteten 40 Mandate.

In einer ganzen Reihe von Bundesländern existierten bereits nationalsozialistische Landesregierungen, im Reichstag war die NSDAP die stärkste Fraktion geworden. Mußte nicht jetzt Adolf Hitler mit der Regierungsbildung betraut werden, sofern die parlamentarischen Spielregeln noch galten?

Hindenburg und Papen waren nicht gewillt, die Macht preiszugeben. Das Problem war das Gleiche wie zuvor: Hitler stand vor den Toren. Schleicher wurde unsicherer als je zuvor. Er hielt es für ausgeschlossen, daß man auf die Dauer gegen eine so mächtige Partei regieren könne. Anfang August 1932 traf er mit Hitler auf einem mecklenburgischen Gute zusammen. Hitler forderte die Kanzlerwürde, war aber bereit, Schleicher als Reichswehrminister und andere bürgerliche Fachminister in sein Kabinett zu nehmen. Schleicher erschrak, er kannte Hindenburgs Abneigung gegen Hitler. Auch das Zentrum unterhandelte mit der NSDAP über eine Koalition, Kaas hegte den Glauben, er könne Hitler dabei überspielen und ihn nötigen, sich in der Verantwortung zu verbrauchen. Zeitweilig tauchte die Kombination eines Kabinettes Hitler mit Brüning als Außenminister auf!

Die Enttäuschung über die Nichtberufung Hitlers führte in Ostpreußen und Schlesien zu einer Welle zügelloser Terrorakte der radikalen SA-Führer. Am 9. August erließ Papen eine Notverordnung, welche die Todesstrafe für schwere Terrorakte vorsah. Unmittelbar nach ihrem Inkrafttreten ermordeten in der Nacht vom 9./10. August fünf SA-Leute in Potempa einen übelbeleumundeten polnischen Kommunistenführer. Sie wurden kurz darauf verhaftet. Die Regierung Papen sah sich einem neuen Dilemma gegenüber.

Am 10. August hatte Papen mit dem nach Berlin zurückgekehrten Hindenburg eine Unterredung über die Frage der Regierungsumbildung. Papen berichtete über die Koalitionsverhandlungen zwischen Zentrum und NSDAP, die seitens des Zentrums der Bildung einer Mehrheitsregierung hätten dienen sollen, seitens Hitler der Schaffung eines Präsidialkabinettes unter seiner eigenen Führung. Papen betonte, seine Person spiele keine Rolle, er stelle die Entscheidung dem Reichspräsidenten anheim. Hindenburg war fest entschlossen, an Papen festzuhalten, Hitler, so führte er aus, habe versprochen, das Kabinett Papen zu stützen und tue jetzt genau das Gegenteil. Dazu sei er in Verwaltungs- und Regierungsgeschäften ganz unerfahren und habe nicht einmal seine eigene Partei fest in der Hand. Am Nachmittag beriet das Kabinett unter dem Vorsitz Papens. Schleicher berichtete über seine Fühlungnahme mit Hitler und Gregor Strasser, dem Organisationsleiter der NSDAP: Hitler wolle Kanzler werden, den Charakter des Präsidialkabinettes jedoch wahren. Als nationalsozialistische Kabinettsmitglieder denke er sich Röhm, Strasser und vielleicht Göring. Schleicher glaubte nicht, er lasse sich mit einigen Ministerposten abspeisen, er beharre auf der Kanzlerwürde. Er hielt den Eintritt der Nationalsozialisten in die Regierung für „diskutabel", natürlich, setzte er beschwichtigend hinzu, müsse man trachten, Hitler von der Übernahme der Kanzlerschaft auf dem Verhandlungswege abzubringen. Im Kabinett waren die Reichsminister Frh. v. Gayl, Frh. v. Braun und Frh. v. Neurath gegen jede Beteiligung der Nationalsozialisten an der Regierung. Warmbold, Gürtner und Graf Schwerin v. Krosigh hielten es höchstens für möglich, ihnen einige Ministerposten, nicht jedoch die Kanzlerschaft, zuzubilligen.

Am 12. August unterhandelte Papen vormittags mit Röhm und dem Berliner SA-Führer Graf v. Helldorf, nachmittags mit Hitler und Frick. Hitler lehnte seine Vorschläge, als Vizekanzler in das bestehende Kabinett einzutreten oder einen Vertrauensmann auf diesen Posten zu delegieren, ab. Papen machte ihm unmißverständlich klar, daß Hindenburg nicht gewillt sei, ihn zum Kanzler zu berufen. Im Anschluß an diese Besprechungen erstattete er gemeinsam mit Schleicher Hindenburg Bericht. Schleicher gab sich wieder energischer und sagte, auf keinen Fall dürfe man das Heft aus der Hand geben.

Für den folgenden Tag hatte sich Hitler bereit gefunden, selbst zum Reichspräsidenten zu gehen. Mit Röhm und Frick wurde er um 16.15 Uhr – 13. August 1932 – empfangen. Hindenburg eröffnete das Gespräch mit der Feststellung, er sei bereit, die NSDAP und ihren Führer Hitler an der Regierung zu beteiligen, er heiße ihre Mitarbeit willkommen. Hitler entgegnete, wie er schon dem Reichskanzler gesagt habe, käme die Mitarbeit an einer bestehenden Regierung nicht in Frage. Bei der Bedeutung seiner Partei müsse er die Führung der Regierung verlangen.

Hindenburg erwiderte sehr bestimmt, auf diese Forderung müsse er mit einem „klaren Nein" antworten. Er könne es „vor Gott, seinem Gewissen und dem Vaterland" nicht verantworten, „einer Partei" die gesamte Regierungsgewalt zu übergeben. Hitler sagte, jede andere Lösung sei ausgeschlossen. Hindenburg: „Sie werden dann also in Opposition gehen?" Hitler: „Es bleibt mir jetzt nichts anderes übrig!" Darauf richtete Hindenburg an ihn die Mahnung, die Opposition ritterlich zu führen. Er habe keinen Zweifel an Hitlers Vaterlandsliebe, Terror- und Gewaltakten, auch von Seiten der SA, würde man rücksichtslos entgegentreten. Zum Schluß sagte er wörtlich: „Wir sind ja beide alte Kameraden und wollen es bleiben, da später uns der Weg doch wieder zusammenführen kann. So will ich ihnen denn jetzt auch kameradschaftlich die Hand reichen." Die Besprechung hatte rund 20 Minuten gedauert. Röhm, den ihm wegen seiner Homosexualität widerwärtigen, entgleisten Offizier, und Frick übersah der alte Herr beim Handschlag.

Am späten Nachmittag geisterten Gerüchte in Berlin, die SA würde marschieren, der Reichspräsident, der sich wieder nach Neudeck begeben wollte, könne es nicht riskieren, zum Bahnhof zu fahren. Man konnte dem alten Herrn solche Mahnung nicht einmal übermitteln, er hätte so etwas für unmöglich gehalten. Tatsächlich fuhr er am Abend in seinem altmodischen großen Automobil unbehelligt zum Bahnhof. Schleicher hielt es aber für angebracht, durch seinen Nachfolger im Ministeramt, Oberst v. Bredow, und Oberstleutnant Ott von der Wehrmacht-Abteilung in den nächsten Tagen Röhm und Göring warnen zu lassen, bei einem SA-Putsch würde die Reichswehr schießen.

Hitler beschwerte sich über die Berichterstattung über die Verhandlungen mit Hindenburg und Papen und behauptete, er habe gar nicht die Übertragung der vollen Regierungsgewalt, sondern nur die Führung der Regierung gefordert. Er hatte aber gegenüber Papen wie Schleicher stets betont, er müsse eine Stellung wie Mussolini in Rom haben. Die Situation war nun die gleiche wie beim Sturze Brünings. Der Reichstag sah sich außerstande, eine republikanische Mehrheitsfindung herbeizuführen, die NSDAP war von der Macht ausgeschlossen, die amtierende Regierung hatte keine Resonanz im Reichstag. Die Krise wurde konstant.

Papen kündigte eine Verfassungsreform und neue Schritte in der Frage der deutschen militärischen Gleichberechtigung in der Abrüstungskonferenz in Genf an und beschäftigte sich mit der Ausarbeitung eines großen Arbeitsbeschaffungsprogramms. Er ließ keinen Zweifel, daß er den Reichstag wieder auflösen würde, wenn dieser dem Wirtschaftsprogramm nicht zustimmen sollte.

Am 22. August verurteilte das Gericht in Beuthen die fünf Mörder von Potempa zum Tode. Es war der Tag, an dem sich im Grunde das Schicksal des konservativ-autoritären Kabinettes entschied, das nur durch eine klare Machtprobe seine Existenz erhärten konnte. Hitler hatte sich mit seinen angeklagten SA-Leuten solidarisch erklärt, noch im Gerichtssaal rief der in voller Uniform mit seinem Gruppenstab anwesende SA-Führer von Schlesien zum Volksaufstand gegen Papen auf, sofern das Urteil vollstreckt würde. Der Rechtsstaat war in Gefahr, es war die Stunde, wo die Reichswehr marschieren wußte, wo man die Parteiführerschaft in Corpore der

Rechtsbeugung überführen konnte. Papen, der Kavalier, hörte auf juristisch gerechtfertigte Bedenken seines Justizministers, der darauf hinwies, die Notverordnung sei bei der Begehung der Tat gerade verkündet worden, die Täter könnten sie gar nicht gekannt haben. Die Todesurteile wurden nicht vollstreckt und dann in Haft umgewandelt. Die Schlacht war verloren. Freilich war es die Frage, ob Hindenburg in seinem hohen Alter das Odium eines Bürgerkrieges auf sich genommen hätte, nichts lag ihm weniger als die Rolle eines Windischgraetz oder Cavaignac, jener Generale, die in Österreich und Frankreich die 48er Revolution in Blut erstickt hatten. Endlich war der Reichswehrminister kein Freund der Gewalt, sondern der Intrigen und Winkelzüge. Die Reichswehr, so lautete seine These, dürfe sich nicht in einem sinnlosen Bürgerkrieg für irgendwelche überlebten konservativen Ideale verbrauchen.

Auf einer großen Tagung der Westfälischen Bauern-Vereine, für die Papen viel gearbeitet hatte, gab er am 28. August 1932 in Münster das Programm der Verfassungsreform bekannt. Diese sah die Stärkung der Rechte des Reichsoberhauptes, die Einführung eines Zweikammersystems mit einem Oberhaus und die Einführung eines Pluralwahlrechtes, unter Abstufung des Wertes der Stimmen bestimmter Bevölkerungsgruppen, Frontsoldaten, Kriegsbeschädigter, Familienväter, vor. Das Fernziel war die Rückkehr zur Monarchie, davon war vorläufig in der Öffentlichkeit nicht die Rede.

Am 30. August wurde der Reichstag eröffnet, nach einer Propagandarede der kommunistischen Alterspräsidentin Genossin Zetkin wurde der nationalsozialistische Abgeordnete Hauptmann a.D. Göring zum Präsidenten gewählt. Am gleichen Tag berieten in Neudeck Hindenburg, Papen, Gayl und Schleicher über die geplanten Reformmaßnahmen und die Arbeitsbeschaffung. Papen sprach auch über die allgemeine Lage. Der Reichstag war wieder ohne arbeitsfähige und arbeitswillige Mehrheit. Die Möglichkeit einer Koalition Zentrum-NSDAP schien nicht mehr groß. Papen schlug erneut die Auflösung des Reichstages vor. Hindenburg gab seine Zustimmung. Der alte Herr kam auch auf das Beuthener Urteil zu sprechen und äußerte sich zu Gunsten eines Gnadenaktes, die Tat sei anderthalb Stunden nach der Verkündigung der Notverordnung begangen. General v. Schleicher stimmte gleichfalls der Auflösung des Reichstages zu, sofern erwiesen sei, daß eine Mehrheitsbildung nicht zustandekomme. Papen und Frh. v. Gayl traten dafür ein, die neuerliche Auflösung dazu zu benutzen, den „Staatlichen Notstand" zu proklamieren, die Neuwahlen über die verfassungsmäßig vorgesehene Maximalfrist von 60 Tagen hinauszuschieben und die Verfassungs- und Verwaltungsreform durch einen gesetzgeberischen Akt durchzuführen. Hindenburg hielt es für möglich, daß sich auf Grund des Artikels 25 der Reichsverfassung die Annahme eines „Notstandes" rechtfertigen ließe. Endlich erbat und erhielt Papen die Bewilligung, die preußische Schutzpolizei dem Reichsminister des Inneren zu unterstellen, da er gemeinsame Bestrebungen des Zentrums und der NSDAP fürchtete, die Verbindung von Reich und Preußen wieder zu lockern. In nationalsozialistischen Kreisen arbeitete man gern mit der versteckten Drohung, man könne den Reichspräsidenten ja wegen Verfassungsbruches vor dem Staatsgerichtshof anklagen. Mit der Ernennung Papens zum Reichskommissar hatte der Reichspräsident einen dicken Strich durch Hitlers Rechnung gezogen.

Anfang September kehrte Hindenburg nach Berlin zurück. Am 9. September 1932 empfing er das neue Reichstagspräsidium, den Reichstagspräsidenten Hermann Göring (dem er als Jagdflieger und Träger des höchsten preußischen Ordens, des Pour le Mérite, immer ein gewisses Wohlwollen entgegengebracht hatte) und die Vizepräsidenten Esser, Graef und Rauch. Göring erlaubte sich, was völlig unüblich war, seine offizielle Ansprache zu einer politischen Propagandarede auszugestalten. Er betonte mit scharfer Stimme, der gegenwärtige Reichstag sei durchaus arbeitsfähig. Esser und Rauch protestierten gegen diesen parlamentarischen Lapsus, Vizepräsident Graef von den Deutschnationalen fand nichts an Görings Rede beanstandungswürdig. Göring fuhr fort, mit lauter Stimme zu erklären, der Reichstag habe ihn mit großer Mehrheit um diesen Schritt gebeten. Er kannte den alten Feldmarschall nicht. Hindenburg erklärte sehr bestimmt, das Präsidium des Reichstages sei nicht für politische Verhandlungen da. Er werde der gegenwärtigen Regierung nicht den

Laufpaß geben, weil einige Parteien das wünschten. Auch wenn der Reichstag ein Mißtrauensvotum beschließe, würde er sich nicht von der Reichsregierung trennen.

Diese Worte hätten Göring eigentlich warnen müssen. Drei Tage später, am 12. September, gedachte Papen dem Reichstag den üblichen Rechenschaftsbericht zu geben. Noch bevor er zu Wort kam, reichte die Kommunistische Partei einen Mißtrauensantrag ein. Keine Partei, auch nicht die Deutschnationalen, widersprachen. Göring griff behende nach dem Ball, den ihm die Jünger Moskaus zuwarfen. Die NSDAP beantragte eine Vertagung der Sitzung um eine halbe Stunde. Papen besorgte sich eilig, Unheil witternd, die Auflösungsordre aus der Reichskanzlei. Als die Sitzung wieder eröffnet wurde, erhob er sich, um die Auflösung zu verkünden. Göring verweigerte ihm, dem amtierenden Reichskanzler, kaltlächelnd das Wort. Papen legte die Auflösungsordre auf den Tisch. Der Reichstag war aufgelöst. Es existiert ein Bild von der Regierungsbank in diesem Moment. Da wendet sich der Reichswehrminister General Schleicher ab und verbirgt sein Antlitz in der Hand. Er tat es, um ein Lächeln zu verbergen. Mit seinem Sinn für kaustischen Witz fand er die Situation höchst amüsant! Der Kanzler und seine Minister verließen das Parlament. Göring schritt ungerührt zur Abstimmung. Bis auf 32 Deutschnationale stimmten alle Abgeordneten gegen Papen. Göring hatte seinen Triumph!

Papen setzte durch Notverordnung sein neues Arbeits- und Wirtschaftsprogramm in Gang. Als Kernpunkt sah der neue Plan die Ausgabe handelsfähiger Steuergutscheine im Wert von 2 Milliarden Reichsmark für alle produzierenden oder die Produktion wieder aufnehmenden Betriebe vor, um die Wirtschaft wieder anzukurbeln. Für die Wiedereinstellung von Arbeitern wurden Steuerermäßigungen gewährt.

Das Programm führte zu einer leichten Entspannung auf dem Arbeitsmarkt, obwohl der Winter mit seiner saisonbedingten Erwerbslosigkeit vor der Tür stand. Papen besaß nun eine feste Richtschnur, das Arbeits- und Wirtschaftsprogramm und die Durchführung der Verfassungs- und Wahlreform, deren unmittelbare Ingangsetzung freilich zu Gunsten eines nochmaligen Wahlganges vertagt wurde. Auf wehrpolitischem Gebiet bestand die Absicht, auf der Abrüstungskonferenz die Anerkennung der moralischen Gleichberechtigung Deutschlands durchzusetzen, die Wehrverbände unter Leitung eines neugeschaffenen Reichskuratoriums für Jugendertüchtigung zusammenzufassen und die Reichswehr zahlenmäßig zu verstärken. Infolge des salomonischen Urteils des Staatsgerichtshofes in der Frage Preußens, das das Vorgehen der Reichsregierung als berechtigt anerkannte, der alten Landes-Regierung aber auch nicht das Recht absprach, die Belange Preußens als Land in den gesetzgebenden Körperschaften zu vertreten, blieb dies Problem freilich in der Schwebe. Auch eine Unterredung zwischen dem abgesetzten Ministerpräsidenten Braun und Hindenburg brachte keine Änderung. Braun behauptet in seinen Memoiren, Hindenburg sei ihm so greisenhaft-hinfällig erschienen, daß er größtes Mitleid mit diesem alten Manne gehabt habe, der von unverantwortlichen Personen ausgenutzt worden wäre.

Immerhin saß die Regierung Papen noch im Sattel, die Sympathien für Papen in weiten Kreisen des Bürgertums stiegen, die innere Situation im latenten Bürgerkrieg hatte sich ein wenig beruhigt. Die feste Hand war zu spüren. Fraglos konnte man über die geplante konservative Reform zweierlei Meinung sein – aber sie war der letzte Weg, der an Hitler vorbeiführte. Alles dieses war jedoch Grund genug für Schleicher, seinem „Sprechminister" zu mißtrauen. In seiner sarkastischen Art äußerte er im engsten Kreise, „Fränzchen" begänne Geschmack an der Kanzlerrolle zu bekommen, er fühle sich als „Staatsmann"! Papen hatte seine Aufgabe, die ihm Schleicher zugedacht, den Einbau der Hitlerischen Bewegung in den Staat, nicht erfüllt, er war einen unpopulären Weg gegangen, und der allmächtige Reichswehrminister war nicht gewillt, die Reichswehr für eine unpopuläre Sache einzusetzen. Von Programmen, von einer konstruktiven Idee hielt er nicht viel, die Politik war das alte, oft erprobte Marionettenspiel mit Parteien, Cliquen, Kreisen und Persönlichkeiten. Ihr Wesensgehalt war die Intrige, eine verhängnisvolle Ansicht!

Der neue Wahlkampf enthüllte jedoch rasch wieder das alte Handicap der konservativen Regierung. Es gab keine „Papen-Partei“, es gab auch keine „Hindenburg-Partei“, es gab keinen Sammlungs-Punkt für die Gutgesinnten, für die schlummernde, große, gemäßigte Rechte. Wer Papen wählen wollte, mußte deutschnational wählen, und das bedeutete die Inkaufnahme der Hugenbergschen Politik, die ihren niedrigsten Kurswert erreicht hatte. Im „Berliner Tageblatt“ wurde dies Dilemma sehr offen diskutiert. Selbst ein Mann wie Theodor Wolff, einer der bedeutendsten demokratischen Publizisten, hätte gern für Papen gestimmt, der Umweg über Hugenberg schien ihm jedoch unmöglich. Hunderttausende dachten so! Auch dem englischen Botschafter Sir Horace Rumbold entgingen nicht die wachsenden Sympathien für Papen. Aber es führte im Parteistaat kein Weg zum parteilosen Kanzler!

Gleichwohl erlitt die NSDAP bei der Wahl am 6. November Verluste, sie fiel von 230 auf 195 Mandate. Die Deutschnationalen gewannen 11 Mandate. Zentrum und Sozialdemokratie behaupteten sich, die Kommunisten eroberten 100 Sitze. Die demokratische „Staats-Partei“ – Zeichen der Zeit –, einst in der Nationalversammlung die stärkste bürgerliche Partei, behielt zwei Mandate!

Die Situation war die gleiche wie im August. Verhandlungen Papens mit den Parteien hatten keinen Erfolg, die Sozialdemokraten lehnten es seit dem Staatsstreich in Preußen überhaupt ab, mit ihm zu reden, das Zentrum bestand auf einer Koalitionsregierung mit fester Mehrheit, die nur mit Hilfe der NSDAP zu erreichen war. Hitler wich einer brieflichen Fühlungnahme aus. Seine Saat reifte trotz der Wahlverluste. Das Kabinett Papen hatte sich gegenüber dem Parlament, wie man zu sagen pflegte, „festgezogen“. Ein Memorandum namhafter Großindustrieller und Finanzleute, das Hindenburg übersandt wurde, forderte die Berufung Hitlers. Auf Schleichers eifrig erteilten Rat, Papen müsse dem Reichspräsidenten für die unumgänglichen Verhandlungen mit den Parteiführern freie Hand geben, reichte Papen am 17. November dem Reichspräsidenten die Demission seines Kabinettes ein. Hindenburg gab ihm zu verstehen, er wolle nicht auf eine Präsidial-Regierung verzichten, wolle jedoch noch einmal die Führer der Rechts- und Mittelparteien zur Möglichkeit einer nationalen Konzentrationsregierung hören.

Diese Verhandlungen enthüllten den Bankrott des Weimarer Systems. Die Aufzeichnungen über ihren Gang kann man nur mit Erschütterung lesen.

Sie begannen am Vormittag des 18. November 1932 mit einem Empfang Hugenbergs beim Reichspräsidenten. Zu dieser späten Stunde lenkte Hugenberg ein. Er hielt das Kabinett Papen für den einzig gangbaren Weg, außer man rief Hitler. Aber er hatte nun den Irrtum erkannt, den er mit seinem Bündnis mit Hitler begangen hatte. Auf die Frage Hindenburgs, ob er sich eine Regierung Hitler vorstellen könne, erwiderte er, vor dem Tag von Harzburg habe er mit Hitler stets auf der Basis verhandelt, daß dieser weder Kanzler noch Reichspräsident würde, sondern „Führer der Bewegung" bliebe. Dann habe Hitler erst das eine, dann das andere verlangt. Wörtlich sagte er: „Ich habe nicht viel Vertragstreue bei Adolf Hitler gefunden."

Am späten Nachmittag des gleichen Tages saß Prälat Kaas Hindenburg in seinem Arbeitszimmer gegenüber. Der Prälat erklärte, für das Ziel der nationalen Konzentration stünde dem Reichspräsidenten die überzeugte, treue Mitarbeit des Zentrums unbedingt zur Verfügung. Wörtlich fuhr er fort: „Wir wollen nicht wieder zurückfallen in den Parlamentarismus, sondern wir wollen dem Reichspräsidenten einen politischen und moralischen Rückhalt schaffen für eine autoritäre Regierung, die vom Reichspräsidenten inspiriert und instruiert wird. Wir wollen nicht rückwärts, sondern vorwärts." Noch sei die Zeit nicht da, um eine endgültige Stellungnahme zu geben, er wolle die Stellungnahme anderer Parteien abwarten. In der Frage des Dualismus Preußen-Reich war er bereit, eine verfassungsmäßig vertretbare Lösung zu unterstützen. Wörtlich sagte er: „Das deutsche Volk ist an vielem irre geworden, aber noch niemals an Ihnen, Herr Reichspräsident." Hinsichtlich einer Kanzlerschaft Hitlers bemerkte er, die Berufung des Kanzlers sei Sache des Reichspräsidenten, diese Sphäre sei „Bannmeile" für sie, er möchte aber sagen, man stehe vor einem schlimmen Winter, 12 Millionen Deutsche stünden auf dem rechten, 13,5 Millionen auf dem linken Flügel der Opposition, man müsse daher unter Einschluß der NSDAP zu einer Regierung der nationalen Konzentration kommen, es dürfe keinen „Kurzschluß“ wie am 13. August geben, Personalfragen dürften keine Rolle spielen. Die Rückkehr zum Kabinett Papen in alter Form lehnte er ab. Papen war zum Todfeind des Zentrums geworden. Zum Schluß erklärte Kaas: „Wir bitten den Herrn Reichspräsidenten, alles zu konzedieren, was möglich ist, ohne grundsätzliche Überzeugungen preisgeben zu müssen.“

Auf Kaas folgte nach einer halben Stunde Dr. Dingeldey, der Bedenken gegen Hitlers Unberechenbarkeit hatte und nichts gegen eine Wiederberufung Papens einzuwenden wußte.

Am 19. November um 11.30 Uhr wurden Hitler und Göring empfangen. Auf Wunsch Hitlers gewährte ihm Hindenburg zunächst eine Aussprache unter vier Augen. Als Göring und Meißner zugezogen wurden, faßte Hindenburg das Ergebnis der persönlichen Aussprache dahingehend zusammen, Hitler habe als Führer der stärksten Volksbewegung die Regierungsführung gefordert, er, der Reichspräsident habe ihm bedeutet, er halte am Grundsatz der überparteilichen Regierung fest. Hitler könne seine Ziele auch verwirklichen, wenn er Minister in eine überparteiliche Regierung entsende. Er bat Hitler, das alles noch gründlich zu erwägen. Wörtlich sagte er: „Wir wollen uns beide das überlegen und in den nächsten Tagen noch einmal darüber reden.“ Seiner Gewohnheit nach verfiel Hitler nun in einen längeren Monolog über seine Forderungen und Ziele und warnte vor dem Glauben, man könne unbeschränkte Zeit autoritär regieren. Er warnte vor einer kommunistischen Revolution. Hindenburg sagte darauf: „Ich kann immer nur meine Bitte wiederholen, helfen Sie mir.“ Zum Schluß der Unterredung bat er ihn zum dritten Mal, mit sich zu Rate zu gehen.

Die zweite Besprechung mit Hitler fand am 21. November vormittags 10.30 Uhr statt und dauerte nur 20 Minuten. Der Reichspräsident sagte, er habe sich noch einmal mit der Frage befaßt, wie man die NSDAP zur Mitarbeit im Staat veranlassen könne. Adolf Hitler wisse, wenn er, der Reichspräsident, auf die Idee eines Kabinettes mit einem Parteiführer an der Spitze eingehe, so müsse er eine Mehrheit im Reichstag verlangen. Er ersuchte Hitler, bis zum Donnerstag festzustellen, ob und unter welchen Bedingungen eine von ihm geführte Regierung eine arbeitsfähige, sichere Mehrheit im Reichstag fände. Hitler entgegnete, er habe seine Gedanken in einem Briefe formuliert, den er dem Herrn Reichspräsidenten hiermit übergeben wolle. Er fügte hinzu, eine inoffizielle Fühlungnahme mit dem Zentrum habe starke Schwierigkeiten bezüglich des Dualismus Preußen-Reich ergeben. Er fragte nach den, wie er sich ausdrückte, „Präsidialbedingungen" für eine Regierungsbildung. Hindenburg erwiderte, er erwarte die Festlegung eines Wirtschaftsprogrammes, die Verhinderung der Wiederkehr des Dualismus Preußen-Reich, die Belassung des Artikels 48 über die Rechte des Reichspräsidenten. Er müsse sich die Zustimmung zur Kabinettsliste vorbehalten, die Besetzung des Auswärtigen Amtes und des Reichswehrministeriums müsse allein bei ihm liegen. Diese Forderungen wurden Hitler auch schriftlich übergeben. Hitler versprach für den Nachmittag eine schriftliche Antwort. Zum Schluß bemerkte Hindenburg, „seine Tür werde immer für Hitler offenstehen ..."

Der schriftliche Meinungsaustausch wurde in einer Reihe von Briefen am 21., 22., 23. und 24. November 1932 fortgesetzt. Hitler entwickelte wieder ein umfangreiches Programm, gestand Neurath und Schleicher als Außen- und Wehrminister zu, machte sich anheischig, bei einer Betrauung mit dem Kanzleramt binnen 48 Stunden dem Reichspräsidenten Vorschläge für seine Maßnahmen zu unterbreiten und forderte dann diejenigen Vollmachten, welche die kritischen Zeiten bedingten. Das lief in Hindenburgs Augen auf die Parteidiktatur hinaus, und diese wollte er nicht zugeben. Am 24. November ließ er ihm durch den Staatssekretär mitteilen, er nähme zur Kenntnis, daß Hitler den Auftrag zur Bildung einer Mehrheitsregierung nicht für aussichtsreich erachte. Aus Besprechungen mit dem Zentrum und der Bayerischen Volkspartei habe er, Hindenburg, den gegenteiligen Eindruck gewonnen, von weiteren schriftlichen oder mündlichen Äußerungen verspreche er sich nichts mehr. Hitler trachtete fraglos danach, mit Hilfe des Briefwechsels sozusagen dokumentarisch zu erhärten, daß die Schuld für das Scheitern der Verhandlungen nicht bei ihm, sondern bei Hindenburg läge. Er verließ Berlin und begab sich zum Parteitag nach Weimar. Das neuerliche Scheitern der Verhandlungen hatte innerhalb der Partei eine Krise erzeugt, der maßvollere Flügel um Gregor Strasser begann sich zu fragen, ob die starre Haltung Hitlers nicht falsch sei.

Am Nachmittag des 24. November 1932 empfing Hindenburg um 17 Uhr noch einmal den Prälaten Kaas und schilderte ihm den Verlauf der Verhandlungen. Er fragte ihn, ob er noch eine Möglichkeit sähe, eine Mehrheit im Reichstag für eine Regierungsbildung zu finden. Prälat Kaas wollte die Hoffnung, die Nationalsozialisten in die Verantwortung zu locken und dann auszumanövrieren, noch nicht aufgehen. Merkwürdigerweise schien er nichts aus dem Schicksal des italienischen geistlichen Politikers Don Luigi Sturzo gelernt zu haben, der 1922/23 ganz ähnlich geglaubt hatte, Mussolini könne durch eine Koalition mit der Popolari-Partei, der katholischen Mittelpartei Italiens, eingefangen werden. Hindenburg las ihm Hitlers letztes Schreiben vom 24. November vor. Der Prälat fand es bedauerlich, daß Hitler nicht weiter mit den Parteien verhandeln wollte, er meinte, so sei die Frage eines Mehrheitskabinettes Hitler „noch nicht ernsthaft durchexerziert". Die Rückkehr zum alten Kabinett Papen würde im deutschen Volke „schädlich, ja explosiv" wirken. Es gehöre zwar „ein Berge versetzender Glaube" dazu, anzunehmen, daß sich eine Mehrheit fände, aber man müsse es doch versuchen. Er hatte Zweifel, ob er oder Brüning besser geeignet seien, die Vermittlung zu übernehmen und bat um einen Tag Bedenkzeit.

Am anderen Tag um die gleiche Stunde erschien er wieder bei Hindenburg. Er mußte eingestehen, daß seine Bemühungen umsonst gewesen waren. Nur die Bayerische Volkspartei und die Deutsche Volkspartei waren bereit gewesen, sich mit dem Zentrum an einem Not- und Arbeitsprogramm einer Mehrheitsregierung zu beteiligen, die Deutschnationalen und die Nationalsozialisten hatten abgelehnt. Kaas gab an, bei den Verhandlungen hätten Äußerungen aus verschiedenen Ministerien, die Verhandlungen seien von seiten des Reichspräsidenten gar nicht ernst gemeint, sehr störend gewirkt, er maß ihnen die Hauptschuld am Scheitern seiner Bemühungen zu. Hindenburg fragte ihn, was nun geschehen solle? Kaas entgegnete, eine Rückkehr zu Papen würde er für einen „verhängnisvollen Schritt ansehen". Eher müsse man eine neue „volksverbundene Präsidialregierung" bilden. Hindenburg erkundigte sich, was das Zentrum eigentlich an Papen auszusetzen habe. Kaas entgegnete, Papen sei nur Politiker und besitze keine wirtschaftliche und finanzielle Erfahrung. Hindenburg: Ob er selbst ein Hindernis sei? Wörtlich sagte er: „Ich bin gern bereit, jederzeit zu gehen, wenn ich im Inland und Ausland das Vertrauen nicht habe, das ich verlangen muß. Ich will mich auch nicht anbieten, das verbietet mir mein Stolz." Kaas: Er verstehe die Bitternis, die ihn beherrschen müsse – wörtlich fuhr er fort: „Ich kann aber nur in voller Überzeugung antworten: Am Tage, wo Sie, Herr Reichspräsident, uns verlassen, würde die letzte Hoffnung auf Sammlung und Zusammenfassung uns entschwinden. Wenn es etwas gibt, was über den Parteien steht und uns eint, so ist es Ihre Persönlichkeit. Ich bitte Sie inständig in aller Ehrfurcht, diesen Gedanken nicht über die Schwelle des Hauses kommen zu lassen." Hindenburg: „Man zeigt mir immer mit der einen Hand das Zuckerbrot, mit der anderen die Peitsche."

Auf eine Zwischenfrage formulierte Kaas die Einstellung des Zentrums gegenüber einer neuen Präsidialregierung. Diese würde eine neue Haltung bedingen. Sie würde zwar auch keine Mehrheit finden, aber doch eine wesentlich erweiterte Bais und könne so eine Brücke für eine Vertagung bilden, so daß man ohne Konflikt durchkomme. Hindenburg sagte wörtlich: „Ich komme in eine immer schwierigere Lage. Man will mir den Mann meines Vertrauens wegnehmen und mir einen Kanzler aufzwingen." Prälat Kaas erwiderte ausweichend, das sei nicht ihre Absicht, sie erkennten die persönlichen Rechte des Reichspräsidenten an.

All diese Besprechungen hatten nur das eine ergeben, daß die Parteiführer keinen wirklichen Ausweg mehr wußten. Sie ließen erkennen, daß Hindenburg nach wie vor an Papen festhalten wollte. Für diesen aber stimmten nur die Deutschnationalen und die Deutsche Volkspartei. Das Zentrum war von dem Gedanken beherrscht, selbst wieder im Parteienstreit die Macht an sich zu bringen. Am Abend des 1. Dezember 1932, nicht wie man bisher nach Meißners Memoiren annehmen mußte, am 17. November, fiel die letzte Entscheidung. Einen letzten Versuch Hindenburgs, Hitler erneut zu einer Unterredung nach Berlin zu bitten, hatte dieser inzwischen unter dem Datum des 30. November abgelehnt. An diesem Abend waren Papen und Schleicher bei Hindenburg. Papen ahnte nicht, daß Schleicher am gleichen Tag den Oberstleutnant Ott zu Hitler nach Weimar entsandt hatte, um ihm in einem Kabinett Schleicher den Posten des Vizekanzlers anzutragen (was Hitler gleichfalls ablehnte). Papen ahnte auch nicht, daß der vielgewandte und listenreiche Mann, der glaubte, jetzt komme seine große Stunde, schon in Paris den Boden für ein Kabinett Schleicher sondieren ließ. Hindenburg stellte die gleiche Frage, die er Kaas gestellt hatte: „Was nun?" Papen wollte jetzt kämpfen. Die Lage sei die gleiche wie am 13. August 1932, sagte er. Man müsse den Staatsnotstand proklamieren, den Reichstag ausschalten, das Wirtschaftsprogramm ausbauen, die Verfassungsreform durchführen, die Kommunistische und die Nationalsozialistische Partei verbieten und eine Nationalversammlung berufen, um eine neue Verfassung zu beschließen. Er wies ausdrücklich darauf hin, das bedeute den Bruch der Verfassung, allein es gebe keinen anderen Weg mehr, es sei denn, man gebe Hitler die Macht.

General v. Schleicher fiel gewandt ein. Er sehe eine Möglichkeit, dem Reichspräsidenten den Verfassungsbruch zu ersparen. Dieser solle ihm die Kanzlerschaft anvertrauen, mittels einer Spaltung der NSDAP würde er eine parlamentarische Mehrheit finden, Gregor Strasser sei mit etwa 60 Abgeordneten bereit, zu ihm zu stoßen, mit Hilfe dieser Kräfte könne man eine „Gewerkschaftsachse" bis zu den Sozialdemokraten bilden.

Papen warf ein, das alles sei nur eine Übergangslösung, so komme man nicht zu einer echten Reform. Hindenburg erhob sich: „Ich entschließe mit für die Lösung des Herrn v. Papen", sagte er mit seiner tiefen Stimme. Er bat Papen, sofort die Bildung einer Regierung durchzuführen, die für die Bewältigung dieser schweren Aufgabe geeignet war. Papen und Schleicher verließen gemeinsam den alten

Herrn, der sich in dieser Stunde noch einmal in voller Größe gezeigt hatte. Schleicher schien skeptisch. Papen fragte ihn, ob er selbst lieber den Auftrag Hindenburgs als Kanzler durchführen wolle. Schleicher schwieg dazu. Als er sich von Papen verabschiedete, sagte er nur in seiner ironischen Art: „Mönchlein, Mönchlein, Du gehst einen schweren Gang."

Papen rief noch am gleichen Abend die Minister v. Eltz und Dr. Gürtner zu sich, denen er am meisten vertraute und gab ihnen Bericht. Beide waren bereit, ihm zu folgen. Aber sie erzählten ihm auch, daß Schleicher seit Wochen Besprechungen mit den Mitgliedern des Kabinetts geführt habe, in denen er immer wieder betont habe, die Reichswehr sei für einen Bürgerkrieg nicht zu haben.

Am 2. Dezember 1932 um 9 Uhr vormittags begann die von Papen anberaumte Kabinettsitzung. General v. Schleicher ließ die Maske fallen. Er gab bekannt, man habe im Reichswehrministerium unter Leitung des Oberstleutnant Ott von der Wehrmachtabteilung mit den in Frage kommenden Vertretern der Polizei und der Technischen Nothilfe ein Kriegsspiel abgehalten, um die Frage zu untersuchen, ob die staatlichen Ordnungskräfte einem mit einem Generalstreik verbundenen Bürgerkrieg gegen die Links- und Rechtsradikalen gewachsen seien. Das Ergebnis sei negativ ausgefallen. Papen wünschte Ott selbst zu hören. Nach dem Chef der Heeresleitung, nach dem Chef des Truppen-Amtes, des Generalstabes, fragte in dieser Stunde seltsamerweise niemand. Oberstleutnant Ott stand bereit. Er gab ein düsteres Bild der Schwäche der militärischen und politischen Kräfte und wies auf Gefahren für den Grenzschutz im Osten hin, wobei zu bemerken wäre, daß ein Bürgerkrieg natürlich bei der Schwäche und der ungenügenden Motorisierung und Bewaffnung des Reichsheeres eine sehr ernste Angelegenheit war.

Papen sah sich desavouiert. Der „Sprechminister" hatte seine Rolle in Schleichers Augen ausgespielt, und er hatte sie schlecht gespielt! Er begab sich unverzüglich erneut zu Hindenburg. Er glaubte nicht bei entschlossenem Vorgehen an große bürgerkriegsähnliche Verwicklungen oder gar an einen Generalstreik. Schon am 20. Juli 1932 hatte die Arbeiterschaft sich ruhig verhalten. Er legte dem

Reichspräsidenten dar, es gäbe nur zwei Alternativen: Entweder halte dieser seinen Auftrag vom Vorabend aufrecht, dann müsse Schleicher gehen, oder Schleicher müsse Kanzler werden. Der alte Herr schien ihm müder als am Vortag zu sein. Die Vorstellung, daß er an seinem Lebensabend den Eid auf die Verfassung brechen und die Gefahr eines Bürgerkrieges beschwören solle, war doch eine furchtbare Last für ihn. Nach Papens Erinnerungen sagte er, bedrückt, ja fast gequält wirkend: Papen würde ihn für einen Schuft halten, wenn er jetzt seine Meinung ändere, aber er sei zu alt, um noch die Verantwortung für einen Bürgerkrieg zu übernehmen. „Dann müssen wir in Gottes Namen Herrn v. Schleicher sein Glück versuchen lassen.“ Papen gewahrte, wie Tränen über die Wangen des alten Mannes rollten, als er ihm seine beiden Hände gab.

Schleicher war am Ziel. Aber das Vertrauen, das ihm der alte Herr solange bewahrt hatte, besaß er nicht mehr. Hindenburg war überzeugt, daß Schleicher nicht der Mann war, die Aufgaben zu bewältigen, welche die Zeit forderte. Schleichers Kabinett blieb im wesentlichen das gleiche, das Papen geführt hatte. Er hoffte, Papen sogleich als Botschafter nach Paris schicken zu können. Hindenburg bat diesen jedoch, in seiner Nähe zu bleiben. Er sandte ihm sein Bild mit der Widmung „Ich hatt' einen Kameraden“, er schickte ihm ein überaus herzlich gehaltenes persönliches Abschieds- und Dankschreiben. Papen, der Kavalier des Ancien Régime, hatte nach wie vor sein Vertrauen. Zeitweilig erwog er sogar, ihm anzubieten, den Platz Meißners als Staatssekretär der Reichskanzlei einzunehmen.

Im Dezember 1932 suchte der Schriftsteller Rolf Brandt, der als Kriegsberichterstatter die Winterschlacht in Masuren 1915 mitgemacht hatte, Hindenburg noch einmal auf. Dieser hatte ihn immer auf Grund seiner Berichte und Bücher geschätzt. Er empfing ihn noch in der Reichskanzlei und wehrte lächelnd auf seine Frage, ob das Arbeitszimmer dasjenige Bismarcks gewesen sei, ab: „Nein, das möchte ich auch gar nicht, wo der hohe Herr ...“ Es sei das Zimmer nebenan gewesen.

Die Rede kann auf militärische Erinnerungen und streifte dann das Thema Hitler. Hindenburg sagte: „Was wollen Sie, er ist doch nur ein Trommler, und haben Sie schon einmal gehört, daß ein General einem Trommler nachläuft?" Dann fragte er, ob Brandt Hitler kenne. Dieser bejahte. Hindenburg: „Na, und?" Brandt: „Ich glaube, etwas hysterisch, Herr Generalfeldmarschall." Hindenburg schlug sich entgegen seiner sonstigen Gewohnheit leicht mit der Hand auf den Schenkel und versetzte: „Etwas is jut." Er wechselte das Thema und meinte, wie schwer es sei, sich immer wieder von Männern zu trennen, mit denen man gearbeitet habe. „Es ist die schwerste Pflicht des Staatsoberhauptes ... Es kann ja wohl nicht anders sein. Parlamentarismus verbraucht Männer." Er schwieg eine Weile und fuhr fort: „In Deutschland hat jeder einzelne seine private politische Meinung und hat unbedingt recht nach dieser seiner Meinung." Brandt kam auf die Kämpfe gegen Hindenburg zu sprechen und warf ein, es gebe doch auch viele Menschen, welche das Opfer, das der Feldmarschall wieder und wieder bringe, sehr wohl zu würdigen wüßten. Hindenburg entgegnete: „Mein Gott, Sie waren doch damals in Hannover. Ich habe auf Jüngere verwiesen, bis dann Tirpitz kam und mir immer wieder sagte, ich müßte es tun, das Vaterland verlange es. Es war ein Ruf. Ich bin dem Ruf des Vaterlandes gefolgt." Er schwieg wieder eine Weile, dann versetzte er: „Wenn man ein bißchen mehr Erkenntnis sähe ... aber man darf ja wohl nicht umgeduldig sein ... Und die Menschen sind so sehr verschieden." Die Worte kamen langsam, in großen Abständen. „Ich habe einen Eid geschworen und werde ihn halten! Sehen Sie, ich kann nichts anderes, als dies immer wieder sagen, ach, sie hören es ja nicht richtig: Seid einig, einig ..." Wieder schwieg er. Dann sagte er, fast heftig werdend: „Es ist zum Teufel doch besser, wenn sich Männer, die ernsthaft sind, die Hände reichen, als wenn sie sich die Fäuste unter die Nase halten. Man muß das Vaterland so hoch stellen, daß man sich selbst darüber vergißt. Das können Sie schreiben, das andere nicht. Es kommt nun darauf an ..."

Unterdes konnte der neue Reichskanzler und Reichswehrminister Generalleutnant a.D. v. Schleicher einen moralischen Erfolg buchen, der der zähen Vorbereitungsarbeit Brünings und Papens zu danken war. England, Frankreich und Italien erkannten auf der Abrüstungskonferenz das moralische Recht des Deutschen Reiches auf militärische Gleichberechtigung an. Es war sein einziger außenpolitischer Erfolg. Unterdes spann er an seinem großen, innerpolitischen Konzept, der Verwirklichung der „Gewerkschaftsachse“ vom sozialistischen Flügel der NSDAP um Strasser bis zu den Freien Gewerkschaften aus dem marxistischen Lager. Der neue Kurs sollte sozial und autoritär sein, unter den Fittichen der Reichswehr. Er plante die Siedlung im Osten voranzutreiben, er trug sich mit Plänen zur Verstaatlichung der Grundstoffindustrien. Die Reichswehr sollte durch eine Miliz aufgefüllt werden. Schleicher hatte anfangs bei den Parteien nicht den gleichen schlechten Start wie Papen. Aber er versprach jeder Partei bei den Verhandlungen etwas anderes. Er verhandelte nach allen Seiten, doch das Vertrauen zu dieser Taktik sank rasch. Nicht minder rasch enthüllte sich, daß die NSDAP nicht dem Dissidenten Gregor Strasser folgte, sondern dem „Führer“ Adolf Hitler. Dieser war zwar um die Jahreswende höchst deprimiert über die Parteikrise, aber Gregor Strasser war bereits bei Licht besehen politisch ein toter Mann. Schleichers Mitarbeiter begannen unruhig zu werden. Ott, Bredow, Planck und Marcks warnten ihn, er verbrauche sich in Verhandlungen, er müsse selbst handeln. Schleicher erwiderte bedeutungsschwer, als enthülle er ein großes Geheimnis, das ihm selbst ganz unverständlich war, er habe, was sie nicht wüßten, vom ersten Augenblick an mit Mißtrauen „beim alten Herrn“ zu kämpfen.

Nach einer Äußerung Schleichers im engsten Kreise zu urteilen, sah er sein Kabinett selbst als eine Übergangslösung an. „Ich bleibe solange“, hat er da erklärt, „bis einer von den beiden (d.i. Hindenburg oder Hitler) billiger spielt. Hitlers Forderung ist nach den parlamentarischen Spielregeln gerechtfertigt. Wenn der Reichspräsident aber nicht mitmacht, ist das sein verfassungsmäßiges Recht, an dem ich nicht vorbei kann.“ Dieses Spiel brauchte Kaltschnäuzigkeit und Nerven, es brauchte eine große, zur Schau getragene Selbstsicherheit, an der es Schleicher ebenso wie sein Staatssekretär Planck nicht fehlen ließen. Gerade von Planck sind sehr sarkastische Äußerungen noch aus der Krise des Kabinettes Schleicher überliefert, der Kanzler werde noch lange bleiben, man solle sich nicht aufregen, Schleicher werde „den Alten nun zwei Monate zappeln lassen“. Trotz seiner unbestreitbar guten Nerven und aller selbstsicheren Beherrschtheit verfolgte Schleicher doch mißtrauisch jeden Schritt des gestürzten Reichskanzlers v. Papen, der mit Recht sich sagen konnte, daß sein Freund und alter Kamerad Schleicher ihn in der entscheidenden Stunde schmählich im Stich gelassen hatte. Die andere Frage freilich, ob der alte Feldmarschall der harte Mann war, noch in hohem Alter die Verantwortung für einen Bürgerkrieg zu tragen, ob seine Physis den möglicherweise dann an ihn herantretenden ungeheuren, seelischen Belastungen gewachsen sein würde, blieb unerörtert. Das eben war die Tragik der Stunde, daß von einem Manne, der in sein sechsundachtzigstes Lebensjahr ging, Entscheidungen von einer Tragweite erwartet wurden, die auch einem jüngeren Manne schlaflose Nächte bereiten konnten.

Am 16. Dezember 1932 sprach Papen auf dem Jahresessen des „Herren-Klubs". Er glaubte mit seiner Rede dem Kabinett Schleicher zu sekundieren. Aber die Rede, in der auf die Notwendigkeit von Reformen und eines deutsch-französischen Ausgleichs hinwies, deren Text jedoch nie vollständig bekannt geworden ist, machte auf eine ganze Reihe von Teilnehmern an dem Essen doch den Eindruck, als halte Papen neue Verhandlungen mit den Nationalsozialisten für unumgänglich. Unter den Gästen fielen Bemerkungen, „das sei ja ein Dolchstoß gegen Schleicher". Staatssekretär Planck fertigte Bedenkliche mit der Bemerkung ab, Papen nähme kein Mensch mehr ernst. Auf den Einwurf, Hindenburg tue dies, meinte er geringschätzig, das spiele keine Rolle. Immerhin sprach ein Klubmitglied, der Bankier Freiherr v. Schroeder aus Köln, Papen daraufhin an, ob er unter Umständen zu einer neuerlichen Aussprache mit Hitler bereit sein würde. Schroeder besaß Beziehungen zu einem der Wirtschaftsberater Hitlers, dem Ingenieur und Betriebsleiter Keppler.

Das neue Jahr 1933 schien anzudeuten, daß die deutsche Wirtschaft den tiefsten Punkt der Krise überwunden habe. Die lastende innerpolitische Krise war jedoch keineswegs überwunden, so eifrig auch der Kanzler bestrebt war, seine Verhandlungen mit den verschiedensten Partnern, Gregor Strasser, dem Zentrum, den Gewerkschaften, fortzusetzen.

Am 4. Januar 1933 traf Papen im Hause des Bankiers v. Schroeder in Köln, von seinem Besitze in Wallerfangen kommend, mit Hitler zusammen. Gewiß besaß diese Unterredung von ihm aus gesehen nur informatorischen Charakter, wie er dies in seinen Memoiren stark unterstreicht. Ebenso gewiß ist, daß er mit solcher Fühlungnahme den Intentionen des Feldmarschall-Präsidenten keineswegs zuwiderhandelte, dieser hatte noch bei der letzten Unterredung zu Hitler gesagt, seine Tür werde immer für ihn offen stehen. Schließlich war Hitler der Führer der stärksten Partei geworden. Endlich muß man Papen auch glauben, daß er mit dieser Unterredung keineswegs das Kabinett Schleicher torpedieren wollte. Trotzdem leistete er fraglos mit ihr Schleicher einen Bärendienst. Hitler, der sich höchst konziliant und tolerant gab, hat der Unterredung stets eine sehr große Bedeutung zugemessen, und zwar, von seinem Standpunkt aus, durchaus nicht mit Unrecht. Schleichers Manövrierkunst hatte das Eine zu Wege gebracht, daß Hitler und die NSDAP aus den Verhandlungen ausgeschaltet worden waren. Alle Verhandlungen liefen ohne ihn oder gegen ihn. Wie lange sich das Spiel durchhalten ließ, ob es Erfolg hatte, schien immer fragwürdiger. Tatsache aber war auch, daß Hitler in einer prekären Lage war, die Partei war haushoch verschuldet, sie wies Zerfallserscheinungen auf. Um die Jahreswende hatte Hitler selbst sich bis zu Äußerungen verstiegen, wenn wider Erwarten doch schließlich alles scheitern würde, würde er „mit der Pistole Schluß machen“. Die Unterredung mit Papen gab ihm das Bewußtsein, daß er wieder in das Spiel eingeschaltet wurde. Zwei andere Ereignisse, ein Sieg bei den Landtagswahlen in Lippe und die endgültige Ausbootung Strassers, liehen ihm in den folgenden Wochen neuen Auftrieb.

Papen hatte loyalerweise sofort Schleicher brieflich von dem Inhalt der Unterredung Kenntnis gegeben. Schleicher verfügte jedoch mit Hilfe der militärischen „Abwehr“ im Minister-Amt über einen ausgezeichnet funktionierenden Nachrichtendienst. Er wußte schon am 4. Januar, was gespielt wurde, oder glaubte es jedenfalls zu wissen, witterte einen Torpedoschuß Papens und ließ die Unterredung sofort auf das heftigste in der ihm zugänglichen Presse angreifen. Er unternahm auch Schritte bei Hindenburg, um zu erreichen, daß dieser Papen sein Haus verbot. Hindenburg wollte erst Papen selbst hören, dieser hatte mit ihm am 9. Januar eine Aussprache in Berlin, die den alten Herrn völlig beruhigte. Er meinte, er habe sich ja gleich gedacht, daß da etwas nicht stimmen könne.

Schleichers Prestige hatte keine Stärkung bei ihm erfahren. Ein Konflikt zwischen dem Reichslandbund und dem Kanzler verschärfte die Lage. Am 11. Januar 1933, dem gleichen Tag, an dem es Schleicher gelang, Hindenburg zu einem Empfang Gregor Strassers zu bewegen, den er zum nationalsozialistischen Vizekanzler in seinem Kabinett machen wollte, empfing Hindenburg auch in Gegenwart des Reichskanzlers und der Minister v. Braun und Warmbold das Präsidium des Reichslandbundes, Graf Kalckreuth, Direktor v. Sybel und Herrn v. Rohr-Demmin, die eine Reihe von grundsätzlichen Beschwerden vorbringen wollten. Nach den Angaben Direktor v. Sybels standen die Zoll-, Handels-, Steuer- und Finanzpolitik des Kabinettes zur Debatte. Von der vielbesprochenen Siedlungspolitik, die man in manchen agrarischen Kreisen zweifellos Schleicher vorwarf, war nicht die Rede, das bestätigt auch das Protokoll der Unterredung, das Ministerialrat Döhle führte. Nach diesem Protokoll eröffnete der Reichspräsident die Unterredung mit der Bemerkung, die Landwirtschaft habe sich an ihn gewandt, die Lage sei ernst, sofortige Hilfsmaßnahmen seien notwendig. Tatsächlich war die Krise der Landwirtschaft nach wie vor nicht behoben, dieser Prozeß brauchte Zeit und eine Besserung der Weltwirtschaftslage, weder Papen noch Schleicher hatten ihn beschleunigen können.

Graf Kalckreuth bat um eine Erneuerung des Vollstreckungsschutzes, wies auf die katastrophale Lage in der Veredelungswirtschaft, zum Beispiel in Schleswig-Holstein, hin und forderte eine neue Hilfsaktion, die Sanierung der Absatzpreise und den Schutz der Binnenwirtschaft gegenüber der Förderung des Exportes. Hindenburg nahm die Reichsregierung gegen den Vorwurf in Schutz, es sei nichts geschehen. Es sei viel geschehen, sagte er mahnend, man müsse in Ruhe miteinander sprechen. General v. Schleicher referierte über die ersten Maßnahmen im Sinne der Forderungen des Reichslandbundes, die Verbesserung der Lage der Milchwirtschaft, die Erhöhung der Zölle und die Maßnahmen auf dem Gebiet des Vollstreckungsschutzes. Er machte darauf aufmerksam, daß ein genereller Vollstreckungsschutz zur „Vereisung" des Wirtschaftslebens führen müsse, immerhin stellte er eine Erneuerung des Schutzes in Aussicht. Am Schlusse der anderthalbstündigen Besprechung dankte Hindenburg allen Beteiligten und meinte, er hoffe doch, man habe eine Annäherung und Versöhnung erreicht. Direktor v. Sybel hatte den Eindruck, daß alle Ausführungen Schleichers im Grunde an der Sache vorbeiführten. Die Materie war diesem fraglos vollkommen fremd. In der mangelnden sachlichen Befähigung des militärischen Kanzlers auf wirtschafts-, finanz- und staatspolitischem Gebiet lag eine seiner größten Schwächen. Ursprünglich hatte er sehr wohl um diese Schwächen gewußt und hatte die Rolle im Rampenlicht vermeiden wollen. Einer der Teilnehmer an der Unterredung bewahrte sehr viel dramatischere Erinnerungen an den Abschluß. Danach soll Hindenburg zu Schleicher gesagt haben: „Ich ersuche Sie, Herr Reichskanzler v. Schleicher, und als alter Soldat wissen Sie ja, daß das Ersuchen nur die höfliche Form eines Befehls ist, daß noch heute Nacht das Kabinett zusammentritt, Gesetze in dem dargelegten Sinne beschließt und mir morgen Vormittag zur Unterschrift vorliegt. Und nun wollen wir uns noch einmal die Hand geben." Das Protokoll bestätigt diese Erinnerungen nicht, es weiß nichts von so scharfen Äußerungen, der Ton Hindenburgs war eher gütig versöhnend. Daher sind auch alle Schlußfolgerungen abwegig, die in der Nichterfüllung des Ersuchen Hindenburgs durch Schleicher den entscheidenden Bruch zwischen dem Reichspräsidenten und dem Kanzler der Reichswehr sehen wollen. So einfach lief die Entwicklung nicht.

Schleichers Weg, die Tatsache, daß er aus den Verhandlungen nicht den Übergang zum Handeln fand, erregte ganz allgemein die Bedenken Hindenburgs. Die Lage forderte Entscheidungen. Und Schleicher hatte kein Glück. Die Fühlungnahme mit den Deutschnationalen scheiterte an Hugenbergs Forderung nach dem Wirtschaftsministerium, das Schleicher diesem „Reaktionär" keineswegs geben wollte, die Verhandlungen mit Gregor Strasser scheiterten daran, daß kein führender Nationalsozialist ihm folgen wollte, die Verhandlungen mit den Gewerkschaften fanden ihr Ende durch den kurzsichtigen Beschluß des sozialdemokratischen Parteivorstandes, der den Gewerkschaftsführern Verhandlungen mit einem „reaktionären General" untersagte. Nur Prälat Kaas mit dem Zentrum war noch nicht willens, Schleicher fallen zu lassen. Am 17. Januar war es wieder soweit, daß Hugenberg mit Hitler über eine gemeinsame Regierungsfront unterhandelte.

Am 24. Januar 1933 sollte der Reichstag zusammentreten. Unter anderem war eine Untersuchung über die Vergebung der Osthilfe-Gelder vorgesehen. Gerüchte von einem gewaltigen Skandal tauchten auf, in der Presse wurde der alte Kammerherr v. Oldenburg-Januschau beschuldigt, über 400.000 Mark zum Ankauf neuer Güter verwendet zu haben. Nun gab es wie bei jeglicher menschlichen Organisation auch hier zweifellos einzelne Mißgriffe und unrechtmäßige Bereicherungen. Der „große Skandal" hat sich jedoch nicht nachweisen lassen. 26 Fälle angeblicher Mißgriffe, die dem Reichstagsausschuß für Osthilfegelder unterbreitet werden sollten, wurden Anfang April 1933 von dem Osthilfe-Untersuchungsausschuß des Reichstages unter dem Vorsitz des früheren Reichsministers Neuhaus geprüft und ergaben keinerlei Anlaß zu Beanstandungen. Die Ansicht, es habe ein Sturm der Agrarier auf Hindenburg eingesetzt, um die Untersuchungen zu verhindern, Hindenburg habe eingegriffen, damit das Ansehen so vieler altpreußischer Familien nicht besudelt würde, läßt sich nicht halten. Die Siedlungsfrage spielte überhaupt keine Rolle bei der tödlichen Krise des Kabinettes Schleichers mehr.

Am 20. Januar beschloß der Ältestenrat des Reichstages, die für den 24. Januar vorgesehene Sitzung auf den 31. Januar zu vertagen. Schleicher hatte jetzt die Hoffnung aufgegeben, eine Mehrheit im Reichstag zu finden. Hitler bewegte dagegen neue Hoffnung. Das Kabinett Schleicher hatte sich genauso „festgezogen" wie dasjenige Papens. Hitler wollte und mußte aus der gefährlichen Krise der Partei herauskommen. Er war bereit, Zugeständnisse zu machen. Am 22. Januar bat ein neuer außenpolitischer Berater Hitlers, Joachim v. Ribbentrop, der Schwiegersohn des Sektfabrikanten Henkel, Papen zu einer Zusammenkunft mit Hitler in seinem Hause in Berlin. Papen holte die Genehmigung Hindenburgs ein und bat Staatssekretär Meißner und Oberst Oskar v. Hindenburg, ihn zu begleiten. Hitler bot an diesem Abend ein Kabinett mit bürgerlichen Ministern unter seiner Führung an. Er war so konziliant, daß auch Männer wie Oberst Oskar v. Hindenburg beeindruckt waren.

Am anderen Tage, dem 23. Januar 1933, bat Schleicher Hindenburg um jene Vollmachten, um die Papen bei der Dezemberkrise gebeten hatte. Jetzt wollte er kämpfen. Hindenburg begriff den einstigen Mitarbeiter überhaupt nicht mehr. Hatte dieser nicht im Dezember klipp und klar durch Oberstleutnant Ott beweisen lassen, die Reichswehr könne infolge ihrer Schwäche gar nicht das Risiko eines Bürgerkrieges gegen Rechts und Links eingehen? Er lehnte Schleichers Bitte ab.

Vermutlich sah er jetzt eine Chance, Papen von neuem einzuschalten und mit einem Übergangskabinett auszuhalten, bis die wirtschaftliche Lage sich stärker entspannt hatte und bis die theoretisch nunmehr mögliche Verstärkung der Reichswehr, die eine Entlastung des Arbeitsmarktes bringen mußte, sich durchführen ließ. Am 27. Januar benutzte der Chef der Heeresleitung, General der Infanterie Frh. v. Hammerstein-Equord, einen routinemäßigen Vortrag des Chefs des Heeres-Personalamtes, Generalleutnant Frh. v. d. Bussche-Ippenburg, beim Reichspräsidenten, um ihn zu begleiten und Hindenburg bei der Erörterung der allgemeinen Lage seine Bedenken gegen ein Kabinett Hitler vorzutragen. Bussche-Ippenburg, Hindenburg als alter Generalstabsoffizier der Dritten OHL wohl bekannt, schlug in die gleiche Kerbe. Hindenburg war anfangs ungehalten, er schätzte solche Einmischung nicht. Er ließ sich jedoch erklären, was es mit diesem Schritte auf sich habe und versetzte schließlich beruhigend, man werde ihm doch nicht zutrauen, daß er einen „österreichischen Gefreiten" zum deutschen Reichskanzler mache. Das läßt darauf schließen, daß er am 27. Januar noch zäh an der Idee eines neuen Kabinettes Papen festhielt, wenn Schleicher gehen wollte.

Am 28. Januar versuchte Schleicher einen letzten Vorstoß beim Reichspräsidenten. Gleichzeitig erschien in der von ihm beeinflußten

„Täglichen Rundschau“ ein Artikel, in dem massiv gegen ein Diktatur-Kabinett Papen Stellung genommen wurde, das angeblich von den in den Osthilfeskandal verwickelten Freunden Hindenburgs gewünscht würde. Ein anderer Artikel im Organ der Christlichen Gewerkschaften warnte vor dem Spiel mit dem Verfassungsbruch, das bedeute eine Präsidentenkrise, es sei Hochverrat. Aber – so wird man fragen müssen, wollte nicht auch Schleicher mit dem Staatsnotstand den gleichen Verfassungsbruch, den Papen hatte auf sich nehmen wollen, um das Reich vor Hitler zu retten? Hindenburg lehnte Schleichers Forderungen nach Vollmachten und der Auflösung des Reichstages abermals ab, er verwies ihn auf seine gegenteiligen Behauptungen vom Dezember 1932. Schleicher erklärte darauf den Rücktritt seines Kabinettes. Nach den Bekundungen des späteren Generals Noeldechen, der damals als Hauptmann Schleichers Adjutant war, soll Hindenburg zu Schleicher beim Schluß der Unterredung gesagt haben: „Lieber Schleicher, ob das, was ich jetzt tue, richtig ist, weiß ich nicht, ich werde es aber bald wissen, wenn ich da oben bin“, wobei er mit der Hand gen Himmel gewiesen habe. So jedenfalls diktierte Schleicher, der gestürzte Kanzler, sofort seinem Adjutanten nach der Rückkehr vom Reichspräsidenten.

Die Frage ist nur, ob Hindenburg schon klipp und klar wußte, was er jetzt tun wollte. Mittags beschied er Papen zu sich, unterrichtete ihn vom Rücktritt Schleichers und gab ihm den Auftrag, als „Homo regius“ den Rahmen für ein Kabinett unter Hitlers Führung zu schaffen, dem möglichst viele konservative Fachleute angehören sollten, um diesen zu kontrollieren. Papen berichtet, die Frage seiner eigenen Kanzlerkandidatur sei nurmehr gesprächsweise gestreift worden. Sehr wahrscheinlich muß aber Hindenburg, als er ihn rief, immer noch an die Möglichkeit eines Kabinettes Papen gedacht haben. Die zweite Lösung, die Papen ihm bringen sollte, ein Kabinett Hitler mit konservativen Fachleuten, entsprach noch immer der alten Vorstellung, Hitler dürfe niemals die volle Macht erhalten. Noch einmal hörte Hindenburg auch die Führer der alten Parteien. Sie wußten alle, was sie nicht wollten, ein Kabinett Papen, ein Kabinett Schleicher mit einem neuen Staatsstreich. Sie wußten nicht mehr, was sie wollten. Sie hatten Bedenken gegen Hitler, aber vielfach tauchte die Meinung auf, dieser werde sich desto eher verschleißen, je früher er zur Verantwortung komme. Das war die alte Lehre des Prälaten Kaas. Schleicher hatte Hindenburg klar gemacht, entweder schreite man zum Staatstreich oder man gäbe Hitler die Macht. Papen hielt ein zweites eigenes Kabinett für aussichtslos. Schließlich fragte Hindenburg auch den alten Freund, den Kammerherrn v. Oldenburg-Januschau, mit dem er sich wieder nach der Verstimmung vom Frühjahr 1932 zusammengefunden hatte. Oldenburg-Januschau meinte, ein Kabinett Hitler könne die Landwirtschaft retten, und mit Hilfe der Reichswehr und der christlich-konservativen Kräfte, die gleichzeitig erstarken würden, würde man mit den „Nazis" schon fertig werden. Dies war das Ende, und es bedeutete die Kanzlerschaft Hitlers, des Mannes, der Hindenburg innerlich so fremd und unverständlich geblieben war.

Von den Mittagsstunden des 28. Januar 1933 an unterhandelte Papen mit Hugenberg und Hitler. Der letzte legte keinen Wert mehr auf eine Mehrheitsregierung, er war indes bereit, Vertrauensleute des Reichspräsidenten in sein Kabinett hineinzunehmen. Papen machte ihm klar, daß er, nicht Hitler, nach dem Willen des Reichspräsidenten die Regierung bilden solle. Hitler schluckte auch diese bittere Pille. Er beanspruchte nur zwei Sitze im Kabinett, den Reichskommissar für Preußen und das Reichsinnenministerium. Noch kannte niemand von den Konservativen die Methoden totalitärer Machtergreifung durch Infiltration des alten Staatsapparates, durch die Sicherung gewisser, zunächst bescheiden wirkender Schlüsselpositionen.

Spät abends erstattete Papen Hindenburg Bericht. Hindenburg wünschte Neurath als Außenminister zu belassen. Schleicher war indes auch als Reichswehrminister für alle untragbar geworden. Der Reichspräsident fragte, wen Papen als Nachfolger ansehe. Papen schlug einen alten Kameraden von der Kriegsakademie vor, General v. Fritsch, den Befehlshaber im Wehrkeis III, der den besten Ruf genoß. Hindenburg kannte ihn wenig, er dachte an den Befehlshaber im Wehrkreis I Ostpreußen, Generalleutnant Frh. v. Blomberg, der gegenwärtig die Reichswehr auf der Abrüstungskonferenz in Genf vertrat und sich dort durch seinen Takt und seine gewandte Verhandlungsmethode bewährt hatte. Von früher kannte er ihn als ausgezeichneten und höchst energischen Generalstabsoffizier. Er konnte nicht ahnen, daß die Jahre und ein schwerer Unfall, der eine Gehirnerschütterung hervorgerufen hatte, Blomberg nicht stärker gemacht hatten. Noch viel weniger ahnte er, daß Blomberg der einzige Wehrkreisbefehlshaber war, zu dem Hitler einige flüchtige persönliche Beziehungen besaß und dessen Stabschef, Oberst v. Reichenau, ein höchst ehrgeiziger Mann, ein überzeugter Bewunderer Hitlers geworden war. Hindenburg äußerte ferner, die Ministerien für Wirtschaft, Landwirtschaft und Ernährung müsse Hugenberg erhalten. Dessen Starrsinn hatte er zur Genüge kennengelernt. Jetzt bedurfte er dieses anscheinend so unbeugsamen Mannes.

Der 29. Januar war ein Tag vielfältiger Sondierungen und Verhandlungen. Papen setzte die Besprechungen über die Kabinettsbildung fort, nicht ohne daß ihn Warnungen aufrichtiger Konservativer vor Hitler erreichten. Er eröffnete Hitler und Göring, Hindenburg wünsche, daß Papen Reichskommissar für Preußen würde. Auch dies nahm Hitler an, er bat nur, offensichtlich ganz bescheiden, dann müsse Göring Reichskommissar für Luftfahrt und kommissarischer Innenminister in Preußen werden. Papen hoffte, es könne ihm gelingen, Görings Tätigkeit die notwendigen Schranken zu setzen.

Beim gestürzten, aber noch geschäftsführenden Kanzler v. Schleicher weilten an diesem Tag der Chef der Heeresleitung und der Chef des Heeres-Personalamtes. Sowohl Hammerstein-Equord wie Bussche-Ippenburg hatten starke Bedenken gegen Hitler. Die Bemerkung fiel, eigentlich müsse man nun gegen Hindenburg vorgehen. Aber die Generale waren sich einig, daß das ein Unding war. Für eine Politik des militärischen Pronunciamento hatte Schleicher niemals Vorbereitungen getroffen. Der Truppe war er völlig fremd und gleichgültig geworden, in der Provinz, in den Garnisonen, kannte ihn niemand. Weder ihm noch Hammerstein-Equord war auch die Gabe eigen, die Truppe selbst mit ein paar zündenden, einfachen Worten zu begeistern. Als die Generale Schleicher verließen, trafen sie im

Vorzimmer auf Oberst v. Reichenau, Blombergs Stabschef, der nach Berlin geeilt war. In den Augen Hitlers und Görings war Blomberg der einzig „empfohlene Mann“, der für die Leitung des Reichswehrministeriums in Frage kam. Von ihm war nichts zu befürchten. Reichenau liebte zynische Äußerungen. Er konnte es sich nicht versagen, mit sarkastischem Lächeln zu bemerken, eigentlich müsse man ja wohl jetzt den Feldmarschall verhaften. Einer der Generale wies ihn zurecht, das sei Unsinn. Reichenau wußte sehr gut, wie wenig all diese Männer jetzt noch imstande waren, den Lauf der Dinge aufzuhalten. Hitler erhielt die Macht und mit dessen Hilfe gedachte er einmal das Heer unter seine Führung zu bringen.

Die Kabinettsliste stand nun fest: Hitler würde Kanzler werden, Papen Vizekanzler und Reichskommissar von Preußen mit dem ausdrücklich von Hindenburg gewünschten Recht, daß Hitler nur in seiner Anwesenheit dem Reichspräsidenten Vortrag halten dürfe. Von den Nationalsozialisten traten nur Frick als Reichsinnenminister und Göring als Reichskommissar für Luftfahrt in das Kabinett ein. Sonst dominierten die Konservativen, Frh. v. Neurath (Auswärtiges), Graf Schwerin v. Krosigk (Finanzen), Geheimrat Hugenberg (Wirtschaft und Landwirtschaft), Frh. v. Eltz (Post und Verkehr), Dr. Gürtner (Justiz), Franz Seldte (Arbeit) und der Soldat Blomberg als Reichswehrminister. Da er aktiver Offizier bleiben sollte, wurde dafür eine besondere gesetzliche Regelung notwendig, weil die Verfassung bestimmte, daß nur ein Zivilist das Reichswehrministerium leiten dürfe.

Am Nachmittag des 29. Januar 1933 schien sich plötzlich eine neue Wendung anzukündigen. Werner v. Alvensleben, ein Mitglied des „Herren-Klubs“, Mittelsmann zwischen den Konservativen und Hitler, kolportierte ein Gerücht, Schleicher und Hammerstein-Equord planten einen Putsch mit Hilfe der Potsdamer Garnison. Notfalls sollte Papen ausgeschaltet und der Reichspräsident blockiert werden, Schleicher selbst wolle die Führung der Geschäfte in der Hand behalten und mit den Nationalsozialisten unter der Bedingung verhandeln, daß er Reichswehrminister bleibe. Das Gerücht kannte auch andere Versionen, wonach Schleicher und Hammerstein-Equord auch die Führung der NSDAP festsetzen wollten.

Hitler und Göring, in deren Vorstellungswelt ein militärischer Putsch ohne Weiteres paßte, alarmierten Oberst Oskar v. Hindenburg, Göring verständigte Papen. Dieser erschien bei Hindenburg. Der alte Herr nahm die Gerüchte nicht sehr ernst. Wenn wirklich Schleicher und Hammerstein-Equord die Potsdamer Garnison (ausgerechnet das Traditionsregiment der Garde) in Marsch setzten, was würde dann geschehen, wenn er sich in sein Automobil setzte und in der Uniform eines königlichen Generalfeldmarschalls der Truppe entgegenfuhr, die ihn verhaften sollte? Immerhin traute man Schleicher jetzt vieles zu! Aus Vorsicht wurde daher beschlossen, zu dem für den nächsten Tag, den 30. Januar 1933, beschlossenen Zusammentritt des Kabinettes telegraphisch Blomberg aus Genf zu berufen, damit der neue Wehrminister die Wehrmacht in Obhut nahm.

Am Nachmittag des 29. Januar hatte Hitler im Hotel „Kaiserhof" die schicksalhafte Nachricht erhalten, am nächsten Tage, einem Montag, würde der Reichspräsident ihn zum Kanzler berufen.

Am frühen Morgen dieses 30. Januar, kurz nach 7 Uhr, begab sich Oberst Oskar v. Hindenburg vorsichtshalber zum Anhalter Bahnhof, wo Blomberg mit dem Nachtzug aus Genf eintreffen mußte, um ihm den Befehl seines Vaters zu überbringen, sich sofort bei ihm zu melden. Er stellte fest, daß auch der Adjutant des Chefs der Heeresleitung auf dem Bahnhof erschienen war, um Blomberg die Weisung zu überbringen, er solle sich beim Chef der Heeresleitung melden. Das läßt immerhin die Vermutung zu, daß zumindest Schleicher und Hammerstein-Equord einen letzten Versuch machen wollten, Blomberg in ihrem Sinne zu beeinflussen, um vielleicht die Kabinettsbildung zu durchkreuzen. Einen schlüssigen Beweis für Putschabsichten bildet diese Maßnahme zweifellos nicht. Um 9 Uhr empfing Hindenburg General v. Blomberg, der Zivil trug, und informierte ihn über die Lage.

Um 11 Uhr war die Vereidigung des Kabinettes angesetzt. Eine gewisse Erregung angesichts der Putschgerüchte war nicht zu verkennen, wenn auch der Zweite Bundesführer des „Stahlhelm", Oberstleutnant Düsterberg, in seinem Erinnerungswerk „Der Stahlhelm und Hitler" die Vorgänge allzu stark dramatisiert hat. Kurz vor der Vereidigung der Minister gab es noch einen Zwischenfall. Hugenberg verlangte von Hitler die feierliche Zusicherung, daß dieser auch bei einer etwaigen Neuwahl die Zusammensetzung des Kabinettes, ganz gleich, wie die Wahl ausgehen würde, nicht verändern würde. Er war mißtrauisch geworden. Nach einem Wortwechsel gab Hitler auch feierlich diese Verpflichtung ab. Staatssekretär Meißner mahnte bereits, die vorgesehene Zeit sei überschritten, man könne den alten Herrn nicht länger warten lassen.

Um 11.15 Uhr empfing der greise Feldmarschall-Reichspräsident den neuen Kanzler der nationalen Revolution und seine konservativen Minister. Hitler leistete als erster den von der Verfassung vorgeschriebenen Eid auf die Verfassung und die Gesetze des deutschen Volkes.

Er erklärte dem Reichspräsidenten, er wolle ihm als Kanzler genau so treu dienen wie einst als Soldat im Heer. Jetzt fand er den richtigen Ton dem alten Soldaten gegenüber, den er früher kaum je gefunden hatte. Als die Vereidigung beendet war, sagte Hindenburg: „Und nun, meine Herren, mit Gott vorwärts!"

Das neue Reichskabinett Hitler, das einundzwanzigste Kabinett der Republik in den Jahren seit 1919, war auf legale Weise vom Reichspräsidenten berufen worden. Doch der frenetische Jubel, mit dem die Anhänger Hitlers den neuen Kanzler begrüßten, der gewaltige Fackelzug der nationalen Verbände, voran der SA, der sich am Abend dieses 30. Januar 1933 durch die Wilhelmstraße wälzte, ließ ahnen, daß in den Augen der Nationalsozialisten mit dieser Kabinettsbildung die Revolution gesiegt hatte, jene Revolution, die der Reichspräsident mit Hilfe der Konservativen im Kabinett in gesetzmäßigen Bahnen zu halten hoffte.

8. DAS LETZTE JAHR
1933-1934

Acht Jahre hindurch hatte Hindenburg als Reichspräsident zur Sammlung des deutschen Volkes aufgerufen. Jetzt bot sich ihm das Bild einer machtvollen, nationalen Bewegung, des Aufbruches einer

Nation unter Akten einer Selbstentäußerung in allen Schichten des Volkes, wie sie nur echte revolutionäre Stimmungen zu zeitigen pflegen. Wie ein flüchtig den Horizont vergoldender Abendschein wirkte das Empfinden, daß er es gewesen war, der den Weg für diese Entwicklung frei gemacht hatte, wenn auch erst nach schwerem innerem Ringen und unter der steten Frage, ob er das Rechte getan hatte. Zwei Reiche hatte der große alte Mann erlebt, der der Welt schon fast entrückt war. Das neue Dritte Reich, das heraufzog, war ihm im innersten Herzen fremd, die Massen, die dieses Reich ekstatisch begrüßten, schienen ihm oft zuchtlos, er frug sich, ob es gelingen werde, sie zu zügeln, ihnen wieder den Geist der Einfachheit, der Treue und der Haltung einzuflößen, der das alte Preußen groß gemacht hatte. Die Hoffnung blieb, daß dies dem Wehrstand, der wieder Achtung genoß, gelingen werde. Seit dem ersten Jahre seiner Reichspräsidentenzeit hatten ihn jene Kreise in steigendem Maße geschmäht, die für sich in Anspruch nahmen, die alleinigen Hüter des nationalen Erbes zu sein. Jetzt empfand er – wer wollte es ihm vergargen – mit Erleichterung und mit Genugtuung, daß die Angriffe aufhörten, daß man dem Namen Hindenburg wieder uneingeschränkte Verehrung entgegenbrachte, daß auch der neue Kanzler vor ihm das Haupt beugte und ihm Respekt bezeigte, einen Respekt, der zumindest solange durchaus echt empfunden war, wie dieser merkwürdige Mann mit den vielerlei Gesichtern unter dem unmittelbaren Einfluß der wuchtigen Persönlichkeit des greisen Generalfeldmarschalls stand.

Doch der Abendschein verlosch. In der Brust des alten Mannes widerstritt die Hoffnung, er möge den richtigen Weg gewählt haben, mit der Sorge um das deutsche Vaterland, das ganz neuen Kräften überlassen blieb. Noch glaubte er, daß der neue Kanzler und seine nationalrevolutionäre Bewegung den Weg der Pflicht und der Redlichkeit einschlagen würden. Am 29. Januar 1933 hatte er zu Papen gesagt, als dieser Zweifel äußerte, ob das christlich-konservative Element stark genug sein werde, den Radikalismus zu bändigen: „Ich weiß wirklich nicht, was noch passieren könnte. Sie sind Vizekanzler und preußischer Ministerpräsident. Mit Ausnahme von zwei Ministerposten sind alle Ressorts mit unseren Leuten besetzt. Und außerdem werden Sie jedem Vortrag beiwohnen, den Hitler mir halten wird."

Vorerst blieb nichts, als den eingeschlagenen Weg weiter zu verfolgen. Zwei warnende Briefe Ludendorffs, der ihn beschuldigte, er habe das Reich einem Demagogen ausgeliefert und der den Untergang des Reiches prophezeite, fruchteten nichts. Ludendorff hatte sich allzeit gegen ihn gewandt und ihn kritisiert. Ein Schritt bayerischer Legitimisten, des Fürsten Oettingen-Wallerstein und des Freiherrn v. Redwitz, die mit dem Gedanken umgingen, durch die Erhebung des Kronprinzen Ruprecht zum bayerischen Generalstaatskommissar und Verweser Hitler südlich der Mainlinie, wo noch die alten Landesregierungen aushielten, eine allseitig geachtete, markante Persönlichkeit entgegenzustellen, weckte in Hindenburg Besorgnisse um die Einheit des Reiches. Er könne so etwas nicht „goutieren", sagte er den beiden bayerischen Edelleuten, als diese ihn im Februar 1933 in Berlin aufsuchten.

Nicht nur Hindenburg, auch Männer wie Schleicher, wie Papen, hatten angenommen, das alte Berufsbeamtentum, das durch Seeckt zu strenger Unparteilichkeit erzogene kleine Reichsheer würden die beiden Eckpfeiler der überkommenen Staatsgesinnung verkörpern. Sehr rasch enthüllte sich, daß sie keine eigenständigen Körperschaften bildeten, sondern Teile eines wohlfunktionierenden Apparates waren. Mit dem Verschwinden des Monarchen war die alte Staatsgesinnung geschwunden. Diejenigen Legitimisten, die wie Hindenburg und Papen dem Volk zu dienen versuchten, das seinen Herrscher gestürzt hatte, sahen sich im Grunde in der Rolle des Verwalters eines altehrwürdigen Gebäudes, dessen neuer Inhaber ihre Gefühle und Anschauungen keineswegs teilte, so daß gerade der Dienst für den Staat sie zu peinlichen Vergleichen zwang. Im Kabinett, meint Papen in seinen Memoiren sehr richtig, hätten zwar die Konservativen dominiert, im Lande indes die Gefolgschaft Adolf Hitlers.

In der Nacht vom 30./31. Januar 1933 hatten die Massen, die, vom düsterroten Schein der Fackeln überloht, durch die Wilhelmstraße gezogen waren, auch dem Repräsentanten des alten Deutschlands gehuldigt. Aber es hatte schon einer nachdrücklichen Mahnung dieses Repräsentanten bedurft, um zu erreichen, daß man dem „Stahlhelm“, dem Bund der Frontsoldaten des Großen Krieges, dessen Schirmherr der greise Feldmarschall war, die Teilnahme an diesem Triumphmarsch gestattet hatte.

Die Verhandlungen des neuen Kabinettes mit den alten Parteien ergaben rasch, daß diese nicht gewillt waren, die neue Regierung so vorbehaltlos zu tolerieren, wie der Kanzler dies forderte. Die Rechnung des Prälaten Kaas ging nicht auf! Schon im Frühjahr mußte dieser Deutschland verlassen. Der Reichstag wurde abermals aufgelöst. Hindenburg fügte sich, obwohl vorher von einer Auflösung eigentlich nicht die Rede gewesen war.

Für die Neuwahlen versuchte Papen, die Stunde sehr wohl erkennend, vergebens, Hagenberg und die Führer der zusammengeschrumpften bürgerlichen Mittelparteien in einer christlich-nationalen Einheitsfront zu einigen. Hugenberg weigerte sich, sein Parteiprogramm in dieser Phase des, wie er wähnte, siegreichen Kampfes zurückzustellen. Schon sahen sich die Parteien der Linken erheblichen Beschränkungen im Wahlkampf ausgesetzt, schon bedurfte es eines Bittganges des so vornehm-gütigen Altreichskanzlers Marx zu dem neuen schneidigen Herren des preußischen Innenministeriums, Hauptmann a.D. Göring, um die Wahlagitation des Zentrums vor den ärgsten Beeinträchtigungen zu schützen.

Am Abend des 27. Februar 1933 gab Papen zu Ehren des Reichspräsidenten ein Essen im Klub an der Ecke der Voßstraße. Rötlicher Brandschein ließ die Gäste aufblicken, Hindenburg erhob sich. Als man ein Fenster öffnete, gewahrte man, daß die Kuppel des Reichstagsgebäudes in Flammen stand. Papen geleitete den Reichspräsidenten nach Haus, um sich dann selbst zur Brandstätte zu begeben. Hindenburg schien nach seinem Gefühl nicht sehr bewegt, er bat nur, ihn über die weitere Entwicklung des Brandes auf dem Laufenden zu halten.

Obwohl die Urheberschaft des Brandes sich bis heute im Grunde nicht eindeutig hat klären lassen, erklärte Hitler noch in der Brandnacht die Tat für ein Verbrechen der Kommunistischen Partei, am nächsten Tage, dem 28. Februar 1933, unterzeichnete Hindenburg gemeinsam mit dem Reichskanzler und den beiden Reichsministern des Inneren und der Justiz auf Grund des Artikels 48 Absatz 2 der Reichsverfassung „zur Abwehr kommunistischer, staatgefährdender Gewaltakte“ eine „Verordnung zum Schutz von Volk und Staat“, durch die sieben Artikel der Verfassung, die der Wahrung der persönlichen Freiheit, des Rechtes der freien Meinungsäußerung, der Versammlungs- und Pressefreiheit und dem Postgeheimnis galten, „bis auf Weiteres“ außer Kraft gesetzt wurden. Paragraph 2 der Verordnung gab der Reichsregierung das Recht, in den Ländern einzugreifen, die selbst nicht imstande oder willens waren, die öffentliche Ordnung zu gewährleisten. In den Augen Hitlers war das schon die Handhabe, um die süddeutschen Länderregierungen aus dem Sattel zu heben. In den Augen Hindenburgs, der vier Jahre lang die kommunistischen Bürgerkriegsaktionen in den großen Städten wie auf dem flachen Lande hatte mitmischen müssen, waren angesichts der zügellosen Umsturzpropaganda der Kommunistischen Partei vorbeugende Maßnahmen jederzeit gerechtfertigt.

Die Wahl vom 5. März 1933 brachte der NSDAP 288 Mandate. 17,2 Millionen stimmten für Hitler. Der „Stahlhelm“ – eine der ersten großen Enttäuschungen für die Konservative Phalanx, die Hindenburg um den Kanzler der Revolution aufgerichtet – wählte nicht mehr geschlossen die schwarzweißrote Front Hugenbergs. Die Sozialdemokraten behielten 119 Mandate, die Kommunisten trotz schwerster Verfolgung 81. Der deutschnationale Wahlblock Schwarzweißrot konnte nur 52 Sitze erobern. Immerhin besaß die NSDAP noch nicht die absolute Mehrheit im Parlament.

In den süddeutschen Ländern übernahmen jetzt die Nationalsozialisten die Macht. Protesttelegramme der bayerischen Regierung an Hindenburg waren gegenstandslos. Er konnte nicht eingreifen, selbst wenn er dies für unerläßlich gehalten hätte. Nur mit Mühe setzte der Vizekanzler v. Papen mit seiner Hilfe durch, daß an Stelle der schwarzrotgoldenen Reichsfarben, die abgeschafft wurden, neben der Hakenkreuzfahne, die Hitler zum alleinigen Symbol erheben wollte, die schwarzweißroten Farben des Kaiserreiches traten. Im engsten Kreis äußerte Hitler am Abend des Wahltages mißvergnügt, solange der „alte Herr“ lebe, werde man die „Bande“, das hieß die Konservativen, nicht los.

Die Eröffnung des neuen Reichstages benutzte er indes zu einem feierlichen Akt in der Potsdamer Garnisonkirche, der am Sarge Friedrichs des Großen symbolisch die Versöhnung des alten und des neuen Deutschland besiegeln sollte. Die Stunde der Ehrung des greisen Generalfeldmarschalls durch den zum Kanzler aufgestiegenen einfachen Soldaten des Großen Krieges berührte Millionen von Deutschen zutiefst. Noch konnten sie wähnen, daß ihr Schicksal in sicherer Hand war. Was aber würde geschehen, wenn der alte Mann in der Feldmarschallsuniform, vor dem Hitler sich so tief verneigte, die Augen für immer schließen würde? Wieviel Zeit würde ihm noch auf dieser Erde beschieden sein?

Am 23. März brachte der Kanzler im Reichstag namens der NSDAP und der Deutschnationalen Volkspartei ein Ermächtigungsgesetz ein, wonach die Reichsregierung das Recht erhalten sollte, auch außerhalb des Rahmens der Verfassung Gesetze beschließen und Verträge mit ausländischen Mächten ohne Genehmigung durch das Parlament tätigen zu können. Das Gesetz ließ ausdrücklich die Rechte des Reichspräsidenten unangetastet. Ein derartiges Gesetz konnte nur mit Zweidrittelmehrheit beschlossen werden. Dafür waren 431 Stimmen bei 647 nominell existierenden Mandaten notwendig, wenngleich die kommunistischen Abgeordneten bereits an der Wahrnehmung ihrer Rechte und Pflichten gehindert wurden. NSDAP und Deutschnationale zusammen brachten nur 340 Stimmen auf. Doch in dieser Stunde stimmten sämtliche Reichstagsfraktionen mit Ausnahme der Sozialdemokraten für das Gesetz. Der Reichstag schuf so die Basis für die Diktatur Hitlers. Ihr Beginn liegt nicht am 30. Januar 1933, sondern am 23. März 1933, dem Tag des Ermächtigungsgesetzes. Die Krönung und den Abschluß der Entwicklung bildete dann das Gesetz über die Neuregelung der Frage des Staatsoberhauptes vom 1. August 1934. Reichstag und Reichspräsident hätten fraglos die Möglichkeit gehabt, die Rechte der Legislative gegenüber dem nach unumschränkter Vollmacht strebenden Kanzler zu verteidigen. Der Beschluß der Fraktionen zeigte deutlich, wie damals die Situation in Deutschland war. Selbst wenn der Reichspräsident damals die Überzeugung gehabt hätte, daß das Ermächtigungsgesetz der Beginn eines schrankenlosen Mißbrauchs von Recht und Gesetz gewesen wäre, hätte er sich angesichts der überwältigenden Majorität von 441 Abgeordneten aller Rechts- und Mittelparteien, die für das Gesetz gestimmt hatten, nicht der Bestätigung entziehen können. Der alte Kammerherr v. Oldenburg-Januschau soll damals das Wort geprägt haben, eigentlich habe man ja nun keinen Reichspräsidenten mehr. Tatsache war jetzt, daß der Reichspräsident als Staatsoberhaupt mehr und mehr in den Hintergrund trat, daß das Recht der Verkündung von Gesetzen auf die Reichsregierung überging und daß Hitler nach besten Kräften dafür sorgte, daß dem alten Herrn die Überzeugung oktroyiert wurde, es sei besser, wenn er nicht mehr mit der unmittelbaren Verantwortung belastet würde.

Dem Wahlsieg folgte eine Welle von Ausschreitungen der SA, folgten die ersten Judenverfolgungen, folgten rasch Konflikte mit der evangelischen Kirche. Hindenburg machte die ersten Erfahrungen mit der Praxis des Regimes, und sie waren oftmals nicht ermutigend. Göring, der als Reichskommissar für Luftfahrt die neue getarnte Luftwaffe formieren sollte, kam mit der Bitte, man möge ihn zum General befördern. Hindenburg stimmte zu. Da Göring als Hauptmann verabschiedet war, schien es ihm selbstverständlich, daß nur der unterste Generalsrang, der Generalmajor, in Frage kam. Göring nutzte jedoch die Tatsache, daß man nur allgemein von der Beförderung zum General gesprochen hatte und ließ bekannt geben, der Reichspräsident habe ihn (der aus der Infanterie hervorgegangen war!), zum General der Infanterie befördert! Die entsprechende Uniform war bereits beim Schneider bestellt. Es erwies sich, obwohl Hindenburg höchst befremdet und ungehalten über diese Methoden war, unmöglich, die Angelegenheit wieder rückgängig zu machen, es sei denn, man hätte sie zum Ausgangspunkt eines grundsätzlichen Konfliktes gemacht.

Es gab andere Sorgen. Berichte über Ausschreitungen der SA erreichten ihn, Berichte über die Zurücksetzung von überzeugten Stahlhelmern und Deutschnationalen. Mit Hilfe Papens sorgte er dafür, daß Männern der Sozialdemokratie, die er kannte und schätzte und mit denen er gearbeitet hatte, nichts geschah oder daß sie, wie im Falle des früheren Ministers Severing, aus der Haft entlassen wurden. Als die ersten Maßnahmen gegen die Juden einsetzten, protestierte er am 4. April 1933 in einem Schreiben an Hitler gegen die Entlassung kriegsbeschädigter jüdischer Beamter, Richter und Anwälte. Kriegsbeschädigte jüdische Mitbürger, Juden, die Frontsoldaten gewesen, die Söhne von Frontsoldaten waren oder die selbst einen oder mehrere Söhne für das Vaterland dahingegeben hatten, durften seiner Ansicht nach nicht aus dem öffentlichen Leben entfernt werden. Ostentativ empfing er auch eine Abordnung des Bundes jüdischer Frontsoldaten. Hitler antwortete auf sein Schreiben am 5. April ausweichend, nachdem er auf die Überfremdung des öffentlichen Lebens durch die Juden hingewiesen hatte, es würde eine gesetzliche Regelung des „Reinigungsprozesses" angestrebt, man werde bemüht sein, dem „edlen Gefühl" des Reichspräsidenten in weitestem Umfange gerecht zu werden. Andererseits schätzte es Hindenburg nicht, wenn sich das Ausland einmischte. Als König Gustav V. von Schweden gelegentlich eines Besuches in Berlin beim Reichspräsidenten mit dem Kanzler zusammentraf und Hitler vor den Boykottmaßnahmen gegen die Juden warnte, glaubte der alte Herr, seinem Reichskanzler sekundieren zu müssen und bemerkte, das seien innerdeutsche Angelegenheiten.

Bis Ende April 1933 wohnte der Vizekanzler v. Papen regelmäßig jedem Vortrage Hitlers bei Hindenburg bei. Allmählich erschien diesem dies Verhältnis gegenüber Hitler doch zu unwürdig. Er verzichtete darauf. Im Gespräch mit ihm war Hitler immer voller Achtung, er hörte sich auch die Beschwerden über die Ausschreitungen der SA, über den Kampf der Partei gegen die Evangelische Kirche mit Respekt an, versprach Abhilfe oder gesetzliche Regelungen, kurzum, er gab sich den Anschein, als sei er voller Verehrung für das greise Staatsoberhaupt und bis zu einem gewissen Grade war diese Verehrung bei ihm wohl auch echt. Neben Ludendorff dürfte Hindenburg einer der wenigen Menschen gewesen sein, deren Charakter und deren Persönlichkeit ihm wirkliche Achtung einflößten, obwohl er durchaus nicht immer mit ihnen einer Meinung war. Hindenburg hatte ihn früher, seinen oberösterreichischen Geburtsort Braunau mit dem böhmischen, ihm von 1866 her bekannten Städtchen gleichen Namens verwechselnd, wohl grimmig den „böhmischen Gefreiten“ genannt. Er hatte ihn als „unduldsamen und gefährlichen Feuerkopf“ bezeichnet, von dem man stets innen- und außenpolitische Unvorsichtigkeiten befürchten müsse, den man daher „stark bremsen“ müsse. Er hatte auch das unklar in diesem Manne gärende Gemisch fanatisch nationalistischer und radikal sozialistischer Ideen als gefährlich empfunden, zumal in seiner Vorstellungswelt Nationalismus und Sozialismus eigentlich unvereinbare Gegensätze waren. Aber für eine geraume Zeit muß er doch die Überzeugung gewonnen haben, es könne sich mit Hitler arbeiten lassen, er würde sich langsam in ein geordnetes Staatswesen einfügen.

Ein Jahr ging ins Land, ein Jahr, in dem Hindenburg aus dem Leben und in dem Hitler in ein neues Dasein der Macht schritt. Zug um Zug wurde mit Hilfe des Ermächtigungsgesetzes die „legale Revolution“ mittels der Maschinerie der Gesetzgebung verwirklicht. Meilensteine auf diesem Weg waren die Gesetze zur Reichsreform vom 1. und 7. April 1933, welche die Auflösung der Länderparlamente und die Einsetzung von Reichsstatthaltern in den Ländern brachten, das Gesetz zur Verminderung der – (noch immer sehr beträchtlichen) – Arbeitslosigkeit vom 31. Mai 1933, das nach der Selbstauflösung oder dem Verbot der alten Parteien am 14. Juli 1933 erlassene Gesetz, das die Neubildung von Parteien untersagte und die NSDAP als Staatspartei bestätigte, und das Gesetz über die Einheit von Partei und Staat vom 1. Dezember 1933. Darin wurde nurmehr von den Pflichten gegenüber „Führer, Volk und Staat“ gesprochen. Die Parteifunktionäre wurden auf den „Führer“, den amtierenden Reichskanzler Adolf Hitler, vereidigt, nicht auf den amtierenden Reichspräsidenten, wie es das neue Gesetz hätte erwarten lassen. Im Gehäuse des alten Staates formierte sich der neue „Führer-Staat“.

Das Reichsstatthalter-Gesetz führte zu einem scharfen Konflikt zwischen Hindenburg und Hitler. Hindenburg weigerte sich, in die Ernennung des ehemaligen Landarbeiters und Gutsnachtwächters

Friedrich Hildebrandt zum Reichsstatthalter von Mecklenburg einzuwilligen. Nicht nur, daß er diesen mit Recht für völlig ungeeignet hielt, er wies auch darauf hin, daß dieser in die Ermordung des früheren SA-Führers und Landwirtes Andreas v. Flotow verwickelt sei und verlangte eine gerichtliche Untersuchung. In dieser konnte Hildebrandt eine unmittelbare Beteiligung am Mord mangels Beweisen nicht zur Last gelegt werden, darauf gab Hindenburg schließlich nach.

Den zweiten ernsten Konflikt beschwor der Kirchenstreit, als die Reichsregierung sich aus formalen Gründen weigerte, den von der Evangelischen Kirche erwählten Reichsbischof D. v. Bodelschwingh im Amte zu bestätigen und dafür einen nationalsozialistischen Wehrkreispfarrer als Oberhaupt der Kirche bestimmte. Der Kampf der „Bekennenden Kirche" fand Hindenburgs volle Sympathie. Er war sehr erregt über die Verhaftung evangelischer Geistlicher und verlangte von Hitler nachdrücklich, dieser solle den Streit beilegen. Wieder wich Hitler schließlich aus und vertröstete den alten Herrn auf eine gesetzliche Regelung. Wenn er ihm auch Achtung zollte, eine Achtung, die ganz unbezweifelbar echt war, so kann angesichts seines vielfältig schillernden Charakters auch kein Zweifel daran sein, daß er sich in seinem schrankenlosen Macchiavellismus ganz realistisch frug, wie lange denn dieser alte Mann noch zu leben haben würde und daß er daher lästige Entscheidungen sehr bewußt dilatorisch behandelte.

Die konservative Phalanx verfiel rasch. Das Vizekanzler-Amt krankte daran, daß ihm niemals feste Befugnisse zugewiesen worden waren. Papen und seine wenigen Mitarbeiter, meist jüngere katholische Edelleute, taten mutig, was sie vermochten, es war nicht viel, außer daß sie Beschwerden sammelten, sichteten, weiterleiteten und Übergriffen gegen Recht und Gesetz zu steuern suchten, soweit ihr Einfluß reichte. Hindenburg hörte mehr, als für Hitler gut war, mehr auch, als seiner Seelenruhe frommte. General v. Schleicher fand noch einmal den Weg zu ihm, um ihm über Zustände in den von der SA errichteten Zwangsarbeitslagern zu berichten. Aber im Kabinett verschoben sich die Machtverhältnisse von einem Monat zum anderen.

Auf Grund der Gesetze zur Reichsreform wurde Papens Stellung als Reichskommissar von Preußen hinfällig, er strich die Fahne vor dem zum preußischen Ministerpräsidenten berufenen General Göring. Der erste Bundesführer des „Stahlhelm“, Franz Seldte, ging zur NSDAP über und unterstellte den „Stahlhelm“ der SA. Unmittelbar nach der Märzwahl hatte Hitler ein neues Ministerium für Volksaufklärung und Propaganda unter dem Gauleiter von Berlin, Dr. Goebbels, geschaffen. Im Juni 1933 stürzte Hugenberg, nachdem im Mai der Fraktionsführer der Deutschnationalen, Dr. Oberfohren, eines ungeklärten Todes, wahrscheinlich durch Mörderhand von seiten der SA, gestorben war, über dem Kampf der NSDAP gegen die Deutschnationale Partei und außenpolitischen Zwistigkeiten mit dem Reichsaußenminister v. Neurath und trat als Wirtschafts- und Ernährungsminister zurück. Minister für Ernährung und Landwirtschaft wurde ein Nationalsozialist, R. Walther Darré, Minister für Wirtschaft ein parteiloser Fachmann, Direktor Schmitt. Was war von dem feierlichen Versprechen Hitlers gegenüber Hugenberg am Vormittag des 30. Januar 1933 geblieben? Die Deutschnationale Partei löste sich gleich allen anderen Parteien, soweit diese nicht bereits verboten waren, im Sommer 1933 auf.

Das Bild schwankte in Hindenburgs Augen. Er sah die ersten Maßnahmen zur Überwindung der Arbeitslosigkeit, zur Beseitigung des jahrzehntelangen, heißen Kampfes zwischen Arbeiterschaft und Unternehmertum, zur Stützung der Landwirtschaft. Er sah die ersten Anfänge zum Aufbau einer neuen Wehrmacht und einer neuen Luftwaffe, die das Herz des alten Soldaten mit Freude erfüllen mußten. Papen gelang es im Sommer 1933, mit dem Heiligen Stuhl ein Konkordat abzuschließen, und man konnte trotz des Kirchenkampfes in den evangelischen Reichsteilen hoffen, daß das Konkordat dazu beitragen werde, den neuen Staat in christlichem Sinne zu binden. Als Hitler infolge des fehlenden Entgegenkommens der Westmächte in der Frage der deutschen Heeresverstärkung, die damals nur in begrenztem Rahmen erfolgen sollte, den Austritt aus dem Völker-Bund verkündete, ging Hindenburg in seiner Zustimmung sogar viel weiter als der sehr skeptische Vizekanzler v. Papen. Den Völkerbund hatte er immer für ein untaugliches Instrument angesehen. Was Hindenburg fraglos als begrüßenswert empfand, war die Tatsache, daß ein einheitlicher Wille wieder die Nation zu durchdringen schien. Der Reichskanzler Hitler des Jahres 1933 war noch ein anderer Mann als der unumschränkte Beherrscher Deutschlands der Jahre seit 1934 und seit 1938.

Hitler versicherte ihm auch immer wieder, er denke an die Wiederaufrichtung des Kaisertums, sobald die deutsche Souveränität wieder fest begründet sei, vorerst würde indes ein „Schatten-Kaisertum" allzu unwürdig für den kommenden Herrscher sein. Tatsächlich hat er in der Frage der monarchischen Restauration lange geschwankt. Hindenburg scheint, soweit sich erkennen läßt, seine Anschauung geteilt zu haben, daß im Augenblick die Zeit für die Wiederherstellung der Monarchie noch nicht reif sei. Den verschiedenen monarchistischen Gruppen gegenüber, die eine lebhafte Agitation entfalten, dem „Hohenzollern-Bund", dem „Bund für die Förderung des Hohenzollerngedankens", der „Deutschen Kaiser-Bewegung", dem „Volksbund der Kaisertreuen" und dem alten „Bund der Aufrechten", wahrte er Zurückhaltung, wenn er ihnen auch im stillen seine Sympathien nicht versagte.

Den Sommer des Jahres 1933 verbrachte er wieder in Neudeck. In August wohnte er Übungen der in Ostpreußen stehenden 1. Infanterie-Division bei. Zum Jahrestag der Schlacht von Tannenberg wurden in Ostpreußen Wünsche laut, zu deren Sprecher sich zunächst der Landeshauptmann Blunck machte, für Hindenburg aus Neudeck ein Gegenstück zu dem Bismarckischen „Sachsenwald" zu schaffen, einen „Preußenwald" zu errichten. Das bedingte, daß die gesamte, einstmals Hindenburgische Domäne Langenau und ein Waldstück zwischen Neudeck und Langenau mit dem Hindenburgischen Familiensitz vereinigt wurden. Auch der „Sachsenwald" mit Schloß Friedrichsruh war eine Dotation gewesen. Ministerpräsident Göring griff die Idee auf, Hitler stimmte sofort zu, ohne den Reichspräsidenten zunächst zu fragen. Als dieser von der Schenkung erfuhr, bat er zunächst, davon Abstand zu nehmen. Es bedurfte eindringlichen Zuredens des Kanzlers, um ihn umzustimmen. Schließlich willigte er ein. Für ihn lag der tiefere Sinn der Schenkung darin, daß jetzt ein großer Teil des Heimatbodens wieder in die Hand seines Geschlechtes kam, das ließ für ihn die Frage des Gebers zurücktreten.

Am 27. August 1933 fand eine große Feier zu Ehren des Jahrestages der Schlacht im Ehrenmal von Tannenberg statt. Hindenburg legte einen Kranz als Zeichen des Dankes an die alten Kameraden nieder. In seiner Ansprache gedachte er als des ersten seines „Kaisers, Königs und Herrn“ (sicher ein harter Schlag für den anwesenden, höchst radikal nationalsozialistischen Gauleiter und Oberpräsidenten von Ostpreußen, Erich Koch!), in zweiter Linie seinen Kampfgenossen vom General bis zum einfachen Musketier. Hinsichtlich der ihm zuteil gewordenen Ehrengabe erklärte er, er nähme sie nicht des Verdienstes, sondern der Verwurzelung im altpreußischen Heimatboden halber an. Er dankte dem Kanzler, dem preußischen Ministerpräsidenten und dem Oberpräsidenten. Aber er schloß seine Ansprache nicht mit einem Bekenntnis zu der neuen Staatspartei und ihrem Kanzler, sondern mit dem alten Soldatenruf „Deutschland Hurra!“

Im Winter des Jahres 1933/34 erfreute sich der alte Herr, der nun in sein siebenundachtzigstes Lebensjahr ging, einer vortrefflichen Gesundheit, nachdem er im Sommer in Neudeck verschiedenlich über Herzbeschwerden und Schwellungen der Beine zu klagen gehabt hatte.

Die Besorgnis freilich mehrte sich. Als im Januar 1934 das Ausscheiden des bisherigen Chefs der Heeresleitung, des Generals v. Hammerstein-Equord, unumgänglich wurde, da dieser mehr und mehr resignierte, suchte Hitler einzugreifen und verlangte, der neue Chef des Wehrmachtsamtes im Reichswehrministerium, Oberst v. Reichenau, müsse Oberbefehlshaber des Heeres werden. Da setzte sich der Feldmarschall heftig zur Wehr und gab dem Kanzler unverblümt zu verstehen, die Wehrmacht sei seine, des Reichspräsidenten, Angelegenheit, er möge sich um sein politisches Ressort bekümmern. Reichenau, der Oberst im Generalstab mit den napoleonischen Gelüsten, war in seinen Augen als Oberbefehlshaber des Heeres eine Unmöglichkeit, von seiner Jugend und seinem viel zu niedrigen Rang ganz abgesehen. Er erreichte die Ernennung des Generals der Artillerie Freiherrn v. Fritsch zum Chef der Heeresleitung, und als der Reichswehrminister General v. Blomberg es wagte, ihm mit seinem Rücktritt zu drohen, falls Reichenau nicht Nachfolger Hammerstein-Equords würde, wurde auch er sehr energisch in seine Schranken verwiesen, in diesem Falle habe er als Soldat, nicht als Minister, ganz einfach zu gehorchen.

Die Besorgnis über die Entwicklung verstärkte sich, als die Parteistellen Front gegen die monarchistischen Vereinigungen machten, als „Rollkommandos" der SA in Berlin eine Kaisergeburtstagsfeier des „Kurmärker-Klubs" überfielen und Göring darauf in Preußen sämtliche monarchistischen Organisationen verbot. Am 3. Februar 1934 richtete Feldmarschall v. Mackensen einen langen Brief an Hindenburg, in dem er ausführte, bislang sei er mit Bitten überschüttet worden, im Kirchenkampf Hindenburgs Einschreiten herbeizuführen, jetzt werde er mit Bitten überhäuft, sich an ihn wegen der Ausschreitungen und Mißstände in den Zwangsarbeitslagern und der Zurücksetzung des „Stahlhelms" zu wenden. Mackensen war tief betroffen von der Hetze der Partei gegen die Kaisertreuen, die vielfach aus Anlaß der Kaisergeburtstagfeiern am 27. Januar 1934 losgebrochen war. Grundsätzlich, schrieb er, erkennten wohl alle alten Offiziere die Bedeutung der Bewegung Hitlers, er wisse auch um die Stimmung in Doorn, der Kaiser würdige durchaus Hitlers Verdienste, er wolle auch nur zurückkehren, wenn er vom ganzen Volke gerufen würde. Aber es sei jetzt an der Zeit, daß Hitler ein beruhigendes Wort an die „Besten und Stillen im Lande" richte, ehe überhebliche Parteifunktionäre und Widersacher jeglicher staatlichen Ordnung die Bewegung herabwürdigten. Hitler müsse unter seinen Anhängern die Spreu vom Weizen sondern. Hindenburg antwortete Mackensen am 6. Februar 1934, er teile seine Sorgen, er habe wiederholt in diesem Sinne mit Hitler gesprochen, dem er auch mit einem persönlichen Schreiben Mackensens Brief zugeleitet habe. Hitler habe ihm immer grundsätzlich zugestimmt. In dem Brief an Hitler vom gleichen Tage hieß es, ähnliche Klagen wie diejenigen Mackensens hätten ihn auch von anderen vaterländisch gesonnenen Männern erreicht. Hitler sei bekannt, wie er über die monarchistische Bewegung denke. Er könne jedoch nur unterschreiben, was Mackensen hier über die Empfindungen des alten Offizierkorps ausführe. Hitlers Antwort auf diesen Brief ist nicht bekannt.

Das hohe Alter Hindenburgs legte den Gedanken nahe, Vorkehrungen für den Fall zu treffen, daß er eines Tages überraschend von dieser Erde abberufen würde. Im Dezember 1932 hatten Nationalsozialisten und Deutschnationale gemeinsam im Reichstag ein Gesetz eingebracht, wonach der Präsident des Reichsgerichtes allein die Vertretung des Reichspräsidenten übernehmen solle, sofern dieser plötzlich starb oder durch Krankheit und Alter an der Ausübung der Amtsgeschäfte verhindert sein sollte. Das Reichsgericht stand jedoch seit dem unabhängigen Richterspruch im Prozeß gegen die angeblichen Reichstagsbrandstifter bei Hitler in tiefster Ungnade. Mit einem neuen Gesetz vom 30. Januar 1934 sicherte sich die Reichsregierung die Möglichkeit, verfassungsänderndes, neues Recht zu setzen. Dieser Schritt ließ sich sowohl als vorbereitende Maßnahme für die geplante Reichsreform und den Erlaß einer neuen Verfassung deuten wie als Vorbereitung für umstürzende Regelungen in der Frage des Staatsoberhauptes.

Von vielen Seiten wurde Hindenburg nahe gelegt, ein politisches Testament zu verfassen. Nach den Bekundungen Staatssekretär Meißners war er zunächst nicht aufgeschlossen gegenüber dieser Idee. Vielleicht wünschte er aber auch Meißner gar nicht mit solchen Dingen zu befassen. Denn als Papen, der Mann, der sein vollstes Vertrauen in dieser neuen Zeit genoß, mit ihm über die gleiche Frage sprach, war er weit weniger ablehnend gestimmt, obwohl er zunächst glaubte, die Schlußworte seiner Denkwürdigkeiten, in denen er die Hoffnung ausgesprochen hatte, dereinst möge das deutsche Kaisertum wiedererstehen und in denen er so warmherzig an die deutsche Jugend appelliert hatte, genügten vollauf, um dem deutschen Volk seinen unerschütterlichen Glauben an die Zukunft des Reiches und die Wahrung der großen Überlieferungen der Vergangenheit verständlich zu machen.

Im März 1934 sprach Papen mit Hitler über die Frage, was geschehen solle, wenn der greise Feldmarschall einmal die Augen schließen würde. Er sah die einzige Möglichkeit, anstelle Hindenburgs ein Kontrollorgan für Hitler und seine Bewegung zu schaffen, in der Wiederherstellung der konstitutionellen Monarchie. Ganz geschickt verstand er es, Hitler die Idee eines derartigen übergeordneten Staatsoberhauptes plausibel zu machen. Der Kanzler und „Führer" der NSDAP zeigte sich solchen Ideen auch gar nicht abgeneigt. Aber jetzt enthüllte sich die tragische Schwäche der ganzen deutschen legimitistischen Bewegung. Es gab keinen bedeutenden, populären und allseits geachteten Thronprätendenten. Der ehemalige Kaiser hatte trotz des Thronverzichts nie die Hoffnung fahren lassen, das deutsche Volk werde ihn eines Tages zurückrufen und hatte daher nie in Erwägung gezogen, einem anderen Mitglied seines Hauses die Verfechtung des Thronanspruches abzutreten. Der Kronprinz hatte 1923 dem Reichskanzler Stresemann, der seine Rückkehr aus dem Exil durchgesetzt hatte, feierlich zugesichert, er würde sich niemals politisch betätigen. Zudem war er Hitler durchaus nicht sympathisch. Er war zwar nicht unpopulär, aber er hatte stets eher als Grandseigneur gewirkt, wie als Mann mit politischem Ehrgeiz. Von den Enkeln des Kaisers schied der älteste Sohn des Kronprinzen, Prinz Wilhelm, durch eine unebenbürtige Heirat aus, der zweite, Prinz Louis Ferdinand, galt zwar für vielseitig gebildet und weltkundig, besaß aber wenig soldatische und staatspolitische Neigungen, wenngleich es auf Hitler Eindruck gemacht hatte, daß er als einfacher Arbeiter bei den Fordwerken in Amerika tätig gewesen war. Papen schlug als späteren Thronanwärter den jüngeren Sohn des Kronprinzen, Prinz Friedrich von Preußen, vor, der viel von den Tugenden der Ahnen geerbt zu haben schien. In solchem Vorschlag offenbarte sich im Grunde eine gewisse Ratlosigkeit, die preußischen Royalisten waren Royalisten ohne König!

Hindenburg verschloß sich jedoch nicht Papens Darlegungen, daß er selbst in einem Testament die Wiedereinführung der Monarchie empfehlen müsse. Er bat ihn, einen Entwurf für ein derartiges Testament zu verfertigen. Die Grundlage des Testamentes sollte noch immer der Rechenschaftsbericht seiner Denkwürdigkeiten bilden. Dem Entwurfe Papens zufolge empfahl Hindenburg nach seinem Tode die Einführung der konstitutionellen Monarchie, in der Vorahnung des Kommenden wollte Papen ausdrücklich eine Warnung vor einer Vereinigung der Ämter des Reichspräsidenten und des Reichskanzlers mit eingeschlossen wissen. Diese, ließ er den Reichspräsidenten sagen, sei staatsrechtlich nicht ratsam. Der Entwurf wurde Hindenburg im April 1934 unterbreitet, er las ihn aufmerksam, verschloß ihn alsdann in seinen Schreibtisch und bemerkte gegenüber Papen, er müsse eine Weile über diese Dinge nachdenken. Einige Zeit danach eröffnete er ihm, nach reiflicher Überlegung halte er es nicht für richtig, im Augenblick seines Todes die Wiedereinführung der Monarchie zu empfehlen, die Zeit scheine ihm dafür nicht reif zu sein, das deutsche Volk müsse sich selbst darüber klar werden, welche Staatsform es in der Zukunft wünsche. Als politisches Testament wolle er nur den Rechenschaftsbericht aus den Denkwürdigkeiten hinterlassen, wolle jedoch in einem besonderen, dem Testament angeschlossenen Schreiben an den Kanzler diesem nahelegen, zu einem späteren, ihm geeignet erscheinenden Zeitpunkt die Monarchie wiedereinzuführen.

Im April stellten sich Anzeichen eines Blasenleidens bei Hindenburg ein. Auf den Rat des Hausarztes Dr. Adam wurde einer der berühmtesten deutschen Ärzte, Geheimrat Sauerbruch, zugezogen.

In der zweiten Hälfte dieses Monats bat Hindenburg den zweiten militärischen Adjutanten, Oberleutnant v. d. Schulenburg, das Testament in den zwei vorgesehenen Teilen abzuschreiben. Der erste Teil trug die Überschrift „Dem deutschen Volk", der zweite Teil „Dem Reichskanzler Adolf Hitler". Er unterschrieb beide Teile am 11. Mai 1934 und versiegelte sie in zwei getrennten Umschlägen. Sie wurden seitdem im Panzerschrank des Reichspräsidenten bewahrt. Veröffentlicht wurde nach seinem Tode nur der erste Teil des Testamentes.

Allem Anschein nach hat in diesem Monat der ehemalige Kaiser auf die Nachricht hin, der Reichspräsident sei erkrankt, den Kammerherrn Leopold v. Kleist zu ihm gesandt, um seine Haltung zur Frage der Wiedereinführung der Monarchie zu erkunden. Einzelheiten über diesen Vorgang sind nicht bekannt.

Deutschland war erfüllt von schweren inneren Spannungen, der längst schwelende Konflikt zwischen SA und Reichswehr und zwischen dem Stabschef Röhm und dem „Führer“ der Bewegung verdichtete sich. Und nicht minder wuchsen die Mißhelligkeiten zwischen den Konservativen und der Partei. Hindenburgs letzter Brief an Graf Brünneck vom 4. Mai 1934 galt den Belangen des Kirchenkampfes, an dem der Graf lebhaft beteiligt war. Im Mai sah Papen den alten Herrn zum letzten Mal. Hindenburg sagte voll dunkler Sorge: „Es geht schlecht, Papen, versuchen Sie, es in Ordnung zu bringen.“ Die Eindämmung des Radikalismus war gescheitert.

Am 4. Juni 1934 begab sich der Feldmarschall nach seinem geliebten Neudeck. Als ständiger Arzt begleitete ihn ein Assistent des Geheimrates Sauerbruch, Dr. Kraus. Ab und zu erschienen auch Sauerbruch selbst und Dr. Adam, der langjährige Hausarzt, in Neudeck. Ein dritter Arzt, Prof. v. Bergmann, wurde zugezogen, der sich zu Zeiten von Professor Kaufmann vertreten ließ. Der Feldmarschall war nun ein kranker Mann, bei seinem hohen Alter konnte man füglich bezweifeln, ob noch eine Genesung möglich war. Zunächst wirkte der Aufenthalt in Neudeck günstig, aber die Krankheit wich nicht mehr, sie tat ihr Werk.

Auch Hitler wußte, daß der alte Mann in Neudeck sich zum letzten Gange rüstete. Umsomehr galt es der Schwierigkeiten im eigenen Hause Herr zu werden, die SA zu bändigen, die Konservativen zu schrecken. Viele Gruppen, die SS, Göring, Reichenau im Wehrmachtsamt des Reichswehrministeriums, drängten ihn zum Handeln, suchten ihm die Entscheidung zuzuspielen.

Am 21. Juni 1934 weilte Hitler in Neudeck, vermutlich, um Hindenburg Bericht über seinen ersten Auslandsbesuch in Italien zu erstatten, wo er in Venedig mit Mussolini zusammengetroffen war. Bei dieser Gelegenheit müssen wohl jene letzten außenpolitischen Darlegungen Hindenburgs gegenüber dem Kanzler erfolgt sein, der Rat, mit England Frieden zu halten, die Warnung vor dem mussolinischen Italien, die Hitler später nach dem Zeugnis des Grafen Schwerin v. Krosigh als Inhalt des letzten Gesprächs mit dem sterbenden

Reichspräsidenten am 1. August 1934 in einer Kabinetts-Sitzung wiedergab, scheinbar von echter Rührung durchdrungen.

Am 30. Juni 1934 weilte Staatssekretär Meißner zum Vortrag in Neudeck. Am Abend trafen Meldungen ein, wonach Hitler in München und Göring in Berlin einen Putschversuch der SA unter Röhm blutig unterdrückt hätten. Hindenburg kommentierte diese Nachricht nach dem Zeugnis Meißners mit den Worten, er habe seit Monaten dem Kanzler geraten, „diesen unmoralischen und gefährlichen Roehm abzusetzen und einzusperren". Leider habe Hitler nicht auf ihn gehört, nun habe es wieder viel Blut gekostet.

Am 1. Juli trafen neue und noch bestürzendere Nachrichten ein, General v. Schleicher und seine Frau waren am 30. Juni gleichfalls erschossen worden. Die Umgebung des Reichspräsidenten mußte auf Bitten der Gattin Oberstleutnant Düsterbergs eingreifen, um den ehemaligen zweiten Bundesführer des „Stahlhelm", der sich dessen Eingliederung in die SA widersetzt hatte, vor den Erschießungskommandos zu bewahren. Hindenburg muß gewahr geworden sein, daß der Mord regierte. Er hatte Schleicher nicht mehr verstanden, aber dessen Ermordung traf ihn zutiefst. Unverzüglich verlangte er von Hitler eine gerichtliche Untersuchung dieser Vorgänge. Hitler verständigte Staatssekretär Meißner, Schleicher habe sich des Hoch- und Landesverrates und der Konspiration mit Röhm schuldig gemacht und sei durch eigene Schuld umgekommen, weil er sich mit der Waffe in der Hand seiner Verhaftung widersetzt habe. Er sicherte eine strenge Untersuchung zu. Hindenburg war nicht zufrieden, er bestand auf einem unabhängigen gerichtlichen Verfahren und der Vorlage der Akten. Daß Schleicher Landesverrat begangen habe, wollte und konnte er nicht glauben! Hitler gestand auch diese Forderungen zu. Er wußte, daß Hindenburg ein kranker Mann war.

Wie weit man Hindenburg bei seinem Zustand andere Einzelheiten mitzuteilen wagte, die Internierung Papens, die Ermordung oder Verhaftung einer Reihe von Mitarbeitern der Vizekanzlei, die Ermordung General v. Bredows, des alten Mitarbeiters Schleichers, die Ermordung des ehemaligen Generalstaatskommissars v. Kahr, wie weit seine Umgebung überhaupt vorerst in Neudeck von all diesen Dingen

Kenntnis erlangte, ist in den Einzelheiten nicht immer erkennbar. Sein Befinden verschlechterte sich. Die Erregung über diese Vorgänge, die seine schlimmsten Befürchtungen übertrafen, wirkte äußerst ungünstig. Es kann kein Zweifel sein, daß die Entwicklung anders verlaufen wäre, wäre er bei gutem Befinden in Neudeck oder in Berlin gewesen. Aber er war jetzt schwer krank, obwohl er sich noch aufrecht hielt und noch zäh am gewohnten Tageslauf festzuhalten suchte.

Am 2. Juli war Staatssekretär Meißner wieder in Berlin. Hitler ließ ihm durch den Staatsekretär des Propagandaministeriums, Walter Funk, den Entwurf für ein Danktelegramm des Reichspräsidenten unterbreiten, in dem dieser dem Reichskanzler seinen Dank dafür aussprechen sollte, daß der Reichskanzler ein hochverräterisches Unternehmen niedergeschlagen habe. Solch Telegramm, hieß es, sei notwendig, um das Ausland über die blutigen und dunklen Vorgänge in Deutschland zu beruhigen. Meißner milderte den Entwurf und gab ihn telefonisch nach Neudeck weiter, riet jedoch, in Anbetracht der ihm höchst dubios erscheinenden Erschießung des Ehepaares v. Schleicher, zuvor das Urteil des Reichswehrministers General v. Blomberg einzuholen. Dieser erklärte alle Darstellungen Hitlers und Görings über die Vorgänge für zutreffend. Daraufhin unterzeichnete Hindenburg das Telegramm.

Am 3. Juli erschien Hitler selbst in Neudeck, vermutlich höchst besorgt, daß er wirklich der erste war, der dem Reichspräsidenten persönlich Bericht über die Geschehnisse erstattete. Er sprach mit ihm unter vier Augen. Was wirklich besprochen wurde, ist nicht bekannt. Nach Hitlers Äußerungen suchte der greise Reichspräsident ihn mit den Worten aufzurichten, wer Geschichte mache, dürfe auch vor Blutvergießen nicht zurückschrecken. Aber es besteht Anlaß genug, alle Berichte Hitlers über seine letzten Unterredungen mit Hindenburg auf ihren Wahrheitsgehalt hin zu bezweifeln. Hindenburgs Umgebung stellte jedenfalls fest, daß der alte Herr tief betroffen war, als Hitler ihn verlassen hatte. Noch war sein Geist klar, wenn auch die körperlichen Kräfte abnahmen, er muß damals erkannt haben, welche Dämonie in dem Mann lebte, dem er das Kanzleramt hatte überlassen müssen. Wenn er zu Papen gesagt hatte, dieser solle versuchen, die Dinge in Ordnung zu bringen, so mußte er jetzt feststellen, daß sie nicht mehr in Ordnung zu bringen waren. Nach Meißners Bekundungen ließ er Hitler und Göring seine Befürchtungen übermitteln, daß sie die Geister nicht mehr bannen könnten, die sie beschworen hatten. Es nutzte nichts mehr!

Papen, der bis zum 3. Juli in seiner Wohnung interniert gewesen und der darauf seinen Rücktritt als Vizekanzler erklärt hatte, versuchte in diesen Tagen vergeblich, bis nach Neudeck vorzudringen, zumal ihm Hitler verbot, seinen Rücktritt öffentlich bekannt zu geben. Der Zustand des bereits schwer kranken Reichspräsidenten nötigte dazu, daß man ihm alle Aufregungen tunlichst fern halten mußte, obwohl er formale Pflichten noch immer peinlich genau zu erfüllen suchte. Von dem Schwerkranken jedoch jenes Eingreifen in den Lauf der Dinge zu verlangen, das ein Besuch Papens mit der Schilderung des wahren Sachverhaltes gefordert hätte, war unmöglich. Niemand wußte, ob sein Leben noch nach Monaten oder Wochen zählte. Und selbst wenn er sich im Moment aufgerafft hätte, was wäre geschehen, wenn ihn die neuerliche, furchtbare Erregung und Sorge inmitten der dann notwendigen Aktionen dahingerafft hätte? Freiwillig hätte Hitler vermutlich seine Machtbefugnisse nicht mehr beschränken lassen.

Das Befinden schwankte, immer stärker wurde erkennbar, daß eine Besserung, an die der alte Herr bis in die letzten Tage glaubte, nicht möglich war. Das Leiden bedingte mancherlei Hilfeleistungen, die dem Feldmarschall als altem Soldaten nicht angenehm waren, die er jedoch mit seinem stillen Humor ertrug. In die Pflege teilten sich ein Krankenpfleger, den Geheimrat Sauerbruch gestellt hatte, und die beiden Töchter, Frau v. Brockhusen-Justin und Frau v. Pentz, die in den letzten Wochen um den Vater weilten. Um 7.30 Uhr ließ sich der alte Herr wecken, trotz seiner Proteste mußte er das Frühstück im Bett nehmen, darin kleidete er sich mit Hilfe des Pflegers und des Dieners an, was ihm auch ganz ungewohnt war, da er sich beispielsweise bis in die letzten Wochen seines Lebens stets allein rasiert und nie die Hilfe eines Dieners in Anspruch genommen hatte, machte seinen Spaziergang im Park und widmete sich ab 11 Uhr Besuchern und den Amtsgeschäften, sofern diese noch an ihn herangetragen wurden.

Am 5. Juli 1934 empfing er noch den König Prajadhipok von Siam mit seiner Gemahlin und seinem Gefolge in Neudeck, am 7. Juli den japanischen Prinzen Tsunenori Kaya mit einigen ihn begleitenden Generalstabsoffizieren. Der Prinz sollte in Deutschland Strategie und Taktik studieren. Hindenburg erklärte den Japanern noch einmal am Schreibtisch mit bewunderungswürdiger Klarheit und unter Beherrschung aller, auch der geringsten Details, den Verlauf der Schlacht bei Tannenberg. Die Erfüllung derartiger offizieller Verpflichtungen lenkte ihn in gewisser Weise von seinen Beschwerden ab. Aber sie kostete ihn auch bereits ein großes Maß von Selbstüberwindung und Selbstbeherrschung, das ahnen ließ, daß man ihm ernsthafte Belastungen ersparen mußte.

Am 19. Juli erschien der Reichsaußenminister Frh. v. Neurath zur Berichterstattung in Neudeck, der letzte Reichsminister, den er sprach. Am 20. Juli begann die Ernte. Es war ein alter ostpreußischer Brauch, daß die erste Schnitterin dem Herrn des Gutes einen in den Farben des Hauses gebundenen Ährenstrauß an die Schulter heftete. So fuhr er an diesem Tag zum „Roggen-Binden" aufs Feld. Er fand die Schnitter nicht, da sie auf einem entfernten Schlag mit dem Mähen begonnen hatten und kehrte recht ungehalten zurück. Am Nachmittag fuhr er abermals hinaus, auf die Mahnungen des Sohnes, sich doch zu schonen, erwiderte er verweisend, das sei seine Pflicht und niemand könne ihn abhalten, sie zu erfüllen.

Dann kam ein neuer furchtbarer Schlag, den man ihm nicht vorenthalten konnte. Am 25. Juli 1934 wurde der österreichische Bundeskanzler Dr. Dollfuß von Nationalsozialisten ermordet, die Nationalsozialisten Österreichs versuchten, sich gewaltsam der Macht in Wien zu bemächtigen, Italien warf eilig Truppen an die Brenner-Grenze, um seine Interessen im Donaubecken zu wahren. Einen Tag später traf Hitlers Staatssekretär der Reichskanzlei, Dr. Lammers, in Neudeck ein, um den alten Herrn über die Entwicklung ins Bild zu setzen und zu beschwichtigen. Hitler hatte sogleich unter dem Eindruck der Kriegsgefahr beschlossen, die eigenen Parteigenossen in

Österreich nach außen zu desavouieren und Papen als Sonderbotschafter nach Wien zu entsenden. Hindenburg war nicht beruhigt. Er sah schwere außenpolitische Konflikte voraus.

Unter dem Eindruck dieser bestürzenden Nachrichten verschlechterte sich sein Zustand, er mußte fortan das Bett hüten. Die letzte Amtshandlung, die er vollzog, war die Unterzeichnung der Ernennung Papens zum Sonderbotschafter des Reiches in Wien. Dazu stand er noch einmal auf, dem alten Pflichtbewußtsein folgend. Es war der 28. Juli 1934. Aber das mit dieser Ernennung verbundene amtliche Eingeständnis, daß Papen als Vizekanzler zurückgetreten sei, rief einen neuen Schwächeanfall hervor.

Hindenburg war sich jetzt bewußt, daß der Tod nahte. An einen der alten Freunde, General v. Cramon, hatte er im Januar 1934 einmal geschrieben: „Ich bleibe dabei, ich glaube, daß Jesus Christus mein Heiland ist und daß ich mich seiner Gnade getrösten kann." In diesem festen lutherischen Glauben ging er von dieser Welt. Der Tod barg keine Schrecken, so gelassen, wie der alte Soldat ein Leben lang seine Pflicht getan, sah er auch dem Sterben entgegen. Er wollte nicht, daß von seiner Beisetzung viel Aufhebens gemacht würde, sondern äußerte nur den Wunsch, entweder Seite an Seite mit seiner Frau auf dem Neudecker Friedhof oder aber unter seinen Soldaten begraben zu werden. Ausdrücklich verbat er sich Lobeshymnen oder gar politische Reden an seinem Grab. Der Geistliche sollte ihn nicht rühmen, sondern nur der Gnade des Herrn empfehlen.

Ausgangs des Monats Juli verschlechterte sich der Zustand. Eine Urämie kündigte sich an.

Am 31. Juli 1934 veröffentlichten die behandelnden Ärzte, Professor Sauerbruch, Dr. Krauß, Dr. Adam und Professor Kaufmann, das erste offizielle Kommuniqué aus Neudeck. Darin hieß es, nachdem der Reichspräsident noch am Vortage mehrere Vorträge entgegengenommen habe, habe in der Nacht die seit mehreren Tagen bestehende körperliche Schwäche zugenommen. Um 12.25 Uhr vom gleichen Tag meldete ein zweites Kommuniqué, der Reichspräsident habe den Morgenimbiß außerhalb des Bettes eingenommen, er sei voll Teilnahme für seine Umgebung gewesen und habe dann ruhig geschlafen, Fieber sei nicht vorhanden, der Puls kräftig, jedoch beschleunigt.

Am 1. August 1934 meldete das dritte Kommuniqué von 8.30 Uhr eine ruhige Nacht und zunehmende Schwäche. Der Reichspräsident sei bei klarem Bewußtsein und fieberfrei, der Puls sei jedoch schwächer. Am Vormittag empfing er noch den Oberinspektor Riemen zum Rapport. Um 12.20 Uhr erging ein neues Kommuniqué, der körperliche Zustand sei unverändert, geringe Nahrungsaufnahme habe stattgefunden. Ausdrücklich konstatierte der Bericht noch „geistige Frische". Bald darauf setzte jedoch Benommenheit ein, die Agonie begann.

An diesem Tag fragte der ehemalige Kaiser aus Doorn an, wie das Befinden Hindenburgs sei? Des Kaisers treuester Diener wurde abberufen zur Großen Armee! An diesem Tage aber beschloß auch die Reichsregierung ein Gesetz, das mit dem Tode des Reichspräsidenten in Kraft treten sollte und das die Vereinigung der Ämter des Reichspräsidenten und des Reichskanzlers vorsah. Damit ging die volle Gewalt auf den „Führer und Reichskanzler" über, wie künftig die Bezeichnung des deutschen Staatsoberhauptes lauten sollte. Dies war eigentlich erst die Krönung der „Machtergreifung", die durch das Ermächtigungsgesetz vom 23. März 1933 vorbereitet worden war. Es war ein kalter Staatsstreich, eine Durchbrechung der Weimarer Verfassung, ohne daß diese formell außer Kraft gesetzt wurde. Handhabe dafür bot das Gesetz vom 30. Januar 1934 über die Befugnis der Reichsregierung, neues Verfassungsrecht zu setzen.

In den Mittagsstunden des 1. August 1934 erschien Hitler, von den Bayreuther Festspielen mit dem Flugzeug kommend, in Neudeck, nachdem man ihn am 31. Juli vom ernsten Zustand des Reichspräsidenten unterrichtet hatte. Über sein Gespräch mit dem Sterbenden hat er sich mehrfach geäußert. Papen gibt in seinen Memoiren eine Schilderung Hitlers wieder, wie er von Oberst Oskar v. Hindenburg in das Krankenzimmer mit der schlichten, eisernen Bettstelle geführt worden sei und wie sich der Sohn bemüht habe, dem Vater begreiflich zu machen, der Kanzler sei hier und wolle gern ein oder zwei Sachen mit ihm besprechen. Hindenburg habe gefragt, weshalb er nicht eher gekommen sei. Hindenburg habe auf die Bemerkung des Sohnes, der Kanzler habe nicht eher kommen können, gemurmelt, „Oh, ich verstehe“, habe jedoch nichts mehr gesagt, den Kanzler nur einmal stumm angesehen und dann wieder die Augen geschlossen. Eine andere, von Hitler wiedergegebene Version besagt, Hindenburg habe sich bei ihm „abgemeldet wie ein Soldat“. Eine dritte Version, die er dem Reichskabinett vermittelte, enthielt die schon erwähnten außenpolitischen Ratschläge, die vermutlich in einem früheren Gespräch erteilt worden sind. Die vierte Version endlich brachte das offizielle Kommuniqué, datiert aus Neudeck vom 1. August 1934, 13.45 Uhr, über den Besuch Hitlers am Bette des Kranken, wie es die Nationalsozialistische Korrespondenz verbreitete: Danach hatte der Reichspräsident den Führer erkannt, ihm herzlich für seinen Besuch gedankt, ein kurzes Gespräch mit ihm geführt und war dann in ruhigen Schlaf gesunken.

Die Wahrheit sah anders aus. Als Hitler das Krankenzimmer betrat, in dem neben den Ärzten die beiden Töchter Hindenburgs anwesend waren, lag der Feldmarschall-Präsident schon in der Agonie. Den Reichskanzler hat er sehr vermutlich überhaupt nicht mehr erkannt. Seine Gedanken weilten auch nicht bei diesem ihm innerlich so fremden Manne, sie weilten, schon im Dunkel verlöschend, in den Bereichen, in denen er stets gelebt hatte. Die letzten Worte, die über die Lippen des Sterbenden kamen, waren: „... Mein Kaiser ...“ und dann, nicht erkennbar, in welchem Zusammenhang sie gemeint waren, „... Mein Vaterland“ oder „Mein deutsches Vaterland... “ Sie waren nurmehr mühsam verständlich. Dann schwieg er für immer. Und in diesem Schweigen entließ er den Kanzler, der in dieser Stunde in Neudeck tief ergriffen zu sein schien. Gegenüber seinem späteren Wehrmachtsadjutanten Oberst Hoßbach gab Hitler einmal später die Wahrheit zu, die letzten Worte Hindenburgs hätten dem Kaiser gegolten.

Um 18.20 Uhr am 1. August 1934 gab das neueste Kommuniqué endlich zu, die Benommenheit beginne, die Schwäche nehme zu, die Herzkraft lasse nach. Dies Kommuniqué unterzeichnete Geheimrat Sauerbruch für die behandelnden Ärzte.

Am 2. August 1934 um 5.44 Uhr wurde abermals ein Kommuniqué herausgegeben, unter zunehmender allgemeiner Schwäche habe tiefe Benommenheit eingesetzt. Um 9 Uhr vormittags trat der Tod ein.

Am gleichen Tage trat damals das neue Gesetz über das Staatsoberhaupt des Deutschen Reiches in Kraft, am gleichen Tage ordnete Hitler an, die Wehrmacht sei sofort auf ihn als den neuen Obersten Befehlshaber zu vereidigen. Von der Monarchie, von einer Reichsverweserschaft war nicht die Rede. Hitler war Herr über 65 Millionen Deutsche.

Am anderen Tage kamen die Repräsentanten des alten Deutschland, um Abschied zu nehmen von dem Hüter der Überlieferung, der Kronprinz im Namen seines kaiserlichen Vaters und des Herrscherhauses und der Kammerherr v. Oldenburg-Januschau.

Dann beanspruchte der neue Staat sein Recht. Hitler ordnete ein feierliches Staatsbegräbnis an. Am 8. August 1934 wurde der Generalfeldmarschall im Ehrenmal von Tannenberg zur Ruhe gebettet. An seinem Geburtstag, dem 2. Oktober, wurde im folgenden Jahr sein Sarg mit demjenigen seiner Frau in einer gemeinsamen Gruft vereint. Wenn sich auch sein Wunsch nicht erfüllt hatte, daß nur der Geistliche ihn am Grab der Gnade Gottes empfehlen solle, so ging nun doch der zweite Wunsch in Erfüllung, daß er mit seiner Lebensgefährtin im Sterben vereint sein und unter seinen Soldaten schlafen wolle. Die ragenden Türme des Ehrenmals von Tannenberg, die sich so wuchtig und dräuend gen Osten emporreckten, schienen die Wächter zu sein. Wächter für alle Zeiten.

NACHSPIEL

November 1944. Die Front steht an der Grenze Ostpreußens, steht noch in Nordpolen am Narew. Der Krieg, der Zweite Weltkrieg, den der Kanzler geführt, in dessen Händen der Feldmarschall das Reich hatte zurücklassen müssen, ist verloren.

Im November 1944 ließ der Gauleiter und Oberpräsident von Ostpreußen durch den Regierungspräsidenten von Marienwerder bei

Frau v. Hindenburg anfragen, ob sie nicht bei Zeiten die Erinnerungsstücke und die Einrichtung des Herrenhauses abtransportieren lassen wolle, Gelegenheit sei dazu vorhanden. Frau v. Hindenburg betreute damals den Besitz. Ihr Gatte, der Sohn und Erbe des Feldmarschalls, tat Dienst als Generalleutnant im Bereich des Wehrkreises I Ostpreußen. Durch zwei Jahrhunderte hindurch, solange Hindenburgs auf Neudeck saßen, waren sie die Beschützer und Hausväter ihrer Leute gewesen, die auf dem Gute für sie gearbeitet und für sie gelebt hatten. Das Treueverhältnis zwischen dem Edelmann und seinen Gutsleuten, ob sie nun Beamte, Förster, Handwerker, Tagelöhner, Kutscher oder Schäfer waren, war das Erbe, das der Feldmarschall so beispielhaft bewahrt hatte. Frau v. Hindenburg lehnte das Angebot ab, es erschien ihr wie ihrem Manne undenkbar, daß sie sich irgendeinen Vorteil vor ihren Leuten verschafften, deren Hausrat nicht zu retten war.

In Neudeck kam die letzte Stunde am Abend des 20. Januar 1945. Frau v. Hindenburg hatte die Familien der Gutsleute, rund 150 Menschen, in einem Treck von 18 Wagen zusammengefaßt. Hinter sich ließ sie das Haus mit all den Erinnerungen, den Besitz, an dem das Herz des Feldmarschalls gehangen, an dem das Leben der neuen Generation der Hindenburgs hing. Der Treck brach auf in eisiger, verschneiter Winternacht, unter dem Brüllen des Viehs, das man in den Ställen losgekettet hatte, nachdem ihm das letzte Futter vorgeworfen war, und dem angstvollen Wiehern der wertvollen Jährlinge, die man dem ungewissen Schicksal überlassen mußte. Über vereiste Straßen, durch das Gewirr unübersehbarer Flüchtlingszüge und ineinander verfahrener oder zusammengebrochener Trecks führte Frau v. Hindenburg ihren Wagenzug durch Marienwerder zur Weichsel, setzte südwestlich Marienwerder über das Eis des mächtigen Stromes, an dem sich die Massen der Flüchtlinge und der weichenden Truppen stauten, und begann dann den langen, endlos erscheinenden Marsch durch die Tucheler Heide in Westpreußen nach Hinterpommern. Durch Pommern ging der Zug weiter über den Sitz der Brockhusens in Justin im Kreis Cammin, die schon das gleiche Schicksal vor Augen hatten und doch nach dem Willen der Parteistellen noch nicht räumen durften, zur Oder, die bei Wollin überschritten wurde, bis hinein ins Hannoversche, wo der zweite Schwiegersohn des Feldmarschalls, Oberst v. Pentz, lebte. Es gab Tote auf diesem letzten Marsch, alte Leute und kleine Kinder waren den Strapazen am wenigsten gewachsen. Mancher der Wagen brach zusammen, manches der Pferde fiel vor Erschöpfung, aber der Treck wahrte den Zusammenhalt, der immer das Kennzeichen für das Verhältnis von Edelmann und Gefolgsleuten gewesen war. Nach einem Marsch von 800 Kilometern konnte man am 16. März 1945 in Bevensen im Kreise Uelzen den Zug auflösen. Noch hatte die kleine althannoversche Landstadt kaum Flüchtlinge gesehen. So wurde es möglich, sämtlichen Leuten Arbeit, Brot und ein Dach über dem Kopf zu verschaffen und damit das letzte Vermächtnis jener Treue zu erfüllen, die der Feldmarschall den Nachfahren vorgelebt hatte.

Der Sohn des Feldmarschalls leitete die Überführung der Sarkophage der Eltern und der Fahnen der Regimenter, die Tannenberg geschlagen hatten, nach Königsberg, der letzte Dienst, den er den Eltern erweisen konnte. Die Sarkophage und die Fahnen wurden in Königsberg an Bord des Kreuzers „Emden" gebracht. Matrosen hielten im Schneetreiben mit geschultertem Gewehr die letzte Wacht an Bord. In Deutschland wurden die Sarkophage nach Potsdam überführt. Auch dort war ihres Bleibens nicht. Als die Russen vor Berlin erschien, wurden sie gemeinsam mit den Eichenholzsärgen König Friedrich Wilhelms I. und Friedrichs des Großen, die man aus der Potsdamer Garnisonkirche gerettet hatte, nachdem diese unter dem Bombenhagel amerikanischer Fluggeschwader dahingesunken war, in ein Bergwerk nach Thüringen verbracht. Vor der Übergabe Thüringens an die russische Besatzungsmacht wurden sie dort von amerikanischen Offizieren entdeckt und diese veranlaßten ihre Überführung nach Marburg, wo sie in der Elisabeth-Kirche eine neue würdige Ruhestätte fanden.

Wie lange das Herrenhaus von Neudeck dann unberührt gestanden hat, wissen wir nicht. Es scheint, daß dies merkwürdiger Weise geraume Zeit der Fall gewesen ist. Deutsche Kriegsgefangene aus einem Lager bei Deutsch-Eylau, die mit einem Arbeitskommando aufs

Land geschickt worden waren, um aus unversehrten Mieten Kartoffeln für die Verpflegung ihrer Kameraden zu sammeln, fanden im Juni 1945 das Haus niedergebrannt, auch die Kronen der Bäume um das Haus hatte der Brand geschwärzt und ersterben lassen.

Der Kreis von siebenhundert Jahren deutscher Geschichte in Ostpreußen hatte sich geschlossen.

LITERATURVERZEICHNIS

Agricola: *Als ich im Stabe Hindenburgs war*, Leipzig 1934

Bauer, Max: *Der Große Krieg in Feld und Heimat, Erinnerungen und Betrachtungen*, Tübingen 1921

Beckmann, Walther: *Ludendorff als Mensch und Feldherr*, Berlin 1935

Bewer, Max: *Bei Kaiser und Hindenburg im Großen Hauptquartier*, Dresden 1917

Bloem, Walter: *Hindenburg der Deutsche*, Berlin 1932

Bloem, Walter: *Hindenburg als Reichspräsident*, Berlin 1934

Braun, Otto: *Von Weimar zu Hitler*, Hamburg 1949

Breucker, Wilhelm: *Ludendorff* (persönl. Erinn., unveröffentl. Mskr.)

v. Brockhusen-Justin, Hans-Joachim: *Der Weltkrieg und ein schlichtes Menschenleben*, Greifswald 1928

Buat, Edouard: *Hindenburg*, München 1922

Cron, Hermann: *Geschichte des deutschen Heeres im Weltkrieg 1914-18*, Berlin 1937 (Bd. V d. Gesch. d. Kgl. Preuß. Armee u. d. Dt. Reichsheeres)

Crone, Wilhelm: *Achtung! Hier Großes Hauptquartier*, Leipzig 1935

Crone, Wilhelm: *Das ist Ludendorff*, Berlin 1937

Direnberger, Erwin: *Die Beziehungen zwischen Oberster Heeresleitung und Reichsleitung 1914-18*, Diss. Berlin 1936

v. Eisenhart-Rothe, Ernst: *Im Banne der Persönlichkeit*, Berlin 1931

v. Eisenhart-Rothe, Ernst, mit Erich Marcks: *Paul von Hindenburg als Mensch, Staatsmann, Feldherr*, Berlin 1932

v. Eisenhart-Rothe, Ernst: *Hindenburg 1847-1934* („Die Großen Deutschen“, Neue dt. Biogr. Bd. IV, Berlin 1936)

Elze, Walter: *Tannenberg, das deutsche Heer von 1914*, Breslau 1928

Elze, Walter: *Der strategische Aufbau des Weltkrieges 1914-18*, Berlin 1939

v. Falkenhayn, Erich: *Die Oberste Heeresleitung 1914-16*, Berlin 1920

Foerster, Wolfgang: *Graf Schlieffen und der Weltkrieg*, Berlin 1921

Foerster, Wolfgang: *Der deutsche Zusammenbruch 1918*, Berlin 1925

Foerster, Wolfgang: *Aus der Gedankenwelt des deutschen Generalstabes*, Berlin 1931

Foerster, Wolfgang: *Hindenburg als Feldherr*, Berlin 1934

Foerster, Wolfgang: *Der Feldherr Ludendorff im Unglück. Eine Studie über seine seelische Haltung in der Endphase des ersten Weltkrieges*, Wiesbaden1952
v. François, Hermann: *Marneschlacht und Tannenberg*, Berlin 1920
v. François, Hermann: *Hindenburgs Sieg bei Tannenberg*, Berlin 1931
Frentz, Hans: *Feldherrn, Generale, Könige*, Berlin 1937
v. Gallwitz, Max: *Erleben im Westen*, Berlin 1932
Gause, Fritz: *Die Russen in Ostpreußen 1914-15*, Königsberg 1931
Gengler, Ludwig Franz: *Die deutschen Monarchisten 1919-25*, Diss. Kulmbach 1932
Griebel, Alexander: *Verhältnisse bei AOK 8 1914* (unveröffentl. Mskr.)
v. Haeften, Hans: *Hindenburg und Ludendorff als Feldherren*, Berlin 1937
Helmolt, Hans: *Hindenburg, das Leben eines Deutschen*, Karlsruhe 1926
v. Hindenburg, Bernhard: *Feldmarschall v. Hindenburg*, Berlin 1918
v. Hindenburg, Gert: *Paul v. Hindenburg. Vom Kadett zum Reichspräsidenten*, Leipzig 1932
v. Hindenburg, Paul: *Aus meinem Leben*, Ill. Volksausg., Leipzig 1934
Hindenburg: *Hindenburg. Was er uns Deutschen ist.* Eine Festgabe zum 80. Geburtstag, hg. v. Staatsm. a.D. v. Loebell, Berlin 1927
Hindenburg-Bibliographie: *Hindenburg-Bibliographie*, Verzeichnis der Bücher und Zeitschriftenaufsätze von und über den Reichspräsidenten Gen. Feldm. v. Hindenburg, Leipzig 1938
Hindenburg-Denkmal: *Hindenburg-Denkmal f. d. deutsche Volk*, Eine Ehrengabe zum 75. Geburtstag des Gen. Feldm. hg. v. P. Lindenberg, Berlin 1922
Hoffmann, Max: *Die Aufzeichnungen des Generalmajors Max Hoffmann*, Bd. 1-2, hg. v. K. F. Nowak, Berlin 1929
v. Hutten-Czapski, Bogdan: *60 Jahre Politik und Gesellschaft*, Bd. 1-2, Berlin 1936
Jochim, Theodor: *Die Vorbereitung des deutschen Heeres für die Große Schlacht in Frankreich*, Teil 1-5, Berlin 1927-30
Kabisch, Ernst: *Groener*, Leipzig 1932
Kabisch, Ernst: *Michael. Die große Schlacht in Frankreich*, Berlin 1935
v. Keller, Mathilde, Gräfin: *Vierzig Jahre im Dienst der Kaiserin*, Leipzig 1935

Keßler, Johannes: *Ich schwöre mir ewige Jugend*, Leipzig 1935
Krack, Otto: *General Ludendorff, der Generalstabschef Hindenburgs*, Berlin 1915
v. Kuhl, Hermann: *Der Weltkrieg 1914-18*, Bd. 1-2, Berlin 1929
v. Kühlmann, Richard: *Erinnerungen*, Heidelberg 1948
v. Liebert, Eduard: *Aus einem bewegten Leben*, München 1925
Ludendorff, Erich: *Meine Kriegserinnerungen 1914-18*, Berlin 1919
Ludendorff, Erich: *Urkunden der Obersten Heeresleitung über ihre Tätigkeit 1916-18*, Berlin 1922
Ludendorff, Erich: *Kriegführung und Politik*, Berlin 1922
Ludendorff, Erich: *Tannenberg. Geschichtliche Wahrheit über die Schlacht*, München 1934
Ludendorff, Erich: *Dirne Kriegsgeschichte vor dem Gericht des Weltkrieges*, München 1934
Ludendorff, Erich: *Vom Feldherrn zum Weltrevolutionär und Wegbereiter Deutscher Volksschöpfung*. Bd. I (1919-1925) München 1940, Bd. II (1926-33) München 1951
Ludendorff, Margarete: *Als ich Ludendorffs Frau war, 1909-26*, München 1929
v. d. Marwitz, Georg: *Weltkriegsbriefe*, Berlin 1940
Meißner, Otto: *Staatssekretär unter Ebert, Hindenburg, Hitler. Der Schicksalsweg des deutschen Volkes 1918-45, wie ich ihn erlebte*, Hamburg 1950
v. Metzsch, Horst: *Hindenburg*, Leipzig 1932
v. Moser, Otto: *Die obersten Gewalten im Weltkrieg*, Stuttgart 1931
Nicolai, Walter: *Nachrichtendienst, Presse und Volksstimmung im Weltkrieg*, Berlin 1920
Niemann, Alfred: *Kaiser und Revolution. Die entscheidenden Ereignisse im Großen Hauptquartier*, Berlin 1922
Niemann, Alfred: *Hindenburg, ein Lebensbild*, Leipzig 1926
Niemann, Alfred: *Revolution von Oben – Umsturz von Unten*, Berlin 1928
Niemann, Alfred: *Hindenburg, vom Kadett zum Feldmarschall*, Leipzig 1931
Oberost: *Das Land Oberost. Deutsche Arbeit i. d. Verwaltungsgebieten*, Stuttgart 1917

Obkircher, Walter: *General Erich v. Gündell. Aus seinen Tagebüchern*, Hamburg 1939
v. Oldenburg-Januschau, Elard: *Erinnerungen*, Berlin 1936
v. Papen, Franz: *Der Wahrheit eine Gasse*, München 1952
v. Rabenau, Friedrich: *Hans v. Seeckt. Aus seinem Leben 1866-1917*, Leipzig-Berlin 1940
v. Rabenau, Friedrich: *Hans v. Seeckt. Aus seinem Leben 1918-36*, Leipzig-Berlin 1941
Reichsarchiv: *Die Befreiung Ostpreußens* (Der Weltkrieg 1914/18, Op. z. Lande Bd. II), Berlin 1925
v. Schäfer, Theobald: *Ludendorff. Der Feldherr der Deutschen im Weltkriege*, Berlin 1935
Schiffer, Eugen: *Ein Leben für den Liberalismus*, Berlin 1951
Schlange-Schoeningen, Hans: *Am Tage danach*, Hamburg 1947
v. d. Schulenburg, Dieter: *Welt um Hindenburg. Hundert Gespräche mit Berufenen*, Berlin 1935
Schultze-Pfaelzer, Gerhard: *Wie Hindenburg Reichspräsident wurde*, Berlin 1925
Schultze-Pfaelzer, Gerhard: *Hindenburg. Drei Zeitalter Deutscher Nation*, Berlin 1930
Schultze-Pfaelzer, Gerhard: *Hindenburg. Ein Leben für Deutschland.* Berlin 1934
Schwertfeger, Bernhard: *Das Weltkriegsende. Gedanken über die deutsche Kriegführung 1918*, Potsdam 1937
Spickernagel, Wilhelm: *Ludendorff*, Berlin 1919
v. Stein, Hermann: *Erlebnisse und Betrachtungen aus der Zeit des Weltkrieges*, Leipzig 1919
Stresemann, Gustav: *Vermächtnis* (Nachlaß Bd. 1-3) hg. von Konsul Henry Bernhard, Berlin 1932
Tannenberg: *Tannenberg. Schlachtfeld, Heldenfriedhöfe, Nationaldenkmal*, hg. v. O. Ewert, Hohenstein 1935
Tannenberg: *Tannenberg. Deutsches Schicksal – Deutsche Aufgabe* (hg. v. Kuratorium f. d. Reichsehrenmal Tannenberg, Oldenburg-Berlin 1939
v. Tirpitz, Alfred: *Erinnerungen*, Leipzig 1919

Untersuchungsausschuß: *Das Werk des Untersuchungsausschusses d. Dt. Verfassunggebenden Nationalversammlung u. d. Dt. Reichstages 1919-26 IV.* Reihe Band 1-3: *Die Ursachen des Deutschen Zusammenbruches im Jahre 1918*, Berlin 1925

Vogel, Hugo: *Erlebnisse und Gespräche mit Hindenburg*, Berlin 1935

Wagner, Rudolf: *Hinter den Kulissen des Großen Hauptquartiers*, Berlin 1931

v. Wenninger, Ritter: *Die Schlacht von Tannenberg*, München 1935

v. Westarp, Kuno Graf: *Das Ende der Monarchie am 9. November 1918*, m. einem Nachw. v. Prof. W. Conze, Stollhamm-Berlin 1952

Wilhelm II., Kaiser: *Ereignisse und Gestalten aus den Jahren 1878-1918*, Leipzig-Berlin 1922

Wilhelm, Kronprinz: *Erinnerungen*, hg. v. Karl Rosner, Stuttgart-Berlin 1922

Wilhelm, Kronprinz: *Meine Erinnerungen an Deutschlands Heldenkampf*, Berlin 1923

v. Zwehl, Hans: *Erich v. Falkenhayn*, Berlin 1926

Anmerkung: Aus der Fülle der Biographien über Hindenburg sind hier nur die wichtigsten der benutzten Werke aufgeführt worden, das gleiche gilt für die zeitgenössische Memoirenliteratur (vergl. die „Hindenburg-Bibliographie“ von 1938).

ANHANG ZUM LITERATURVERZEICHNIS

(Wichtige Hinweise aus Zeitschriften, Zeitungen, Illustrierten usw.)

a) Familiengeschichte, Grundbesitz usw.

vergl. neben der grundlegenden, von Peter v. Gebhardt herausgegebenen Ahnentafel (*Ahnentafeln großer Deutscher* 1933) u. a.

Bink, Hermann: „Das Geschlecht v. Hindenburg als deutsche Grundbesitzer" (*Reichslandbund* Jahrg. 7, 1927, Nr. 39, 1. 10. 1927)

v. Gebhardt, Peter: „Hindenburgs Ahnen" (*Archiv f. Sippenforschung*, Jahrg. 11, Heft 9, Sept. 1934)

Kronthal, Arthur: „Das Mönnich-Kniffkasche Hindenburghaus in Posen und seine Bewohner" (*Histor. Monats-Blätter f. d. Prov. Posen*, Jahrg. XVIII, Sept./Okt. 1917, Nr. 9-10)

Schelenz, Curt: „Hindenburgs ärztliche Vorfahren" (*Deutsche Medizin.* Wochenschrift Jahrg. 61/1935, Nr. 40)

b) Einzelnes zur Jugendgeschichte u. Mil. Laufbahn

Unbekanntes: „Unbekanntes aus Hindenburgs Leben" (*Deutsche Zukunft*, No. 32 v. 12. 8. 1934)

v. Cochenhausen, Friedrich: „Hindenburg und die Kriegswissenschaft" (*Geistige Arbeit* 1934, Nr. 19)

v. Hindenburg, Herbert: „Der 84jährige Hindenburg" (*Berliner Börsen-Courier* v. 2. 10. 1931)

c) Weltkrieg 1914/18

Damaschke, Adolf: (üb. seinen Besuch in Kreuznach) (*Bodenreform*, 45. Jahrg. Nr. 32/33, 12. B. 1934)

Münter, Prof. Dr.: „Erinnerungen an Hindenburg" (*Deutsche Medizinische Wochenschrift* Jahrg. 61, 1935, Nr. 13)

Witte, Carl: „Hindenburg" (*Zeitwende*, Aug. 1935)

d) 80. Geburtstag

Gedenknummer der *Woche* Jahrg. 29/1927, Nr. 40, mit Beiträgen u. a. von Paul Lindenberg, Hans Erich v. Tzschirner-Tzschirne (über Frau v. Hindenburg), Hptm. a.D. v. Seel, Gen. Ltn. a.D. v. Loebell, Oberstltn. a.D. v. Voß (über Hindenburg als General) und Georg Escherich (über Hindenburg als Jäger)

e) Politische Probleme der Reichspräsidentenzeit

Brüning, Heinrich: „Ein Brief“ (Brief an Dr. Rudolf Pechel, den Herausgeber d. Deutschen Rundschau), (*Deutsche Rundschau* VII/1947)

Phelps, Reginald H.: „Aus den Groener-Dokumenten“ (*Deutsche Rundschau* VII, VIII, IX, X, XI, XII/1950 u. I/1951)

f) Letzte Krankheit und Tod

Berichtigung: „Hindenburg und Hitler“ (*Hannoversche Allgemeine Zeitung* v. 5./6. August 1950 mit Klarstellung zu Behauptungen Prof. Sauerbruchs auf Grund von Mitteilungen d. Familie v. Hindenburg)

Gedenknummer der *Woche* zum Tod Hindenburgs 2. 8. 1934 mit Beiträgen von Prof. Dr. Gerhard Ritter, General d. Inf. a.D. Reinhardt, Wirkl. Geh. Kriegsrat a.D. Kessel, Kgl. Großbritann. General Charteris u.a.m.

g) Nachspiel

anonym: „Spähtrupp in der Nacht: Gutshaus im Niemandsland“ (*Deutsche Soldaten-Zeitung* Nr. 5/1953 v. 29. 1. 1953)